Kohlhammer

Alban Knecht,
Franz-Christian Schubert (Hrsg.)

Ressourcen im Sozialstaat und in der Sozialen Arbeit

Zuteilung – Förderung – Aktivierung

Verlag W. Kohlhammer

Alle Rechte vorbehalten
© 2012 W. Kohlhammer GmbH Stuttgart
Umschlag: Gestaltungskonzept Peter Horlacher
Gesamtherstellung:
W. Kohlhammer Druckerei GmbH + Co. KG, Stuttgart
Printed in Germany

ISBN 978-3-17-021810-9

Inhaltsverzeichnis

Einführung 9

I Konzeptionelle Zugänge

Ressourcen – Einführung in Merkmale, Theorien und Konzeptionen
Franz-Christian Schubert, Alban Knecht 15

Verwirklichungschancen und Identitätskapital als Bedingungen und
Folgen der Handlungsfähigkeit: Eine salutogenetische Perspektive
Heiner Keupp 42

Ressourcentheoretische Erweiterungen des Capability-Ansatzes von
Amartya Sen
Alban Knecht 61

II Ressourcenzuteilung im Sozialstaat: Soziologische Analysen

Ressourcenzuteilung im Wohlfahrtsstaat – Sozialpolitische Perspektiven
Alban Knecht 75

Gesundheit als Ressource
Peter Kriwy, Natascha Nisic 89

Vergebene Chancen – Die Ressource Bildung und akkumulierte soziale
Ungleichheit
Anja Gottburgsen, Michaela Sixt 102

Sozialkapital als individuelle Ressource und Produkt gesellschaftlicher
Rahmenbedingungen
Christiane Gross, Monika Jungbauer-Gans 117

Rush Hours of Life – Die Ressource Zeit im Lebensverlauf aus Gender-
und Familienperspektive
Uta Klammer 132

Ressourcenorientierung in der Armutsforschung – Perspektiven zu
Familien- und Kinderarmut
Walter Hanesch 146

Young Urban Poor: Ressourcenausstattung und Tauschbedingungen im
transformierenden Wohlfahrtsstaat
Matthias Drilling 157

Ressourcen der öffentlichen Hand: Finanzielle Abhängigkeit
von Non-Profit-Organisationen und ihre Folgen
Michaela Neumayr 172

III Ressourcen in Psychologie und Sozialer Arbeit

Ressourcenorientierung in der Sozialen Arbeit – Einführung in Theorie
und professionelle Methodik
Dieter Röh 189

Psychische Ressourcen – Zentrale Konstrukte in der Ressourcendiskussion
Franz-Christian Schubert 205

Netzwerkarbeit: Förderung sozialer Ressourcen
Florian Straus 224

Förderung der Ressource Bildung in der Sozialen Arbeit
Janne Fengler, Jörg Fengler 238

Ressourcenorientierte Erziehung und Bildung zur Bewältigung
von Transitionen im Elementarbereich
Christina Jasmund, Astrid Krus 252

Ressourcenorientierte Erziehung. Ein grundbedürfnisorientiertes
Erziehungsmodell
Bodo Klemenz 264

Ressourcenorientierte Diagnostik
Rolf Glemser, Silke Birgitta Gahleitner 278

Ressourcenorientierte Beratung
Jillian Werner, Frank Nestmann 292

Ressourcenaktivierung
Günther Wüsten, Holger Schmid 306

Ressource Sinnerleben und Spiritualität
Karl-August Adams 313

IV Ressourcenorientierung in spezifischen Handlungsfeldern

Ressourcenorientierte Soziale Arbeit bei Personen mit Abhängigkeitsproblemen
Holger Schmid, Günther Wüsten 323

Wohlbefinden im Alter – Ressourcen zum Umgang mit Lebensveränderungen
Iris Schubert 335

**Ressourcenförderung bei langzeitarbeitslosen Menschen –
Das Projekt arbeit & gesundheit**
Katrin Horns, Mechthild Heinmüller, Heribert Limm 348

Ressourcenorientierte Arbeitsvermittlung
Gert-Holger Klevenow 361

Verzeichnis der Autorinnen und Autoren 375

Einführung

Der Begriff *Ressourcen* ist in Mode gekommen. Im Alltag der Sozialen Arbeit spielt er vor allem eine Rolle im Konzept der *Ressourcenorientierung*, worunter die Abwendung von einer defizit-orientierten Sichtweise verstanden wird. Ressourcen werden als *Stärken, Kraftquellen* oder *Potenziale* verstanden, die zumeist als psychische Kategorie gedacht werden. Eine ganz andere Tradition hat der Begriff der Ressourcen in der Sozialpolitik. Hier wurden unter dem Begriff lange Zeit nur monetäre Ressourcen verstanden. So bezeichnet der Begriff *Ressourcenansatz* in der sozialpolitischen Forschung eine Methode, die eine Lebenssituation alleine durch die vorhandenen materiellen Mittel beschreibt.

In diesem Buch werden die sozialpolitische und die sozialarbeiterische/sozialpädagogische Betrachtungsweise miteinander verbunden. Das geschieht über eine Erweiterung des bisher vorrangig betrachteten Spektrums von Ressourcen. Neben der Ressource Geld und den psychischen Ressourcen werden die relevanten Bereiche Bildung, Gesundheit und soziale Netzwerke als Ressourcen behandelt, und die Zeit. Denn wie andere Ressourcen, so ist auch Zeit nötig, aber knapp; man braucht Zeit, um handlungsfähig zu sein, transformiert sie also in andere Ressourcen (→ Klammer). Die Beseitigung von Ressourcenmängeln, bzw. die Hilfe bei der Entwicklung und Aktivierung von Ressourcen, ist eine gemeinsame Aufgabe von Sozialpolitik und Sozialer Arbeit, auch wenn beide Disziplinen diese Aufgabe auf unterschiedliche Weise angehen: Sozialpolitik teilt Ressourcen zu – und häufig sind dabei monetäre Mittel gemeint. Anders wird die Tätigkeit der Sozialen Arbeit verstanden: Hier stehen Bildungsaspekte, psychische, soziale und kontextuelle Ressourcen, soziale Integration und Gesundheit im Vordergrund. Methodisch wird die Ressourcenorientierung als Förderung und Aktivierung von Ressourcen umgesetzt, also mit dem Ziel, schlummernde Potenziale zu erwecken und zugänglich zu machen.

Die Mauer zwischen dem psychosozial orientierten Blick der Sozialen Arbeit und dem auf Geld fixierten Blick der Sozialpolitik bröckelt und ermöglicht eine erweiterte Perspektive auf die Frage, welchen Einfluss die Sozialpolitik auf das gesamte Spektrum der Ressourcen hat – und das gilt ebenso für die Soziale Arbeit. Beispielsweise wird Bildung nicht nur dadurch zum Teil der Sozialpolitik, dass sie in Form von „Sozialinvestitionen" in das „Humanvermögen" junger Menschen monetarisiert wird, sie wird insbesondere dann ein sozialpolitisches Thema, wenn klar wird, dass die staatlich forcierte ungleiche Zuteilung von Bildung immense Auswirkungen auf die Ausstattung mit anderen Ressourcen hat – anders formuliert: auf die individuellen und gesellschaftlichen Chancen auf Einkommenserzielung, auf Gesundheit und auf soziale Teilhabe hat (→ Gottburgsen & Sixt, → Röh). Auch die Dichte des sozialen Kapitals erweist sich als Ergebnis von Sozialpolitik, wenn nicht nur gefragt wird, was bürgerliches Engagement zur Gesellschaft beitragen kann, sondern wenn umgekehrt gefragt – und ländervergleichend untersucht – wird, welche Voraussetzung bürgerliches Engagement und dichte soziale Netzwerke haben (→ Gross & Jungbauer-Gans). Denn: Engagement braucht Sozialstaat. Dieser (makro-)soziologischen und sozialpolitischen Fragestellung der Zuteilung von Ressourcen und der Verteilung von Ressourcen ist Teil II des Buches gewidmet.

Auch die breite Rezeption des Capability-Ansatzes von Amartya Sen weist darauf hin, dass sich der Blick auf die Sozialpolitik geändert hat. Sen (2000) betont die Wichtigkeit der Entwicklung individueller Fähigkeiten und Handlungsmöglichkeiten und bietet damit auch Anknüpfungspunkte zu den Themen Erziehung und Gesundheit (→ Knecht, „Ressourcentheoretische Erweiterungen ..."). Wir folgen seiner Perspektive, wenn wir nicht danach fragen, welcher Nutzen aus Gütern resultiert, sondern wenn gefragt wird, wie ein Bündel von Ressourcen in konkrete Bedürfnisbefriedigung, in Wohlbefinden, in Gesundheit, Lebensqualität und Lebenszeit umgesetzt werden kann. Sein Ansatz macht – in ähnlicher Weise wie das sozial-ökologische und das systemische Denken – klar, dass die Entwicklung der individuellen Ressourcenausstattung (wie auch der Capabilities) abhängig ist von gesellschaftlichen, sozialpolitisch geformten Gegebenheiten. Sens Theorie darf bei ressourcentheoretischen Betrachtungen nicht außer Acht gelassen werden. In diesem Buch spielt sie in mehreren Beiträgen, insbesondere im Teil I, eine wichtige Rolle.

Auch in der Sozialen Arbeit ist ein Blick auf alle Ressourcenarten gefordert. Das resultiert nicht nur aus der Tatsache, dass die Sorgen der Klientinnen und Klienten sich wieder verstärkt ums Geld drehen. „Geld oder Liebe?" fragte Peter Bünder im Jahr 2002 noch im Titel seiner Studie zur Ressourcenorientierung in der Sozialen Arbeit. Seitdem hat sich die Bedarfslage weiterentwickelt, eher hin zu „Geld und Liebe". Der breite Blick auf fehlende und vorhandene Ressourcen ist ein Spezifikum der Sozialen Arbeit: Untersucht man den Sozialstaat daraufhin, wie er den Bürgerinnen und Bürgern Ressourcen zuteilt bzw. an deren Ressourcenausstattung (mit)arbeitet, dann zeigt sich, dass er dafür zahlreiche helfende Berufsgruppen und ein Heer an Helfenden einsetzt. Viele dieser Berufe definieren sich durch die Arbeit an *einer* bestimmten Ressource: Psychologinnen arbeiten an den psychischen Ressourcen, Ärztinnen an der Gesundheit, Erzieherinnen, Pädagoginnen und Professorinnen vermitteln (u. a.) Bildung, Angestellte in den Behörden verwalten Leistungen und Schuldnerberaterinnen helfen bei Problemen im Umgang mit Geld. Die Bedeutung Sozialer Arbeit definiert sich dagegen zumeist über die Arbeit mit Klientinnen und Klienten, deren Probleme komplex und unübersichtlich sind und viele Ressourcen gleichzeitig betreffen: Einkommensarmut trifft dann auf Bildungsarmut, Gesundheitsarmut, Netzwerkarmut etc. Häufig ergeben sich Ressourcendefizite und Probleme aus einer Verkettung von Wechselwirkungen mit weiteren Ressourcenverlusten, woraus eine Ressourcenverlustspirale entsteht: Geldprobleme führen zu Beziehungsproblemen, führen zu psychischen Problemen, führen zu gesundheitlichen Problemen, führen zu weiteren Einkommensproblemen. Diese Zusammenhänge werden von den auf einen Ressourcenbereich spezialisierten Berufsgruppen häufig unterschätzt. Qualitätsvolle Soziale Arbeit muss die komplexen bio-psycho-sozialen Zusammenhänge im Blick behalten und entsprechend interdisziplinär denken und handeln.

Dieser Perspektive folgt Teil III. Neben einer Einführung in die theoretische und methodische Bedeutung des Ressourcenbegriffs und der Ressourcenorientierung in der Sozialen Arbeit sind zwei Beiträge einzelnen Ressourcen gewidmet: den psychischen Ressourcen und den sozialen Ressourcen. Weitere Beiträge befassen sich mit Ressourcenorientierung in den Bereichen Bildung und Erziehung und mit methodischen Fragen zur Ressourcenorientierten Diagnostik, Ressourcenorientierten Beratung und Ressourcenaktivierung.

Teil IV stellt eine Auswahl von Projekten und Studien vor, die Ergebnisse aus der Ressourcenforschung für die Praxis nutzbar machen und zumeist die *Ressource Gesundheit* als Querschnittsthema haben. Es sind Beiträge zur Arbeit mit Menschen mit Abhängigkeitsproblemen, mit alten Menschen, zur Gesundheitsförderung von langzeitarbeitslosen Menschen und zu ressourcenorientierten Perspektiven in der Arbeitsvermittlung. Zwei Themen sind aufgenommen worden, die u. E. im Rahmen sozialwissenschaftlicher Diskussionen zu selten behandelt werden: ein Beitrag zu Ressourcenzuteilung und -nutzung für Wohlbefinden und menschwürdige Lebensführung im höheren Alter und bei Schwersterkrankung sowie ein weiterer über Spiritualität und Religiosität, der eine alltagsrationale Ressourcenperspektive überschreitet.

Soziale Arbeit diagnostiziert Ressourcen, orientiert sich an Ressourcen, aktiviert und fördert Ressourcen. Als Bildungsarbeit, als Gesundheitsarbeit, als Netzwerkarbeit oder als Zeit-Ressource (z. B. bei der Übernahme von Kinderbetreuung) ist sie für die Klientinnen und Klienten Teil des sozialstaatlichen Hilfesystems und Teil sozialstaatlicher Mechanismen der Ressourcenzuteilung. Daraus ergeben sich Gerechtigkeitsfragen, da die Gewährung verschiedener Ressourcen die Handlungs- und Lebenschancen ihrer Empfängerinnen und Empfänger verändert. Die Verbindung einer abstrakteren sozialpolitischen, aber auch soziologischen Betrachtung von Ressourcen und einer konkreteren sozialarbeiterischen und psychologischen Perspektive bringt die Chance für neue theoretische und handlungsleitende Einblicke mit sich, denn zwischen diesen disziplinär ausgerichteten Sichtweisen fehlt bisher eine tragfähige Brücke in der Praxis wie in der Theorie. Während soziologische Ressourcentheorien stärker die Ungleichverteilung von Ressourcen in den Mittelpunkt stellen, thematisieren psychologische Ressourcentheorien, welche Ressourcen zur Bewältigung von Belastungs- und Stresssituationen oder zur Stabilisierung von Gesundheit eingesetzt oder welche Ressourcen in sozialen Beziehungen ausgetauscht werden. Unter den psychologischen Ressourcentheorien hat Antonovskys Salutogenese (1997) eine besondere Bedeutung erhalten (→ H. Keupp, → F.-C. Schubert). Ihre Einsichten zu der Frage, was gesund erhält, stellen einen weitreichenden Schritt in der Ablösung eines defizitorientierten Blickes hin zu einer präventiven und fördernden Betrachtungs- und Handlungsweise im Gesundheits- und Sozialwesen dar.

Dieses Buch verbindet die verschiedenen Analyseebenen und gibt damit Impulse für ein integriertes Verständnis von Sozialpolitik und Sozialer Arbeit. Unter einer

Ressourcenperspektive kann die gemeinsame Praxis besser reflektiert und die theoretische Analyse der Disziplinen besser miteinander verbunden werden. Ein besonderes Anliegen des Bandes ist es, die Impulse, die relevante Ressourcentheorien auf die gegenwärtigen Ressourcendiskussionen haben, inhaltlich und perspektivisch zu verfolgen. Unsere Hoffnung ist, dass die Beiträge Anregungen für weitere interdisziplinäre Diskussionen und Konzeptentwicklungen liefern und auch zu einer interdisziplinären Vernetzung von ressourcenorientierter Forschung und Praxis beitragen.

Zum Abschluss sei den zahlreichen Autorinnen und Autoren ganz herzlich gedankt, die alle ohne Zögern und mit viel Engagement unserer Anfrage nachgekommen sind und mit ihren Beiträgen zum Gelingen dieses Bandes entscheidend beigetragen haben – trotz der umfangreichen zeitlichen Einbindung, in der sie alle standen und weiterhin stehen. Ohne ihren Ressourceneinsatz wäre dieser Band nicht entstanden. Im Rahmen dieses Projektes ist uns, den Herausgebern, deutlich geworden, dass – im Gegensatz zur alltäglichen Berufs- und Lebenspraxis – die oft knappe Ressource Zeit noch wenig Aufmerksamkeit in der Forschung findet. Für die Herausgeber war es eine anstrengende und durch die Auseinandersetzung mit der Thematik und den disziplinär unterschiedlichen Perspektiven und Schwerpunktsetzungen zugleich eine persönlich wie inhaltlich außerordentlich bereichernde Zeit. Auch dafür sei den Autorinnen und Autoren gedankt.

Wien und Mönchengladbach im Oktober 2011

Alban Knecht und Franz-Christian Schubert

Literatur

Antonovsky, A. (1997): Salutogenese. Zur Entmystifizierung der Gesundheit (dt. Ausgabe von Franke, A.). Tübingen: dgvt.
Bünder, P. (2002): Geld oder Liebe? Verheißungen und Täuschungen der Ressourcenorientierung in der Sozialen Arbeit. Münster u. a.: LIT.
Sen, A. (2000): Ökonomie für den Menschen. Wege zu Gerechtigkeit und Solidarität in der Marktwirtschaft. München: Carl Hanser.

I Konzeptionelle Zugänge

Ressourcen – Einführung in Merkmale, Theorien und Konzeptionen

Franz-Christian Schubert, Alban Knecht

1 Begriff und Kennzeichen von Ressourcen

1.1 Ressourcenbegriff

Der Begriff „Ressource" ist vieldeutig und seine Geschichte weist darauf hin, dass das seit langem so ist. Das aus dem Lateinischen abgeleitete Wort bezeichnete ursprünglich die Wiederherstellung eines Zustandes, das Wieder-Aufrichten, das Sich-Erheben. Im Französischen stand das Wort „Ressource" für hilfreiche Mittel und Möglichkeiten, für dienliche psychische und physische Fähigkeiten oder schlicht für Hilfe (Robert 1986). Im Deutsch des 19. Jahrhunderts bezeichnete „Ressource" bürgerliche Unterhaltungs- und Erholungsvereine (Pfeiffer 1989; siehe z. B. Graf 1868). Mitte der 1970er Jahre erhielt der Begriff im Zusammenhang mit der ökologischen Krise zuerst die Bedeutung von Hilfsmitteln und Rohstoffen. Mit der Verbreitung der interdisziplinär entwickelten human- und sozialökologischen Denkansätze, die die Lebens- und Erlebnisweise des Menschen als Ausdruck von komplexen Wechselwirkungen mit seiner sozialen, gesellschaftlichen und materiellen Umwelt und den darin enthaltenen Belastungen und Ressourcen verstand (vgl. Schubert 2011; Wendt 2010), erweiterte sich auch die Bedeutung des Ressourcenbegriffs. Heute werden mit dem Begriff im Bereich der Volkswirtschaftslehre noch immer allein materielle Güter bezeichnet, wohingegen die Soziologie den Begriff auf soziale und sozialökologische Merkmale und die Psychologie schließlich auf personale oder psychische Merkmale erweitert hat. In der Sozialen Arbeit wird mit dem Begriff häufig auch die Gleichwertigkeit von materiellen und immateriellen Hilfsmitteln betont (z. B. Bünder 2001).

Während der Begriff anfangs sehr vage und unbestimmt verwendet wurde (s. hierzu Nestmann 1996, 362), hat vor allem die Psychologie eine differenzierte theoretische Ausarbeitung zum Gegenstand „Ressourcen" vorgenommen (s. u.) und ein fruchtbares Verständnis von Ressourcen zur Handhabung in Beratung und Therapie geschaffen (z. B. Schemmel & Schaller 2003).

Eine psychosoziale Zugangsweise zum Ressourcenbegriff besteht darin, die Aufgaben und Funktionen von Ressourcen in der Lebensführung des Menschen zu betrachten. Allgemein formuliert beruht eine gelingende Lebensführung auf einer erfolgreichen Bewältigung von Lebensanforderungen und -bedingungen. Darunter sind zwischenmenschliche, gesellschaftliche und physikalisch-umweltliche Anforderungen zu verstehen, wie auch Anforderungen, die sich aus den biologischen, psychischen und sozialen Bedürfnissen des Menschen und aus den vom Individuum selbst entwickelten Zielsetzungen ergeben. Zur Bewältigung dieser verschiedenen Anforderungen ist der Mensch auf Mittel, Eigenschaften und Gegebenheiten, d. h. auf Ressourcen angewiesen, die von anderen Menschen oder der Umwelt (z. B. staatliche Institutionen, Kultur, Technik, Natur) zur Verfügung gestellt oder vom Individuum selbst entwickelt werden (vgl. auch Becker 2006; Feger & Auhagen 1987). Ressourcen sind somit personale, soziale und materielle Gegebenheiten, Objekte, Mittel und Merkmale, die das Individuum nutzen kann, um die externen und internen Lebensanforderungen und Zielsetzungen zu bewältigen. In ähnlicher Weise formuliert Willutzki (2003, 91; 2008, 254), „[...] dass Ressourcen für die Bewältigung alltäglicher und besonderer Anforderungen bzw. Lebensaufgaben von zentraler Bedeutung sind und somit letztlich unsere psychische und physische Gesundheit sowie unser Wohlbefinden von ihrer Verfügbarkeit und ihrem Einsatz abhängig sind". In den Vordergrund gerückt wird hier die Gesundheit des Menschen. Vorwiegend auf die Entwicklung des Individuums ausgerichtet, betrachten auch Brandtstädter, Meininger und Gräser (2003) Ressourcen als Hilfen zur Bewältigung von Lebensaufgaben. Ressourcen sind „Merkmale oder Attribute, welche über die Lebensspanne hinweg die Bewältigung von Entwicklungsaufgaben, kritischen Lebensereignissen oder belastenden Entwicklungsübergängen erleichtern oder zu einer positiven Bilanz von Entwicklungsgewinnen und -verlusten beitragen" (ebd., 49 f.). Zusammenfassend können Ressourcen definiert werden als positive personale, soziale und materielle Gegebenheiten, Objekte, Mittel, Merkmale bzw. Eigenschaften, die Personen nutzen können, um alltägliche oder spezifische Lebensanforderungen wie auch psychosoziale Entwicklungsaufgaben zu bewältigen, um psychische wie physische Bedürfnisse und eigene Wünsche zu erfüllen, Lebensziele zu verfolgen und letztlich Gesundheit und Wohlbefinden zu erhalten bzw. wieder herzustellen. In ausführlicher Weise haben Willutzki (2003, 94 f.), zum Teil auch Schiepek und Cremers (2003, 152 f.), konzeptionelle Grundlagen zur Bestimmung von Ressourcenmerkmalen erörtert. Es ergeben sich folgende Merkmale.

1.2 Merkmale von Ressourcen

Funktionalität und Aufgabenabhängigkeit

Ressourcen dienen dazu, individuelle Bedürfnisse, Interessen und Zwecke zu erfüllen oder für die Lösung anstehender Aufgaben und Anforderungen hilfreich zu sein. Ihr Nutzen erweist sich anhand ihrer Zweckdienlichkeit. Das wiederum ist von der Einschätzung und dem emotional-kognitiven Bewertungssystem des Individuums wie auch von gruppenspezifischen und kulturellen Bewertungen abhängig. Nur wenn solche Gegebenheiten als dienlich und hilfreich erfasst werden, werden sie zu Ressourcen. Vorher sind sie lediglich als Potenziale zu betrachten. „Ressourcen müssen [...] als solche erkannt und bewertet werden" (Schiepek &

Cremers 2003, 152). Die Einschätzung erfolgt nicht allein durch den Ressourcennutzer, auch sozial relevante Personen (z. B. Ehepartner, Berater) können dazu beitragen, vorhandene Potenziale als dienlich zu erkennen. Eine Übersicht zu möglichen allgemeinen Funktionen von Ressourcen bringt Klemenz (2009): Sie können dazu dienen, persönliche Ziele oder Wohlbefinden zu erreichen (Diener & Fuijta 1995), Ressourcen zu erhalten oder zu erweitern (Hobfoll 1998; s. u.), Ressourcen gegen andere Ressourcen zu tauschen (Foa et al. 1993; s. u.), oder werden zur Befriedigung der persönlichen physischen und psychischen Grundbedürfnisse eingesetzt (Grawe 1998; Smith & Grawe 2003).

Relationale Funktionalität

Eine einfache Beziehung zwischen Ressource und Zweck wird der Funktion von Ressourcen nicht gerecht. Schiepek und Cremers (2003, 152) formulieren eine mindestens dreistellige Mittel-Zweck-Relation von Ressourcen: „Ein Objekt (X) kann in Relation zu einem Ziel (Z) von einem Beurteiler bzw. dessen Wertesystem (B) als Ressource bezeichnet werden: R(X) = f(Z, B). Die Bezeichnung eines ‚Objektes' als Ressource ist eine Funktion von Z und B, wobei alle Instanzen dieser Relation als zeitlich veränderbar zu gelten haben." Zweckbestimmtheit und Zielführung von Ressourcen sind abhängig „vom persönlichen Stil und den Strategien, die man hierfür einsetzt" (ebd., 152). Auch vom Umfeld zunächst negativ bewertete Aspekte können sich funktional als Ressourcen erweisen (Willutzki 2008, 257), z. B. kann sich ein „Problemverhalten" als ein sinnvoller individueller Problemlösungsversuch herausstellen.

Bewertung und Sinnzuschreibung

Die Einschätzung von Person- und Umweltpotenzialen hinsichtlich ihrer Zweckdienlichkeit als Ressourcen ist stark von individuellen Faktoren abhängig: Je nach Einschätzung der Potenziale, der aktuellen Stimmung, dem Wertesystem, der Sinnzuschreibung und den aktuellen oder längerfristigen Zielen wird eine Person in unterschiedlicher Weise Ressourcen wahrnehmen und aufgreifen (Foa et al. 1993; Feger & Auhagen 1987). Interindividuell bestehen völlig verschiedene Vorstellungen davon, was eine Ressource und was eine Belastung ist (s. a. Willutzki 2003, 96, 99).

Stabilität und Variabilität von Ressourcen

Willutzki (2008) führt noch weitere Differenzierungen im Hinblick auf zeitliche und situative Variabilität und Stabilität von Ressourcen auf. Zeitlich stabil sind Ressourcen, wenn sie langfristig zugänglich sind (beispielsweise soziokulturelle Güter und Gruppen, u. U. auch Partnerschafts- und Freundschaftsbeziehungen und personale Ressourcen, wie z. B. Selbstbewusstsein, Wirksamkeitsüberzeugung). Davon zu unterscheiden sind passagere Ressourcenerlebnisse, wie erfreuliche Alltagsereignisse oder auch vorübergehende Formen sozialer Unterstützung. Die situative Spezifität von Ressourcen unterscheidet Klemenz (2009) danach, ob Ressourcen situationsübergreifend oder situations- bzw. bereichsspezifisch wirken.

Alters- und geschlechtsspezifische Funktionen

Im Verlauf der menschlichen Lebensspanne und der geschlechtsspezifischen Entwicklung verändern Ressourcen ihre Bedeutung und Funktion und können sich unterschiedlich weiterentwickeln. Manche Ressourcen erweisen sich als spezifisch vorteilhaft in einzelnen Entwicklungsstadien, zudem werden auch unterschiedliche Ressourcen eingesetzt, um die jeweils alters- und geschlechtstypischen Entwicklungsaufgaben zu bewältigen (Brandtstädter et al. 2003; Petermann & Schmidt 2006). Das hat Bedeutung für eine alters- und geschlechtsspezifische Ressourcenförderung durch Sozialisations- und Bildungsprozesse über die gesamte Lebensspanne, auch im höheren Erwachsenenalter (→ Fengler & Fengler, → Jasmund & Krus, → I. Schubert).

1.3   Subjektive und „objektive" Ressourcen

Mit den dargestellten Ressourcenmerkmalen kommt zum Ausdruck, dass Objekte, Mittel und Merkmale nicht „an sich" schon Ressourcen „sind", sondern zunächst als mögliche Potenziale für Ressourcen betrachtet werden müssen; Ressourcen bestehen nicht „an sich" (vgl. Brandstätter et al. 2003; Foa & Foa 1976; Feger & Auhagen 1987; Schiepek & Cremers 2003; Willutzki 2003). Gutscher, Hornung und Flury-Kleubler (1998) formulieren im Rahmen ihres Transaktionspotenzialmodells, dass die in der Euphorie der Ressourcenorientierung häufig anzutreffende Übergeneralisierung von Potenzialen als „Ressourcen" nicht zweckdienlich ist. Erst der Bezug auf die konkrete Situation und Aufgabenkonstellation und auf Wahrnehmung, Motive und Zielsetzung einer Person macht es möglich, Potenziale als Ressourcen zu bestimmen. Ressourcen werden somit unter den Aspekten der Aufgabenabhängigkeit, Funktionalität, der Sinnzuschreibung und zudem in Abhängigkeit von Situation, sozialem und kulturellem Kontext und vom Sozialisationsprozess bzw. von Zeit und Entwicklungsphase definiert (ähnlich s. Feger & Auhagen 1987; Foa & Foa 1976; Hobfoll 1988).

Jerusalem (1990) hat im Rahmen stresspsychologischer Forschungen Kriterien entwickelt, um zwischen subjektiven und objektiven Ressourcen zu unterscheiden. Bei *subjektiven Ressourcen* steht die Wahrnehmung und Bewertung der jeweiligen Person im Vordergrund, d. h. die Potenziale werden von ihr selbst wahrgenommen und positiv eingeschätzt. Unter Bezugnahme auf diese Kriterien beschreibt Willutzki (2003, 97) *objektive Ressourcen* als „Merkmale der Situation oder der Person, die von vielen (bis allen) Beurteilern als positiv beurteilt werden". Mit dieser Formulierung wird der Anspruch an eine „Objektivität" von Ressourcen erheblich relativiert. Im Wesentlichen handelt es sich um vielfach geteilte Einschätzungen von Beobachtern und relevanten Partnern (vgl. auch Schiepek & Cremers 2003), bzw. um allgemeingültiges Erfahrungswissen über Personen- oder Umweltmerkmale bzw. über Potenziale, die generell als hilfreich und zielführend für die Bewältigung von persönlichen oder externen Anforderungen aufgefasst werden (vgl. auch Foa & Foa 1976). Allerdings besteht Wirksamkeit auch dann, wenn sie von den beteiligten Personen und Beobachtern nicht unmittelbar erkannt wird, wie das beispielsweise von psychischen Schutzfaktoren bekannt ist (→ Klemenz, → F.-C. Schubert). Zudem gibt es in jeder Gesellschaft und Kultur Ressourcen, die individuumübergreifend geschätzt und als bedeutsam für die Lebensführung und die Existenzsicherung oder als wertvoll für einen gegenseitigen Austausch von Ressourcen angesehen werden. Das legt nahe, den Begriff „objektive Ressourcen" zu vermeiden, da „Objektivität" zumeist in einem spezifisch wissenschaftlichen Sinn gebraucht wird, und ihn durch „generell wirksame" oder „überindividuell wirksame Ressourcen" zu ersetzen.

1.4 Ressourcenwahrnehmung und Ressourcenaktivierung

Anhand zahlreicher Quellen diskutiert Willutzki (2003, 96f.), dass zwischen der individuellen Wahrnehmung von Ressourcen und den von außen wahrgenommenen Potenzialen häufig deutliche Differenzen bestehen. Entscheidend für den Handlungsspielraum des Individuums sei die subjektive Wahrnehmung bzw. Einschätzung von Ressourcen: ihre Vertrautheit, ihre eingeschätzte Bedeutung und Wirksamkeit für die eigenen kurz- oder längerfristigen Ziele und die Übereinstimmung mit den eigenen Werten und Überzeugungen. Insbesondere im Hinblick auf die Wahrnehmung von Personenressourcen und von Möglichkeiten sozialer Unterstützung ergeben sich empirisch nur geringfügige Übereinstimmungen zwischen der Ressourcenperspektive von Beobachtern und den subjektiv eingeschätzten Ressourcen. Eine unzureichende individuelle Ressourcenwahrnehmung hat Auswirkungen beispielsweise auf die persönliche Nutzung und Handhabung von Umweltressourcen, auf die individuelle Einschätzung persönlicher Kompetenzen und auf den erlebten Selbstwert. Die ressourcenorientierte professionelle Arbeit (Förderung, psychosoziale Beratung, Psychotherapie) widmet sich dem Abbau dieser Wahrnehmungsdiskrepanz. Betroffene Personen werden angeleitet, vorhandene Person- und Umweltpotenziale sensibel wahrzunehmen (Ressourcenwahrnehmung), sie zu entwickeln und als Ressourcen für die Erreichung von Zielen bzw. für die Bewältigung von Anforderungen einzusetzen (Ressourcenaktivierung) (z.B. Flückiger & Wüsten 2008; Herriger 2006; →Werner & Nestmann, → Wüsten & Schmid). Damit sind die beiden Hauptfunktionen von Ressourcenaktivierung nach Smith und Grawe (2003, 115) benannt: die Förderung von vorhandenen Potenzialen und die Förderung von neuen oder solchen Erfahrungen, die die bisherigen eingeschränkten Ressourcenerfahrungen korrigieren.

Beide tragen zur Erreichung von Zielen bei (z. B. Aufgabenbewältigung, Stärkung des individuellen Selbstwertes u. a.).

Jedoch reichen verbale Hinweise oder Gespräche alleine zumeist nicht aus, um die individuelle Ressourcenwahrnehmung zu erweitern und um Ressourcen zu aktivieren. Entscheidend ist, dass die Betroffenen ihre Ressourcen nicht nur erkennen, sondern mit ihnen auch konkret arbeiten und sie dadurch ganz persönlich erfahren und verfestigen. Mit einer erfolgreichen Ressourcenwahrnehmung und -aktivierung geht bei den Betroffenen eine Stärkung des Selbstvertrauens und des Vertrauens in die eigenen Stärken und Fähigkeiten, generell in die eigene Wirksamkeit einher. Gemäß dem konsistenztheoretischen Ansatz nach Grawe (1998; 2004) führt erfolgreiche Ressourcenaktivierung zu einem Wirkmechanismus, der „die Kraft für längerfristige Veränderungen liefert" und von einer „Verbesserung des Wohlbefindens" und des Selbstwertes begleitet wird (Smith & Grawe 2003, 115; → Klemenz).

1.5 Potenzielle und aktivierte Ressourcen

Diese Forschungen und Praxisverfahren legen nahe, zwischen potenziellen und aktivierten Ressourcen zu unterscheiden. Unter *potenziellen Ressourcen* können alle Gegebenheiten, Objekte, Mittel und Merkmale einer Person und der sozialen, gesellschaftlichen, technisch-physikalischen und biologischen Umwelt verstanden werden, die zur Bewältigung von persönlichen oder externen Anforderungen oder Zielsetzungen eingesetzt werden können. Sie ruhen gewissermaßen in der Person und in der Umwelt (Oelkers 2010). Zu *aktivierten Ressourcen* werden sie erst, wenn sie zur Anforderungsbewältigung oder Zielerreichung als brauchbar erkannt und entsprechend eingesetzt werden.

2 Ressourcentaxonomie

Neben materiellen bzw. ökonomischen Ressourcen werden in der Fachliteratur zumeist zwei weitere (Haupt-)Klassen von Ressourcen benannt, Ressourcen auf Seiten der Person und auf Seiten der Umwelt. Darin enthalten, häufig aber nicht explizit benannt, sind Ressourcen, die den Transaktionen bzw. Interaktionen zwischen Person und Umwelt zuzuordnen sind und im Weiteren hier eine eigene Klasse bilden. Unter Bezugnahme auf die Arbeiten von Antonovsky (1997), Becker (2006), Herriger (2006) und Willutzki (2008) kann eine Taxonomie von potenziellen Ressourcen erstellt werden. Zu den einzelnen Klassen werden jeweils beispielhaft die relevantesten Ressourcen benannt (vgl. auch → Röh).

1. **Persönliche Ressourcen** (auch als individuelle, personale, intrapersonale, interne Ressourcen, Person- oder Individualressourcen bezeichnet)

a) Physische Ressourcen sind z. B. stabile biophysische Konstitution, stabiles Immunsystem; Gesundheit und Fitness und physische Attraktivität.
b) Psychische Ressourcen (→ F. C. Schubert)
- Kognitive Ressourcen
  - Intellektuelle Fähigkeiten, Kreativität, spezifische Begabungen, Talente und Fertigkeiten, Problemlösefähigkeit etc.
  - Günstige (habituelle) kognitive Überzeugungen/Einstellungen: z. B. Wirksamkeitsüberzeugung, Fähigkeit zu Bedürfnisaufschub, Engagement, Zuversicht, Selbstwertgefühl, Lebenssinn
  - Verfügbarkeit von Bewältigungsstilen (Coping); Fähigkeiten zur Umsetzung der verschiedenen Kompetenzen in zielgerechtes Handeln, Lebenserfahrung, Leistungsfähigkeit
  - Bildung (in weitem Sinne; vgl. auch „kulturelles Kapital" nach Bourdieu, Capabilities nach Sen; → Knecht, „Ressourcentheoretische Erweiterungen des Capability-Ansatzes ..."): z. B. formale Bildung, berufliche Ausbildung und Wissen für die Bewältigung von Alltags- und beruflichen Anforderungen, zur Erfassung und Reflexion von Selbst und Umwelt (soziale, kulturelle und gesellschaftliche Zusammenhänge)
- Emotionale Ressourcen und Persönlichkeitseigenschaften
  - z. B. emotionale Stabilität, Optimismus, Verträglichkeit, Gewissenhaftigkeit, Verlässlichkeit, emotionale Intelligenz, differenzierte Selbst- bzw. Identitätsentwicklung
  - Emotionsregulierende (palliative) Ressourcen: z. B. emotionale Regulationsfähigkeit/Umgang mit Gefühlen, Wohlbefinden, Genussfähigkeit
- Innehaben von anerkannten, identitätsfördernden Rollen, Ämtern, Positionen in Familie, Beruf, sozialer Gemeinschaft (Becker 2006 verweist auf die inhärente Ambivalenz dieser Ressourcen)

c) Interaktionelle psychische Ressourcen (auch als interpersonelle oder relationale Ressourcen bezeichnet) kommen in Interaktionen mit nahestehenden Sozialpartnern (z. B. Partnerschaft, Familie, Freundschaften) und in erweiterten sozialen Systemen (z. B. Arbeitsteam, sozial-kulturelle Gruppen) zum Ausdruck. Sie vereinfachen, unterstützen und bereichern das Zusammenleben und begrenzen die Entwicklung von Destruktivität und Beziehungsstörungen. Einen konkreten Ertrag bringen diese Ressourcen nach Willutzki (2008, 256) erst durch das wechselseitige Ineinandergreifen der Interaktionen (Transaktionen) der beteiligten Sozialpartner.
- Beziehungsfähigkeit, Aufrechterhalten einer angemessenen Gegenseitigkeit in sozialen Interaktionen; Empathie, soziale Sensibilität; Fähigkeit zum differenzierten Ausdruck von Gefühlen und Motiven
- Konfliktfähigkeit, Kritikfähigkeit (Fähigkeit, angemessen Kritik auszudrücken, und Akzeptieren von berechtigter Kritik); Ambiguitätstoleranz (Unter-

schiedlichkeiten und Widersprüchlichkeiten tolerieren können); Widerstandsfähigkeit gegen Gruppendruck
- Verträglichkeit, Respekt, Toleranz gegenüber Interaktionspartnern; Verlässlichkeit
- Fähigkeit, Bedürfnis nach Hilfe auszudrücken und soziale Unterstützung einzuholen
- Integrationsfähigkeit in soziale Gruppen
- Bereitschaft und Fähigkeit zum Ausgleich von erhaltener Unterstützung und zur angemessenen Wiedergutmachung von emotionalen, physischen, materiellen Verletzungen und Schädigungen (Reziprozität)

d) Ökonomische (Person-)Ressourcen
- Geld und Kapitalbesitz als universell transformierbare Ressource, Grundbesitz und Wohneigentum, Einkünfte aus Besitztum („ökonomisches Kapital" nach Bourdieu)
- (stabiles) Arbeits- bzw. Erwerbseinkommen

2. Umweltressourcen (auch als Umfeld- oder externe Ressourcen bezeichnet) umfassen psychosoziale, soziale, kulturelle, sozialstaatliche sowie rechtliche, physikalisch-technische und natürliche Hilfen und Hilfsmittel in der Umwelt der Person.

a) Sozial-emotionale Beziehungsressourcen umfassen sozial-emotionale Zugehörigkeit, Austausch und Unterstützung und kommen zumeist über emotional dichte personale Interaktionen im sozialen Nahraum zum Tragen.

b) Soziale Ressourcen (auch als psychosoziale oder interpersonelle Ressourcen bezeichnet; vgl. auch „soziales Kapital" nach Bourdieu)
- Kontakte und Beziehungen im persönlichen Netzwerk
- Erfahrung von sozialer Integration, Zugehörigkeit, Akzeptanz in (erweiterten) Netzwerken (Verwandtschaft, Freundschaft, Wohnviertel, Selbsthilfegruppen, soziokulturelle Gruppen, Arbeitsstelle und -team)
- Erhalt von Unterstützung zur Alltagsbewältigung und Bewältigung spezieller Anforderungen
- Gestaltungs- und Teilhabemöglichkeiten im Wohnviertel und Kulturraum

c) Sozialökologische Ressourcen
- Wohn- und Wohnumfeldqualität sowie Qualität sozialökologischer Infrastruktur (sozial, kulturell, gesundheitlich, städte- und landschaftsbaulich, verkehrs- und informationstechnisch, natürlich)
- Arbeitsplatzqualität: z. B. strukturell, perspektivisch, gesundheitlich, psychosoziales Arbeitsklima, Sinngehalt der Arbeit

d) Sozialstaatliche und soziokulturelle Ressourcen
- Vorhandensein, Erreichbarkeit und Zugang zu Bildungs-, Gesundheits- und sozialen Institutionen, kulturellen Angeboten, psychosozialen Unterstützungseinrichtungen
- Monetäre Transferleistungen und Dienstleistungen der sozialstaatlichen Sozialversicherungen (wie Arbeitslosen-, Renten- oder Unfallversicherung), der

Fürsorge (z. B. Arbeitslosengeld, Hartz IV) und der Versorgung (z. B. Opferentschädigung, Beamtenversorgung))
- Teilhabemöglichkeit an einem anerkannten religiösen und gesellschaftlich-kulturellen Leben
- Durchschaubarkeit und Beeinflussbarkeit von gesellschaftlichen Strukturen und Entwicklungen, demokratische Verfassung
- Rechtsstaatlichkeit (garantiertes Recht und Durchsetzungsmöglichkeiten von Rechten)

Weitere Differenzierungen persönlicher Ressourcen finden sich bei Petermann und Schmidt (2006; → Jasmund & Krus) und Smith und Grawe (2003; → Klemenz).

3 Ressourcenmodelle bzw. Ressourcentheorien im Überblick

Im Folgenden werden einige Ressourcentheorien übersichtsmäßig dargestellt. Die Auswahl soll keine Missachtung anderer Ansätze ausdrücken, vielmehr folgt sie solchen Theorien, auf die sich die Beiträge in diesem Buch häufiger beziehen. Die gegenwärtig einflussreiche Theorie von Amartya Sen wird in einem eigenen Beitrag dargestellt (→ Knecht, „Ressourcentheoretische Erweiterungen des Capability-Ansatzes ...").

3.1 Theorie der Ressourcenerhaltung nach Hobfoll

Hobfoll hat seit Ende der 1980er Jahre eine einflussreiche Theorie entwickelt, die ursprünglich als Stresstheorie konzipiert ist (Hobfoll 1988) und inzwischen breiten Einzug in die psychosoziale Ressourcendiskussion gefunden hat. Er benennt seinen Ansatz als „Conservation of Resources Theory", bzw. „COR-Theory" (Hobfoll 1989), was als „Theorie der Ressourcenerhaltung" oder als „Ressourcenkonservierungstheorie" übersetzt wird (Hobfoll & Buchwald 2004; Hobfoll & Schumm 2004). In Abhebung von der psychologischen Stressforschung, die Stress primär als ein Ergebnis subjektiver Wahrnehmung und Einschätzung betrachtet (z. B. Lazarus & Folkman 1984; Lazarus 1995; → F.-C. Schubert), belastende Umweltanforderungen aber kaum berücksichtigt, ist nach Hobfolls Theorie (1988; 1989; 1998) Stress vorrangig ein Resultat aus der Wahrnehmung von Ressourcenverlust im „objektiven" und sozialen Umfeld der Person (*person-in-environment*).

Die Theorie der Ressourcenerhaltung besagt, dass Menschen danach streben, die eigenen Ressourcen vor Beeinträchtigung und Verlust zu schützen und neue Ressourcen aufzubauen, sich selbst zu schützen und ihre sozialen Beziehungen sowie ihre Einbindung im sozialen Kontext zu bewahren (Hobfoll & Buchwald 2004, 13;

Hobfoll & Schumm 2004, 93). Ressourcen werden durch Umweltereignisse bedroht. Stress- bzw. Belastungserleben treten ein, wenn infolge eines Ereignisses ein Verlust von solchen Ressourcen 1. droht oder 2. tatsächlich eintritt, „die eigentlich zur Aufrechterhaltung des Individuums selbst, dessen Familien oder des umfassenden sozialen Kontextes gedacht waren" (Hobfoll & Buchwald 2004, 13), oder 3. wenn Ressourcen investiert werden, um weitere Ressourcen zu vermehren, der erhoffte Zuwachs aber nicht eintritt. Für den Stressprozess und das individuelle Belastungserleben ist nicht das Ereignis selbst bedeutsam, sondern die wahrgenommenen Ressourcenverluste, bzw. die Ressourcenfehlinvestition mit nicht eintretenden Gewinnen. Die Situation und das darin auftretende Ereignis sind lediglich der Ausgangpunkt für diesen Prozess (ebd., 14). Für eine erfolgreiche Bewältigung von Belastungen gilt die zentrale Grundannahme, dass Bewältigung längerfristig nur über den Einsatz von Ressourcen gelingt. Der Kern von Hobfolls Theorie ist also Ressourcenbewahrung im Sinne von Ressourcenerhalt, Ressourcenentwicklung und der Vermeidung von Ressourcenverlust.

Zwar wird die Stressreaktion auch von Persönlichkeitsmerkmalen und der persönlichen Konstitution (z. B. Vulnerabilität) beeinflusst, doch ist die individuelle Reaktionsbreite auf Stressereignisse nach Hobfoll (1988) wesentlich geringer, als es beispielsweise in der (kognitiven) Stresstheorie von Lazarus und Folkman (1984) vertreten wird. Derartige psychologische Prozesse stehen nicht im Vordergrund von Hobfolls Theorie. Ausschlaggebend für individuelles Erleben von Stress und Belastung ist nach Hobfoll (1989) das Ergebnis aus den wechselseitig wirkenden Komponenten 1. individuelle *Wahrnehmung* (incl. Bewertung) der Entwicklung von Ressourcen (Ressourcenverlust, -bedrohung oder fehlender Zugewinn, Verfügbarkeit von weiteren Ressourcen) und möglicher Maßnahmen zum Schutz oder Wiederherstellung von Ressourcen, 2. Wahrnehmung des spezifischen *Kontextes* (Situation), in dem der Stressor auftritt, 3. spezifische Beeinflussung der Wahrnehmung durch *persönliche Merkmale* (Persönlichkeit, konstitutionelle Faktoren). Zusätzlich haben 4. Bewertungen aus der sozialen und kulturellen *Umwelt* der Personen maßgeblichen Einfluss auf die Wahrnehmung (1. und 3.) und Auswahl von Bewältigungsstrategien. Allerdings erfahren kognitiv-emotionale Verarbeitungsprozesse und persönlichkeitsspezifische Faktoren nur eingeschränkte Beachtung. Relativ allgemein formuliert Hobfoll (1988), dass Ressourcen laufend auf drei Personebenen evaluiert werden: Auf der biophysiologischen Ebene werden Ressourcen (z. B. Nahrung, Flüssigkeit) in ihrer Bedeutsamkeit von allen Menschen relativ gleich bewertet. Auf der kognitiven Ebene werden Ressourcen hingegen in Abhängigkeit von individuellen Erfahrungen und persönlichen sowie sozialen Werten beurteilt und geschätzt. Auf der dritten Ebene werden Ressourcen über unter- bzw. unbewusste Prozesse wahrgenommen oder abgewehrt, wodurch eine Ressourcenbewertung individuell wie interindividuell sehr unterschiedlich ausfallen kann (z. B. im Kontext psychoemotional belastender Erfahrungen oder Traumata).

Ressourcen sind nach Hobfoll (1988, übers. nach Becker 2006, 131) „(a) jene Objekte, persönlichen Eigenschaften, Bedingungen oder Energien, die vom Individuum geschätzt werden, oder (b) die Mittel zur Erreichung jener Objekte, persönlichen Eigenschaften, Bedingungen oder Energien". Damit nimmt Hobfoll eine Klassifikation nach *vier Grundtypen* von Ressourcen vor: *Objektressourcen* sind externe physikalische Ressourcen zur Befriedigung grundlegender Bedürfnisse (wie Nahrung, Wohnraum, Kleidung) und von Statusbedürfnissen sowie zur Unterstützung von instrumentellen Anstrengungen (z. B. Maschinen, Auto). *Bedingungsressourcen* sind erstrebenswerte, teilweise auch hoch geschätzte und zumeist haltgebende Lebensumstände, wie z. B. Partnerschaft, Ehe, Familie, zwischenmenschliche Beziehungen, Gesundheit, Arbeitsplatz, höhere berufliche Position wie auch wertgeschätzt und beliebt sein. *Persönliche Eigenschaften* umfassen Merkmale und Fähigkeiten, die dazu beitragen, Anforderungen zu bewältigen und Ziele zu erreichen. Das sind z. B. berufliche Fähigkeiten, soziale Kompetenzen, stressreduzierende Persönlichkeitseigenschaften und besondere Lebenseinstellungen. *Energieressourcen* (wie Geld, Wissen, Ansehen, Zeit u. a.) werden als besonders wertvoll angesehen, weil sie den Zugang zu vielen anderen Ressourcen ermöglichen.

Im Zentrum von Hobfolls Ressourcentheorie stehen die bedeutsamen Unterschiede in den Auswirkungen zwischen *Ressourcenverlust* und *Ressourcengewinn*: Ressourcenverluste haben wesentlich bedeutsamere Auswirkungen als Ressourcengewinne. Die Unterschiede werden anschaulich über „Ressourcenspiralen" (Hobfoll 1989) zum Ausdruck gebracht. Personen mit wenigen Ressourcen oder mit beginnenden oder bereits eingetretenen Ressourcenverlusten sind vulnerabel für weitere Ressourcenverluste und können sich zudem schlechter gegen Verluste schützen; sie können sich auch schlechter von den Verlusten erholen als Personen mit vielen Ressourcen. Hobfoll (1988) geht davon aus, dass zur Unterbrechung von Verlustereignissen unterschiedliche Ressourcen eingesetzt und verbraucht oder bedroht werden. In dieser Situation entsteht neuer Stress, zu dessen Bewältigung weitere Ressourcen eingesetzt werden müssen usw. Die betroffenen Personen geraten in eine „Ressourcenverlustspirale", die – einmal in Gang gesetzt – nur schwer zu unterbrechen ist und weitere Verluste aus dem Ressourcenpool nach sich zieht. Solch eine „abwärts gerichtete" Eigendynamik kann zum Ausdruck kommen, indem Betroffene beispielsweise an ihren Handlungsmöglichkeiten (Wirksamkeit) zweifeln, sich nichts mehr zutrauen, ihnen gehäuft Fehler unterlaufen, Einbußen in sozialen Bereichen (Rückzug aus sozialen Bindungen wie auch Rückzug seitens der Sozialpartner), in beruflichen und damit auch in materiellen und schließlich in gesundheitlichen Bereichen eintreten, häufig gefolgt von Wohnungsverlust und Verlust gewohnter sozialer Umgebung. Daran kann sich materieller und sozialer Abstieg in breitem Umfang anschließen. Hobfoll (1988) geht davon aus, dass die Identität eines Menschen in großem Umfang über seine Ressourcen bestimmt wird. Der tatsächliche oder antizipierte Ressourcenverlust beeinträchtigt somit die Identität eines Menschen in erheblichem Maße.

Neben diesen Prinzipien verweist Hobfoll (1988) auch auf individuelle Differenzierungen bei Ressourcenverlusten. Wahrnehmung und Umgang mit Verlusten sind abhängig von der Person, vom Kontext, in dem Verluste auftreten, von den geltenden sozialen Normen und kulturellen Bedingungen und zudem von den Erfahrungen, die eine Person mit Verlusten gemacht hat. Hobfoll betont, dass die betroffene Person daher immer im Kontext seiner Umwelt, insbesondere seines sozialen Umfeldes, betrachtet werden muss (→ Werner & Nestmann).

Personen, die viele Ressourcen haben, fällt es hingegen leichter, personale, soziale und materielle Ressourcen zu erhalten, zu vermehren und neue zu erwerben. Sie entwickeln eine „Ressourcengewinnspirale", indem sie in Ressourcen investieren, „um sich vor Verlusten zu schützen, von Verlusten zu erholen und um neue Ressourcen hinzuzugewinnen" (Hobfoll & Buchwald 2004, 14). Sie sind weniger anfällig gegenüber Ressourcenverlusten und können in der Auseinandersetzung mit belastenden Ereignissen Ressourcen erfolgreicher einsetzen.

Hobfoll (1988) benennt verschiedene Möglichkeiten, um Ressourcen zu erhalten oder Verluste zu vermeiden: 1. Verschiebung der Aufmerksamkeit von Verlusten hin auf mögliche oder in Aussicht stehende Ressourcengewinne; 2. bedrohte oder verlorene Ressourcenverluste neu bewerten, d. h. ihnen einen anderen Wert zuschreiben, um Stress abzupuffern; Neubewertung erzielen durch vergleichende Gegenüberstellung von Ressourcengewinnen und Ressourcenverlusten, wodurch die einzelnen Verluste eventuell weniger ins Gewicht fallen; 3. Begrenzung der Ressourcenverluste oder -bedrohung durch andere oder intensivere Bewältigungsanstrengungen. Insbesondere bei den beiden erstgenannten Strategien verweist Hobfoll auf mögliche negative Konsequenzen, wie Verlust an Klarheit und Verkennung der realen Gegebenheiten oder auch Verhalten gegen die bisher gültigen individuellen Werte und Erfahrungen. Damit sind diese beiden Strategien nur als vorübergehende und nicht als langfristige Strategien zu verstehen (Starke 2000).

Über eine Auswertung verschiedener empirischer Untersuchungen belegen Hobfoll & Schumm (2004) die These, dass Ressourcenverluste sowohl bei Individuen wie auch sozialen Gemeinschaften bedeutsamere Auswirkungen haben als Ressourcengewinne. Die individuelle wie auch gemeinschaftliche Bewältigung von emotionalen Belastungen kann durch Ressourcenzugewinne nicht in dem Maße aufgefangen werden, wie Belastungen durch Ressourcenverluste progredient voranschreiten (z. B. Hobfoll & Lilly 1993; Lane & Hobfoll 1992). Die Autoren fassen zusammen, „dass Ressourcengewinne wichtig sind für den Ausgleich von Verlusten, aber keinen wesentlichen direkten Effekt auf Ressourcenverluste haben" (Hobfoll & Schumm 2004, 101), sondern eher einen regenerativen Effekt haben. Das gilt vor allem für solche Personen oder Gemeinschaften, die ohnehin einen Mangel an angemessenen Ressourcen aufweisen. Die Autoren formulieren, dass vor allem persönliche und (psycho-)soziale Ressourcen (wie Selbstwirksamkeit, Selbstwertgefühl, Optimismus; soziale Unterstützung, soziale Integration) in der Lage sind, den Einfluss von Ressourcenverlusten zu kompensieren. Vergleichbare Ergebnisse erbrachten Untersuchungen zu posttraumatischen Stresssymptomen unterschiedlicher Genese (z. B. King et al. 1999; Wells et al. 1999). Hobfoll et al. (2007) entwickelten jüngst auf Grundlage der COR-Theorie konkrete Ziele und Maßnahmen zur Ersten Hilfe nach individuellen Traumata.

Seit den 1990er Jahren verfolgt Hobfoll (1998) den Prozess der Stressbewältigung über vielseitige soziale interaktionale Prozesse. Individuen agieren nicht nur autonom, sondern sie sind eingebettet „in ihre Familie, ihr Volk und ihre Kultur, wo bestimmte Regeln und Richtlinien für Einstellungen und Verhalten existieren" (Hobfoll & Buchwald 2004, 17). Die Werte des sozialen Kontextes, kultur- und geschlechtsspezifische Muster und resultierende Diversivität haben erhebliche Bedeutung für den Prozess der Stressbewältigung und für Ressourcenerhalt oder -verlust. Beispielsweise wird die COR-Theorie auf die öffentliche Gesundheitsförderung und auf Gemeindesettings übertragen, um Verlustspiralen von Individuen und Gemeinden vorzubeugen oder „um Individuen und Gemeinden solche Ressourcen nahezubringen, die für die Förderung von *Public Health* notwendig sind" (ebd., 94). Bekannt geworden sind zwei weitere Modelle: Stress crossover vermittelt Formen des Belastungs- und Ressourcenaustausches zwischen Individuen, die als Paar, Familie oder Gemeinde von akuten Krisen betroffen sind. Das multiaxiale Copingmodell erfasst heuristisch die Vielfalt von individuellen und kulturellen Einsatzformen von Bewältigungsverhalten (Coping) und ordnet sie nach drei faktorenanalytischen Dimensionen: Grad der Eigenaktivität (aktiv – passiv), Ausmaß der sozialen Bezogenheit (prosozial – antisozial), Ausmaß der Explikation von Coping (direkt – indirekt) (ebd., 20). Einen vierten Faktor „instinktives – reflexives Coping" beschreiben Schwarzer, Starke und Buchwald (2004). Beide Modelle sind vornehmlich auf sozial-interaktive Stressbewältigung ausgerichtet (vgl. auch Eppel 2007).

Hobfolls Ressourcentheorie hat großen Einfluss auf die gegenwärtige Ressourcendiskussion. Im Wesentlichen ist sie ein verhaltensökonomischer Ansatz unter dem Einfluss der Kosten-Nutzen-Analyse menschlicher Interaktionen und generalisiert ein Menschenbild, das davon ausgeht, dass jedes menschliche Handeln darauf ausgerichtet sei, Gewinne zu maximieren und Verluste zu vermeiden. Psychologisch-motivationale Differenzierungen des menschlichen Erlebens und Verhaltens bleiben hierbei weitgehend unberücksichtigt.

3.2 Ressourcen(austausch)theorie nach Foa und Foa

Schon in den 1970er Jahren haben Uriel G. und Edna B. Foa im Rahmen ihrer Forschungen über soziale Beziehungen eine strukturelle Ressourcentheorie entwickelt, die bereits relevante Aspekte hinsichtlich Funktionen, Merkmalen und der Bedeutung von Ressourcen formuliert. Der Ansatz von Foa und Foa (1976) fokussiert im Wesentlichen zwei Bereiche: die Ausdifferenzierung der Bedeutungszuschreibung, die Ressourcen im Laufe der individuellen Sozialisation erhalten, und die Bedeutung von Ressourcenaustausch im Rahmen von sozialem Verhalten und interpersonellen Beziehungen, insbesondere bei Paaren. Der zweite Bereich beinhaltet die Grundgedanken des Ressourcenmodells: Ressourcen werden im Rahmen von sozialen Austauschprozessen erworben und durch den *Ressourcenaustausch* werden die Beziehungen zwischen den beteiligten Individuen charakterisiert. Austauschobjekte oder -merkmale erhalten ihre Bedeutung und ihren Wert als Ressourcen erst durch die subjektive Bewertung der Handelnden. Der Austausch von Ressourcen erfolgt nach ganz bestimmten Regeln, die entsprechend der Klasse der ausgetauschten Ressource jeweils variieren. Weiterhin beeinflussen die Verfügbarkeit von Ressourcen oder deren Mangel bzw. Verlust das subjektive Wohlbefinden und die Zufriedenheit von Personen und ihre zwischenmenschlichen Beziehungen. In einer etwas vereinfachenden Schussfolgerung könnten somit viele individuelle wie auch zwischenmenschliche Probleme auf das Bedürfnis nach und auf die Verfügbarkeit von Ressourcen reduziert werden.

Unter Ressourcen verstehen Foa und Foa (1976, 101) „anything that can be transmitted from one person to another". Nach Auffassung der Autoren ist diese Definition umfassend genug, um verschiedenste Ressourcenarten und -bedeutungen einzubinden: „[...] to include things as different as a smile, a check, a haircut, a newspaper, a reproachful glance, and a loaf of bread [...], some resources are more alike than others in terms of their meaning, their use, and the circumstances of their exchange" (zit. n. Stangl 1989, 308). Die Autoren ordnen Ressourcen in sechs Klassen: *Liebe* (Zuwendung, Wärme, Trost, Beistand), *Dienstleistungen* (Aktivitäten, die andere betreffen und in der Regel Arbeit bedeuten), *Waren* (Produkte, Objekte, Materialien), *Geld* (Münzen, Währung, generell alle symbolischen Gaben mit Austauschwert), *Information* (Unterweisung, Unterricht, Meinung, Rat, Aufklärung) und *Status* (Prestige, Achtung, Ansehen) (vgl. ebd.).

Sie entwickeln ein spezifisches *Ressourcenstrukturmodell* mit den beiden orthogonalen Dimensionen „Einzigartigkeit" (*particularism*) und „Konkretheit" (*concreteness*). In diesem Strukturmodell positionieren sie die sechs Ressourcen in einer zirkulären Anordnung nach dem Prinzip der Ähnlichkeit und entsprechend der jeweiligen Ausprägung auf der Dimension „Einzigartigkeit" von universell zu spezifisch und auf der Dimension „Konkretheit" von symbolisch zu physisch konkret (vgl. Abb. 1).

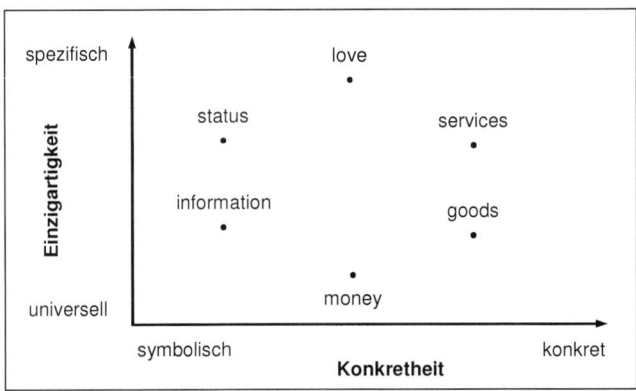

Abb. 1: Einteilung der Ressourcen bei Foa & Foa (Quelle: dies. 1976, 102; Starke 2000, 18, mit Modifikationen). Die Ressourcenklassen sind als sich überschneidende, strukturell miteinander verbundene Felder aufzufassen.

Die Dimension *Einzigartigkeit* bringt zum Ausdruck, wie universell (z. B. Geld) oder wie spezifisch eine Ressource ist, die Dimension *Konkretheit*, wie konkret (z. B. Aushändigen von Ware) oder symbolisch (z. B. Mitteilung eines Prüfungsergebnisses; verbaler Ausdruck von Zuneigung) ein Ressourcenaustausch ist. Diese spezifische Anordnung von Ressourcenkategorien und deren Beziehung untereinander konnte in englisch- und deutschsprachigen empirischen Untersuchungen bestätigt werden (vgl. Starke 2000). Die Strukturmatrix liefert den Hintergrund, um den Zusammenhang zwischen interpersonellem Verhalten und Ressourcenaustausch in bestimmten Kontexten zu erfassen (Foa & Foa 1996, 101). Da die Ressourcenkategorien strukturell miteinander verbunden sind, treten sie beim Austausch in bestimmten Konfigurationen und Häufigkeiten auf: In zufriedenstellenden (Tausch-)Beziehungen werden solche Ressourcen getauscht, die sich ähnlich sind bzw. im Ressourcenraum nahe beisammen liegen und damit in etwa als gleichwertig eingeschätzt werden. Getauschte Ressourcen sollten daher möglichst aus derselben oder einer zirkulär nahe anschließenden Kategorie entstammen oder gleiche bzw. ähnliche Dimensionalität (Konkretheit, Einzigartigkeit) haben. Zufriedenstellende Tauschbeziehungen folgen diesem Gleichgewichtsprinzip. Hingegen werden solche Beziehungen, deren Ressourcenaustausch nicht diesen Merkmalen entspricht, als weniger zufriedenstellend erlebt. Zu berücksichtigen ist, dass Ressourcen bei Foa und Foa subjektive Größen (im Sinne subjektiver Bedeutungszuschreibung) darstellen. Foa und Foa (1976) konnten feststellen, dass der Austausch von Ressourcen ganz bestimmten Regeln folgt, die entsprechend der Ressourcenklassen variieren (vgl. auch Starke 2000, 20 f.).

Die Fähigkeit, Ressourcen in ihren differenzierten *Bedeutungs- und Bewertungskomponenten* sowohl individuell als auch kulturell erfassen zu können, wird im Verlauf des Sozialisationsprozesses und mit der frühkindlichen Bindungsentwicklung erworben. In diesem Entwicklungsprozess werden Ressourcen zunehmend in ihren unterschiedlichen Bedeutungen wahrgenommen, und zwar vom Spezifischen zum Universellen, vom Konkreten zum Symbolischen, und erhalten auch ganz individuelle Bedeutungs- und Bewertungsausdifferenzierungen. Durch parallel verlaufende kulturelle Zuschreibungen erfolgen diese Ausdifferenzierungen nicht unbegrenzt, sondern erfahren kulturell typische Eingrenzungen (vgl. Stangl 1989). Ressourcen sind somit nicht objektiv bestimmbar, sondern erhalten ihre Bedeutung erst durch den Prozess der subjektiven Interpretation auf dem Hintergrund kultureller Bedeutungs- und Wertzuschreibung. Mitte der 80er Jahre haben Edna B. Foa und Mitarbeiter die Forschungen über individuelle Bewertungs- und Bedeutungskomponenten zu einer Theorie kognitiv-emotionaler Strukturen erweitert („Emotionale-Prozess-Theorie", Foa & Kozak 1986) und in umfangreichen empirischen Studien zur Diagnose und Therapie von Angst, Depressionen, Zwangshandlungen und nach traumatischen Ereignissen verifiziert und weiterentwickelt.

3.3 Systemisches Anforderungs-Ressourcen-Modell nach Becker

Im Rahmen seiner gesundheitspsychologischen Forschungen hat Peter Becker (2006) ein Ressourcenmodell entwickelt, das er als „Systemisches Anforderungs-Ressourcen-Modell" (SAR-Modell) bezeichnet. In seinen Grundannahmen bezieht er sich in kritischer Abwägung auf Ansätze aus der Stress-Bewältigungsforschung (z.B. Antonovsky 1990; Hobfoll 1988; 1989; Lazarus 1990) und Weiterführungen (Olsen & Stewart 1991; Kupsch 2006; Siegrist 1998) und auf den systemtheoretischen Ansatz von Uexküll und Wesiack (1986). Im Mittelpunkt steht der Ressourcenaustausch auf den verschiedenen Systemebenen.[1] Damit rückt die wechselseitige Abhängigkeit von Menschen und Umwelt in der Zugänglichkeit, Nutzung und Handhabung von Ressourcen in den Fokus. Becker thematisiert besonders den Ressourcenaustausch zwischen Personen/Personengruppen und innerhalb der biopsychischen Systemebenen der Person selbst. Der Einsatz von Ressourcen wird im SAR-Modell als Voraussetzung für die Bewältigung von alltäglichen wie speziellen Lebensanforderungen und Zielsetzungen und somit für die Bewahrung von Gesundheit aufgefasst.

Unter *Ressourcen* versteht Becker (2006, 133) „Mittel oder individuelle Eigenschaften, auf die lebende Systeme oder Systemelemente im Bedarfsfall zurückgreifen können, um mit ihrer Hilfe externe oder interne Anforderungen zu bewältigen". Grundlegend wirkt hierbei die Auffassung, dass „der Mensch [...] auf Ressourcen in der Umwelt [...] angewiesen [ist]" (ebd.). In den Vordergrund stellt Becker den engen Zusammenhang zwischen individueller Gesundheitsentwicklung und der angemessenen Befriedigung psychischer (und physischer) Grundbedürfnisse (vgl. Grawe 2004; → Klemenz). *Interne Anforderungen* sind z.B. persönliche Ziele, Wünsche und Erwartungen an sich selbst, an andere oder an die Umwelt sowie die Notwendigkeit oder das Verlangen, angeborene oder erworbene physische und psychische Bedürfnisse zu erfüllen. Interne Anforderungen entstehen insbesondere bei der Auseinandersetzung mit kritischen Lebensereignissen und in den Phasen von Lebensübergängen. *Externe Anforderungen* kommen zumeist aus 1. der sozialen Umwelt (Ausbildung, Beruf, Partnerschaft, Familie, soziale Gruppenzugehörigkeit, Gemeinde) sowie aus gesellschaftlichen und rechtsstaatlichen Vorschriften, Werten und Normen, 2. aus der aktuellen Lebensphase mit den typischen Entwicklungsanforderungen, 3. infolge des Auftretens kritischer Lebensereignisse und 4. aus den sozioökonomischen Lebensverhältnissen (ökonomische Situation, Status, Lebenslage) und umweltlichen Lebensverhältnissen (Wohnsituation, Umweltverschmutzung).

---

[1] Unter Systemebenen versteht Becker (2006) Subsysteme unterschiedlicher Komplexität im Personsystem (z.B. physisch, psychisch), in sozialen Systemen von Personen und in Umweltsystemen (Lebensbereiche). Systeme sind hierarchisch organisiert und stehen untereinander in Wechselbeziehung.

Nach den zugrundeliegenden Stress-Bewältigungsmodellen beruht gelingende Lebensführung auf einer erfolgreichen Bewältigung von belastenden Bedingungen (Stressoren) bzw. externen und internen Anforderungen (vgl. auch Schubert 2009; 2012). Vor dem Hintergrund dieser Modelle geht Becker (2006, 110) von der Annahme aus, dass der Gesundheitszustand einer Person – und damit auch deren Wohlbefinden und letztlich auch die alltägliche Lebensbewältigung – davon abhängt, wie gut es ihr gelingt, stressreiche externe und interne Anforderungen durch den Einsatz von eigenen und/oder von externen Ressourcen (Eigenschaften, Mittel, Hilfen) zu bewältigen: Eine Gesundheitsgefährdung entsteht dann, wenn es nicht hinreichend gelingt, belastende Anforderungen zu bewältigen. Die Auswirkungen können als Destabilisierung auf biologischer, psychischer sowie sozialer Ebene zum Ausdruck kommen. Die betroffene Person muss eigene und/oder externe (potenzielle) Ressourcen zur Verfügung haben und diese auch angemessen handhaben können. Fehlen entscheidende Ressourcen oder Ressourcen in gehäuftem Umfang (oder die Möglichkeiten zur Ressourcenaktivierung), so ist das erheblich mitverantwortlich für Probleme in der Lebensbewältigung und in der Gesundheitsentwicklung von Menschen. Im Mittelpunkt des SAR-Modells steht also das Zusammenwirken (bzw. die transaktionale Relation) zwischen den belastenden Anforderungen (Stressoren) und den Ressourcen, die auf den verschiedenen Systemebenen zur Bewältigung dieser Anforderungen verfügbar (und aktivierbar) bzw. nicht verfügbar (nicht aktivierbar) sind. Der Aspekt der Aktivierbarkeit von Ressourcen wird bei Becker nicht explizit hervorgehoben, soll jedoch infolge der oben getroffenen Unterscheidung und ihrer Bedeutsamkeit hier erfasst werden. Becker (2006, 137) spricht lediglich von der Notwendigkeit, über bestimmte und angemessene interne Ressourcen zu verfügen, um den Zugang zu externen Ressourcen zu erlangen.

In seinem Konzept zum *Ressourcenaustausch* bezieht sich Becker auf den theoretischen Hintergrund der transaktionalen Person-Umwelt-Wechselwirkung. Er geht davon aus, dass Individuum und soziale Umwelt (z. B. Personen, Gruppen, kulturelle oder staatliche Einrichtungen) aneinander wechselseitige Anforderungen haben und zu deren Befriedigung – im Idealfall – in einen gegenseitigen Austausch von Ressourcen treten (s. o.). Wichtige Ressourcen werden nach Becker (2006, 184) „vor allem von anderen Menschen bereitgestellt". Da dies generell für die Lebensführung von Menschen gilt, „ergeben sich wechselseitige Abhängigkeiten und Beeinflussungen zwischen den Menschen: [...] Die Menschen stellen Anforderungen aneinander und treten in einen Austausch von Ressourcen. Im Falle befriedigender sozialer Interaktionen kommt es zur Bewältigung wechselseitiger Anforderungen durch gegenseitige Bereitstellung von Ressourcen" (ebd.). Es entsteht ein Ressourcenaustausch zwischen einzelnen Individuen wie auch innerhalb von und zwischen Gemeinschaften. Der Ressourcenaustausch mit größeren gesellschaftlichen bzw. umweltlichen Systemen wird über den Begriff der Suprasysteme von Becker aufgezeigt.

Für eine angemessene Bewältigung von Anforderungen reicht es allerdings nicht aus, lediglich (potenzielle) externe oder interne Ressourcen zur Verfügung zu haben. Nach Becker (2006, 137) muss eine Person über bestimmte und angemessene interne (personale) Ressourcen verfügen, um den Zugang zu externen Ressourcen zu erlangen, um diese dann auch angemessen und positiv zu handhaben und zu nutzen. Hier besteht eine enge Übereinstimmung mit der Auffassung von Antonovsky (1997) über die zentrale Bedeutung der persönlichen Ressource „Kohärenzgefühl" für die Handhabung/Nutzbarmachung von Umweltressourcen. Lediglich externe potenzielle Ressourcen zur Verfügung zu stellen, ist ohne den Einsatz angemessener personaler Ressourcen kaum wirksam für eine gelingende Bewältigung von Lebensanforderungen und die Entwicklung und Bewahrung von Gesundheit.

3.4 Die Theorie der Kapitalarten nach Bourdieu

Auch wenn Pierre Bourdieu in seiner Theorie der Kapitalarten nicht das Wort Ressource im Titel führt, so muss sie doch als wichtigste soziologische Ressourcentheorie gelten, da sich viele empirische Untersuchungen und theoretische Ansätze zu Ressourcen – auch in diesem Band – auf seine Theorie berufen. In einer Untersuchung der Reproduktionsmechanismen sozialer Ungleichheit thematisiert Bourdieu (1992) die Akkumulation verschiedener Kapitalarten als den Mechanismus, der eine vorteilhafte Stellung in der Gesellschaft dauerhaft absichern kann und sie an nachfolgende Generationen „vererbbar" macht. Das soziale und das kulturelle Kapital sind ihm dabei genauso wichtig wie das ökonomische Kapital (Bourdieu 1992, 50f.).

Unter *ökonomischem Kapital* versteht er all jene Ressourcen, die „unmittelbar und direkt in Geld konvertierbar" sind und „sich besonders zur Institutionalisierung in der Form des Eigentumsrechts" eignen (Bourdieu 1992, 50). Gemeint sind also Geld, Güter, Immobilien etc., die gekauft und verkauft werden können. Beim *kulturellen Kapital* unterscheidet Bourdieu drei Formen: Es kann in verinnerlichtem, inkorporiertem, in objektiviertem oder in einem institutionalisierten Zustand vorliegen. Kulturelles Kapital in *inkorporiertem Zustand* besteht aus verinnerlichtem Wissen, Bildung, Fertigkeiten und Haltungen und ist „grundsätzlich körpergebunden" (ebd., 55). Die Aneignung, also die Inkorporierung, kostet Zeit und Energie; das stellt ihre dauerhafte Knappheit sicher. Denn was die einen während ihrer Kindheit in ihren Familien gelernt oder „nebenbei mitbekommen" haben, werden die anderen später nicht mehr nachholen können. Das „kulturelle Kapital wird hauptsächlich in der Familie weitergegeben, [...] es hängt [...] auch davon ab, wie viel nutzbare Zeit [...] in der Herkunftsfamilie zur Verfügung steht, um die Weitergabe des Kulturkapitals zu ermöglichen [...]" (ebd., 72). Zum kulturellen Kapital in *objektiviertem Zustand* gehören kulturelle Güter wie Bücher, Tonträger oder Gemälde. Sie sind prinzipiell übertragbar, aber ihre Aneignung erfordert ebenfalls Zeit. Unter kulturellem Kapital im *institutionalisierten Zustand* versteht Bourdieu staatlich anerkannte und in ihrer Anerkennung garantierte Abschlüsse und Titel, die, einmal erworben, ihren Träger vom Nachweis seines tatsächlich akkumulierten Kulturkapitals entlasten (ebd., 61). Unter *sozialem Kapital* versteht Bourdieu die „Gesamtheit der aktuellen und potentiellen Ressourcen, die mit dem Besitz eines dauerhaften Netzes von mehr oder weniger institutionalisierten Beziehungen gegenseitigen Kennens oder Anerkennens verbunden sind" (ebd., 63). „Der Umfang des Sozialkapitals, das der einzelne besitzt, hängt [...] von der Ausdehnung des Netzes von Beziehungen ab, die er tatsächlich mobilisieren kann [...]" (ebd., 64). Dadurch erhält das Sozialkapital eine ähnliche Bedeutung wie ökonomisches Kapital: „[...] das Beziehungsnetz ist das Produkt [von] Investitionsstrategien, die bewusst oder unbewusst auf die Schaffung und Erhaltung von Sozialbeziehungen gerichtet sind, die früher oder später einen unmittelbaren Nutzen versprechen" (ebd., 65). Die Kapitalarten sind also Ressourcen, die der Einzelne für sich nutzt. Bourdieu betont, dass die verschiedenen Kapitalarten ineinander transformiert werden können, allerdings nur unter dem Aufwand von Transformationsarbeit bzw. als persönliche „Investitionsstrategien" (vgl. Bourdieu 1992, 52 u. 65).

Im Vergleich zu den psychologischen Theorien nimmt Bourdieu eine andere Perspektive ein: Er zeigt auf, wie sich soziale Ungleichheiten verfestigen und an die nächste Generation weitergegeben werden. Die dabei ablaufenden Prozesse erfolgen hauptsächlich unbewusst. Bourdieu beschreibt diese Vorgänge allerdings nicht in (sozial)psychologischen Kategorien, sondern mit einer soziologischen Terminologie. So stellt sein Habitus-Begriff eine Überführung von einer psychologischen in eine soziologische Theorie dar (Zander 2010). Auch die Subjektivität ist vergesellschaftet: Welches (kulturelle) Kapital welchen Wert hat, also z.B. wie viel ein Studienabschluss eines bestimmten Faches wert ist oder wie ein bestimmter Habitus zu bewerten ist, das lässt sich nicht objektiv feststellen. Der Wert ergibt sich allerdings nicht aus einer individuell subjektiven Zuschreibung, sondern wird auf einer gesellschaftlichen Ebene geklärt. Um solche Wertzuschreibung wird gekämpft, wobei die Einflussreichen mehr Chancen haben, ihre Ansichten durchzusetzen.

3.5 Ressourcentheorie nach Knecht

Die Ressourcentheorie von Knecht erweitert die Kapitaltheorie Bourdieus um drei Aspekte: Sie betrachtet ein größeres Spektrum an Ressourcen, legt ein Hauptaugenmerk auf die Transformationen von Ressourcen in andere Ressourcen und verfügt über einen sozialpolitischen Überbau, der aufzeigt, in welchem Maße die individuelle Ressourcenlage durch sozialpolitische Interventionen (mit)bestimmt ist. Knecht (2010a, 70) versteht unter Ressourcen all das, „was ein Mensch einbringen kann, um sein Überleben zu sichern und seine Ziele zu verfolgen". Dementsprechend führt er – neben Einkommen, Bildung und sozialen Netzwerken als Äquivalente zu den bourdieuschen Kapitalarten – auch psychische Ressourcen, Gesundheit und Zeit als sozial ungleich verteilte Ressourcen ein. Unter psychischen Ressourcen versteht Knecht eine Zusammenfassung von individuellen

Handlungsmöglichkeiten, die durch psychologische Konzepte wie Motivation, Selbstwertgefühl, internale Kontrollüberzeugungen, Selbstwirksamkeitserwartung, Kohärenzgefühl bzw. identitätsrelevante Ressourcen beschrieben werden (ebd., 247). Empirische Untersuchungen, z. B. aus der Armutsforschung und der Sozialepidemiologie, zeigen, dass auch psychische Ressourcen und Gesundheit sozial ungleich verteilt sind.

Die Ressourcen stehen also in einem engen wechselseitigen Zusammenhang (d. h. sie korrelieren stark untereinander), was über die Ressourcentransformation erklärt werden kann; sie bedingen sich gegenseitig. So lassen sich Unterschiede in der Gesundheit – bzw. allgemeiner in den Gesundheitschancen und auch in der Lebenserwartung – statistisch nicht nur auf Einkommensunterschiede zurückführen, sondern ebenso auf Unterschiede in Bildung und den sozialen Netzwerken (Knecht 2010 a, 96 f.). Einkommen, Bildung und die soziale Netzwerke werden also in Gesundheit transformiert. Die besondere Bedeutung der Transformationen ergibt sich auch über einen Bezug auf ein bio-psycho-soziales Verständnis (z. B. Uexküll & Wesiack 1986): Sozial verursachte Probleme (Arbeitslosigkeit, Hartz IV) können psychische Folgen haben (Depressivität, Beeinträchtigung des Selbstwertgefühls), was wiederum weitere gesundheitliche Folgen nach sich ziehen kann. Knecht bezeichnet die Bedeutung einer Ressource für die Entwicklung und Generierung anderer Ressourcen als „funktional" (gegenüber der „intrinsischen" Bedeutung, die eine Ressource für den Menschen selbst hat) (vgl. Sen 2000, 51 f., 94 f.). Diese funktionale Bedeutung von Ressourcen ist es, die zu den von Hobfoll (1989, 511) beschriebenen „Verlustspiralen" führt.

Über den Lebenslauf hinweg haben die verschiedenen Ressourcen unterschiedliche Bedeutungen und Auswirkungen. Bildungsunterschiede deuten darauf hin, dass die späteren Möglichkeiten der Einkommenserzielung bereits in den Kinderjahren beeinträchtigt werden können (Knecht 2010 a, 274 f.). Im mittleren Alter stellt hingegen das Einkommen am ehesten einen Indikator für die Ausstattung mit weiteren Ressourcen dar. Insbesondere im gesundheitlichen Bereich haben fehlende oder unzureichende Ressourcen erhebliche negative Auswirkungen. Eine Anhäufung von (aktuellen oder chronischen) multiplen Belastungen im Lebensverlauf führt mit hoher Wahrscheinlichkeit zu gesundheitlichen Beeinträchtigungen, spätestens im Alter. Eindrucksvoll ist das für schichtspezifische Belastungen bzw. Kumulation von Belastungen nachgewiesen, die zu einer stark verkürzten Lebenserwartung benachteiligter sozialer Schichten führen.[2]

Gegenüber der bourdieuschen Kapitaltheorie unterscheidet sich die Ressourcentheorie nach Knecht in einem weiteren Punkt. Während Bourdieu die Bedeutung der Ressourcen als akkumulierbare Kapitalarten für den Erhalt sozialer Unterschiede in der Gesellschaft in den Vordergrund seiner Betrachtungen rückt, betont Knecht einen anderen Mechanismus: Der Staat bzw. Sozialstaat teilt z. B. in Form von Bildungs-, Gesundheits- und Sozialpolitik verschiedenen Bevölkerungs-

---

[2] Siehe zu schichtspezifischer Lebenserwartung Mielck 2000, zum Zusammenhang von Ressourcen und Lebenserwartung z. B. Knecht (2010 a, 74 f.).

gruppen unterschiedliche Ressourcen zu und kann damit die Sozialstruktur und die soziale Schichtung der Gesellschaft beeinflussen. Er hat damit die Möglichkeit, Unterschiede in der Ressourcenausstattung zu beseitigen oder zu verstärken. Auch wenn der Sozialstaat dabei häufig nach dem Matthäus-Prinzip verfährt („Wer hat, dem wird gegeben"), wirkt diese Ressourcentheorie des Sozialstaats weniger deterministisch als die Theorie der Kapitalarten von Bourdieu, weil sie die prinzipielle Beeinflussbarkeit der Ungleichheitsstrukturen offenlegt (→ Knecht, „Ressourcenzuteilung im Wohlfahrtsstaat ...").

4 Zusammenfassender Vergleich der Ressourcentheorien

Wenn die vorgestellten psychologischen Ressourcentheorien auch im Detail unterschiedliche Schwerpunktsetzungen haben, so basieren sie alle drei – in unterschiedlicher Ausdifferenzierung – auf einer vergleichbaren Hintergrundkonzeption, der transaktionalen Wechselbeziehung zwischen Person und Umwelt (person-in-environment)[3]. Die in beiden Systemen – Person und Umwelt – enthaltenen Ressourcen sind gleichermaßen bedeutsam und beeinflussen sich wechselseitig mit förderlichen oder beeinträchtigenden Auswirkungen. Persönliche Ressourcen ermöglichen den Zugang zu Umweltressourcen, die ihrerseits wiederum Ressourcen der Person fördern oder beeinträchtigen können. Fehlende, unzureichend entwickelte oder nicht wahrgenommene Ressourcen beeinträchtigen den Zugang zu und die Nutzung von anderen, umweltlichen oder persönlichen Ressourcen. Zentrale Aussage bei Hobfoll (1989) und Becker (2006) ist, dass Bereitstellung und Verfügbarkeit bzw. Verbesserung der Zugänglichkeit von Ressourcen die Bedingungen für eine gelingende Lebensbewältigung und Gesundheitserhaltung sind. Allerdings reicht ihre Verfügbarkeit allein nicht aus; differenzierte Aussagen zum Ressourcenaustauschprozess und zur Aktivierung von Ressourcenpotenzialen auf der Basis eines transaktionalen Person-Umwelt-Prozesses sind nötig. Becker (2006) verweist ebenso wie Antonovsky (1987) darauf, dass Zugang, Handhabung und Nutzung von Umweltressourcen nur gelingen kann, wenn angemessene personale Ressourcen vorhanden sind. Sowohl Vorhandensein als auch die angemessene Aktivierung von personalen Ressourcen sind bedeutsame, wenn nicht sogar zentrale Voraussetzungen zur Handhabung von Ressourcen im Sinne von Bourdieus Kapitalarten wie auch zur Bewältigung von (internen und externen) Anforderungen oder Ressourcenbedrohung. Ausschlaggebende Bedeutung haben dabei die Ressource Bildung und solche psychischen Ressourcen, die vor-

---

3 Umwelt ist hierbei in einem sozialökologischen Sinne zu verstehen, als zwischenmenschliche und soziale, kulturelle, sozialpolitische, sozioökonomische, rechtlich-institutionelle, physikalisch-technische und biologische Umwelt.

nehmlich über positiv verlaufende Sozialisations- und Erziehungsprozesse vermittelt werden (→ Klemenz). Darüber hinaus ist davon auszugehen, dass den kulturellen und individuellen Werten eine wichtige Moderatorfunktion bei der Ressourcenhandhabung zukommt.

Die Theorien von Hobfoll (1989) und Becker (2006) weisen einen allgemeinen Stress-Bewältigungsansatz als vergleichbare theoretische Ausgangsbasis auf, aus der sie ihre spezifische Ressourcentheorie ableiten. Das individuelle Erleben von Belastung und Stress resultiert unter anderem aus der Wahrnehmung von Umweltereignissen. Diese sind bei Hobfoll mit der Wahrnehmung von Ressourcenbedrohung assoziiert, bei Becker mit der Wahrnehmung belastender Anforderungen. Nach beiden Konzepten müssen Ressourcen zur Bewältigung eingesetzt werden. Eine nötige konzeptionelle Erweiterung und Differenzierung bringt Becker, indem er auch die internalen (individuellen) Anforderungen gleichrangig ins Blickfeld rückt und darüber hinaus den Austausch von Anforderungen und Ressourcen auf den verschiedenen Person-Umwelt-Systemebenen ausformuliert. Eine einfachere Konzeption findet sich bei Foa und Foa (1976; 1980): Belastungen entstehen durch das nicht erfüllte Bedürfnis nach bzw. die Nichtverfügbarkeit von Ressourcen, durch Ressourcenverluste und durch Diskrepanzen in den ausgetauschten Ressourcenklassen.

Alle drei psychologischen Theorien formulieren die große Bedeutung, die der (sozialökologische) Sozialisationsprozess und das soziale und kulturelle Umfeld für die Ressourcenwahrnehmung und -bewertung, für Ressourcenaustausch und die Art der Ressourcennutzung haben. Ein gestörter Sozialisationsprozess beeinträchtigt die Fähigkeiten zur Wahrnehmung, Unterscheidung und Wertschätzung von Ressourcen. Dieser Aspekt wird in dem SAR-Modell von Becker, auf Basis der Forschungen von Grawe (2004), dezidierter verfolgt. Interessant ist die unterschiedliche Verarbeitung des Faktors Zeit. Obwohl Foa und Foa erkennen, dass Zeit den Austausch von Ressourcen ermöglicht, benennen sie Zeit nicht als eigene Ressource. Bei Hobfoll ist Zeit hingegen eine wichtige Ressource, die nötig ist, um Ressourcen zu vermehren, Ressourcenbedrohung abzuwehren und eingetretene Verluste wieder auszugleichen.

Die Kapitaltheorie Bourdieus (1992) betrachtet als Ressourcen lediglich die drei Kapitalarten ökonomisches, kulturelles und soziales Kapital, wobei das kulturelle Kapital in drei Formen ausdifferenziert ist. Die Kategorisierung korrespondiert mit seinem Interesse, Ressourcen auf ihre Verwertbarkeit als Statuskategorie zu betrachten. Psychologische Kategorien werden bei Bourdieu als inkorporiertes kulturelles Kapital bzw. als Habitus thematisiert. Die Ressourcentheorie von Knecht (2010a) erweitert die bourdieuschen Kategorien um psychisches Kapital, Gesundheit und Zeit. Neben der Ungleichverteilung von Ressourcen thematisiert Knecht die besondere Bedeutung der Transformierbarkeit dieser Ressourcen in andere Ressourcen: Die Betrachtung des erweiterten Ressourcenspektrums erlaubt es somit, weitere Mechanismen der Aufrechterhaltung sozialer Ungleichheit zu untersuchen. Die Berücksichtigung von Gesundheit macht es möglich, die Erkenntnisse der Sozialepidemiologie und der Public-Health-Forschung und somit auch die Funktionsweise und Bedeutung von Gesundheitsförderung und Prävention zu integrieren. Im Fokus der Theorie steht der Sozialstaat als Ressourcenspender bzw. -zuteiler.

Die psychologischen und soziologischen Theorien erweisen sich als sehr unterschiedlich in der Betrachtung und Erfassung von Ressourcen. In deutlicher Abhebung zur individuumorientierten Ausrichtung, wie sie in der Psychologie zumeist anzutreffen ist (vgl. Keupp 2003, 556f.), sind die hier vorgestellten Ansätze stringent auf die wechselseitigen (transaktionalen bzw. systemischen) Beziehungen von Person und (zumeist sozialer) Umwelt ausgerichtet und auf die Auswirkungen auf Ressourcenerhalt und Belastungsbewältigung. Die soziologischen Ansätze stellen die strukturelle Ungleichverteilung von Ressourcen auf der Makroebene in den Vordergrund. Diese Perspektive wird in den psychologischen Ressourcentheorien nur ansatzweise (vgl. Hobfoll 1989) aufgenommen. Doch wird in den psychologischen Theorien von Hobfoll und von Becker die sozial ungleiche Verteilung von belastenden Ereignissen, von Belastungserleben und der Ressourcenhandhabung zur Belastungsbewältigung (Coping) wesentlich differenzierter ausformuliert und verfolgt.[4] Zudem führt die Makro-Perspektive der soziologischen Theorien dazu, dass die Bedeutung der unterschiedlichen Ausstattung mit individuellen Ressourcen, wie z. B. genetische bzw. dispositionelle Konstitution, Intelligenz, Selbstbild und -wertschätzung, Optimismus, Wirksamkeitsüberzeugung u. a., vernachlässigt wird. Der Austausch mit anderen Menschen wird in den soziologischen Theorien von Bourdieu und von Knecht abstrakt in Form des sozialen Kapitals und weniger in Kategorien der individuellen, zwischenmenschlichen oder umweltbezogenen Wahrnehmung und des darauf bezogenen Erlebens und Verhaltens thematisiert. Bei beiden Theorien gilt das soziale Kapital, das eigentlich eine zwischenmenschliche Kategorie darstellt, als den Individuen relativ problemlos zuteilbar bzw. zuschreibbar. Gerade im Hinblick auf die oben geführte Diskussion über die Bedeutung persönlicher Ressourcen für Austausch, Nutzung und Handhabung von Ressourcen erscheint in Bourdieus Theorie dieser Aspekt – gegenüber den strukturellen Zusammenhängen – ausgeblendet. In der Kapitaltheorie von Bourdieu wird Ungleichheit (auch die der Fähigkeiten und Entwicklungschancen) nicht auf die Person, sondern letztlich immer wieder auf soziologische Kategorien, auf äußere Gegebenheiten und auf politische und gesellschaftliche Prozesse zurückgeführt, die diese Ungleichverteilung aufrechterhalten. Das komplexe interaktive Zusammenspiel aus Ressourcengegebenheiten, Ressourcenwahrnehmung und -handhabung von Person und Umwelt wird nicht fokussiert.

Andererseits würden die psychosozialen Ressourcentheorien durch die Einbeziehung von Aspekten der sozialen Ungleichheit eine dem Gegenstand angemessene Erweiterung erfahren, wenn sie den ungleichen Zugang zu Umweltressourcen (Eigentum, Bildung etc.) als eine Ursache für die ungleiche Ausstattung mit psy-

---

4 Die Belastungen werden gleichsam an den geringen Ressourcen gemessen, bzw. sie gehen in die Kategorie „Umwelt" ein. Ein soziologisches Konzept, das insbesondere die Belastungen thematisiert, ist das der Vulnerabilität (siehe z. B. Knecht 2010b).

chischen Ressourcen untersuchen und anerkennen würden. Auch soziale Unterstützung, die sich Menschen gegenseitig zukommen lassen, ist in vielerlei Hinsicht vom sozialen Stand der helfenden Person und von ihren sozialen Netzwerken abhängig. Diesen Zusammenhang hat Bourdieu thematisiert, er ist mittlerweile durch die Netzwerkforschung vielfach bestätigt worden (→ Gross & Jungbauer-Gans, → Straus). Die strukturell ungleich verteilten Chancen und Möglichkeiten, individuelle Ressourcen zu entwickelt, diskutiert Keupp (2003; Keupp et al. 2006; → Keupp) unter dem Aspekt der Identitätsentwicklung und den sozialen Bedingungen für die Entwicklung von Identitätskapital. In den Standardwerken der Psychologie (mit Ausnahmen einiger Teildisziplinen wie der Gemeindepsychologie, der entwicklungspsychologischen Lebenslaufforschung und z.T. der Pädagogischen Psychologie) sind die strukturell ungleich verteilten Chancen menschlicher Entwicklung und Lebensführung erstaunlich wenig rezipiert. Sie bilden hingegen in der transdisziplinär angelegten Sozialen Arbeit ein wichtiges theoretisches und zugleich praxisrelevantes Fundament.

Literatur

Antonovsky, A. (1987): Unraveling the mystery of health. How people manage stress and stay well. San Francisco: Jossey-Bass.
Antonovsky, A. (1990): Personality and health: Testing the sense of coherence model. In: Friedman, H.S. (Hrsg.): Personality and disease. S. 155–177. New York: Wiley.
Antonovsky, A. (1997): Salutogenese. Zur Entmystifizierung der Gesundheit (dt. Ausg. von Franke, A.). Tübingen: dgvt.
Becker, P. (1998): Die Salutogenesetheorie von Antonovsky: Eine wirklich neue, empirisch abgesicherte, zukunftsweisende Perspektive? In: Margraf, J., Siegrist, J. & Neumer, S. (Hrsg.): Gesundheits- oder Krankheitstheorie? Saluto- versus pathogenetische Ansätze im Gesundheitswesen. S. 13–25. Berlin: Springer.
Becker, P. (2006): Gesundheit durch Bedürfnisbefriedigung. Göttingen: Hogrefe.
Bourdieu, P. (1987): Die feinen Unterschiede. Kritik der gesellschaftlichen Urteilskraft. Frankfurt/M.: Suhrkamp.
Bourdieu, P. (1992): Ökonomisches Kapital – Kulturelles Kapital – Soziales Kapital. In: Ders.: Die verborgenen Mechanismen der Macht. Schriften zu Politik & Kultur, Bd. 1. S. 49–79. Hamburg: VSA [Zuerst 1983 erschienen: Ökonomisches Kapital, kulturelles Kapital, soziales Kapital. In: Kreckel, R. (Hrsg.): Soziale Ungleichheit. S. 183–198. Göttingen: Schwartz.]
Brandstätter, J., Meiniger, C. & Gräser, H. (2003): Handlungs- und Sinnressourcen: Entwicklungsmuster und protektive Effekte. Zeitschrift für Entwicklungspsychologie und Pädagogische Psychologie, 35(1), S. 49–58.
Buchwald, P. (2004): Verschiedene theoretische Modelle gemeinsamer Stressbewältigung. In: Buchwald, P., Schwarzer, C. & Hobfoll, S.E. (2004): Stress gemeinsam bewältigen. Ressourcenmanagement und multiaxiales Coping. S. 27–42. Göttingen: Hogrefe.
Buchwald, P., Schwarzer, C. & Hobfoll, S.E. (Hrsg.) (2004): Stress gemeinsam bewältigen. Ressourcenmanagement und multiaxiales Coping. Göttingen: Hogrefe.

Bünder, P. (2002): Geld oder Liebe? Verheißungen und Täuschungen der Ressourcenorientierung in der sozialen Arbeit. Münster: LIT.
Diener, E. & Fuijta, F. (1995): Resources, personal strivings, and subjective wellbeing: A nomothetic and idiographic approach. Journal of Personality and Social Psychology, 68, S. 926–935.
Eppel, H. (2007): Stress als Risiko und Chance. Grundlagen von Belastung, Bewältigung und Ressourcen. Stuttgart: Kohlhammer.
Feger, H. & Auhagen, A. E. (1987): Unterstützende soziale Netzwerke: Sozialpsychologische Perspektiven. Zeitschrift für Klinische Psychologie, 16, S. 353–367.
Flückiger, C. & Wüsten, G. (2008): Ressourcenaktivierung. Ein Manual für die Praxis. Göttingen: Hans Huber.
Foa, U. G. & Foa, E. B. (1976): Resource theory of social exchange. In: Thibaut, J. W., Spence, J. T. & Carson, R. C. (Hrsg.): Contemporary topics in Social Psychology. Morristown, N. J.: General Learning Press.
Foa, E. B. & Foa, U. G. (1980): Resource Theory: Interpersonal Behavior as Exchange. In: Gergen, K. J., Greenberg, M. S. & Willis, R. H. (Hrsg.): Social Exchange: Advances in Theory and Research, S. 7–94. New York: Plenum Press.
Foa, U. G., Converse Jr., J., Törnblom, K. Y. & Foa, E. B. (Hrsg.) (1993): Resource theory: Explorations and applications. San Diego u. a.: Academic Press.
Foa, E. B. & Kozak, M. J. (1986): Emotional processing of fear: Exposure to corrective information. Psychological Bulletin, 99, S. 20–35.
Graf, B. (1868): Zeitgemäße Betrachtungen. Vortrag, gehalten im Wiener geselligen Vereine (Ressource). Wien.
Grawe, K. (1998): Psychologische Therapie. Göttingen: Hogrefe.
Grawe, K. (2004): Neuropsychotherapie. Göttingen: Hogrefe.
Gutscher, H., Hornung, R. & Flury-Kleubler, P. (1998): Das Transaktionspotentialmodell: Eine Brücke zwischen salutogenetischer und pathogenetischer Sichtweise. In: Margraf, J., Siegrist, J. & Neumer, S. (Hrsg.): Gesundheits- oder Krankheitstheorie? Saluto- versus pathogenetische Ansätze im Gesundheitswesen. S. 49–72. Berlin: Springer.
Herriger, N. (2006): Empowerment in der Sozialen Arbeit. (3. Ausg.). Stuttgart: Kohlhammer.
Hobfoll, S. E. (1988): The ecology of stress. Washington, D. C.: Hemisphere.
Hobfoll, S. E. (1989): Conservation of resources: A new attempt at conceptualizing stress. American Psychologist, 44, S. 513–524.
Hobfoll, S. E. (1998): Stress, culture, and community. New York: Plenum Press.
Hobfoll, S. E. & Buchwald, P. (2004): Die Theorie der Ressourcenerhaltung und das multiaxiale Copingmodell – eine innovative Stresstheorie. In: Buchwald, P., Schwarzer C. & Hobfoll, S. E. (2004): Stress gemeinsam bewältigen. Ressourcenmanagement und multiaxiales Coping. S. 11–26. Göttingen: Hogrefe.
Hobfoll, S. E., Hall, B. J., Canetti Nisim, D., Galea, S., Johnson, R. J. & Palmieri, P. A. (2007): Refining our understanding of traumatic growth in the fact of terrorism: Moving from meaning cognitions to doing what is meaningful. Applied Psychology, 56(3), S. 345–366.
Hobfoll, S. E. & Lilly, R. S. (1993): Resource conservation as a strategy for community psychology. Journal of Community Psychology, 21(2), S. 128–148.
Hobfoll, S. E. & Schumm, J. A. (2004): Die Theorie der Ressourcenerhaltung: Anwendung auf die öffentliche Gesundheitsförderung. In: Buchwald, P., Schwarzer C. & Hobfoll, S. E. (2004): Stress gemeinsam bewältigen. Ressourcenmanagement und multiaxiales Coping. S. 91–120. Göttingen: Hogrefe.
Jerusalem, M. (1990): Persönliche Ressourcen, Vulnerabilität und Streßerleben. Göttingen: Hogrefe.

Keupp, H. (2003): Ressourcen als gesellschaftlich ungleich verteiltes Handlungspotential. In: Schemmel, H. & Schaller, J. (Hrsg.) (2003): Ressourcen. Ein Hand- und Lesebuch zur therapeutischen Arbeit. S. 555–573. Tübingen: dgvt.

Keupp, H., Ahbe, T., Gmür, W. et al. (2006): Identitätskonstruktionen. Das Patchwork der Identitäten in der Spätmoderne. (3. Aufl.). Reinbek bei Hamburg: Rowohlt.

King, D. W., King, L. A., Foy, D. W., Keane, T. M. & Fairbank, J. A. (1999): Posttraumatic stress disorder in a national sample of female and male Vietnam veterans: Risk Factors, War-zone stressors, and resilience-recovery variables. Journal of Abnormal Psychology, 108, S. 164–170.

Klemenz, B. (2009): Ressourcenorientierte Psychologie. Ermutigende Beiträge einer menschenfreundlichen Wissenschaft. Tübingen: dgvt.

Knecht, A. (2010a): Lebensqualität produzieren. Ressourcentheorie und Machtanalyse des Wohlfahrtsstaats. Wiesbaden: VS.

Knecht, A. (2010b): Das Konzept Verwundbarkeit – eine Theorie für die Probleme von morgen? Goethe-Institut, Bereich „Kultur und Klimawandel". Online: www.goethe.de/ges/umw/prj/kuk/the/kul/de6332210.htm (23.05.2011).

Kupsch, M. (2006): Vereinbarkeit von Familien und Beruf in Europa. Hamburg: Dr. Kovac.

Lane, C. & Hobfoll, S. E. (1992): How loss affects anger and alienates potential supporters. Journal of Consulting and Clinical Psychology, 60, S. 935–942.

Lazarus, R. S. (1990): Stress, coping and illness. In: Friedman, H. S. (Hrsg.): Personality and disease. S. 97–120. New York: Wiley.

Lazarus, R. S. (1995): Streß und Streßbewältigung – Ein Paradigma. In: Filipp, S.-H. (Hrsg.): Kritische Lebensereignisse. (2. Aufl.). S. 198–232. Weinheim: PVU.

Lazarus, R. S. & Folkman, S. (1984): Stress, appraisal, and coping. New York: Springer.

Nestmann, F. (1996): Psychosoziale Beratung – ein ressourcentheoretischer Entwurf. Verhaltenstherapie und psychosoziale Praxis, 28(3), S. 359–376.

Oelkers, J (2010): „Ich sehe was". Den Blick auf Stärken richten – Ressourcenorientierung in der Jugendarbeit. Unveröffentl. Bachelorarbeit am Fachbereich Sozialwesen der Hochschule Niederrhein, Mönchengladbach.

Olsen, D. H. & Stewart, K. L. (1991): Family systems and health behaviors. In: Schroeder (Hrsg.): New directions in health psychology assessment. S. 27–64. New York: Hemisphere.

Petermann, F. & Schmidt, M. H. (2006): Ressourcen – ein Grundbegriff der Entwicklungspsychologie und Entwicklungspathologie? Kindheit und Entwicklung, 15(2), S. 118–127.

Pfeiffer, W. (1989): Etymologisches Lexikon des Deutschen. Berlin: dtv.

Robert, P. (Hrsg.) (1986): Le Petit Robert 1. Paris: Dictionnaires Le Robert.

Schemmel, H. & Schaller, J. (Hrsg.) (2003): Ressourcen. Ein Hand- und Lesebuch zur therapeutischen Arbeit. Tübingen: dgvt.

Schiepek, G. & Cremers, S. (2003): Ressourcenorientierung und Ressourcendiagnostik in der Psychotherapie. In: Schemmel, H. & Schaller, J.: Ressourcen. Ein Hand- und Lesebuch zur therapeutischen Arbeit, S. 147–193. Tübingen: dgvt.

Schubert, F.-C. (2009): Lebensführung als Balance zwischen Belastung und Bewältigung – Beiträge aus der Gesundheitsforschung zu einer psychosozialen Beratung. In: Schubert, F.-C. & Busch, H. (Hrsg.): Lebensorientierung und Beratung. Schriften des Fachbereiches Sozialwesen, Band 39. (2. Aufl.) S. 137–213. Mönchengladbach: Hochschule Niederrhein.

Schubert, F.-C. (2012): Sozialökologische Beratung. In: Nestmann, F., Engel, F. & Sickendick, U. (Hrsg.): Das Handbuch der Beratung, Bd. 3. Im Druck. Tübingen: dgvt.

Schwarzer, C., Starke, D. & Buchwald, P. (2004): Die Diagnose multiaxialer Stressbewältigung mit dem Multiaxialen Stressbewältigungsinventar (SBI). In: Buchwald, P., Schwarzer, C. & Hobfoll, S. E. (Hrsg.): Stress gemeinsam bewältigen. Ressourcenmanagement und multiaxiales Coping. S. 60–73. Göttingen: Hogrefe.

Sen, A. (2000): Ökonomie für den Menschen. Wege zu Gerechtigkeit und Solidarität in der Marktwirtschaft. München: Hanser.
Siegrist, J. (1998): Berufliche Gratifikationskrisen und Gesundheit – ein soziogenetisches Modell mit differenziellen Erklärungschancen. In: Margraf, J., Siegrist, J. & Neumer, S. (Hrsg.): Gesundheits- oder Krankheitstheorie? Saluto- versus pathogenetische Ansätze im Gesundheitswesen. S. 225–235. Berlin: Springer.
Smith, E. & Grawe, K. (2003): Die funktionale Rolle von Ressourcenaktivierung für therapeutische Veränderungen. In: Schemmel, H. & Schaller, J. (Hrsg.): Ressourcen. Ein Hand- und Lesebuch zur therapeutischen Arbeit. S. 111–122. Tübingen: dgvt.
Stangl, W. (1989): Die Psychologie im Diskurs des Radikalen Konstruktivismus. Braunschweig: Friedrich Vieweg & Sohn.
Stangl, W. (1993): Personality and the structure of resource preferences. Journal of Economic Psychology, 14(1), S. 1–15.
Starke, D. (2000): Kognitive, emotionale und soziale Aspekte menschlicher Problembewältigung. Ein Beitrag zur aktuellen Stressforschung. Münster u. a.: LIT.
Uexküll, T. van & Wesiack, W. (1986): Wissenschaftstheorie und Psychosomatische Medizin, ein bio-psycho-soziales Modell. In: Adler, R., Herrmann, H., Köhle, K. et al. (Hrsg.): Psychosomatische Medizin. (3. Aufl.). S. 1–30. München: Urban & Schwarzenberg.
Wells, J., Hobfoll, S. E. & Lavin, J. (1999): Resource lost, resource gain, and communal coping during pregnancy among women with multiple roles. Psychology of Women Quarterly, 21(4), S. 645–662.
Wendt, W. R. (2010): Das ökosoziale Prinzip. Soziale Arbeit, ökologisch verstanden. Freiburg: Lambertus.
Willutzki, U. (2003): Ressourcen: Einige Bemerkungen zur Begriffsklärung. In: Schemmel, H. & Schaller, J. (Hrsg.): Ressourcen. Ein Hand- und Lesebuch zur therapeutischen Arbeit. S. 91–109. Tübingen: dgvt.
Willutzki, U. (2008): Klinische Ressourcendiagnostik. In: Röhrle, B., Caspar, F. & Schlottke, P. F. (Hrsg.): Lehrbuch der klinisch-psychologischen Diagnostik. S. 251–272. Stuttgart: Kohlhammer.
Zander, Michael (2010): Im Schutz der Unbewusstheit. Ansätze zu einer psychologischen Fundierung des Habitusbegriffs im Werk Pierre Bourdieus. Journal für Psychologie, 18(1). Online: http://www.journal-fuer-psychologie.de/jfp-1-2010-04.html (22. 06. 2011).

Verwirklichungschancen und Identitätskapital als Bedingungen und Folgen der Handlungsfähigkeit: Eine salutogenetische Perspektive

Heiner Keupp

1 Ausgangspunkt: Ungleiche Chancen für Lebensbewältigung und Gesundheit

Die Fakten, die in den 70er Jahren des letzten Jahrhunderts einen wichtigen gesundheitspolitischen Motivationsschub auslösten, der nicht zuletzt auch zu Forderungen nach einem flächendeckenden System psychosozialer und psychotherapeutischer Hilfen führte und entsprechende Reformaktivitäten auslöste, waren klare Belege für einen systematischen Zusammenhang zwischen sozialer Lage und psychischen Störungen (vgl. Keupp 1974). Es war von der „gesundheitspolitischen Hypothek der Klassengesellschaft" die Rede (v. Ferber 1971). Aus dem Bewusstsein für ungleiche Chancen und Risiken waren zielgruppenspezifische Konzepte der Frauen- und Mädchenarbeit, der Familienberatung mit „Unterschichtsfamilien" oder der „Ausländerpädagogik" entwickelt worden. Analog dazu wurden in der empirischen Sozialforschung Geschlecht, Sozialstatus, Nationalität zunehmend häufiger erhoben, um bestimmte Zusammenhänge sichtbar machen zu können. Die Frage nach der Unterschiedlichkeit wurde somit in der Forschung durch die genannte Kategorienbildung und in der Praxis durch zielgruppenspezifische Konzepte beantwortet.

Dieses geschärfte Bewusstsein für die gesundheitlichen Folgen von Armut und sozialer Ungleichheit ist im Gefolge einer weiteren wohlfahrtsstaatlichen Modernisierung zunächst verblasst. Lange Zeit wurde in den westlichen Gesellschaften und auch in den psychologischen Fachszenen dem Thema *sozialer Ungleichheit im Zugang zu psychosozialen Ressourcen* keine große Beachtung mehr geschenkt, obwohl die Forschungsergebnisse dazu keinen Anlass boten. In den 70er und 80er Jahren wurde die Notwendigkeit gemeindepsychiatrischer Reformmaßnahmen und einer Verbesserung der psychotherapeutischen Basisversorgung unter anderem mit einer dramatischen Scherenentwicklung begründet, die von sozialepidemiologischen Daten beweiskräftig untermauert wurde: Einerseits häuften sich die Befunde, dass psychisches Leid in hohem Maße mit gesellschaftlicher Ungleichheit korreliert ist, also Angehörige der unterprivilegierten sozialen Schichten die höchsten Störungsraten aufweisen. Andererseits entwickelte sich ein gewaltiges psychotherapeutisches Angebot, von dem offensichtlich die Menschen am wenigsten profitierten, die das höchste Störungsrisiko zu tragen haben. Ist das Thema soziale Ungleichheit aus dem fachlichen Fokus verschwunden, weil soziale Unterschiede an Bedeutung verloren haben und allmählich die „nivellierte Mittelstandsgesellschaft" entstanden ist, die schon von einigen konservativen Ideologen in den 50er Jahren verkündet worden war? Empirisch spricht für diese Deutung nichts. Plausibler dürfte die Erklärung sein, dass die Psychotherapie in ihrem Aufmerksamkeitsverlust für kollektive Lebenslagen in besonderem Maße an der Erosion kollektiver Erfahrungs-, Wahrnehmungs- und Erlebnisweisen teilhat, die auf die weitreichenden gesellschaftlichen Individualisierungs- und Pluralisierungsprozesse zurückzuführen sind. In diesen Prozessen wird nicht der objektiv ungleiche Zugang zu gesellschaftlichen Ressourcen aufgehoben, aber das gesellschaftliche Bewusstsein für diese Ungleichheit verändert sich. Diese individualisierende Verkürzung steht im Widerspruch zu einer wachsenden Ungleichverteilung der materiellen Güter im globalisierten Kapitalismus und wir haben eindrucksvolle Belege für deren gesundheitspolitische Relevanz. Menschen, die in relativer Armut aufwachsen, haben in Bezug auf alle uns verfügbaren Gesundheitsindikatoren schlechtere Chancen; und Gesellschaften, in denen die Schere zwischen arm und reich besonders groß ist und insofern die Erwartung einer gerechten Verteilung der vorhandenen Ressourcen immer weniger erfüllt wird, haben epidemiologisch nachgewiesen die höchsten Morbiditätsraten (vgl. insbes. Wilkinson 2001).

Im neuen Jahrhundert hat sich diese Situation verändert. Da Ungleichheiten wachsen und Maßnahmen sozialpolitischer Gegensteuerung zurückgenommen werden, erfährt das Thema gesundheitliche Ungleichheit eine neue und notwendige Konjunktur. Das gilt für die internationale Forschungslandschaft (vgl. Mirowsky & Ross 1989; 2003; Cockerham 2007) und zunehmend auch für die deutschsprachige Gesundheitsforschung.[5] Das Regionalbüro der Weltgesundheitsorganisation für Europa hat in einer Publikation (WHO 2004) auf die enorme Bedeutung der gerechten Verteilung von gesundheitsrelevanten Ressourcen hingewiesen. Die redaktionell verantwortlichen Forscher Marmot und Wilkinson (vgl. Marmot 2004; Wilkinson 2005), erstellen darin das gesicherte Wissen zu den gesundheitlichen Folgen eines mangelnden Ressourcenzugangs und arbeiten die enorme Bedeutung der materiellen Ungleichheit und die daraus folgenden Benachteiligungen heraus:

> Die Benachteiligung kann unterschiedlichste Formen annehmen, sie kann außerdem absolut oder relativ sein. Das bedeutet beispielsweise, dass keine starken Familienbande bestehen, dass man eine schlechtere Schulbildung mit auf den Weg bekommt, dass man in einer beruflichen Sackgasse steckt oder der Arbeitsplatz nicht gesichert ist, dass man keine anständige Wohnunterkunft hat und seine Kinder unter schwierigen Umständen großziehen muss. Alle diese unterschiedlichen Formen von Benachteiligung betreffen tenden-

---

5 Vgl. Keupp 2007; Mielck 2000; Richter & Hurrelmann 2006; Richter et al. 2008; Dragano et al. 2009.

ziell immer die gleichen Menschen und haben kumulative Auswirkungen auf ihren Gesundheitszustand. Je länger die Menschen unter belastenden wirtschaftlichen und sozialen Bedingungen leben müssen, umso stärker machen sich körperliche Verschleißerscheinungen bemerkbar und umso unwahrscheinlicher wird es, dass sie ihre alten Tage gesund erleben können. (WHO 2004, 10)

Die WHO-Autoren betonen auch die biografische Akkumulation von Benachteiligungen.

Der Mensch durchläuft in seinem Leben viele entscheidende Phasen: gefühlsmäßige und materielle Veränderungen in der frühen Kindheit, den Schritt von der Schule zur weiterführenden Ausbildung, den Eintritt ins Arbeitsleben, das Verlassen des Elternhauses, die Gründung einer eigenen Familie, den Wechsel und möglichen Verlust des Arbeitsplatzes und schließlich das Rentnerdasein. Alle diese Veränderungen können gesundheitliche Auswirkungen haben, ob positive oder negative, das hängt davon ab, ob die Menschen einen Weg einschlagen, auf dem sie sozialer Benachteiligung ausgesetzt sind. (ebd., 11)

Bei jedem weiteren biografischen Einschnitt und Übergang sind Menschen, die einmal benachteiligt wurden, am stärksten gefährdet.

2 Ressourcen geraten in den Blick

Die beschriebene ungleichheitsbezogene Sensibilisierung endet notwendigerweise in einer pathogenetischen Perspektive. Sie zeigt auf, dass Defizite im Ressourcenhaushalt von Menschen gesundheitsbeeinträchtigend wirken. Darauf kann ein kuratives institutionelles System hingewiesen werden, aber allenfalls bei der Frage des Zugangs zu therapeutischen Hilfen kann eine Gerechtigkeitsperspektive thematisiert werden (vgl. Bioethik-Kommission 2010). Erst bei konsequenten Strategien der Gesundheitsförderung wird die Frage nach den Ressourcen zentral, die Menschen als Grundlage ihrer Handlungsfähigkeit benötigen.

Bei der Suche nach Erklärungen, wie gesundheitliche und soziale Problemlagen von Menschen bewältigt werden, tritt die Frage nach Risiken und wie Menschen Risiken vermeiden können zunehmend zurück. Im Vordergrund steht vielmehr die umgekehrte Frage, was Menschen befähigt, mit Risiken und Problemlagen konstruktiv umzugehen und eigene Vorstellungen von einem gelingenden Leben zu realisieren. Die Grundidee von Gesundheitsförderung ist in exemplarischer Weise in der Ottawa Charta formuliert:

Gesundheit wird von Menschen in ihrer alltäglichen Umwelt geschaffen und gelebt. [...] Gesundheit entsteht dadurch, dass man sich um sich selbst und für andere sorgt, dass man in die Lage versetzt ist, selber Entscheidungen zu fällen und eine Kontrolle über die eigenen Lebensumstände auszuüben sowie dadurch, dass die Gesellschaft, in der man lebt, Bedingungen herstellt, die all ihren Bürgern Gesundheit ermöglichen. (WHO 1986)

Bezug genommen wird auf die Norm des selbstbestimmten Handelns, die aber zugleich an die strukturellen Bedingungen für die Ermöglichung von Selbstbestimmung gebunden wird. Im Unterschied zu den Präventionsdiskursen, die Interventionen durch professionelle Systeme erfordern, erfordert das Konzept der Gesundheitsförderung eine zivilgesellschaftliche Perspektive (Laverack 2007). Gesundheit wird als integraler Bestandteil souveräner alltäglicher Lebensführung betrachtet; was diese unterstützt, wird als gesundheitsförderlich angesehen. Dazu zählt die Förderung von selbstbestimmten Lebensweisen, Kompetenzen, Wohlbefinden und Lebensqualität, wie auch die Pflege von förderlichen materiellen, sozialen und ökologischen Ressourcen und die Reduktion gesellschaftlich ungleich verteilter Risiken, Stressoren und Belastungen.

Das Thema Ressourcen ist nun vorbereitet, begrifflich aber noch nicht präzisiert. Das leistet die Kapitalsortentheorie von Bourdieu, die vor allem die sozialstrukturell gegebenen Lebensbedingungen in den Blick nimmt (→ Schubert & Knecht; → Gross & Jungbauer-Gans). Es folgen Überlegungen zum „Identitätskapital", die eine Brücke zum Subjekt und zu aktuellen gesundheitswissenschaftlichen Aspekten schlagen.

2.1 Ressourcen als aktivierbare Kapitalien nach Pierre Bourdieu

Sozialpsychologisch relevant ist die Transformationsleistung von unterschiedlichen Kapitalien in identitätsrelevante Ressourcen. In den Prozessen alltäglicher Lebensbewältigung ist meist weniger der bloße Besitz dieser Ressourcen relevant als vielmehr die Art, wie diese in handlungsrelevante Prozesse übersetzt werden. Am Beispiel des sozialen Kapitals lässt sich zeigen, dass dieses für die Lebensbewältigung und Identitätsentwicklung des Subjekts in dreifacher Form relevant sein kann:

a) Als *Optionsraum*: Die Personen eines Netzwerkes bilden zugleich ein Netzwerk an möglichen Handlungs- und Identitätsentwürfen und -projekten. Auch in spätmodernen Gesellschaften bietet das soziale Netzwerk Anschauungsmaterial dafür, wie Identitätsentwürfe und -projekte entstehen, wie sie gelingen und wie sie scheitern können. Zudem eröffnen die Netzwerke dem Subjekt Möglichkeitsräume für Identitätsentwürfe. Viele Träume gewinnen erst in der konkreten Auseinandersetzung mit signifikanten Anderen ihre identitätsrelevante Kraft. Zum dritten bietet das soziale Netzwerk jene Aushandlungsprozesse an, die zur Realisierung eines Identitätsprojektes benötigt werden.

b) Als *soziale Relevanzstruktur:* Die Entscheidung, welche handlungs- und identitätsrelevanten Perspektiven ich für meine Person zulasse, erfolgt in einem oft impliziten Aushandlungsprozess im sozialen Netzwerk. Letzteres fungiert hierbei auch als Filter für die von den Massenmedien angebotenen „Lebensstilpakete". Ob ich mich beispielsweise entscheide, eine bestimmte Körpermode zu einem Identitätsentwurf oder -projekt zu machen, hängt stark von der Bewertung durch signifikante Andere meines Netzwerks ab. In sozialen Netzwerken entsteht ein Geflecht von Normalität, von „in" und „out", von als „cool" bewerteter Abweichung bis hin zur mit negativer Sanktionierung verbundenen Ausgrenzung. Vor allem aber wird im sozialen Netzwerk etwas verhandelt, was für den gesamten Identitätsprozess konstitutiv ist: soziale Anerkennung (s. u.).

c) Als *Bewältigungsressource*: In Orientierungskrisen fungieren soziale Netzwerke als Rückhalt und emotionale Stütze. Gerade wenn der Prozess der Identitätsbildung durch innere Spannungen oder äußere Umbrüche kritisch wird, ist es eine Frage des sozialen Kapitals, über welche Möglichkeiten des „Krisenmanagements" ein Subjekt verfügt, weil ihm in seinem Netzwerk entsprechende Unterstützung zuteilwird oder umgekehrt Ressourcen (Liebe, Anerkennung, Zugehörigkeit) entzogen werden.

2.2 Eine Brücke zum Subjekt: Identitätskapital

Côté und Levine (2002) und auch Schuller et al. (2004) führen die Kategorie des „Identitätskapitals" ein, um die subjektspezifischen Umwandlungsprozesse von objektiv gegebenen Ressourcen in Handlungsfähigkeit verständlich machen und die Frage beantworten zu können, warum manche Subjekte besser als andere mit der Verarbeitung von kritischen Lebenserfahrungen und Übergängen zurechtkommen. Dieses Konzept des „Kapitals" wird also zur Erklärung von Differenzen bei der Verarbeitung von kritischen Lebenserfahrungen und Übergängen herangezogen. Im Unterschied zum Ressourcenbegriff versucht man darin auch den Mehrwert der Ressourcen zu erklären. Der Erwerb von Identitätskapital geschieht über die Zeit und durch die Nutzung von Ressourcen sowie den dadurch erzielten Gewinn, der wiederum zur Ressource für alle weiteren Austauschprozesse wird (Côté & Levine 2002, 144).

Das Identitätskapital ist nach den genannten Autoren definiert als die Summe aller Eigenschaften bzw. Merkmale, die ein Individuum in der Interaktion mit anderen Individuen erworben hat bzw. zugewiesen bekommt. Dazu gehören soziale Ressourcen („tangible resources") wie Kreditwürdigkeit, Mitgliedschaften, Bildungszertifikate, die sozusagen als „Pass" in andere soziale und institutionalisierte Sphären fungieren. Und es gibt „intangible resources" wie Ich-Stärke und „reflexiv-agentic-capacities" wie Kontrollüberzeugung, Selbstwertschätzung, Lebenssinn, die Fähigkeit zur Selbstverwirklichung und kritische Denkfähigkeit (Côté 1997). Côté und Levine (2002, 145) nehmen an, dass die Ich-Stärke bzw. das Identitätskapital den Individuen Kräfte und Vermögen verleihen, die verschiedenen sozialen und persönlichen Hemmnisse (aber auch Chancen) verstehen und überwinden zu können, mit denen sie im spätmodernen gesellschaftlichen Leben konfrontiert sind.

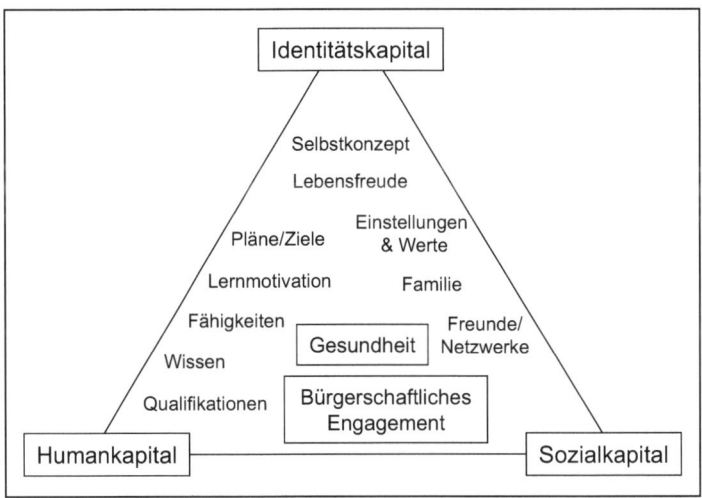

Abb. 1: Modell des Identitätskapitals nach Schuller et al. (2004)

Im Unterschied zu Côté und Levine, die ein hierarchisches Modell konzipieren, in dem alle anderen Kapitalien (ökonomisches, soziales sowie Humankapital) unter das Identitätskapital subsumiert sind, setzen Schuller et al. (2004, 20) das Identitätskapital neben alle anderen Kapitalien ohne Annahme einer Vorrangstellung. Identitätskapital verweist nach Schuller et al. auf die Eigenschaften des Individuums, die seine Perspektiven und sein Selbstbild bestimmen. Es enthält spezifische Persönlichkeitseigenschaften wie Ich-Stärke, Selbstachtung oder Kontrollüberzeugung. Sie nehmen ebenso wie Côté und Levine sowie Antonovsky an, dass diese entscheidend sind für die meisten Lern- bzw. Anpassungsprozesse. Insofern ist nach Schuller et al. (ebd.) das Identitätskapital anderen Kapitalien ähnlich: Es ist sowohl Input als auch Output, Ursache und Wirkung. Sie gehen davon aus, dass es der Person umso besser geht, je mehr Kapitalien – Fähigkeiten, Qualifikationen, soziale Beziehungen – diese besitzt. Allerdings, so Schuller et al., sind die meisten Lernprozesse ein Ergebnis des Zusammenspiels von Identitätskapital als Repräsentation des psychologischen, des Humankapitals als Repräsentation des ökonomischen und des sozialen Kapitals als Repräsentation des politischen Pols. Sie nehmen an, dass die meisten Lernprozesse zwischen zwei Polen platziert sind. Zum Beispiel hilft ein Stimmtraining, das gemacht wird, um die Karrierechancen zu verbessern, auch, das soziale Netz zu vergrößern, ist also sozioökonomisch angelegt. Mit ihrem (Triangle-)Modell gehen sie davon aus, dass Ergebnisse von Lern- bzw. Anpassungsprozessen eine Kombination von zwei oder aller drei polaren Konzepte sind. So ist z. B. physische oder psychische Gesundheit das Produkt 1. individueller Fähigkeiten der Person, 2. der sozialen Beziehungen und Netze, in die sie eingebunden ist, und 3. von der Sicht auf das Leben sowie 4. der Selbsteinschätzung, wobei alle diese Faktoren interagieren.

3 Gesundheitsförderung als Ressourcenstärkung

Aus den Gesundheitswissenschaften kommen Konzepte zur Prävention und Gesundheitsförderung, die sowohl Zugänge zur Risikobearbeitung als auch zur Förderung von Ressourcen bzw. zu den Perspektiven von Pathogenese und Salutogenese ermöglichen sollen. Der sozialwissenschaftliche Theoriebaukasten enthält anschlussfähige Angebote, vor allem die Konzepte Empowerment, Capability und Salutogenese. Ich konzentriere mich im Folgenden auf die Salutogenese und das Capability-Konzept.

3.1 Widerstandsressourcen und Kohärenz: Die Perspektive der Salutogenese

Lebenserfahrungen, in denen Subjekte sich als Gestaltende ihres Lebens konstruieren und als aktive Produzenten und Produzentinnen ihrer Biografie begreifen können, sind offensichtlich wichtige Bedingungen der Gesunderhaltung. Der israelische Gesundheitsforscher Aaron Antonovsky (1993) hat diese Auffassungen in das Zentrum seines „salutogenetischen Modells" gestellt. Es stellt die Ressourcen in den Mittelpunkt der Analyse, die ein Subjekt mobilisieren kann, um mit belastenden und widersprüchlichen Alltagserfahrungen produktiv umgehen zu können und nicht krank zu werden. Antonovsky (1988, 89) sieht unsere westliche Medizin als „gut organisierte, heroische und technologisch aufgerüstete Unternehmung, ertrinkende Menschen aus einem wilden Fluss herauszuziehen". Doch sie fragt nicht, warum eigentlich Menschen immer am Ertrinken sind. Hätte man ihnen vielleicht das Schwimmen beibringen müssen? Ja, würde Antonovsky antworten, genau das ist die Konsequenz der salutogenetischen Perspektive.

Dieses Modell geht von der Prämisse aus, dass Menschen ständig mit belastenden Lebenssituationen konfrontiert werden (→ F.-C. Schubert). Der Organismus reagiert auf Stressoren mit einem erhöhten Spannungszustand, der pathologische, neutrale oder gesunde Folgen haben kann, je nachdem, wie mit dieser Spannung umgegangen wird. Es gibt eine Reihe von allgemeinen Widerstandsfaktoren, die innerhalb einer spezifischen soziokulturellen Welt als Potenzial gegeben sind.

Antonovsky zeigt auf, dass alle mobilisierbaren Ressourcen in ihrer Wirksamkeit letztlich von einer zentralen subjektiven Kompetenz abhängen, dem *Gefühl von Kohärenz*, bzw. *Kohärenzsinn*. Es ist ein Konstrukt, das kognitive und emotionale Prozesse beinhaltet. Es ist eine Art Vertrauen in die eigene Person und in die Welt, dass 1. Anforderungen es wert sind, sich dafür anzustrengen und zu engagieren (Sinnebene), 2. Ressourcen verfügbar sind, die man dazu braucht, um den gestellten Anforderungen gerecht zu werden (Bewältigungsebene), und 3. die Ereignisse der inneren und äußeren Umwelt strukturiert, vorhersehbar und erklärbar sind (Verstehensebene). Der Kohärenzsinn ist durch das Bestreben charakterisiert, den

Lebensbedingungen einen subjektiven Sinn zu geben und sie mit den eigenen Wünschen und Bedürfnissen in Einklang bringen zu können. Je weniger das gelingt, desto weniger besteht die Möglichkeit, sich für oder gegen etwas zu engagieren und Ressourcen zur Realisierung spezifischer Ziele zu mobilisieren. Antonovsky transformiert eine zentrale Überlegung aus dem Bereich der Sozialwissenschaften zu einer grundlegenden Bedingung für Gesundheit: Als Kohärenzsinn wird ein positives Bild der eigenen Handlungsfähigkeit verstanden, die von dem Gefühl der Bewältigbarkeit von externen und internen Lebensbedingungen, der Gewissheit der Selbststeuerungsfähigkeit und der Gestaltbarkeit der Lebensbedingungen getragen ist.

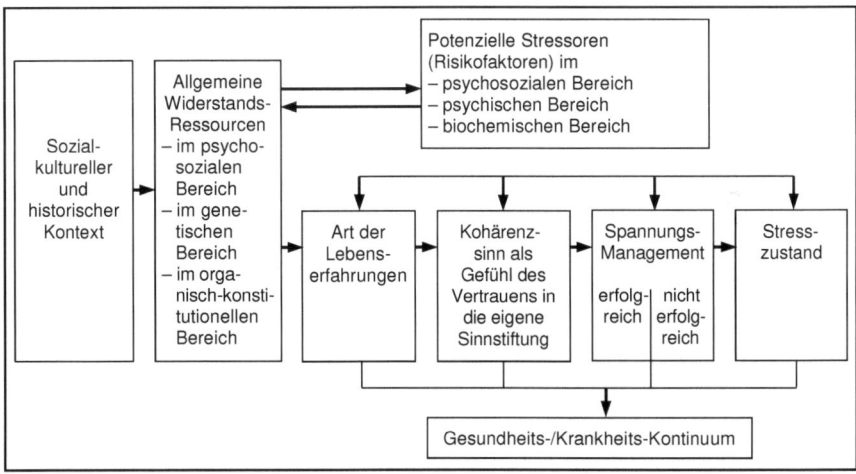

Abb. 2: Das salutogenetische Modell von Antonovsky (1979, 185)

Der Kohärenzsinn ist in seiner Wirksamkeit entscheidend durch den Zugang zu *generalisierten Widerstandsressourcen* bestimmt. Sie sind bedeutsam, um Schutz und Widerstand gegenüber Stressoren aufzubauen, bzw. stellen Kraftquellen einer positiven Entwicklung dar und beeinflussen wesentlich den Erhalt oder die Verbesserung von Gesundheit, Lebenszufriedenheit und Lebensqualität. Diese Widerstandsressourcen sind angesiedelt:

- Im *Individuum*: organisch-konstitutionelle Widerstandsressourcen, Intelligenz, Bildung, Bewältigungsstrategien und Ich-Stärke. Als emotionale Sicherheit, Selbstvertrauen und positives Selbstgefühl stellt Ich-Stärke eine der zentralen emotionalen Widerstandressourcen dar.
- Im *sozialen Nahraum* sind soziale Beziehungen zu anderen Menschen wesentliche Widerstandsressourcen, wie z. B. das Gefühl, sich zugehörig und „verortet" zu fühlen, Vertrauen und Anerkennung durch für sich selbst bedeutsame Andere zu erfahren und durch die Beteiligung an zivilgesellschaftlichem Engagement

sich als selbstwirksam erleben zu können sowie die Möglichkeit, sich Unterstützung und Hilfe von anderen Menschen zu holen und sich auf diese zu verlassen.
- Auf *gesellschaftlicher Ebene* durch die Erfahrung von Anerkennung über die Teilhabe an sinnvollen Formen von Tätigkeiten und ein bestimmtes Maß an Sicherheit, mit diesen seinen Lebensunterhalt bestreiten zu können (Verfügbarkeit über Geld, Arbeit, Wohnung ...").
- Widerstandsressourcen vermittelt auch der Zugang zu *kulturellem Kapital* im Sinne tragfähiger Wertorientierungen (bezogen aus philosophischen, politischen, religiösen oder ästhetischen Quellen).

3.2 Verwirklichungschancen: Capability

Widerstandsressourcen würde der Nobelpreisträger Amartya Sen (2000; 2010) als „Verwirklichungschancen" oder „Capabilities" bezeichnen. Er versteht darunter die Möglichkeit von Menschen, „bestimmte Dinge zu tun und über die Freiheit zu verfügen, ein von ihnen mit Gründen für erstrebenswert gehaltenes Leben zu führen" (Sen 2000, 108). Verwirklichungschancen sind aber nicht nur die Energien und Möglichkeiten, die eine Person mobilisieren kann, sondern es geht vor allem um Gestaltungskräfte eines Gemeinwesens.

> Letztlich ist das individuelle Handeln entscheidend, wenn wir die Mängel beheben wollen. Andererseits ist die Handlungsfreiheit, die wir als Individuen haben, zwangsläufig bestimmt und beschränkt durch die sozialen, politischen und wirtschaftlichen Möglichkeiten, über die wir verfügen. Individuelles Handeln und soziale Einrichtungen sind zwei Seiten einer Medaille. Es ist sehr wichtig, gleichzeitig die zentrale Bedeutung der individuellen Freiheit und die Macht gesellschaftlicher Einflüsse auf Ausmaß und Reichweite der individuellen Freiheit zu erkennen. (Sen 2000, 9f.)

Das auf Sen und Martha Nussbaum (1999; 2010) zurückgehende Capability-Konzept erweist sich als anschlussfähig zu den bisher ausgeführten Basiskonzepten der Gesundheitsförderung. Es rückt den inneren Zusammenhang der Handlungsbefähigung der Subjekte mit den objektiv gegebenen Verwirkungschancen ins Zentrum. In dieser Verknüpfung ist es für die Soziale Arbeit von Relevanz (vgl. Otto & Ziegler 2008; 2010; Schneider & Otto 2009). Es stellt auch eine Brücke zur Armutsforschung her (vgl. Volkert 2005) und ist zu einem wichtigen konzeptionellen Baustein in den Armuts- und Reichtumsberichten der Bundesregierung geworden. Und schließlich ist die Gerechtigkeitsthematik in den sozialphilosophischen und politiktheoretischen Diskursen durch die Frage nach der Verteilung der Verwirklichungschancen neu thematisiert worden (vgl. Heinrichs 2006; Nass 2006).

Diese unterschiedlichen Zugänge konvergieren in einer spezifischen Sicht auf das Subjekt und einer damit verbundenen Leitidee von Gesundheitsförderung: ein möglichst selbstbestimmt entscheidendes, handlungsfähiges Subjekt, das bestimmte Ressourcen einsetzen kann, um Stressoren zu bewältigen und so die eigene Gesundheit zu erhalten oder wiederzugewinnen. In diesem Verständnis ist es die Aufgabe von Institutionen, für Subjekte den Zugang zu diesen Ressourcen zu fördern, aber auch Strukturen zu schaffen, die Menschen im Sinne von Empowerment in der Wahrnehmung ihrer Rechte stärken und ihnen zu mehr Handlungsfähigkeit verhelfen (→ Knecht, „Ressourcentheoretische Erweiterungen des Capability-Ansatzes ..."). Selbstbestimmtes Handeln wird an die (gesellschaftlich-)strukturellen Bedingungen für die Ermöglichung von Selbstbestimmung gebunden. Hier geht es um eine Koppelung von Subjekt und Struktur, wie sie etwa Giddens (1997) in seiner Strukturationstheorie formuliert hat. Erforderlich ist eine handlungstheoretische Fundierung, die die Handlungen der Subjekte systematisch auf die gesellschaftlich-strukturellen Rahmenbedingungen bezieht.

Wenn man in diesem Sinne danach fragt, was die Voraussetzung von Handlungsfähigkeit bildet, dann ist es sinnvoll, zunächst im Sinne der „Agency"-Theorie von Albert Bandura (1997) u. a. die Relevanz von Selbstwirksamkeitserfahrungen herauszustellen. Sie entstehen z. B. für Heranwachsende in Alltagssituationen, in denen sie eigene Optionen entwickeln und erproben können. Sie können auf diese Weise in ihren Lebenswelten Grundlagen für ihre Handlungsfähigkeit und ein Vertrauen in die eigene Handlungswirksamkeit erwerben. Wenn die aktuelle Sozialisationsforschung von „Handlungsbefähigung" spricht (vgl. Grundmann et al. 2006; Grundmann 2008), dann verweist sie damit über die persönlichkeitstheoretische Perspektive hinaus und fragt nach den Bedingungen der Möglichkeit des Erwerbs von Handlungsfähigkeit. In den Erfahrungsräumen unterschiedlicher Milieus und institutioneller Settings, in denen sich Heranwachsende bewegen, sind strukturelle Unterschiede an Verwirklichungschancen gegeben. Hier zeigt sich, „dass sich Agency- und Capability-Forschung hervorragend ergänzen, indem die personalen und gesellschaftlichen Dimensionen von Handlungsbefähigung systematisch aufeinander bezogen werden können" (Grundmann 2008, 131 f.). Anschluss findet hier auch die Ungleichheits- und Differenzfragestellung, die unter dem Aspekt einer „Befähigungsgerechtigkeit" unten behandelt wird.

4 Selbstsorge in der spätmodernen Gesellschaft

Aber welche Kompetenzen für eine souveräne Lebensbewältigung sind in der Gegenwartsgesellschaft „an der Zeit"? In einer individualisierten Gesellschaft, in der die Menschen ihre Biografien immer weniger in den gesicherten Identitätsgehäusen der Berufsarbeit einrichten können, in der die traditionellen Geschlechterrollen ihre Fasson verloren haben und in der Lebenssinn zur Eigenleistung der Subjekte wird, sind vermehrt Fähigkeiten zur Selbstorganisation gefordert. Fertige Schnittmuster für die alltägliche Lebensführung verlieren ihren Gebrauchswert. Sowohl die individuelle Identitätsarbeit als auch die Herstellung von gemeinschaftlich tragfähigen Lebensmodellen unter Menschen, die in ihrer Lebenswelt aufeinander angewiesen sind, erfordern ein eigenständiges Verknüpfen von Fragmenten. Menschen in der Gegenwart brauchen die dazu erforderlichen Lebenskompetenzen in einem sehr viel höheren Maße als die Generationen vor ihnen. Sie müssen in der Lage sein, ein Berufsleben ohne Zukunftsgarantie zu managen, ihren individuellen Lebenssinn ohne die Vorgabe von Meta-Erzählungen zu entwickeln und komplexe Weltverhältnisse auszuhalten. Gefordert ist ein „Identitätskapital", das die individuelle Verfügung über und die Mobilisierung von psychischen, sozialen, materiellen und symbolischen Ressourcen meint und die Bedingung der Möglichkeit von Selbstsorge darstellt.

„Bürgerschaftliches Engagement" wird aus dieser Quelle der vernünftigen Selbstsorge gespeist. Menschen suchen in diesem Engagement Lebenssinn, Lebensqualität und Lebensfreude und sie handeln aus einem Bewusstsein heraus, dass keine externe Autorität das Recht für sich beanspruchen kann, die für das Subjekt stimmigen und befriedigenden Konzepte des richtigen und guten Lebens vorzugeben. Und schließlich heißt das auch: Ich kann mich nicht darauf verlassen, dass meine Vorstellungen vom guten Leben im Delegationsverfahren zu verwirklichen sind. Ich muss mich einmischen. Eine solche Perspektive der Selbstsorge ist deshalb mit keiner Version „vormundschaftlicher" Politik und Verwaltung vereinbar. Ins Zentrum rückt mit Notwendigkeit die Idee der „Zivilgesellschaft". Eine zukunftsfähige Demokratie entsteht nicht aus einem moralischen Kraftakt, der den hedonistisch gesonnenen Subjekten als Opfer und Verzicht abverlangt werden muss. Sie wird vielmehr aus einer Lebenspolitik der Selbstsorge erzeugt: Es ist nicht anstößig, sondern legitim und wertvoll, gemeinschaftsförderliche Projekte aus eigenen Wünschen und Interessen heraus zu beginnen und voranzutreiben. Selbsthilfegruppen und die meisten Projekte bürgerschaftlichen Engagements gewinnen ihre Stärke und Vitalität genau aus einem solchen motivationalen Wurzelgeflecht. In bürgerschaftlichen Engagements investieren Menschen Ideen, Zeit und Kompetenzen zur Gestaltung von Projekten, die ihnen wichtig sind. Sie erfahren in diesen Tätigkeiten ihre persönlichen Wirkungsmöglichkeiten durch selbstbestimmtes Handeln und sie erwerben dabei für sich wichtige Erfahrungen und Fähigkeiten. Gerade das Freiwilligenengagement liefert nicht nur Gelegenheitsstrukturen für die Identitätsfindung als Bürger, sondern auch ein Experimentierfeld für die eigene Identitätsarbeit und den Erwerb von Lebenskompetenzen, die in der Reichweite und Nachhaltigkeit der Lernprozesse oft weit über das hinausreichen, was formelle Lernorte vermitteln.

4.1 Positive Jugendentwicklung durch Engagement

Über die Bedingungen und Möglichkeiten gelingender Selbstsorge forschen führende Entwicklungspsychologen der USA wie Lerner, Damon oder Benson mit ihren Teams (vgl. auch Weichhold und Silbereisen 2007; Cicchetti et al. 2000). Auf unterschiedlichen fachlichen Bahnen entfalten sie Perspektiven positiver Entwicklung von Kindern und Jugendlichen. Zusätzlich zur Notwendigkeit, Entwicklungsverlaufsrisiken und deren Ursachen zu identifizieren, ist es ihnen zunehmend wichtig geworden, dem Blick auf (potenzielle) Defizite ein Konzept positiver Entwicklung zur Seite zu stellen. Die Suche nach positiven Entwicklungspfaden bei Heranwachsenden geht von der Annahme aus, dass alle Kinder und Jugendliche prinzipiell über das Potenzial verfügen, sich zu handlungsfähigen Subjekten zu entwickeln, die am gesellschaftlichen Leben teilnehmen, es gestalten und verändern können. Lerner (2004) bezeichnet diesen Prozess mit der Metapher des „Thriving", als einen Prozess des „Gedeihens". Positive Entwicklung lässt sich allerdings nicht als ein autochthones Ablaufgeschehen begreifen, in dem sich eine innere Anlage entfaltet, sondern es ist ein Modell, das in einem transaktionalen Sinne als dynamisches Austauschsystem zwischen den heranwachsenden Subjekten und den unterschiedlichen sozialen Systemen (wie Familie, Schule, Peergruppe, Nachbarschaft und Gesamtgesellschaft) verstanden wird. Lerner, Alberts und Bobek (2007) formulieren den Kern ihrer Überlegungen zur positiven Entwicklung in folgender Frage:

> Wie verbringen Menschen die ersten beiden Lebensjahrzehnte, um zu jungen Erwachsenen heranzuwachsen, die sich intellektuell, sozial und beruflich kompetent verhalten und überzeugt sind, Teil eines fürsorgenden Gemeinwesens zu sein, das produktive und wertgeschätzte Beiträge zur Qualität von Familien- und gesellschaftlichem Leben leisten kann? [...] Wie können wir jungen Menschen die Fähigkeiten und Fertigkeiten vermitteln, die sie brauchen, um zu gedeihen, d.h. um ein erfolgreiches Leben zu führen und [...] einen Beitrag für die demokratische Gesellschaft in einer flachen Welt (Friedman 2006) zu leisten? (Ebd., 10)

An solchen Formulierungen wird deutlich, dass diese nicht nur wissens-, sondern auch wertebasiert sind. Mit dem Konzept der „flachen Welt" von Friedman nehmen die Autoren auf Herausforderungen einer globalisierten Welt Bezug, die von Heranwachsenden spezifische Fähigkeiten und Fertigkeiten verlangen, die Lerner und sein Team zunächst in fünf C's der positiven Entwicklung formulieren und dann noch ein sechstes hinzufügen:

Die ursprünglich angebotenen fünf C's haben Roth und Brooks-Gunn (2003) zusammengefasst:

> Die Förderung von Kompetenz, dem ersten C, zielt u.a. auf die Verbesserung der sozialen, schulischen, kognitiven und beruflichen Kompetenzen der Teilnehmer. Soziale Kompetenz umfasst interpersonale Fähigkeiten wie Kommunikationsfähigkeit, Durchsetzungsvermögen, Ablehnung und Widerstand und die Fähigkeit zur Lösung von Konflikten [...]. Die Förderung des Vertrauens von jungen Menschen, das zweite C, beinhaltet Ziele in Bezug auf die Erhöhung des Selbstwertgefühls, der Selbsteinschätzung, des Selbstvertrauens, der Identität und des Glaubens an die Zukunft der Jugendlichen. Die Anregung und Unterstützung von sozialen Bindungen, das dritte C, umfasst den Aufbau und die Stärkung von Beziehungen eines Jugendlichen zu anderen Menschen und Institutionen wie der Schule. Das vierte C – Charakter – lässt sich am schwierigsten definieren. Programmatische Ziele wie die Erhöhung der Selbstkontrolle und Selbstbeherrschung, die Verminderung von gesundheitsschädigendem (Problem-)Verhalten, die Achtung von kulturellen und gesellschaftlichen Regeln und Normen sowie Gerechtigkeitssinn (Moral) und Spiritualität beschreiben die Charakterkomponente. Die Entwicklung von Fürsorge und Mitgefühl, das fünfte C, zielt auf die Erhöhung der Empathiefähigkeit von Jugendlichen und ihrer Fähigkeit, sich in andere hineinzuversetzen. (Ebd., 205)

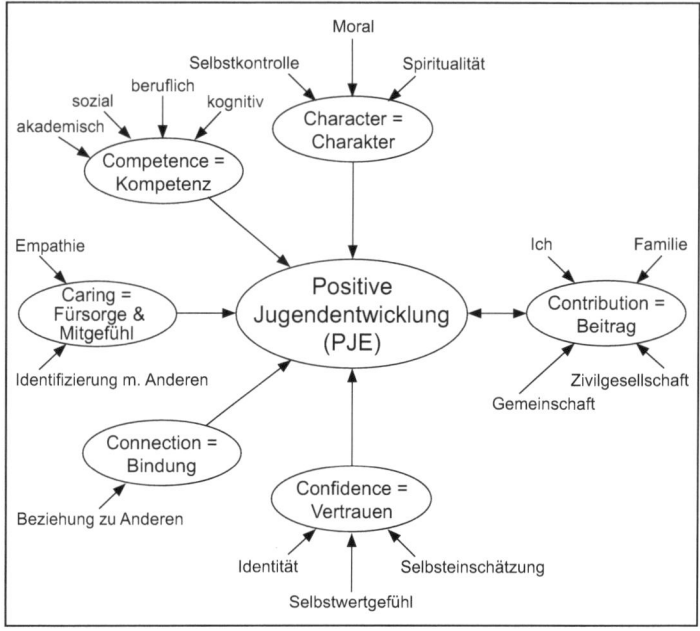

Abb. 3: Gesellschaftliche Teilhabe und positive Jugendentwicklung (PJE) (Quelle: Lerner et al. 2007, 3)

Die Verknüpfung des Konzepts der positiven Jugendentwicklung mit dem Diskurs zum bürgerschaftlichen Engagement wird von Richard Lerner durch die Einführung eines sechsten C's versucht. Dieses steht für „Contribution" und umfasst die aktiven Beiträge von Subjekten bei der Gestaltung ihrer eigenen Lebenswelt. Hier geht es um die gesellschaftliche Partizipation, um die Bereitschaft, sich zu engagieren, und um den aktiven Willen, sich in die sozialen Verhältnisse, die die eigene Existenz betreffen, einzumischen. Lerner, Alberts und Bobek (2007, 5) verstehen unter „Contribution" „das Handeln eines jungen Menschen zu seinem eigenen Wohl (z.B. durch Erhaltung der eigenen Gesundheit und der Fähigkeit, aktiv Einfluss auf die eigene Entwicklung zu nehmen) und zum Wohl seiner Familie, seines sozialen Umfelds und der Institutionen der Zivilgesellschaft".

4.2 Befähigung und Befähigungsgerechtigkeit

Zentral für die Gesundheitsförderung ist die Erfahrung, sich selbst als *handlungswirksam* zu erleben. Allerdings sind in den Erfahrungsräumen unterschiedlicher Milieus und institutioneller Settings strukturelle Unterschiede derartiger Verwirklichungschancen gegeben. Insofern befähigen sie Subjekte auch auf unterschiedliche Weise zu wirksamem und selbstbestimmtem Handeln. Es geht darum, sich den unauflöslichen Zusammenhang von individuellem Handeln und den „ermöglichenden Strukturen" bewusstzumachen (Berger & Neuhaus 1977), die gesellschaftlich geschaffen werden müssen. Benachteiligender sozio-ökonomischer Status, je nach Kontext Geschlechtszugehörigkeit, gegebenenfalls Migrationshintergrund und Behinderung beschreiben Konstellationen, die erschwerte Zugänge zu Wirksamkeitserfahrungen bedingen (→ Drilling). Sie werfen unter der Perspektive von Prävention und Gesundheitsförderung die Fragen nach einer *Befähigungsgerechtigkeit* auf. Damit wird das für politisches, institutionelles und professionelles Handeln zentrale Ziel bezeichnet, Subjekte zu befähigen, „selber Entscheidungen zu fällen und eine Kontrolle über die eigenen Lebensumstände auszuüben sowie dadurch, dass die Gesellschaft, in der man lebt, Bedingungen herstellt, die all ihren Bürgern Gesundheit ermöglichen", um noch einmal die Ottawa Charta zu zitieren. Im Ansatz der Salutogenese mit der Herausarbeitung der Widerstandsressourcen und mit dem Kohärenzsinn als dem subjektspezifischen Organisationsprinzip der Handlungsfähigkeit findet die Subjekt-Struktur-Koppelung eine gesundheitswissenschaftliche Ausformulierung.

5 Zum Abschluss: Selbstverantwortung ist nicht Selbstsorge

Die bisher eingeführten Konzepte wie Salutogenese, Empowerment, Partizipation, Verwirklichungschancen und Befähigung transportieren nicht nur einen spezifischen Zugang zur Gesundheitsförderung; darüber hinaus enthalten sie ein spezifisches Subjektverständnis (vgl. Ogden 2002). Verstanden wird hier das Subjekt als ein sich selbst steuerndes Individuum, das über die Erfahrung von Kohärenz und Selbstwirksamkeit jenes Maß an Autonomie erwirbt und erlebt, das den normativen Vorstellungen einer aufgeklärten, demokratischen westlichen Gesellschaft entspricht. Befähigung bedeutet deshalb, jene Ressourcen zu ermöglichen, die zur Erreichung solcher normativer Zielvorstellungen notwendig sind. Sozialpolitische Maßnahmen haben entsprechend dieser Vorstellung dann den adäquaten Zuschnitt, wenn sie Subjekten die erforderliche Unterstützung bei der Erreichung dieser Ziele anbieten.

Dieses Leitbild passt einerseits gut in die aktuelle sozialpolitische Landschaft, steht aber andererseits auch in einem gewissen Widerspruch dazu. Hintergrund hierzu sind jene Veränderungsprozesse des Sozialstaats, die als „aktivierende Wende der Sozialpolitik" beschrieben werden (Lessenich 2008, 77). Damit ist einerseits der Abschied von einem „Vorsorgestaat" (Ewald 1993) gemeint, der beansprucht, Lebensrisiken in einer kollektiven Daseinsvorsorge abzusichern. Andererseits ist damit ein neuer Regierungsmodus angesprochen, in dessen Zentrum „der tendenzielle Übergang von der öffentlichen zur privaten Sicherheit, vom kollektiven zum individuellen Risikomanagement, von der Sozialversicherung zur Eigenverantwortung, von der Staatsversorgung zur Selbstsorge [steht]" (Lessenich 2008, 82). Es entsteht eine Politikform, die „nach dem Modell des Anleitens zur Selbststeuerung" (Saar 2007, 38) konstruiert ist. Die beliebte Formel von *investing in people* hat hier ihren systematischen Ort. Diese Politik unterstellt und fördert das „unternehmerische Selbst" (Bröckling 2007), das sein Leben als eine Abfolge von Projekten sieht und angeht, die mit klugem Ressourceneinsatz optimal organisiert werden müssen. Die Zukunftskommission von Bayern und Sachsen hat dieses neue Bürgerleitbild exemplarisch formuliert: „Das Leitbild der Zukunft ist das Individuum als Unternehmer seiner Arbeitskraft und Daseinsvorsorge" (Kommission für Zukunftsfragen der Freistaaten Bayern und Sachsen 2007, 36). Das so konzipierte Subjekt ist für seine Gesundheit, für seine Fitness, für seine Passung in die Anforderungen der Wissensgesellschaft selbst zuständig – auch für sein Scheitern. Nicht selten erlebt sich allerdings das „selbstwirksame" unternehmerische Selbst als „unternommenes Selbst" (Freytag 2008).

Ist es dieses Leitbild, dem der Befähigungsansatz eine therapeutisch-sozialpsychologische Gestalt verleihen soll? Bildet dieses Leitbild den Prüfstand für eine gelungene Passung? Kann das gemeint sein, wenn im Anschluss an das Modell der Salutogenese von Widerstandsressourcen die Rede ist oder wenn Verwirklichungschancen thematisiert werden? Entspricht die Gesundheitsförderung diesem Leitbild einer möglichst permanent optimierten flexiblen Anpassung ihrer Adressatinnen und Adressaten an die Beschleunigungsdynamiken der spätmodernen Gesellschaften? Im Augenblick scheint die politische Programmatik sehr stark von dieser Idee durchdrungen zu sein, denn „keine Lebenslage, keine Lebensphase bleibt von der aktivierungspolitischen Anrufung verschont" (Lessenich 2008, 117). Die Leitidee des „unternehmerischen Selbst" hat jedoch nur auf den ersten Blick Ähnlichkeiten mit jener der *Ottawa-Charta*. Diese betont zwar auch die Idee der Selbstsorge und ihre Perspektive der Verantwortungsübernahme für das eigene Leben; sie stellt aber ebenso heraus, dass die Gesellschaft dafür strukturelle Voraussetzungen im Sinne verlässlicher institutioneller Unterstützungssysteme zu schaffen hat. Die Ottawa-Charta legt nicht ein Menschenbild des allzeit funktionierenden, mobilen und flexiblen Menschen zugrunde, sondern eher das eines Menschen, der Lebenssouveränität nicht mit einer grenzenlosen Bereitschaft zur Anschmiegsamkeit an die Imperative des Marktes gleichsetzt (vgl. Jehle 2007). In deutlicher Absetzung von einer in vielen Diskursen bestimmend gewordenen unternehmerischen Perspektive betont sie die Bedeutung des eigenständigen Lebensentwurfs und dass die dafür notwendigen gesellschaftlichen Gestaltungsspielräume und Ressourcen verfügbar sein müssen. Die Förderung von Identitätsarbeit im Sinne widerständiger Grenzziehungen zu den Zumutungen „neosozialer Gouvernementalität" (Lessenich 2008, 84) kann als ein wichtiges Kriterium und als unterstützenswertes Ziel gelingender Gesundheitsförderung bzw. pädagogischer Praxis gesehen werden.

Wenn man die unterschiedlichen Datenquellen zu psychosozialen Problem- und Risikolagen zusammen sieht, dann liegt die Vermutung nahe, dass ein Teil der benannten Risikolagen in der wachsenden Beschleunigung aller Lebensvollzüge (vgl. auch Rosa 2005) und den nicht ausreichend vorhandenen Lebenskompetenzen in der Auseinandersetzung mit diesen Lebensbedingungen begründet sind. Die daraus resultierende mangelnde Balance zwischen Risiken und Bewältigungsressourcen wird dadurch noch unausgeglichener, dass im globalen Netzwerkkapitalismus immer mehr gesellschaftliche Erwartungen an die Subjekte adressiert werden, sich dieser Beschleunigung nicht nur anzupassen, sondern auch noch ihre Vorstellungen eines gelungenen Lebens auf diesen normativen Horizont hin auszurichten. Die zunehmende Erosion traditioneller Lebenskonzepte, die Erfahrung der „Entbettung" (vgl. Giddens 1995, 33f.), die Notwendigkeit von mehr Eigenverantwortung und Lebensgestaltung haben Menschen in der Gegenwartsgesellschaft viele Möglichkeiten der Selbstgestaltung verschafft. Zugleich ist aber auch das Risiko des Scheiterns gewachsen. Vor allem die oft nicht ausreichenden psychischen, sozialen und materiellen Ressourcen erhöhen diese Risikolagen. Die gegenwärtige Sozialwelt ist deshalb auch als „flüchtige Moderne" charakterisiert worden (Bauman 2000), die kaum mehr stabile Bezugspunkte für die individuelle Identitätsarbeit zu bieten hat und den Subjekten eine endlose Suche nach den richtigen Lebensformen abverlangt. Diese Suche kann zu einem „erschöpften Selbst" führen, das an den hohen Ansprüchen an Selbstverwirklichung und Glück scheitert (Ehrenberg 2004). Eine aktuelle Studie (Summer 2008) hat mehr als 300 Psychotherapieakten reanalysiert und konnte mit dem an Ehrenberg geschärften Blick zeigen, dass die ins Ich-Ideal verinnerlichten gesellschaftlichen Leistungs- und Selbstverwirklichungsideologien eine destruktive Dynamik auslösen können. Es handelt sich bei Depression also nicht um eine „Krankheit der Freiheit", wie es Ehrenberg nannte, sondern um die Folgen einer individuellen Verinnerlichung der marktradikalen Freiheitsideologien.

Nimmt man den salutogenetischen Begriff der „Widerstandsressourcen" ernst und wörtlich, dann gehört zu ihnen auch eine kritisch-reflexive Haltung zu jenen normativen Vorgaben, die dem eigenen Wohlergehen schaden könnten. Prävention und Gesundheitsförderung sollten diese kritisch-reflexive Haltung nicht nur den eigenen Ansprüchen und Programmen zugrunde legen, sondern Menschen Kompetenz in diese Richtung zutrauen und sie darin stärken. Statt einer unreflektierten Fitnessperspektive wäre die Stärkung der Selbstsorge und Selbstachtsamkeit als normative Positionierung vorzuziehen. Das ist eine zentrale Ressource. Zugleich müssen die institutionellen Bedingungen der Möglichkeit zu praktizierter Selbstsorge immer mitbedacht werden.

Literatur

Antonovsky, A. (1979): Health, Stress and Coping: New Perspectives on Mental and Physical Well-Being. San Francisco: Jossey-Bass Inc.

Antonovsky, A. (1988): Unraveling the Mystery of Health. San Francisco: Jossey-Bass Inc.
Antonovsky, A. (1993): Gesundheitsforschung versus Krankheitsforschung. In: Franke, A. & Broda, M. (Hrsg.): Psychosomatische Gesundheit. Versuch einer Abkehr vom Pathogenese-Konzept. S. 3–14. Tübingen: dgvt.
Antonovsky, A. (1997): Salutogenese. Zur Entmystifizierung der Gesundheit. Tübingen: dgvt.
Bandura, A. (1997): Self Efficacy: The exercise of control. New York: Palgrave.
Bauman, Z. (2000): Liquid modernity. Cambridge: Polity Press.
Berger, P. L. & Neuhaus, R. J. (1977). *To empower people. The role of mediating structures in Public Policy*. Washington, D. C.: American Enterprise Institute for Public Policy Research.
Bioethik-Kommission des Landes Rheinland-Pfalz (2010): Gesundheit und Gerechtigkeit. Mainz: Ministerium der Justiz.
Bröckling, U. (2007): Fallstricke der Bemächtigung. Zwischen Gegenmacht und Sozialtechnologie. Zukünfte. Zeitschrift für Zukunftsgestaltung und vernetztes Denken, 18(57), S. 16–20.
Cicchetti, D., Rappaport, J., Sandler, I. & Weissberg, R. P. (Hrsg.) (2000): The promotion of wellness in children and adolescents. Washington, D. C.: CWLA Press.
Cockerham, W. C. (2007): Social causes of health and disease. Cambridge: Polity.
Côté, J. E. (1997): An empirical test of the identity capital model. Journal of Adolescence, 20, S. 577–597.
Côté, J. E. & Levine, C. (2002): Identity Formation, Agency, and Culture. A Socialpsychological Synthesis. Mahwah, N J: Lawrence Erlbaum.
Dragano, N., Lampert, T. & Siegrist, J. (2009): Wie baut sich soziale Ungleichheit im Lebenslauf auf? Expertise für den 13. Kinder- und Jugendbericht. Online: http://www.dji.de/bibs/13_KJB-Expertise_Draganoetal_Ungleichheit.pdf (24. 05. 2010).
Ehrenberg, A. (2004): Das erschöpfte Selbst. Depression und Gesellschaft in der Gegenwart. Frankfurt/M.: Campus.
Ewald, F. (1993): Der Vorsorgestaat. Frankfurt/M.: Suhrkamp.
Ferber, C. v. (1971): Gesundheit und Gesellschaft. Haben wir eine Gesundheitspolitik? Stuttgart: Kohlhammer.
Freytag, T. (2008): Der unternommene Mensch. Eindimensionalisierungsprozesse in der gegenwärtigen Gesellschaft. Weilerswist: Velbrück.
Friedman, T. L. (2006): Die Welt ist flach. Eine kurze Geschichte des 21. Jahrhunderts. Frankfurt/M.: Suhrkamp.
Giddens, A. (1995): Konsequenzen der Moderne. Frankfurt/M.: Suhrkamp.
Giddens, A. (1997): Die Konstitution der Gesellschaft. Frankfurt/M.: Suhrkamp.
Grundmann, M. (2008): Handlungsbefähigung – eine sozialisationstheoretische Perspektive. In: Otto, H.-U. & Ziegler, H. (Hrsg.): Capabilities – Handlungsbefähigung und Verwirklichungschancen in der Erziehungswissenschaft. S. 131–142. Wiesbaden: VS.
Grundmann, M., Dravenau, D., Bittlingmayer, U. H. & Edelstein, W. (2006): Handlungsbefähigung und Milieu. Zur Analyse milieuspezifischer Alltagspraktiken und ihrer Ungleichheitsrelevanz. Münster: LIT.
Heinrichs, J.-H. (2006): Grundbefähigungen. Zum Verhältnis von Ethik und Ökonomie. Paderborn: Mentis.
Jehle, M. (2007): Psychose und souveräne Lebensgestaltung. Erfahrungen langfristig Betroffener mit Gemeindepsychiatrie und Selbstsorge. Bonn: Psychiatrie-Verlag.
Keupp, H. (Hrsg.) (1974): Verhaltensstörungen und Sozialstruktur. München: Urban & Schwarzenberg.
Keupp, H. (2003): Ressourcen als gesellschaftlich ungleich verteiltes Handlungspotential. In: Schemmel, H. & Schaller, J. (Hrsg.): Ressourcen. Ein Hand- und Lesebuch zur therapeutischen Arbeit. S. 555–573. Tübingen: dgvt.

Keupp, H. (2007): Und die im Dunklen sieht man nicht: Von der alten und der neuen Armut und ihren psychosozialen Konsequenzen. Verhaltenstherapie und psychosoziale Praxis, 39(1), S. 9–24.

Kommission für Zukunftsfragen der Freistaaten Bayern und Sachsen (Hrsg.) (2007): Erwerbstätigkeit und Arbeitslosigkeit in Deutschland. Entwicklung, Ursachen und Maßnahmen. Anlageband, Bd. 3: Zukunft der Arbeit sowie Entkoppelung von Erwerbsarbeit und sozialer Sicherung. Bonn.

Laverack, G. (2007): Health promotion practice. Building empowered communities. Maidenhead: Open University Press.

Lerner, R.M. (2004): Liberty: Thriving and civic engagement among American youth. Thousand Oaks, C A: Sage.

Lerner, R.M., Alberts, A.E. & Bobek, D. (2007): Engagierte Jugend – lebendige Gesellschaft. Möglichkeiten zur Stärkung von Demokratie und sozialer Gerechtigkeit durch positive Jugendentwicklung. Expertise für die Bertelsmann Stiftung. Online: http://www.bertelsmann-stiftung.de/cps/rde/xbcr/SID-0A000F0A-F9ACF57B/bst/Expertise_RichardLerner.pdf (19.04.2011).

Lessenich, S. (2008): Die Neuerfindung des Sozialen. Der Sozialstaat im flexiblen Kapitalismus. Bielefeld: transcript.

Marmot, M. (2004): The status syndrome. How social standing affects our health and longevity. New York: Henry Holt.

Marmot, M. & Wilkinson, R.G. (Hrsg.) (2005): Social Determinants of Health. Oxford: Oxford University Press.

Mielck, A. (2000): Soziale Ungleichheit und Gesundheit. Bern: Huber.

Mirowsky, J. & Ross, C.E. (1989): Social causes of psychological distress. New York: Aldine de Gruyter.

Mirowsky, J. & Ross, C.E. (2003): Education, social status and health. New York: Aldine de Gruyter.

Nass, E. (2006): Der humangerechte Sozialstaat. Ein sozialethischer Entwurf zur Symbiose aus ökonomischer Effizienz und sozialer Gerechtigkeit. Tübingen: Mohr Siebeck.

Nussbaum, M.C. (1999): Gerechtigkeit oder Das gute Leben. Gender Studies. Frankfurt/M.: Suhrkamp.

Nussbaum, M.C. (2010): Die Grenzen der Gerechtigkeit. Behinderung, Nationalität und Specieszugehörigkeit. Frankfurt/M.: Suhrkamp (engl. Original (2006): Frontiers of justice).

Ogden, J. (2002): Health and the Construction of the Individual: A Social Study of Social Science. Oxford: Routledge.

Otto, H.-U. & Ziegler, H. (Hrsg.) (2008): Capabilities – Handlungsbefähigung und Verwirklichungschancen in der Erziehungswissenschaft. Wiesbaden: VS.

Otto, H.-U. & Ziegler, H. (Hrsg.) (2010): Education, welfare and the capabilities approach. A European perspective. Opladen: Barbara Budrich.

Portes, A. (1998): Social capital: Its origins and applications in modern sociology. Annual Review of Sociology, 24, S. 1–24.

Richter, M. & Hurrelmann, K. (Hrsg.) (2006): Gesundheitliche Ungleichheit. Grundlagen, Probleme, Perspektiven. Wiesbaden: VS.

Richter, M., Hurrelmann, K., Klocke, A., Melzer, W. & Ravens-Sieberer, U. (Hrsg.) (2008): Gesundheit, Ungleichheit und jugendliche Lebenswelten. Ergebnisse der zweiten internationalen Vergleichsstudie im Auftrag der Weltgesundheitsorganisation WHO. Weinheim, München: Juventa.

Rosa, H. (2005). Beschleunigung. Die Veränderung der Zeitstrukturen in der Moderne. Frankfurt/M.: Suhrkamp.

Roth, J. L. & Brooks-Gunn J. (2003): What exactly is a youth development program? Answers from research and practice. Applied Developmental Science (7), S. 94–111.
Saar, M. (2007): Macht, Staat, Subjektivität. Foucaults Geschichte der Gouvernementalität im Werkkontext. In: Krasmann, S. & Volkmer, M. (Hrsg.): Michel Foucaults Geschichte der Gouvernementalität in den Sozialwissenschaften. S. 23–45. Bielefeld: transcript.
Schneider, K. & Otto, H.-U. (Hrsg.) (2009): From employability towards capability. Luxemburg: Inter-Actions.
Schuller, T., Preston, J., Hammond, C., Brassett-Grundy, A. & Bynner, J. (2004): The Benefits of Learning. The impact of education on health, family life and social capital. London, New York: Routledge.
Sen, A. (2010): Die Idee der Gerechtigkeit. München: C. H. Beck.
Sen, A. (2000): Ökonomie für den Menschen. Wege zu Gerechtigkeit und Solidarität in der Marktwirtschaft. München: Hanser.
Sen, A. (2000). Der Lebensstandard. Hamburg: Europäische Verlagsanstalt/Rotbuch.
Summer, E. (2008): Macht die Gesellschaft depressiv? Alain Ehrenbergs historische Verortung eines Massenphänomens im Licht sozialwissenschaftlicher und therapeutischer Befunde. Bielefeld: transcript.
Weichold, K. & Silbereisen, R. K. (2007): Positive Jugendentwicklung und Prävention. In: Röhrle, B. (Hrsg.): Prävention und Gesundheitsförderung. Bd. III: Kinder und Jugendliche. S. 103–125. Tübingen: dgvt.
WHO (World Health Organization) (1986): Ottawa-Charter for Health Promotion. Genf: WHO. Online (dt.): http://www.euro.who.int/__data/assets/pdf_file/0006/129534/Ottawa_Charter_G.pdf
WHO (Weltgesundheitsorganisation) (2004): Solide Fakten. Soziale Determinanten von Gesundheit. Kopenhagen: WHO.
Wilkinson, R. G. (2001): Kranke Gesellschaften. Wien, New York: Springer.
Wilkinson, R. G. (2005): The impact of inequality. How to make sick societies healthier. New York/London: The New Press.

Ressourcentheoretische Erweiterungen des Capability-Ansatzes von Amartya Sen

Alban Knecht

1   Der Capability-Ansatz von Amartya Sen

Die Anfänge des *capability approach* gehen auf die 1980er Jahre zurück. Sen hatte sich zu dieser Zeit ausführlich mit der Analyse konkreter Armutsprobleme beschäftigt und dabei Zweifel an der Sinnhaftigkeit der gebräuchlichsten volkswirtschaftlichen Wohlfahrtsindikatoren, dem Bruttosozialprodukt und der Nutzenmessung, bekommen. Ihm schwebte vor, die menschliche Handlungsfähigkeit sowie die daraus entstehenden Handlungsspielräume selbst als Maß für Wohlfahrt zu verwenden. Der Begriff *capability* bezeichnet diese Handlungsspielräume bzw. die Verwirklichungschancen. Mit „Erweiterung der Capabilities" kann man das, was eine an emanzipatorischen Ideen orientierte Sozialpolitik und Soziale Arbeit bezweckt, wohl gut beschreiben. Dennoch wurde der Ansatz in der sozialpolitischen und sozialarbeiterischen Forschung erst in den letzten Jahren verstärkt rezipiert. Ein Grund könnte darin liegen, dass sich die konkrete Integration des recht abstrakten Ansatzes in die bestehende Forschungslandschaft bzw. seine Verortung im Feld bestehender Theorien als komplex und schwierig erweist.

Dies gilt auch für sein Verhältnis zu ressourcenbasierten Ansätzen. Die besondere Bedeutung von Ressourcen wie Bildung und Gesundheit wird in Sens ländervergleichender Wohlfahrtsforschung deutlich. Er stellte in den 1980er Jahren im Auftrag der Weltbank das durchschnittliche Pro-Kopf-Einkommen und die durchschnittliche Lebenserwartung verschiedener Länder einander gegenüber und fand heraus, dass diese in nur geringem Maße korrelieren: Obwohl das durchschnittliche Pro-Kopf-Einkommen in Saudi Arabien mehr als das Doppelte von Albanien beträgt, haben Menschen in diesen Ländern eine ähnliche Lebenserwartung (UNDP 2003, 237f.). Sen weist auch auf die im Vergleich zur weißen Bevölkerung geringe Lebenserwartung der afro-amerikanischen Bevölkerung in den USA hin, die teilweise sogar die durchschnittliche Lebenserwartung Chinas oder des indischen Bundesstaats Kerala unterschreitet (Sen 2000, 33f.). Solche Beschränkungen der „elementaren Verwirklichungschance […], ein reifes Leben zu führen und nicht eines vorzeitigen Todes zu sterben" (Sen 2000, 121), die die Bevölkerung verschiedener Länder bzw. die bestimmte Bevölkerungsgruppen erleiden, führt Sen u.a. auf unzureichend ausgebaute Institutionen des Gesundheits- und des Bildungswesens zurück. Auf einer gesellschaftlichen Ebene beschreibt er solche Institutionen allerdings in Form von „Freiheiten" bzw. freiheitsstiftenden Institutionen, nicht als Ressourcen. Der Begriff der Ressourcen wird also von Sen thematisiert, er bleibt in seiner Bedeutung aber vage.

Dieser Beitrag zielt darauf ab, das Verhältnis von Ressourcen und Capabilities bei Sen zu klären und die Möglichkeit der Integration von ressourcentheoretischen Ansätzen und dem *capability approach* aufzuzeigen. Dazu werden die Grundbegriffe und das Grundgerüst dieses Ansatzes dargestellt (Kap. 2). Kapitel 3 analysiert die Verwendung des Ressourcenbegriffs bei Sen. Im 4. Kapitel wird gezeigt, wie einige Unschärfen des Capability-Ansatzes durch eine Integration von ressourcentheoretischen Elementen geklärt werden können. Abschließend werden die daraus entstehenden Vorteile diskutiert (Kap. 5).

2 Functionings und Capabilities

Wie erwähnt entwickelte Sen seinen Ansatz aus Kritik an den Verfahren zur Evaluierung von Wohlstand, wie sie in der Volkswirtschaftslehre und auch in der Gerechtigkeitsphilosophie üblich sind. Zum einen beanstandet er jene Ansätze, die eine Bewertung alleine an den vorhandenen monetären Mitteln vornehmen; sie würden keinen guten Indikator für Wohlstand darstellen, da beispielsweise durch das (durchschnittliche) Pro-Kopf-Einkommen nichts über die mit diesen Mitteln zu erreichenden Möglichkeiten ausgesagt würde – das hatte sich anhand der Ländervergleiche gezeigt. Andererseits kritisierte er konsequentialistische Ansätze, die eine Bewertung alleine anhand von subjektiven Outcome-Indikatoren wie Nutzen oder Glück vornehmen. Sen kritisiert, dass solche Bewertungsverfahren zwar einen erreichten Zustand bewerten, aber nicht berücksichtigen, ob es Handlungsalternativen gegeben hätte. Er wollte solchen alternativen Handlungsmöglichkeiten auch dann einen Wert zuschreiben, wenn sie nicht genutzt werden, um z. B. zwischen Hungern und Fasten zu unterscheiden. Außerdem würden subjektive Indikatoren wie Glück oder Nutzen stark vom Erwartungshorizont der Menschen abhängig und daher nur begrenzt aussagefähig sein (Sen 1992, 6f.). Benachteiligte Bevölkerungsgruppen adaptieren sich an objektiv schwierige Lebenssituationen und würden diese zu positiv bewerten (Sen 2002). Ausgehend von seiner Kritik verfolgte er die Idee, die Transformation von vorhandenen Mitteln in angestrebte, individuelle Zustände zu untersuchen. Diese Transformation formulierte er auch als mathematische Formel (vgl. Sen 1985, 11; s. a. Knecht 2010, 56 f.): *Inputfaktoren* werden dabei in Outputs transformiert. Unter diesen Inputfaktoren – Sen spricht von „commodities" – versteht er gemäß den Konventionen der Wirtschaftswissenschaften Güter im weitesten Sinne, also materielle Güter, Geld, Kapital usw. Es bleibt jedoch unklar, ob Sen dieser engen Definition folgt oder ob er damit eventuell auch immaterielle Ressourcen beschreiben möchte (vgl. auch Binder & Coat 2011). In jedem Fall geht Sen davon aus, dass Menschen die ihnen zur Verfügung stehenden Mittel verwenden, um von ihnen angestrebte, individuelle Ziel zu verfolgen.

Die Transformation von Mitteln in erwünschte Zustände beschreibt Sen als *functionings*. Als konkretes Beispiel für eine Functioning führt er eine Person an, der ein Fahrrad zur Verfügung steht und deren erreichbare Ziele sich dadurch vermehren. Wenn jemand wegen einer Krankheit mehr essen muss, um satt zu werden, hat diese Person hingegen eine ineffizientere Functioning, sie muss mehr Nahrung einsetzen, um das gleiche Ziel zu erreichen. Da ein Mensch die ihm zur Verfügung stehenden Mittel (= Input) auf unterschiedliche Weise verwenden kann, gibt es nicht nur *einen* möglichen, erreichbaren Zustand (als Output), sondern mehrere mögliche. Die Summe aller mit den gegebenen Mitteln und Functionings erreichbaren Zustände bezeichnet Sen als *capability*, was, wie bereits erwähnt, mit „Handlungsspielraum" oder „Verwirklichungschancen" übersetzt wird. Die Capabilities bzw. die Erweiterung dieser Capabilities stellen für ihn die zentralen Zielvariablen (sozial)politischer Interventionen dar.

Wie lassen sich Handlungsspielräume bestimmen? Gemäß der mathematischen Formulierung würde es naheliegen, sie alleine durch die Inputs und die Functionings zu ermitteln. Doch Sen benennt an anderer Stelle einige „Freiheiten", die die Handlungsspielräume erweitern: 1. politische bzw. demokratische Freiheiten, die es der Bevölkerung gestatten, ihre Bedürfnisse in politische Prozesse einzubringen, 2. ökonomische Freiheiten in Form von Zugangsrechten und -chancen zu Märkten, 3. Institutionen, die soziale Chancen garantieren, wie beispielsweise Bildungsinstitutionen und das Gesundheitswesen, 4. (gesellschaftliche) Transparenz, die die Ausbildung von sozialem Kapital erlaubt und hilft, Korruption zu verhindern, sowie 5. eine soziale Mindestsicherung für Mittellose (Sen 2000, 52 f.). Die Bedeutung dieser „Makro-Faktoren" für die individuellen Handlungsspielräume bleibt aber im Unklaren.

Zusätzlich entsteht ein weiteres Problem, da in empirischen Studien Handlungsspielräume schwer zu operationalisieren sind. Sen schlägt die Verwendung von objektiven Lebensqualitätsindikatoren (*well-being indicators*) vor, wie z.B. die (durchschnittliche) Lebenserwartung oder der Gesundheitszustand. Beide Indikatoren werden von vielen gesellschaftlichen und sozialpolitischen Faktoren beeinflusst und können daher als sinnvolle Näherungswerte für die Menge der Handlungsalternativen dienen.

Die genaue Bedeutung der Inputfaktoren bei Sen wird aber nicht klar. Die angeführten „Freiheiten" werden nicht als Inputfaktoren beschrieben, obwohl es in den oben genannten Untersuchungen zur Lebenserwartung naheliegt, dass es die als „Freiheiten" beschriebenen institutionellen Faktoren (z.B. das Bildungs- und Gesundheitswesen) und nicht individuelle Faktoren sind, die bei gleichem Pro-Kopf-Einkommen zu unterschiedlicher Lebenserwartung führen. Auch scheint es, als ob bei Sen nur die Functionings und Capabilities selbst Bedeutung hätten, während die Inputfaktoren dieser „Funktionen" eher nebensächlich erscheinen. Nun bezieht Sen sich an verschiedenen Stellen explizit auf den Begriff „Ressourcen" (siehe z.B. Sen 1984, 321; 1992, 31 f.; 2000, 365), doch stellt sich die

Frage, welche Bedeutung sie im Capability-Ansatz haben. Stellen sie Inputfaktoren dar oder werden sie durch die Functionings repräsentiert?

3 Die Bedeutung von Ressourcen im Capability-Ansatz

Zum einen verwendet Sen den Begriff der Ressourcen, wenn er sich von anderen Ansätzen abgrenzen will: „Der Capability-Ansatz unterscheidet sich von eher traditionellen […] Bewertungsansätzen, die auf solche Variablen, wie *Primärgüter* (wie im Rawls'schen Bewertungssystem), *Ressourcen* (wie in Dworkins Sozialanalyse) oder *Realeinkommen* […] abzielen" (Sen 1992, 42; Übers. A. K). Die Abgrenzung von Dworkins Ressourcenbegriff ist leicht nachvollziehbar, da Dworkin unter Ressourcen materielle Ressourcen versteht. Sen betont, dass es sich bei den Ressourcen und Primärgütern nur um Mittel zur Erlangung von Freiheit (im Sinne der oben diskutierten Handlungsmöglichkeiten) handelt und nicht um die Freiheit selbst. Man müsse aber einen Unterschied machen zwischen Freiheit und den Mitteln zur Erlangung von Freiheit und deshalb die „conversion of resources and primary goods" (Sen 1992, 38), also die Umwandlung von Primärgütern und Ressourcen in den Mittelpunkt der Betrachtung stellen. Hier wird klar, dass mit Ressourcen die Inputfaktoren der Functionings bezeichnet werden, die Möglichkeiten und Fähigkeiten beschreiben, wie auch der Capabilities.

Zum anderen verwendet Sen den Begriff „Ressourcen" in Verweisen auf den ressourcenorientierten Level-of-Living-Ansatz, den einige skandinavische Wohlfahrtsforscher verfolgt haben, und führt ihn an zentralen Textstellen als Umsetzung der Capability-Idee an (1992, 39; 2000, 364, Fn. 24). Diese Forscher verwenden einen sehr breiten Ressourcenbegriff: Unter Ressource verstehen sie neben Einkommen und Vermögen auch Bildung, soziale Beziehungen und „psychische Energien" (s. Tab. 1), mit denen die Lebensverhältnisse den Bedürfnissen entsprechend geformt werden können (Erikson & Uusitalo 1987; Allardt 1992; Uusitalo 1994; s.a. Knecht 2010, 23 f.).

Die Bedeutung der angeführten Ressourcen als Hilfsmittel, die die Handlungsspielräume der Individuen erweitern – ihr instrumenteller Charakter – ist leicht zu erkennen. Solche Ressourcen können als Input-Faktoren der Functionings verstanden werden: Sie verbessern die Functionings und erhöhen die individuellen Capabilities, also die Handlungsspielräume bzw. Verwirklichungschancen (Capabilities) im Sen'schen Sinne.[6]

---

[6] Allerdings könnten Indikatoren wie „ability to walk 100 metres without difficulties" oder „ability to come up with $ 1000 within a week" eher als Functionings denn als Ressourcen aufgefasst werden, da sie eine Fähigkeit beschreiben.

Tab. 1: Ressourcen und Indikatoren des Level-of-Living-Ansatzes (Quelle: Uusitalo 1994, 105)

Ressourcen im Level-of-Living-Ansatz	Indikatoren
Health and access to care	Ability to walk 100 metres without difficulty; Various symptoms of pain and illness
Employment and working conditions	Unemployment; Monotonous physical work routine
Economic resources	Income and wealth, ability to come up with $ 1000 within a week
Knowledge and education	Level of education achieved
Family and social relations	Marital status; Visits to relatives and friends
Housing and neighbourhood facilities	Number of household members per room; Housing amenities
Security of life and property	Victimization in violence; Damages and thefts
Recreation	Vacation trips; Leisure time pursuits
Political resources	Voting in elections; Ability to file formal complaints

4 Integration von ressourcenbasierten Ansätzen in den capability approach

Auch wenn Sen immer wieder betont, dass es bei der Bewertung der Lebenssituation von Menschen auf Transformationsfähigkeit und also auf die Functionings und Capabilities ankommt und dass es (auch in der Gerechtigkeitsdiskussion) nicht ausreicht, alleine Ausgangsbedingungen oder erreichte (End-)Zustände zu beurteilen, so wird doch letztlich klar, dass die Inputfaktoren der Transformation nicht außer Acht gelassen werden dürfen. Beispielsweise würde es wenig Sinn machen, Arbeitslose weiterzubilden (also ihre Functionings zu verbessern und ihre Capabilities zu erhöhen), wenn ihnen gleichzeitig nicht genügend Einkommen zur Verfügung steht, um beispielsweise zum Ort des Vorstellungsgespräches zu gelangen und sich dort angemessen gekleidet vorzustellen. Verbindet man die Betrachtung von Ressourcen und Functionings bzw. Capabilities, so ergeben sich einige Fragestellungen, die in den folgenden Absätzen diskutiert werden.

(1) Zum einen muss das Verhältnis von Ressourcen zu Functionings und Capabilities geklärt werden. Insbesondere stellt sich die Frage, wie die Grenzziehung zwischen Ressourcen einerseits und Functionings und Capabilities andererseits erfolgen kann. Folgt man der frühen Darstellung in Form der mathematischen Formel, wie sie oben angeführt wurde und geht man davon aus, dass als Inputfaktoren nur (materielle) Güter zu verstehen sind, dann würden mit Functionings all die Umstände bezeichnet, die helfen, diese effizient zu nutzen. Eine solche enge Interpretation der Inputfaktoren passt zu einigen Beispielen, die Sen vorstellt: Menschen mit körperlichen Behinderungen haben bei gleichem Input an materiellen Gütern weniger Verwirklichungschancen; erst ein größerer materieller

Input würde sie gleichstellen. Was bedeutet nun aber die Anschaffung eines Rollstuhls? Ist das eine materielle Ressource oder ein Werkzeug zur Verbesserung der Functionings oder beides? Es spricht einiges dagegen, nur materielle Güter als Inputfaktoren aufzufassen – z. B. der Verweis von Sen auf den Level-of-Living-Ansatz. Die Frage der Grenzziehung bleibt allerdings auch dann schwierig, wenn ein weiter Ressourcenbegriff Verwendung findet. Dies kann beispielhaft für die Bildung gezeigt werden: Angeeignete Bildung stellt eine Ressource dar, die vielfältig genutzt werden kann, sie erweitert den Handlungsspielraum auf unterschiedliche Weise: Sie erlaubt es, mehr an Einkommen zu erzielen, sie verbessert die Chancen der politischen Teilhabe und der Durchsetzung eigener Interesse („politisches Empowerment"; vgl. z. B. Herriger 2010). Weiterhin nützt insbesondere die Allgemeinbildung im alltäglichen Handeln und schließlich kann, wer gebildet ist, auch mehr für seine Gesundheit tun. Darüber hinaus erhöhen formale Bildungsabschlüsse das Ansehen und Prestige, wodurch Handlungschancen vermehrt werden. Stellt nun Bildung einen Input-Faktor der Functionings dar oder verbessert Bildung die Functionings selbst und damit die Nutzung anderer Inputs? Diese Frage ist schwer zu beantworten.

Analytisch könnte eventuell unterschieden werden zwischen Aspekten, in denen Bildung eher eine Ressource darstellt, und Aspekten, in denen Bildung eher eine Functioning darstellt. Während Wissen eher als Ressource zu sehen ist, stellt Bildung dann eine Functioning dar, wenn sie verwendet wird, um erstrebenswerte Ziele zu verfolgen bzw. zu erreichen. Diese anwendungsorientierten Aspekte von Bildung lassen sich auch mit dem Begriff „Kompetenzen" bezeichnen.[7] Auch bei psychischen Faktoren wie Selbstbewusstsein, Selbstwirksamkeitsüberzeugung, Motivation und Optimismus stellt sich die Frage, ob sie als Ressourcen zu verstehen sind, die einen Inputfaktor von Functionings darstellen, oder ob sie die Functionings selbst verbessern (→ F.-C. Schubert). Insgesamt könnte eine Lösung des Abgrenzungsproblems darin liegen, möglichst viele Ressourcen zu Inputfaktoren zu erklären. Die Functionings selbst würden dann nur darüber hinausgehende Faktoren und Umstände beschreiben, die zu individuellen Unterschieden der Nutzung von Ressourcen führen (vgl. a. Knecht 2010, 107 f.).

(2) Soweit Ressourcen in die Functionings eingehen, stellt sich die Frage, welche Ressourcen zu beachten sind. Diese Frage ließe sich durch Bezugnahme auf ein Argument beantworten, das Sen in der Diskussion der Wichtigkeit bestimmter Capabilities anführt. Sen vertritt die Meinung, dass es in der Praxis die Aufgabe der Menschen selbst sein sollte, in demokratischen Prozessen zu entscheiden, welche Capabilities für wichtig erachtet werden sollen. Parallel zu dieser Argumentation könnte man anführen, dass in (politischen) Diskussionen über gerechte Verteilung auch über jene Ressourcen gesprochen werden sollte, deren Verteilung als relevant angesehen werden. Beispielsweise könnten die Verteilungen und Umverteilung von Einkommen, Bildung oder der Zugang zum Gesundheitswesen ein Thema der öffentlichen Diskussion sein. Gemäß Sen müssten natürlich neben

---

7 Siehe jedoch die Kritik bei Bonvin (2009).

den Ressourcen auch die Functionings und Capabilities im Blick behalten werden, die die Menschen für relevant halten (Sen 2000, 100).

Für die Wissenschaft gilt allerdings ein anderes Credo. Die aufklärerische Funktion der (Sozial-)Wissenschaft äußert sich gerade auch darin, neue Interpretationen der Welt zu liefern, die vielleicht erst zu einem späteren Zeitpunkt von der Allgemeinheit nachvollzogen werden. Beispielsweise wurde Bildungsungleichheit im deutschsprachigen Raum kaum als sozialpolitisches Problem interpretiert und Bildungspolitik nicht als Sozialpolitik wahrgenommen (Opielka 2005). Dies hat sich mittlerweile u. a. durch die PISA-Studien verändert. Bei diesem Beispiel zeigt sich, dass neue wissenschaftliche Erkenntnisse hilfreich sein können bei der Identifikation von relevanten Ressourcen. Die Wissenschaft sollte deshalb mit einem weiten Ressourcenbegriff arbeiten. Neben Einkommen/Geld, Bildung und Gesundheit kommen z. B. auch psychische und soziale Ressourcen oder die Zeit als Ressourcen in Betracht (→ Schubert & Knecht).

(3) Des Weiteren stellt sich die Frage, wie persönliche und gesellschaftliche Bedingungen auf die Functionings wirken. Bei Sen scheinen damit zunächst nur innere Ressourcen gemeint zu sein; das legt zumindest die formelmäßige Darstellung seines Ansatzes nahe. Dennoch wird klar, dass er sich auch darüber bewusst ist, dass gesellschaftliche Bedingungen die Functionings und die capabilities beeinflussen: „Letztendlich ist das individuelle Handeln entscheidend, wenn wir die Mängel beheben wollen. Andererseits ist die Handlungsfähigkeit, die wir als Individuen haben, zwangsläufig bestimmt und beschränkt durch die sozialen, politischen und wirtschaftlichen Möglichkeiten, über die wir verfügen" (Sen 2000, 9). Dies ergibt sich auch aus der oben angeführten Diskussion der verschiedenen Freiheiten: politische Freiheiten wie die Meinungsfreiheit, ökonomische Freiheiten wie der freie Zugang zu Märkten und zu Bildung, Gesundheit und sozialer Grundsicherung (Sen 2000, 52 f.). Sen führt diese Freiheiten sozusagen als Bedingungen der Makro-Ebene ein, die den Handlungsspielraum bestimmen. Wie werden aber weitere Bedingungen einbezogen, wie z. B. ökologische Gegebenheiten, die auch eine Rolle für die Handlungsspielräume und für die Lebenserwartung spielen? Kuklys (2005, 11) hat dazu einen Vorschlag gemacht, bei dem die Functionings mit Hilfe von verschiedenen Transformations- bzw. Umwandlungsfaktoren (*conversion factors*) beschrieben werden: Sie unterscheidet personale Faktoren (Geschlecht, körperliche Behinderungen, Intelligenz), soziale Faktoren (Bevölkerungsdichte, rechtliche Regelungen) und Umweltfaktoren (Klima, Versorgung mit Trinkwasser, Umweltverschmutzung). Ähnliche Vorgehensweisen wählt auch Bartelheimer (2009, 51), der die Umwandlung von Ressourcen in erreichbare Funktionen in Abhängigkeit von gesellschaftlichen, institutionellen Bedingungen und persönlichen Potenzialen sieht (s. a. Binder & Coad 2011; Robeyns 2005). Auch Chiappero Martinetti und Salardi (o. J.) vollziehen die Unterscheidung in *internal* bzw. *external conversion factors* in ihrer Untersuchung zur Entstehung von *well being*. Klar wird also, dass die individuellen Functionings abhängig sind von gesellschaftlichen Rahmenbedingungen. Diese Faktoren werden in unterschiedlicher Weise erfasst. Die Sozialepidemiologie berücksichtigt sie als Noxen (z. B. Schulz

& Northridge 2004; vgl. a. Knecht 2010, 221 f.), sie können auch als sozial-ökologische Bedingungen oder als externe Ressourcen konzipiert werden.

(4) Es wurde bereits gezeigt, dass Untersuchungen zu den Unterschieden in der durchschnittlichen Lebenserwartung in verschiedenen Ländern eine Ausgangsbasis von Sens Ansatz darstellen. Seine Untersuchungen (s. Anand, Peter & Sen 2004; Sen 2000) werden von aktuellen sozialepidemiologischen Erkenntnissen untermauert und um Erklärungsansätze zu den zugrundeliegenden Mechanismen ergänzt. So zeigen Wilkinson und Pickett (2010), dass Einkommensungleichheit – allgemeiner: soziale Ungleichheit – mit vielen negativen gesellschaftlichen Umständen einhergeht, beispielsweise mit Kriminalität, hohen Inhaftierungsraten, geringer sozialer Mobilität, gesundheitlichen Einschränkungen etc., die sich im Endeffekt auch auf die Lebenserwartung auswirken. Große soziale Unterschiede führen auch innerhalb eines Landes zu großen Unterschieden zwischen der Lebenserwartung. So beträgt in Deutschland der Unterschied der Lebenserwartung zwischen Menschen, die weniger als 60 % des Durchschnittseinkommens zur Verfügung haben, und denen, die mehr als 150 % zur Verfügung haben, mehr als acht Jahre (z. B. Lampert et al 2007; Richter & Hurrelmann 2007). Sen sieht eine geringe Lebenserwartung als Ergebnis geringerer Lebenschancen und Handlungsspielräume. Auch wenn er selbst die Verbindung zwischen seinen demografischen und sozialepidemiologischen Untersuchungen auf der Makroebene und den Capabilities, die einem Individuum (auf der Mikroebene) zur Verfügung stehen, nicht systematisch aufgearbeitet hat, lassen sich diese Zusammenhänge aufzeigen. Die Entstehung solcher Unterschiede lassen sich durch zwei Mechanismen erklären. Zum einen liegen die Ursachen der kürzeren Lebenserwartung in den Lebenssituationen benachteiligter Menschen, bzw. in ihrer geringen individuellen Ressourcenausstattung. Schwierige Lebenssituationen (Arbeitslosigkeit, fehlende Lebensperspektiven, geringes Einkommen etc.) gehen mit hoher Stressbelastung einher. Falls nicht genügend Ressourcen zur Verfügung stehen, um diese Belastungen zu kompensieren (→ Keupp, → F.-C. Schubert), können sie im Sinne einer „Abwärtsspirale" (Hobfoll) weitere negative psychische und psychosomatische Folgeerscheinungen nach sich ziehen (→ Schubert & Knecht). Zum anderen bringt die Lebenssituation sozial Benachteiligter auch physische Umweltbelastungen mit sich, z. B. durch Feinstaub, Lärm in benachteiligter Wohngegend sowie ungesunde und belastete Nahrungsmittel, die sich als Fehlen der entsprechenden externen Ressourcen (saubere Luft, Ruhe, gesunde Nahrungsmittel) interpretieren lassen. Es gibt also verschiedene Übertragungswege, durch die die Gesundheit mit anderen Ressourcen verbunden ist.

(5) Diese sozialepidemiologischen und psychischen Erkenntnisse unterstützen nicht nur die These von Sen, dass Gesundheit und Lebenserwartung gute Indikatoren für die Qualität einer Lebenssituation sind. Sie zeigen zusätzlich auf, dass Gesundheit zum einen selbst als Ressource zu sehen ist, die vom Vorhandensein bzw. vom Fehlen anderer persönlicher und externer Ressourcen abhängig ist. Zum anderen beeinflusst die Gesundheit auch in starkem Maße die Handlungsfähigkeit und die Ausstattung mit anderen Ressourcen. Fehlende Gesundheit schränkt bei-

spielsweise die Arbeitsfähigkeit und Lernfähigkeit ein und kann dadurch zu geringerem Einkommen und zu geringerer Bildung führen (→ Kriwy & Nisic). Eine Ressourcenperspektive, die die enge Verknüpfung von Ressourcen und Functionings berücksichtigt wie auch die Transformation der Ressourcen untereinander, würde somit eine sinnvolle Erweiterung des Capability-Ansatzes darstellen.

(6) Ein erweiterter Ansatz sollte sich auch mit der Frage beschäftigen, wie sich die individuelle Ausstattung mit so zentralen Ressourcen wie Einkommen, Bildung und Gesundheit während des Lebensverlaufs entwickelt. Diese Entwicklung ist in hohem Maße abhängig von externen, insbesondere von sozialpolitischen Ressourcen wie Transferleistungen und dem Bildungs- bzw. Gesundheitswesen (→ Knecht, „Ressourcenzuteilung im Wohlfahrtsstaat"). Sen diskutiert zwar diese Abhängigkeit, allerdings spielt in seinem Ansatz die Entwicklung von Functionings und Capabilities im Lebenslauf keine besondere Rolle.

5 Ressourcen und Capabilities – Chancen der Integration

Fraglos stellt der Capability-Ansatz von Sen einen großen Fortschritt in der Wohlfahrtsmessung und für die Gerechtigkeitsphilosophie dar. Beide Bereiche waren bisher stark auf die Betrachtung materieller Güter und abstrakter monetärer Größen hin orientiert und blendeten damit wichtige Teile ihres Betrachtungsgegenstandes aus. Das Konzept der Capabilities erlaubt es jetzt, Wohlfahrt und soziale Ungleichheit innerhalb eines Ansatzes darzustellen. Neben Betrachtungen ungleicher Einkommensverteilung müssen immer auch Fragen zu den ungleich verteilten Chancen auf Einkommenserzielung und auf Erzielung von Lebensführungskompetenzen gestellt und beachtet werden.

Theoretische Zugänge prägen die Sicht der Welt und legen dadurch auch bestimmte Interventionen nahe. Der Capability-Ansatz, der die individuelle menschliche Handlungsfähigkeit in den Vordergrund stellt, stellt einen theoretischen Überbau für Methoden wie Hilfe-zur-Selbsthilfe und Empowerment dar. Er stellt die Entwicklungsmöglichkeiten eines jedes einzelnen Menschen in den Fokus, ohne die gesellschaftlichen Bedingungen dieser Entwicklungsmöglichkeiten außer Acht zu lassen. Gerade das macht den Ansatz für die (sozial)pädagogischen Disziplinen interessant, bei denen die Entwicklung menschlicher Fähigkeiten im Vordergrund steht (siehe z.B. Oelkers et al. 2008; Knecht 2011). Sozialpolitisch betrachtet entspricht die dem Ansatz implizite Schwerpunktverlagerung, weg von der Umverteilung, hin zur menschlichen Entwicklung, der Abwendung vom Transferstaat und der Hinwendung zum Förderstaat, zum Befähigungsstaat, zum *enabling state* (s.a. Knecht 2010, 262f.; 2011; Bonvin 2009).

Allerdings hat dieser Beitrag auch aufgezeigt, dass Sen die Bedeutung von Ressourcen unterschätzt. Dies mag damit zusammenhängen, dass er seinen Ansatz in Abgrenzung zur eindimensionalen Thematisierung von Ressourcen in der philosophischen und volkswirtschaftlichen Literatur entwickelt hat. Verteilungsfragen können aber nur sinnvoll diskutiert werden, wenn Capabilities und Ressourcen gleichzeitig betrachtet werden. Mit dieser Einsicht sind neue Chancen verbunden, da der *capability approach* durch die Integration ressourcenorientierter Ansätze an Schärfe und Klarheit gewinnt. Ein breites Spektrum an Ressourcen, das sowohl persönliche als auch externe Ressourcen umfasst, sollte „als Inputfaktoren" der Functionings und Capabilities berücksichtigt werden. Knecht (2010) hat in einer Übersichtsarbeit die besondere Bedeutung, die Ressourcen, insbesondere auch externe und sozialstaatliche Ressourcen, für die Verwirklichungschancen haben, herausgestellt (→ Knecht, „Ressourcenzuteilung im Wohlfahrtsstaat"). Die Einbeziehung von Gesundheit als Ressource und von psychischen Ressourcen gestattet die Verknüpfung des Capability-Ansatzes mit einem biopsychosozialen Menschenbild und mit psychosozialen Ansätzen, insbesondere mit der Salutogenese (→Keupp, → F.-C. Schubert,). Insofern stellt ein um Ressourcenbetrachtungen erweiterter Capability-Ansatz auch eine geeignete Basis dar, um die Bedeutsamkeit von Gesundheitswesen und insbesondere von Gesundheitsförderung und -prävention darzustellen bzw. in (international vergleichenden) Studien nachzuweisen. Dabei stellt Sen klar, dass eine Politik, die sich stärker an der Gesundheit orientiert, diese nicht verabsolutieren darf. Für ihn soll Sozialpolitik immer nur ein Mittel sein, um den Menschen Handlungsspielräume zu eröffnen, und keineswegs, um mehr Zwang auszuüben (→ Keupp). Der Wert der Handlungsspielräume liegt in ihrer Existenz, nicht in ihrer „richtigen" Inanspruchnahme.

Literatur

Allardt, E. (1992): Having, Loving, Being: An Alternative to the Swedish Model of Welfare Research. In: Nussbaum, M. & Sen, A. (Hrsg.): The Quality of Life. S. 88–94. Oxford: Clarendon Press.

Anand, S., Peter, F. & Sen, A. (Hrsg.) (2004): Public Health, Ethics, and Equity. Oxford: Oxford University Press.

Bartelheimer, P. (2009): Verwirklichungschancen als Maßstab lokaler Sozialpolitik? Sozialer Fortschritt, 2–3, S. 48–55.

Binder, M. & Coad, A. (2011): Disentangling the Circularity in Sen's Capability Approach – An Analysis of the Co-Evolution of Functioning Achievement and Resources. Social Indicators Research, 103, S. 327–355.

Bonvin, Jean-Michel (2009): Der Capability Ansatz und sein Beitrag für die Analyse gegenwärtiger Sozialpolitik. Soziale Passagen, 1(1), S. 8–22.

Chiappero Martinetti, E., Salardi, P. (o. J.): Well-being process and conversion factors: an estimation of the micro-side of the well-being process. Online: www.capabilityapproach.com/pubs/ChiapperoSalardi07.pdf

Herriger, N. (2010): Empowerment in der Sozialen Arbeit. (4. Aufl.). Stuttgart: Kohlhammer.
UNDP (United Nations Development Programme) (Hrsg.) (2003): Human Development Report 2003: Millennium Development Goals. New York, Oxford: Oxford University Press. Online: http://hdr.undp.org/en/reports/global/hdr2003 (01.01.2007).
Knecht, A. (2010): Lebensqualität produzieren. Ressourcentheorie und Machtanalyse des Wohlfahrtsstaats. Wiesbaden: VS.
Knecht, A. (2011): Befähigungsstaat und Frühförderstaat als Leitbilder des 21. Jahrhunderts. Sozialpolitik mittels der Ressourcentheorie analysieren und gestalten. In: Wirtschaft und Gesellschaft, 37(4).
Kuklys, W. (2005): Amartya Sen's Capability Approach. Theoretical Insights and Empirical Applications. Berlin u. a.: Springer.
Lampert, T., Kroll, L. E. & Dunkelberg, A. (2007): Soziale Ungleichheit der Lebenserwartung in Deutschland. Aus Politik und Zeitgeschichte, 42(15). S. 11–17.
Mielck, A. (2000): Soziale Ungleichheit und Gesundheit. Bern u. a.: Hans Huber.
Oelkers, N., Otto, H.-U. & Ziegler, H. (2008): Handlungsbefähigung und Wohlergehen: Der Capabilities-Ansatz als alternatives Fundament der Bildungs- und Wohlfahrtsforschung. In: Otto, H.-U. & Ziegler, H. (Hrsg.): Capabilities – Handlungsbefähigung und Verwirklichungschancen in der Erziehungswissenschaft. S. 85–89. Wiesbaden: VS.
Opielka, M. (2005): Bildungsreform als Sozialreform: Zum Zusammenhang von Bildungs- und Sozialpolitik. Wiesbaden: VS.
Rawls, J. (1975): Theorie der Gerechtigkeit. Frankfurt/M.: Suhrkamp.
Richter, M. & Hurrelmann, K. (Hrsg.): Gesundheitliche Ungleichheit. Grundlagen, Probleme, Perspektiven. Wiesbaden: VS.
Robeyns, I. (2005): The Capability Approach: A Theoretical Survey. Journal of Human Development, 6(1), S. 93–117.
Sen, A. (1984): Resources, Values and Development. Cambridge, MA: Harvard University Press.
Sen, A. (1985): Commodities and Capabilities. Amsterdam u. a.: Elsevier Science.
Sen, A. (1992): Inequality Reexamined. Cambridge, (Mass.): Harvard University Press.
Sen, A. (2000): Ökonomie für den Menschen. München: Hanser.
Sen, A. (2002): Health: perception versus observation. British Medical Journal, 324, S. 860–861.
Schulz, A. & Northridge, M. E. (2004): Social Determinants of Health: Implications for Environmental Health Promotion. Health Education & Behavior, 31(4), S. 455–471.
Uusitalo, H. (1994): Social Statistics and Social Reporting in the Nordic Countries. In: Flora, P. & MZES: Social statistics and social reporting in and for Europe. Bonn: Informationszentrum Sozialwissenschaften.
Wilkinson, R. & Pickett, K. (2010): The spirit level. London: Penguin (dt. Ausgabe: Gleichheit ist Glück).

II Ressourcenzuteilung im Sozialstaat: Soziologische Analysen

Ressourcenzuteilung im Wohlfahrtsstaat – Sozialpolitische Perspektiven

Alban Knecht

1 Theorien des Sozialstaats

Obwohl der Bereich der Sozialpolitik eines der größten Betätigungsfelder des Staats ist – ca. 50 % der Staatsausgaben werden dafür aufgewendet –, gibt es nur wenige Theorien darüber, warum der Staat in diesem Bereich aktiv wird und was er dort leistet. In einem ersten Zugang kann das Verhältnis des Sozialstaats zu seinen Bürgern als ein besonderes Tauschverhältnis verstanden werden: Die Bürger tragen durch Beiträge und Steuern zur Finanzierung eines Sozialversicherungs- und Fürsorgesystems bei; im Gegenzug können sie dafür im Falle der Bedürftigkeit Leistungen erwarten. Bei dieser Betrachtung steht der Versicherungsaspekt sozialstaatlichen Handelns im Vordergrund, der aber die Bandbreite sozialstaatlicher Aktivitäten unterschätzt. Demgegenüber versucht das sozialpolitische Modell von Franz-Xaver Kaufmann (2005, 69 f.), die Vielfalt von sozialpolitischen Interventionsformen aufzuzeigen. Er sucht eine Antwort auf Frage: „Wie und unter welchen Bedingungen lassen sich mit staatlich induzierten Maßnahmen bestimmbare Wirkungen mit Bezug auf die ‚sozialen Verhältnisse', oder alltagssprachlicher: die Arbeits- und Lebensverhältnisse der Bevölkerung, erzielen?" (Kaufmann 2005, 86). Für diese Analyse unterscheidet er vier Interventionsformen: 1. Maßnahmen zur Verbesserung des rechtlichen Status von Personen; 2. Maßnahmen zur Verbesserung der Einkommensverhältnisse, sogenannte ökonomische Interventionen; 3. Maßnahmen, die sich an die Allgemeinheit richten und die *Daseinsvorsorge* bzw. die *soziale Infrastruktur* verbessern, wie z.B. die Einrichtung von Parks oder der sozialen Dienste. 4. Als letzte Interventionsform fügt er Maßnahmen zur Verbesserung der Handlungsfähigkeit und -bereitschaft von Personen, sogenannte pädagogische Maßnahmen, an.

Als weiterer Zugang kann der Ansatz von Esping-Andersen (1990) gelten, der sozialstaatliche Aktivitäten stärker in einen politischen Kontext setzt. Er vergleicht die Ausgestaltung der Systeme sozialer Sicherung verschiedener OECD-Länder und versucht, Gruppen von Staaten zu bilden, deren Systeme ähnlich funktionierten. Als Unterteilungskategorien legt er das Ausmaß von Dekommodifikation zugrunde: das Ausmaß der Möglichkeiten, ein finanziell gesichertes Leben jenseits des Arbeitsmarktes zu führen, das Verhältnis von (Sozial-)Versicherungsleistungen gegenüber residualen Fürsorgeleistungen (wie Sozialhilfe/Hartz-IV), das Ausmaß von Beschäftigungsgarantien, von Umverteilung und Privatisierung, die Bedeutung von Familie, Markt und Staat in der sozialen Sicherung sowie die Anzahl von Sicherungssystemen für spezielle Berufsgruppen innerhalb eines Landes (ebd.; s.a. Opielka 2008). Anhand dieser Kategorien identifiziert er drei verschiedene Wohlfahrtsregime: Das *liberale Wohlfahrtsregime*, zu dem die USA und weitere angelsächsische Länder gezählt werden, zeichnet sich durch geringe Dekommodifikation, durch eine Betonung von Fürsorgeleistungen und durch eine besondere Bedeutung des Marktes in den Sicherungssystemen aus. In diesen Ländern sind die Pensions- und Krankenversicherung häufig durch private Versicherungsgesellschaften organisiert; staatliche Versicherungen (z.B. Arbeitslosenversicherung) garantieren nur eine Mindestsicherung. Das *sozialdemokratische Regime*, das die skandinavischen Länder umfasst, zeichnet sich durch hohe Dekommodifikation, geringe Privatisierung und umfassende staatliche Leistungen, eine umfassende Arbeitsmarktpolitik sowie einheitliche Sicherungssysteme für alle Bürgerinnen und Bürger aus. Demgegenüber ist im *konservativen Wohlfahrtsregime*, dem Esping-Andersen Länder wie Deutschland, Österreich, Frankreich und Italien zuordnet, die Umverteilung gering, die Hilfesysteme sind nur in kleinem Ausmaß privatisiert, jedoch häufig nach Berufsgruppen aufgesplittet. In diesem Wohlfahrtsregime haben die Familien neben dem Staat für die soziale Sicherung eine besondere Bedeutung.

Obwohl die Unterteilung von Esping-Andersen (1990) die institutionelle Ausgestaltung der Wohlfahrtsstaaten berücksichtigt und ihre Entstehung in Verbindung zu geschichtlichen Machtkonstellationen stellt, beschränkt sich seine Untersuchung hauptsächlich auf die Zuteilung *monetärer* Transfers, wie Pensionsleistungen, Arbeitslosengeld oder Sozialhilfe. Esping-Andersen ist es mit dieser Theorie nicht nur gelungen, eine Vielzahl von sozialstaatlichen Aktivitäten auf einen Nenner zu bringen; durch den Vergleich der Staaten kann er auch das Spektrum an staatlichen Handlungsmöglichkeiten aufzeigen und gleichzeitig – anhand des Kriteriums *Dekommodifikation* – ordnen. Allerdings fokussiert er – anders als Kaufmann – stark auf monetäre (Um-)Verteilungsmechanismen. Diese Perspektive soll im Folgenden erweitert werden.

In Kap. 2 wird aufgezeigt, dass der Wohlfahrtsstaat auch andere Ressourcen als die monetären zuteilt, bzw. wie staatliches Handeln die Ausstattung und die Lebenssituation der Bürgerinnen und Bürger mit diesen anderen Ressourcen beeinflusst. In Kap. 3 wird ein sozialpolitisches Mehrebenenmodell vorgestellt, das die Wirkungen sozialpolitischer Interventionen als Zuteilung von Ressourcen an die Bürger beschreibt. Abschließend wird in Kap. 4 dargestellt, dass die Ressourcentheorie als eine Verbindung einer Sozialstaats- und einer Ungleichheitstheorie aufgefasst werden kann; Anwendungsmöglichkeiten der Theorie werden aufgezeigt.

2 Ressourcenzuteilung im Wohlfahrtsstaat

Während sich in der Ungleichheits-Soziologie und der Armutsforschung mehrdimensionale Konzepte zur Beschreibung der Lebenssituation von Individuen durchgesetzt haben, bleiben viele Analysen des Wohlfahrtsstaats allein auf die Zuteilung finanzieller Mittel beschränkt. So stützen sich Untersuchungen zum Wohlstand von Haushalten, die sogar als „Ressourcenansatz" bezeichnet werden, alleine auf die einem Haushalt zur Verfügung stehenden finanziellen Ressourcen. Diese eindimensionalen Ansätze werden Lebenslagenansätzen gegenübergestellt, welche die unter der Verwendung der Mittel erreichten Lebenslagen analysieren (vgl. Andreß & Lipsmeier 2001). Der nachfolgend vorgestellte Ansatz betrachtet in einer erweiterten Perspektive neben Geld bzw. Einkommen auch die Zuteilung anderer Ressourcen, wie Bildung, soziales Kapital, Gesundheit, psychisches Kapital und auch Zeit. Ressourcen sind dabei sowohl als das Ergebnis von in der Vergangenheit liegenden Umständen (von eigenen und sozialstaatlichen Handlungen) zu sehen als auch als Ausgangsbasis für zukünftiges Handeln.[8] Mit dieser erweiterten Ressourcen-Perspektive kann die Funktionsweise des Wohlfahrtsstaats umfassender verstanden und besser analysiert werden: Sie relativiert seine Bedeutung als umverteilender, gesellschaftlicher Reparaturmechanismus und zeigt genauer seine umfassende gesellschaftsprägende bzw. -strukturierende Macht auf.

Finanzielle Ressourcen

Für eine Analyse der (Um-)Verteilungswirkung von finanziellen Leistungen wie Wohngeld, Arbeitslosengeld und Rente sowie der Steuererhebung ist die Betrachtung der Geldströme ein sinnvolles Kriterium. Für Länder, in denen ähnliche Sicherungssysteme bestehen, können diese Beiträge, Leistungen und deren Effizienz miteinander verglichen werden. Beispielsweise bieten manche Staaten in der Rentenversicherung Mindestleistungen an, um Armut zu verhindern, in anderen lehnen sich die gewährten Leistungen strikter an die geleisteten Beiträge an. Leistungen wie Wohnbauförderung oder Studiums-Stipendien existieren in manchen Ländern überhaupt nicht. Neben dem Vergleich einzelner Leistungen kann die Funktionsweise des gesamten Sicherungssystems untersucht werden: Staaten können beispielsweise anhand ihrer Armutsquoten miteinander verglichen werden, um zu sehen, inwieweit es gelingt, durch die Kombination verschiedener Systeme Armut zu verringern. Soll nicht nur das untere Ende der Einkommensverteilung betrachtet werden, dann kann mit Hilfe der Gini-Koeffizienten dargestellt werden, inwiefern sich das Einkommen auf einige wenige Haushalte konzentriert oder

---

8 Siehe zur doppelten Bedeutung von Ressourcen Knecht (2010, 35), → Schubert & Knecht zur Transformierbarkeit von Ressourcen, → Knecht, „Ressourcentheoretische Erweiterungen des Capability-Ansatzes ..." und Knecht (2011).

gleichmäßig auf die Bevölkerung verteilt.⁹ Solche Betrachtungen müssen neben den Transferzahlungen auch Steuern (inkl. Vergünstigungen) und Beiträge im Auge behalten. Des Weiteren muss berücksichtigt werden, dass die wirtschaftlichen Systeme der Staaten unterschiedliche Einkommensverteilungen erzeugen: Die Primärverteilung, die durch die sozialstaatlichen Umverteilungsmechanismen „korrigiert" wird, kann aber nicht als „gegeben" betrachtet werden, weil sie selbst unter dem Einfluss (sozial)staatlicher Regelungen, wie beispielsweise Mindestlohngesetze oder spezieller Vergütungen für Beamte, zustande gekommen ist. Eine Abschätzung der Wirkungsmacht des Sozialstaats muss also Vergleiche von Verteilungen vor und nach (sozial)staatlicher Umverteilung durchführen sowie institutionelle Regelungen berücksichtigen (→ Hanesch; Knecht 2010, 229 f.).

Bildung

Wie die Diskussionen um die ungleichen Bildungschancen im Anschluss an die PISA-Untersuchungen zeigen, wird Bildung ungleich zugeteilt; verschiedene Bevölkerungsgruppen erhalten also ein unterschiedliches Maß an Leistungen. Die formal gleichen Zutrittsregelungen verschleiern dabei die eigentlichen Auslesemechanismen wie z. B. die Inanspruchnahme an vorschulischen Bildungsangeboten, die Schulwahl, Lern- und Prüfungsstile sowie Verhalten und Empfehlungen von Lehrerinnen und Lehrern (→ Gottburgsen & Sixt). Die Aneignung der Ressource Bildung interagiert stark mit dem Vorhandensein anderer Ressourcen. So kann Geld bei der Inanspruchnahme von Nachhilfeunterricht oder als Schulgeld oder Studiengebühren die Rolle eines Katalysators der Auslesemechanismen spielen. Gleichzeitig können psychische Ressourcen wie Selbstbewusstsein und Motivation einen großen Einfluss auf Lernerfolg und langfristig bedeutsame Bildungsentscheidungen haben (s. a. Knecht 2010, 242 f. u. 247 f.)

Gesundheit

Die Produktion von Gesundheit geht nur in geringem Maß auf das Gesundheitssystem an sich zurück. Trotz einer sich mehr und mehr abzeichnenden Zwei-Klassen-Medizin wird der Beitrag des Gesundheitssystems für die gesundheitliche Ungleichheit auf nur 10 % bis maximal 30 % geschätzt (Rosenbrock 2002, 31; Adler & Newman 2002, 65). Gesundheit und Krankheit entstehen hauptsächlich außerhalb des Gesundheitssystems, nämlich durch ungesunde Lebensverhältnisse und Verhaltensweisen (Wilkinson 2005, 59; McKeown 1982). Zu den belastenden Faktoren zählen Stress produzierende Lebensverhältnisse, seelische Belastungen, schadstoff- und lärmbelastete Arbeits- und Wohnverhältnisse, Unfälle und ungesunde Verhaltensweisen wie der Konsum von Zigaretten, Alkohol oder anderen Drogen sowie ungesunde Ernährung. Daraus erklärt sich, dass Staaten die Gesund-

---

9 Zum Gini-Koeffizient siehe z. B. Fahrmeir et al. (2003, 82).

heit ihrer Bevölkerung nicht allein durch Angebote der kurativen Medizin bzw. Rehabilitation, sondern insbesondere durch sogenannte *sozial-ökologische Interventionen* beeinflussen, also durch arbeits(schutz)rechtliche Regelungen, durch Umweltgesetzgebung, durch Regelungen des Verkehrs, gesundheitliche Aufklärung oder, allgemeiner gesprochen, durch Gesundheitsförderung und -prävention im weitesten Sinne (→ Kriwy & Nisic, → Schmid & Wüsten).

Soziale Ressourcen

Empirische Untersuchungen zeigen, dass staatliches Handeln auch einen Einfluss auf die sozialen Netzwerke von Individuen hat. Dabei hat die Crowing-Out-Hypothese, die besagt, dass sozialstaatliche Interventionen die Fähigkeit der Gesellschaft zur Selbstorganisation untergraben würde, besondere Aufmerksamkeit auf sich gezogen. Der Sozialstaat stand unter dem Generalverdacht, die Grundlagen der Gesellschaft zu zerstören (→ Gross & Jungbauer-Gans). Empirische Untersuchungen zum gesellschaftlichen Engagement sind zum gegenteiligen Ergebnis gekommen: Gerade die skandinavischen Länder mit ihren ausgebauten wohlfahrtsstaatlichen Systemen zeichnen sich durch besonders hohes soziales Engagement der Bürgerinnen und Bürger aus, wohingegen rudimentäre Wohlfahrtsstaaten wie Griechenland oder Portugal über ein geringes Ausmaß an Engagement und Sozialkapital verfügen (s. a. Jungbauer-Gans & Gross 2007, 223 f.; Oorschot et al. 2006). Auch die institutionelle Ausgestaltung der Staaten und deren politische und administrative Strukturen beeinflussen die Entstehung sozialen Kapitals. Geringe Korruption, viele Möglichkeiten der Mitsprache, politische Stabilität, das Alter von Demokratien und breite Bildungsbeteiligung begünstigen die Entstehung und den Erhalt von Sozialkapital (→ Gross & Jungbauer-Gans).

Zeit als Ressource

Staatliche Interventionen haben auch einen Einfluss darauf, wie viel Zeit Menschen zur Verfügung steht. Das lässt sich besonders gut anhand des Problems der Vereinbarkeit von Familie und Beruf zeigen. Je nachdem, welche Möglichkeiten der Kinderbetreuung bzw. der finanziellen Unterstützung angeboten werden, wird das Problem der *rush hour of life* – so wird die Lebensphase bezeichnet, in der Familie und Beruf besonders fordernd sind – verschärft oder abgemildert. Gleichzeitig werden so (in Verbindung mit weiteren rechtlichen Regelungen wie Mutter- und Kündigungsschutz, Elternzeit usw.) die beruflichen Chancen von Frauen und Männern beeinflusst (→ Klammer).

Psychische Ressourcen

Bislang kaum untersucht ist die Einflussnahme des Staats auf die psychischen Ressourcen. Dieser Einfluss ist nicht nur bei staatlicher Folter und Einschüchterung gegeben. Es ist auch davon auszugehen, dass beispielsweise die Schule ein Ort ist, an dem die psychische Disposition der Schülerinnen und Schüler beeinflusst wird, im Positiven („selbstwirksame Schule", Brockmeyer & Edelstein 2005) wie im Negativen. Zu vermuten ist, dass die Länder des sozialdemokratischen Wohlfahrtsregimes, die sich tendenziell stärker bemühen, soziale Gleichheit zu erzeugen, schwächere Schülerinnen und Schüler eher fördern, wohingegen die Länder des konservativen Wohlfahrtsregimes Ungleichheiten in den Schulleistungen hervorheben – z. B. durch Benotung und Separierung von „Eliten" – und damit verstetigen (s. a. Bourdieu & Passeron 2007). Diese „Produktion sozialer Ungleichheit" wird durch mehrgliedrige, segmentationsstarke Schulsysteme verstärkt (→ Gottbursen & Sixt). Vermutlich werden damit auch in stärkerem Maße Verlierer- und Gewinnermentalitäten geprägt (s. a. Knecht 2010, 247 f.).

Bereits dieser kurze Überblick zeigt die Vielschichtigkeit und die Komplexität der Auswirkungen sozialstaatlichen Handelns auf die Lebenssituation der Bürgerinnen und Bürger. Volkswirtschaftliche Standardansätze, die versuchen, diese komplexen Zusammenhänge durch gesamtwirtschaftliche Kennziffern wie Sozialausgaben, Bildungsausgaben oder die monetäre Umverteilung zu beschreiben, greifen offensichtlich genauso zu kurz wie eine Betrachtung der Höhe der gewährten Transfers oder gar der Versuch, den Output der Leistungen als Nutzen zu beschreiben (s. a. Kaufmann 2005; Knecht 2010, 28 f.). Deshalb wird hier vorgeschlagen, (sozial-)politische Interventionen als Zuteilung oder Vorenthaltung von Ressourcen an die Bürgerinnen und Bürger zu beschreiben, die auf der Makroebene ausgelöst werden und deren Auswirkungen auf der Mikroebene an der Ressourcenausstattung von Individuen gemessen werden können. Diese Zusammenhänge werden im Folgenden über ein sozialpolitisches Mehrebenenmodell dargestellt.

3 Das Mehrebenenmodell der wohlfahrtsstaatlichen Ressourcenzuteilung

In dem Modell der wohlfahrtsstaatlichen Ressourcenzuteilung (Knecht 2010, 218 f.) wird die Makroebene, auf der die Zuteilung von Ressourcen ausgelöst wird, mit der Mikroebene, also mit den einzelnen Menschen, verbunden. Dadurch kann die ressourcenzuteilende Funktion des Wohlfahrtsstaats nachvollzogen werden. Zwischen der Makro- und der Mikroebene steht die Mesoebene, zu der das Lebensumfeld der Menschen und seine sozialen Institutionen gehören.

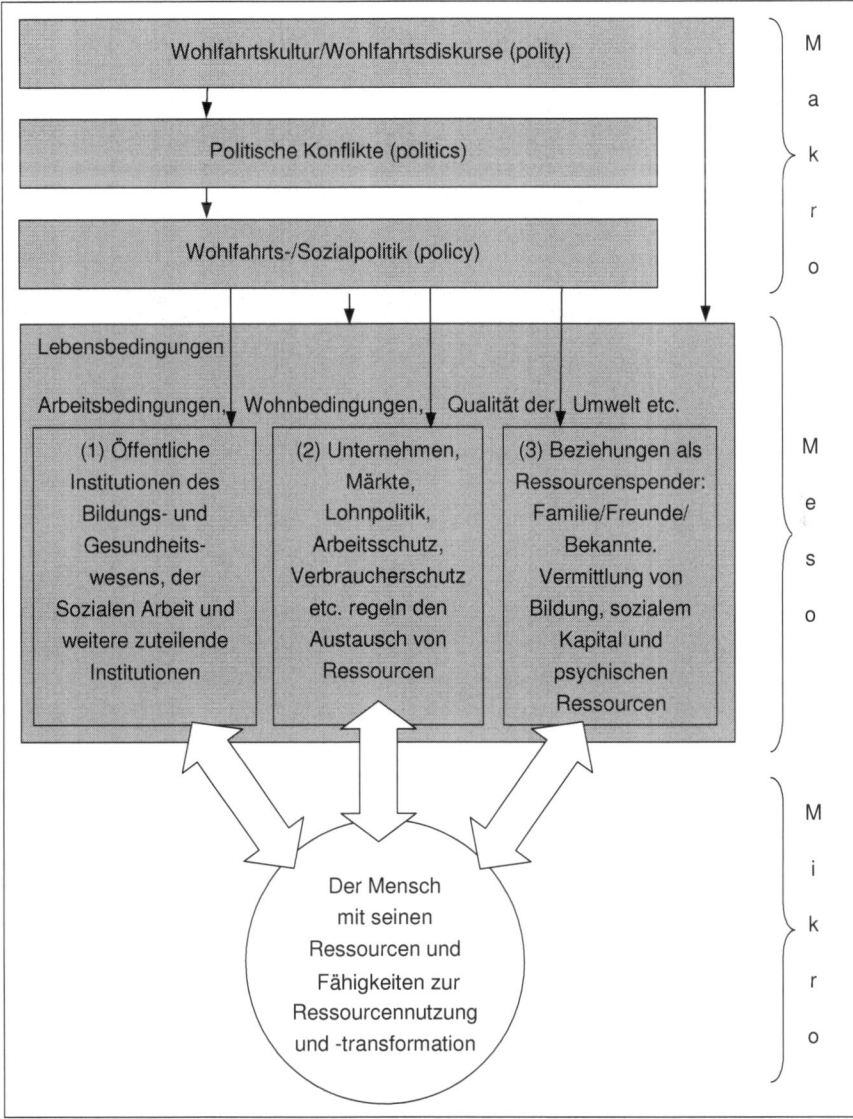

Abb. 1: Mehrebenenmodell der Ressourcenzuteilung (Quelle: Knecht 2010, 218, modifiziert). Ohne Darstellung von Rückwirkungen (→ Knecht, „Ressourcentheoretische Erweiterungen ..." zu den Fähigkeiten der Ressourcennutzung und -transformation).

Die Makroebene besteht dabei aus drei Bereichen: der Wohlfahrtskultur, der politischen Konflikte und der Wohlfahrtspolitik. Die Wohlfahrtskultur bzw. -diskurse stellen den Hintergrund dar, vor dem die alltäglichen politischen Auseinandersetzungen und Konflikte stattfinden. Hierzu zählen beispielsweise kulturell geprägte Einstellungen zu der Frage, ob jede Bürgerin und jeder Bürger staatlich krankenversichert sein sollte, oder Vermutungen darüber, ob Sozialleistungen häufig missbraucht werden. In der Wohlfahrtskultur spiegelt sich die von Esping-Andersen diskutierte Bedeutung geschichtlicher Konstellationen und Ereignisse für die Sozialpolitik wider. In konfliktreichen Gesetzgebungsprozessen (politics) werden solche Einstellungen in eine rechtsstaatliche Form gegossen, die dann in konkrete Interventionen bzw. Zuteilungen, also in konkreten wohlfahrts- bzw. sozialpolitischen Vorgängen im Sinne des politologischen policy-Begriffs, münden.

Typische Sozialleistungen, wie die Auszahlungen monetärer Leistungen, die Zur-Verfügung-Stellung von ärztlichen Leistungen oder Leistungen im Bereich der Bildung (in Kindergärten, Schulen, Universitäten), werden durch Interventionen öffentlicher Institutionen des Bildungs- und Gesundheitswesens und der Sozialen Arbeit zugeteilt (s. Abb. 1, Säule 1). Solche Leistungen beeinflussen insbesondere die Ressourcen Bildung und Gesundheit sowie die psychischen Ressourcen. Die Ressourcenausstattung der Individuen wird auch durch indirekte staatliche Interventionen beeinflusst, die über die Wirtschaft (Säule 2) oder die Zivilgesellschaft (Säule 3) vermittelt werden. Wie bereits erwähnt bestimmen auch Regelungen zur Lohnpolitik und zur Arbeitsschutzpolitik den Ressourcenaustausch zwischen Arbeitnehmern und Unternehmern. Regelungen zum Verbraucherschutz helfen, die Interessen der Konsumenten gegenüber den Unternehmen zu vertreten (Abb. 1, Säule 2). In diesem Bereich werden insbesondere die Ressourcen Geld und Gesundheit beeinflusst (s.a. Knecht 2010, 220f.). Bei der Diskussion der sozialen Ressourcen wurde bereits gezeigt, dass staatliches Handeln auch die Beziehungen innerhalb der (Zivil-)Gesellschaft beeinflusst (Abb. 1, Säule 3). Es zeigt sich also, dass die Zuteilung über Institutionen der Mesoebene laufen – über die Bereiche Staat, Markt und (Zivil-)Gesellschaft.

Anhand der Ressource Gesundheit wurde gezeigt, dass Interventionen ihre Wirkung nicht über eine der drei Säulen 1, 2 oder 3 entfalten müssen, sondern auch über die Umwelt erfolgen können. Solche Interventionen werden als *sozialökologische Interventionen* bezeichnet, weil sie auf die menschliche Umgebung abzielen (vgl. Kaufmann 2005, 125; Knecht 2010, 119f. u. 226f.; Schubert 2011; Hamm 1999). Dazu zählen vor allem umweltpolitische Regelungen, die häufig die Gesundheit im Blick haben, wie beispielsweise Emissionsschutz, Luftreinhaltepolitik, Lärmschutz, Verkehrspolitik, Verbesserung der Wohnumgebung und Stadtteilaufwertung. Obwohl Interventionen ihre Wirkung auf ganz unterschiedlichen Wegen entfalten, beeinflussen sie im Endeffekt alle die Ressourcenausstattung von Individuen.[10]

Individuen brauchen Geld, Bildung, soziale Ressourcen, Gesundheit, psychische Ressourcen etc., um ihr Leben mehr oder weniger erfolgreich zu leben bzw. um zu überleben. Knappheit im Bereich der einen Ressourcen hat häufig auch negative

---

10 Wird diese Perspektive eingenommen, dann zeigt sich die Ähnlichkeit von Interventionen, welche die Bearbeitung sozialer Probleme im Sinn haben mit Interventionen, die ökologische Probleme im Sinn haben.

Auswirkungen auf andere Ressourcen (→ Schubert & Knecht, → Drilling). Solche Wechselwirkungen beschreibt Hobfoll (1989, 511) als Verlustspiralen und Schubert (2004, 204) als Schereneffekte. Sozialpolitische Interventionen sollen solche Abwärtsspiralen verhindern. Wer nicht genug Geld hat, passende Kleidung für ein Vorstellungsgespräch zu kaufen, sich um seine Gesundheit zu kümmern und seine Zähne reparieren zu lassen, wird Schwierigkeiten haben, einen Job zu finden und sich wieder selbst zu versorgen. Andererseits kann eine üppige Ausstattung mit einer Ressource auch positiv auf die Ausstattung mit anderen Ressourcen wirken (Bourdieu 1982; Hobfoll 1989). Gute Ausbildung oder gute soziale Kontakte können z. B. in ein höheres Einkommen transformiert werden.

Für die Theoriebildung bedeutet das, dass das Modell der Ressourcenzuteilung als Basis einer Theorie der Wirkungen des Sozialstaats, also der Wohlfahrtsproduktion bzw. der Lebensqualitätsproduktion dienen kann (s. a. Knecht 2010). Da dabei auch die Ungleichheit der Ressourcenausstattung berücksichtigt wird, kann das Modell der Ressourcenzuteilung gleichzeitig als Basis einer Theorie sozialer Ungleichheit dienen, mit der die sozialstaatliche Produktion von Gleichheit und Ungleichheit analysiert werden kann.

4 Anwendungen und Potenziale der Ressourcentheorie

Das Potenzial einer Theorie besteht darin, mit ihrer Hilfe Zusammenhänge in der Welt zu erklären und damit einen neuen Blickwinkel zu eröffnen, der eventuell neue Lösungswege für praktische und theoretische Probleme eröffnet. Eine Theorie des Wohlfahrtsstaats sollte dementsprechend Auskunft geben über wohlfahrtsstaatliches Handeln und Mechanismen wie auch über die Leistungsfähigkeit des Wohlfahrtsstaats.

Eine Ressourcentheorie als Verbindung von Wohlfahrtsstaatstheorie und Ungleichheitstheorie

Die hier vorgestellte Ressourcentheorie des Sozialstaats zeichnet sich dadurch aus, dass sie, als Verbindung einer Theorie über den Wohlfahrtsstaat und einer Theorie über soziale Ungleichheit, die Zusammenhänge beider Bereiche sichtbar machen kann. Allgemein lässt sich sagen, dass soziologische Ungleichheitstheorien die Bedeutung staatlichen Handelns tendenziell unterschätzen. Gerade Bourdieu (1982) hat die Ungleichheit der Ressourcenausstattung als gesellschaftlich deterministischen Prozess der Reproduktion sozialer Ungleichheit gesehen. In ähnlicher Weise argumentiert auch Ulrich Beck, der in seiner Individualisierungs- und Modernisierungstheorie die Veränderungen des sozialen Gefüges im gesellschaftlichen Wandel und in Phänomenen wie z. B. der Globalisierung verortet und dabei sozialstaatliches Handeln tendenziell negiert (vgl. Beck 2002; 1997). Ländervergleiche sprechen gegen diese Sichtweise. Sie zeigen, dass Staaten, die dem gesellschaftlichen Wandel und der Globalisierung in vergleichbarem Ausmaß ausgesetzt sind, nicht nur unterschiedliche Muster der sozialstaatlichen Bearbeitung produzieren, sondern über ganz unterschiedliche Mechanismen der Ressourcen(um)verteilung verfügen und letztendlich auch andere Verteilungsergebnisse produzieren. Die Gruppierung bzw. das Clustern von Wohlfahrtsstaaten, wie sie z. B. Esping-Andersen vorgenommen hat, ist deshalb so erfolgreich, weil es die Entstehung und Veränderung wohlfahrtsstaatlicher Strukturen nicht alleine auf externe Faktoren zurückführt, sondern auch auf länderspezifische, wohlfahrtskulturelle Überzeugungen und Institutionen, die sich nur Schritt für Schritt reformieren lassen. Ein Beispiel für die kulturelle Überformung sozialpolitischer Ideen stellt die länderspezifische Umsetzung des Leitbildes der Aktivierungspolitik dar. Während Aktivierung in Dänemark, einem Land des sozialdemokratischen Wohlfahrtsregimes, tatsächlich mit einem Ausbau berufsfördernder Maßnahmen im Sinne von Befähigung und Empowerment einherging, standen in Deutschland der Ausbau von Zwangsmaßnahmen und der Aufbau von psychischem Druck im Vordergrund; Maßnahmen der Weiterbildung und Umschulung wurden dagegen zurückgefahren (vgl. Dingeldey 2007). Hier manifestiert sich mitunter der Bismarck'sche Geist von Zuckerbrot und Peitsche des konservativen Wohlfahrtsregimes.

Die Ressourcentheorie des Sozialstaats verbindet die Analyse des Wohlfahrtsstaats mit jener der sozialen Ungleichheit und kann damit der Forderung nach stärkerer Integration dieser beiden Bereiche, wie sie z. B. Vogel (2004, 51) fordert, nachkommen:

> Die politische Soziologie sozialer Ungleichheit [...] muss im Sinne einer ‚logic of stratification', die davon ausgeht, dass der Wohlfahrtsstaat [...] einen prägenden Einfluss auf die soziale Gliederung und Schichtung hat [...], die politische Strukturierung sozialer Klassenverhältnisse und Ungleichheiten analysieren. Das Strukturgefüge der Gesellschaft muss in stärkerem Maße als Ausdruck von Rechtssetzung und Staatlichkeit, von politischer Herrschaft und Gestaltungsfähigkeit begriffen werden. Dabei geht es [...] zuallererst um die sozialstrukturell formative und selektive Kraft des Wohlfahrtsstaats.

Mehrdimensionale Ungleichheit im Wohlfahrtsstaat

Die Ressourcentheorie unterscheidet sich von anderen Ansätzen zur Analyse des Wohlfahrtsstaats auch durch ihre Multidimensionalität. Wie bereits erwähnt wurde, greifen Ansätze, die versuchen, wohlfahrtstaatliches Handeln in erster Linie mit Hilfe von monetären Ressourcen zu beschreiben, zu kurz. Schon die gleichzeitige Betrachtung monetärer und bildungsorientierter Sozialpolitik offenbart neue Aspekte der Wohlfahrtsproduktion und ermöglicht eine Unterscheidung in *Sozialinvestitionsstaaten* (vgl. Knecht 2010, 269; 2011) und *Transferstaaten*. Die Sozialpolitik der Sozialinvestitionsstaaten zielt eher darauf ab, Bürgerinnen und Bürger durch (Fort-)Bildungsmaßnahmen zu befähigen, dauerhaft ausreichendes eigenes Einkommen zu erzielen. Die Sozialpolitik von Transferstaaten, zu denen auch Deutschland und Österreich zählen, ist mehr auf den Statuserhalt (älterer) Bürger ausgerichtet (s. a. Allmendinger & Leibfried 2002; Leisering 2003). Eine besondere Ausformung des Sozialinvestitionsstaats stellt das neue politische Leitbild des „Frühförderstaats" bzw. „Befähigungsstaats" (Knecht 2011) dar, bei dem Bildung bereits im Vorschulalter gefördert werden soll, da davon ausgegangen wird, dass spätere Lerndefizite bereits in diesem Lebensalter angelegt werden (→ Jasmund & Krus, → Fengler & Fengler, Knecht 2011; 2010, 274 f). Gerade im Bereich der Früherziehung zeigt sich, wie eng die verschiedenen Ressourcen-Dimensionen miteinander verschränkt sind. Früherziehung stellt eine Bildungsmaßnahme dar, die auch die psychischen Ressourcen fördert (→ Klemenz). Als Betreuungsmaßnahme entlasten Angebote der Früherziehung gleichzeitig die Eltern in Bezug auf die zur Verfügung stehende Zeit. Wenn Eltern dadurch mehr Möglichkeiten haben, zu arbeiten, können sie meist ihre Einkommenssituation verbessern und ihr Armutsrisiko senken. Als mehrdimensionaler Ansatz kann die Ressourcentheorie solche Zusammenhänge besser berücksichtigen. Gerade bei der Analyse der Befähigung hat die Betrachtung von Ressourcen gegenüber der Betrachtung von Lebenslagen oder Milieus den Vorteil, dass Ressourcen in einem engen Verhältnis zur Handlungsfähigkeit von Individuen stehen. Die Erhöhung dieser Handlungsfähigkeit (im Sinne von *Empowerment* und *Befähigung*) sollte eine der ersten Aufgaben des Wohlfahrtsstaats sein (zur Befähigung: → Keupp, → Drilling, → Knecht, „Ressourcentheoretische Erweiterungen ...").

Soziale Arbeit als Sozialpolitik face-to-face

Vor dem Hintergrund, dass sozialpolitische Interventionen auf die Ressourcenausstattung von Individuen einwirken, kann durch die Ressourcentheorie auch das Verhältnis von Sozialpolitik und Sozialer Arbeit auf neue Weise erfasst werden. Für die Zuteilung der verschiedenen Ressourcen sind bestimmte Berufsgruppen zuständig: Ärztinnen arbeiten an der Gesundheit, Psychologinnen an den psychischen Ressourcen, Kindergärtnerinnen, Sozialpädagoginnen, Lehrerinnen, Dozentinnen und Professorinnen vermitteln Bildung, Angestellte in den Behörden verwalten Leistungen, Schuldnerberaterinnen helfen bei Problemen im Umgang mit Geld usw. Viele dieser Berufe sind auf die Zuteilung und Förderung einer bestimmten Ressourcenart orientiert. Sozialarbeiterinnen sind typischerweise dort tätig, wo es Probleme mit der Ressourcenausstattung gibt, wo Problemlagen komplex und unübersichtlich sind und Defizite bezüglich mehrerer Ressourcen gleichzeitig bestehen. Wie die Untersuchungen von Hobfoll (1989) aufzeigen, hängen Probleme mit einer Ressourcenart oft mit der Beeinträchtigung anderer Ressourcen und den daraus resultierenden Entwicklungen weiterer Lebensbelastungen zusammen: Geldprobleme führen zu Beziehungsproblemen, führen zu psychischen Problemen, führen zu gesundheitlichen Problemen, führen zu größeren Einkommensproblemen usw. Berufsgruppen, die auf die Arbeit an einer Ressourcenart spezialisiert sind, unterschätzen oft die Komplexität solcher Problemlagen. Auf die Bearbeitung komplexer Problemlagen ist besonders die Soziale Arbeit als professionelle Disziplin ausgerichtet.[11] Soziale Arbeit hat dabei die Aufgabe, diese Zusammenhänge zu analysieren und interventiv wie präventiv solche sozialökologischen „Kettenreaktionen", also die Übertragung von durch Ressourcenschädigung verursachten Problemen auf andere Lebensbereiche, zu verhindern. Die verschiedenen Ressourcen-Dimensionen in der Ressourcentheorie entsprechen dabei den für das Verständnis und die Praxis von Sozialer Arbeit so wichtigen sozialökologischen (Schubert 2011) und bio-psycho-sozialen Ansätzen (Uexküll & Wesiack 1996).

Wenn wir mehr Wissen über die Zusammenhänge der verschiedenen Ressourcenarten haben, z.B. welche Ressourcenknappheit welche Probleme nach sich zieht, dann können in der Praxis nötige Maßnahmen – im Sinne von Intervention und Prävention – sinnvoller geplant und betrieben werden. Wann reicht finanzielle Unterstützung, wann sind Interventionen durch Sozialarbeiterinnen und Sozialarbeiter und die Angehörigen anderer helfenden Berufe nötig? Über welche Ressourcen verfügen die Betroffenen selbst, bei welchen müssen sie unterstützt werden? Menschen, die von Arbeitslosigkeit betroffen sind, stellen z.B. eine sehr heterogene Gruppe dar mit sehr unterschiedlichen Bedürfnissen und Wüschen an Unterstützung. Ein ressourcenorientierter Zugang soll das Verständnis für solche Situationen und für nötige Maßnahmen verbessern.

Diskussion von Gerechtigkeitsfragen

Mit Hilfe der Ressourcentheorien lassen sich auch Gerechtigkeitsfragen auf neue Weise diskutieren. Der philosophische Gerechtigkeitsdiskurs neigt auch heute noch dazu, Gerechtigkeitsfragen im Anschluss an Aristoteles in Kategorien der Tauschgerechtigkeit (iustitia commutativa) und der austeilenden Gerechtigkeit (iustitia distributiva) zu diskutieren. Aus Sicht der Ressourcentheorie stellen sich andere Fragen: Wie steht es um die Bildungsgerechtigkeit, wenn Bildung gerade denen zukommt, die bereits über viele Ressourcen verfügen? Wie steht es um die Gesundheitsgerechtigkeit, wenn Menschen mit niedrigem Einkommen eine um bis zu zehn Jahre kürzere Lebenserwartung haben? Wie steht es um die Gerechtigkeit für den Fall, dass das Wohnen in benachteiligten Wohnvierteln mit gesundheitsschädigenden Umweltbelastungen wie erhöhter Feinstaub- und Lärmbelastung oder mit anderen, komplexeren sozialökologischen Beeinträchtigungen einhergeht? Wie steht es um die Sozialkapital-Gerechtigkeit für den Fall, dass das mehrgliedrige Schulwesen seinen Anteil dazu beisteuert, die Gesellschaft aufzuspalten in Menschen mit vielen Chancen und Ressourcen und Menschen mit wenig Chancen und Ressourcen? Ein Beitrag der Ressourcentheorie zur Gerechtigkeitsphilosophie bzw. Sozialethik könnte also in einer Kritik von simplifizierenden Gerechtigkeits-

---

11 Der soziale Case-Manager steht beispielhaft für die Koordination verschiedener Berufsgruppen, Sichtweisen und Vorgehensweisen bei der Bearbeitung von komplexen Problemen.

theorien bestehen. Die Vorstellungen einer gerechten Mindestausstattung von Rawls (1975) negieren die Bedeutung nichtmonetärer Ressourcen für die Herstellung von Gerechtigkeit. Walzers Idee getrennter Gerechtigkeitssphären (vgl. Walzer 1998, 49) wird wohl – wegen der starken Korrelationen zwischen den verschiedenen Ressourcen – als Schimäre zu entlarven sein.

5 Zusammenfassung

Dieser Beitrag plädiert dafür, den Wohlfahrtsstaat unter dem Blickwinkel zu analysieren, wie er auf die Ressourcenausstattung der Bürgerinnen und Bürger einwirkt, bzw. wie er Ressourcen zuteilt. Statt alleine monetäre Ressourcen zu betrachten, müssen in eine solche Betrachtungsweise zumindest auch Bildung, Gesundheit, soziale und psychische Ressourcen und Zeit einbezogen werden. Neben der direkten Beeinflussung durch den Sozialstaat regeln staatliche Interventionen auch das Verhalten von Wirtschaft und (Zivil-)Gesellschaft, was wiederum Auswirkungen auf die Ressourcenausstattung der Individuen hat. Aus diesem Blickwinkel erscheint der Sozialstaat nicht mehr als Reparaturinstanz spezieller sozialer Probleme – seine gesellschaftsprägende Funktionsweise wird deutlich, sein Beitrag zum Auf- und Abbau sozialer Ungleichheit wird durchsichtiger. Die Soziale Arbeit lässt sich mit der Ressourcentheorie als ein Teil sozialpolitischer Interventionen darstellen, der die Ressourcenlage von Individuen face-to-face beeinflusst. Zudem bietet diese Theorie auch die Möglichkeit, Gerechtigkeitsfragen auf einer breiteren Grundlage zu diskutieren.

Literatur

Adler, N. E. & Newman, K. (2002): Socioeconomic Disparities In Health: Pathways and Policies. Health Affairs, 21(2), S. 60–76.
Allmendinger, J. & Leibfried, S. (2002): Education and the welfare state: the four worlds of competence production. Journal of European Social Policy, 13(1), S. 63–81.
Andreß, H.-J. & Lipsmeier, G. (2001): Armut und Lebensstandard. Gutachten im Rahmen des Armuts- und Reichtumsberichts der Bundesregierung. Serie: Lebenslagen in Deutschland, Bd. 3. Bonn: Bundesministerium für Arbeit und Sozialordnung.
Beck, U. (1997): Was ist Globalisierung? Frankfurt/M.: Suhrkamp.
Beck, U. (2002): Macht und Gegenmacht im globalen Zeitalter. Frankfurt/M.: Suhrkamp.
Bourdieu, P. (1982): Die feinen Unterschiede. Frankfurt/M.: Suhrkamp.
Bourdieu, P. & Passeron, J.-C. (2007): Die Erben. Studenten, Bildung und Kultur. Konstanz: UVK.
Brockmeyer, R. & Edelstein, W. (2005): Selbstwirksame Schulen. Wege pädagogischer Innovation. Hrsg. vom Verbund Selbstwirksamer Schulen. Oberhausen: Laufen.

Dingeldey, I. (2007): Wohlfahrtsstaatlicher Wandel zwischen „Arbeitszwang" und „Befähigung". Eine vergleichende Analyse aktivierender Arbeitsmarktpolitik in Deutschland, Dänemark und Großbritannien. Berliner Journal für Soziologie, 17(2), S. 189–209.

Esping-Andersen, G. (1990): The Three Worlds of Welfare Capitalism. Princeton (New Jersey): Princeton University Press.

Fahrmeir, L., Künstler, R., Pigeot, I. & Tutz, G. (2003): Statistik. Der Weg zur Datenanalyse. Berlin: Springer.

Hamm, B. (1999): Sozialökologie. In: Kruse, L., Graumann, C.-F. & Lantermann, E.-D. (Hrsg.): Ökologische Psychologie. (2. Aufl.). S. 35–38. München: Beltz/PVU.

Hobfoll, S. E. (1989): Conservation of resources: A new attempt at conceptualizing stress. American Psychologist, 44, S. 513–524.

Jungbauer-Gans, M. & Gross, C. (2007): Verteilung des Sozialen Kapitals. In: Franzen, A. & Freitag, M. (Hrsg.): Sozialkapital. Kölner Zeitschrift für Soziologie und Sozialpsychologie. Sonderheft, 47. S. 211–240. Wiesbaden: VS.

Kaufmann, F.-X. (2005): Sozialpolitik und Sozialstaat: Soziologische Analysen. (2. Aufl.). Wiesbaden: VS.

Knecht, A. (2010): Lebensqualität produzieren. Ressourcentheorie und Machtanalyse des Wohlfahrtsstaats. Wiesbaden: VS.

Knecht, A. (2011): Befähigungsstaat und Frühförderstaat als Leitbilder des 21. Jahrhunderts. Sozialpolitik mittels der Ressourcentheorie analysieren und gestalten. Wirtschaft und Gesellschaft, 37(4), S. 589–611.

Leisering, L. (2003): Der deutsche Sozialstaat – Entfaltung und Krise eines Sozialmodells. Der Bürger im Staat, 53(4), S. 172–180.

McKeown, T. (1982): Die Bedeutung der Medizin. Frankfurt/M.: Suhrkamp.

Oorschot, W. van, Arts, W. & Gelissen, J. (2006): Social Capital in Europe. Measurement and Social and Regional Distribution of a Multifaceted Phenomenon. Acta Sociologica, 49(2), S. 149–167.

Opielka, M. (2008): Sozialpolitik. (2. Aufl.). Reinbek bei Hamburg: Rowohlt.

Rawls, J. (1975): Theorie der Gerechtigkeit. Frankfurt/M.: Suhrkamp.

Rosenbrock, R. (2002): Kann die soziale Krankenversicherung in der Marktgesellschaft überleben? In: Deppe, H.-U. & Burkhardt, W. (Hrsg.): Solidarische Gesundheitspolitik. Hamburg: VSA.

Schubert, F.-C. (2004): Lebensführung als Balance zwischen Belastung und Bewältigung – Beiträge aus der Gesundheitsforschung zu einer psychosozialen Beratung. In: Schubert, F.-C. & Busch, H. (Hrsg.): Lebensorientierung und Beratung. Schriften des Fachbereiches Sozialwesen, Bd. 39. S. 137–213. Mönchengladbach: Hochschule Niederrhein.

Schubert, F.-C. (2011): Sozialökologische Beratung. In: Nestmann, F., Engel, F. & Sickendick, U. (Hrsg.): Das Handbuch der Beratung, Bd. 3. Im Druck. Tübingen: dgvt.

Uexküll, T. von & Wesiack, W. (1996): Psychosomatische Medizin. (5. Aufl.). München: Urban & Schwarzenberg.

Vogel, B. (2004): Der Nachmittag des Wohlfahrtsstaats. Zur politischen Ordnung gesellschaftlicher Ungleichheit. Mittelweg 36, 4, S. 36–55.

Walzer, M. (1998): Sphären der Gerechtigkeit. Frankfurt/M.: Fischer.

Wilkinson, R. (2005): The Impact of Inequality. How to make sick societies healthier. New York, London: The New Press.

Gesundheit als Ressource

Peter Kriwy, Natascha Nisic

Einleitung

Gesundheit stellt eine zentrale Ressource für Menschen dar. Neben ihrem Einfluss auf das Wohlgefühl wird ihr eine besondere Bedeutung für andere Ressourcen, wie beispielsweise Einkommen, Optimismus und Sozialkontakte, beigemessen. Somit wird Gesundheit allgemein als Mittel diskutiert, das maßgeblich soziale Inklusion und somit gesellschaftliche Teilhabe ermöglicht. Gesundheit als Voraussetzung für soziale Inklusion wird beispielsweise auch von Differenzierungstheorien angenommen (Hartmann 2010). Diese Sichtweise steht anderen Auffassungen gegenüber, welche die Gesundheit als Folge bestimmter Ressourcenausstattung betrachten. Beispielsweise kann die Einbindung in soziale Netzwerke als Ursache für einen bestimmten Gesundheitszustand angesehen werden (→ Gross & Jungbauer-Gans zu dieser Wirkrichtung). Dementsprechend können auch optimistische Einstellungen als gesundheitsförderlich betrachtet werden (→ F.-C. Schubert, → Schmid & Wüsten).

In diesem Beitrag wird zunächst ein Überblick über das Themengebiet zu Gesundheit als Ressource präsentiert und die gesellschaftliche Bedeutung von Gesundheit aufgezeigt. Die theoretische Diskussion im 2. Kapitel gliedert sich nach drei Bereichen, für die Gesundheit als Ressource angesehen werden kann: Als erstes wird der Gesundheitszustand als ursächlich für eine bestimmte Einkommenshöhe betrachtet. Anschließend wird der Effekt auf die soziale Eingebundenheit diskutiert. Damit eng verbunden sind, drittens, Einstellungen, die das Ausmaß des allgemeinen subjektiven Optimismus erfassen. Im 3. Kapitel werden empirische Ergebnisse aus Analysen der Daten des deutschen Sozio-oekonomischen Panels (SOEP) präsentiert. Da in diesem Panel Befragte über mehrere Jahre Angaben zu denselben Fragen machen, ist es möglich, zeitlich vorausgehende Effekte von Änderungen des Gesundheitszustandes auf die zu erklärenden Ereignisse zu analysieren. Somit können Ursachen und Folgen von gesundheitlichen Veränderungen identifiziert werden. Der Beitrag schließt mit einer kurzen Zusammenfassung der zentralen Resultate und einem Ausblick.

1 Gesundheit als Ressource

Zunächst soll der Gesundheitsbegriff definiert werden. Hartmann (2010, 46) konstatiert, dass es in der Gesundheitsforschung „keine einheitliche Definition von Gesundheit" gibt. Eine klassische und inhaltlich umfassende Gesundheitsdefinition wurde von der Weltgesundheitsorganisation (WHO) herausgegeben. Gesundheit ist demnach ein Zustand des körperlichen, seelischen und sozialen Wohlbefindens und nicht nur das Freisein von Krankheit und Gebrechen (WHO 1946). Diese Definition beschreibt ein mehrdimensionales Konzept von Gesundheit, das in einem Konstrukt allein nicht zufriedenstellend operationalisierbar ist. Es ist durchaus denkbar, dass einerseits körperlich gesunde Menschen unzufrieden sind, weil sie die Abwesenheit von Freunden beklagen, und andererseits können kranke Menschen durchaus in ein zufriedenstellendes Netz sozialer Beziehungen eingebunden sein. Aus theoretischer Sicht ist es somit sinnvoll, die subjektive Gesundheit und das soziale Wohlbefinden, gemessen an der Zufriedenheit mit den eigenen Sozialkontakten, als separate Konzepte aufzufassen.

1.1 Die gesellschaftliche Bedeutung von Gesundheit

Die gesellschaftliche Bedeutung von Gesundheit ist ein breites Themengebiet, das an dieser Stelle nicht erschöpfend dargestellt werden kann. Zunächst wird der Blick auf die ökonomische Dimension der Bedeutung von Krankheit und Gesundheit gerichtet. Im Jahr 2007 hat das deutsche Gesundheitswesen insgesamt 254 Milliarden Euro gekostet. Die Ausgabenhöhe steigt im Jahr 2009 sogar auf 278 Milliarden Euro. Der Löwenanteil wird hierbei von der gesetzlichen Krankenversicherung getragen (58 %); die Pflegeversicherung und die private Krankenversicherung übernehmen je ca. 8 % der deutschen Gesundheitskosten (Statistisches Bundesamt 2011). Krankheit verursacht nicht nur Kosten im Gesundheitswesen, auch Unternehmen und sonstige wirtschaftliche Verflechtungen sind davon betroffen. Fehlzeiten von Mitarbeiterinnen und Mitarbeitern kosten deutsche Unternehmen ca. 35 Milliarden Euro im Jahr. Ein Ausfalltag eines Arbeitnehmers in Deutschland beläuft sich dabei auf durchschnittlich ca. 600 Euro (Günther et al. 2009). Allein diese Zahlen verdeutlichen, in welchen Dimensionen sich gesellschaftliche Folgekosten von Gesundheit und Krankheit bewegen.

Aber nicht nur Fehlzeiten aufgrund von Krankheit fügen ökonomischen Schaden zu, auch Effekte des sogenannten Präsentismus sind nicht zu unterschätzen. Darunter versteht man krankheits- oder psychisch bedingte Einschränkungen der Arbeitsproduktivität, die sich schädlich auf die ökonomische Gesamtbilanz auswirken (BAuA 2011). Auch wenn eine Quantifizierung von Präsentismus schwierig ist, so kann der Arbeitszeitverlust ähnlich schwerwiegende Folgen haben wie ein „echter" Krankheitstag, der nicht am Arbeitsplatz verbracht wird. Eine amerikanische Studie berichtet, dass beispielsweise Kopf- oder Rückenschmerzen während der Arbeit einen Produktivitätsverlust von ca. 3,5 bis 5 Stunden pro Woche ausmachen (Stewart et al. 2003).

Gesundheit ist in der Gesellschaft keineswegs gleich verteilt. Der sozioökonomische Status hängt hochgradig mit Morbidität (Häufigkeit von Krankheiten) und Mortalität (Anzahl der Todesfälle in einem bestimmten Zeitraum) zusammen. „Je höher der sozioökonomische Status, desto geringer ist die Morbidität und altersstandardisierte Mortalität" (Jungbauer-Gans 2006). Schulbildung, berufliche Stellung und Einkommen werden oftmals als Indikatoren für die Schichteinstufung verwendet. Sowohl soziale Schicht als zusammengesetzte Messung als auch die genannten Einzeldimensionen wirken sich positiv auf die Gesunderhaltung aus (Hradil 2009). Vor allem der Einfluss der Bildung als Teilbereich der Humankapitalausstattung der Bevölkerung scheint besonders relevant zu sein. Höher gebildeten Personen gelingt die „Gesundheitsproduktion" am besten (Grossman 2000; Kuntz 2008).

Gesundheitserziehung, Hilfe zur Selbsthilfe und Präventivmedizin sollen nicht nur national betrachtet der Bevölkerung Aussichten auf bessere Gesundheitschancen eröffnen. Die Ottawa-Charta von 1986 wurde von der WHO organisiert und kann als Auftaktveranstaltung zur internationalen Gesundheitsförderung betrachtet werden (WHO 2011). Auf der Agenda stand u. a. eine Strategie zur Koordination von gesundheitsfördernden internationalen, politischen Entscheidungen, die versuchen, auf den Wandel der Lebens-, Arbeits- und Freizeitbedingungen zu reagieren, um so einen deutlichen Einfluss auf die Gesunderhaltung der Menschen auszuüben. Als Beispiele können Impfprogramme, Versuche zur Reduktion von Tabakkonsum und Übergewicht im Kindesalter genannt werden: Präventionsprogramme, bei denen Impfstoffe vergeben werden, können bei der Einschränkung von Infektionskrankheiten behilflich sein. In einer Studie wurden die Impfprogramme von elf Industrieländern verglichen. Bei Masern wurden die landesspezifischen Neuerkrankungen sowie die jeweiligen Impfquoten erfasst. In Kanada, Dänemark, Finnland, Niederlande, Spanien, Schweden und Großbritannien sind nur selten Ausbrüche der Erkrankung zu verzeichnen, bzw. die Erkrankung ist eliminiert. Länder mit einer problematischen Masernsituation sind Belgien, Frankreich, Deutschland und Italien. Bei der Recherche der durch Masern entstehenden Gesundheitskosten zeigte sich insbesondere für Italien eine dramatische Situation: Hier wurden die geringste Impfquote, die höchste Inzidenz und die höchsten Gesundheitskosten festgestellt (Carabin et al. 2003). An diesem Beispiel zeigt sich die besondere Bedeutung der Krankheitsprävention zur Verhinderung zukünftiger Kosten im Gesundheitswesen. Aber auch Strategien zur Koordination von Gesundheitsverhalten sind international ausgelegt. Der *Report on the Global Tobacco Epidemic* (WHO 2009) beklagt, dass bislang weltweit in nur 5 % der Länder brauchbare Nichtrauchergesetze vorliegen, obwohl der Kampf gegen dieses Suchtmittel möglichst koordiniert vorangetrieben werden sollte. Die WHO stellt plakativ heraus, dass im 20. Jahrhundert schätzungsweise 100 Millionen Menschen an den Folgen des Tabakkonsums gestorben sind. Auch zu hohes Körpergewicht gilt als ernstzunehmendes Gesundheitsrisiko. Übergewicht, gerade bei Kindern und Jugendlichen, ist in den letzten Jahren auch in Deutschland stark angestiegen. 15 % der Kinder bis 17 Jahre sind übergewichtig, 6 % gelten sogar als adipös (Kurth & Schaffrath Rosario 2010). Nichtdeutsche Kinder sind doppelt so oft übergewichtig wie deutsche Kinder. Kinder der höheren Sozialschicht haben ein deutlich geringeres Risiko, übergewichtig zu sein, als Kinder der unteren sozialen Schicht (Lange et al. 2010). Diese Befunde sind dramatisch, da fast alle übergewichtigen Kinder später im Erwachsenenalter immer noch Gewichtsprobleme haben.

Diese knappe Darstellung der gesellschaftlichen Relevanz von Gesundheitsverhalten und Gesundheitschancen dient als Hintergrundinformation für die folgenden Ausführungen, die aufzeigen, dass ein guter Gesundheitszustand direkt Lebenschancen eröffnen kann. Der Begriff der Lebenschance geht auf Dahrendorf zurück (1979, 50) und umfasst Möglichkeiten individueller Entfaltung und strukturell geprägte Aussichten auf ein gesundes Leben. Mögliche Indikatoren für Lebenschancen sind individuelles Einkommen, Zufriedenheit mit Sozialkontakten und individueller Optimismus.

1.2 Gesundheit und Lebenschancen

Gesundheit übernimmt nach der hier vorgenommenen Systematisierung eine Mediatorfunktion zwischen der Ebene sozialer Differenzierung und den hierdurch beeinflussten Lebenschancen. Vertikale und horizontale Differenzierung ermöglichen bessere Chancen auf gute Gesundheit und gute Gesundheit eröffnet wiederum entsprechende Lebenschancen. Dieser Mechanismus ist in Abbildung 1 dargestellt.

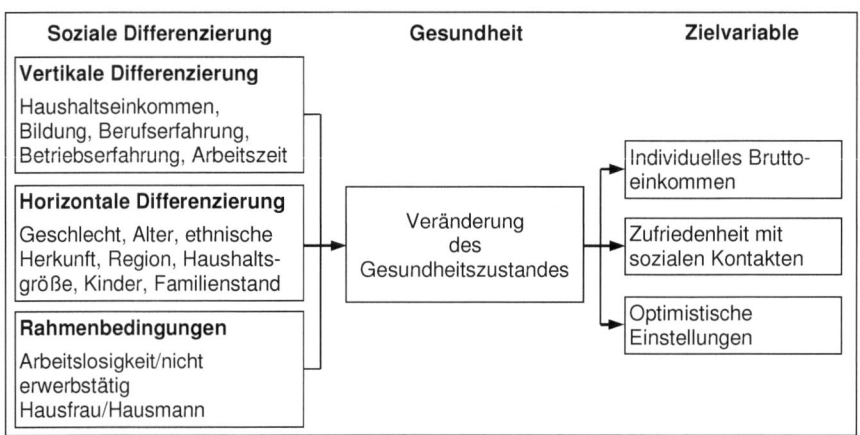

Abb. 1: Gesundheit als Ressource – Erklärungsmodell. Grafische Darstellung in Anlehnung an Jungbauer-Gans und Gross 2009

Unter Bereichen vertikaler Differenzierung versteht man Aspekte, die ein „besser" oder „schlechter" bzw. ein „mehr" oder „weniger" anzeigen können. Hierzu zählen Einkommen, Bildung – gemessen am höchsten Schulabschluss –, Berufserfahrung etc. Beispielsweise unterstützt ein Mehr an Bildung die Erhaltung des Gesundheitszustandes und dieser fördert Aussichten auf eine verbesserte Einkommenssituation, auf zufriedenstellende Sozialkontakte und optimistische Einstellungen. Aspekte horizontaler Differenzierung bezogen auf die Gesundheitsproblematik sind Alter, Geschlecht, ethnische Herkunft, Anzahl der Kinder im Haushalt etc. Zudem ist der Belastungsfaktor unfreiwilliger Arbeitslosigkeit als Rahmenbedingung zu berücksichtigen.

Einkommen

Der Zusammenhang von ökonomischem Status und Morbidität bzw. Mortalität ist mittlerweile bekannt und gut belegt (siehe z.B. Smith 2005; Case & Deaton 2005). Smith (1999) beschreibt dies treffend in seinem Beitrag *Healthy Bodies and Thick Wallets*. Zunächst zeigt die schlichte Korrelation von subjektivem Gesundheitsstatus und Einkommen einen positiven Zusammenhang, der auch dann erhalten bleibt, wenn man berücksichtigt, dass Personen mit steigendem Alter prinzipiell anfälliger für Krankheiten werden (→ I. Schubert). Die Berücksichtigung des Lebensalters ist wichtig, da mit zunehmendem Alter die Morbidität exponentiell ansteigt (Böhm et al. 2009). Neben Morbidität ist auch die Mortalität zu beachten. Die Lebenserwartung von Personen ist auch dann höher, wenn nicht ihr eigenes Einkommen höher ist, sondern das Einkommen des Haushalts, in dem sie leben (Smith 1999). Auch der Zusammenhang von Lebenszeiteinkommen und Gesundheit ist signifikant positiv (Scholz & Seshadri 2010). Längsschnittstudien zum Effekt von Gesundheit auf die finanzielle Situation der Menschen sind allerdings rar. Eine Studie von Kim und Lee (2005) untersucht beispielsweise die Gesundheit als Ursache für Änderungen des ökonomischen Wohlstands für über 70-jährige US-Amerikanerinnen und Amerikaner mit Paneldaten. Vor allem das Auftreten von *health shocks* z.B. durch Herzinfarkt, Diabetes oder Krebs bewirkt einen finanziellen Wohlstandsabbau, was überwiegend auf das Krankenversicherungswesen in den USA zurückzuführen ist.

Lebenszyklus-Modelle in den Gesundheitswissenschaften gehen davon aus, dass Gesundheit eine Bestandsgröße darstellt, die zukünftige Renditen produziert (Lillard & Weiss 1997), z.B. durch das Potenzial zur Partizipation am Arbeitsmarkt oder durch die Vermeidung von Kosten, die durch etwaige Krankheit entstehen (Medikamentenzuzahlungen, zeitlicher Aufwand für Arztbesuche, Organisation der eigenen Pflege durch das soziale Umfeld etc.). Lediglich die Arztrechnungen werden von Krankenkassen übernommen, die Zeit und Schmerzen müssen individuell aufgewendet bzw. ertragen werden. Darüber hinaus werden Personalentscheidungen auch auf der Basis weicher Kriterien wie der bisherigen durchschnittlichen Gesundheit von Mitarbeiterinnen und Mitarbeitern getroffen (Fritz 2006, 55), um deren zukünftige Arbeitsleistung zu prognostizieren. Gute Gesundheit ist also ein Signal, das Arbeitgeberinnen und Arbeitgebern die Einschätzung der Produktivität von Mitarbeiterinnen und Mitarbeitern ermöglichen kann. Damit wird Gesundheit zu einer Ressource, die das Einkommen direkt beeinflussen kann. Dies schließt im Gegenzug natürlich nicht aus, dass Beförderungen, falls sie zu Überforderung führen, gesundheitsschädlich sein können.

Soziale Eingebundenheit

Nachdem eine schwere Erkrankung eingetreten ist, beklagen viele Patientinnen und Patienten, dass Freunde sich von ihnen abwenden (Fegg et al. 2008). Das Auftreten von Krankheiten kann gewohnte, bisherige Austauschbeziehungen in Freundschaften stören. Beispielsweise kann die Diagnose einer bestimmten Erkrankung den zeitlichen Aufwand für Arztbesuche und die Ausübung spezifischen Gesundheitsverhaltens (Krankengymnastik, Einhalten einer Diät etc.) deutlich erhöhen, sodass die betreffenden Personen nicht mehr in gewohnter Weise an geselligen Ereignissen teilnehmen können. Schwerwiegendere Erkrankungen sind häufiger auch mit eingeschränkter Mobilität verbunden, was ebenfalls Partizipationsmöglichkeiten erschwert.

Zum Zusammenhang von Sozialkapital und Gesundheit liegt eine Vielzahl an Veröffentlichungen vor (z. B. Dahl & Malmberg-Heimonen 2010; Marmot 2010). Dennoch bleibt die Frage nach der Wirkrichtung unbeantwortet, also ob Gesundheit das Sozialkapital fördert oder ob Sozialkapital die Gesunderhaltung unterstützt.

Optimismus

Eng verknüpft mit dem Ausmaß der Einbindung in soziale Beziehungen sind die empfundene Lebensqualität und der allgemeine Optimismus. Lebensbejahende, optimistische Einstellungen sind ein Sammelbegriff für Zuversicht, Heiterkeit, Daseinsfreude, Zukunftsglaube, Hoffnung und vieles mehr. Optimismus unterstützt allgemeines Vertrauen in andere Menschen, was wiederum die Investitionsneigung in soziale Beziehungen fördert (Uslaner 1998). Auf Optimismus folgt positives Denken (Scheier & Carver 1993) mit den entsprechenden selbstverstärkenden Effekten, die viele Anforderungen des alltäglichen Lebens erleichtern (Gillham et al. 2001 zur Ressource Optimismus; → Keupp, → Klemenz, → F.-C Schubert). Beim Optimismus stellt sich wie beim Einkommen und der Zufriedenheit mit Sozialkontakten die Frage, inwiefern Gesundheit das Ausmaß von optimistischen Einstellungen bedingt, bzw. inwiefern umgekehrt Optimismus die Ausgangsbasis von Gesundheit darstellt. Die Klärung der Wirkrichtung kann nur mit Hilfe von Längsschnittuntersuchungen erfolgen, die zu verschiedenen Zeitpunkten Daten an denselben Personen erheben und daher die zeitliche Abfolge von Veränderung nachvollziehbar machen. Im folgenden Abschnitt wird unter Verwendung von solchen Paneldaten geprüft, inwiefern eine Verschlechterung des Gesundheitszustandes zeitlich nachgelagerte Veränderungen des Einkommens, der Zufriedenheit mit sozialen Beziehungen und des geäußerten Optimismus bewirken kann.

2 Empirische Evidenz

Gemäß der theoretischen Diskussion werden drei zentrale Hypothesen getestet: Eine Verschlechterung des Gesundheitszustandes bewirkt die Verringerung des individuellen Einkommens (Hypothese 1), der Zufriedenheit mit Sozialkontakten (Hypothese 2) und von optimistischen Einstellungen (Hypothese 3).

2.1 Datengrundlage und Variablen

Als Datengrundlage für die empirischen Analysen wird das Sozio-oekonomische Panel herangezogen (Wagner et al. 2007).[12] Hierbei handelt es sich um eine seit 1984 jährlich durchgeführte Wiederholungsbefragung von Haushalten in Deutschland, die neben zahlreichen Variablen zur sozialen und ökonomischen Situation auch Informationen zur Gesundheit der Befragten enthält. Die zentrale unabhängige Variable der vorliegenden Analysen ist ein Indikator, der angibt, ob sich der Gesundheitszustand einer Person verschlechtert hat. Hierzu wurden zunächst verschiedene Fragen zusammengefasst, die die Gesundheit mehrdimensional zum jeweiligen Befragungszeitpunkt messen. Dieser sogenannte Index setzt sich additiv aus den Einzelitems 1. gegenwärtiger subjektiver Gesundheitszustand, 2. Beeinträchtigung beim Treppensteigen und 3. Beeinträchtigung bei anstrengenden Tätigkeiten zusammen. Für die letztlich verwendete Variable „Verschlechterung der Gesundheit" wurde auf die Panelstruktur der Daten zurückgegriffen. Sie zeigt an, ob sich die Gesundheit der Person seit der letzten Messung verschlechtert hat. Als Indikator für die ökonomische Lage der Befragten wurde das individuelle monatliche Bruttoeinkommen verwendet. Gegenüber den Nettoangaben fallen hierbei die unterschiedlichen steuerlichen Abgaben von verheirateten Personen nicht ins Gewicht. Zur Einkommensschätzung wurde das Analysesample zudem auf die Bevölkerung im Haupterwerbsalter von 18–65 Jahren eingeschränkt. Zufriedenheit mit der sozialen Eingebundenheit wurde über folgende Variablen erfasst: Zufriedenheit mit dem Freundes- und Bekanntenkreis, dem Familienleben und der Freizeit. Als weitere abhängige Variable dient ein Index für den Optimismus der Befragten. Hierzu wurden nach obiger Vorgehensweise die Fragen zur Sorge um die allgemeine wirtschaftliche Entwicklung, den Umweltschutz und die Kriminalitätsentwicklung in Deutschland zusammengefasst.

---

[12] Die Daten für diesen Beitrag wurden auf Basis des Sozio-oekonomischen Panels des DIW Berlin unter Verwendung des Add-On-Pakets PanelWhiz für STATA® aufbereitet (vgl. Haisken-DeNew & Hahn 2006). Das generierte Do-File ist auf Anfrage erhältlich.

Das Ressourcenmodell aus Abbildung 1 sieht weitere Einflussbereiche vor, die soziale Differenzierung nach vertikaler und horizontaler Dimension vornehmen und Determinanten von Gesundheit als Ressource darstellen. Vertikale Differenzierung wird erfasst über das Bildungsniveau der Befragten, das Nettohaushaltseinkommen und als arbeitsmarktrelevante Merkmale die Berufserfahrung, Betriebserfahrung und die Arbeitszeit. Die Einkommensschätzung baut dabei auf den Standardvariablen der Mincer-Gleichung auf (Mincer & Polachek 1974). Der Bereich der horizontalen Differenzierung wird mit den Variablen zu Geschlecht, Alter, Migrationshintergrund, der Unterscheidung von West- und Ostdeutschland, dem Familienstand, der Haushaltsgröße und dem Vorhandensein von Kindern unter zehn Jahren im Haushalt berücksichtigt. Die Schätzung der sozialen Eingebundenheit beruht auf einer OLS-Regression für das Jahr 2006. Die Schätzung des Einkommens und des Optimismus der Befragten sind Random-Effects-Regressionen.[13]

2.2 Effekte einer Verschlechterung des Gesundheitszustands

Abbildung 2 zeigt die Ergebnisse der drei Regressionsschätzungen, die jeweils die Effekte auf das Einkommen, die Zufriedenheit mit der sozialen Einbindung und den Optimismus abbilden. Jeder Balken zeigt einen signifikanten Effekt an, wobei Balken mit negativem Vorzeichen negative Effekte anzeigen und umgekehrt. Für nicht signifikante (oder nicht getestete) Effekte wurde kein Balken eingefügt.

Die Zielvariable des individuellen Bruttoeinkommens wird mit den schwarzen Balken dargestellt. Eine Verschlechterung des Gesundheitszustandes bewirkt eine signifikante Verringerung des Einkommens um ca. 1 %. Somit wird Hypothese 1 vorläufig bestätigt. Das Einkommen wird allerdings auch von weiteren Umständen beeinflusst. Verheiratete verdienen mehr als nicht Verheiratete und Personen mit jungen Kindern im Haushalt erzielen ein höheres Gehalt, wobei mit zunehmender Haushaltsgröße das Einkommen sinkt. Pro Bildungsjahr steigt das Einkommen signifikant, wobei Frauen im Vergleich zu Männern einen signifikant geringeren Lohn erhalten (→ Gottburgsen & Sixt, → Klammer). Auch die Effekte des Lebensalters und der Berufserfahrung weisen die zu erwartende Richtung auf: Das Einkommen steigt mit zunehmendem Alter und zunehmender Berufserfahrung jeweils mit abnehmender Rate (wegen der U-Förmigkeit der Effekte sind hierzu in Abb. 2 keine Balken abgetragen). Die Betriebserfahrung und die wöchentliche Arbeitszeit haben einen positiven Effekt auf das individuelle Einkommen. Per-

---

13 Die Mehrebenenstruktur ergibt sich aus dem Umstand, dass Befragte aufgrund wiederholter Befragungszeitpunkte mehrmals in die Analyse eingehen und damit die in OLS-Modellen zentrale Annahme der Unabhängigkeit der Fälle verletzt wird (siehe beispielsweise Hox 2002). Dies ist insbesondere bei den Modellen zum Einkommen und zum Optimismus der Fall, da hier die Wellen 2004, 2006 und 2008 herangezogen werden.

sonen aus den neuen Bundesländern verdienen signifikant weniger als Personen aus den alten Bundesländern.

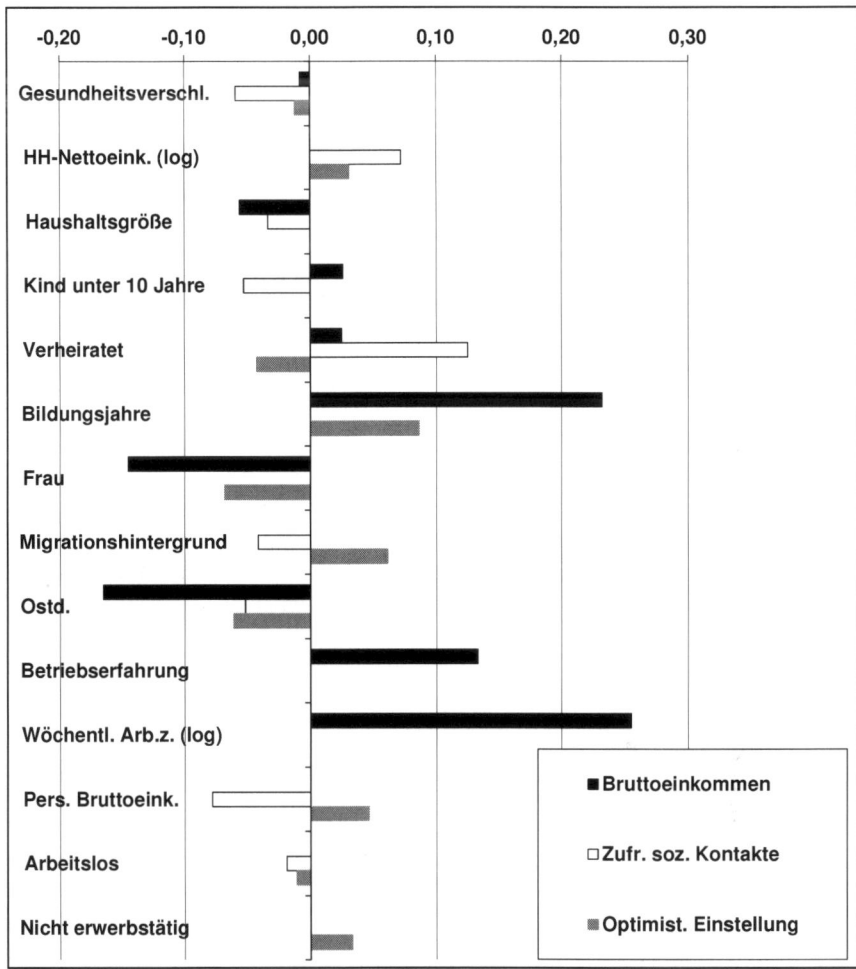

Abb. 2: Einflüsse auf 1. das individuelle Bruttoeinkommen, 2. die Zufriedenheit mit sozialen Kontakten und 3. optimistische Einstellungen (standardisierte Regressionskoeffizienten, nur signifikante Effekte sind mit Balken dargestellt) (Quelle: SOEP 2002–2008; eigene Berechnungen).

Die weißen Balken zeigen die Effekte auf die Zufriedenheit mit der sozialen Einbindung an. Auch hier führt eine Verschlechterung der Gesundheit zu einer signifikanten Verringerung der Zufriedenheit mit den sozialen Kontakten. Hypothese 2 wird deshalb ebenfalls vorläufig bestätigt. Darüber hinaus zeigt sich, dass das Vorhandensein junger Kinder im Haushalt und zunehmende Haushaltsgröße die Zufriedenheit mit der sozialen Einbindung verringert. Der Zusammenhang mit dem Alter zeigt einen u-förmigen Verlauf (in Abb. 2 nicht visualisiert). Das bedeutet, dass sich bei jungen Menschen höhere Zufriedenheitswerte finden. Diese sinken ab, um bei mittleren Altersgruppen das Minimum zu erreichen, und steigen mit höherem Alter wieder deutlich an.

Die grauen Balken bilden als Zielvariable den individuell geäußerten Optimismus ab. Eine Verschlechterung der Gesundheit bewirkt eine Verringerung des Optimismus. Hypothese 3 gilt demnach ebenfalls als vorläufig bestätigt. Hier gibt es auch noch weitere interessante Einflüsse: Auffällig ist der stark negative Effekt des Familienstands verheirateter Personen. Verheiratete Menschen büßen demnach signifikant an Optimismus ein. Zudem sind Frauen weniger zuversichtlich als Männer. Mit zunehmender Bildung steigt nicht nur das Einkommen, die Menschen sind auch optimistischer eingestellt. Der Alterseffekt fällt ähnlich wie der zur Zufriedenheit mit den Sozialkontakten aus. Junge und alte Menschen sind besonders optimistisch, während die mittlere Altersgruppe sich eher pessimistisch zeigt. Unfreiwillige Arbeitslosigkeit verringert den Optimismus, wohingegen bei nicht erwerbstätigen Personen, die nicht auf Arbeitssuche sind, z. B. Hausmänner oder Hausfrauen, optimistischere Einstellungen geäußert werden. Personen mit Migrationshintergrund weisen eine verringerte Zufriedenheit mit der sozialen Einbindung auf, haben jedoch deutlich erhöhte Optimismuswerte. Personen aus den neuen Bundesländern sind mit ihrer sozialen Einbindung weniger zufrieden, zudem äußern sie pessimistischere Einstellungen als Personen der alten Bundesländer.

3 Zusammenfassung und Ausblick

Die gesellschaftliche Bedeutung von Gesundheit und Krankheit wurde u. a. an den Kosten, die dem Gesundheitswesen entstehen, dargestellt. Aber nicht nur das Gesundheitswesen ist von Krankheitskosten betroffen, auch Firmen sind davon tangiert, wenn Mitarbeiterinnen und Mitarbeiter beispielsweise aufgrund von Präsentismus entsprechend verringerte Arbeitsleistung erbringen. Gezeigt wurde auch, dass Gesundheit keineswegs sozial gleich verteilt ist, sondern dass mit höherer Sozialschicht die Aussichten auf gute Gesundheit steigen. Präventionsprogramme können sowohl bei der Vermeidung von Krankheiten ansetzen (Schutz vor Infektionskrankheiten durch Impfungen) oder versuchen, Gesundheitsverhalten zu fördern (z. B. durch Kampagnen gegen das Rauchen oder Ernährungstrainings zur Vermeidung von Übergewicht).

Die präsentierten Ergebnisse zeigen, dass die zentrale Fragestellung des Beitrags, ob Gesundheit als Ressource für individuelles Einkommen, die Zufriedenheit mit sozialen Kontakten und individuell geäußerten Optimismus anzusehen ist, grundsätzlich bejaht werden kann. Zeitlich vorausgehende Verschlechterungen der Gesundheit bewirken Einschränkungen in der individuellen Ressourcenausstattung und reduzieren Potenziale gesellschaftlicher Inklusion. Diese Einschränkungen machen sich durch Einbußen beim Bruttoeinkommen, der Zufriedenheit mit sozialen Kontakten und dem geäußerten Optimismus bemerkbar.

Aufgrund der präsentierten Längsschnittdatenanalyse kann eine Gesundheitsverschlechterung als ursächlich für reduzierte Potenziale gesellschaftlicher Inklusion angesehen werden. Kritisch zu betrachten ist allerdings die Tatsache, dass die hier betrachteten Verschlechterungen des Gesundheitszustandes nicht die Art der Verschlechterung berücksichtigen. Das Auftreten von Heuschnupfen, auch wenn dieser individuell als stark belastend empfunden wird, und ein überlebter Herzinfarkt können bei entsprechenden Angaben gleichwertig in die Berechnungen eingehen. Somit ist eine Trennung von geringfügigen Gesundheitsproblemen und *health shocks* (Kim & Lee 2005) nicht möglich. Auch das Auftreten wirklich schwerer Erkrankungen und Versterben von Probanden bringt methodische Probleme für eine Panelanalyse, weil dann keine „Nachher"-Messwerte vorliegen. Dennoch weist die in den vorliegenden Analysen verwendete Messung der Auswirkungen von Gesundheitsveränderungen stabile Effekte auf die individuelle Ressourcenausstattung auf. Eine differenzierte Betrachtung der Veränderung der Gesundheit nach ihrer Intensität, bei der die Effekte verschiedener Krankheitsbilder berücksichtigt würden, wäre allerdings wünschenswert und könnte Gegenstand zukünftiger Forschung sein.

Literatur

BAuA (Bundesanstalt für Arbeitsschutz und Arbeitsmedizin) (2011): Präsentismus. Ein Review zum Stand der Forschung. Online: http://www.baua.de/de/Publikationen/Fachbeitraege/Gd60.html (07.04.2011).

Böhm, K., Tesch-Römer, C. & Ziese, T. (2009): Gesundheit und Krankheit im Alter. Reihe: Beiträge zur Gesundheitsberichterstattung des Bundes. Berlin: Robert Koch-Institut.

Carabin, H., Edmunds, W. J., Gyldmark, M. et al. (2003): The cost of measles in industrial countries. Vaccine, 21, S. 4167–4177.

Case, A. & Deaton, A. (2005): Broken Down by Work and Sex: How Our Health Declines. In: Wise, D. A. (Hrsg.): Advances in the economics of aging. Chicago: University of Chicago Press.

Dahl, E. & Malmberg-Heimonen, I. (2010): Social inequality and health: the role of social capital. Sociology of Health & Illness, 32, S. 1102–1119.

Dahrendorf, R.: Lebenschancen. Anläufe zur sozialen und politischen Theorie. Frankfurt/M.: Suhrkamp.

Fegg, M. J., Kramer, M., Stiefel, F. & Boraso, G. D. (2008): Lebenssinn trotz unheilbarer Erkrankung? Palliativmedizin, 9, S. 238–245.

Fritz, S. (2006): Ökonomischer Nutzen „weicher" Kennzahlen. (Geld-)Wert von Arbeitsunzufriedenheit und Gesundheit. (2. Aufl.). Zürich: vdf, Hochschulverlag AG an der ETH.

Gillham, J., Shatté, A., Reivich, K. & Seligman, M. (2001): Optimism, pessimism, and explanatory style. In: Chang, E. C. (Hrsg.): Optimism & pessimism. Implications for theory, research, and practice. S. 53–75. Washington, DC: American Psychological Association.

Grossman, M. (2000): The human capital model. In: Culyer, A. J. & Newhouse, J. P. (Hrsg.): Handbook of health economics. S. 347–408. Amsterdam: Elsevier.

Günther, T., Albers, C. & Hamann, M. (2009): Kennzahlen des Gesundheitscontrolling. Zeitschrift für Controlling und Management, 53, S. 367–375.

Haisken-DeNew, J. & Hahn, M. (2006): PanelWhiz: A Flexible Modularized Stata Interface for Accessing Large Scale Panel Data Sets, Mimeo. Online: http://www.panelwhiz.eu (02. 03. 2011).

Hartmann, A. (2010): Wenn der Körper nicht mehr mitspielt: Gesundheit und Krankheit aus der Perspektive der soziologischen Inklusionsforschung. Österreichische Zeitschrift für Soziologie, 35, S. 45–61.

Hox, J. (2002): Multilevel analysis. Techniques and applications. Mahwah, N J: Erlbaum.

Hradil, S. (2009): Was prägt das Krankheitsrisiko: Schicht, Lage, Lebensstil? In: Richter, M. & Hurrelmann, K. (Hrsg.): Gesundheitliche Ungleichheit. Grundlagen, Probleme, Perspektiven. (2. Aufl.). S. 35–54. Wiesbaden: VS.

Jungbauer-Gans, M. & Gross, C. (2009): Erklärungsansätze sozial differenzierter Gesundheitschancen. In: Richter, M. & Hurrelmann, K. (Hrsg.): Gesundheitliche Ungleichheit. S. 77–98. Wiesbaden: VS.

Jungbauer-Gans, M. (2006): Soziale und kulturelle Einflüsse auf Krankheit und Gesundheit. Theoretische Überlegungen. In: Wendt, C. & Wolf, C. (Hrsg.): Soziologie der Gesundheit. Kölner Zeitschrift für Soziologie und Sozialpsychologie. Sonderheft 46, S. 86–108.

Kim, H. & Lee, J. (2005): Unequal effects of elders' health problems on wealth depletion across race and ethnicity. The Journal of Consumer Affairs, 39, S. 148–172.

Kuntz, B. (2008): Bildung und Gesundheit. In: Schott, T. & Hornberg, C. (Hrsg.): Die Gesellschaft und ihre Gesundheit. S. 312–327. Wiesbaden: VS.

Kurth, B. M. & Schaffrath Rosario, A. (2010): Übergewicht und Adipositas bei Kindern und Jugendlichen in Deutschland. Bundesgesundheitsblatt – Gesundheitsforschung – Gesundheitsschutz, 53, S. 643–652.

Lange, D., Plachta-Danielzik, S., Landsberg, B. & Müller, J. M. (2010): Soziale Ungleichheit, Migrationshintergrund, Lebenswelten und Übergewicht bei Kindern und Jugendlichen. Bundesgesundheitsblatt – Gesundheitsforschung – Gesundheitsschutz, 53, S. 707–715.

Lillard, L. A. & Weiss, Y. (1997): Uncertain Health and Survival: Effects on End-of-Life Consumption. Journal of Business & Economic Statistics, 15, S. 254–268.

Marmot, M. (2010): Social capital, human capital and health: What is the Evidence? Centre for Educational Research & Innovation (Hrsg.): OECD.

Mincer, J. & Polachek, S. (1974): Family Investments in Human Capital: Earnings of Women. The Journal of Political Economy, 82, S. 76–108.

Scheier, M. F. & Carver, C. S. (1993): On the Power of Positive Thinking: The Benefits of Being Optimistic. Current Directions in Psychological Science, 2, S. 26–30.

Scholz, J. K. & Seshadri, A. (2010): Health and Wealth in a Life Cycle Model. Michigan Retirement Research Center. (WP 224).

Smith, J. P. (1999): Healthy bodies and thick wallets: The dual relation between health and economic status. Journal of Economic Perspectives, 13, S. 145–166.

Smith, J. P. (2005): Consequences and Predictors of New Health Events. In: Wise, D. A. (Hrsg.): Advances in the economics of aging. Chicago: University of Chicago Press.

Statistisches Bundesamt (2011): Gesundheitsausgaben in Deutschland 2007–2009. Online: http://www.destatis.de/jetspeed/portal/cms/Sites/destatis/Internet/DE/Content/ Statistiken/Gesundheit/Gesundheitsausgaben/Tabellen/Content50/Ausgabentraeger,templateId=renderPrint.psml (07. 04. 2011).

Stewart, W., Ricci, J., Chee, E., Morganstein, D. & Lipton, R. (2003): Lost Productive Time and Cost Due to Common Pain Conditions in the US Workforce. Journal of the American Medical Association, 290, S. 2443–2454.

Uslaner, E. M. (1998): Social Capital, Television, and the "Mean World": Trust, Optimism, and Civic Participation. Political Psychology, 19, S. 441–467.

Wagner, G., Frick, J. & Schupp, J. (2007): The German Socio-Economic Panel Study (SOEP) – Scope, Evolution and Enhancements. Schmollers Jahrbuch, 127, S. 139–169.

WHO (1946): Constitution. Online: http://whqlibdoc.who.int/hist/official_records/constitution.pdf (08. 02. 2011).

WHO (2009): Report on the Global Tobacco Epidemic. Implementing smoke-free environments. http://www.who.int/tobacco/mpower/en/ (14. 04. 2011).

WHO (2011): Ottawa Charter for Health Promotion. First International Conference on Health Promotion, Ottawa, 21. November 1986. Online: http://www.who.int/healthpromotion/conferences/previous/ottawa/en/index.html (11. 04. 2011).

Vergebene Chancen – Die Ressource Bildung und akkumulierte soziale Ungleichheit

Anja Gottburgsen, Michaela Sixt

1 Was bedeutet Bildung?

Bildung avanciert in modernen Wissens- bzw. Informationsgesellschaften zu einer der wichtigsten Ressourcen. Auf individueller Ebene strukturiert sie die Partizipation am Arbeitsmarkt und ermöglicht somit, weitere Ressourcen wie z. B. Einkommen zu generieren. Neben arbeitsmarktbezogenen Renditen hängt Bildung weiter mit der Gesundheit, der sozialen und politischen Partizipation der Individuen (OECD 2010a) sowie der Kriminalitätsrate zusammen. Aus gesamtgesellschaftlicher Sicht ist sie für wirtschaftlichen Fortschritt und gesellschaftlichen Wohlstand ausschlaggebend. Dass individuelle und gesellschaftliche Renditen eng gekoppelt sind, spiegelt sich darin, dass mit steigendem Bildungsniveau der Einzelnen – und damit einer Bevölkerung – das Einkommen und die Arbeitsplatzsicherheit in einem Land steigen. Bei hohem Durchschnittseinkommen sind das Steueraufkommen sowie die Beiträge zu Sozialversicherungen hoch und die Sozialausgaben entsprechend geringer. Auch die sozialen Renditen tragen durch ein besseres Gesundheitsverhalten oder niedrigere Kriminalitätsraten zu geringeren Sozialausgaben bei. Bildung wird auch mit der Fähigkeit zu technologischem Fortschritt, also mit dem Wirtschaftswachstum eines Landes in Verbindung gebracht.

Bildung ist demnach sowohl als Instrument zur Steuerung der Wirtschafts- und Sozialpolitik eines Landes als auch auf individueller Ebene für die soziale Teilhabe und gesellschaftliche Inklusion zentral (vgl. Hummelsheim & Timmermann 2009). Daher ist es von größter Bedeutung für eine Gesellschaft, diejenigen Mechanismen und Prozesse zu identifizieren, die für den Erwerb und bei der Verwertung von Bildung eine Rolle spielen. Wie aber Studien seit den 60er Jahren belegen, sind die Unterschiede in den Bildungskarrieren keineswegs nur leistungsabhängig, sondern zu großen Teilen sozial selektiv – Begabungspotenziale werden damit verschenkt.

Bildung erweist sich als Schlüsselfaktor bei und für die Reproduktion sozialer Ungleichheit. Während die sozial selektiven Chancen beim Zugang, Erwerb und der Verwertung empirisch gut belegt sind, erweisen sich die dahinterstehenden Mechanismen immer noch als unklar. Dies liegt nicht nur an der Komplexität der Wirkungszusammenhänge und deren valider Erfassung sowie der damit verbundenen Datenlage, sondern auch an der Vielschichtigkeit des Begriffs *Bildung*. Zunehmend wird darunter nicht mehr der besuchte Bildungsgang, das erreichte Bildungszertifikat oder die Anzahl der Bildungsjahre verstanden. Interdisziplinär angelegte Studien, wie das *Programme for International Student Assessment* (PISA), das *Programme for the International Assessment of Adult Competencies* (PIAAC), das *International Adult Literacy Survey* (IALS) und für Deutschland künftig auch die *National Educational Panel Study* (NEPS), erfassen Bildung wesentlich differenzierter in Form von Kompetenzen, die für eine erfolgreiche gesellschaftliche Partizipation und individuelle Lebensführung notwendig sind.

Wie auch immer Bildung gemessen wird – die für das Bildungs- und Erwerbssystem in diesem Beitrag vorgestellten Befunde belegen deutliche Differenzlinien entlang von Gender, Migrationshintergrund und sozialer Herkunft (Kap. 2 und 3). Vor allem ist es ihre wechselseitige Verknüpfung, die soziale Ungleichheit beim Zugang und der Aneignung von Bildung sowie bei der Verwertung ihrer Renditen kumulieren lässt. Mit dem Intersektionalitäts-Paradigma wird ein neuerer theoretischer Erklärungsansatz vorgestellt (Kap. 4), der die mehrdimensionale Verwobenheit der verschiedenen Determinanten bei der Reproduktion sozialer Ungleichheit aufnimmt. Ausblickend werden die zentralen Aspekte der vergebenen Chancen zusammengefasst, die durch die akkumulierte soziale Ungleichheit hinsichtlich der Ressource Bildung entstehen (Kap. 5).

2 Soziale Ungleichheit beim Zugang und der Aneignung von Bildung

Trotz Bildungsexpansion und damit gestiegener Bildungsbeteiligung der verschiedenen sozialen Gruppen haben sich Ungleichheiten beim Zugang zur und dem Erwerb von Bildung nicht wesentlich abgebaut (für einen Überblick vgl. Krüger et al. 2010; Quenzel & Hurrelmann 2010a). Demnach beeinflusst die *soziale Herkunft* in entscheidendem Maße das Erreichen sekundärer und tertiärer Bildungsabschlüsse (vgl. z.B. OECD 2010a) sowie den Kompetenzerwerb (Ehmke & Jude 2010; OECD 2010b). Kinder und Jugendliche aus Familien mit niedrigem Bildungsniveau und geringem Wohlstand haben es demnach deutlich schwerer, sich Zugang zur Ressource Bildung zu verschaffen.

Gewandelt hat sich dagegen die Chancenstruktur bezüglich der ungleichheitsgenerierenden Determinante *Gender*: Mädchen und Frauen sind mittlerweile im sekundären und tertiären Bildungssystem in fast allen Ländern der EU und der OECD erfolgreicher (OECD 2010a; Aktionsrat Bildung 2009). Sie haben signifikant höhere Lesekompetenzen (Naumann et al. 2010, 52) und selbst in den traditionell Jungen zugeschriebenen Kompetenzbereichen fallen die Unterschiede im OECD-Durchschnitt immer geringer aus (Mathematik: Frey et al. 2010, 166) bzw. werden nicht signifikant (Naturwissenschaften: Rönnebeck et al. 2010, 118). Entsprechend gelten Jungen heute als Risikogruppe beim Zugang zur Ressource Bildung (Budde & Mammes 2009; Quenzel & Hurrelmann 2010b). Immer wieder werden auch Nachteile von Personen mit *Migrationshintergrund* sowohl hinsichtlich erreichter sekundärer und tertiärer Bildungsabschlüsse (OECD 2010c; AB 2010; Heath & Brinbaum 2007) als auch hinsichtlich ihres Kompetenzerwerbs (Stanat et al. 2010) belegt. Diese Chancenungleichheit differiert nicht nur in Abhängigkeit von länderspezifischen Bildungssystemen und für verschiedene Migrantengruppen mit variierendem Bildungserfolg, sondern ist zusätzlich eng gekoppelt an deren soziale Herkunft und die Verwendung der im Einwanderungsland gesprochenen Sprache. Alle diese Faktoren interagieren beim Einfluss der ungleichheitsgenerierenden Determinante Migration beim Zugang zur Ressource Bildung.

Die Bildungsforschung ermittelt eine Vielzahl von Ursachen und Einflüssen, die in komplexer Wechselwirkung stehen. Diese Multikausalität von Bildungsungleichheiten wird dabei mit Hilfe des *Makro-Mikro-Makro-Schemas soziologischer Tiefenerklärung* (Becker & Lauterbach 2010, 28f.; ausführlich Brüsemeister 2008) erfasst, wie in Abbildung 1 veranschaulicht.

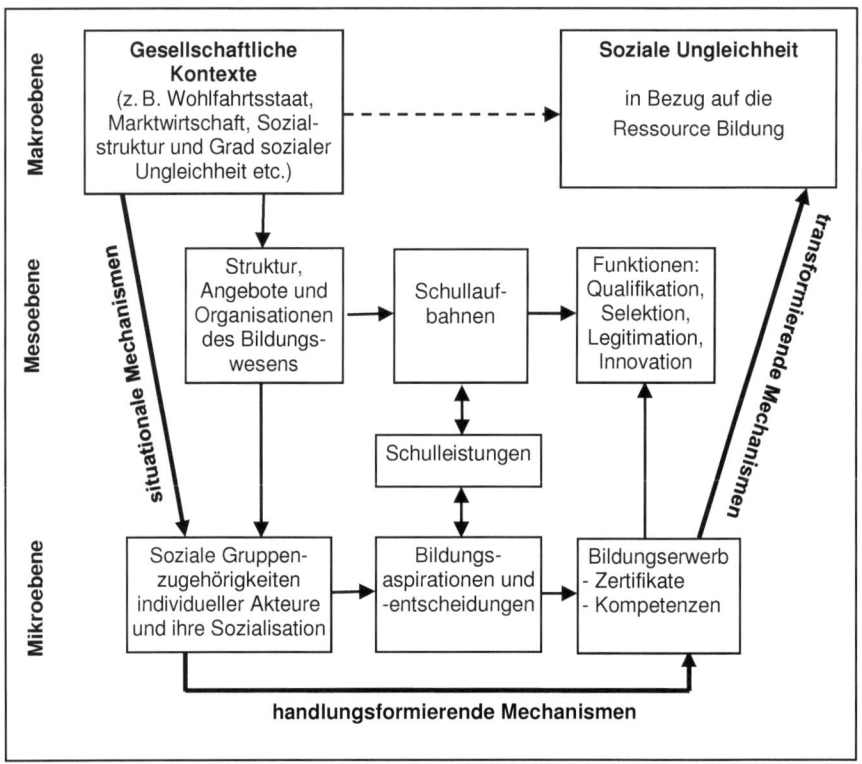

Abb. 1: Makro-Mikro-Makro-Schema zur sozialen Ungleichheit hinsichtlich der Ressource Bildung. Angepasst und modifiziert in Anlehnung an Becker & Lauterbach (2010, 29)

Deutlich werden die vielfältigen Wechselwirkungen auf gesellschaftlicher (Makroebene), organisationaler (Mesoebene) und individueller Ebene (Mikroebene) beim Zugang sowie der Aneignung der Ressource Bildung und deren kumulativer Zusammenhang bei der Generierung von Bildungsdisparitäten. Angesichts der Komplexität von Bildungsprozessen verwundert es nicht, dass bislang kein umfassendes Erklärungsmodell zur Ressource Bildung existiert, sondern eine ganze Reihe von Theorieelementen verschiedener Ansätze für die Makro-, Meso- oder Mikroebene eingesetzt werden (Brüsemeister 2008, 19). Für die Untersuchung der Makroebene haben sich institutions-, sozialisations-, differenzierungs- und ungleichheitstheoretische Perspektiven als Erklärungsmuster für den Zusammenhang von Gesellschaft und Individuum in Bezug auf die Ressource Bildung etabliert, die vielfache Schnittstellen aufweisen und letztlich nur analytisch voneinander abgrenzbar sind (vgl. Brüsemeister 2008).

In der jüngeren Bildungsforschung erweisen sich insbesondere ungleichheitstheoretische Erklärungsmodelle als wichtig. Diese gehen davon aus, dass soziale Ungleichheiten von Bildungschancen von der Elterngeneration an deren Kinder weitergegeben sowie im und durch das Bildungswesen reproduziert werden (Becker & Lauterbach 2010, 15 f.). Dabei liefert für die Mikroebene der Ansatz von Bourdieu (1983) wichtige theoretische Bausteine zur Erklärung sozialstrukturell ungleich verteilter Chancen im Bildungssystem, wobei das kulturelle Kapital einer Familie für die Bildungsprozesse eine zentrale Rolle einnimmt. *Kulturelles Kapital* ist bei Bourdieu differenziert in drei Formen (vgl. Bourdieu 1983, 185): 1. inkorporiertes erfasst Fähigkeiten, Fertigkeiten und Kenntnisse, die gemeinhin mit ‚Allgemeinbildung' bezeichnet werden, und auch elaborierte Verhaltensweisen, die im Habitus verankert sind; 2. objektiviertes in Form kultureller Güter wie Bilder, Bücher, Lexika etc., das zwar materiell übertragbar ist, jedoch inkorporiertes kulturelles Kapital als die Fähigkeit zu deren Genuss bzw. Wertschätzung voraussetzt; 3. institutionalisiertes Kapital in Form von Titeln und Bildungszertifikaten (→ Schubert & Knecht). Informelles Wissen über schulische Standards ist verbunden mit hohem institutionalisierten kulturellen Kapital der Eltern, da diese die entsprechenden Bildungsgänge selbst durchlaufen haben. Inkorporiertes kulturelles Kapital ist für die Bildungserfolge nach Bourdieu in dreifacher Hinsicht bedeutend: Mit steigendem inkorporierten kulturellen Kapital ist es wahrscheinlicher, die in der Schule vorherrschenden, „elaborierten Sprachcodes" (Bernstein 1966) zu verstehen und zu interpretieren, und bei hohem inkorporierten kulturellen Kapital davon auszugehen, dass die Kinder mit der Art des in der Schule vermittelten Wissens bereits vertraut sind und ihnen so die Aneignung leichter fällt. Vor dem Hintergrund der Definition von inkorporiertem kulturellen Kapital wird nachvollziehbar, dass mit höherem kulturellen Kapital jene Verhaltensweisen und Einstellungen vorliegen, die das Vorankommen in der Schule bedeutend beeinflussen.

Auch für das entscheidungsorientierte Modell Boudons (1974), dem zweiten etablierten Erklärungsansatz für die Mikroebene, ist die ungleichheitstheoretische Perspektive kennzeichnend (Brüsemeister 2008, 146 f.; Becker & Lauterbach 2010,

15 f.). Mit der Annahme von primären und sekundären Herkunftseffekten werden zwei zentrale Ursachenkomplexe identifiziert: Primäre Herkunftseffekte bestehen darin, dass eine hohe soziale Herkunft der Eltern durch Erziehung, Ausstattung und gezielte Förderung vorteilhafte kognitive Fähigkeiten und Kenntnisse verschafft, die ihre Kinder zu besseren Schulleistungen befähigen. Als sekundäre Herkunftseffekte werden die nach sozioökonomischer Lage variierenden elterlichen Bildungsentscheidungen bei gleichen Schulleistungen verstanden, die den Grundstein für die weiteren Bildungskarrieren ihrer Kinder legen – insbesondere im deutschen Bildungssystem mit seiner sehr frühen und stark stratifizierenden Selektion. Das Gewicht von primärem und sekundärem Herkunftseffekt erweist sich je nach Sozialgruppe, z. B. ob Migrationshintergrund hinzutritt oder nicht, als unterschiedlich (Becker & Lauterbach 2010, 17). Im Unterschied zu Bourdieu werden die Bildungsentscheidungen von den Akteuren jedoch im Sinne der *Rational-Choice-Theorie* aufgrund bewusster, rationaler Abwägungen hinsichtlich der Renditen (z. B. erwartete Berufs-/Einkommenschancen sowie Statuserhalt) und der Kosten (Investitions-, Opportunitäts- und Transaktionskosten) von Bildung getroffen (Becker & Lauterbach 2010, 18 f.).

Zusammenfassend lässt sich festhalten: Die derzeit prominentesten bildungssoziologischen Theorieansätze fokussieren in ungleichheitstheoretischer Perspektive vorzugsweise die soziale Herkunft. Und auch empirisch stehen zumeist nur eine oder zwei ungleichheitsdeterminierende Determinanten im Fokus. Die vorgestellten deutlichen Chancenunterschiede entlang von Gender, sozialer Herkunft und Migration sprechen jedoch für ihre kumulative Wirkung, wie sie sich in der Figur des prototypischen Bildungsverlierers „Migrantensohn aus bildungsfernem Elternhaus" (Geißler 2005, 95) bzw. „Hartz-IV-Migrantensohn" (Allmendinger et al. 2010, 58) widerspiegelt.

3 Soziale Ungleichheit der Verwertung von Bildung auf dem Arbeitsmarkt

Auch die Verwertungschancen von Bildung, insbesondere auf dem Arbeitsmarkt, sind entlang von Gender, Migrationshintergrund sowie der sozialen Herkunft sozial ungleich verteilt. Dabei ist noch unklar, welche Erklärungsmechanismen letztendlich greifen, aber die empirische Evidenz für den Zusammenhang von Bildung und Renditen in verschiedensten Bereichen ist umfassend. Neben Erträgen, die auf dem Arbeitsmarkt akkumuliert werden können, werden als weitere Renditen von Bildung höhere Gesundheit (vgl. z. B. Jungbauer-Gans 2006; → Kriwy & Nisic), höhere Lebenserwartung (vgl. z. B. Klein et al. 2006) und höhere Lebenszufriedenheit (vgl. z. B. Hadjar et al. 2008), ein geringeres Kriminalitätsrisiko, höhere individuelle politische Beteiligung und Repräsentation (vgl. z. B.

Hadjar & Becker 2007) und höheres freiwilliges Engagement (Erlinghagen et al. 1999; → Gross & Jungbauer-Gans) mit höherer Bildung in Zusammenhang gebracht.

Die Rolle von Bildung für *arbeitsmarktbezogene Renditen* wird seit langem durch zahlreiche Studien belegt. Wie Dietrich & Abraham (2008) beschreiben, besitzen Hochschulabsolventen und -absolventinnen die besten Arbeitsmarktaussichten, während die Gruppe ohne beruflichen Abschluss häufiger instabile bzw. befristete Beschäftigungsverhältnisse mit geringem Berufstatus und hohem Arbeitslosigkeitsrisiko innehat (→ Drilling). Dabei ist die berufliche Erstplatzierung nach der Ausbildung auch für den weiteren Berufsverlauf zentral, denn, ein stabiler Verlauf zu Beginn des Erwerbslebens wirkt sich günstig auf das spätere Arbeitslosigkeitsrisiko aus (z.B. Bender et al. 2000). Unabhängig davon folgt die qualifikationsspezifische Arbeitslosenquote seit 1975 demselben Trend: Höhere Bildung impliziert eine geringere Arbeitslosenquote (vgl. auch Autorengruppe Bildungsberichterstattung: AB 2010). Diesen deskriptiven Befund bestätigen auch die multivariaten Analysen von Giesecke und Heisig (2010), die in ihrer Arbeit sowohl Arbeits- bzw. Erwerbslosigkeit als auch innerbetriebliche Aufstiegsmobilität und zwischenbetriebliche Wechsel fokussieren. Mit Daten des Sozio-oekonomischen Panels (SOEP) können sie zeigen, dass ein zwischenbetrieblicher Wechsel für Hochqualifizierte seltener mit Abstiegen verbunden ist als für weniger qualifizierte Arbeitnehmer und dass Hochqualifizierte bei einem betrieblichen Wechsel eher aufsteigen als weniger qualifizierte Personen. Eine der zentralen Bildungsrenditen des Arbeitsmarktes ist das Einkommen. Dem aktuellen Bildungsbericht zufolge gibt es deutliche qualifikationsspezifische Einkommensvorteile für hochqualifizierte Personen: Personen mit einem Universitäts- bzw. Fachhochschulabschluss verdienen demnach im Schnitt 51 % bzw. 39 % mehr als Personen mit abgeschlossener Berufsausbildung. Personen ohne berufliche Ausbildung haben hingegen 18 % weniger monatliches Brutto-Monatseinkommen als Personen mit einer abgeschlossenen Berufsausbildung (AB 2010, 184). Der Effekt der Bildungsjahre auf das Einkommen verschwindet nicht ganz, aber reduziert sich deutlich, wenn zudem kognitive Kompetenzen berücksichtigt werden (z.B. De Anda & Hernandez 2007; Barone & Van de Werfhorst 2008). Auch für non-kognitive Kompetenzen bzw. Persönlichkeitseigenschaften können positive Effekte auf das Einkommen belegt werden (z.B. Farkas 2003; Blanden et al. 2007).

Die stärkere Beachtung von Kompetenzen und Persönlichkeitseigenschaften in ihrer Bedeutung für Arbeitsmarktrenditen entstammt nicht zuletzt der Kritik an der *Humankapitaltheorie*, die aus neoklassischer Sicht eine Erklärung für die enge Koppelung von Bildung und arbeitsmarktbezogenen Erträgen bietet. Ausgangspunkt ist, dass die absolvierten Bildungsjahre und die Berufserfahrung stellvertretend für die Fähigkeiten und Fertigkeiten einer Person betrachtet werden können, um deren Produktivität abzuschätzen. In ihrem Ursprung geht die neoklassische Humankapitaltheorie auf Schulz (1961) zurück und wurde von Becker (1964) und Mincer (1974) weiterentwickelt. Grundsätzlich wird davon ausgegangen, dass die Akkumulation von Humankapital, also der Erwerb von

Bildung und Berufserfahrung, die individuelle Produktivität steigert und dies von Arbeitgeberinnen und Arbeitgebern, z. B. durch höheres Einkommen, entlohnt wird. Kritisiert wurden die Grundannahmen der Humankapitaltheorie, wie das Postulat eines perfekten Marktes mit freiem Wettbewerb, in dem Angebot und Nachfrage den Preis bestimmen, sowie das Vorliegen vollständiger Information (vgl. Hinz & Abraham 2008; Hummelsheim & Timmermann 2009). So haben sich Ansätze etabliert, die zum einen die institutionellen Rahmenbedingungen des Arbeitsmarktes verstärkt in den Blick nehmen, wie die *Segmentationstheorien* (Doeringer & Piore 1971; Sengenberger 1978). Zum anderen entwickelten sich Ansätze, die weniger die individuelle Produktivität in den Mittelpunkt stellen, sondern sich auf die Signalwirkung von Bildungszertifikaten bzw. weiteren askriptiven Merkmalen einer Person konzentrieren, wie die *Screening- bzw. Signalling-Ansätze* (Arrow 1973; Spence 1973) oder die *Arbeitsplatzwettbewerbstheorie* nach Thurow (1970) in Verbindung mit dem Konzept der Statistischen Diskriminierung, um den Zusammenhang zwischen Bildung und Arbeitsmarktrenditen zu erklären (für einen Überblick vgl. Hinz & Abraham 2008; Hummelsheim & Timmermann 2009).

Einer der größten Kritikpunkte an der Humankapitaltheorie betrifft die nicht geklärte Frage, warum sich bei gleicher Humankapitalausstattung die Arbeitsmarktchancen zwischen sozialen Gruppen, wie den Geschlechtern oder Personen mit und ohne Migrationshintergrund, unterscheiden. Dem aktuellen Bildungsbericht zufolge liegt z. B. das mittlere Brutto-Monatseinkommen von Frauen in West- und Ostdeutschland auf allen Qualifikationsstufen niedriger als das von Männern (AB 2010, 184). Ebenso deutlich sind die deskriptiven Befunde zur Erwerbsbeteiligung von Frauen im Vergleich zu Männern: Auf allen Qualifikationsniveaus ist der Anteil der Erwerbstätigen unter den Männern höher als der unter Frauen, die Anteile von Frauen unter den Nichterwerbspersonen liegen deutlich über denen von Männern und nur bei den Erwerbslosen mit höherer Qualifikation scheint das Geschlecht keine Rolle zu spielen, während der Anteil der Erwerbslosen unter Frauen ohne bzw. mit Lehr-/Anlernausbildung wieder höher ist als der bei Männern (AB 2010, 183). Des Weiteren finden sich immer noch Unterschiede zwischen Männern und Frauen im Hinblick auf die berufliche Stellung: Zwar ist z. B. auf dem Arbeitsmarkt Hochschule der Anteil der Lehrstuhlinhaberinnen von 1995 bis Ende 2009 von 8 % auf 18 % deutlich gestiegen (Statistisches Bundesamt 2010), vor dem Hintergrund eines inzwischen ausgeglichenen Geschlechterverhältnisses unter den Hochschulabsolventinnen und -absolventen werden jedoch die Differenzen erheblich relativiert. Neben diesen unter vertikaler Segregation zusammengefassten Phänomenen ist weiterhin eine horizontale Segregation zwischen Männern und Frauen zu beobachten, d. h. dass sowohl bei Männern als auch bei Frauen Berufsgruppen überwiegen, die stark von einem der Geschlechter dominiert sind. Dies führt in den sogenannten frauentypischen Berufen zu einer Benachteiligung hinsichtlich des Einkommens, des beruflichen Status und der Aufstiegschancen (vgl. Achatz 2008).

Zur Erklärung der Unterschiede in den Arbeitsmarktrenditen von Frauen und Männern bei gleicher Qualifikation werden häufig diskriminierungstheoretische und segmentierungsorientierte Erklärungsansätze herangezogen. Zu ersteren zählt u. a. das *Konzept der statistischen Diskriminierung* (vgl. Hinz & Abraham 2008). Dieses beruht auf der Annahme, dass die Produktivität einer Person nur sehr ungenau geschätzt werden kann. Deshalb stützen sich Arbeitgebende auf Statistiken über soziale Gruppen, die sie z. B. bei Einstellungs- und Beförderungsentscheidungen als Merkmal für die Produktivität einer Person heranziehen. Dabei wird unterstellt, dass Frauen aufgrund von Schwangerschaft und Kindern Ausfallzeiten haben und weniger lange im Betrieb verbleiben. Trotz formal gleichen Humankapitals wird ihnen so niedrigere Produktivität zugeschrieben als Männern, weshalb sie seltener eingestellt werden und falls doch, dann zu schlechteren Konditionen. Die Schwäche diskriminierungstheoretischer Ansätze ist, dass Diskriminierung in quantitativen Studien nur schwer direkt messbar ist. Ebenfalls verbreitet sind Ansätze, die die Schlechterstellung von Frauen im Vergleich zu Männern – angelehnt an die Überlegungen aus den Segmentationstheorien – anhand struktureller oder betrieblicher Merkmale erklären, wie z. B. die Geschlechterzusammensetzung von Berufsgruppen (Achatz et al. 2005; Adsera & Chiswick 2007; Leuze & Strauß 2009).

Neben Gender determiniert auch der Migrationsstatus die Arbeitsmarktchancen. Personen mit Migrationshintergrund sind dabei nicht als eine homogene, sondern als hinsichtlich ihrer regionalen und ethnischen Herkunft zu differenzierende Gruppe aufzufassen. Weiter muss unterschieden werden zwischen den Aussiedlerinnen und Aussiedlern mit besonderem rechtlichen Status und den klassischen Arbeitsmigrantinnen und -migranten aus den sogenannten „Anwerbeländern". Darüber hinaus macht es noch einen Unterschied, ob von der ersten, zweiten oder sogar dritten Einwanderungsgeneration gesprochen wird. Wie Kalter (2008) in seinem Forschungsüberblick zusammenfasst, kann die schlechte Arbeitsmarktsituation der klassischen Arbeitsmigrantinnen und -migranten der ersten Generation zu großen Teilen auf deren Humankapitalausstattung zurückgeführt werden. So verweist er z. B. auf eine Studie von Kogan (2004), in der das Arbeitslosigkeitsrisiko der ersten Migrationsgeneration auch nach Kontrolle von Bildung und beruflicher Position höher ist als das von einheimischen Deutschen. Zur Erklärung werden neben Faktoren wie mangelnde Sprachkenntnisse, starke Rückkehrorientierung oder soziale oder formale Aberkennung von Bildungszertifikaten (insbesondere bei Einwanderinnen und Einwanderern aus Osteuropa) auch Diskriminierungstheorien herangezogen. Für die zweite Migrationsgeneration resümiert Kalter (2008), dass ihre Benachteiligung am Arbeitsmarkt durchweg auf ihre Humankapitalausstattung zurückzuführen ist – ausgenommen sind davon die Gruppe der Jugendlichen mit türkischer oder osteuropäischer Herkunft. So zeigen beispielsweise auch Seibert und Solga (2005), dass türkische Jugendliche mit einer dualen Ausbildung bei der beruflichen Erstplatzierung schlechtere Übergangschancen in eine Erwerbstätigkeit haben als deutsche Jugendliche (vgl. auch Haas & Damelang 2007). Welche Mechanismen letztendlich hinter der Benachteiligung von türkischen und osteuropäischen Migrantinnen und Migranten bei der Akkumulation von Bildungsrenditen stehen, ist dabei noch ungeklärt.

Weiter werden die Bildungsrenditen auch von der *sozialen Herkunft* beeinflusst. Dabei wird in den meisten Studien vor allem die berufliche Positionierung am Arbeitsmarkt und deren Zusammenhang mit dem sozialen Status des Elternhauses in den Blick genommen, wobei sich an die berufliche Stellung auch weitere Arbeitsmarktrenditen, wie Einkommen und Beschäftigungssicherheit, eng anknüpfen. So findet sich ein eigenständiger Effekt der sozialen Herkunft (der beruflichen Stellung des Vaters) sowohl auf das erreichte Bildungsniveau als auch auf die erste bzw. gegenwärtige berufliche Stellung (vgl. Mayer & Blossfeld 1990; Mayer 1991). Für Deutschland belegen Hartmann und Kopp (2001) mit ihren Analysen zur Elitenforschung, dass Promovierte aus oberen sozialen Schichten deutlich höhere Chancen auf Führungspositionen in der Wirtschaft haben als Promovierte aus der Mittel- bzw. Arbeiterschicht.

Eine mögliche Erklärung für den Zusammenhang von sozialer Herkunft und Bildungsrenditen bietet die *konflikttheoretische Perspektive* von Bourdieu (1977). Er postuliert, dass sich der Wert und die Funktion derselben Bildungsabschlüsse je nach eigenem ökonomischen und sozialen Kapital und dem der Familie unterscheiden. Weiter argumentiert er, dass die Bildungsexpansion durch die steigende Zahl an qualifizierten Bildungszertifikaten zu einer Bildungsinflation geführt hat. Bisher nur Wenigen zugängliche Bildungstitel verlieren ihren Seltenheitswert und somit ihre Funktion als Selektionsmerkmal auf dem Arbeitsmarkt. Dies hat zur Konsequenz, dass dieser Seltenheitswert durch zusätzliche Qualifizierungsstrategien oder durch den Einsatz sozialen Kapitals aufrechterhalten werden muss. Vor allem aber werden weniger wichtige Facetten des inkorporierten kulturellen Kapitals, wie z. B. Umgangsformen, als neue Selektionskriterien beim Zugang zu höheren Positionen herangezogen. In der verschärften Konkurrenz um adäquate berufliche Positionen setzen sich dann diejenigen durch, die über das gewünschte seltene kulturelle Kapital und/oder die entsprechenden sozialen Netzwerke verfügen. Es kommt zur sozialen Schließung und Reproduktion der sozialen Ungleichheit durch Bildung (Bourdieu et al. 1981).

4 Intersektionalität beim Zugang und der Verwertung der Ressource Bildung

Ein aktuelles Konzept zur Erklärung sozialer Ungleichheit bietet der Intersektionalitätsansatz (vgl. McCall 2005; Klinger & Knapp 2007; Winker & Degele 2009; Lutz et al. 2010). Ausgangspunkt ist, dass angesichts globaler gesellschaftlicher Wandlungs- und Transformationsprozesse sowie einer zunehmenden gesellschaftlichen Diversität nicht eine ungleichheitsgenerierende Determinante allein sich für die Genese und Reproduktion sozialer Disparitäten verantwortlich zeichnet. Weder Gender noch Migration noch soziale Herkunft können für sich genommen diese hinreichend erklären. Stattdessen wird von deren mehrdimensionaler Verwobenheit ausgegangen – also der Tatsache Rechnung getragen, dass Individuen gleichzeitig immer mehreren sozialen Gruppen bzw. Kategorien angehören.

Crenshaw (1989) prägte hierfür den Begriff der Intersektionalität und beschrieb damit, wie schwarze Frauen in der US-amerikanischen Rechtsprechung durch die Fokussierung auf eine einzelne Determinante der sozialen Ungleichheit (entweder „Frausein" oder „Schwarzsein") diskriminiert werden. Sie illustrierte diese spezifische Form der Marginalisierung, die sich gerade in der Überschneidung von Geschlechtszugehörigkeit und Rassenzugehörigkeit begründet, mit der Metapher der Straßenkreuzung.

> Consider an analogy to traffic in an intersection, coming and going in all four directions. Discrimination, like traffic through an intersection, may flow in one direction, and it may flow in another. If an accident happens in an intersection, it can be caused by cars traveling from any number of directions and, sometimes, from all of them. Similarly, if a Black woman is harmed because she is in the intersection, her injury results from sex discrimination or race discrimination. (Crenshaw 1989, 149)

Im Intersektionalitätskonzept werden komplexe Interaktionsverhältnisse zwischen Ungleichheitskategorien, also deren wechselseitige Verwobenheit, angenommen. In den Fokus treten damit die vielfältigen Überlappungen und Kreuzungen bei der Entstehung sozialer Ungleichheit, denn „statt die Wirkungen von zwei, drei oder mehr Unterdrückungen lediglich zu addieren, [wird davon ausgegangen], dass die Kategorien in verwobener Weise auftreten und sich wechselseitig verstärken, abschwächen oder auch verändern können" (Winker & Degele 2009, 10). Soziale Ungleichheit beruht damit nicht auf additiven Haupteffekten, vielmehr sind die verschiedenen, sozial konstruierten Gruppenzugehörigkeiten von Individuen (also ihre multiple soziale Positioniertheit) vielschichtig miteinander verschränkt und wirken sich im Zusammenspiel auf deren Zugänge zu den gesellschaftlichen Teilsystemen und ihre Lebenschancen aus.

Welche ungleichheitsgenerierenden Determinanten – die klassische Trias Gender, Class, Race (bzw. europäisch: Ethnicity/Migration) oder andere Strukturkategorien wie Sexualität, Alter und Behinderung – sich als virulent erweisen, ist in hohem Maße kontextabhängig: Hinsichtlich der sozialstrukturellen Benachteiligungen auf Makro- und Mesoebene könnten dies möglicherweise andere sein als bei der interaktiven Herstellung von geschlechtlichen, ethnischen und anderen Identitäten auf der Mikroebene oder auf der Ebene symbolischer Repräsentationen, wie sie in den gemeinsamen Werten, Normen, kulturellen Ordnungen einer Gesellschaft zum Ausdruck kommen (vgl. Winker & Degele 2009, 16). Nicht alle Determinanten sozialer Ungleichheit werden demnach per se aufgerufen, sondern sind in situative, institutionelle und strukturelle Kontexte eingebettet, die ihre Einflüsse in Stärke und Richtung variieren lassen können (vgl. McCall 2005, 1785).

Soziale Ungleichheit ist im Intersektionalitätskonzept, um die zentralen Annahmen zusammenzufassen, erstens mehrdimensional, zweitens kontextabhängig und beruht drittens auf der kumulativen Wirkung wechselseitig verknüpfter Ungleichheitsdeterminanten. Demnach sind soziale Disparitäten beim Zugang und der Verwertung der Ressource Bildung als Resultate mehrdimensionaler Ungleichheitsverhältnisse zu verstehen. Diese ergeben sich aus der multiplen sozialen Positioniertheit von Individuen entlang von sozialer Herkunft, Gender und Migrationsstatus, welche die Chancenstrukturen in Bezug auf die Ressource Bildung systematisch ungleich strukturieren. Dabei ist davon auszugehen, dass Gruppenzugehörigkeiten sozial hergestellt werden: auf der Mikroebene interaktiv von den Akteuren im Sinne eines „doing difference" bzw. „doing deference" im wechselseitigen Herstellungsprozess, auf der Mesoebene durch die Strukturen des Bildungs- und Erwerbssystems und ihrer Organisationen und auf der Makroebene durch die gesamtgesellschaftlichen Rahmenbedingungen, die Geschlechterverhältnisse, Klassenverhältnisse, „Migrationsverhältnisse" wesentlich konstituieren. Dabei kann der kumulative Einfluss der Sozialgruppenzugehörigkeiten abhängig vom Kontext wie folgt dargestellt werden: Während sich im Bildungssystem die gleichzeitige Zugehörigkeit zu den sozialen Gruppen, also die sozialen Merkmale „Junge – niedrige soziale Herkunft – Migrationshintergrund" als extrem nachteilig für den Bildungserwerb erweisen, ist es im Erwerbssystem das gleichzeitige Auftreten der sozialen Merkmale „Frau (Elternschaft) – niedrige soziale Herkunft – Migrationshintergrund".

5 Ausblick

Moderne Gesellschaften sind wesentlich durch Bildungsungleichheiten strukturiert. Entsprechend muss der Zugang zu Bildung heute nicht mehr nur als „Bürgerrecht" (Dahrendorf 1965), sondern als „Menschenrecht" (UN 2007) gelten. Denn gerade Bildung ist in modernen Wissens- bzw. Informationsgesellschaften eine der wichtigsten Ressourcen, die die ökonomische sowie soziale Teilhabe und damit die gesellschaftliche Inklusion der Individuen entscheidend beeinflusst: Arbeitsmarktpartizipation, Einkommen und die sogenannten sozialen Renditen stehen in einem immer wieder belegten, engen positiven Zusammenhang. Bildungsarmut dagegen macht arm, sie kumuliert im Lebensverlauf, führt zur Benachteiligung sozialer Gruppen und generiert weitere Formen sozialer Disparitäten.

Die für das Bildungs- und Erwerbssystem skizzierten Befunde machen deutlich, dass vor dem Hintergrund zunehmender gesellschaftlicher Diversität und demografischer Wandlungsprozesse zukünftig stärker als bisher das Potenzial einer intersektionalitätstheoretischen Perspektive genutzt werden sollte. Deren Anwendung könnte dazu beitragen, die komplexen Interaktionsverhältnisse zwischen den

„Achsen der Ungleichheit" beim Zugang und der Verwertung der Ressource Bildung sowohl theoretisch als auch empirisch zu systematisieren, um so die zentralen Stellgrößen, Mechanismen und Prozesse sozialer Ungleichheit zu identifizieren. Damit verbindet sich zugleich die Hoffnung, eine gerechtere Chancenverteilung im Hinblick auf die Ressource Bildung zu erreichen und so die soziale Teilhabe und gesellschaftliche Inklusion für viele soziale Gruppen und Individuen zu ermöglichen.

Literatur

AB (Autorengruppe Bildungsberichterstattung) (2010): Bildung in Deutschland 2010. Online: http://www.bildungsbericht.de/daten2010/bb_2010.pdf (31.01.2011).
Achatz, J. (2008): Geschlechtersegregation im Arbeitsmarkt. In: Abraham, M. & Hinz, T. (Hrsg.): Arbeitsmarktsoziologie. Probleme, Theorien, empirische Befunde. (2. Aufl.). S. 263–301. Wiesbaden: VS.
Achatz, J., Gartner, H. & Glück, T. (2005): Bonus oder Bias? Mechanismen geschlechtsspezifischer Entlohnung. Kölner Zeitschrift für Soziologie und Sozialpsychologie, 57, S. 466–493.
Adsera, A. & Chiswick, B.R. (2007): Are There Gender and Country of Origin Differences in Immigrant Labor Market Outcomes Across European Destinations? Journal of Population Economics, 20, S. 495–526.
Aktionsrat Bildung (2009): Geschlechterdifferenzen im Bildungssystem. Online: http://www.aktionsrat-bildung.de/fileadmin/Dokumente/Geschlechterdifferenzen_im_Bildungssystem__Jahresgutachten_2009.pdf (14.01.2011).
Allmendinger, J., Ebner, C. & Nikolai, R. (2009): Soziologische Bildungsforschung. In: Tippelt, R. & Schmidt, B. (Hrsg.): Handbuch Bildungsforschung. (2. Aufl.). S. 47–90. Wiesbaden: VS.
Arrow, K.J. (1973): Higher Education as a Filter. Journal of Public Economics, 2, S. 193–216.
Barone, C. & Van de Werfhorst, H.G. (2008): Education, Cognitive Skills and Earnings in Comparative Perspective. Equalsoc Working Paper 2008/1. Online: http://www.equalsoc.org/uploaded_files/publications/IALScognskillsWP-1.pdf (15.02.2011).
Becker, G.S. (1964): Human Capital. New York: National Bureau of Economic Research.
Becker, R. & Lauterbach, W. (2010): Bildung als Privileg – Ursachen, Mechanismen, Prozesse und Wirkungen. In: Becker, R. & Lauterbach, W. (Hrsg.): Bildung als Privileg. Erklärungen und Befunde zu den Ursachen der Bildungsungleichheit. (4. Aufl.). S. 11–49. Wiesbaden: VS.
Bender, S., Konietzka, D. & Sopp, P. (2000): Diskontinuität im Erwerbsverlauf und betrieblicher Kontext. Kölner Zeitschrift für Soziologie und Sozialpsychologie, 52, S. 475–499.
Bernstein, B. (1966): Soziokulturelle Determinanten des Lernens. In: Heintz, P. (Hrsg.): Soziologie der Schule. (4. Aufl.). S. 22–79. Opladen: Westdeutscher Verlag.
Blanden, J., Gregg, P. & Macmillan, L. (2007): Accounting for Intergenerational Income Persistence: Noncognitive Skills, Ability and Education. The Economic Journal, 117, S. C43–C60.
Boudon, R. (1974): Education, opportunity, and social inequality. New York: Wiley.
Bourdieu, P. (1977): Cultural Reproduction and Social Reproduction. In: Karabel, J. & Halsey, A.H. (Hrsg.): Power and Ideology in Education. S. 487–511. New York: Oxford University.
Bourdieu, P. (1983): Ökonomisches Kapital, kulturelles Kapital, soziales Kapital. In: Kreckel, R. (Hrsg.): Soziale Ungleichheiten. Soziale Welt Sonderbd. 2. S. 183–198. Göttingen: Schwarz.

Bourdieu, P., Boltanski, L., De Saint Martin, M & Maldidier, P. (1981): Kapital und Bildungskapital. Reproduktion im sozialen Wandel. In: Dies. (Hrsg.): Titel und Stelle. S. 23–87. Frankfurt/M.: Europ. Verlagsges.

Brüsemeister, T. (2008): Bildungssoziologie. Einführung in Perspektiven und Probleme. Wiesbaden: VS.

Budde, J. & Mammes, I. (Hrsg.) (2009): Jungenforschung empirisch. Zwischen Schule, männlichem Habitus und Peerkultur. Wiesbaden: VS.

Crenshaw, K. (1989): Demarginalizing the intersection of race and sex: A black feminist critique of antidiscrimination doctrine, feminist theory and antiracist politics. University of Chicago Legal Forum, S. 139–167.

Dahrendorf, R. (1965): Bildung ist Bürgerrecht: Plädoyer für eine aktive Bildungspolitik. Osnabrück: Nannen.

De Anda, R. M. & Hernandez, P. M. (2007): Literacy Skills and Earnings: Race and Gender Differences. Review of Black Political Economy, 34, S. 231–243.

Dietrich, H. & Abraham, M. (2008): Eintritt in den Arbeitsmarkt. In: Abraham, M. & Hinz, T. (Hrsg.): Arbeitsmarktsoziologie. Probleme, Theorien, empirische Befunde. (2. Aufl.). S. 69–98. Wiesbaden: VS.

Doeringer, P. B. & Piore, M. (1971): Internal Labour Markets and Manpower Analysis. Massachusetts: Lexington.

Ehmke, T. & Jude, N. (2010): Soziale Herkunft und Kompetenzerwerb. In: Klieme et al. (2010): PISA 2009. Bilanz nach einem Jahrzehnt. S. 231–253. Münster: Waxmann.

Erlinghagen, M., Rinne, K. & Schwarze, J. (1999): Ehrenamt statt Arbeitsamt? Sozioökonomische Determinanten ehrenamtlichen Engagements in Deutschland. WSI Mitteilungen, 52(4), S. 246–255.

Frey, A., Heinze, A., Mildner, D., Hochweber, J. & Asseburg, R. (2010): Mathematische Kompetenz von PISA 2003 bis PISA 2009. In: Klieme et al. (2010): PISA 2009. Bilanz nach einem Jahrzehnt. S. 153–176. Münster: Waxmann.

Farkas, G. (2003): Cognitive Skills and Noncognitive Traits and Behaviors in Stratification Processes. Annual Review of Sociology, 29, S. 541–562.

Geißler, R. (2005): Die Metamorphose der Arbeitertochter zum Migrantensohn. In: Berger, P. A. & Kahlert, H. (Hrsg.): Institutionalisierte Ungleichheiten. Wie das Bildungswesen Chancen blockiert. S. 71–100. Weinheim: Juventa.

Giesecke, J. & Heisig, J. P. (2010): Destabilisierung und Destandardisierung, aber für wen? Die Entwicklung der westdeutschen Arbeitsplatzmobilität seit 1984. Kölner Zeitschrift für Soziologie und Sozialpsychologie, 62, S. 403–435.

Haas, A. & Damelang A. (2007): Labour market entry of migrants in Germany – Does cultural diversity matter? HWWI Research Paper 3–10. Online: http://hwwi.org/uploads/tx_wilpubdb/HWWI_Research_Paper_3–10.pdf (16.02.2011).

Hadjar, A. & Becker, R. (2007): Unkonventionelle politische Partizipation im Zeitverlauf – Hat die Bildungsexpansion zu einer politischen Mobilisierung beigetragen? Kölner Zeitschrift für Soziologie und Sozialpsychologie, 59, S. 410–439.

Hadjar, A., Haunberger, S. & Schubert, F. (2008): Bildung und subjektives Wohlbefinden im Zeitverlauf, 1984–2002: Eine Mehrebenenanalyse. Berliner Journal für Soziologie, 18, S. 370–400.

Hartmann, M. & Kopp, J. (2001): Elitenselektion durch Bildung oder durch Herkunft? Promotion, soziale Herkunft und der Zugang zu Führungspositionen in der deutschen Wirtschaft. Kölner Zeitschrift für Soziologie und Sozialpsychologie, 53, S. 436–466.

Heath, A. & Brinbaum, Y. (2007): Explaining ethnic inequalities in educational attainment. In: Ethnicities, 7, S. 291–305.

Hinz, T. & Abraham, M. (2008): Theorien des Arbeitsmarktes: Ein Überblick. In: Abraham, M. & Hinz, T. (Hrsg.): Arbeitsmarktsoziologie. Probleme, Theorien, empirische Befunde. (2. Aufl.). S. 17–68. Wiesbaden: VS.

Hummelsheim, S. & Timmermann, D. (2009): Bildungsökonomie. In: Tippelt, R. & Schmidt, B. (Hrsg.): Handbuch Bildungsforschung. S. 93–134. Wiesbaden: VS.

Jungbauer-Gans, M. (2006): Soziale und kulturelle Einflüsse auf Krankheit und Gesundheit. Theoretische Überlegungen. In: Wendt, C. & Wolf, C. (Hrsg.): Soziologie der Gesundheit. Kölner Zeitschrift für Soziologie und Sozialpsychologie, Sonderheft 46. S. 86–108. Opladen, Wiesbaden: VS.

Kalter, F. (2008): Ethnische Ungleichheit auf dem Arbeitsmarkt. In: Abraham, M. & Hinz, T. (Hrsg.): Arbeitsmarktsoziologie. Probleme, Theorien, empirische Befunde. (2. Aufl.). S. 303–332. Wiesbaden: VS.

Klein, T., Unger, R. & Schulze, A. (2006): Bildungsexpansion und Lebenserwartung. In: Hadjar, A. & Becker, R (Hrsg.): Die Bildungsexpansion. Erwartete und unerwartete Folgen. S. 311–331. Wiesbaden: VS.

Klieme, E., Artelt, C., Hartig, J. et al. (Hrsg.) (2010): PISA 2009. Bilanz nach einem Jahrzehnt. Münster: Waxmann.

Klinger, C. & Knapp, G.-A. (2007): Achsen der Ungleichheit – Achsen der Differenz. Verhältnisbestimmungen von Klasse, Geschlecht, „Rasse"/Ethnizität. In: Dies. (Hrsg.): Achsen der Ungleichheit. Zum Verhältnis von Klasse, Geschlecht und Ethnizität. S. 19–41. Frankfurt/M.: Campus.

Krüger, H.-H., Budde, J., Kramer, R.-T. & Rabe-Kleberg, U. (Hrsg.) (2010): Bildungsungleichheit revisited. Bildung und soziale Ungleichheit vom Kindergarten bis zur Hochschule. Wiesbaden: VS.

Kogan, I. (2004): Last hired, first fired? The unemployment dynamics of male immigrants in Germany. European Sociological Review, 20, S. 1–17.

Leuze, K. & Strauß, S. (2009): Lohnungleichheit zwischen Akademikerinnen und Akademikern: Der Einfluss von fachlicher Spezialisierung, frauendominierten Fächern und beruflicher Segregation. Zeitschrift für Soziologie, 38, S. 262–281.

Lutz, H., Herrera Vivar, M. T. & Supik, L. (2010): Fokus Intersektionalität – eine Einleitung. In: Dies. (Hrsg.): Fokus Intersektionalität. Bewegungen und Verortungen eines vielschichtigen Konzeptes. S. 9–30. Wiesbaden: VS.

Mayer, K.-U. & Blossfeld, H.-P. (1990): Die gesellschaftliche Konstruktion sozialer Ungleichheit im Lebensverlauf. In: Berger P. A. & Hradil, S. (Hrsg.): Lebenslagen, Lebensverläufe, Lebensstile. Soziale Welt, Sonderband 7. S. 297–318. Göttingen: Schwartz.

Mayer, K.-U. (1991): Lebensverlauf und Bildung. Ergebnisse aus dem Forschungsprojekt „Lebensverläufe und gesellschaftlicher Wandel" des Max-Planck-Instituts für Bildungsforschung. Unterrichtswissenschaft, 19, S. 313–332.

McCall, L. (2005): The complexity of intersectionality. Signs: Journal of Women in Culture and Society, 30, S. 1771–1800.

Mincer, J. (1974): Schooling, Experience, and Earnings. Cambridge/MA: National Bureau of Economic Research.

Naumann, J., Artelt, C., Schneider, W. & Stanat, P. (2010): Lesekompetenz von PISA 2000 bis PISA 2009. In: Klieme et al. (2010), S. 23–72.

OECD (2010a): Education at a glance. Online: http://www.oecd.org/dataoecd/45/39/45926093.pdf (14.12.2010).

OECD (2010b): PISA 2009 results: Overcoming social background – Equity in learning opportunities and outcomes. Vol. II. Online: http://dx.doi.org/10 1787/9789264091504-en (09.02.2011).

OECD (2010c): Executive summary – Closing the gap for immigrant students. Policies, practice and performance. Paris: OECD (OECD reviews of migrant education). Online: http://www.oecd.org/dataoecd/47/49/44870913.pdf (09.02.2011).

Quenzel, G. & Hurrelmann, K. (2010a): Bildungsverlierer: Neue soziale Ungleichheiten in der Wissensgesellschaft. In: Dies. (Hrsg.): Bildungsverlierer. Neue Ungleichheiten. S. 11–16. Wiesbaden: VS.

Quenzel, G. & Hurrelmann, K. (2010b): Geschlecht und Schulerfolg. Warum wird die schulische Leistungsbilanz von jungen Männern immer schlechter? Kölner Zeitschrift für Soziologie und Sozialpsychologie, 62, S. 61–91.

Rönnebeck, S., Schöps, K., Prenzel, M., Mildner, D. & Hochweber, J. (2010): Naturwissenschaftliche Kompetenz von PISA 2006 bis PISA 2009. In: Klieme et al. (2010): PISA 2009. Bilanz nach einem Jahrzehnt. S. 177–198. Münster: Waxmann.

Schulz, T.W. (1961): Investment in Human Capital. The American Economic Review, 51, S. 1–17.

Seibert, H. & Solga, H. (2005): Gleiche Chancen dank einer abgeschlossenen Ausbildung? Zum Signalwert von Ausbildungsabschlüssen bei ausländischen und deutschen jungen Erwachsenen. Zeitschrift für Soziologie, 34, S. 364–382.

Sengenberger, W. (1978): Die gegenwärtige Arbeitslosigkeit – auch ein Strukturproblem des Arbeitsmarktes. Frankfurt/M.: Campus.

Solga, H. & Dombrowski, R. (2009): Soziale Ungleichheiten in schulischer und außerschulischer Bildung. Stand der Forschung und Forschungsbedarf. Düsseldorf: Hans-Böckler-Stiftung.

Spence, M. (1973): Job Market Signaling, Quarterly Journal of Economics, 87, S. 355–374.

Stanat, P., Rauch, D. & Segeritz, M. (2010): Schülerinnen und Schüler mit Migrationshintergrund. In: Klieme et al. (2010): PISA 2009. Bilanz nach einem Jahrzehnt. S. 200–230. Münster: Waxmann.

Statistisches Bundesamt (2010): Frauenanteil in Professorenschaft steigt weiter auf über 18 %. Pressemitteilung Nr. 235 vom 06.07.2010.

Thurow, L. (1970): Investment in Human Capital. California, Belmont: Wadsworth.

UN (General Assembly) (2007): Report of the Special Rapporteur on the right of education, Vernor Muñoz – Mission to Germany. (GE.07–11759, A/HRC/29/ADD.3). Online: http://daccess-dds-ny.un.org/doc/UNDOC/GEN/G07/117/59/PDF/G0711759.pdf?OpenElement (31.01.2011).

Winker, G. & Degele, N. (2009): Intersektionalität. Zur Analyse sozialer Ungleichheiten. Bielefeld: transcript.

Sozialkapital als individuelle Ressource und Produkt gesellschaftlicher Rahmenbedingungen

Christiane Gross, Monika Jungbauer-Gans

Einleitung

Der Begriff Sozialkapital wurde insbesondere durch die Arbeiten von Bourdieu (1983), Coleman (1988; 2000 [1990]), Burt (1995) und Putnam (2000) geprägt, deren unterschiedliche Perspektiven im Folgenden skizziert werden. Insbesondere Bourdieu hat den Ressourcencharakter von Sozialkapital betont. Er definiert Sozialkapital in Erweiterung zum ökonomischen und kulturellen Kapital als ...

> ... die Gesamtheit der aktuellen und potentiellen Ressourcen, die mit dem Besitz eines dauerhaften Netzes von mehr oder weniger institutionalisierten *Beziehungen* gegenseitigen Kennens oder Anerkennens verbunden sind; oder, anders ausgedrückt, es handelt sich um Ressourcen, die auf *Zugehörigkeit zu einenr* [sic!] *Gruppe* beruhen. (Bourdieu 1983, 190f.; Herv. im Orig.)

Der individuelle Umfang der Ressource Sozialkapital bemisst sich dabei nicht nur durch die reine Anzahl potenzieller und mobilisierbarer Beziehungen, sondern zusätzlich durch den Umfang des ökonomischen und kulturellen Kapitals der Beziehungspartner. Da Bourdieu von einer gewissen Ähnlichkeit zwischen den Beziehungspartnern ausgeht – Wohlhabende haben beispielsweise selbst überdurchschnittlich viele andere Wohlhabende in ihrem Netzwerk –, spricht er dem Sozialkapital einen Multiplikatoreneffekt auf das „tatsächlich verfügbare Kapital" (Bourdieu 1983, 191) zu. Die symbolischen und materiellen Profite, die sich aus einer Beziehung oder der Zugehörigkeit zu einer Gruppe ergeben, werden nach Bourdieu nicht bewusst angestrebt. In seinen empirischen Studien wird insbesondere die Reproduktionsleistung der Kapitalformen im Bildungssystem betont (Bourdieu et al. 1981; s. dazu Kap. 2).

Nach *Coleman* (2000) bilden sich soziale Beziehungen dann aus, wenn Personen versuchen, ihre Ressourcen bestmöglich zu nutzen, was aufgrund seiner einseitig utilitaristischen Konnotation kritisch zu beurteilen ist. Gleichzeitig sieht er Sozialkapital selbst als Ressource bzw. in Anlehnung an Loury (1977; 1987) als „set of resources that inhere in family relations and in community social organization", die insbesondere zur Ausbildung von Humankapital hilfreich sind (Coleman 2000, 300). Während Bourdieu eher von der unbewussten Nutzung und Reproduktion von Sozialkapital ausgeht, betont Coleman deren intendierte Nutzung zur

Gewinn-, bzw. Ressourcenoptimierung. Dabei steht bei Coleman der funktionale Charakter von Sozialkapital im Vordergrund:

> Social capital is defined by its function. It is not a single entity, but a variety of different entities having two characteristics in common: They all consist of some aspect of a social structure, and they facilitate certain actions of individuals who are within the structure. Like other forms of capital, social capital is productive, making possible the achievement of certain ends that would not be attainable in its absence. (Coleman 1990, 302)

Mit dem Konzept Sozialkapital verfolgt Coleman die Strategie, rationales Handeln als theoretische Grundlage zu verwenden und dennoch eine radikal individualistische Perspektive abzulehnen, die häufig mit der Theorie rationalen Handelns einhergeht (Coleman 1988). Vielmehr gelingt es ihm, „eine Brücke zwischen individuellem Handeln und der strukturellen Einbettung dieses Handelns im Sinn einer Makro-Mikro-Verbindung" (Jungbauer-Gans 2006, 20) zu schlagen.

Das Sozialkapitalkonzept von *Burt* (1995; 1997) konzentriert sich hauptsächlich auf die strukturelle Einbindung von Akteuren, wobei insbesondere ihre Position in Netzwerken eine Rolle spielt. Demnach profitieren speziell diejenigen Akteure, die eine Maklerposition bekleiden, d. h. die ansonsten unabhängige Teilnetzwerke miteinander verbinden. Burts Ausführungen basieren nicht zuletzt auf der „*weak-ties*-Hypothese" von Granovetter (1973; 1995), die von dem vorteilhaften Charakter schwacher Beziehungen bei der Jobsuche ausgeht, da sie nichtredundante Informationen bereitstellen (s. dazu Kap. 1).

Putnam (2000; Putnam & Goss 2002) nimmt grundsätzlich eine eher gesamtgesellschaftliche Sichtweise auf das Konzept Sozialkapital ein und beklagt den allgemeinen Rückgang sozialer Bindungen in unterschiedlichen Gesellschaften. Dabei geht es insbesondere um die Mitgliedschaft in sozialen Organisationen, Vereinen und um ehrenamtliche Tätigkeiten, die die gesellschaftliche Integration von Individuen sicherstellen und zum Erhalt und Aufbau sozial geteilter Normen und sozialen Vertrauens führen. Das Ausmaß sozialen Kapitals in spezifischen Gesellschaften wird von Putnam ermittelt, um u. a. den Gesundheitsstatus und die Bildungsbeteiligung zu erklären (Jungbauer-Gans 2006). Neben akteurszentrierten Erklärungsansätzen wird diese Perspektive, die nicht nur von Putnam vertreten wird, für die Erklärung der Auswirkung des sozialen Kontextes auf individuelle Gesundheitschancen (Kap. 1) eingenommen und erweitert. Diese Sichtweise auf das Phänomen Sozialkapital wird auch in Kapitel 2 ausführlicher behandelt, wenn es um die gesellschaftlichen Rahmenbedingungen geht, die den Erhalt und die Entwicklung sozialen Kapitals begünstigen bzw. blockieren.

Der Beitrag präsentiert zunächst die Auswirkungen von Sozialkapital auf die individuellen Bildungs-, Arbeitsmarkt- und Gesundheitschancen von Akteuren (Kap. 1) und zeigt anschließend auf, welche gesamtgesellschaftlichen Rahmenbedingungen für die Ausbildung von Sozialkapital förderlich sind (Kap. 2); er schließt mit einem kurzen Resümee.

1 Sozialkapital als Bildungs-, Arbeitsmarkt- und Gesundheitsressource

1.1 Sozialkapital als Bildungsressource

Der Einfluss des Sozialkapitals auf Bildungsprozesse wurde hauptsächlich für schulische Leistungen und bis zum Universitätsabschluss erworbene Bildungstitel untersucht. Erwachsenenbildung spielt dabei – zumindest in den klassischen Studien von Bourdieu und Coleman – keine Rolle. Bourdieu (1983, 185) subsumiert Bildung unter dem Terminus des kulturellen Kapitals, das drei Formen annehmen kann: 1. dauerhafte Dispositionen, die verinnerlicht bzw. „inkorporiert", also nicht vom Körper der Akteure zu trennen sind; dazu gehören Sprechweisen, Wissen etc., was über die Dauer des Bildungserwerbs messbar gemacht werden kann; 2. Kulturgüter, wie z. B. Bücher oder Instrumente, die sich in einem „objektivierten Zustand" befinden und weitergegeben bzw. vererbt werden können, und 3. Kulturkapital im „institutionalisierten Zustand", wie etwa schulische Titel, die symbolischen Wert haben und kulturelles Kapital gewährleisten sollen. Nach Bourdieu, Boltanski und de Saint Martin (1981[1971]) ist soziales Kapital sowohl mit ökonomischem als auch mit Bildungskapital konfundiert und kann den Ertrag des Bildungskapitals vervielfachen. Sozialkapital, das sich insbesondere durch die sozioökonomische Position der Herkunftsfamilie bemisst, bewirkt nach Bourdieu also die Reproduktion bestehender Herrschaftsverhältnisse. Dass Bourdieu dabei insbesondere die symbolische Bedeutung elitärer Bildungstitel betont, liegt sicherlich an den speziellen Gegebenheiten des französischen Bildungssystems mit seinen Eliteschulen, wenngleich gerade in Frankreich die politischen Bemühungen, Chancengleichheit im Bildungssystem zu schaffen, besonders groß sind (Jungbauer-Gans 2004).

Im Gegensatz zu Bourdieu sieht Coleman (1988; 2000) keine starke Konfundierung von Sozialkapital mit ökonomischen und kulturellen Ressourcen. Er geht nicht von einer verstärkenden, sondern eher von einer kompensatorischen Wirkung von Sozialkapital aus, das spezifische Benachteiligungslagen ausgleichen kann. Seine Folgerungen resultieren aus der Studie „High School and Beyond" (Coleman et al. 1982), die einen Vergleich zwischen den schulischen Leistungen auf Privatschulen und öffentlichen Schulen anstellt. Insbesondere katholische Privatschulen stellen demnach die schulischen Rahmenbedingungen bereit, in denen Angehörige von Minderheiten besonders gute Ergebnisse erzielen (Greeley 1982). Coleman (1988) macht für das bessere Abschneiden vor allem die stabilen, dichten, sozialen Netzwerke und die soziale Eingebundenheit der Eltern in diesen Schulen verantwortlich, die ein lernförderliches Klima schaffen. Sehr viel kontroverser wurden die Ergebnisse der Studie „Equality of Opportunity" diskutiert, die in dem sogenannten Coleman-Report (Coleman et al. 1966) veröffentlicht wurden. Die Studie hatte zum Ergebnis, dass die schulische Ausstattung, Lehrer(innen)merkmale oder Lehrpläne die schulischen Leistungsunterschiede insbesondere zwischen farbigen und weißen Schülerinnen und Schülern nicht erklären konnten. Als erklärungskräftig stellten sich sowohl der familiäre sozioökonomische Hintergrund als auch die ethnische Zusammensetzung der Klasse heraus, was beides auf die enorme Bedeutung des Sozialkapitals für den Bildungserwerb verweist. Kontrovers war das Ergebnis insofern, als Schülerinnen und Schüler egal welcher ethnischen Herkunft besonders gute Leistungen in Klassen mit einem hohen Anteil weißer Schülerinnen und Schüler erzielten.[14]

1.2 Sozialkapital als Arbeitsmarktressource

Unterschiedliche Formen von Sozialkapital haben sich als nützliche Ressourcen für den Eintritt in den Arbeitsmarkt bzw. bei der Stellensuche oder beim Erklimmen der Karriereleiter erwiesen. Die zentralen Argumentationslinien werden im Folgenden skizziert: Granovetters (1973; 1983; 1995) These zu der Stärke schwacher Beziehungen (*strength of weak ties*) zielt auf die Bedeutung des Informationsflusses bei der Stellensuche. Granovetter geht davon aus, dass die Informationen, die man von guten Freunden (*strong ties*) erhält, sich eher überlappen bzw. redundant sind, da sich gute Freunde eher untereinander kennen. Währenddessen liefern entfernte Bekannte (*weak ties*) eher nicht redundante Informationen und erweisen sich daher für die Stellensuche als nützlicher. Granovetters Modell der Informationsdiffusion geht ursprünglich auf den Ökonomen Ozga (1960) zurück.

Lin et al. (1981) argumentieren, dass die Anzahl schwacher Beziehungen[15] von Bedeutung ist, da mit ihr die Wahrscheinlichkeit der Erreichbarkeit einer statushohen Person steigt. Damit verweisen sie auf die *Eigenschaften der Kontaktperson* ähnlich der Bourdieu'schen Definition von Sozialkapital, die die Ressourcen der Kontakte miteinschließt. Die Erreichbarkeit einer statushohen Person wirkt sich direkt auf das Prestige der entsprechenden Stelle auf dem Arbeitsmarkt aus.

Wegener (1987) bezieht *Eigenschaften des Akteurs* selbst in seine Argumentation mit ein. Er geht davon aus, dass bei einem statushohen Akteur schwache Beziehungen eher einen niedrigeren Status besitzen, wenn man Homophilie[16] unterstellt. Daher seien gerade für statushohe Personen starke Beziehungen in der Regel nützlicher, was er als „Positionsbegrenzungs-Prinzip" (ebd., 283) bezeichnet. Die Verbindung zu einem prominenten Akteur ermöglicht zudem kurze Wege zu einer Vielzahl anderer Akteure (Newman 2004), was in der Netzwerkanalyse mit dem Begriff *Rangprestige* tituliert wird. Ebenfalls haben sich, wenn es weniger um Informationsfluss und vielmehr um Vertrauen bzw. sozialen Einfluss geht, starke Beziehungen als nützlicher erwiesen (Krackhardt 1992; Bian 1997).

---

14 Ein Überblick zu Colemans bildungssoziologischen Studien findet sich bei Mayer (1998).
15 Die Anzahl schwacher Beziehungen eines Akteurs steigt exponentiell mit der Anzahl der Personen, die im selben Bereich arbeiten (Burt 1997), da Kontaktpersonen in großen Arbeitsbereichen wiederum mehr Kontakte vorweisen und damit die Anzahl der Kontakte zweiten Grades des Akteurs rasant ansteigt.
16 Zu Homophilie in Netzwerken siehe Wolf (1996).

In Anschluss und Erweiterung an Granovetters *weak-ties*-These entwickelt Burt (1995; 2006) das Konzept struktureller Löcher (*structural holes*). Damit geht er über Granovetters egozentrierte Perspektive auf Sozialkapital hinaus und verweist auf die Bedeutung der Position eines Akteurs in einer Netzwerkstruktur. Für Burt ergeben sich Vorteile für Personen, die sogenannte Maklerpositionen bekleiden, d. h. ansonsten unverbundene Teilnetzwerke miteinander verbinden und somit strukturelle Löcher in Netzwerken überbrücken. Der Vorteil dieser Maklerposition besteht zum einen im Zugang zu einer größeren Menge an nicht redundanten Informationen und zum anderen in der Möglichkeit, den Informationsfluss zwischen den Teilnetzwerken zu kontrollieren (Burt 1995). Je mehr Maklerpositionen eine Person einnimmt, desto schneller erhält sie wichtige Informationen und umso größer sind ihre Marktvorteile (Burt 2006). Das Szenarium struktureller Löcher stellt Burt (ebd.) dem Argument der *Geschlossenheit von Netzwerken* gegenüber, wie es Coleman (1988; 2000, 282 f.) beschreibt. Das Argument der Geschlossenheit zielt nicht nur auf den Informationsfluss in einem Netzwerk ab, sondern auch auf die Möglichkeit der effizienten, gegenseitigen Kontrolle innerhalb des Netzwerkes, die die Ausbildung effektiver Normen und soziales Vertrauen fördert und damit besser für die gegenseitige Beeinflussung geeignet ist. Hat ein Akteur mehr als eine Kontaktperson, die für ihn eine bestimmte Funktion erfüllt (z. B. Mentor, Führungskraft), ergeben sich nach Burt (1980) zusätzliche Freiheitsgrade für den Akteur, was er als *strukturelle Autonomie* bezeichnet. Je mehr Verbindungen zu strukturell äquivalenten Akteuren eine Person besitzt, desto unabhängiger ist sie von einzelnen Akteuren (Burt 1980; 1982, 266 f.) und desto größer sind ihre Handlungsspielräume.

Die Wirksamkeit von sozialem Kapital auf dem Arbeitsmarkt bestimmt sich folglich durch 1. die Anzahl schwacher bzw. starker Beziehungen (je nach Status des Akteurs und ob es um Informationsfluss oder soziale Einflussnahme geht), 2. den Status der Kontaktperson bzw. ihre Ressourcen, 3. die Position des Akteurs in einem Netzwerk, insbesondere ob er eine Maklerposition einnimmt, 4. die Anzahl der Beziehungspartner, die für die Person eine äquivalente Funktion erfüllen, 5. die Struktur der Beziehungen Dritter und 6. die Zusammensetzung des Netzwerks. Diese Auflistung ist weder erschöpfend, noch sind die einzelnen Bereiche trennscharf. Vielmehr ist davon auszugehen, dass sie sich stark gegenseitig beeinflussen. So steigt beispielsweise mit der strukturellen Autonomie das Rangprestige von Akteuren und damit wiederum die Anzahl schwacher Beziehungen und die Kontakte zweiten Grades.

1.3 Sozialkapital als Gesundheitsressource

Im Folgenden sollen einige Einflussmechanismen unterschiedlicher Formen von Sozialkapital auf den Gesundheitszustand dargestellt werden.[17] Zentrale Kausal-

---

[17] Eine Einführung zu den soziologischen Erklärungsansätzen von Gesundheitschancen findet sich bei Jungbauer-Gans und Gross (2009).

mechanismen werden in der folgenden Übersichtsgrafik (vgl. Abb. 1) danach unterschieden, ob 1. das individuelle Sozialkapital sich direkt auf den Gesundheitszustand auswirkt oder 2. über eine vermittelnde Instanz, wie beispielsweise das Gesundheitsverhalten, 3. ob das individuelle Sozialkapital den Effekt von Stress auf den Gesundheitsstatus im Rahmen eines Interaktionseffekts moderiert oder 4. von einem Kontexteffekt auszugehen ist, wenn ein Kollektivmerkmal, wie beispielsweise das in einem Wohnviertel vorliegende Sozialkapital, auf die individuelle Gesundheit einwirkt. Die umgekehrte Kausalrichtung – der Effekt von Gesundheit auf Sozialkapital – wird in dem Beitrag zu der Ressource Gesundheit behandelt (→ Kriwy & Nisic).

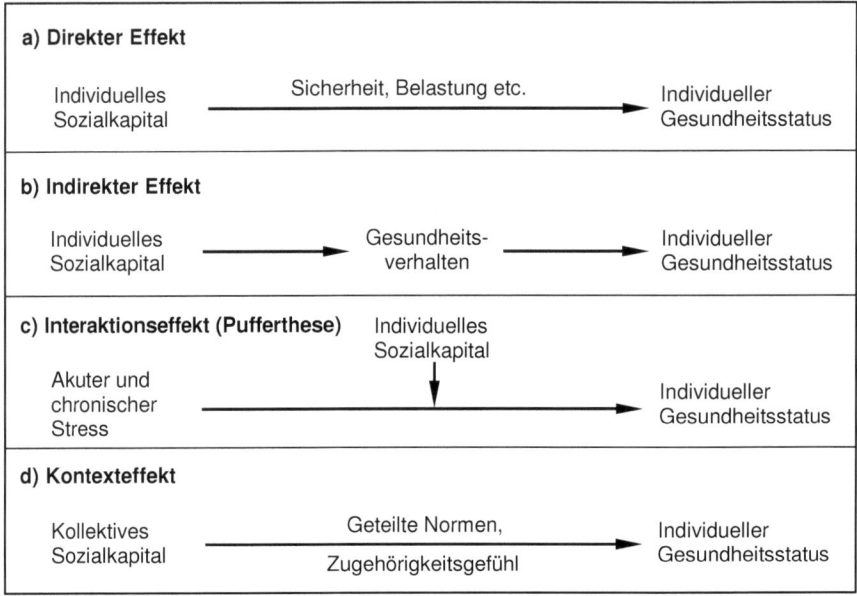

Abb. 1: Kausale Effekte von Sozialkapital auf den Gesundheitszustand

Zu a) Direkter Effekt: Der direkte positive Effekt des Sozialkapitals in Form von Rückhalt und sozialer Unterstützung[18] auf den Gesundheitsstatus wurde vielfach nachgewiesen (u. a. Link & Phelan 2000; Jungbauer-Gans 2002). Verheiratete Personen sind beispielsweise im Durchschnitt gesünder als alleinstehende (vgl. Überblick bei Smith & Christakis 2008) und soziale Isolation wirkt sich krankheitsförderlich aus (Jungbauer-Gans 2002). Insbesondere unter Armutsbedingungen können eingeschränkte soziale Netzwerke zu Angst, Depressionen und psychosomatischen Erkrankungen führen (Cattell 2001). Soziale Ressourcen können

---

[18] Welche Form der Unterstützung von welcher Kontaktperson zu erwarten ist, ist dabei stärker von Beziehungsmerkmalen abhängig als von Merkmalen der Kontaktperson selbst (Wellman & Wortley 1990).

sich jedoch je nach Beziehungsinhalt auch negativ auf die Gesundheit auswirken (House et al. 1988). Belastende familiäre Ereignisse beeinflussen insbesondere den Gesundheitszustand von jungen Müttern negativ (Meadows et al. 2008). Bei Jugendlichen wurde der positive Effekt des sozialen Kapitals auf die Gesundheit unabhängig vom familiären Wohlstand belegt (Klocke 2004).

Zu b) Indirekter Effekt: Das soziale Umfeld (z.B. Familie und Freunde) wirkt sich unter Umständen nicht direkt, sondern vielmehr über das Gesundheitsverhalten auf die individuelle Gesundheit aus. Das elterliche medizinische Vorsorgeverhalten beeinflusst beispielsweise schon von klein auf die Gesundheitschancen ihrer Kinder. 76 % der Jugendlichen trinken im Kreise der Familie zum ersten Mal Alkohol (Kahl et al. 1994) und die Ernährungsgewohnheiten werden in der Regel im familiären Umfeld gebildet. Im Jugendalter bewirkt eine höhere Kontakthäufigkeit mit *peers* zwar mehr körperliche Betätigung, bei männlichen Jugendlichen geht mit häufigen Sozialkontakten jedoch auch ein erhöhter Tabak- und Alkoholkonsum einher (Richter & Settertobulte 2003).

Zu c) Interaktionseffekt (Pufferthese): Die Pufferthese besagt, dass sich soziale Beziehungen besonders in Zeiten des akuten und chronischen Stresses positiv auf die Gesundheit auswirken und die schädlichen Auswirkungen von Stress auf die Gesundheit entscheidend abfedern können (Nuckolls et al. 1972; House 1981). Dieser Puffereffekt ist hinsichtlich Gesamtsterblichkeit sowie zahlreichen physischen und psychischen Gesundheitsrisiken empirisch gut belegt (zusammenfassend Berkman & Kawachi 2000; kritisch dazu Aloway & Babbington 1987).

Zu d) Kontexteffekt: Kontexteffekte gehen von einem eigenständigen Effekt kollektiver Merkmale aus, selbst wenn individuelle Merkmale in der Analyse berücksichtigt werden. Fokussiert werden der eigenständige Effekt von Wohnviertel und Nachbarschaft in Bezug auf Zusammenhalt, wie auch soziale Kontrolle in Bezug auf individuelles Wohlbefinden und subjektive Gesundheit. Zudem besteht eine „gewisse empirische Evidenz dahingehend, dass soziales Kapital, als Kontextmerkmal gemessen, mit dem Ausmaß einzelner Indikatoren von Morbidität und Mortalität assoziiert ist" (Siegrist et al. 2009, 172). Die Ergebnisse sind jedoch inkonsistent und weisen häufig die Verwendung unangemessener Daten (Querschnittsdaten) und Analysemethoden (keine Mehrebenenanalysen) auf (zusammenfassend Siegrist et al. 2009).

2 Gesellschaftliche Rahmenbedingungen zur Ausbildung von Sozialkapital

Dass Sozialkapital in vielerlei Hinsicht als Ressource zu begreifen ist, wurde in einer Vielzahl von Studien nachgewiesen. Was jedoch die Rahmenbedingungen und Ursachen seiner Genese sind, wurde weit weniger häufig untersucht. Wir unterscheiden hierbei institutionelle Grundlagen in Gestalt von politischen, administrativen und rechtlichen Strukturen, die das politische Gemeinwesen charakterisieren, die Umsetzung dieser politischen Kulturen in den Bereichen der sozialen Sicherung und des Bildungswesens, gesellschaftliche Institutionen wie z. B. Familie und Arbeitswelt und deren Wandel im Zeitverlauf sowie Normen und Werthaltungen, wie sie sich beispielsweise aus religiösen Institutionen ableiten.

2.1 Politische, administrative und rechtliche Strukturen

Stolle und Rothstein (2007) argumentieren, dass Individuen die Kriterien Unparteilichkeit, Gleichheit vor dem Gesetz, Wahrung der Menschenrechte, Chancengleichheit und Effektivität heranziehen, um die Fairness der rechtlichen und administrativen Institutionen zu beurteilen. Wenn Bürgerinnen und Bürger auf parteiisches Verhalten der administrativen Institutionen treffen, entwickeln sie Misstrauen, das sie nicht nur gegenüber den staatlichen Instanzen hegen, sondern auch auf Mitmenschen übertragen. Wenn Patronage, Diskriminierung, Klientelismus und Korruption vorherrschen, führt dies dazu, dass Individuen sich nicht scheuen, ebenfalls Praktiken der Vorteilsbeschaffung anzuwenden. In ihren empirischen Analysen konnten die Autoren zeigen, dass institutionelle Effektivität und Unparteilichkeit positiv mit generalisiertem Vertrauen in die Gesellschaften korrelieren (ebd.). Bestätigt wurde auch, dass eine stabile und langandauernde Demokratie (Uslaner 2003; Curtis et al. 2001; Inglehart & Baker 2000; Inglehart 1997) sowie geringe Korruption (Della Porta 2000; Jungbauer-Gans & Gross 2007) mit höherem Sozialkapital assoziiert sind. Korruption und geringe Effektivität von administrativen Prozessen führen dazu, dass die Akzeptanz von Besteuerung sehr gering ist, wodurch die Grundlagen für wohlfahrtsstaatliche Umverteilung von Ressourcen fehlen.

Werden Bürgerinnen und Bürger in politischen und administrativen Entscheidungsgremien kooptiert, bis hin zu ihrer Einbeziehung in komplexe Planungsverfahren, erhöht dies ihr Vertrauen in politische Institutionen und fördert die Beteiligung von lokalen Initiativen (Maloney et al. 2000). In Konsensusdemokratien haben auch Minderheiten die Chance, auf Entscheidungen Einfluss zu nehmen, was ihre Motivation zur Beteiligung erhöht (Gabriel et al. 2002). Je dezentraler ein Gemeinwesen organisiert ist, desto eher überblicken Individuen ihre Einflussmöglichkeiten und desto stärker ist ihr direktes Umfeld von Entscheidungen betroffen. Sind direktdemokratische Mitspracheöglichkeiten vorhanden, haben sie Anreize, sich zu organisieren und an Entscheidungsprozessen zu beteiligen. Bühlmann und Freitag (2007) stellten signifikant positive Zusammenhänge zwischen der Gemeindeautonomie, dem Umfang basisdemokratischer Instrumente, einem ländlich-agrarischen Lebensumfeld und einem höheren Vereinsengagement in Schweizer Kantonen fest.

2.2 Soziale Sicherung und Bildungswesen

Politische Institutionen bilden den Kontext für zivilgesellschaftliche Institutionen und regen deren Wachstum an (Maloney et al. 2000). Am historischen Beispiel der Politik Englands in der Zeit der Industrialisierung führt Szreter (2000) aus, dass die sozialpolitischen Grundlagen der Gesundheitsvorsorge, der sozialen Sicherheit und des Bildungswesens eine Minimalbasis für die Entwicklung von Sozialkapital darstellten. Die Zeit der frühen Industrialisierung in England (1660–1760) war gekennzeichnet durch einen relativ interventionistischen Staat mit einer Armengesetzgebung, öffentlichen Gesundheitsvorsorge, erfolgreichen Alphabetisierung und relativ gleichmäßigen Wohlstandsverteilung. Ab 1770 zog sich der Staat zurück, indem er eine „laissez-faire"-Politik verfolgte, wodurch die soziale Infrastruktur und damit die Grundlage für Sozialkapital reduziert wurde (Szreter 2000). Ein höheres Wohlstandsniveau in einer Gesellschaft bietet bessere Voraussetzungen für Aktivitäten in Vereinen und Verbänden, für Toleranz und Vertrauen (Oorschot & Arts 2005; Inglehart & Baker 2000; Gabriel et al. 2002). Ein weiteres Argument lautet, dass eine geringe soziale Ungleichheit und Polarisierung zu höherem Sozialkapital führt (Knack & Keefer 1997; Freitag & Bühlmann 2005; Uslaner 2003; Rothstein & Uslaner 2005). Ein Bildungswesen, das breiten Bevölkerungsteilen Beteiligungschancen bietet, stärkt das Vertrauen in das Gemeinwesen, verbreitet durch seine Erziehungsfunktion soziale Normen und fördert die Integration in die Gesellschaft durch seine Bedeutung für den Erwerb von Qualifikationen und für den Übergang in den Arbeitsmarkt (Campbell 2006; Fukuyama 1999). Die Frage, wie wohlfahrtsstaatliche Regimes Sozialkapital beeinflussen, wird mit zwei konträren Thesen diskutiert (Oorschot & Arts 2005; Gabriel et al. 2002). Die „crowding out"-These besagt, dass Wohlfahrtsstaaten Leistungen zur Verfügung stellen, die die gegenseitige Unterstützung in sozialen Netzwerken substituieren und daher zu Anomie und Isolation führen. Die gegenteilige These lautet, dass Wohlfahrtsstaaten gemeinschaftliche Wertorientierungen hervorrufen und soziale Organisationen bewusst in ihre Versorgungsstrukturen integrieren, sodass sie zusätzlich an Legitimität und Bedeutung gewinnen. Empirische Ergebnisse konnten zeigen, dass die Höhe der Sozialausgaben in einem Land positiv mit Vertrauen, Beteiligung in Vereinen und Verbänden und informellen sozialen Beziehungen korreliert, was gegen die „crowding-out"-These spricht (Oorschot & Arts 2005; Gabriel et al. 2002).

2.3 Wandel von Familie und Arbeitswelt

Sich nur auf politische und administrative Institutionen zu konzentrieren, würde zu kurz greifen. Auch gesellschaftliche Institutionen wie Familie und Arbeit sind von Bedeutung für soziales Kapital. In Bezug auf die Familie sind insbesondere zwei Prozesse zu nennen, die die Bildung von Sozialkapital beeinflussen: 1. die Zunahme der Scheidungsrate, woraus die Auflösung und Neuformierung von

Verwandtschaftssystemen in Patchwork-Familien sowie die Zunahme von Einpersonenhaushalten resultiert, und 2. die rückläufige Fertilität, die in jüngeren Generationen zu einer Ausdünnung des Verwandtschaftsnetzwerks und einer zunehmenden Bedeutung von Wahlbeziehungen führen wird. Eine Analyse von egozentrierten Diskussionsnetzwerken zeigt, dass die Netzwerkgröße in Deutschland nicht wie in den USA rückläufig, sondern konstant ist (Wöhler & Hinz 2007). Innerhalb der Netzwerke verlieren jedoch Lebenspartner an Gewicht, während andere Beziehungen zu Verwandten und Freunden an Bedeutung gewinnen.

Auch im Bereich der Arbeitswelt sind Ursachen für die Entwicklung von Sozialkapital zu finden. Generell kann gezeigt werden, dass in modernen Gesellschaften die Integration in die Erwerbsarbeit eine wesentliche Grundlage für gesellschaftliche Teilhabe darstellt. Arbeitslosigkeit reduziert soziale Kontakte, führt zu Isolation und psychischen Belastungen, nicht nur durch den Wegfall von erwerbsbedingten Kontakten und Mitgliedschaften in beruflichen Interessenverbänden (Gabriel et al. 2002), sondern auch durch die mit der Erwerbsarbeit verbundene soziale Anerkennung und ihre identitätsstiftende Funktion. Im Fall von Langzeitarbeitslosigkeit ist vor allem das Wegbrechen von Beziehungen aus dem Arbeitsleben, aber auch eine geringere familiäre Unterstützung festzustellen (Diewald 2007). Auf der Makroebene der erwerbsbezogenen Institutionen wird argumentiert, dass eine funktionierende Sozialpartnerschaft zur Herausbildung eines Vertrauensverhältnisses führt, in dem Interessengegensätze domestiziert und reguliert werden. Der Organisationsgrad in beruflichen Interessenverbänden korreliert demzufolge positiv mit Vertrauen und geringer Einkommensungleichheit (Chaloupek 2003; Knack & Keefer 1997).

2.4 Normen und Werthaltungen

Abschließend wird die Bedeutung von gemeinschaftsbezogenen Normen und Werthaltungen für die Entwicklung von Sozialkapital angeführt. Beispielhaft werden dazu Religion und religiös begründete Werthaltungen betrachtet. Religionen begründen bestimmte Ausprägungen von allgemein verpflichtenden Normen, sanktionieren normabweichendes Verhalten und tragen zu Erwartungssicherheit und damit zur Entwicklung von Vertrauen bei. Welche Bedeutung und konkrete Ausprägung gemeinschaftsbezogene Normen haben, hängt auch von der jeweiligen Konfession ab. Wichtiger noch scheint jedoch die Frage zu sein, inwiefern kulturelle Homogenität Voraussetzung für die Entwicklung von Sozialkapital ist. In der Diversitätsforschung wird diskutiert, ob Unterschiedlichkeit von kulturellen Grundlagen und Wertorientierungen eine Quelle von Konflikten, Vorurteilen, Stereotypisierung und der Unterdrückung von Minderheiten darstellt oder ob Diversität der Fähigkeiten, Erfahrungen und Kulturen zu höherer Kreativität und Innovation und damit zu besserer wirtschaftlicher Entwicklung beiträgt (Alesina & La Ferrera 2005). Die Forschungsergebnisse zeigen, dass wohlhabende Gesellschaften von Fragmentierung profitieren, während es für ärmere Länder negative wirtschaftliche Auswirkungen gibt. Forschungsergebnisse, die aufzeigen, dass in ethnisch fragmentierten Gesellschaften ein geringerer Anteil des Sozialprodukts für sozialpolitische Umverteilung verwendet wird, weisen darauf hin, dass kulturelle Diversität die Entwicklung von integrierenden Normen und Altruismus erschweren kann (Alesina et al. 2001).

3 Resümee

In diesem Beitrag haben wir argumentiert, dass Sozialkapital eine zentrale Ressource für Teilhabechancen in Bildung und Arbeitsmarkt sowie für Gesundheit ist. Sozialkapital zu fördern ist jedoch kein Patentrezept, um Benachteiligungen auszugleichen, da die Verfügung über Sozialkapital häufig mit dem Besitz anderer Ressourcen korreliert bzw. die verschiedenen Formen von Kapital ineinander transformiert werden können (Bourdieu 1983). Sozialkapital wirkt zudem relativ langfristig. Vertrauensfördernde Maßnahmen setzen einen langen Atem voraus, während Misstrauen durch ein einzelnes negatives Ereignis erzeugt werden kann. Die Ausführungen zu gesellschaftlichen Rahmenbedingungen haben aber auch gezeigt, dass man nicht darauf vertrauen muss, dass sich gemeinschaftsstärkende Normen und Verhaltensweisen von selbst als Nebenprodukt anderer Handlungen herausbilden, sondern dass es geeignete politisch-administrative und gesellschaftliche Rahmenbedingungen gibt, deren Gestaltung förderlich für das Vertrauensniveau, den Altruismus und den Zusammenhalt in einer Gesellschaft ist.

Literatur

Alesina, A., Glaeser, E. & Sacerdote, B. (2001): Why Doesn't the United States Have a European-Style Welfare State? Brookings Papers on Economic Activity, 2, S. 187–254.
Alesina, A. & La Ferrara, E. (2005): Ethnic Diversity and Economic Performance. Journal of Economic Literature, 43, S. 762–800.
Aloway, R. & Babbington P. (1987): The Buffer Theory of Social Support. A Review of the Literature. Psychological Medicine, 17, S. 91–108.
Berkman, L. F. & Kawachi, I. (2000): Social Epidemiology. Oxford, New York: Oxford University.
Bian, Y. (1997): Bringing Strong Ties Back in. American Sociological Review, 62(3), S. 366–385.
Bourdieu, P. (1983): Ökonomische Kapital, kulturelles Kapital, soziales Kapital. In: Kreckel, R. (Hrsg.): Soziale Ungleichheiten. S. 183–198. Göttingen: Schwartz.
Bourdieu, P., Botanski, L. & de Saint Martin, M. (1981 [1971]): Kapital und Bildungskapital, Reproduktionsstrategien im sozialen Wandel. In: Bourdieu, P. (Hrsg.): Titel und Stelle: Über die Reproduktion sozialer Macht. S. 23–87. Frankfurt/M.: Europ. Verlagsanstalt.
Bühlmann, M. & Freitag, M. (2007): Freiwilligentätigkeit als Sozialkapital. Eine empirische Analyse zu den Rahmenbedingungen bürgerschaftlichen Vereinsengagements. In: Franzen, A. &

Freitag, M. (Hrsg.): Sozialkapital. Grundlagen und Anwendungen. Sonderheft 47 der Kölner Zeitschrift für Soziologie und Sozialpsychologie. S. 163–182.Wiesbaden: VS.

Burt, R. S. (1980): Autonomy in a Social Topology. The American Journal of Sociology, 85, S. 892–925.

Burt, R. S. (1982): Toward a Structural Theory of Action. Network Models of Social Structure, Perception and Action. London u. a.: Academic Press.

Burt, R. S. (1995 [1992]): Structural Holes. The Social Structure of Competition. Paperback. Cambridge, London: Harvard University Press.

Burt, R. S. (1997): The Contingent Value of Social Capital. Administrative Science Quarterly, 42, S. 339–365.

Burt, R. S. (2006): Structural Holes versus Network Closure as Social Capital. In: Lin, N., Cook, K. & Burt, R. S. (Hrsg.): Social Capital. Theory and Research. (2. Aufl.). S. 31–56. New Brunswick, New Jersey: Transaction.

Campbell, D. (2006): Education's Impact on Civic and Social Engagement. In: Centre for Educational Research and Innovation (Hrsg.): Measuring the Effects of Education on Health and Civic Engagement. Paris: OECD. Online: http://www.oecd.org/edu/socialoutcomes/symposium (05. 04. 2011).

Cattell, V. (2001): Poor People, Poor Places, and Poor Health: The Mediating Role of Social Networks and Social Capital. Social Science & Medicine, 52, S. 1501–1516.

Chaloupek, G. (2003): Sozialkapital und Sozialpartnerschaft. SWS-Rundschrift, 43, S. 375–386.

Coleman, J. S. (1988): Social Capital in the Creation of Human Capital. The American Journal of Sociology, 94. Supplement: Organizations and Institutions: Sociological and Economic Approaches to the Analysis of Social Structure. S. S95–S120.

Coleman, J. S. (2000): Foundations of Social Theory. (3. Aufl.). Cambridge, London: The Belknap Press of Harvard University Press.

Coleman, J. S., Campbell, E. Q., Hobson, C. J., McPartland, J., Mood, A. M., Weinfeld, F. D. & York, R. L. (1966): Equality of Educational Opportunity. Washington, D. C.: U. S. Government Printing Office.

Coleman, J. S., Hoffer T. & Kilgore S. (1982): High school achievement Public, Catholic, and Private Schools Compared. New York: Basic Books.

Curtis, J. E., Baer, D. E. & Grabb, E. G. (2001): Nations of Joiners: Explaining Voluntary Association Membership in Democratic Societies. American Sociological Review, 66, S. 783–805.

Della Porta, D. (2000): Social Capital, Beliefs in Government, and Political Corruption. In: Pharr, S. J. & Putnam, R. D. (Hrsg.): Disaffected Democracies. S. 202–230. Princeton: University Press.

Diewald, M. (2007): Arbeitsmarktungleichheiten und die Verfügbarkeit von Sozialkapital. Die Rolle von Gratifikationen und Belastungen. In: Franzen & Freitag (Hrsg.): Sozialkapital. Grundlagen und Anwendungen. Sonderheft 47 der Kölner Zeitschrift für Soziologie und Sozialpsychologie. S. 183–210. Wiesbaden: VS.

Franzen, A. & Freitag, M. (Hrsg.) (2007): Sozialkapital. Grundlagen und Anwendungen. Sonderheft 47 der Kölner Zeitschrift für Soziologie und Sozialpsychologie. Wiesbaden: VS.

Freitag, M. & Bühlmann, M. (2005): Politische Institutionen und die Entwicklung generalisierten Vertrauens. Ein internationaler Vergleich. Politische Vierteljahresschrift, 46, S. 575–601.

Fukuyama, F. (1999): Der große Aufbruch. Wie unsere Gesellschaft eine neue Ordnung erfindet. Wien: Paul Zsolnay.

Gabriel, O. W., Kunz, V., Rossdeutscher, S. & Deth, J. W. v. (2002): Sozialkapital und Demokratie. Zivilgesellschaftliche Ressourcen im Vergleich. Wien: Universitätsverlag.

Granovetter, M. (1973): The Strength of Weak Ties. The American Journal of Sociology, 78, S. 1360–1380.

Ganovetter, M. (1974): Getting a Job: A Study of Contacts and Careers. Cambridge, Mass.: Harvard University Press.
Granovetter, M. (1983): The Strength of Weak Ties: A Network Theory Revisited. Sociological Theory, 1, S. 201–233.
Granovetter, M. (1995 [1974]): Getting a Job. A Study of Contacts and Careers. Chicago: University of Chicago Press.
Greeley, A. M. (1982): Catholic High Schools and Minority Students. New Brunswik: Transaction.
House, J. S. (1981): Work Stress and Social Support. Reading, Mass: Addison-Wesley Publishing Company.
House, J. S., Umberson, D. & Landis, K. R. (1988): Structures and Processes of Social Support. Annual Review of Sociology, 14, S. 293–318.
Inglehart, R. (1997): Modernization and Postmodernization: Cultural, Economic, and Political Change in 43 Societies. Princeton: University Press.
Inglehart, R. (1999): Trust, Well-being and Democracy. In: M. E. Warren (Hrsg.): Democracy & Trust. S. 88–120. New York: Cambridge University Press.
Inglehart, R. & Baker, W. E. (2000): Modernization, Cultural Change, and the Persistance of Traditional Values. American Sociological Review, 65, S. 19–51.
Jungbauer-Gans, M. (2002): Ungleichheit, soziale Beziehungen und Gesundheit. Wiesbaden: Westdeutscher Verlag.
Jungbauer-Gans, M. (2004): Einfluss des sozialen und kulturellen Kapitals auf die Lesekompetenz. Ein Vergleich der PISA 2000-Daten aus Deutschland, Frankreich und der Schweiz. In: Zeitschrift für Soziologie, 33(5), S. 375–397.
Jungbauer-Gans, M. (2006): Einleitende Betrachtungen zum Begriff Sozialkapital. In: Gehmacher, E., Kroismayr, S., Neumüller, J. & Schuster, M. (Hrsg.): Sozialkapital. Neue Zugänge zu gesellschaftlichen Kräften. S. 17–43. Wien: Mandelbaum.
Jungbauer-Gans, M. & Gross, C. (2007): Verteilung des sozialen Kapitals. Eine makrosoziologische Analyse des European Social Survey 2002 und 2004. In: Franzen & Freitag (Hrsg.): Sozialkapital. Grundlagen und Anwendungen. Sonderheft 47 der Kölner Zeitschrift für Soziologie und Sozialpsychologie. S. 211–240. Wiesbaden: VS.
Jungbauer-Gans, M. & Gross, C. (2009): Erklärungsansätze sozial differenzierter Gesundheitschancen. In: Richter, M. & Hurrelmann, K. (Hrsg.): Gesundheitliche Ungleichheit. Grundlagen, Probleme, Perspektiven. (2. Aufl.). S. 77–98. Wiesbaden: VS.
Kahl, H., Fuchs, R., Semmer, N. & Tietze, K. (1994): Einflußfaktoren auf die Entwicklung gesundheitsrelevanter Verhaltensweisen bei Jungen und Mädchen: Ergebnisse aus der Berlin-Bremen-Studie. In: Kolip, P. (Hrsg.): Lebenslust und Wohlbefinden. Beiträge zur geschlechtsspezifischen Jugendgesundheitsforschung. S. 63–82. Weinheim; München: Juventa.
Klocke, A. (2004): Soziales Kapital als Ressource im Jugendalter. In: Jungbauer-Gans, M. & Kriwy, P. (Hrsg.): Soziale Benachteiligung und Gesundheit bei Kindern und Jugendlichen. S. 85–96. Wiesbaden: VS.
Knack, S. & Keefer, P. (1997): Does Social Capital have an Economic Payoff? A Cross-Country Investigation. Quarterly Journal of Economics, 112, S. 1251–1288.
Krackhardt, D. (1992): The Strength of Strong Ties: The Importance of Philos in Organizations. In: Nohria, N. & Eccles, R. G. (Hrsg.): Networks and Organizations: Structure, Form, and Action. S. 216–239. Boston/MA: Harvard Business School.
Lin, N., Ensel, W. M. & Vaughn, J. C. (1981): Social Resources and Strength of Ties: Structural Factors in Occupational Status Attainment. American Sociological Review, 46, S. 393–405.
Link, B. G. & Phelan, J. C. (2000): Evaluating the Fundamental Cause Explanation for Social Disparities in Health. In: Bird, C. E., Conrad, P. & Fremont, A. M. (Hrsg.): Handbook of Medical Sociology. (5. Aufl.). S. 33–45. Upper Saddle River: Prentice Hall.

Loury, G. (1977): A Dynamic Theory of Racial Income Differences. In: Wallace, P.A. & Le Mund, A. (Hrsg.): Women, Minorities, and Employment Discrimination. S. 153–186. Lexington: Lexington Books.
Loury, G. (1987): Why Should We Care About Group Inequality? Social Philosophy and Policy, 5, S. 249–271.
Maloney, W.A.; Smith, G.; Stoker, G. (2000): Social Capital and Associational Life. In: Baron, S., Field, J. & Schuller, T. (Hrsg.): Social Capital. Critical Perspectives. S. 212–225. Oxford: Oxford University Press.
Mayer, K.U. (1998): James S. Colemans Untersuchungen zum amerikanischen Bildungswesen und ihr Verhältnis zu seiner Handlungs- und Gesellschaftstheorie. In: Müller, H.-P. & Schmid, M. (Hrsg.): Norm, Herrschaft und Vertrauen. Beiträge zu James S. Colemans Grundlagen der Sozialtheorie. S. 180–192. Opladen: Westdeutscher Verlag.
Meadows, S.O., McLanahan, S.S. & Brooks-Gunn, J. (2008): Stability and Change in Family Structure and Maternal Health Trajectories. American Sociological Review, 73, S. 314–334.
Newman, M.E.J. (2004): Who Is The Best Connected Scientist? A Study of Scientific Coauthorship Networks. In: Ben-Naim, E., Frauenfelder, H. & Toroczkai, Z. (Hrsg.): Complex Networks. S. 337–370. Berlin, Heidelberg, New York: Springer.
Nuckolls, K.B., Cassel, J. & Kaplan, B.H. (1972): Psychological Assets, Life Crisis and the Prognosis of Pregnancy. American Journal of Epidemiology, 95, S. 431–441.
Oorschot, W.v. & Arts, W. (2005): The Social Capital of European Welfare States. The Crowding Out Hypothesis Revisited. Journal of European Social Policy, 15, S. 5–26.
Ozga, S.A. (1960): Imperfect Markets through Lack of Knowledge. The Quarterly Journal of Economics, 74, S. 29–52.
Putnam, R. (2000): Bowling Alone. Paperback. New York u.a.: Simon & Schuster.
Putnam, R.D. & Goss, K.A. (2002): Introduction. In: Putnam, R.D. (Hrsg.): Democracies in Flux. The Evolution of Social Capital in Contemporary Society. S. 3–19. Oxford, New York: Oxford University Press.
Richter, M. & Settertobulte, W. (2003): Gesundheits- und Freizeitverhalten von Jugendlichen. In: Hurrelmann, K., Klocke, A. & Metzer, W. (Hrsg.): Jugendgesundheitssurvey. Internationale Vergleichsstudie im Auftrag der Weltgesundheitsorganisation WHO. S. 99–157. Weinheim: Juventa.
Rothstein, B. & Uslaner, E.M. (2005): All for all. Equality, Corruption and Social Trust. World Politics, 58, S. 41–72.
Siegrist, J., Dragano, N. & von dem Knesebeck, O. (2009): Soziales Kapital, soziale Ungleichheit und Gesundheit. In: Richter, M. & Hurrelmann, K. (Hrsg.): Gesundheitliche Ungleichheit. Grundlagen, Probleme, Perspektiven. (2. Aufl.). S. 167–180. Wiesbaden: VS.
Smith, K.P. & Christakis, N.A. (2008): Social Networks and Health. Annual Review of Sociology, 34, S. 405–429.
Stolle, D. & Rothstein, B. (2007): Institutionelle Grundlagen des Sozialkapitals. In: Franzen & Freitag (Hrsg.): Sozialkapital. Grundlagen und Anwendungen. Sonderheft 47 der Kölner Zeitschrift für Soziologie und Sozialpsychologie. S. 113–140. Wiesbaden: VS.
Szreter, S. (2000): Social Capital, the Economy, and Education in Historical Perspective. In: Baron, S., Field, J. & Schuller, T. (Hrsg.): Social capital. Critical perspectives. S. 56–77. Oxford: Oxford University Press.
Uslaner, E.M. (2003): Trust, Democracy and Governance. Can Government Policies Influence Generalized Trust? In: Hooghe, M. & Stolle, D. (Hrsg.) Social Capital. Civil Society and Institutions in Comparative Perspective. S. 171–190. New York: Palgrave MacMillan.
Wegener, B. (1987): Vom Nutzen entfernter Bekannter. Kölner Zeitschrift für Soziologie und Sozialpsychologie, 39, S. 278–301.

Wellman, B. & Wortley, S. (1990): Different Strokes from Different Folks: Community Ties and Social Support. The American Journal of Sociology, 96, S. 558–588.

Wöhler, T. & Hinz, T. (2007): Egozentrierte Diskussionsnetzwerke in den USA und Deutschland. In: Franzen & Freitag (Hrsg.): Sozialkapital. Grundlagen und Anwendungen. Sonderheft 47 der Kölner Zeitschrift für Soziologie und Sozialpsychologie. S. 91–112. Wiesbaden: VS.

Wolf, C. (1996): Gleich und gleich gesellt sich. Individuelle und strukturelle Einflüsse auf die Entstehung von Freundschaften. Hamburg: Dr. Kovač.

Rush Hours of Life – Die Ressource Zeit im Lebensverlauf aus Gender- und Familienperspektive[19]

Uta Klammer

Zeit kann aus ressourcentheoretischer Perspektive als Mittel verstanden werden, das – wie andere Ressourcen auch – benötigt wird, um eigene Ziele zu verfolgen und knapp bemessen ist. Das lässt sich insbesondere an der Debatte um die sogenannte *rush hour of life* veranschaulichen, mit der gewöhnlich der Lebensabschnitt bezeichnet wird, in dem zum einen die Erwerbstätigkeit und Karriere besonders viel Zeit erfordern und zum anderen häufig eine Familie gegründet wird und jüngere Kinder zu betreuen sind. Empirische Studien zu Zeitverwendungsmustern im Lebensverlauf bestätigen diese „Konkurrenz" der verschiedenen Lebensaufgaben. Des Weiteren zeigen sie deutliche geschlechtsspezifische Unterschiede auf.

Empirische Forschungsprojekte unter Beteiligung der Autorin (z. B. Sachverständigenkommission Gleichstellung 2011; Klammer 2010; Klammer et al. 2008 sowie bereits Klammer & Tillmann 2002) zeigen auf, dass sich diese Lebensverläufe in den letzten Jahrzehnten verändert haben. In Deutschland geht die Lebenserwerbsarbeitszeit von Männern zurück, die der Frauen verlängert sich. Durch den späten Berufseintritt verschärft sich tendenziell die *rush hour of life* für diejenigen, die Kinder und Berufstätigkeit zu vereinbaren haben; vermehrt kommt es zudem zu einer zweiten *rush hour*, wo Berufstätigkeit und Pflegetätigkeiten zusammenfallen. Gleichzeitig haben sich die Phasen der Nichterwerbstätigkeit von Frauen im Zusammenhang mit Kindererziehung und Haushaltsführung verkürzt. Wenn man allerdings berücksichtigt, dass dieser statistische Rückgang der Unterbrechungen vor allem durch den Rückgang der Geburten bzw. des Anteils der Mütter unter den Frauen bedingt ist, verläuft dieser Prozess offensichtlich eher zögerlich.

Vergleiche der Zeitverwendungsmuster über mehrere Länder hinweg weisen darauf hin, dass die Unterschiede in der Zeitverwendung – insbesondere die zwischen Männern und Frauen – stark mit den sozialstaatlichen/nationalstaatlichen Institutionen und Strukturen variieren (Klammer et al. 2008). Diese Tatsache wirft eine Reihe von Fragen auf: Durch welche institutionellen Einflussfaktoren und Rahmenbedingungen werden die Zeitarrangements in der Familie beeinflusst? Welche Rolle spielen Arbeitszeitformen wie Teilzeitarbeit und Mini-Jobs für den späteren Lebensverlauf? Handelt es sich um kürzere, vorübergehende

---

19 Der Beitrag ist eine gekürzte, überarbeitete und aktualisierte Version des Artikels Klammer (2007). Für Unterstützung bei der Kürzung und Überarbeitung danke ich Alban Knecht.

Episoden einer Erwerbsbiografie, die z. B. beim Berufseinstieg akzeptiert oder sogar bewusst gewählt werden, oder um dauerhaft unfreiwillige Arrangements?

Der folgende Vergleich der geschlechterspezifischen Zeitverwendung über den Familienzyklus hinweg zeigt die Unterschiede in der Zeitverwendung für einige europäische Länder auf und erklärt sie im Rahmen der spezifischen nationalen (sozial)politischen Strukturen bzw. Lebensbedingungen. Anschließend werden die finanziellen Auswirkungen von Erwerbsunterbrechungen und Teilzeitarbeit auf das Lebenserwerbseinkommen anhand von Daten für Deutschland dargestellt und sozialpolitische Handlungsempfehlungen vorgestellt.

1 Geschlechtsspezifische Zeitverwendung über den Familienzyklus in ausgewählten europäischen Ländern

Um die Zeitverwendung in individuellen Biografien sichtbar zu machen und Phasen von Zeitnot zu identifizieren, werden Längsschnittdaten benötigt, die allerdings nur für wenige Länder verfügbar sind. Für die Auswertungen im Rahmen des Projektes „Towards a New Organisation of Time Throughout Working Life" unter Mitwirkung der Autorin (European Foundation 2006) wurden daher mit Daten des European Community Household Panels (ECHP) „fiktive" Lebensverläufe konstruiert, indem für ein Bezugsjahr Erwerbsbeteiligung und durchschnittliche Zahl der Arbeitsstunden von Männern und Frauen über einen typischen Lebens- und Familienzyklus berechnet wurden. Damit können die Zeitverwendung und Erwerbsbeteiligung nach den Kategorien Alter und Familienstand unter den zu einem bestimmten Zeitpunkt gegebenen institutionellen Rahmenbedingungen dargestellt werden.

Die so für das Jahr 2000 ermittelten Daten machen einige Besonderheiten der deutschen Zeitverwendungsmuster deutlich (für eine ausführliche Darstellung vgl. Klammer 2007). Während heute bei jungen Paaren ohne Kinder in *Deutschland* die Erwerbsquote der Frauen bereits annähernd derjenigen ihrer männlichen Partner gleichkommt – bei etwas niedrigerer durchschnittlicher Wochenarbeitszeit –, ist der „Knick" bei Beginn der Elternschaft immer noch erheblich: Die durchschnittliche Erwerbsstundenzahl der Frauen „fällt" um mehr als die Hälfte, wobei sich diese Durchschnittsentwicklung aus einer kräftigen Absenkung des Anteils der Erwerbstätigen und aus einem deutlichen Anstieg der Teilzeitquote unter denjenigen, die noch erwerbstätig sind, zusammensetzt. Diese Auswertung bestätigt nicht den aus Zeitbudgetstudien ansonsten bekannten Befund, dass Männer ihr Arbeitszeitvolumen erhöhen, wenn die Phase der Elternschaft beginnt. Stattdessen sind in Paarbeziehungen lebende Männer etwas seltener erwerbstätig und arbeiten, wenn sie erwerbstätig sind, auch etwas kürzer, wenn kleine Kinder im Haushalt leben. Über den weiteren (fiktiven) Lebensverlauf hinweg schließen Frauen in Deutschland weder in Bezug auf die Erwerbsquoten noch auf den Umfang der geleisteten Erwerbstätigkeit je wieder zu den Männern auf. Dass die Differenzen gegen Ende der Erwerbsphase geringer werden, geht fast ausschließlich auf die fortschreitende (durchschnittliche) Erwerbseinschränkung der Männer zurück. Hier treffen das institutionell gestützte Modell weiblicher Teilzeitarbeit und vergleichsweise großzügige Ausstiegsoptionen wie Altersteilzeit, die häufig von männlichen Beschäftigten genutzt werden, zusammen.

Zwar zeigt sich auch in den anderen europäischen Ländern ein deutliches Auseinanderklaffen der Arbeitsmarktpartizipation zwischen Frauen und Männern, sobald die Familienphase beginnt, jedoch mit charakteristischen Unterschieden. Besonders deutlich sind die Differenzen im Erwerbsarbeitsvolumen über den Lebensverlauf in den *Niederlanden*, allerdings nicht aufgrund eines starken Absinkens der weiblichen Erwerbsquoten, sondern durch die besonders hohen Teilzeitquoten für Frauen: Von den in Paaren lebenden Frauen mit jüngeren Kindern arbeiten rund neun von zehn Frauen Teilzeit und ein Großteil von ihnen bleibt auch später teilzeitbeschäftigt. Obwohl das *Vereinigte Königreich* auch stark auf die Teilzeitarbeit von Müttern setzt, lässt sich hier ein rascherer Wiederanstieg der Erwerbsquoten von Müttern erkennen. Angesichts des im liberalen Wohlfahrtsstaat Großbritannien geringen Ausmaßes dekommodifizierender, von der Erwerbsarbeit freistellender Sozialleistungen haben viele Mütter kaum eine andere Alternative, als schnell ins Erwerbsleben zurückzukehren. Trotz der Existenz vieler Teilzeitjobs arbeiten sie dann im Durchschnitt auch wieder mehr Stunden als in Deutschland oder den Niederlanden. Auch Menschen am Anfang und am Ende des (potenziellen) Erwerbslebens sind in Großbritannien stärker in den Arbeitsmarkt eingebunden als in Deutschland. Dadurch ist das gesellschaftliche Erwerbsarbeitsvolumen in Großbritannien nicht ganz so stark auf Männer im mittleren Lebensalter – sogenannte „prime age men" – konzentriert wie in Deutschland. Für *Frankreich* ist, obwohl es wie Deutschland dem konservativen Wohlfahrtsstaatstyp zugerechnet wird, eine sehr viel geringere Abhängigkeit der weiblichen Erwerbsmuster vom Status der Mutterschaft charakteristisch. Unterstützt durch gut ausgebaute Kinderbetreuung bleibt ein Großteil der Frauen auch beim Übergang in die Mutterschaft vollzeiterwerbstätig. Im „modifizierten Ernährermodell" Frankreichs sinkt die durchschnittliche Arbeitsstundenzahl der Frauen daher beim Übergang zur Mutterschaft vergleichsweise wenig ab, auch wenn insgesamt die Erwerbstätigenquoten von Frauen niedriger sind als in Deutschland. Typisch für die mediterranen Wohlfahrtsstaaten, z. B. *Spanien*, ist die fehlende Teilzeitkultur in Verbindung mit der gesellschaftlichen Erwartung, dass ein Großteil der sozialen Wohlfahrtsproduktion innerhalb der Familie geleistet wird. Frauen stehen in der Regel vor der Wahl, entweder ganz oder gar nicht zu arbeiten. Angesichts des geringen Angebots sozialpolitischer Unterstützung, z. B. in Form von Kinderbetreuung oder Pflegeleistungen, kommt es zu einer Polarisierung der Frauen in Bezug auf ihre Arbeitszeit. Die Kontinuität und der Umfang der Erwerbstätigkeit von Männern ist dagegen bis ins mittlere Lebensalter noch weniger durch die jeweilige Lebensphase bestimmt als in den anderen genannten Ländern. Erst im höheren Erwerbsalter kommt es dann – ähnlich wie auch in Frankreich – zu einem deutlichen Rückgang der Erwerbspartizipation von Männern. Das nordische „universale Ernährermodell" – z. B. in *Schweden* – ist dem gegenüber sowohl durch eine hohe als auch durch eine kontinuierliche Erwerbspartizipation beider Geschlechter über den gesamten Lebenslauf gekennzeichnet. Hier gibt es den höchsten Anteil von Haushalten mit zwei Erwerbstätigen. Hervorzuheben ist, neben der hohen Erwerbstätigkeit von Müttern (auch mit jüngeren Kindern), vor allem auch die hohe Erwerbsintegration von jungen und älteren Menschen. Teilzeit wird überwiegend als lange Teilzeit ausgeübt. Die Polarisierung der Arbeitszeiten ist gering, sowohl sehr lange als auch sehr kurze Arbeitszeiten sind selten anzutreffen. Kennzeichen ist somit eine vergleichsweise gleichmäßige Verteilung des gesellschaftlichen Erwerbsarbeitszeitvolumens über beide Geschlechter sowie alle Altersgruppen und Familienphasen.

Die geschlechtsspezifischen Muster der Arbeitszeitverteilung über den Lebensverlauf in den unterschiedlichen EU-Ländern spiegeln unterschiedliche gesellschaftliche Normvorstellungen ebenso wider wie die ökonomischen und sozialen Rahmenbedingungen zum Untersuchungszeitpunkt. Der Vergleich macht deutlich, dass die Verteilung des gesellschaftlichen Erwerbsarbeitszeitvolumens auf Personen unterschiedlichen Alters und Geschlechts in Deutschland durch die hohe Konzentration auf „prime age men" besonders ungleichmäßig ist. Dies setzt sich unmittelbar in der Verteilung des Einkommens fort, wie im folgenden Abschnitt am Beispiel Deutschland zu zeigen sein wird.

2 Zeit ist Geld: Auswirkung von Erwerbsunterbrechungen und Teilzeitarbeit auf das Lebenserwerbseinkommen

Der Verlauf der Erwerbsbiografie ist maßgeblich für das erzielbare Lebenseinkommen, wie exemplarisch auf der Basis eigener Auswertungen von AVID-Daten (Altersvorsorge in Deutschland) und der Beschäftigtenstichprobe des Instituts für Arbeitsmarkt- und Berufsforschung gezeigt werden konnte (ausführlich: Klammer & Tillmann 2002; Klammer 2007). Die Daten der sogenannten *AVID '96* geben Auskunft zu den Erwerbsbiografien von 1936 bis 1955 geborenen Männer und Frauen, wobei die Daten der jüngeren Kohorten mit Hilfe eines Simulationsmodells fortgeschrieben wurden (vgl. Infratest Burke Sozialforschung 2000). Die Daten zeigen, dass sich vor allem bei westdeutschen Männern der Einkommenserwerb zunehmend auf spätere Phasen des Erwerbslebens verlagert hat. Inwieweit steigende Ausbildungsdauer und Einstiegsprobleme in den Beruf zu dieser Entwicklung beigetragen haben, kann auf der Basis dieser Daten nicht geklärt werden.

Gleichzeitig war lange eine Tendenz zu einem immer früheren Renteneintritt zu beobachten. Diese Prozesse können als „Kompression des Lebenserwerbsverlaufs" beschrieben werden, die dazu führt, dass ein steigender Anteil des Lebenserwerbseinkommens in den mittleren Jahren der potenziellen Erwerbsfähigkeitsphase erwirtschaftet wird. Jedes dieser Jahre bekommt zunehmend Gewicht für das erzielbare Lebenserwerbseinkommen; Ausfälle durch freiwillige oder unfreiwillige Erwerbsunterbrechungen haben entsprechend steigende Einbußen zur Folge. Genau in diesem Zeitraum kommt es jedoch häufig zu einer *rush hour of life*, in der der Zeitbedarf für andere Aufgaben, z.B. Kindererziehung, besonders groß ist.

Im Westen Deutschlands sind darüber hinaus vor allem die bekannten, großen Unterschiede zwischen Frauen und Männern augenfällig, die sowohl das Einkommensniveau als auch den Erwerbsverlauf betreffen. In der Summe erreichen westdeutsche Frauen der Geburtsjahrgänge 1936 bis 1955 nur rund 43 % (!) des Lebenserwerbseinkommens westdeutscher Männer. Dabei ist das Lebenserwerbseinkommen von Frauen vor allem in Westdeutschland direkt von der Kinderzahl abhängig. Wie aus Abbildung 1 deutlich wird, treten statisch gesehen schon bei einem Kind gewaltige Einbußen im Lebenserwerbseinkommen auf. Bei Frauen mit zwei oder gar drei Kindern liegen die Lebenserwerbseinkommen nochmals über den gesamten weiteren Lebensverlauf niedriger. Westdeutsche Mütter der Geburtsjahrgänge 1936 bis 1955 konnten im Durchschnitt nie mehr zu dem Einkommen kinderloser Frauen aufschließen. Am Ende des Erwerbslebens weisen westdeutsche Frauen mit einem Kind nur 58 %, Frauen mit zwei Kindern 43 % und Frauen mit drei Kindern sogar nur 30 % des versicherungspflichtigen Lebenserwerbseinkommens kinderloser Frauen auf (Stegmann 2001, 154).

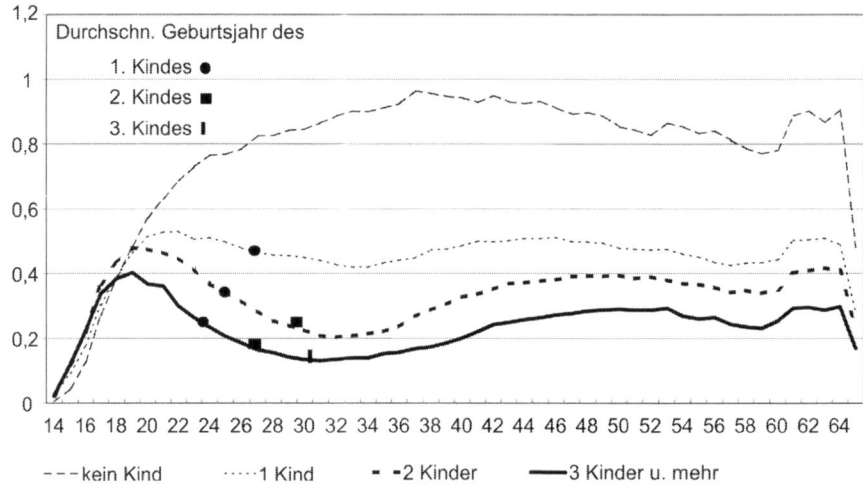

Abb. 1: Einkommensentwicklung im Lebensverlauf bei westdeutschen Frauen nach Zahl der Kinder (Quelle: AVID-Daten; Stegmann (2001, 148)). Anmerkungen: linke Skala: durchschnittliche Entgeltpunkte je Lebensjahr (aus sozialversicherungspflichtiger Erwerbsarbeit pro Jahr, Geburtsjahrgänge 1936–1955); untere Skala: Lebensjahr

Auch in Ostdeutschland liegen die versicherungspflichtigen Einkommen von Männern über den gesamten Lebensverlauf deutlich über den für Frauen ausgewiesenen Werten. Jedoch wirkten sich bei den hier betrachteten Frauen, bei denen die Phase der Familiengründung fast durchweg noch in die DDR-Zeit fiel, Kinder aufgrund weniger häufiger und kürzerer Erwerbsunterbrechungen weniger stark auf den weiteren Einkommensverlauf der Mütter aus. Schon vor dem 40. Lebensjahr konnten die Frauen mit ein bis zwei Kindern fast vollständig und die Frauen mit drei Kindern weitgehend wieder an die Einkommensentwicklung kinderloser Frauen anknüpfen und nur bei der letztgenannten Gruppe blieb ein Einkommensrückstand in den letzten Erwerbsjahren sichtbar. Selbst sie erreichen aber rund drei Viertel des Lebenserwerbseinkommens kinderloser Frauen, Frauen mit einem Kind sogar fast 94 %.

Zu den langfristigen Folgen von Erwerbsunterbrechungen und Teilzeitarbeit liegen inzwischen eine Reihe ökonometrischer Studien vor (für eine Übersicht vgl. Sachverständigenkommission Gleichstellung 2011). Einige Studien kommen zu dem Ergebnis, dass sich Erwerbsunterbrechungen wegen Geburt und Erziehung im weiteren Erwerbs- und Einkommensverlauf weniger gravierend auswirken als Unterbrechungen aufgrund von Arbeitslosigkeit. Ein Restaurationseffekt, also ein rasches Wiedererreichen des vor der Unterbrechung erzielten Einkommens, kann aber nicht in allen Untersuchungen nachgewiesen werden. Beblo & Wolf (2002a; 2002b), die eine Reihe von Studien zu den Auswirkungen von Erwerbsunterbrechungen vorgelegt haben, ermittelten im Geschlechtervergleich, dass die Auswirkungen von Arbeitslosigkeitsphasen auf den weiteren Einkommensverlauf bei Männern stärker sind als bei Frauen, während es bei Elternzeitphasen umgekehrt ist. Ihren Ergebnissen zufolge „schaden" Elternzeitphasen Frauen bemerkenswerter Weise mehr und auch längerfristiger als den Männern, die sie in Anspruch nehmen. Während bei Frauen Arbeitslosigkeitsphasen vergleichsweise schnell „verjährten" und nach fünf Jahren keine Lohnabschläge mehr zu erkennen waren, war eine vollständige Restauration nach Kindererziehungszeiten nicht zu erkennen. Auch Frauen, die nur ein Jahr wegen Kindererziehung unterbrochen hatten, erreichten später nur noch 95 % des Lohnniveaus einer vergleichbaren, durchgängig erwerbstätigen Frau.

Neben Art und Dauer der Unterbrechung spielt auch die Lage im Lebensverlauf eine Rolle.

Generell haben frühere Unterbrechungen geringere Auswirkungen, da mit steigendem Lebensalter und Berufserfahrung die Einkommensverluste höher sind. Den Berechnungen zufolge nimmt durch eine einjährige Erwerbspause das bis dahin erreichte Einkommen um rund ein Drittel ab. Dieser Einkommensrückgang wird häufig vernachlässigt, die „Rendite" von Berufserfahrung daher unterschätzt (Beblo & Wolf 2002a). Aus Sicht der Lebenseinkommensbilanz von Frauen spricht somit wenig dafür, die Dauer der rechtlich ermöglichten Kindererziehungszeiten weiter auszudehnen. Der Trend zur späten Mutterschaft erhöht die Opportunitätskosten der Familiengründung weiter. Daher wäre zu untersuchen, wie Frauen eine frühere Mutterschaft, z.B. während des Studiums, erleichtert werden könnte.

Wie wirkt sich aber Teilzeitarbeit – im Unterschied zu Erwerbsunterbrechungen, aber auch zu Vollzeiterwerbstätigkeit – auf die Einkommensbiografien von Frauen aus? Verschiedene Studien kommen hier zu uneinheitlichen Ergebnissen (vgl. Sachverständigenkommission Gleichstellung 2011; Klammer 2007). Insgesamt dürften die Auswirkungen von Teilzeitphasen auf ein späteres (Vollzeit-)Einkommen eher gering sein. Wenn es Nachteile von Teilzeitphasen gibt, dann sind sie überwiegend darauf zurückzuführen, dass während dieser Phasen weniger berufs- und betriebsspezifisches Humankapital angesammelt werden kann. Auch aus den eigenen Auswertungen auf Basis der AVID wird deutlich, dass sich Phasen der Teilzeitarbeit *im Lebensverlauf* zumindest als *„second best*-Lösung" erweisen. Frauen mit (sozialversicherungspflichtigen) Teilzeitphasen erzielen insgesamt ein höheres Lebens-Einkommensergebnis als der Durchschnitt aller Frauen (ausführlich Klammer & Tillmann 2002, Kap. II.4). Während Frauen, die Teilzeit und Vollzeit kombinieren, zumeist insgesamt lange Zeiten bezahlter Erwerbsarbeit erreichen, kommen die „reinen Vollzeitfrauen" im Durchschnitt auf deutlich weniger Erwerbsjahre und drücken wegen ihrer langen Nichterwerbsphasen auch den Einkommensdurchschnitt. Hier wird deutlich, dass Teilzeitarbeit nicht nur im Hinblick auf das aktuelle Erwerbseinkommen beurteilt werden darf, sondern auch mit Blick auf das Potenzial für den weiteren Erwerbs- und Einkommensverlauf.

3 Sozialpolitischer Handlungsbedarf: Für eine geschlechtergerechte Lebensverlaufspolitik

Aus den dargestellten empirischen Ergebnissen zur geschlechtsspezifischen Zeit- und Einkommensverteilung über den Lebensverlauf lassen sich vielfältige arbeitsmarkt- und sozialpolitische Handlungsbedarfe ableiten. In der Terminologie der europäischen Wohlfahrtsstaatsforschung geht es dabei darum, neue Formen von und Gleichgewichte zwischen „Kommodifikation" und „Dekommodifikation" zu finden, die den je nach Geschlecht, Personengruppe und Lebensphase unterschiedlichen Bedürfnissen und Problemen Rechnung tragen. Dabei bezeichnet Kommodifikation die Unterstützung zur (Re-)Integration in den Arbeitsmarkt, während unter Dekommodifikation die (temporäre) Freistellung von der Verpflichtung, den eigenen Lebensunterhalt durch Erwerbsarbeit zu finanzieren, zu verstehen ist. Auf fünf Handlungsfelder, die eine wichtige Rolle hinsichtlich einer geschlechtergerechten Lebenslaufpolitik spielen dürften, soll im Folgenden näher eingegangen werden:[20] 1. Unterstützung von Kontinuität, 2. Unterstützung von

---

[20] Die folgende Auswahl beruht auf Forschungsergebnissen der Autorin und stützt sich dabei theoretisch-konzeptionell u.a. auf das Konzept der „Übergangsarbeitsmärkte" von Günther Schmid, die Idee der „droits de tirage sociaux" (soziale Ziehungsrechte) von Alain Supiot et al. sowie den Capability-Ansatz von Amartya Sen (ausführlich Klammer 2004, 287 f.).

Diskontinuität, 3. Unterstützung von Übergängen, 4. Reallokation monetärer Unterstützung, 5. Verbesserung der Finanz- und Lebensführungskompetenz.

1. Unterstützung von Kontinuität: Ob sich „atypische" Beschäftigung und Unterbrechungen der Erwerbstätigkeit als „prekär" erweisen, hängt u. a. davon ab, ob sie im Lebens- und Erwerbsverlauf kumulieren oder nicht. Unfreiwillige Unterbrechungen der Erwerbstätigkeit und Schwankungen der Arbeitszeit können die physische und psychische Gesundheit beeinträchtigen. Ebenso können sie wichtige Entscheidungen beeinflussen, z. B. bezüglich Mobilität, Partnerschaft, Familienbildung. Schon die Antizipation von oder die Furcht vor möglichen Brüchen reicht häufig aus (vgl. OECD 1997). Daher kommt in einer Gesellschaft, die zunehmend davon ausgeht, dass Erwachsene *beiderlei* Geschlechts sich grundsätzlich selbst über Erwerbstätigkeit finanzieren (*adult worker model*), der politischen Unterstützung von kontinuierlicher Arbeitsmarktpartizipation und der Schaffung verlässlicher Rahmenbedingungen eine besondere Bedeutung zu. In den Niederlanden gehen die Bemühungen bereits seit den 90er Jahren in diese Richtung. So wurden im Rahmen des sogenannten „Flex Wet" von 1999 die Absicherung flexibler Beschäftigter an diejenigen der unbefristet Beschäftigten angeglichen und Wege von flexiblerer zu stabilerer Beschäftigung festgelegt (Wilthagen 2001).

Bezüglich der sozialen Sicherung für Frauen mit Erwerbslücken und geringen Arbeitszeiten, wie sie z. B. Minijobs mit sich bringen, liegt in Deutschland ein wesentliches Problem immer noch im eigenständigen, nicht an die Ehe geknüpften Zugang zu den sozialen Sicherungssystemen. Aus Lücken im Erwerbsleben werden auf diese Weise Lücken in der Versicherungsbiografie – der Schutz beim Eintreten allgemeiner sozialstaatlich anerkannter Risiken wie Arbeitslosigkeit, Krankheit, Alter entfällt in Teilen oder zur Gänze. Eine Umwandlung von abgeleiteten in eigenständige Ansprüche kann langfristig dazu beitragen, Sicherungslücken zu füllen und die individuellen und gesellschaftlichen Kosten von Nichterwerbstätigkeit und nicht existenzsichernder Erwerbsarbeit transparenter zu machen. Gesetzliche Regelungen sollten eine stärkere Integration von Frauen in existenzsichernde Erwerbsarbeit fördern (statt behindern); darüber erscheint der Ausbau mindestsichernder Elemente im Rentensystem unverzichtbar, um dem Risiko steigender Altersarmut zu begegnen. Unternehmen können einen Beitrag zur Kontinuität von Erwerbstätigkeit leisten, indem sie Formen der externen Flexibilität stärker als bisher durch interne Flexibilität ersetzen, d. h. die Freisetzung von Arbeitskräften durch arbeitsplatzsichernde Arbeitszeitanpassungen und gezielte Weiterbildung der Beschäftigten (funktionale Flexibilität) vermeiden.

2. Unterstützung von Diskontinuität: Eine zweite zentrale politische Aufgabe im Zusammenhang mit Geschlechtergerechtigkeit in der Lebensverlaufperspektive kann in der Unterstützung von Diskontinuität gesehen werden. De facto steigt der Bedarf an flexiblen Arbeitszeiten, u. a. durch die vermehrte Erwerbstätigkeit von Frauen. Solche Bedürfnisse können bedingt sein durch die Fürsorge für Kinder und – vermehrt – für ältere, pflegebedürftige Familienmitglieder, aber auch durch Auszeiten für Weiterbildung oder Rekreation. Die Schaffung von „garantierten Optionalitäten" von Seiten des Gesetzgebers, aber auch von Seiten der Kollektivvertragsparteien und der Betriebe, erweist sich hier als unverzichtbares Instrument. Ein *adult worker model* kann nur dann als akzeptables Leitbild angesehen werden, wenn es für Menschen in unterschiedlichen Lebensphasen und mit unterschiedlichen Prioritäten und Bedürfnissen Variationen und Anpassungen der Arbeitszeit ermöglicht. Dies beinhaltet rechtliche Rahmenbedingungen für Erwerbspausen wie auch die Verminderung und Wiederaufstockung von Arbeitszeit. Wie in allen anderen europäischen Ländern existieren in Deutschland Regelungen für einzelne Erwerbsunterbrechungen oder -reduzierungen, z. B. im Bereich von Mutterschutz und Elternzeit, seit kurzem auch für Pflegezeiten. Diese sind bisher allerdings nicht systematisch verknüpft. So fehlt z. B. ein Anrecht zur Wiederaufstockung von Teilzeitarbeit auf Vollzeitarbeit. Unternehmen spielen in Bezug auf die Ermöglichung von individuellen Anpassungen der Arbeitszeit eine zunehmend wichtige Rolle als komplementäre Akteure, indem sie die staatlichen und tarifvertraglichen Rahmenbedingungen umsetzen und individuelle Arbeitszeitoptionen schaffen. Familienfreundlichkeit setzt voraus, dass Arbeitszeiten verlässlich und vorhersagbar sind. Es sollte Möglichkeiten geben, die Arbeitszeiten dem familiären Zeitbedarf anzupassen, z. B. durch die selbstbestimmte Entnahme von Guthaben aus Arbeitszeitkonten oder durch die Möglichkeit, „Auszphasen" zu nehmen und von Voll- auf Teilzeit (und umgekehrt) zu wechseln. Schließlich sollten Arbeitszeiten am Abend und während des Wochenendes – das sind die Zeiten, die Familien meist gemeinsam verbringen (Klenner et al. 2003) – eingeschränkt sein. Dies erfordert allerdings einen Wandel der „Arbeitskultur" im Unternehmen (vgl. für die USA z. B. Hochschild 2002), wobei „Erwerbstätige mit (potenziellen) Fürsorgeverpflichtungen" als neues gesellschaftspolitisches Leitbild zu etablieren sind (Klammer & Klenner 2004; Sachverständigenkommission Gleichstellung 2011). Die medienwirksame, aber unverbindliche Verkündungen einer „Charta für familienbewusste Arbeitszeiten" durch Regierung, Wirtschaft und Gewerkschaften im Februar 2011 kann angesichts einer inzwischen weit verbreiteten „Verfügbarkeitskultur", bei der Arbeitszeiten zunehmend in private Zeiten eindringen (ebd., 130 f.) nur einen ersten kleinen Schritt in Richtung Gleichstellung darstellen.

3. Unterstützung von Übergängen: Eine dritte politische Aufgabe bei der Begleitung von Erwerbsverläufen kann in einer verstärkten Förderung von Statusübergängen gesehen werden, wie z. B. Übergängen aus Phasen der (Weiter-)Bildung, der Haushaltstätigkeit oder der Arbeitslosigkeit in die Erwerbstätigkeit und umgekehrt, Übergänge in die Nacherwerbsphase, aber auch Wechsel zwischen Voll- und Teilzeitarbeit, Jobwechsel oder Ähnlichem. Dies beinhaltet eine stärkere Konzentration der sozialstaatlichen Unterstützungsleistungen auf die Bewältigung und Absicherung von „erwünschten" wie auch „unerwünschten" Übergängen im Verlaufe des (Erwerbs-)Lebens – anstelle der bisherigen Fokussierung auf monetäre Lebensstandardsicherung bei Ausfall des Erwerbseinkommens. Beispiele sind Kontakthalteprogramme und Wiedereinstiegshilfen nach Elternzeit und nach Pflegeunterbrechungen ebenso wie Unterstützungsangebote und monetäre Leistungen, die Menschen zum Berufswechsel oder zur Übernahme einer selbstständigen Tätigkeit befähigen und sie für den Fall eines Scheiterns absichern. Zu nennen ist weiterhin die Entwicklung flexibler Wege in den Ruhestand, aber auch eine weitere Verbesserung der Portabilität von Betriebsrentenansprüchen bei Erwerbsunterbrechungen und Jobwechseln.

Im Rahmen der Hartz-Reformen wurden zahlreiche Instrumente mit dem Ziel eingeführt, als Brücken bei Übergängen in die Erwerbstätigkeit zu fungieren. Einige Instrumente wie Transfer- und Qualifizierungsgesellschaften, die Menschen mit geringen oder am Arbeitsmarkt nicht verwertbaren Qualifikationen qualifizieren und beschäftigen sowie Langzeitarbeitslose und Frauen nach Erwerbsunterbrechung wieder ans Erwerbsleben heranführen, haben sich bewährt. Andere Programme wurden kritisch evaluiert und sind zum Teil bereits wieder eingestellt worden. Im Rahmen des Konzepts der Übergangsarbeitsmärkte (z.B. Schmid & Gazier 2002) muss kontinuierlich – unter Beachtung der Geschlechter- sowie der Lebensverlaufsperspektive – anhand von Kriterien überprüft werden, welche Übergänge im Hinblick auf die weiteren Entwicklungspotenziale im Lebensverlauf zu fördern sind und welche nicht.

Angesichts der Tendenz zur Verkürzung und Verdichtung des Erwerbslebens (s.o.) kann es als zentrale Zukunftsaufgabe gesehen werden, auf eine erneute „Entzerrung" des Erwerbslebens hinzuwirken. Hierzu können verkürzte Schul- und Studiendauer beitragen, die zu einem früheren Eintritt ins Erwerbsleben führen, wie auch eine nachhaltige Arbeitspolitik, die als conditio sine qua non eines späteren Rentenübergangs gelten kann. „Echte" Altersteilzeitmodelle, die zu einer tatsächlichen Reduzierung der Arbeitszeit in der letzten Erwerbsphase führen,[21] würden hier ebenfalls einen Beitrag leisten und die Flexibilisierung des Übergangs verbessern. Vorrangiges Ziel einer solchen Entzerrung des Lebenserwerbsverlaufs sollte es nicht sein, das durchschnittliche Lebensarbeitszeitvolumen zu erhöhen, sondern die Einkommensrisiken besser zu verteilen und in Phasen der Kumulation von Aufgaben – *rush hour(s)* – mehr Raum für andere Zeitbedürfnisse zu schaffen, z.B. über Auszeiten für Fürsorgearbeit und Weiterbildung.

4. Reallokation monetärer Unterstützung: Die in Deutschland und vielen anderen europäischen Ländern seit einiger Zeit zu beobachtende Konzentration der Sozialpolitik auf eine „Rekommodifizierung", d.h. auf Aktivierung und Reintegration in den Arbeitsmarkt, hat die „Dekommodifizierung", die Freistellung von der Verpflichtung zur Erwerbsarbeit durch die Bereitstellung monetärer Transfers, keineswegs überflüssig gemacht. Im Gegenteil: Neue Diskontinuitäten und Zeitbedarfe über den Lebensverlauf werfen neue Fragen bezüglich der finanziellen Abfederung entsprechender Phasen auf.

---

21 Das in der Vergangenheit geförderte Altersteilzeitmodell wird entgegen der ursprünglichen Intention des Gesetzgebers ganz überwiegend als Blockmodell zum vorzeitigen Übergang von einer Vollzeittätigkeit in den Ruhestand genutzt (Klammer 2003).

Diesen Anforderungen könnte entsprochen werden, wenn Individuen mehr Möglichkeiten gegeben würden, flexibel über ihr zu erwartendes Lebenserwerbseinkommen zu verfügen. Vorschläge, zu erwartende Alterseinkünfte aus (betrieblichen) Rentensystemen alternativ in früheren Lebensphasen zu verbrauchen, wenn eine Erwerbstätigkeit beispielsweise aufgrund von Fürsorgeaufgaben unterbrochen oder eingeschränkt werden muss, dürfen allerdings nicht unkritisch gesehen werden (Klammer et al. 2008). Diese Vorschläge basieren auf der gegenwärtigen personellen Einkommensverteilung, der zufolge vor allem junge Familien Einkommensprobleme haben, während ein großer Teil der Rentnerhaushalte vergleichsweise gut gestellt ist. Ob diese relativ günstige Einkommenssituation Älterer Bestand haben wird, ist jedoch mehr als fraglich. Realistischer ist es, davon auszugehen, dass die heute jüngeren Kohorten angesichts der gestiegenen erwerbsbiografischen Risiken in Verbindung mit den deutlichen Kürzungen im Alterssicherungssystem schon Probleme haben werden, Rentenansprüche in ausreichender, Armut vermeidender Höhe zu akkumulieren (Sachverständigenkommission Gleichstellung 2011).

Insgesamt bedarf es einer neuen Diskussion darüber, für welche Lebensphasen und Tatbestände eine interpersonelle Umverteilung über kollektive Systeme gesellschaftlich angebracht erscheint und für welche nicht mehr. Aus der Lebensverlaufsperspektive betrachtet spricht einiges dafür, Zeitoptionen mit monetärer Unterstützung – sogenannte „integrierte Optionen" – eher für Personen in Phasen von Zeitnot und Fürsorgeverpflichtungen bereitzustellen als z.B. für die Erleichterung eines vorgezogenen Rentenzugangs, wie dies seit Jahren über das Altersteilzeit-Blockmodell erfolgt ist. Entsprechend wäre an ein kollektiv finanziertes Modell der Elternteilzeit bzw. „Teilzeit für Personen mit Fürsorgeaufgaben" zu denken. Dies trüge auch der Erkenntnis Rechnung, dass die Förderung und Flankierung von Erwerbs*einschränkungen* der Förderung von Erwerbs*unterbrechungen* aufgrund der geringeren langfristigen Auswirkungen vorzuziehen ist (Sachverständigenkommission Gleichstellung 2011). Finanzielle Mittel hierfür könnten in Deutschland durch eine Einschränkung der wenig zielgenauen Familienförderung durch das Ehegattensplitting, dessen Volumen sich auf etwa 20–30 Milliarden Euro jährlich beläuft, gewonnen werden (Deutscher Bundestag 2002, 257 f.; DIW 1999; Bach & Buslei 2003).

Zur Aufgabe der Reallokation der monetären Unterstützung gehört auch ein breiterer individueller Zugang zu den sozialen Sicherungssystemen. Gerade das deutsche Sozialversicherungssystem zeigt hier, u. a. durch den vergleichsweise engen Zuschnitt der Versicherungspflicht, historisch gewachsene Schwächen, die in dieser Form in anderen Sozialversicherungssystemen, die stärker der Idee einer Bürgerversicherung[22] verhaftet sind, weniger ausgeprägt sind (European Foundation 2005). Sofern die Absicherung diskontinuierlicher (Erwerbs-)Biografien

---

22 Solche Systeme sehen einen (Basis-)Schutz, z.B. im Bereich Gesundheitsversorgung oder Rente, für die gesamte Bevölkerung vor, wobei je nach Land und System unterschiedliche Formen der Steuer und/oder Beitragsfinanzierung zu beobachten sind.

grundsätzlich als Ziel sozialer Sicherung anerkannt wird, empfiehlt sich insofern eine Erweiterung der Versicherungspflicht mit dem Ziel der bevölkerungsweiten Abdeckung für neu zu definierende Basisrisiken. Die eigentlichen Ursachen eines unzureichenden Aufbaus von Anwartschaften, nämlich Erwerbs- und Versicherungslücken, werden hierdurch allerdings weder identifiziert noch behoben. Eine Antwort auf veränderte Erwerbs- und Lebensverläufe, die an den Ursachen ansetzt, müsste daher – ausgehend von einer allgemeinen Versicherungspflicht über den Lebensverlauf – festlegen, wer jeweils die finanziellen Lasten für die Aufrechterhaltung des Versicherungsstatus in einer bestimmten Erwerbs- und Lebenssituation trägt: die Person selbst, der Ehepartner, die Solidargemeinschaft, der Steuerzahler oder eine Institution wie das Jobcenter (Vielle 2001; Vielle & Walthéry 2003).

5. Verbesserung der Finanz- und Lebensführungskompetenz („ökonomische Alphabetisierung"): Aus dem Dargelegten folgt, dass ein hoher Bedarf an finanzieller Bildung besteht, der nicht nur aufgrund der aufgezeigten, steigenden erwerbs- und familienbiografischen Risiken steigt, sondern auch, weil gleichzeitig im Rahmen der Umgestaltung der sozialen Netze immer mehr Eigenverantwortung postuliert und vorausgesetzt wird. Der Auftrag der finanziellen Bildung und Aufklärung sollte also ernster genommen werden. Politische Maßnahmen, z. B. einschlägige Reformen im Sozialleistungsbereich, müssten besser hinsichtlich ihrer Konsequenzen für die eigenverantwortliche Vorsorgeplanung in der Öffentlichkeit vermittelt werden; die Schul- und Bildungspolitik müsste junge Menschen stärker auf die Herausforderungen der eigenverantwortlichen Lebensführung und des „Finanzmanagements" vorbereiten; der Verbraucherschutz sollte der Entwicklung durch verstärkte, niedrigschwellige Angebote im Bereich der finanziellen Lebensplanung Rechnung tragen. Schließlich muss es auch als Verantwortung und Aufgabe der Banken und privaten Finanzdienstleister angesehen werden, ihre Kunden umfassend(er) und seriös(er) über die Chancen und Risiken bestimmter Finanzentscheidungen, z. B. bei der Inanspruchnahme von Krediten, zu informieren. Das verbesserte Wissen von Männern und vor allem von Frauen um die langfristigen finanziellen Auswirkungen bestimmter Zeitarrangements in Beruf und Familie ist keine hinreichende, auf jeden Fall aber eine notwendige Bedingung für eine geschlechtergerechtere Verteilung von Zeit und Geld im Lebensverlauf.

4 Ausblick

Ein Mangel an Zeit wird, ähnlich wie die Knappheit anderer Ressourcen (wie Bildungsdefizite oder Schwierigkeiten, mit den Anforderungen des Arbeitsmarktes mitzuhalten), häufig als „privates" Problem gesehen, obwohl gezeigt werden kann, dass er in hohem Maße von dem (sozial)politischen Umfeld geprägt ist. Die Wirkmacht dieses Umfeldes lässt sich mit den Begriffen „Lebenslaufregime" und „Zeitregime" beschreiben. Besonders deutlich wird dies in Zeiten der Kumulation und Verdichtung von Aufgaben, wie sie oft die Verknüpfung von beruflichen und familiären Aufgaben mit sich bringt. Regelungen zu Arbeitszeiten und Ausbildungsdauer greifen, wie auch die Errichtung von Betreuungseinrichtungen, in die individuelle Zeithoheit ein, sie sind damit sozialpolitisch sowie für die individuelle und familiale Lebensführung ebenso relevant wie Regelungen, die sich auf andere Ressourcen beziehen, wie beispielsweise monetäre Umverteilungspolitik oder Bildungspolitik. Zunehmendes Wissen in diesem Bereich erlaubt es, Zeitaspekte des Lebensverlaufs und der Lebensführung in die sozialpolitische Arena einzubringen und so verhandelbar zu machen. Ein anzustrebendes Ziel einer Zeitpolitik könnte die Deckung von Grundbedürfnissen – eben auch an verfügbarer Zeit – und die Eröffnung von Handlungsspielräumen für die individuelle Lebensgestaltung sein, wie sie von Amartya Sen im Capability-Ansatz postuliert wird (→ Knecht, „Ressourcentheoretische Erweiterungen des Capability-Ansatzes ...").

Literatur

Bach, S. & Buslei, H. (2003): Fiskalische Wirkungen einer Reform der Ehegattenbesteuerung. In: DIW-Wochenbericht, 70(22), S. 345–353.
Beblo, M. & Wolf, E. (2002a): Die Folgekosten von Erwerbsunterbrechungen. In: Vierteljahreshefte zur Wirtschaftsforschung, 71(1), S. 83–94.
Beblo, M. & Wolf, E. (2002b): Wage Penalties for Career Interruptions. An Empirical Analysis for West Germany, ZEW Discussion Paper Nr. 02/45. Mannheim.
Deutscher Bundestag (2002): Bericht der Bundesregierung zur Berufs- und Einkommenssituation von Frauen und Männern. Bundestags-Drucksache Nr. 14/8952. Berlin.
DIW (1999): Alternativen zur Ehegattenbesteuerung aus verfassungsrechtlicher, steuersystematischer und ökonomischer Sicht. Gutachten des Deutschen Institut für Wirtschaftsforschung und des Instituts für Steuerrecht der Westfälischen Wilhelms-Universität Münster. Berlin, Münster.
European Foundation for the Improvement of Living and Working Conditions (Hrsg.) (2005): Working time options over the life course: Changing social security structures. Dublin.
European Foundation for the Improvement of Living and Working Conditions (Hrsg.) (2006): Working Time Options over the Life Course: New Work Patterns and Company Strategies. Dublin.
Hochschild, A.R. (2002): Keine Zeit. Wenn die Firma zum Zuhause wird und zu Hause nur Arbeit wartet. Opladen: VS.
Infratest Burke Sozialforschung (2000): Altersvorsorge in Deutschland 1996 (AVID '96). Lebensverläufe und künftige Einkommen im Alter. DRV-Schriften, Bd. 19 und BMA-Forschungsbericht, Bd. 277. Frankfurt/M.: VDR u.a.
Klammer, U. (2003): Altersteilzeit zwischen betrieblicher und staatlicher Sozialpolitik. In: Sozialer Fortschritt, (52)2, S. 39–47.
Klammer, U. (2004): Flexicurity in a Life Course Perspective. In: Transfer, 10(2), S. 282–299.

Klammer, U. (2007): Zeit und Geld im Lebenslauf – Empirische Evidenz und sozialpolitischer Handlungsbedarf aus der Geschlechterperspektive. Interventionen. Zeitschrift für Ökonomie. 4(1), S. 145–174.

Klammer, U. (2010): Flexibilität und Sicherheit im individuellen (Erwerbs-)Lebensverlauf – Zentrale Ergebnisse und politische Empfehlungen aus der Lebenslaufforschung der European Foundation. In: Naegele, Gerhard (Hrsg.): Soziale Lebenslaufpolitik. S. 675–710. Wiesbaden: VS.

Klammer, U. & Klenner, C. (2004): Geteilte Erwerbstätigkeit – Gemeinsame Fürsorge. Strategien und Perspektiven der Kombination von Erwerbs- und Familienleben in Deutschland. In: Leitner, S., Ostner, I. & Schratzenstaller, M. (Hrsg.): Wohlfahrtsstaat und Geschlechterverhältnis im Umbruch. Was kommt nach dem Ernährermodell? Jahrbuch für Europa- und Nordamerikastudien, Nr. 7. S. 177–207. Wiesbaden.

Klammer, U., Muffels, R. & Wilthagen, T. (2008): Flexibility and security over the life course. Key findings and policy messages, European Foundation for the Improvement of Living and Working Conditions. Dublin.

Klammer, U. & Tillmann, K. (2002): Flexicurity – Soziale Sicherung und Flexibilisierung der Arbeits- und Lebensverhältnisse, Forschungsprojekt im Auftrag des Ministeriums für Arbeit und Soziales, Qualifikation und Technologie des Landes NRW, MASQT 1106. Düsseldorf.

Klenner, C., Pfahl, S. & Reuyß, S. (2003): Flexible Arbeitszeiten aus der Sicht von Eltern und Kindern. In: Zeitschrift für Soziologie der Erziehung und Sozialisation, 23(3), S. 268–285.

Lauer, C. (2000): Gender Wage Gap in West Germany: How Far Do Gender Differences in Human Capital Matter? ZEW Discussion Paper Nr. 00–07. Mannheim.

OECD (1997): Employment Outlook 1997. Paris.

Sachverständigenkommission Gleichstellung (Vorsitz: Klammer, U.) (2011): Neue Wege – Gleiche Chancen. Gleichstellung von Frauen und Männern im Lebensverlauf. Gutachten der Sachverständigenkommission an das BMFSFJ für den Ersten Gleichstellungsbericht der Bundesregierung. Essen, München.

Schmid, G. & Gazier, B. (Hrsg.) (2002): The Dynamics of Full Employment. Social Integration Through Transitional Labour Markets. Cheltenham: Elgar.

Stegmann, M. (2001): Die Bedeutung von Kindererziehung und anderer sozio-demografischer Merkmale auf die Anwartschaften aus Erwerbstätigkeit der Frauen. Ergebnisse aus der Studie Altersvorsorge in Deutschland 1996 (AVID '96). In: Deutsche Rentenversicherung, 48(3–4), S. 137–159.

Vielle, P. (2001): La Sécurité Sociale et le Coût Indirect des Responsabilités Familiales. Brüssel.

Vielle, P. & Walthéry, P. (2003): Flexibility and Social Protection, European Foundation for the Improvement of Living and Working Conditions. Dublin.

Wilthagen, T. (2001): „Flexicurity": The Emergence of a New Paradigm in Labour Market and Employment Regulation? The Dutch Background and Experiences. Vortrag auf dem 13th Annual Meeting on Socio-Economics, 28.06.–01.07.2001. Amsterdam.

Ressourcenorientierung in der Armutsforschung – Perspektiven zu Familien- und Kinderarmut

Walter Hanesch

1 Sozialpolitik und Ressourcenansatz

Sozialpolitik in Deutschland ist traditionell durch eine Dominanz monetärer Transferleistungen gekennzeichnet. Diese Ausrichtung hängt eng mit dem der Sozialpolitik zugrundeliegenden Ressourcenkonzept zusammen (Bäcker et al. 2007). Eine grundlegende Annahme sozialpolitischer Interventionen geht davon aus, dass in einer marktwirtschaftlich-kapitalistischen Wirtschaftsgesellschaft das Einkommen bzw. Vermögen die zentrale ökonomische Ressource darstellt. Da in dieser Gesellschaft jedes Gut als ökonomisches Gut definiert werden kann, das mit Geld bzw. Einkommen erworben werden kann, gilt vor allem die Ausstattung mit Einkommen und Vermögen als maßgeblich für die ökonomische bzw. soziale Lage. Sozialpolitische Interventionen sind daher primär auf die jeweilige Einkommenslage ausgerichtet. Das heißt, sie analysieren soziale Risiken im Hinblick darauf, inwieweit dadurch die Möglichkeiten der Einkommenserzielung gestört werden und inwieweit die aktuelle Einkommenslage des Individuums oder Haushalts ausreicht, um einen angemessenen Lebensstandard oder zumindest ein soziokulturelles Existenzminimum abzudecken.

Ausgehend vom normativen Leitbild, wonach jeder Erwerbsfähige grundsätzlich verpflichtet ist, seine Arbeitskraft für den eigenen Unterhalt wie für den seiner Familie einzusetzen, werden beim Eintreten allgemeiner Lebensrisiken bzw. atypischer Not- und Bedarfslagen im Rahmen der sozialen Sicherungssysteme Transferleistungen bereitgestellt, die im Falle der beitragsfinanzierten Sozialversicherung den Lebensstandard sichern und im Falle von steuerfinanzierten sozialen Mindestsicherungsleistungen das soziokulturelle Existenzminimum gewährleisten sollen. Sie werden ergänzt durch steuerfinanzierte monetäre Transfers bei besonderen Bedarfslagen (Wohngeld, Kindergeld, Bafög etc.).

Für die Überwindung konkreter, sozialpolitisch definierter Bedarfslagen werden weiterhin Sach- und Dienstleistungen bereitgestellt, die im Falle der Sozialversicherung durch medizinische, pflegerische und rehabilitative Leistungen beim Eintreten allgemeiner Lebensrisiken dazu beitragen sollen, die Hilfebedürftigkeit präventiv zu vermeiden oder kurativ zu überwinden. Sie werden ergänzt durch die Leistungen der Jugend-, Sozialhilfe und Grundsicherung, die ebenfalls darauf ausgerichtet sind, den Hilfebedarf durch Sach- und Dienstleistungen zu überwinden.

Auch das vorschulische Erziehungs- wie das schulische und außerschulische Bildungssystem bieten Leistungen, die dazu beitragen sollen, vorhandene Erziehungs- und Bildungsbedarfe durch Sach- und Dienstleistungen zu decken.

Während bei den Sozialversicherungssystemen davon ausgegangen wird, dass beim Eintreten des allgemeinen Lebensrisikos (wie Arbeitslosigkeit, Alter, Krankheit) ein nicht näher zu prüfender Bedarf an monetären Transferleistungen besteht, für die eine Anwartschaft besteht, muss der Bedarf in den sozialen Mindestsicherungssystemen wie auch bei Sach- und Dienstleistungen im Einzelnen begründet und nachgewiesen werden. Dabei sind nicht nur die eigenen ökonomischen Ressourcen, sondern auch die im Rahmen des Familienunterhalts bestehenden Ansprüche zu berücksichtigen.

Während in der sozialpolitischen Bearbeitung sozialer Problemlagen durch Transfers traditionell eine Orientierung an den ökonomischen Ressourcen in Verbindung mit tatsächlichen Versorgungslagen im Vordergrund steht, muss bei der Bearbeitung des konkreten Bedarfs an Erziehungs-, Bildungs-, Beratungs-, Betreuungs- und Unterstützungsleistungen das enge ökonomische Ressourcenkonzept durch ein weiter gefasstes Lebenslagenkonzept ergänzt und erweitert werden. Das heißt, es müssen konkrete Versorgungslagen im Hinblick auf die materielle, die soziale, die kulturelle, die gesundheitliche etc. Lage identifiziert werden. Darüber hinaus spielen Ressourcen im Sinne von nichtmonetären Problembewältigungs- und Lösungskapazitäten eine wichtige Rolle, da hier auch die verfügbaren Hilfe- und Bewältigungsressourcen der Hilfebedürftigen zu berücksichtigen sind. Sozial-, Erziehungs-/Bildungs- und Gesundheitsdienste müssen also bei der Analyse des konkreten Hilfebedarfs wie bei der Entscheidung über angemessene Hilfeleistungen nicht nur die aktuelle Problem- und Bedarfssituation prüfen, sondern auch die jeweilige Möglichkeit der Überwindung durch den bzw. die Betroffenen. Je mehr es gelingt, deren Selbsthilfefähigkeit zu erkennen und zu unterstützen, desto größer sind die Chancen für eine erfolgreiche Intervention. Dies soll im Folgenden am Beispiel des Armutsproblems und seiner Bearbeitung durch Sozialpolitik und soziale Dienste veranschaulicht werden (Kap. 2). Am Beispiel des Problems der Kinderarmut wird die Bedeutung der Ressourcen für die Planung und Ausgestaltung sozialpolitischer und sozialpädagogischer Interventionen konkretisiert (Kap. 3). Abschließend wird die Diskrepanz zwischen wissenschaftlich fundiertem Wissen über Armut und dem geringen Ausmaß an politischem Veränderungswillen auf die fehlenden Machtressourcen der Betroffenen zurückgeführt (Kap. 4).

2 Armut und Ressourcenlage

Während auch in der deutschen Armutsdiskussion lange Jahre das Konzept der Einkommensarmut im Vordergrund stand, haben in den beiden letzten Jahrzehnten weitere Konzepte an Bedeutung gewonnen. Bereits Anfang der 90er Jahre wurde die Notwendigkeit unterstrichen, die Betrachtung der Einkommensarmut durch die Analyse weiterer Dimensionen der Lebenslage wie Arbeit, Bildung, Wohnen, Gesundheit etc. zu ergänzen (Döring et al. 1990). Die Lebenslage Armut erschließt sich also erst auf der Basis eines multidimensionalen Verständnisses von Armut und Unterversorgung, bei dem Armut durch verschiedene Dimensionen der Unterausstattung und Unterversorgung charakterisiert werden kann, die entweder einzeln oder in Kombination auftreten und sich gegenseitig verstärken können. Die zeitlichen Verlaufsmuster der Armutsbetroffenheit heben darüber hinaus den dynamischen Charakter von Armutslagen hervor und lenken den Blick auf Handlungs- und Bewältigungsstrategien im Umgang mit Armut (Leibfried et al. 1995).

In der neueren Armutsdiskussion ist das Konzept der Verwirklichungschancen von Amartya Sen stärker in den Mittelpunkt gerückt. Dazu hat nicht zuletzt beigetragen, dass sich die Armuts- und Reichtumsberichterstattung der Bundesregierung seit dem zweiten Bericht explizit an diesem Ansatz orientiert (BMAS 2005). In einer Expertise zur Armuts- und Reichtumsberichterstattung haben Volkert und Mitarbeiter (Arndt et al. 2006) den Versuch unternommen, diesen Ansatz für die deutsche Armutsforschung und -berichterstattung zu operationalisieren. Armut wird danach als Mangel an Verwirklichungschancen interpretiert. Unter Verwirklichungschancen versteht Sen die umfassenden Fähigkeiten und Freiheiten, ein Leben nach eigenen Vorstellungen führen zu können. Als Determinanten der Verwirklichungschancen („capabilities") lassen sich zwei Faktorenbündel unterscheiden, individuelle Potenziale einerseits und gesellschaftlich bedingte Chancen und Freiheiten andererseits. Inwiefern individuelle Potenziale in Verwirklichungschancen umgewandelt werden können, hängt somit entscheidend von den gesellschaftlich bedingten Chancen und Freiheiten ab. Teilhabe- und Verwirklichungschancen sind insofern umso eher gegeben, je mehr objektive Möglichkeiten der Verwirklichung gegeben sind, insbesondere durch den freien Zugang zu ökonomischen, sozialen und politischen Rechten ebenso wie zu konkreten Gütern und Diensten. Sie sind insbesondere dann gegeben, wenn zugleich auch die Fähigkeiten vorhanden sind, die objektiven Möglichkeiten tatsächlich nutzen zu können. Individuelle Potenziale umfassen nach Sen sowohl finanzielle Potenziale, wie die Einkommens- und Güterausstattung, als auch nichtfinanzielle Potenziale, wie z.B. den Bildungsstand (einschließlich erworbener Kenntnisse und Fähigkeiten), die Gesundheit, aber auch Faktoren wie Behinderungen, Alter und Geschlecht. Ressourcentheoretisch gesprochen handelt es sich bei den individuellen Potenzialen zum einen um ökonomische Ressourcen monetärer und sachlicher Art, zum anderen um soziale, gesundheitliche und kulturelle Ressourcen (→ Keupp, → Knecht, „Ressourcentheoretische Erweiterungen des Capability-Ansatzes ...").

In neueren Armutsberichten und Armutsstudien werden auf der Basis eines Lebenslagenansatzes in Anlehnung an Gerhard Weisser (1898–1989) und Otto Neurath (1882–1945) bei der Analyse von Armut neben der Ressource Einkommen (und Vermögen) vor allem die Lebenslagebereiche Arbeit, Bildung, Wohnen, Gesundheit sowie soziale und kulturelle Teilhabe herangezogen (Döring et al. 1990). Während Weisser von Handlungsspielräumen in zentralen Lebensbereichen ausging (vgl. Krieger & Schläfke 1987), werden in der heute zumeist verwendeten Operationalisierung des Lebenslagenansatzes nur noch die tatsächlichen Versorgungslagen in diesen Lebensbereichen untersucht. Auch die Darstellung der Armutslagen in den Armuts- und Reichtumsberichten der Bundesregierung folgt der Logik des reduzierten Lebenslagenansatzes, wobei die Darstellung der verschiedenen Lebenslagebereiche ergänzt wird durch die Darstellung der Situation bei ausgewählten Problemgruppen der Armut. In der Operationalisierungsstudie von Arndt et al. (2006) ist eine große Übereinstimmung zwischen dem Capability-Ansatz von Sen mit dem Lebenslagenansatz festgestellt worden. Was dabei jedoch zumeist außer Acht bleibt, ist die Seite der Fähigkeiten und Potenziale, vorhandene Möglichkeiten erkennen und zielgerichtet nutzen zu können. Konkret geht es dabei um die individuellen, familiären oder gruppenspezifischen Fähigkeiten, um auftretende Problem- und Bedarfslagen aktiv anzugehen und zielgerichtet überwinden zu können.

In der sozialwissenschaftlichen Diskussion um soziale Ungleichheit und soziale Probleme ist immer wieder auf die zentrale Rolle von Defiziten hingewiesen worden, sei es im Hinblick auf vorhandene Ausstattungsdefizite und Unterversorgungslagen, oder im Hinblick auf mangelnde Fähigkeiten, diese Situation erfolgreich bewältigen zu können. Ein ressourcentheoretischer Zugang stellt dagegen von vornherein darauf ab, die verfügbaren Potenziale zu erfassen, auf die zurückgegriffen und die für eine erfolgreiche Problembewältigung eingesetzt werden können. Einen wichtigen Beitrag hierzu hat Hans-Jürgen Andreß in seiner Studie „Leben in Armut" (1999) geliefert, in der er das traditionelle ökonomische Verhaltensmodell im Hinblick auf das Armutsproblem in Frage gestellt hat, da dieses zum einen von einem zu eng definierten Rationalverhalten der Individuen ausgeht und zum anderen bei diesem Rationalkalkül ausschließlich ökonomische Güter berücksichtigt wurden. Auch in diesen Ansätzen spielen Ressourcen eine wichtige Rolle, in der Regel jedoch nur ökonomische Ressourcen und Humankapitalressourcen. Zugleich wird das Entscheidungsverhalten allein in Bezug auf ökonomische Güter betrachtet. So geht es nach diesem traditionellen ökonomischen Modell etwa bei der Überwindung arbeitslosigkeitsbedingter Armut allein um die Frage, ob sich – vor dem Hintergrund einer Wahl zwischen Freizeit und Arbeitszeit – die Aufnahme einer Arbeit lohnt bzw. welche ökonomischen Anreize (z. B. durch das staatliche Steuer- und Transfersystem) zu welchem erwünschten oder unerwünschten Verhalten der Individuen führen. Bei der Berücksichtigung nichtmonetärer Ressourcen stößt dieses Modell sehr schnell an Grenzen. Realitätsnähere Erklärungsversuche für das Auftreten, Verbleiben oder Überwinden von Armut bedürfen daher der theoretischen Öffnung und Erweiterung durch die Berücksichtigung der strukturellen und institutionellen Rahmenbedingungen, unter denen Armut auftritt und die den Handlungsspielraum für die betroffenen Personen und Gruppen eingrenzen. Ergänzungen sind aber auch im Hinblick auf soziologische und psychologische Aspekte des individuellen Verhaltens notwendig.

Andreß hat daher für seine Analyse der Wege in die Armut und aus der Armut ein eigenes Verhaltensmodell entwickelt. Dieses geht davon aus, dass Veränderungen der Lebenssituation Ergebnisse von Entscheidungen sind, bei denen ausgehend von den Zielen, Werten und Normen des Individuums Ressourcen eingesetzt werden. Als Ressourcen unterscheidet er: 1. Humanressourcen des einzelnen Haushaltsmitglieds (Kompetenzen, Kenntnisse, Fähigkeiten, Ausbildungs- und Gesundheitszustand etc., 2. materielle und personale Ressourcen (Personenzahl und Strukturmerkmale) des Haushalts sowie 3. soziale Ressourcen außerhalb des Haushalts, also soziale Netzwerke ebenso wie institutionelle Unterstützungsangebote.

Arm ist eine Person danach, wenn die zielgerichtete Nutzung der verfügbaren Ressourcen im weiteren Sinne nicht ausreicht, um einen gesellschaftlich als notwendig definierten Bedarf zu decken. Die Diskussion zur Rolle der Ressourcen im Kontext der Armutsproblematik ist vor allem in Untersuchungen zur Familien- und Kinderarmut weiter konkretisiert worden. Darauf soll im Folgenden näher eingegangen werden.

3 Konkretisierung am Beispiel der Familien- und Kinderarmut

Das Thema Kinderarmut wird seit den 1990er Jahren auch für Deutschland zunehmend intensiver diskutiert. Ausgehend von den empirischen Befunden zur materiellen Lage von Kindern hat Richard Hauser (1989) von einem Trend zu einer „Infantilisierung der Armut" gesprochen. Tatsächlich haben sich seit Mitte der 90er Jahre die Zahl und der relative Anteil der Kinder, die in Armut aufwachsen, kontinuierlich erhöht. Je nachdem, welche Datenquelle man zugrunde legt, variieren zwar die zahlenmäßigen Ergebnisse, der Trend wird jedoch in allen Datenquellen in ähnlicher Weise abgebildet.

Seit 1997 führt das Institut für Soziale Arbeit und Sozialpädagogik Frankfurt (ISS) im Auftrag des Bundesverbands der Arbeiterwohlfahrt eine Langzeitstudie zum Thema Kinderarmut durch, die zum einen Querschnittsanalysen zu ausgewählten Zeitpunkten beinhaltet, zum anderen die Biografie einer Stichprobe armer und nicht armer Kinder seit dem Alter von sechs Jahren im Längsschnitt verfolgt (vgl. Holz et al. 2006). Ausgangspunkt war die Frage, warum Kinder, die durch die Armut ihrer Eltern mitbetroffen sind und in Armut aufwachsen, dadurch negativ geprägt werden und eine durch Benachteiligung und Ausgrenzungsrisiken charakterisierte weitere Lebensbiografie aufweisen und warum andere Kinder solche Lebensphasen scheinbar unbehelligt „überleben". Zur Beantwortung dieser Fragestellung wird jeweils untersucht, welche Gesamtlage sich bei Berücksichtigung sowohl der Einkommenslage als auch der Versorgungslage in den Bereichen materielle Lage, soziale Lage, gesundheitliche Lage sowie kulturelle Lage ergibt. Die Versorgungslagen werden sowohl aus Merkmalen der Versorgungslage in den jeweiligen Bereichen als auch aus Verhaltensmerkmalen ermittelt. Insofern fließen bereits in die Ermittlung der Lebens- und Problemlage der untersuchten Kinder sowohl Merkmale der tatsächlichen Versorgungslage als auch solche ihres Bewältigungsverhaltens mit ein. Ein weiterer Schritt erfasst, wie die jeweilige Lebens- und Problemlagen von Eltern wie auch von den Kindern wahrgenommen und bewältigt werden. Dabei wird explizit auf ein Konzept der Ressourcen und Schutzfaktoren Bezug genommen. Als Hauptschutzfaktoren werden berücksichtigt: 1. individuelle Fähigkeiten und Kompetenzen der betroffenen Kinder, 2. Fähigkeiten sowie Erziehungs- und Bewältigungsformen der Eltern sowie 3. das außerfamiliäre Schutz- und Hilfesystem.

Die genannten Ressourcenpotenziale bzw. Schutzfaktoren sind nicht per se vorhanden; ihre Stärken oder Schwächen hängen selbst wiederum von einer Reihe von Faktoren ab. Die Autorengruppe des ISS hat vor allem das Erziehungs- und Bewältigungsverhalten der Eltern in den Mittelpunkt gestellt. Diese bestimmen nicht nur das Erziehungsklima und das familiäre Setting, in dem das Kind oder die Kinder aufwachsen. Sie bestimmen auch maßgeblich die Chancen des Kindes, eine stabile personale Identität aufzubauen und Fähigkeiten zu entwickeln, prekäre materielle Lebenssituationen unbeschadet überleben zu können. Schließlich werden beide Faktoren maßgeblich durch das Vorhandensein und die Nutzung von außerfamiliären Hilfesystemen beeinflusst. Dabei kann es sich um soziale Netzwerkstrukturen (Familienverband, Nachbarschaftsstrukturen, peer groups etc.) handeln, auf die die Eltern und die Kinder zurückgreifen können und die dazu beitragen können, die familiären Ressourcenpotenziale zu ergänzen und zu stärken. Sind dagegen solche Hilfesysteme nicht vorhanden oder werden sie nicht wahrgenommen und genutzt, wird der Möglichkeitsspielraum für erfolgreiche Bewältigungsstrategien eingeschränkt.

Ausgehend von diesen Analysen haben die ISS-Autoren eine Vielzahl von Schlussfolgerungen und Empfehlungen abgeleitet, von denen hier nur einige aufgegriffen werden sollen: Zum einen besteht die Notwendigkeit, geeignete politische Rahmenbedingungen auf Bundesebene zu schaffen. Dazu gehören der Aus- und Umbau arbeitsmarkt-, bildungs- und sozialpolitischer Maßnahmen zur Verbesserung der Vereinbarkeit von Familie und Beruf, zur Ermöglichung einer Erhöhung der Erwerbsbeteiligung und zur materiellen Absicherung von Haushalten mit Kindern. Zum anderen besteht der Bedarf, das lokale Hilfesystem für Familien, Eltern und Kinder auszubauen bzw. präventions- und kinderorientiert umzubauen, um das Eintreten von Armutslagen präventiv zu vermeiden und/oder um Eltern und Kinder bei der Verarbeitung und Bewältigung dieses kritischen Lebensereignisses zu unterstützen und langfristige Folgeprobleme für die Betroffenen und die Gesellschaft zu vermeiden. Die ISS-Studie bietet – wie auch andere Studien zu dieser Thematik (z. B. Chassé et al. 2006; Butterwegge et al. 2003; 2008) – eine

Fülle von Ansatzpunkten für sozialpolitische und sozialpädagogische Strategien gegen (Kinder-)Armut. Dabei wird vor allem darauf abgestellt, wie die Ressourcenpotenziale der betroffenen Familien und Kinder gestärkt werden können. Die Vorschläge reichen von der Stärkung der individuellen Kompetenzen der Eltern und Kinder über die Stärkung des familiären Hilfesystems bis zu Stärkung der sozialen Netzwerke und des institutionellen Hilfesystems.

Insgesamt hat der ressourcenorientierte Zugang zur Analyse der Ursachen wie der Lösungsmöglichkeiten sozialer Probleme dazu beigetragen, ein ganzheitliches Verständnis für soziale Probleme wie Problemlösungsmöglichkeiten zu fördern. Zugleich hat sich dadurch das Verständnis für die Bandbreite von Interventionsmöglichkeiten und -notwendigkeiten weiter ausdifferenziert. Ausgehend von derartigen Ansätzen sind mittlerweile in vielen Kommunen lokale Strategien zur Verbesserung der Armutsprävention nicht nur für Familien und Kinder entwickelt und umgesetzt worden (Holz 2010).

4 Gesellschaftliche und politische Bewältigung von Armut

Angesichts dieser Befunde erstaunt, dass sich in den letzten zwei Dekaden zwar das Instrumentarium zur Analyse der Ursachen wie der Lösungsmöglichkeiten von (Kinder-)Armut rapide weiterentwickelt hat, jedoch gleichzeitig konstatiert werden muss, dass die Armut – und besonders auch die Armut von Kindern – gerade im letzten Jahrzehnt kontinuierlich zugenommen hat. Um diesen Widerspruch zwischen zunehmender Wissensverbreitung und Diskussion über Armut in Wissenschaft, Politik und Gesellschaft einerseits und einem Anstieg des Problems andererseits erfassen zu können, muss die analytische Ebene gewechselt werden. Im Vordergrund stehen nunmehr gesellschaftliche und politische Akteursgruppen und die Frage, über welche Ressourcen sie verfügen, um ihre Interessen gegenüber anderen Gruppen durchsetzen zu können.

Im Zusammenhang mit der Analyse gesellschaftlicher Ungleichheit hat Pierre Bourdieu (1983) das Vorhandensein von Kapital in unterschiedlichen Formen hervorgehoben. Diese Kapitalformen sind dafür maßgeblich, wie sich gesellschaftliche Akteure im sozialen Raum platzieren. Als grundlegende Formen unterscheidet er das ökonomische, das soziale, das kulturelle und das symbolische Kapital. So beinhaltet das ökonomische Kapital vor allem die Verfügung über Vermögen und Einkommen. Insofern handelt es sich um ökonomische Ressourcen im engeren Sinne, wobei auch dieses Kapital verschiedene Formen annehmen kann. In einer auf Privatbesitz an Produktionsmitteln basierenden Marktökonomie (auch „kapitalistische Ökonomie" genannt) kommt dem ökonomischen Kapital zentrale Bedeutung zu, da der Sphäre der Ökonomie eine dominierende Rolle für die

Gesamtgesellschaft zukommt. Auch das kulturelle Kapital kann in unterschiedlichen Formen vorliegen. Bedeutsam ist insbesondere die Aneignung von Bildung im weitesten Sinne („inkorporiertes Kapital"). Sie stellt eine zentrale Voraussetzung für die Herausbildung von Kompetenzen unterschiedlichster Art für die Bewältigung ökonomischer und sozialer Aufgabenstellungen dar. Soziales Kapital schließlich umfasst die Gesamtheit der Ressourcen, die die Teilnahme an sozialen Netzwerken für sich erschließen. Soziales Kapital in diesem Sinne beinhaltet über die Einbindung in soziale Beziehungszusammenhänge den Zugang zu immateriellen Unterstützungs- und Hilfeleistungen, zu Information und Anerkennung, bis zum Zugang zu materiellen Gütern und Diensten. Dieses Kapital reproduziert sich über soziale Austauschbeziehungen (→ Schubert & Knecht).

Nach Bourdieu bestehen auch in der heutigen, hochentwickelten kapitalistischen Gesellschaft enge Wechselbeziehungen insbesondere zwischen ökonomischem und kulturellem Kapital. So sind OECD-Vergleichsstudien wiederholt zu dem Ergebnis gekommen, dass gerade das deutsche Bildungswesen durch ein hohes Maß an sozialer Selektivität gekennzeichnet ist. Während das Bildungssystem für Kinder höherer Bildungs- und Einkommensschichten die Reproduktion eines hohen Bildungs-, Berufs- und Einkommensstatus erleichtert, ist der Zugang zu (weiterführender) Bildung für Kinder aus benachteiligten Milieus extrem erschwert (OECD 2009). Während auf der einen Seite in der Diskussion um kindbezogene Armutsprävention eine möglichst frühe Förderung armer Kinder betont wird, zeigt sich dieses Bildungssystem bis heute erstaunlich resistent gegenüber solchen Förderansätzen. Selbst dort, wo der politische Wille besteht, grundlegende Reformen in Angriff zu nehmen, ist es den vom sozialen Abstieg bedrohten Mittelschichten bis heute immer wieder gelungen, einen bedarfsgerechten Umbau zu blockieren und die soziale Selektivität des Bildungssystems zu erhalten. Als Beispiel sei auf die jüngsten Auseinandersetzungen um eine Strukturreform des Schulsystems im Stadtstaat Hamburg verwiesen. Hier hat ein vom Bildungsbürgertum initiiertes und getragenes Bürgerbegehren im Jahr 2010 das Bildungsreformgesetz der damaligen schwarz-grünen Regierung zu Fall gebracht, mit dem eine gezieltere Förderung von Kindern und Jugendlichen aus bildungsfernen Schichten erreicht werden sollte (vgl. Mängel 2010). Auch der voranschreitende Ausbau der vorschulischen Bildung krankt bis heute daran, dass es in der Regel kaum gelingt, Eltern und Kinder aus benachteiligten Milieus mit diesen Förderangeboten zu erreichen.

Zwar sind zur Stärkung der Eltern- und Kinderkompetenzen, zum Ausbau von vorschulischer und schulischer wie außerschulischer Förderung von Kindern und Jugendlichen modellhafte Maßnahmen entwickelt und umgesetzt worden. Dennoch ist bis heute das Hilfe-, Förder- und Unterstützungssystem in seiner Gesamtheit unzureichend ausgebaut und entsprechend begrenzt sind die Wirkungen dieser Systeme. Dies ist nicht nur das Ergebnis knapper ökonomisch-finanzieller Ressourcen für die öffentliche Hand, sondern ebenso das Ergebnis einer bis heute ambivalenten politischen Prioritätensetzung des politisch-administrativen Systems. Während spätestens seit Ende der 90er Jahre das Armutsproblem auf die nationale politische Agenda gesetzt worden ist, ist eine konsequente, zielgerichtete Politik gegen Armut bis heute ausgeblieben (Hanesch 2010b). Nach wie vor gelingt es den gesellschaftlichen Gruppierungen, die am meisten über ökonomisches oder kulturelles Kapital verfügen, ihre wirtschaftliche und soziale Position in der Gesellschaft zu behaupten und eine Verbesserung der ökonomischen und kulturellen Lage der übrigen Gruppen zu blockieren. Innerhalb der letzten Dekade haben sich die Einkommen sogar immer stärker ausdifferenziert und zeigen das Bild einer zunehmend polarisierten Verteilung (Grabka & Frick 2008). Parallel dazu ist die Schutzwirkung der sozialstaatlichen Sicherungssysteme in diesem Zeitraum schwächer geworden. Der Um- und Rückbau der nationalen Sicherungssysteme konnte auch durch kommunale Strategien im lokalen Kontext nur sehr unzureichend kompensiert oder gar korrigiert werden. Unsere Gesellschaft läuft gegenwärtig Gefahr, dass sich nicht nur die materiellen und psychosozialen Problemlagen weiter verschärfen, sondern auch die institutionellen Hilfesysteme immer weiter zurückgenommen werden.

Inwieweit unter diesen Bedingungen das „soziale Kapital" der sozialen Netzwerke seine Unterstützungswirkungen entfalten kann (Otto 2011), bleibt eine offene Frage. Je mehr sich die soziale Unterstützungsfunktion auf die sozialen Netze konzentriert, desto größer wird die Gefahr, dass diese überfordert sind. Die bestehenden Netze der Familien, Verwandtschaften, Nachbarschaftshilfen, der Selbsthilfeinitiativen und des ehrenamtlichen Engagements sind in ihrer Hilfekapazität auf die aktive Mitwirkung der jeweils beteiligten Mitglieder angewiesen und befinden sich selbst in einem schleichenden Wandlungsprozess. Je mehr die Mitglieder in ihrer ökonomischen und sozialen Lage bedroht sind, desto eher laufen die sozialen Netze Gefahr, sich unter der Last einer drohenden Überforderung zu schließen und damit die Risiken sozialer Ausgrenzung zu verschärfen. Damit wächst zugleich das Risiko, dass dem gesellschaftlichen und politischen System das soziale Kapital des Zusammenhalts abhanden kommt und seine Überlebensfähigkeit zunehmend in Frage steht.

Gerade eine ressourcenorientierte Soziale Arbeit zum Armutsproblem ist darauf angewiesen, nicht nur über geeignete institutionelle Personal- und Sachressourcen zu verfügen, sondern auch an den sozialen Netzwerkstrukturen der Lebenswelt ihrer Klienten anknüpfen zu können und auf Basis eines gemeinsamen Arbeitsbündnisses den Prozess der Überwindung der Armutslage zu begleiten. Je mehr die sozialen Netze benachteiligter Gruppen und Sozialräume selbst zum Problem werden, desto wichtiger wird es, im Rahmen gemeinwesenorientierter Arbeitsansätze diese Netze zu fördern und zu stärken. Und desto mehr ist eine lokale Armutspolitik gefordert, gemeinwesenorientierte Strategien zur Vermeidung oder Überwindung von Armut und soziale Ausgrenzung zu entwickeln und umzusetzen. Dennoch sind auch solche Arbeitsansätze davon abhängig, dass es gelingt, einen gesellschaftlichen und politischen Konsens für sozialintegrative Lösungen des Armutsproblems herzustellen und zu sichern.

Literatur

Bäcker, G., Naegele, G., Bispinck, R., Hofemann, K. & Neubauer, J. (2007): Sozialpolitik und soziale Lage in Deutschland. 2 Bände. (4., erw. Aufl.). Wiesbaden: VS.

Andreß, H.-J. (1999): Leben in Armut. Analysen der Verhaltensweisen armer Haushalte mit Umfragedaten. Opladen, Wiesbaden: Westdeutscher Verlag.

Arndt, C., Dann, S., Kleinmann, R., Strotmann, H. & Volkert, J. (2006): Das Konzept der Verwirklichungschancen (Sen, A.) – Empirische Operationalisierung im Rahmen der Armuts- und Reichtumsmessung – Machbarkeitsstudie. Tübingen: IAW. Online: http://www.bmas.de/portal/2904/property=pdf/operationalisierung__der__armut__725.pdf (01.06.2011).

BMAS (Bundesministerium für Arbeit und Soziales) (2005): Der zweite Armuts- und Reichtumsbericht der Bundesregierung. Berlin.

Bourdieu (1983): Ökonomisches Kapital, kulturelles Kapital, soziales Kapital. In: Kreckel, R. (Hrsg.): Soziale Ungleichheit. S. 183–198. Göttingen: Schwartz.

Butterwegge, C., Holm, K., Imholz, B. et al. (2003): Strategien der Kinder zur Bewältigung von Armut im Stadt/Land-Vergleich. In: Dies.: Armut und Kindheit. Ein regionaler, nationaler und internationaler Vergleich. S. 225–285. Opladen: Leske + Budrich.

Butterwegge, C., Klundt, M. & Belke-Zeng, M. (2008): Kinderarmut in Ost- und Westdeutschland. (2. Aufl.). Wiesbaden: VS.

Chassé, K.A., Zander, M. & Rasch, K. (2007): Meine Familie ist arm. Wie Kinder im Grundschulalter Armut erleben und bewältigen. (3. Aufl.). Wiesbaden: VS.

Döring, D., Hanesch, W. & Huster, E.-U. (Hrsg.) (1990): Armut im Wohlstand. Frankfurt/M.: Suhrkamp.

Grabka, M.M. & Frick, J.R. (2008): Schrumpfende Mittelschicht – Anzeichen einer dauerhaften Polarisierung der verfügbaren Einkommen? Wochenbericht des DIW, 75(10), S. 101–108. Online: http://www.diw.de/documents/publikationen/73/79586/08–10–1.pdf (01.06.2011).

Hanesch, W. (Hrsg.) (2010a): Die Zukunft der ‚Sozialen Stadt' – Strategien gegen soziale Spaltung und Armut in den Kommunen. Wiesbaden: VS.

Hanesch, W. (2010b): Armutsbekämpfung in Deutschland und die Rolle der Europäischen Union. In: Benz, B., Boeckh, J. & Mogge-Grotjahn, H. (Hrsg.): Soziale Politik – Soziale Lage – Soziale Arbeit. S. 169–191. Wiesbaden: VS.

Hanesch, W. (2011): Armut und Armutspolitik. In: Otto, H.-U. & Thiersch, H. (Hrsg.): Handbuch Soziale Arbeit. (4. Aufl.). München: Reinhardt.

Hauser, R. (1989): Entwicklungstendenzen der Armut in der Bundesrepublik Deutschland. In: Döring, D. & Hauser, R. (Hrsg.): Politische Kultur und Sozialpolitik. Frankfurt/M.: Campus.

Holz, G., Richter, A., Wüstendörfer, W. & Giering, D. (2006): Zukunftschancen für Kinder!? – Wirkung von Armut bis zum Ende der Grundschulzeit. Endbericht der 3. AWO-ISS-Studie im Auftrag der Arbeiterwohlfahrt. Frankfurt/M.: ISS.

Holz, G. (2010): Kommunale Strategien gegen Kinder- und Bildungsarmut. Oder: Der Ansatz kindbezogener Armutsprävention (nicht nur) für Kommunen. In: Hanesch, W. (2010a), S. 299–324.

Krieger, I. & Schläfke, B. (1987): Bestimmung von Lebenslagen. In: Lompe, K. (Hrsg.): Die Realität der neuen Armut. Analysen der Beziehungen zwischen Arbeitslosigkeit und Armut in einer Problemregion, S. 97–118. Regensburg: Transfer.

Leibfried, S., Leisering, L., Buhr, P. et al. (1995): Zeit der Armut. Frankfurt/M.: Suhrkamp.

Mängel, A. (2010): Hamburger Bildungskampf. Blätter für deutsche und internationale Politik, 7, S. 13–16.

OECD (2009): Doing Better for Children. Paris.

Otto, U. (2011): Soziale Netzwerke. In: Otto, H.-U. & Thiersch, H. (Hrsg.): Handbuch Soziale Arbeit. (4. Aufl.). München: Reinhardt.

Young Urban Poor: Ressourcenausstattung und Tauschbedingungen im transformierenden Wohlfahrtsstaat

Matthias Drilling

1 Zur Freiheitskonzeption bei Amartya Sen

Klassiker der Theorie der Wirtschaftspolitik bemühen bei ihren Abhandlungen über die Freiheit gerne bildhafte Vergleiche von Menschen in unterschiedlichen Lebenskontexten. Adam Smith etwa wies im *Wohlstand der Nationen* auf den Arbeiter hin, der für ihn erst als frei bezeichnet werden kann, wenn er im Besitz eines Leinenhemdes ist. Das war für Smith die Voraussetzung, um am gesellschaftlichen Leben „ohne Scham" teilzunehmen (Smith 1978 [1789], 747). Sein Konzept des wirtschaftlichen Liberalismus erweiterte er so um eine sozial-ethische Komponente. Friedrich August von Hayek benutzt den zwar im Schoße des Luxus, aber in ständiger Bereitschaft für seinen Herrn lebenden Höfling, um zu verdeutlichen, dass er viel unfreier und weniger in der Lage sein kann, sein eigenes Leben zu leben, als ein armer Bauer oder Handwerker. Mit dem Konzept des Ordoliberalismus portiert er die Wahlfreiheit, weil es ein Unterschied ist, sein eigener Herr zu sein „und ich meiner eigenen Wahl folgen kann oder nicht, und ob andererseits die Möglichkeiten, unter denen ich wählen kann, viele oder wenige sind" (Hayek 2005, 24). In *The Idea of Justice* nimmt Amartya Sen diese Analogien auf und spricht vom Leben eines reichen, aber behinderten Menschen und dem eines gesunden armen Menschen. Sen vergleicht Einkommen und Vermögen der beiden und merkt an, dass der kranke Reiche nicht aufgrund seines objektiv messbaren Reichtums zwangsläufig bessere Möglichkeiten der Lebensführung habe als der arme Gesunde. Ganz im Gegenteil, „a richer person with disability may be subject to many restraints that the poorer person without the physical disadvantage may not have" (Sen 2009, 253).

Sens Freiheitskonzeption ist – im Gegensatz zur Freiheit als Abwesenheit von Zwang bei Hayek – eine positive: Ein Mehr an Freiheit bedeutet Entwicklung. Freiheit hat intrinsischen Wert, sie ist nicht einfach nur ein Mittel, um materiellen Wohlstand zu erreichen, z.B. durch freien Wettbewerb. Es ist die Freiheit *zu etwas*. Menschen müssen frei sein, *zu entscheiden, zu wählen* etc. Freiheit ist bei Sen absolut gemeint, ungebunden von Raum, Zeit und Individuum. Sen geht es also nicht um die einem Menschen zur Verfügung stehenden *Mittel und Güter*, sondern um seine *Verwirklichungschancen (capabilities)*. „The capability approach focuses on human lives, and not just on the resources people have, in the form of owning

– or having use of – objects of convenience that a person may possess" (Sen 2009, 253). Doch die Freiheit zu wählen muss auch mit der *tatsächlichen Möglichkeit* einhergehen, diese Wahl zu realisieren, sonst ist es keine reale Freiheit. Eine Person, die Hunger hat, muss sich sättigen können; eine Person, die arbeiten möchte, muss einen Arbeitsplatz vorfinden; eine Person, die Beratungsbedarf hat, muss eine Beratungsstelle in Anspruch nehmen können etc. Die Freiheit *zu etwas* transformiert sich also über die Sach- und Güterebene in *Handlungsmöglichkeiten*. In den Wohlfahrtstaaten wird diese Transformation über Institutionen geregelt. Dazu gehören zum Beispiel der (freie) Markt, oder auch die Institutionen im Bildungswesen oder dem Sozialbereich. Dies ist der Grund, warum Sen die Institutionen der sozialen Sicherheit als „social opportunities" bezeichnet und in ihnen eine zentrale Dimension von Freiheit sieht (Sen 1999, 38f.). Sozialpolitik (und die sie vertretenden Institutionen der sozialen Sicherheit) übernimmt dabei einen Gewährleistungsanspruch: Sozialpolitik ist als *Ermöglichung* von Freiheit zu denken, nicht als deren Beschränkung. Sozialhilfe als Nothilfe hat demzufolge nicht nur die Aufgabe, die Armut im materiellen Bereich zu überwinden (*negative Freiheit*), sondern mit den Betroffenen auch Perspektiven zu eröffnen (*positive Freiheit*), die von tatsächlichen Möglichkeiten (z.B. Arbeitsplatz, Kinderbetreuungseinrichtung, Coaching etc.) gerahmt werden müssen (*reale Freiheit*). Dieser Gewährleistungsanspruch wird als offen verstanden, d.h. eröffnete Möglichkeiten können, müssen aber nicht genutzt werden. Deshalb unterstützt der Capability-Ansatz auch nicht den Aktivierungsansatz des sich transformierenden Wohlfahrtstaats, der auf Produktivität ausgerichtet ist (Scholtes 2005). In dieser Konsequenz sind die Institutionen der sozialen Sicherheit dahingehend zu überprüfen, ob sie positive und reale Freiheit schaffen. Dabei darf man sich nicht am individuell realisierten Güterbündel einer Person orientieren, denn Güter sind in dieser Konzeption „nur" das Ergebnis realisierter Verwirklichungschancen.

2 Transformation des Sozialstaats und die jungen Erwachsenen

Die sich aktuell vollziehende Transformation des Sozialstaats steht der Freiheitskonzeption von Sen diametral entgegen. Sie findet im Format eines Rückzugs aus bisher staatlich organisierten Bereichen der sozialen Sicherheit statt. Unter dem Paradigma des aktivierenden (Sozial-)Staats sammeln sich Ansätze, die unter weitgehender Abstraktion individueller Ressourcenausstattung vor allem auf Selbstregulation, Stärkung der Eigeninitiative und der persönlichen Verantwortungsbereitschaft abzielen (Wohlfahrt 2003, 12). Im *workfare*-Regime gilt das Prinzip *Fordern und Fördern*; und als Sanktion droht die Aberkennung von Ansprüchen und damit von Tauschakten zur Verwirklichung von Chancen. Fähig zu sein, ein

Leben entsprechend seiner eigenen Vorstellungen zu führen (Forster & Sen 1997, 197), wird auf „Arbeitsmarktfähigkeit" (*employability*) verengt, wenn darunter „die Gesamtheit individueller Fähigkeiten und Bereitschaften [verstanden wird], die es den Einzelnen ermöglichen, Beschäftigungsverhältnisse einzugehen, sich wertschöpfend in Arbeitsprozesse einzubringen und über eine beständige Anpassung der eigenen Arbeitskraft in Beschäftigung zu bleiben" (Kraus 2007, 241). Neben das arbeitsmarktliche Verwertungsinteresse tritt der Grundsatz der verhaltensabhängigen Leistungserbringung: Eingliederungsvereinbarungen in Deutschland oder das Gegenleistungsprinzip in der Schweiz werden individuell definiert und bestimmen, „welche Bemühungen der erwerbsfähige Hilfebedürftige in welcher Häufigkeit zur Eingliederung in Arbeit mindestens unternehmen muss und in welcher Form er die Bemühungen nachzuweisen hat" (§ 15 SGB II, Abs. 1, Pkt. 2).

Nach Bonvin und Farvaque (2003) hat die Neujustierung des Sozialstaats vor allem zu zwei Konsequenzen geführt: 1. die Umformulierung von Beschäftigungs- und Integrationsprogrammen, in die man als Arbeitsloser quasi per definitionem einmündete, zu Anreizsystemen, zu denen man zugewiesen wird, wenn sich die Investition aus Sicht der betreuenden Agentur lohnt; 2. die Aufhebung der generellen Kategorie „Anspruchsberechtigter" zugunsten spezifischer Unterstützungsgruppen, denen je nach Mitwirkung im (Re-)Integrationsprozess unterschiedliche Angebote offeriert werden.

In den vergangenen Jahren ist von verschiedenen Seiten herausgearbeitet worden, dass diese Konsequenzen auf die jungen Erwachsenen in besonderem Maße wirken (überblicksartig Schommer 2008). Die Datenreports der Armuts- und Jugendforschung zeigen, wie Verwirklichungschancen realisiert werden konnten, und eröffnen die Diskussion über Handlungsfähigkeiten junger Menschen im Wohlfahrtsstaat: Der dritte Armuts- und Reichtumsbericht der Bundesregierung konstatiert, analog zu den Berichten zum Sozialhilfebezug in der Schweiz, dass die Altersklasse der 18- bis 24-Jährigen neben der Altersgruppe „Kind" die höchste Armutsquote aufweist (Deutscher Bundestag 2008, 26; Bundesamt für Statistik 2009). EU-Vergleichsstudien über die soziale Lage Jugendlicher stellen fest, dass sich der Arbeitsplatzabbau seit den 80er Jahren überproportional auf junge Menschen ausgewirkt hat und sie einem hohen Risiko sozialer Exklusion gegenüberstehen (Kieselbach et al. 2000). Studien der Bildungs- und Gesundheitsforschung prognostizieren ein großes Risiko, dass Armut im Jugendalter zu langfristigeren gesundheitlichen Beeinträchtigungen führt (Lampert & Ziese 2007). Jugendstudien, aber auch die internationalen PISA-Vergleichsstudien stellen einen engen Zusammenhang her zwischen Schulerfolg und sozialer Herkunft und prognostizieren, dass Kinder aus sozial niedrigen Schichten häufig „in die Fußstapfen" ihrer Eltern treten (Schlemmer 1998). Neben diesen eher lebenslagenorientierten und zeitpunktbezogenen Studien haben biografisch orientierte Arbeiten (z. B. Schaffner 2007) insbesondere die Verknüpfung von arbeitsmarktlichen mit sozialen sowie kulturellen Integrationsverläufen herausgearbeitet. Solche Ergebnisse stellen die mit der dynamischen Armutsforschung entstandene These, dass die „pauschalisierenden Negativannahmen über die Zwangsläufigkeit von Abstiegsspiralen"

(Leibfried et al. 1995, 10) zu relativieren seien, auf den Prüfstand. Denn eine Erweiterung des Betrachtungszeitraums über den der Unterstützung hinaus verdeutlicht, dass Armut nicht mit Sozialhilfebezug oder Hilfe zum Lebensunterhalt gleichgesetzt werden kann und dass finanzielle Armuts- und Mangellagen bei den jungen Erwachsenen von solchen in anderen Lebensbereichen begleitet werden.

Bereits Bourdieu hat die Verknüpfung individueller Ressourcenausstattungen und gesellschaftlicher Positionierung herausgearbeitet und thematisiert dabei insbesondere das Bildungssystem (Bourdieu 1971). Eine Verknüpfung des Capability-Ansatzes mit Bourdieus Kapitaltheorie ist weiterführend, weil sie das Ressourcenkonzept in ein Verständnis sozialer Ungleichheit einbettet. Bourdieu spricht dann nicht mehr von Ressourcen, sondern von ökonomischem, sozialem und kulturellem *Kapital* (Bourdieu 1983). Die Fähigkeit, dieses Kapital auf den verschiedenen Märkten gegen Funktionen und Güter zu tauschen, verweist wiederum auf die Verwirklichungs- bzw. Handlungschancen. Dieses um kulturelle Ressourcen und um die Bildung erweiterte Verständnis ist auch deshalb erkenntnisfördernd, weil im Kontext von Deregulierung des Arbeitsmarktes und fundamentalem Wandel der Arbeitsinhalte und Anforderungen die Flexibilisierung der Erwerbsmuster (Böhnisch & Schröer 2001) sowie die Erwartungen an die Bildung und Bildungsbereitschaft der Individuen stark zugenommen haben und so ein Druck auf die Individuen entsteht. Bildung fungiert dabei als Mittel und Ziel zugleich: Eine gute Schulbildung gilt als die Voraussetzung für einen gelingenden Übergang; vom Grad der Bildung ist die berufliche Position abhängig und damit das Maß an Lebenschancen, die von der Gesellschaft verteilt werden. Damit wird Bildung zum Konzept der gesellschaftlichen und ökonomischen Modernisierung und gleichzeitig zum Konzept des Wohlfahrtstaats, um eine dauerhafte Integration in den Arbeitsmarkt zu sichern. Gefordert ist die lebenslange Bereitschaft des Weiterlernens und Reagierens auf Optionen, die der flexibilisierte Arbeitsmarkt bereitstellt (→ Gottburgsen & Sixt).

Im Widerspruch dazu steht, dass Bildung unter den gegenwärtigen Bedingungen keine Garantie mehr für eine gelingende Arbeitsmarktintegration bietet. Zwischen 1985 und 2001 wurden in der Schweiz rund 15 % der Ausbildungsplätze abgebaut. Die strukturellen Veränderungen auf dem Arbeitsmarkt führten zudem zur Veränderung von Ausbildungen (z. B. Berufsabitur, Modularisierung der Ausbildungen) und zur Erhöhung der Anforderungen an Ausbildungsgänge. Gleichzeitig stieg durch die geburtenstarken Jahrgänge die Nachfrage bzw. der Wettbewerb um Ausbildungsplätze. Bei schulisch schlecht gerüsteten jungen Menschen führte dies zu Übergangsproblemen an der ersten und zweiten Schwelle der beruflichen Integration (Übertritt in Ausbildung, Übertritt in Arbeitsmarkt). Erkennbar werden diese in den steigenden Zahlen von Jugendlichen, die nach der obligatorischen Schulzeit keine Anschlusslösung finden und auf Zwischenlösungen angewiesen sind.

Ökonomische, kulturelle und soziale Ressourcen als Tauschmittel im Sozialstaat anzuerkennen, resultiert in einem Analyserahmen, der es gestattet, die spezifische Lage eines jungen Erwachsenen in Abhängigkeit seiner Ausstattung mit unterschiedlichen Ressourcen gesellschaftlich zu verorten (Abb. 1). Die Handlungsfähigkeit einer Person kann dann auf deren Ausstattung mit Ressourcen zurückgeführt werden sowie auf die Zugänge und Berechtigungen, diese unter den aktuellen ökonomischen und gesellschaftlichen Bedingungen auf den verschiedenen materiellen und immateriellen Märkten zum Tausch zu bieten (Sen nennt dies „exchange entitlements"). Aus dieser Ausstattung-Tausch-Beziehung resultieren Optionsräume, in denen Verwirklichungschancen zu realen Freiheiten transformiert werden können. Auf der anderen Seite bedeutet Armut, dass ein Verlust von Verwirklichungschancen stattgefunden hat („capability deprivation").

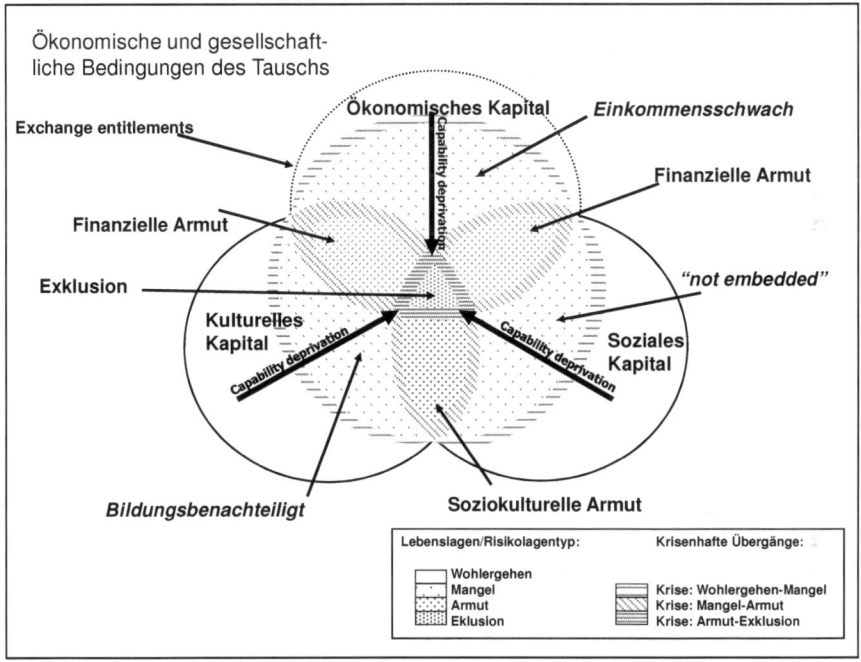

Abb. 1: Verwirklichungschancen, Lebenslagen und Ressourcen: Analyserahmen

3 Die Basler Sozialhilfestudie

An dieser Stelle soll auf zwei Studien in der Schweiz Bezug genommen werden, die die Thematisierung von Ressourcenausstattung aus der Perspektive des Capability-Ansatzes vorgenommen haben. Die *Basler Sozialhilfestudie* (Drilling 2004; Schaffner 2007) erfasste durch die Zusammenführung statistischer Daten alle 18- bis 25-Jährigen, die im Jahr 1999 mindestens einmal finanzielle Unterstützung der Sozialhilfe Basel erhielten (N = 1123). Mittels Faktor- und Clusteranalyse konnten

Tab. 1: Empirische Herleitung von Kapitalstruktur und -ausstattung

Ökonomisches Kapital	
Finanzielle Ressourcen	Einkommen *(Schulden/Vermögen)*
Arbeitsmarktintegration	Unterstützungsgrund *(langfristig einkommensersetzend/subsidiär/überbrückend)* Aktuelle Tätigkeit vor Sozialhilfeeintritt
Versorgungsverantwortung	Haushaltsgröße *(Mehr-Personen-HH mit Kind/Mehr-Personen-HH ohne Kind/Ein-Personen-HH)*
Kulturelles Kapital	
Kulturräumliche Vernetzung	Zuzug nach Basel *(von außerhalb Europas/aus Europa/aus einem Ort der Schweiz)*
Bildungsressourcen	Schulbesuch in der Schweiz *(Grundschulzeit/nach Grundschule/nach obligatorischer Schulzeit)* Berufsabschluss *(keinen/in Ausbildung/Berufsabschluss)*
Rechte	Aufenthaltsstatus *(Jahresaufenthalt/Niederlassungsbewilligung/Schweizerin)*
Bildungsressourcen Eltern	Berufsposition der Eltern
Soziales Kapital	
Elterliches Netz	Kontakt zu Eltern *(zu keinem/einem/beiden Elternteil(en))* Wohnort der Eltern *(kein/ein Elternteil/beide Elternteile in Basel oder Agglomeration)*
Familiales/soziales Netz	Alter bei Unterstützungsbeginn Unterstützungsbeginn nach Zuzug in die Stadt
Sozialräumliche Vernetzung	Wohnquartier

in der Studie *Young Urban Poor. Abstiegsprozesse in den Zentren der Sozialstaaten* (Drilling 2004) Typen von jungen Erwachsenen bei Eintritt in die Sozialhilfe herausgearbeitet werden; durch eine Analyse der Sozialhilfedossiers ergaben sich typische Verläufe in und aus der Sozialhilfe. Die zweite, qualitativ vertiefende Studie *Junge Erwachsene zwischen Sozialhilfe und Arbeitsmarkt* (Schaffner 2007), die sich auf den gleichen Datensatz bezieht, befasst sich mit den Bildungs- und Erwerbsverläufen von zwanzig jungen Sozialhilfebeziehenden. In Weiterführung der jugendsoziologischen und sozialpädagogischen Übergangsforschung orientiert sich diese Untersuchung an der subjektorientierten Übergangsforschung. Im Fokus beider Studien stehen die im Wechselspiel von strukturellen und individuellen Bedingungen resultierenden Handlungsstrategien der armutsbetroffenen jungen Erwachsenen. Die Datengrundlage wurde in mehreren Wellen erhoben, was die Möglichkeit ergab, den biografischen Verlauf über rund sechs Jahre zu verfolgen. Die Frage zu beantworten, welche Ressourcen- bzw. Kapitalausstattung bzw. -ausstattungsprobleme ausschlaggebend für den Eintritt in die Sozialhilfe waren, stellte das Forschungsteam vor Herausforderungen. Eine Befragung der jungen Erwachsenen wurde verworfen (Erfahrung niedriger Ausschöpfungsquote), es wurde auf Daten, die durch die Sozialhilfe erhoben wurden, zurückgegriffen: Neben den obligatorischen Eintrittserhebungen (Erstgespräche) waren dies die Gesprächsprotokolle aller geführten Beratungsgespräche pro junger Erwachsener. Zwar wurde damit auf empirisches Material zurückgegriffen, das die Sicht der Sozialberatenden und damit das bereits dargelegte Verwertungsinteresse der Behörde repräsentiert, andererseits konnten so Eintritts-, Verlauf- und Austrittsszenarien für 1123 junge Erwachsene rekonstruiert und ein erster Indikatorensatz hergeleitet werden (vgl. Tab. 1).

4   Wege in die Sozialhilfe

Aus welchen Kontexten die jungen Erwachsenen bei Eintritt in die Sozialhilfe kommen ist unterschiedlich. Mehr als die Hälfte der jungen Erwachsenen besitzen die schweizerische Nationalität. Unter den Ausländerinnen und Ausländern sind vor allem Personen aus den neueren Herkunftsländern Türkei und dem ehemaligen Jugoslawien. Insbesondere die gegenüber dem Durchschnitt fast doppelt so hohe Sozialhilfedichte der jungen Frauen aus der Türkei sticht heraus und zeigt, dass rund jede siebte türkische Person im Alter zwischen 18 und 25 Jahren auf finanzielle Leistungen der Sozialhilfe angewiesen war. Zudem zeigt sich als Konsequenz der schweizerischen Migrationspolitik, dass der überwiegende Teil der jungen Erwachsenen aus den neueren Herkunftsländern erst nach dem Ende des Grundschulbesuchs in die Schweiz kam (Familiennachzug) und damit ein kulturelles Kapital mitbringt, das in der Schweiz nicht ohne weiteres nachgefragt wird. In Bezug auf die Versorgungsverantwortung handelt es sich mehrheitlich um ledige und kinderlose Personen, die entweder in einer eigenen Wohnung oder noch bei den Eltern leben. Die Zahlen zur beruflichen Situation ähneln bekannten Sozialhilfestudien: Rund 60 Prozent der Beziehenden sind ohne Ausbildung. Dass die Eltern in vielen Fällen ohne Ausbildung sind, weist auf eine geringe soziale Mobilität im Generationenverlauf hin.

Die These des aktivierenden Sozialstaats, Personen über die Kombination eines Forderns und Förderns arbeitsmarktlich zu integrieren, trifft auf rund ein Viertel der jungen Erwachsenen nicht zu. 23 Prozent der jungen Erwachsenen stehen in einer Ausbildung, d.h. ihre Arbeitsmarktintegration erfolgt zum Zeitpunkt der Bedürftigkeit im erwarteten Maße. Dies weist auf zwei Herausforderungen des Sozialstaats hin: Es gilt über die Sozialpolitik als Querschnittsaufgabe auf existenzsichernde Ausbildungsentschädigungen hinzuwirken (struktureller Aspekt) und es muss eine Begründung gefunden werden, warum der junge Mensch kein anderes Auffangnetz als das der Sozialhilfe hat (individueller Aspekt).

In Bezug auf die sozialen Ressourcen zeigen sich zwei grundsätzliche Problematiken: 1. Die Ausstattung mit Ressourcen repräsentiert in zahlreichen Bereichen eine Mangel- bzw. Armutslage, die oft bis in die Elterngeneration zurückverfolgt werden kann (z. B. fehlendes Einkommen, fehlende elterliche Unterstützung). 2. Das Fehlen eines Netzwerkes, insbesondere von elterlicher Seite, verlangt Planungs- und Steuerungsüberlegungen, die die jungen Menschen kaum leisten können. Insofern können wir von einer *Baseline-Verwundbarkeit* sprechen, die oftmals bis in die Kindheit zurückreicht. Der Sozialhilfeeintritt selbst ist dann zumeist an aktuelle Ereignisse gekoppelt: Arbeitslosigkeit, ungenügendes Einkommen, Kündigung, Zwangsvollstreckung, Schulabbruch, Lehrabbruch, Heimeintritt, Rauswurf aus dem Elternhaus, Eintritt in eine Pflegefamilie, Wegzug der Eltern, Trennung vom Partner, physische und psychische Gebrechen.

5 Wege durch die Sozialhilfe

Diese mehrfachen Belastungen, die sich mit dem Eintritt in die Sozialhilfe zeigen, charakterisieren auch den weiteren Weg der jungen Menschen. Anhand der Dossiers wurden die Gesprächsprotokolle von 108 jungen Erwachsenen auf kritische und förderliche Ereignisse hin untersucht. Die ereignisbiografische Darstellung verdeutlicht die Bewältigungsleistung, die in den Jahren des Sozialhilfebezugs zu meistern ist (vgl. Abb. 2).

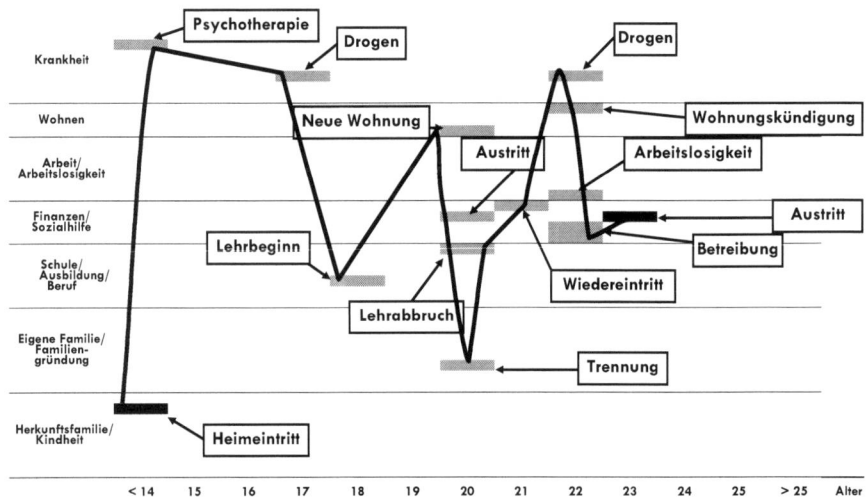

Abb. 2: Wege durch die Sozialhilfe: Ereignisbiografische Darstellung

Die Auswertung der Gesprächsprotokolle führt zur These, dass sich während der finanziellen und beratenden Unterstützung durch die Sozialhilfe die Verwirklichungschancen der jungen Erwachsenen kaum verbessern, in Teilbereichen sogar verschlechtern. Sozialpolitisch gewendet heißt das, dass sich kollektive Abstiegsprozesse während der Unterstützung durch die Sozialhilfe ergeben:

- *Ausschluss aus den arbeitsmarktlichen Institutionen:* Durch die Revision des Schweizerischen Arbeitslosengesetzes wurde die Zahl der Monate heraufgesetzt, die benötigt werden, um für Arbeitslosengeld berechtigt zu sein. Zudem wird nicht mehr jedes Beschäftigungsprogramm bei der Berechnung der beitragspflichtigen Monate angerechnet. Ein Wechsel von Nothilfe zur Arbeitslosenunterstützung (mit deutlich verbesserten Angeboten im Berufsintegrationsbereich) wird damit erschwert.
- *Verschuldungs- und Betreibungsprozesse:* Es kommt bei den jungen Erwachsenen während des Sozialhilfebezugs nicht zu einer geregelten Schuldensanierung. Im Gegenteil häufen sich die Zahl der Verschuldungen und aufgrund der instabilen Erwerbstätigkeiten auch die Zahl der Betreibungen.
- *Drehtüreffekte zwischen Arbeitslosenkasse, vorübergehender Beschäftigung und Sozialhilfe*: Im Betrachtungszeitraum der Studie (insges. 39 Monate) konnten sich zwar immerhin über zwei Drittel aller Personen von der Sozialhilfe lösen, doch rund ein Drittel trat nach unterschiedlich langer Phase ohne Sozialhilfe wieder ein. Das gilt auch für die Gruppe der Überbrücker (1–6 Monate Bezugsdauer). Diejenigen, die mit dem Grund „in Arbeit" aus der Sozialhilfe austreten, arbeiten überwiegend in Temporär- und Gelegenheitsjobs im Niedriglohnsegment.
- *Entwertung von Bildungskapital:* Selbst in Fällen, in denen die jungen Erwachsenen über eine Berufsausbildung verfügen, kommt es während der Unterstützung nicht systematisch dazu, dieses Bildungskapital nutzbar zu machen. Stattdessen verdienen die Ausgebildeten in einer berufsfernen Tätigkeit ihr Einkommen, oftmals zudem zeitlich begrenzt. Dieses Dilemma weist auf die mangelhaften Tauschmöglichkeiten hin.
- *Soziale Entwurzelung durch Einsparungen im Bereich Wohnen*: Viele junge Erwachsene stehen aufgrund der Leistungskürzungen durch die Sozialhilfe (nach der Sozialhilfereform, die eine generelle Kürzung des Grundbedarfs, eine Kürzung der Wohnbeihilfen für junge Erwachsene und eine Eingruppierung in verschiedene Förderklassen zur Folge hatte) vor der Aufgabe, sich neuen, billigeren Wohnraum zu suchen. Bei jungen Erwachsenen, die bereits seit längerer Zeit an diesen Orten lebten, kommt dies einer sozialen Entwurzelung (z. B. Nachbarschaftshilfe) gleich.

Unter Exklusion wird eine Armutslage aufgrund fehlender ökonomischer *und* kultureller *und* sozialer Verwirklichungschancen verstanden. Solche Armutslagen sind prozesshaft und kennen Vorstufen des Mangels und der Krisen. Aus den Verlaufstypen zeichnen sich zwei Prozesse ab, die auf eine Verschlechterung der Ressourcenlage hinweisen: Erstens findet bei einer hohen Zahl von jungen Erwachsenen ein intensiver Drogenkonsum statt. Die jungen Erwachsenen verlieren nach einer Zeit intensiven Konsums ihre Tagesstruktur und sind auch kaum noch in den Arbeitsmarkt integrierbar oder verlieren dort in Kürze ihre Beschäftigung wieder. Gleichzeitig sehen sie in einem gesteigerten Konsumverhalten den Ausweg aus diesem Dilemma. Ähnliche Prozesse des Ausschlusses von Teilhabe- und Mitbestimmungsmöglichkeiten in der Gesellschaft zeigen sich bei Personen, die mit Depressionen, Essstörungen oder anderen psychischen Gebrechen auf ihre Armutslage reagieren. Zweitens – und das betrifft die jungen Ausländerinnen und Ausländer – kommt es zur Androhung der Ausweisung bei längerer Sozialhilfeabhängigkeit. Viele der jungen Ausländerinnen und Ausländer sehen in der Ablösung von der Sozialhilfe die einzige Lösung, Handlungsfähigkeit wiederherzustellen.

6 Wege aus der Sozialhilfe

Wie bereits ausgeführt, verließen rund ein Drittel der jungen Erwachsenen im Betrachtungszeitraum der Studie (39 Monate) die Sozialhilfe. Die Analyse der Gesprächsprotokolle zeigt, dass nur ein Bruchteil in gesicherte Arbeitsverhältnisse entlassen wurde (feste oder sozialversicherungspflichtige Anstellung) und auch nur wenige in eine ihrer Ausbildung (sofern vorhanden) nahen Beschäftigung. Andere verdienen ihr Einkommen als Barkeeper, Kassiererin im Fast-Food-Bereich, im Telefonmarketing etc. Das heißt, dass die Sozialhilfe zwar „erfolgreiche" Ablösungen konstatieren kann, diese aber aus Sicht der jungen Erwachsenen eher mit einem Eintritt in neue Prozesse der Prekarität und Unbeständigkeit verbunden sind. Bei einigen war zu beobachten, wie sie die Abwechslung und Vielseitigkeit kurzer Gelegenheitsarbeiten schätzen und aufwerten lernten (Anpassung durch Umdeutungen), was auch langweilige Arbeitserfahrungen kompensieren half. Einige begannen, die geringere Verpflichtung der Temporärarbeiten mit einzukalkulieren, d. h. sie kündigten Anstellungen, wenn die eigenen Grenzen des Erträglichen überschritten wurden (Abwertung der Arbeit, Selbstwertschutz, Freiheit). Und sie gewöhnten sich daran, Unterstützungsgelder in ihr Lebenskonzept kompensatorisch einzubeziehen. Wenn die Arbeit langweilte oder sich die Aufopferung finanziell nicht lohnte, konnte man sich auf die Unterstützung durch staatliche Transferleistungen verlassen (kollektive Orientierung).

In diesem Prozess der Neusortierung von Ressourcen spielt die Stadt eine stabilisierende Rolle. Sie fungiert als Tauschmedium für die unterschiedlichen Ressourcen und eröffnet trotz realer Abstiegsprozesse individuelle Optionsräume. Soziale Erfolge durch Anerkennung sind dabei wichtige Ressourcen: Immer finden die jungen Erwachsenen im städtischen Umfeld Gleichgesinnte, mit denen sie zusammentreffen, einen Teil ihres Alltags teilen können. So konfiguriert sich ein Gruppengefühl, ein Verständnis und eine Legitimation für das eigene Tun. Der *Glaube* an Verwirklichungschancen bleibt damit trotz aller realen Tauschbedingungen und individuell mangelhafter Ressourcenausstattung unvermindert bestehen. Diese Erfahrung zwischen sozialstaatlich vermitteltem kollektivem Abstieg

Wege aus der Sozialhilfe

und subjektiven Erfolgen resultiert darin, dass die jungen Erwachsenen aufgefordert sind, selbst Kohärenz herzustellen. Sie leisten dies in dem für sie möglichen Maße, lösen sich zur Herstellung dieser aber auch häufig von der Sozialhilfe ab (vgl. Abb. 3), obschon es ihnen von der Ressourcenausstattung keineswegs besser geht als zum Zeitpunkt des Eintritts.

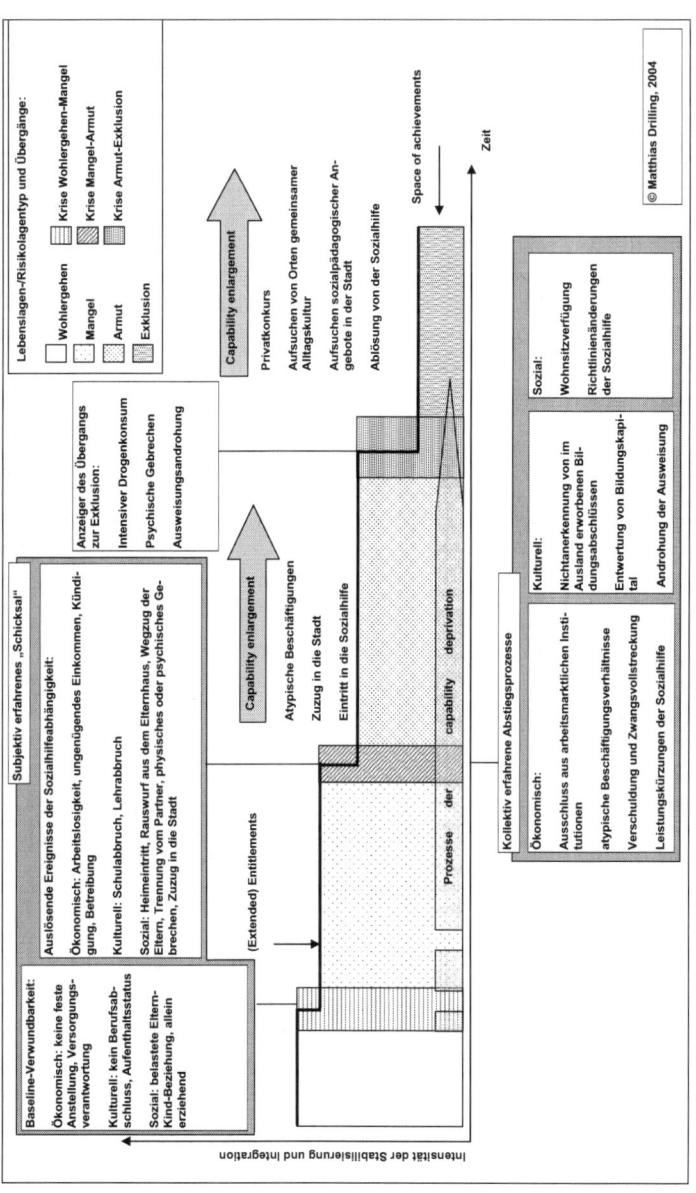

Abb. 3: Suche nach Kohärenz zwischen kollektivem Abstieg und subjektiven Erfolgen

7 Auf dem Weg zu positiver Freiheit: Die Bedeutung von Beratung

Wenn Amartya Sen fordert, dass der Sozialstaat zu positiver Freiheit beitragen muss, dann sind nicht nur Maßnahmen von Armutsbekämpfung im materiellen Bereich (im Sinne der negativen Freiheit) zu erörtern. Vielmehr kommt die professionelle Beratungstätigkeit zum Tragen: Dort erörtert ein junger Mensch seine Lage und vergegenwärtigt sich seiner Ressourcenausstattung, um darauf aufbauend ein realistisches Szenario zu entwickeln, wie die Armutslage dauerhaft überwunden werden kann. Dieser Beratungsanteil ist im jungen Erwachsenenalter besonders wichtig, weil sich dieses nicht mehr als transitorischer Abschnitt, sondern als ein entwicklungsoffener Prozess darstellt, in dem soziale Wirklichkeit individuell zu konstruieren ist. Sozialberatung muss mit jungen Menschen immer wieder subjektive Standortbestimmungen vornehmen und dazu beitragen, dass sie sich in einer aktiven Auseinandersetzung auf ihre sozialen und kulturellen Fähigkeiten besinnen und diese in den verschiedenen gesellschaftlichen Feldern einsetzen. Das sozialarbeiterische Verständnis von Ressourcen ist dabei breit und umfasst alle Eigenschaften, die zur Bearbeitung und Lösung eines Problems genutzt werden können (→ Werner & Nestmann).

Auch Sozialberatung findet im aktuellen sozialstaatlichen Selbstverständnis weitgehend arbeitsmarktorientiert statt. Zwar fordert in Deutschland das 2. Sozialgesetzbuch (Art. 3, Abs. 2), dass erwerbsfähige Hilfsbedürftige, die das 25. Lebensjahr noch nicht vollendet haben, „unverzüglich nach Antragstellung auf Leistungen [...] in eine Arbeit, eine Ausbildung oder eine Arbeitsgelegenheit zu vermitteln" sind, weil es aber keinen gesetzlichen Anspruch auf einen Ausbildungsplatz gibt, reicht es, darauf hinzuwirken, „dass die vermittelte Arbeit oder Arbeitsgelegenheit auch zur Verbesserung ihrer beruflichen Kenntnisse und Fähigkeiten beiträgt." Wer gegen Vorschläge der Agentur für Arbeit verstößt, dem kann die Regelleistung für drei Monate komplett gestrichen werden, wenn es häufiger vorkommt, dann können Leistungen dauerhaft gestrichen werden. Lediglich Kosten für Wohnung und Heizung werden weiter an den Vermieter direkt bezahlt. Allenfalls über Lebensmittelgutscheine oder Sachleistungen kann ein junger Mensch dann seinen Lebensunterhalt sichern.

Um Beratungsmisserfolgen vorzubeugen, wurde der Betreuungsschlüssel bei hilfebedürftigen Jugendlichen und jungen Erwachsenen auf 1 : 75 empfohlen (im Gegensatz zu 1 : 150 bei über 25-Jährigen). Damit sollte auf den besonderen Beratungsbedarf junger Menschen Rücksicht genommen werden. Doch schon im Mai 2006 wird auf eine parlamentarische Anfrage im Bundestag festgestellt, dass die Praxis „weit hinter den Absichten zurück" bleibe (Deutscher Bundestag 2006). So habe es selbst nach eineinhalb Jahren bei einem Drittel der Betroffenen noch kein Erstgespräch zur Abstimmung einer Eingliederungsstrategie gegeben, bei zwei Drittel der geprüften Fälle lag kein „überzeugendes Profiling" vor, bei der Hälfte der geprüften Fälle wurde keine Eingliederungsvereinbarung geschlossen und Hilfebedürftige mussten durchschnittlich drei Monate auf ein qualifiziertes Erstgespräch warten. Die Studie des Instituts für Arbeitsmarkt- und Berufsforschung (Schels 2008), die über 1000 Arbeitslosengeld II erhaltende Personen im Alter zwischen 18 und 29 einbezieht, zeigt die Konsequenzen: Von den 60 Prozent der jungen Menschen, die sich ablösen konnten, waren etwa die Hälfte später erneut auf Unterstützung angewiesen.

8 Fazit

Moderne Gesellschaften stehen der Herausforderung gegenüber, dass eine Zahl von jungen Erwachsenen als finanziell, sozial und/oder kulturell arm zu bezeichnen ist und diese Armut dauerhaft ist, allerdings nicht immer in Form von Sozialhilfebedürftigkeit ihren Ausdruck findet. Diese Personen rasch und ohne Rücksicht auf die individuelle Ressourcenlage und biografischen Umstände aus der Sozialhilfe abzulösen, mag finanzpolitisch kurzfristig entlasten, sozialpolitisch ist dies aber kontraproduktiv, weil sich dadurch soziale Ungleichheit fundamentiert. Die strukturelle Verfestigung von Armut findet in einem (sozial)politischen Umfeld statt, das die Ursachen für Krisen eher im individuellen Versagen als in den gesellschaftlichen Bedingungen sucht und das die Verantwortung für die Veränderung eher den Einzelnen überträgt. Entsprechend kommt es zu einer Ausdünnung sozialstaatlicher Sicherung, einer Konzentration auf das „Wesentliche" und zur Diskussion, nur noch die „Grundversorgung" sicherzustellen. Damit trägt die Transformation des Wohlfahrtsstaats maßgeblich dazu bei, dass eine Lebenslage „Young Urban Poor" entsteht, derer Merkmale die krisenhaften biografischen Verläufe infolge unzureichender Ausstattung mit sozialen, kulturellen und ökonomischen Ressourcen sind und die nicht mehr auf uneingeschränkte Unterstützung des Sozialstaats zurückgreifen können.

Hierin liegt eine der Bedeutungen des Ansatzes von Amartya Sen, der Sozialpolitik als eine *Politik der Befähigung* interpretiert und verlangt, positive und reale Freiheit zu schaffen. Sozialhilfe kann insbesondere durch Sozialberatung dazu beitragen, indem sie als Intervention gewendet würde: in Bezug auf eine umfassende Standortbestimmung der individuellen Ressourcenausstattung, den Vorstellungen über die individuellen Zielsetzungen, dem Schaffen von Kohärenz zwischen Verwirklichungs- und Handlungschancen sowie der Anbahnung verschiedener (nicht nur arbeitsmarktbezogener) Maßnahmen. Mit dieser Neujustierung, die auch mit einer Öffnung gegenüber anderen Feldern einhergehen müsste (z. B. der nichtstaatlichen Angebote der sozialen Sicherheit), könnten einerseits Lebensverläufe junger Menschen kontinuierlicher gerahmt werden und andererseits sozialpolitische Zielsetzungen stärker im Sinne von Querschnittsaufgaben die sektoral ausgelegten Politiken beeinflussen.

Damit sind auch die Formate definiert, in denen sich Sozialpolitik im weiteren Transformationsprozess verorten muss und die Gegenstand zukünftiger Forschung aus Sicht des Capability-Ansatzes sein sollten: 1. Wie werden Berechtigungen/ Handlungsrechte, Zugänge und Chancen verteilt und wie erfolgt ihre spezifische Reproduktion in der Gesellschaft? 2. In welchem rechtlichen Rahmen können soziale, kulturelle, wirtschaftliche und bürgerliche Rechte definiert werden? 3. Welche strukturellen Vorkehrungen können entwickelt werden, um krisenhaften Verläufe aufzuhalten (inkl. Präventions- und Interventionsinstrumente)?

Literatur

Böhnisch, L. & Schröer, W. (2001): Pädagogik und Arbeitsgesellschaft: Historische Grundlagen und theoretische Ansätze für eine sozialpolitisch reflexive Pädagogik. Weinheim: Juventa.

Bonvin, J.-M. & Farvaque, N. (2003): Employability and Capability. The Role of Local Agencies in Implementing Social Policies. 3rd Conference on the Capability Approach. University of Pavia, 7.–9. Sept.

Bourdieu, P. (1983): Ökonomisches Kapital, kulturelles Kapital, soziales Kapital. In: Kreckel, R. (Hrsg.): Soziale Ungleichheiten. Soziale Welt, Sonderband 2. S. 183–198. Göttingen.

Bourdieu, P. (1971): Die Illusion der Chancengleichheit. Untersuchung zur Soziologie des Bildungswesens am Beispiel Frankreich. Stuttgart: Klett.

Bundesamt für Statistik (2009): Die Schweizerische Sozialhilfestatistik 2009. Neuenburg: Bundesamt für Statistik.

Deutscher Bundestag (2006): Betreuungssituation und Fallmanagement bei den Trägern der Grundsicherung. Bundestags-Drucksache 16/3953. Berlin: Bundesanzeiger.

Deutscher Bundestag (2008): Lebenslagen in Deutschland – Dritter Armuts- und Reichtumsbericht. Unterrichtung durch die Bundesregierung. Drucksache 16/9915. Berlin: Bundesanzeiger.

Drilling, M. (2004): Young Urban Poor. Abstiegsprozesse in den Zentren der Sozialstaaten. Wiesbaden: VS.

Forster, J. & Sen, A. (1997): On Economic Inequality after a Quarter Century. In: Sen, A. (Hrsg.): On Economic Inequality. S. 107–219. Oxford: Clarendon.

Hayek, F.A. von (2005): Gesammelte Schriften in deutscher Sprache. Tübingen: Mohr Siebeck.

Kieselbach, T., van Heeringen, K., La Rosa, M. et al. (2000). Youth Unemployment and Health. A Comparison of Six European Countries. YUSEDER publications, No. 1, Psychologie sozialer Ungleichheit, Bd. 9. Opladen: Leske + Budrich.

Kraus, K. (2007): Beruflichkeit, Employability und Kompetenz. Konzepte erwerbspädagogischer Pädagogik in der Diskussion. In: Dehnbostel, P., Elsholz, U. & Gillen, J. (Hrsg.): Kompetenzerwerb in der Arbeit. S. 235–248. Berlin: Edition Sigma.

Lampert, T. & Ziese, T. (2007): Armut, soziale Ungleichheit und Gesundheit. Expertise des Robert Koch-Instituts zum 2. Armuts- und Reichtumsbericht der Bundesregierung. Berlin: RKI.

Leibfried, S., Leisering, L., Buhr, P. et al. (1995): Zeit der Armut. Lebensläufe im Sozialstaat. Frankfurt/M.: Suhrkamp.

Schaffner, D. (2007): Junge Erwachsene zwischen Sozialhilfe und Arbeitsmarkt – Biographische Bewältigung von diskontinuierlichen Bildungs- und Erwerbsverläufen. Bern: h.e.p.

Schels, B. (2008): Junge Erwachsene und Arbeitslosengeld II: Hilfebezug in jungen Jahren verfestigt sich viel zu oft. Nürnberg: IAB-Kurzbericht 22. Online: http://doku.iab.de/kurzber/2008/kb2208.pdf (10.11.2010).

Schlemmer, E. (1998): Risikolagen von Familien und ihre Auswirkungen auf Schulkinder. In: Mansel, J. & Neugebauer, G. (Hrsg.): Armut und soziale Ungleichheit bei Kindern. S. 129–146. Opladen: Leske + Budrich.

Scholtes, F. (2005): Warum es um Verwirklichungschancen gehen soll. Amartya Sens Capability-Ansatz als normative Ethik des Wirtschaftens. In: Volkert, J. (Hrsg.): Armut und Verwirklichungschancen. Amartya Sens Capability-Konzept als Grundlage der Armuts- und Reichtumsberichterstattung. S. 23–46. Wiesbaden: VS.

Schommer, M. (2008): Wohlfahrt im Wandel: Risiken, Verteilungskonflikte und sozialstaatliche Reformen in Deutschland und Großbritannien. Wiesbaden: VS.

Sen, A. (1999): Development as Freedom. New York: Alfred A. Knopf.

Sen, A. (2009): The Idea of Justice. London: Penguin.

Smith, A. (1978): Der Wohlstand der Nationen. Eine Untersuchung seiner Natur und seiner Ursachen. (Übersetzung nach der engl. Ausgabe von 1789). München: dtv.

Wohlfahrt, N. (2003): The Activating Welfare State in Germany: Beyond the Hartz Commission. In: Eick, V., Mayer, M. & Sambale, J. (Hrsg.): From Work to Welfare Nonprofits and the Workfare State in Berlin and Los Angeles. S. 12–19. Berlin: FU Berlin, John F. Kennedy Institute.

Ressourcen der öffentlichen Hand: Finanzielle Abhängigkeit von Non-Profit-Organisationen und ihre Folgen

Michaela Neumayr

Einleitung

Non-Profit-Organisationen sind in korporatistischen Wohlfahrtstaaten wie Deutschland und Österreich vielfach mit Institutionen der öffentlichen Verwaltung und dem Staat verflochten. Beispielsweise werden Dienstleistungen des Sozial- und Gesundheitswesens meist von Non-Profit-Organisationen (NPOs) erstellt, jedoch unter wesentlicher Beteiligung der öffentlichen Hand finanziert (Anheier et al. 2007; Schneider et al. 2007). Das in Form von Subventionen, Leistungsverträgen oder Tagessätzen an NPOs fließende Geld stellt dabei eine essenzielle Ressource für die Organisationen dar, die deren Fortbestehen sichert. Allerdings entsteht durch diesen Bezug von Geld – folgt man der *Resource Dependence Theory* – auch eine Abhängigkeits- und Machtbeziehung zwischen NPOs und den jeweiligen Institutionen der öffentlichen Verwaltung (z. B. Saidel 1991; Johansson 2003). Seit mehr als hundert Jahren wird daher sowohl in der Praxis als auch in der Wissenschaft diskutiert, inwiefern NPOs durch den Erhalt öffentlicher Mittel an Autonomie verlieren und dadurch nicht mehr in der Lage sind, eine ihrer wesentlichen Aufgaben zu erfüllen, nämlich die Interessen der Zivilgesellschaft und ihrer Klientinnen und Klienten kritisch – auch gegen die Interessen des Staats – zu vertreten (vgl. Fetter 1901; Fleischer 1914, zit. n. Smith 1998, 186; Chikoto 2007, 7).

Vor diesem Hintergrund zielt dieser Beitrag darauf ab, die mit dem Bezug öffentlicher Mittel verbundenen Konsequenzen für NPOs aus theoretischer und empirischer Sicht zu beleuchten. Dazu wird zunächst ein Überblick über den Stand der Forschung zum Ressourcentausch zwischen NPOs und dem Staat gegeben, worin die in der Literatur diskutierten Thesen darlegt werden. Die den Thesen zugrundeliegende *Resource Dependence Theory* und der darin verwendete Begriff der Ressource werden anschließend erläutert. Des Weiteren werden die Ergebnisse einer in Österreich durchgeführten Studie über die Effekte öffentlicher Finanzierung durch Subventionen und Leistungsverträge auf NPOs präsentiert und vor dem Hintergrund der Ressourcenabhängigkeit diskutiert.

1 Aktuelle Entwicklungen und Thesen

Die enge institutionelle Verflechtung zwischen NPOs und dem öffentlichen Sektor – sei es über Versorgungsaufträge der öffentlichen Hand oder über Finanzierungsbeziehungen – stellt sowohl in Deutschland als auch in Österreich ein wesentliches Merkmal der wohlfahrtsstaatlichen Aufgabenteilung dar, die auf eine lange Tradition zurückblicken kann (Anheier et al. 2007; Schneider et al. 2007). Gegenwärtig finanziert sich der Non-Profit-Sektor in Deutschland zu etwa 64 %, in Österreich zu etwa 50 % aus öffentlichen Mitteln (Salamon & Sokolowski 2004).

Dennoch wird dieses Arrangement in Frage gestellt, da vermutet wird, dass die öffentliche Hand einen zu großen Einfluss auf die Tätigkeiten von NPOs ausüben würde. Insbesondere in den letzten Dekaden erfuhr diese Debatte neuen Aufwind: einerseits durch die Umstellung der öffentlichen Verwaltung von einer input- auf eine outputgesteuerte Logik, die unter der Bezeichnung „New Public Management" in den 80er Jahren erfolgte (Haldemann 1998). Für NPOs, die öffentliche Subventionen erhielten, gingen damit stärkere Rechenschaftspflichten einher, da die Vergabe der Mittel vermehrt an Evaluierungen sowie Erfolgs- und Outputmessungen gebunden wurde. Andererseits durch die Veränderungen der rechtlichen Rahmenbedingungen auf EU-Ebene in den 90er Jahren, durch die sich die *Form* der Vergabe öffentlicher Mittel wesentlich wandelte. Anstatt Subventionen an NPOs zu vergeben, schließt die öffentliche Hand zunehmend Leistungsverträge mit NPOs ab; jene NPOs, die im Bereich sozialer Dienstleistungen tätig sind, sind davon besonders stark betroffen (Zauner et al. 2006). In diesen Leistungsverträgen werden die von den NPOs zu erbringenden Leistungen hinsichtlich Quantität, Qualität, Zeitraum, Zielgruppe usw. spezifiziert und dem dafür gewährten Geldbetrag exakt gegenübergestellt. Durch diese Praxis soll verhindert werden, dass öffentliche Mittel an NPOs als wettbewerbsverzerrende Zuwendungen eingestuft werden, die mit den verabschiedeten EU-Richtlinien zur Vergabepolitik und zur EU-Beihilfenkontrolle sowie den Bemühungen der EU-Kommission zur Schaffung eines einheitlichen Binnenmarktes (Herzig 2006; Schneider & Trukeschitz 2007) in Konflikt stehen würden. Kritikerinnen und Kritiker vermuten, dass sich durch die Vergabe der Mittel über Leistungsverträge die Abhängigkeit und Kontrollierbarkeit von NPOs durch öffentliche Institutionen verschärft hat und deren Freiheit noch weiter eingeschränkt wurde.

Im Mittelpunkt der geäußerten Bedenken steht somit die Annahme, dass öffentliche Finanzierung die Mission und Zielsetzung von NPOs beeinflusst (Salamon 1995). Es wird vermutet, dass NPOs gemäß dem Sprichwort „Die Hand, die einen füttert, beißt man nicht" eingeschüchtert und in ihren politischen Aktivitäten eingeschränkt würden (Chaves et al. 2004; Eikenberry & Drapal Kluver 2004). Eine solche Beziehung ist deshalb heikel, da die Vertretung der Interessen von marginalisierten Gruppen und Klientinnen und Klienten – wenn nötig auch gegenüber dem Staat – eine der ursprünglichsten Aufgaben und Ziele von zivilgesellschaftlichen Organisationen darstellt (Kramer 1981; James & Rose-Ackerman

1986; Salomon et al. 2000; Kendall 2003). Somit würde durch die Abhängigkeit von öffentlichen Geldgebern eine der wesentlichsten Aufgaben von NPOs, nämlich die sogenannte Advocacy-Funktion, zurückgedrängt werden.

In Zusammenhang mit diesen Auswirkungen haben sich in der Literatur zwei unterschiedliche Thesen etabliert. Die erste besagt, dass NPOs, sofern sie Mittel der öffentlichen Verwaltung erhalten, eingeschüchtert werden und sich politisch weniger engagieren, unabhängig davon wie groß die Einnahmen aus diesen Quellen sind. Die zweite These besagt, dass mit zunehmendem Anteil der Einnahmen aus öffentlichen Mitteln dieser Druck, die politische Arbeit zu reduzieren, größer wird – und NPOs ihr Engagement im Bereich der Interessenvertretung dementsprechend reduzieren (Eikenberry & Drapal Kluver 2004; Onyx et al. 2008). Beide Thesen sind auf die *Resource Dependence Theory* zurückzuführen, die folgend dargestellt wird.

2 Theoretischer Hintergrund: Resource Dependence

Die *Resource Dependence Theory* (RDT) beschäftigt sich mit einzelnen Organisationen und deren Beziehungen zur Umwelt. Sie geht auf Pfeffer und Salancik (1978) zurück und hat ihre Wurzeln in der Soziologie und der Politologie (vgl. Ulrich & Barney 1984); heute stellt sie eine der wichtigsten Organisationstheorien dar. Ziel der Theorie ist es, das Verhalten von Organisationen vor dem Hintergrund der bestehenden Beziehungen zu ihrer Umwelt zu erklären. Organisationen werden dabei als offene Systeme verstanden, die nicht völlig autonom agieren, sondern durch ihr Umfeld gesteuert werden. Diese Fremdbestimmung erfolgt über die Anpassung der Organisationen an vorgegebene Bedingungen der Umwelt. Konkret ist die Anpassung immer mit dem Bezug von Ressourcen aus der Umwelt verbunden, da die zuverlässige Versorgung mit allen notwendigen Ressourcen die Voraussetzung dafür ist, das Fortbestehen der Organisation zu sichern (Schreyögg 1997; Pfeffer & Salancik 2003). Die Verfügbarkeit und der Bedarf an Ressourcen bilden somit das zentrale Element, das gemäß der RDT die Beziehungen von Organisationen zu ihrer Umwelt – und damit auch eine mögliche Abhängigkeit – bestimmt.

2.1 Spektrum der benötigten Ressourcen

Gemäß der RDT stellt all das eine Ressource dar, was von einer Organisation essenziell für ihr Fortbestehen angesehen wird. Dazu zählen beispielsweise physische Ressourcen wie Werk- und Rohstoffe, immaterielle Ressourcen wie Informationen oder technisches Know-how; aber auch der Zugang zu bestimmten Absatzmärkten. Pfeffer und Salancik (1978) haben im Zuge der Formulierung der RDT immer wieder die Bedeutung der finanziellen Ressourcen hervor gehoben (Tillquist, King & Woo 2002). All diese Ressourcen werden dann Gegenstand der RDT, wenn eine Organisation selbst nicht in ausreichendem Maß über sie verfügt und sie auch nicht selbst herstellen kann, sondern, wie bereits angesprochen, sie von der Umwelt beziehen muss.

Die Umwelt im Sinne der RDT wird jeweils durch eine konkret zu identifizierende andere Organisation verkörpert, von der eine Ressource benötigt wird. Insofern ist der Ressourcenbezug zwischen Organisation und Umwelt immer ein Tausch zwischen zwei Organisationen und die Beziehung zwischen diesen beiden Organisationen wird gemäß der RDT auf das Faktum der Ressourcenabhängigkeit beschränkt (Schreyögg 1997). Die Abhängigkeit ist umso größer, je essenzieller die Ressource für das Fortbestehen der ressourcennachfragenden Organisation ist und je weniger Möglichkeiten sie hat, auf andere Ressourcenanbieter auszuweichen. Mit dem Aspekt der Abhängigkeit rückt auch jener der Macht in den Vordergrund. Zum einen verfügt die ressourcenliefernde Organisation über das Drohpotenzial, den Ressourcenfluss zu unterbinden. Zum anderen wird die Vergabe der Ressourcen, wie die RDT annimmt, an bestimmte Forderungen gebunden, um so eigene Interessen und Bedürfnisse gegenüber der abhängigen Organisation durchzusetzen (Tillquist et al. 2002). Macht stellt also einen zentralen Mechanismus der RDT dar.

Derartige Forderungen können explizit durch vertragliche Regelungen, Produkt- oder Servicestandards oder durch die administrative Steuerung von Prozessen festgelegt sein – oder implizit mitgeteilt werden. Wenn z. B. eine dringend benötigte Lieferung mit dem Kommentar „Eine Hand wäscht die andere" überbracht wird, kann dadurch die Erwartung eines Entgegenkommens angedeutet sein. Der Druck, diesen Anforderungen und Bedingungen des Ressourcenlieferanten nachzukommen, erhöht sich mit zunehmender Abhängigkeit: „Je größer die Abhängigkeit von A von B, desto größer die Macht von B über A" (Emerson 1962). Die Machtposition wird durch verschiedene Faktoren verstärkt, beispielsweise ist sie umso größer, je expliziter die Forderungen vorliegen, wenn die Erfüllung dieser Forderung möglich ist oder wenn der Ressourcengeber die Erfüllung gut überprüfen kann (Pfeffer & Salancik 1978).

2.2 Handlungsspielraum der abhängigen Organisation

Aus der bisherigen Darstellung ließe sich nun schließen, dass die abhängige Organisation den Erwartungen und Anforderungen der ressourcenliefernden Organisation völlig ausgeliefert ist. Die RDT ist aber keine deterministische Theorie, sondern postuliert, dass die Organisation immer bestrebt ist, soweit als möglich autonom zu bleiben und sich einen möglichst großen Handlungsspielraum zu verschaffen, um nicht allen Forderungen nachkommen zu müssen (Oliver 1991). Eine Möglichkeit, die Situation aktiv zu verändern, besteht beispielsweise darin, die Anzahl der Ressourcenlieferanten zu erhöhen (Diversifikation) oder die liefernde Organisation aufzukaufen (vertikale Integration) (Pfeffer & Salancik 2003), um dadurch die Macht der einzeln liefernden Organisation zu reduzieren. Eine geringere Macht der ressourcenliefernden Organisation ist auch dann gegeben, wenn eine gegenseitige Abhängigkeit besteht, wenn also die gebende Organisation auch eine Ressource der empfangenden Organisation benötigt. Ist die jeweilige Abhängigkeit gleich groß, kann von einer Machtbalance gesprochen werden.

Wie mit den extern bestehenden Erwartungen und Anforderungen umgegangen wird, bestimmt sich durch organisationsinterne Prozesse. Beispielsweise gewinnt jene Abteilung, die die kritische Ressource benötigt und deren eigene Leistungserstellung dadurch unterbrochen oder gefährdet ist, organisationsintern an Bedeutung, weil die gesamte Organisation vom Funktionieren dieser Abteilung abhängig ist und den Engpass zu spüren bekommt. Da die gesamte Organisation Interesse daran hat, dass die zuverlässige Versorgung mit dieser Ressource wieder hergestellt wird, werden dieser Abteilung mehr Freiheiten eingeräumt – und sie gewinnt innerorganisational an Macht. Wenn die kritische Ressource beispielsweise eine bestimmte Technologie ist, dominiert die Technikabteilung die Organisation (vgl. Jacobs 1974). Vertreterinnen und Vertreter dieser Abteilung werden dadurch stärker in strategische Entscheidungen eingebunden, wodurch intern andere Positionen beziehungsweise Personen mit Macht ausgestattet und Leitungspositionen entsprechend dieser Machtverteilung besetzt werden. Die gegebenen Umweltbedingungen wirken sich somit auf die Verteilung der Macht innerhalb der Organisation aus, was nicht nur Einfluss darauf hat, welche Sichtweisen bei Entscheidungen berücksichtigt werden, sondern auch die Strukturen und die inhaltliche Ausrichtung sowie die Aktivitäten der Organisation verändert (Pfeffer & Salancik 2003). Der Mechanismus der Macht, von der Umwelt in die Organisation hineingetragen, wirkt somit auch intern und löst organisationsinterne, politische Entscheidungsprozesse aus (ebd.). Das Verhalten von Organisationen wird durch die RDT somit durch das soziale Umfeld erklärt, nämlich als Reaktionen auf die von außen einwirkenden Beschränkungen und den ausgeübten Druck.

2.3 Resource Dependence zwischen Non-Profit-Organisationen und dem Staat

Inwiefern die theoretischen Überlegungen der RDT auch auf die Beziehung zwischen NPOs und öffentlicher Verwaltung angewendet werden können, zeigen die folgenden Erläuterungen:

- Einnahmen – egal aus welchen Quellen sie stammen – stellen für NPOs generell eine *kritische Ressource* dar, die für deren Fortbestehen notwendig sind und die sie selbst nicht erstellen können.
- Mit dem Bezug von öffentlichen Subventionen oder Leistungsverträgen geht für NPOs insofern eine *Abhängigkeit* einher, als die Konkurrenz um öffentliche Mittel groß ist und NPOs meist nur begrenzt in der Lage sind, auf alternative

Finanzierungsquellen auszuweichen oder eine Diversifikation der Einnahmenstruktur vorzunehmen. Das liegt u. a. daran, dass NPOs vielfach Leistungen für sozial schwache Zielgruppen erstellen, die nicht in der Lage sind, dafür einen kostendeckenden Preis zu bezahlen, oder weil sie Leistungen erstellen, die von der öffentlichen Hand als Monopolist nachgefragt werden. Im Durchschnitt finanziert sich der NP-Sektor in Österreich zu knapp mehr als 50 % aus öffentlichen Mitteln (Schneider & Haider 2009); manche NP-Sektor-Branchen sind sogar zu über 90 % auf öffentliche Mittel angewiesen. Diese Abhängigkeit von NPOs von der öffentlichen Hand impliziert, dass die öffentliche Hand über Macht gegenüber den NPOs verfügt.
- Mit der Vergabe von Subventionen oder Leistungsverträgen an NPOs sind immer *Forderungen* verbunden, sei es die Einhaltung der Vertragsbedingungen, z. B. Qualifikation des eingesetzten Personals (Cho & Gillespie 2006), oder andere explizit festgelegte Forderungen, z. B. dass NPOs bei jeglicher Pressearbeit den Geldgeber zu informieren haben (Berry & Arons 2003; Leech 2006; Bass et al. 2007). Darüber hinaus können auch implizite, nicht ausgesprochene Erwartungen vorhanden sein.
- Allerdings besteht nicht zwingend nur ein *einseitiges Abhängigkeitsverhältnis*, vielfach ist auch die öffentliche Hand auf NPOs angewiesen. Beispielsweise wäre die öffentliche Hand im Sozial- und Pflegebereich ohne die Kapazitäten und das Know-how von NPOs (Salamon 1995) relativ handlungsunfähig. Aufgrund des Drohpotenzials von NPOs, bestimmte Dienstleistungen nicht mehr anzubieten, verfügen sie ebenfalls über Macht (Johansson 2003), wodurch sich ihre eigene Abhängigkeit verringert.

Zusammenfassend kann gefolgert werden, dass öffentliche Einnahmen für NPOs eine kritische Ressource darstellen, sie nur begrenzt auf alternative Einnahmequellen umsteigen können und mit dem Bezug der Mittel meist Forderungen verbunden sind. Sie verfügen jedoch auch selbst über Macht über die öffentliche Hand – wodurch es zu einer Machtbalance kommen kann. Aus den angeführten Befunden lassen sich mehrere Hypothesen über die Effekte öffentlicher Finanzierung für die Aktivitäten von NPOs ableiten.

2.4 Hypothesen über die Beziehung zwischen NPOs und dem Staat

NPOs, die durch den Bezug öffentlicher Mittel geneigt sind, den Erwartungen der Geldgeber nachzukommen, werden eher jene Tätigkeiten erfüllen, die die öffentliche Hand von ihnen erwartet, und Aktivitäten, die von ihren Geldgebern unerwünscht sind, eher unterlassen. Als gemeinhin eher unerwünscht wird die Tätigkeit der Interessenvertretung betrachtet, insbesondere wenn sie sich gegen die Interessen des Staats bzw. der öffentlichen Verwaltung richtet. Hypothese 1 lautet somit: *Für NPOs, die öffentliche Einnahmen erhalten, hat die Tätigkeit der Interes-*

senvertretung eine geringere Bedeutung als für NPOs, die keine öffentlichen Einnahmen erhalten.

Der RDT folgend gilt für Organisationen: Je stärker sie von den Ressourcen anderer abhängig sind und je größer deren Macht über sie ist, umso eher sehen sie sich gezwungen, den an sie herangetragenen Anforderungen nachzukommen. Dieser Aspekt wird in der zweiten Hypothese berücksichtigt: *Je größer der Anteil der öffentliche Einnahmen an den Gesamteinnahmen einer NPO ist, desto geringer ist die relative Bedeutung der Tätigkeit der Interessenvertretung für die NPO – im Vergleich zu allen anderen Tätigkeiten.*

Wie eingangs erwähnt, erfolgt die öffentliche Finanzierung von NPOs zunehmend über Leistungsverträge statt über Subventionen. Durch die Vereinbarungen über die von NPOs zu erbringenden Leistungen besteht eine wesentlich stärkere Kontrollmöglichkeit über NPOs, wodurch diese unter größeren Druck geraten, den Forderungen der öffentlichen Hand nachzukommen. Da in Leistungsverträgen die Tätigkeit der Interessenvertretung kaum als gewünschter Output definiert wird und mittels Leistungsverträgen eine Querfinanzierung anderer Tätigkeiten fast unmöglich ist, werden dadurch Aktivitäten der Interessenvertretung eher zurückgedrängt (Nowland-Foreman 1998; Smith 2004; Bass et al. 2007). Die dritte Hypothese bezieht sich somit auf die Effekte von Einnahmen aus Leistungsverträgen auf die Tätigkeit von NPOs: *Je größer der Anteil der Einnahmen aus Leistungsverträgen an allen öffentlichen Einnahmen einer NPO, desto geringer ist die Bedeutung der Tätigkeit der Interessenvertretung für die NPO – im Vergleich mit allen anderen Tätigkeiten.*

Die angeführten Hypothesen leiten sich direkt aus der RDT ab und finden sich in ähnlicher Weise auch in etwa einem Dutzend empirischer Studien der letzten Jahre, die den Zusammenhang zwischen öffentlicher Finanzierung und der Tätigkeit der Interessenvertretungstätigkeit von NPOs untersuchen (O'Regan & Oster 2002; Chaves et al. 2004; Sandfort 2005; Leech 2006; Bass et al. 2007; Onyx et al. 2008; Nicholson-Crotty 2009; Suárez 2009). Allerdings beziehen sich all diese Untersuchungen auf die USA oder Australien. Im Folgenden wird eine Untersuchung für Österreich vorgestellt, die die erste für Kontinentaleuropa darstellt. Zudem geht sie explizit auf die Finanzierungsform des Leistungsvertrages ein, die im angloamerikanischen Raum in dieser Form nicht existiert.

3 Empirische Untersuchungen in Österreich

Die Hypothesen über den Zusammenhang zwischen öffentlicher Finanzierung und der Tätigkeit der Interessenvertretung in NPOs werden anhand von Daten aus Österreich multivariat mittels linearen Regressionsanalysen überprüft.

3.1 Datengrundlage der Untersuchung

Basis der Untersuchung bilden Organisationsdaten von 250 in Österreich tätigen NPOs, die mittels Fragebogen im Herbst 2007 erhoben wurden. Der Fragebogen setzt sich aus einem telefonischen Teil mit spontan zu beantwortenden Einstellungsfragen sowie einem schriftlichen Teil zur Erfassung von Finanzierungs- und Organisationsdaten zusammen. Er richtete sich jeweils an die Geschäftsführerinnen und Geschäftsführer der befragten NPOs. Für die Stichprobe wurden zunächst 215 NPOs zufällig aus dem österreichischen Unternehmens- und Betriebsregister gezogen. Da dort nur NPOs mit mindestens einer bzw. einem bezahlten Beschäftigten verzeichnet sind, ist ein Großteil des NP-Sektors – insbesondere die kleinen, nur mit ehrenamtlichem Personal arbeitenden NPOs – darin nicht abgebildet. Daher wurden zusätzlich 37 NPOs ohne bezahltes Personal aus dem Zentralen Vereinsregister des Bundesministeriums für Inneres in die Stichprobe aufgenommen, die nach regionalen Kriterien wie Bevölkerungsdichte und Gemeindegröße ausgewählt wurden. Durch diese geschichtete Sampleziehung wird die in vielen empirischen NP-Studien bestehende Verzerrung in Richtung der großen, etablierten Organisationen verringert.

3.2 Variablen der Untersuchung

Die abhängige Variable der Untersuchung stellt die relative Bedeutung der Tätigkeit der Interessenvertretung einer NPO dar. Diese wird über den Anteil der für diese Tätigkeit aufgewandten Arbeitsstunden gemessen. Dazu wurde den befragten NPOs eine Liste mit zehn verschiedenen Tätigkeitsbereichen vorgelegt, worauf sie jeweils angaben, wie viel Prozent der insgesamt in der NPO geleisteten freiwilligen und bezahlten Arbeitsstunden für die einzelnen Tätigkeiten verwendet werden. Neben Tätigkeiten wie z. B. *Erstellung von Dienst- und Sachleistungen*, *Freiwilligenmanagement*, *Personalmanagement* und *Administration* diente die Tätigkeitsbezeichnung *Öffentlichkeitsarbeit, Lobbying und Interessenvertretung* zur Operationalisierung der Tätigkeit der Interessenvertretung. Durch die Prozentangaben wurde deren relative Bedeutung im Vergleich zu allen anderen Tätigkeiten ausgedrückt.

Die erklärende Variable zur Untersuchung für die erste Hypothese ist der Erhalt öffentlicher Mittel (ja oder nein), für die zweite Hypothese der Anteil der Einnahmen aus öffentlichen Mitteln (in Prozent). Für die dritte Hypothese ist die erklärende Variable durch den Anteil der Einnahmen, die aus Leistungsverträgen an allen öffentlichen Einnahmen (in Prozent) stammen, gegeben. Für die Prüfung der Hypothesen werden in jede der drei Regressionsanalysen noch Kontrollvariablen eingefügt, um die Größe der Organisation, den Tätigkeitsbereich der NPO (z. B. Sozial- und Gesundheitsbereich, Kulturbereich, Erholungsbereich) und das regionale Tätigkeitsgebiet der NPO (z. B. lokal, regional, national) zu berücksichtigen. Zusätzlich wird durch drei weitere Variablen kontrolliert, inwiefern eine gegenseitige Abhängigkeit vorliegt, d. h. ob die öffentliche Hand auch auf Ressourcen der NPOs angewiesen ist. Dadurch würde sich die Abhängigkeit der NPOs und somit auch der Druck, den Forderungen der öffentlichen Hand nachzukommen, verringern. Die erste Variable gibt an, ob die NPO als alleiniger Anbieter bestimmter Leistungen auftritt oder ob Konkurrenz vorhanden ist, auf die die öffentliche Hand zurückgreifen könnte, die zweite, ob die NPO alternative Finanzierungsmöglichkeiten zur Verfügung hat. Die dritte Variable zeigt, ob die Einnahmenstruktur der NPO breit gestreut ist oder ob sie von einem einzigen oder sehr wenigen Geldgebern abhängig ist.

3.3 Ergebnisse: Die Hand, die einen füttert, beißt man – doch?

Die Ergebnisse zeigen, dass die aufgestellten Hypothesen der empirischen Prüfung nur teilweise standhalten. So stellt sich heraus, dass der Erhalt öffentlicher Einnahmen nicht bewirkt, dass NPOs ihr Engagement im Bereich der Interessenvertretung reduzieren: Es kommt zu keinem Rückgang der dafür verwendeten Arbeitszeit in Relation zur Arbeitszeit für alle anderen Tätigkeiten (Neumayr 2010). Die Vermutung, dass sich NPOs aus Angst vor Bestrafungen aus dieser Tätigkeit verringern, formuliert in Hypothese 1, kann anhand der österreichischen Daten also nicht bestätigt werden. Auch mit zunehmendem Anteil der Einnahmen aus öffentlichen Mitteln kommt es zu keiner relativen Verringerung der Tätigkeiten der Interessenvertretung und auch Hypothese 2 muss verworfen werden (ebd.). Etwas anders hingegen sind die Ergebnisse bezüglich der dritten Hypothese, dass mit zunehmendem Anteil der Einnahmen aus Leistungsverträgen an allen öffentlichen Einnahmen das Engagement in der Interessenvertretungsarbeit abnimmt. Hier zeigt sich sehr wohl, dass NPOs tendenziell weniger Arbeitszeit für Interessenvertretung verwenden – sie sich also in diesem Bereich weniger engagieren (Neumayr 2010).

Bezüglich der Kontrollvariablen zeigen sich für den Tätigkeitsbereich und das regionale Tätigkeitsgebiet keine Überraschungen, sondern die Vermutungen bestätigen sich klar: NPOs aus dem Bereich Menschenrechte, Umwelt, Tierschutz, Gewerkschaften und Kammern sind signifikant stärker mit Interessenvertretung befasst als jene aus den Bereichen Gesundheit und Soziales, Bildung und Kultur und Erholung. Ebenso widmen national tätige NPOs der Interessenvertretung mehr Arbeitszeit als lokal oder regional tätige das tun. Überraschend sind allerdings die Ergebnisse für die Kontrollvariablen der gegenseitigen Abhängigkeit. Auch hier zeigt sich für alle drei Hypothesentests ein identisches Bild, nämlich dass die gegenseitige Abhängigkeit keinen Einfluss auf das Engagement der NPOs für Interessenvertretung hat; keine der drei eingefügten Kontrollvariablen liefert einen signifikanten Erklärungsbeitrag (Neumayr 2010). Das Ausbalancieren der Macht spielt also keine Rolle – oder liefert die RDT an sich wenig Erklärung dafür, was die Tätigkeit von NPOs betrifft?

4 Diskussion der Ergebnisse

Die Ergebnisse der Untersuchungen entkräften eine schon im 19. Jahrhundert von Tocqueville formulierte These. Er legte mit seiner Aussage „ideally the boundaries between the state and voluntary associations should be separate and distinct" (1835) nahe, dass eine zu enge Verknüpfung zwischen NPOs und dem Staat nicht wünschenswert sei: NPOs als organisierte Zivilgesellschaft sollten möglichst unabhängig und autonom agieren können.

Die Befunde zu den Hypothesen 1 und 2 stellen aber keine Ausnahme dar. Auch Untersuchungen aus dem angloamerikanischen Raum kommen zum Schluss, dass öffentliche Finanzierung von NPOs nicht dazu führt, ihr Engagement in der Interessenvertretung zu reduzieren. So stellen Leech (2006) und Suarez (2009) keinerlei Zusammenhang fest, eine Reihe weiterer Autorinnen und Autoren finden sogar einen positiven Einfluss, d. h. NPOs, die öffentliche Finanzierung erhalten, sind in einem größeren Umfang in der Interessenvertretung tätig (vgl. dazu die Studien von O'Regan & Oster 2002; Chaves et al. 2004; Bass et al. 2007; Nicholson-Crotty 2007; Hwang & Suárez 2008). Sie erklären die Ergebnisse damit, dass NPOs, sobald sie öffentliche Mittel erhalten, sich noch mehr in der Interessenvertretung und der Öffentlichkeitsarbeit engagieren, um darauf hinzuweisen, wie bedeutend ihre Tätigkeit ist, um so in der nächsten Periode wieder öffentliche Mittel zu erhalten. Dem gegenüber stehen einige Studien, die sehr wohl einen negativen Einfluss öffentlicher Einnahmen auf die Interessenvertretungstätigkeiten von NPOs finden (Sandfort 2005; Onyx et al. 2008; teilweise Nicholson-Crotty 2009).

Diese widersprüchliche Ergebnislage kann mitunter auf methodische Ursachen zurückgeführt werden. So stellen alle angeführten Arbeiten bis auf jene von Sandfort (2005) und Onyx et al. (2008) quantitative Studien dar, in denen, wie in der hier präsentierten Untersuchung, das Ausmaß der Interessenvertretungsarbeit gemessen wird. Dieses geht durch öffentliche Finanzierung nicht zurück, wie ein Großteil der Arbeiten zeigt. Der negative Effekt hingegen zeigt sich vor allem in qualitativen Untersuchungen, die sich nicht nur mit dem Ausmaß, sondern auch mit den Inhalten der Interessenvertretung befassen, nämlich welche Art von „Advocacy" von den NPOs betrieben wird. Das legt die Schlussfolgerung nahe, dass sich durch öffentliche Finanzierung nicht die Menge, sondern die Art und Weise der Interessenvertretung, also qualitative Aspekte, verändern. So zeigt sich beispielsweise, dass NPOs weniger progressive, sondern stärker angepasste Mittel und Methoden der Interessenvertretung wählen und weniger provokative, öffentlichkeitswirksame Aktionen starten, sondern sich eher zu „Kamingesprächen" treffen (Onyx et al. 2008). Des Weiteren wird in allen Vergleichsstudien keine Unterscheidung getroffen, ob die öffentlichen Mittel aus Subventionen oder Leistungsverträgen stammen. Die einzigen Publikationen, die sich explizit auf Einnahmen aus Leistungsverträgen beziehen und getrennt die Effekte der Einnahmen aus Leistungsverträgen auf Interessenvertretung untersuchen, kommen zu einem negativen Effekt, d. h. mit größeren Anteilen der Einnahmen aus Leistungsverträgen geht eine Einschränkung der Interessenvertretungsarbeit einher (Onyx et al. 2008; Nicholson-Crotty 2009). Somit untermauern alle vorliegenden Studien in der Tendenz die dritte Hypothese. Es kann also gefolgert werden, dass Einnahmen aus Leistungsverträgen mit einer geringeren Tätigkeit im Bereich der Interessenvertretung einhergehen, öffentliche Finanzierung per se aber nicht unbedingt negativ wirkt. NPOs reduzieren deshalb nicht unbedingt den Umfang der Tätigkeit, sondern ändern eventuell die Methoden der Interessenvertretung.

5 Fazit

Ausgangspunkt dieses Beitrags bildet die seit vielen Dekaden diskutierte These, dass NPOs, die sich aus öffentlichen Mitteln finanzieren, in eine Abhängigkeit von der öffentlichen Hand geraten und dadurch nur noch eingeschränkt autonom und kritisch die Interessenvertretung ihrer Klientel wahrnehmen können. Einen gängigen Erklärungsansatz für diese Vermutung stellt die *Resource Dependence Theorie* dar. Sie besagt, dass mit dem Bezug von Ressoucen Abhängigkeiten entstehen und der Ressourcenlieferant versucht, die ihm dadurch zuteilwerdende Macht zu nutzen, um seine eigenen Interessen gegenüber dem Ressourcenempfänger durchzusetzen.

Im Gegensatz zu den sonst in diesem Band verwendeten Ressourcenkonzepten, die sich den Ressourcen von Individuen widmen, befasst sich die RDT mit dem Ressourcenaustausch zwischen Organisationen, wobei der Mechanismus der Macht im Mittelpunkt steht. Jene Organisation, die über Ressourcen verfügt, kann die nachfragende Organisation unter Druck setzen und etwas von ihr fordern. Im Fokus liegt die Ressource Geld, die auch auf individueller Ebene eine relevante Ressource darstellt; allerdings wird der Aspekt der Abhängigkeit und der Macht auf der individuellen Ebene meist ausgeblendet. Dagegen geht die RDT per se von einem eigennützigen Ressourcengeber aus, von dem angenommen wird, dass er Interessen und Forderungen für seinen eigenen Vorteil durchsetzen möchte.

Von den theoretischen Annahmen der RDT und aktuellen Diskussionen ausgehend wurde eine empirische Untersuchung anhand von Daten über NPOs aus Österreich vorgenommen. Dabei zeigte sich nicht, dass NPOs, die öffentliche Mittel erhalten, bzw. dass NPOs mit zunehmendem Anteil an Einnahmen aus öffentlichen Mitteln die Tätigkeit der Interessenvertretung in geringerem Ausmaß wahrnehmen – womit zwei der Hypothesen verworfen wurden. Es bestätigte sich aber die dritte Hypothese, die besagt, dass NPOs mit zunehmendem Anteil an Einnahmen aus Leistungsverträgen an allen öffentlichen Einnahmen Interessenvertretung in einem geringeren Ausmaß wahrnehmen.

Anhand des insgesamt geringen Erklärungswertes des statistischen Modells (Neumayr 2010) ist ablesbar, dass die RDT für den untersuchten Zusammenhang nicht von besonders großer Relevanz sein dürfte. Die Verringerung des Umfangs der Interessenvertretung dürfte somit weniger mit Macht und damit verbundenen Drohungen zu tun haben, sondern eher mit der Zweckwidmung der Einnahmen aus Leistungsverträgen für bestimmte Tätigkeiten. Hier sind es vielmehr institutionelle Vorgaben, die sich mittels neoinstitutioneller Theorien erklären lassen würden. Die Befunde sind auch – wie bereits angeführt – insofern eingeschränkt, als nur die Quantität, nicht aber die qualitativen Merkmale der Interessenvertretungsarbeit gemessen wurden, was einer der kritischen Punkte sein dürfte. Insofern wären weiterführende Untersuchungen aufschlussreich, die auf qualitative Aspekte der Interessenvertretung eingehen und Veränderungen im Zeitverlauf verfolgen.

Literatur

Anheier, H. K., Priller, E., Seibel, W. & Zimmer, A. (2007): Der Nonprofit Sektor in Deutschland. In: Badelt, C., Meyer, M. & Simsa, R. (Hrsg.): Handbuch der Nonprofit Organisationen. S. 17–39. Stuttgart: Schäffer-Poeschl.

Bass, G. D., Arons, D. F., Guinane, K., Carter, M. F. & Rees, S. (2007): Seen but not Heard. Strengthening Nonprofit Advocacy. Washington: The Aspen Institute.

Berry, J. M. & Arons, D. F. (2003): A Voice for Nonprofits. Washington: Brookings Institution Press.

Chaves, M., Stephens, L. & Galaskiewicz, J. (2004): Does Government Funding Suppress Nonprofits' Political Activity? American Sociological Review, 69(2), S. 292–316.

Chikoto, G. L. (2007): Government Funding and INGOs' Autonomy: A Tool Choice Approach. Nonprofit Studies Program, Atlanta: Andrew Young School of Policy Studies, Georgia State University, 06.

Cho, S. & Gillespie, D. F. (2006): A Conceptual Model Exploring the Dynamics of Government-Nonprofit Service Delivery. Nonprofit and Voluntary Sector Quarterly, 35(3), S. 493–509.

Eikenberry, A. M. & Drapal Kluver, J. (2004): The Marketization of the Nonprofit Sector: Civil Society at Risk? Public Administration Review, 64(2), S. 132–140.

Emerson, R. M. (1962): Power-Dependence Relations. American Sociological Review, 27(1), S. 31–41.

Fetter, F. A. (1901): The Subsidizing of Private Charities. American Journal of Sociology, 7(3), S. 359–386.

Fleischer, A. (1914): State Money and Privately Managed Charities. The Survey, 33, S. 110–112.

Haldemann, T. (1998): New Public Management und wirkungsorientierte Verwaltungsführung (WOV). In: Mitterlehner, R. & Kyrer, A. (Hrsg.): New Public Management. Effizientes Verwaltungsmanagement zur Sicherung des Wirtschaftsstandortes Österreich. S. 9–20. Wien: Österreichischer Wirtschaftsverlag.

Herzig, G. (2006): Wettbewerbs-, beihilfe- und vergaberechtliche Fragen von Non-Profit-Organisationen. In: Studiengesellschaft für Wirtschaft und Recht (Hrsg.): Das Recht der Non-Profit-Organisationen. S. 97–122. Wien: Linde.

Hwang, H. & Suárez, D. (2008): Institutional and Environmental Influences on Advocacy among Service-providing Nonprofits. Stanford.
Jacobs, D. (1974): Dependency and Vulnerability: An Exchange Approach to the Control of Organizations. Administrative Science Quarterly, 19(1), S. 45–59.
James, E. & Rose-Ackerman, S. (1986): The Nonprofit Enterprise in Market Economics. Chur u.a.: Harwood Academic Publishers GmbH.
Johansson, S. (2003): Independent Movement or Government Subcontractor? – Strategic Responses of Voluntary Organizations to Institutional Process. Financial Accountability & Management, 19(3), S. 209–224.
Kendall, J. (2003): The Voluntary Sector. Comparative Perspectives in the UK. London, New York: Routledge.
Kramer, R.M. (1981): Voluntary Agencies in the Welfare State. Berkely, Los Angeles, London.
Leech, B.L. (2006): Funding Faction or Buying Silence? Grants, Contracts, and Interest Group Lobbying Behavior. The Policy Studies Journal, 34(1), S. 17–35.
Neumayr, M. (2010): Resource Dependence: Der Einfluss öffentlicher Finanzierungsformen auf die Funktionen von Nonprofit Organisationen. Wien: Wirtschaftsuniversität, Institut für Sozialpolitik. Diss.
Nicholson-Crotty, J. (2007): Politics, Policy, and the Motivations for Advocacy in Nonprofit Reproductive Health and Familiy Planning Providers. Nonprofit and Voluntary Sector Quarterly, 36(1), S. 5–21.
Nicholson-Crotty, J. (2009): The Stages and Strategies of Advocacy Among Nonprofit Reproductive Health Providers. Nonprofit and Voluntary Sector Quarterly, 38(6), S. 1044–1053.
Nowland-Foreman, G. (1998): Purchase-of-Service Contracting, Voluntary Organisations, and Civil Society. The American Behavioral Scientist, 42(1), S. 108–123.
O'Regan, K. & Oster, S. (2002): Does government funding alter nonprofit governance? Evidence from New York City nonprofit contractors. Journal of Policy Analysis and Management, 21(3), S. 359–379.
Oliver, C. (1991): Strategic responses to institutional processes. Academy of Management Review, 16(1), S. 145–179.
Onyx, J., Dalton, B., Melville, R. & Casey, J. (2008): Implications of government funding of advocacy for third-sector independence and exploration of alternative advocacy funding models Sydney.
Pfeffer, J. & Salancik, G. (1978): The external control of organizations: A resource dependence perspective. New York: Harper & Row.
Pfeffer, J. & Salancik, G.R. (2003): The External Control of Organizations. A Resource Dependence Perspective. Stanford: Stanford University Press.
Saidel, J.R. (1991): Resource Interdependence: The Relationship Between State Agencies and Nonprofit Organizations. Public Administration Review, 51(6), S. 543–553.
Salamon, L. (1995): Partners in public service. Government-nonprofit relations in the modern welfare-state: Johns Hopkins University Press.
Salamon, L., Hems, L. & Chinnock, K. (2000): "The Nonprofit Sector: For What and for Whom?" Working Papers of the Johns Hopkins Comparative Nonprofit Sector Project.
Salamon, L.M. & Sokolowski, S.W. (2004): Global Civil Society. Dimensions of the Nonprofit Sector. Bloomfield: Kumarian Press.
Sandfort, J. (2005): Casa de Esperanza. Nonprofit Management & Leadership, 15(3), S. 371–382.
Schneider, U., Badelt, C. & Hagleitner, J. (2007): Der Nonprofit Sektor in Österreich. In: Badelt, C., Meyer, M. & Simsa, R. (Hrsg.): Handbuch der Nonprofit Organisationen. S. 55–80. Stuttgart: Schäffer-Poeschl.
Schneider, U. & Haider, A. (2009): Nonprofit Organisationen in Österreich 2006, Wien: Wirtschaftsuniversität, Institut für Sozialpolitik, Forschungsbericht Nr. 01/2009.

Schneider, U. & Trukeschitz, B. (2007): Öffentliche Beschaffungspolitik im Bereich sozialer und arbeitsmarktpolitischer Dienstleistungen In: Schneider, U. & Trukeschitz, B. (Hrsg.): Quasi-Märkte und Qualität. Die Qualität arbeitsmarktpolitischer und sozialer Dienstleistungen im Kontext öffentlicher Beschaffungspolitik. S. 9–30. Baden-Baden: Nomos.

Schreyögg, G. (1997): Theorien organisatorischer Ressourcen. In: Ortmann, G., Sydow, J. & Türk, K. (Hrsg.): Theorien der Organisation. Die Rückkehr der Gesellschaft. S. 481–486. Göttingen: Opladen.

Smith, S. R. (1998): Government Financing of Nonprofit Activity. In: Boris, E. T. & Steuerle, C. E. (Hrsg.): Nonprofits and Government. Collaboration and Conflict. S. 177–212. Washington: The Urban Institute Press.

Smith, S. R. (2004): Government and Nonprofits in the Modern Age: Is Independence Possible? In: Frumkin, P. & Imber, J. B. (Hrsg.): In Search of the Nonprofit Sector. S. 3–18. New Brunswick (USA): Transaction Publishers.

Suárez, D. F. (2009): Nonprofit Advocacy and Civic Engagement on the Internet. Administration & Society, 41(3), S. 267–289.

Tillquist, J., King, J. L. & Woo, C. (2002): A representational scheme for analyzing information technology and organizational dependency. MIS Quarterly, 26(2), S. 91–118.

Tocqueville, A. d. (1835): Democracy in America. New York: New American Library.

Ulrich, D. & Barney, J. B. (1984): Perspectives in Organizations: Resource Dependence, Efficiency, and Population. Academy of Management Review, 9(3), S. 471–481.

Zauner, A., Heimerl, P., Mayrhofer, W., Meyer, M., Nachbagauer, A., Praschak, S. & Schmidtmayr, H. (2006): Von der Subvention zum Leistungsvertrag. Neue Koordinations- und Steuerungsformen und ihre Konsequenzen für Nonprofit Organisationen – eine systemtheoretische Analyse. Bern u. a.: Haupt Verlag.

III Ressourcen in Psychologie und Sozialer Arbeit

Ressourcenorientierung in der Sozialen Arbeit – Einführung in Theorie und professionelle Methodik

Dieter Röh

Einleitung

Ressourcenorientierung stellt für die Soziale Arbeit ein elementares Element in der Theoriebildung und in der professionellen Anwendung dar. Daher sollen zunächst die historischen Pionierleistungen von Jane Addams, Mary Richmond und Ilse Arlt unter diesem Aspekt analysiert und durch weitere Hinweise zur Entstehung und Etablierung einer ressourcenorientierten Sichtweise ergänzt werden. Im Anschluss daran werden aktuelle theoretische Ansätze der Wissenschaft Soziale Arbeit auf ihren Ressourcenbezug hin überprüft. Es wird sich dabei zeigen, dass Soziale Arbeit ihrem professionellen Auftrag und ihren disziplinären Fragestellungen nicht gerecht werden kann, wenn sie nicht ressourcenorientiert analysiert und handelt. Sowohl die Profession als auch die Disziplin Sozialer Arbeit werden dabei von ihrer Funktion als „agency of social change" (IFSW 2000) verstanden. Als Disziplin benötigt sie Theorien, die die Bedeutung und Wirkung von Ressourcen erklären können, und im professionellen Kontext benötigt sie hierfür eine Ressourcendiagnostik und Ressourcenhandeln, welche sich mit personalen wie sozialen Ressourcen beschäftigen und diese für den sozialen Wandel und die Befähigung der Menschen gleichermaßen nutzbar machen. Es geht sowohl um Erschließung von als auch um die Nutzung der „LebensMittel" (Pantucek 2008, 4), die die Menschen für ein gedeihliches und auskömmliches Leben benötigen. Es wird deutlich werden, dass die Ressourcenorientierung nicht nur eine methodische oder analytische Variante enthält, sondern auch eine politische Dimension Sozialer Arbeit. Es geht um individuelle Ressourcenverwendung und -aktivierung für ein gelingendes Leben, darüber hinaus aber auch um politische Fragen der Verteilungsgerechtigkeit von Ressourcen als Verwirklichungschancen (Sen 2007) bzw. als Spielraum (Nahnsen 1992), derer Menschen und Gesellschaften grundlegend bedürfen. Verzichten werde ich an dieser Stelle auf eine etymologische oder allgemeinwissenschaftliche Herleitung des Begriffes Ressource (→ Schubert & Knecht).

1 Historisches und Begriffliches

Der Begriff *Ressource* ist ein relativ neuer, aber in seiner Bedeutung ein altbekannter Terminus in der Sozialen Arbeit. Sein neues Gewand erhielt er durch die Ökologie-Diskussion der letzten drei Jahrzehnte des 20. Jahrhunderts, deren Anfang mit dem Bericht des Club of Rome über die „Grenzen des Wachstums" assoziiert werden muss. Die Autoren plädierten für ein ausgewogenes Verhältnis von Ressourcenverbrauch und Umweltbelastung auf der einen und Konsumhaltungen und Produktionsformen auf der anderen Seite (vgl. Meadows et al. 1992). Ressourcenorientierung bedeutet also Schutz der materiellen wie der sozialen Existenzgrundlagen, was zur anhaltenden Konjunktur des Begriffes Nachhaltigkeit führte. Dieser zunächst ökologische Begriff wurde in der Sozialen Arbeit in *Hilfe zur Selbsthilfe, Emanzipation, Empowerment, Wiederbemächtigung* übersetzt. Nachhaltigkeit bedeutet in der Sozialen Arbeit die Fähigkeit und Lebensweise von Einzelnen, Gruppen und ganzen Bevölkerungsteilen, unabhängig und ohne bevormundende, pädagogische Führung ein selbstbestimmtes, selbstständiges Leben zu führen. Eigene Ressourcen sollen aufgebaut oder aktiviert werden, bzw. soziale Ressourcen sollen genutzt und ggf. auch aufgebaut werden. Dabei sind sowohl materielle als auch immaterielle Ressourcen für eine „gelingende Lebensführung" ausschlaggebend. Hingegen sollen „Senken", d.h. Problemlagen und Störungen, möglichst vermieden werden.

Um sich zu vergewissern, ob auch schon vor der Diskussion um Nachhaltigkeit in Ökologie und Sozialer Arbeit Ansätze einer Ressourcenorientierung vorhanden waren, lohnt sich ein Blick auf die historischen Vorläufer einer wissenschaftlichen Betrachtung von Gegenstand, Funktion und Arbeitsweisen Sozialer Arbeit. Es ist nicht überraschend, wenn alle frühen Vertreterinnen einer wissenschaftlich-professionellen Individualfürsorge (Mary Richmond, Alice Salomon, Marie Kamphuis, Florence Hollis) ebenso wie deren Pendants auf Seiten der Settlement-/Gemeinwesenarbeit (allen voran: Jane Addams) sowie Theoretikerinnen, z.B. Ilse Arlt, den Begriff der Ressourcen nicht nutzen. Trotzdem fällt bei allen auf, dass sie sich auf die humanistische Vorstellung menschlicher Kräfte berufen: Seien es individuelle bzw. familiäre, wie bei Mary Richmond, oder auch nachbarschaftliche bzw. gesellschaftliche, wie bei Jane Addams. Die Ausrichtung des Blickwinkels prägt auch ihre methodischen Ansätze, die bekanntermaßen von der Einzelfallhilfe (Case Work), über die soziale Gruppenarbeit bis hin zur Gemeinwesenarbeit (community work) reichten. Beispielsweise ordnete Richmond um den Einzelfall in fünf konzentrischen Kreisen die Familie, die Nachbarschaft, die Kommune, die private und die öffentliche Wohlfahrt, also das Gemeinwesen insgesamt an. In diesem auch hierarchisch verstandenen Aufbau vom Einzelnen zum Sozialwesen waren auch die Ressourcen entsprechend dieser Reihenfolge zu beachten und zu suchen. Bei Addams hingegen waren in entgegengesetzter Richtung zunächst die Umstände des Daseins im Gemeinwesen, die Wohn- und Arbeitsbedingungen ausschlaggebend und erst indirekt die persönlich unterschiedlich verteilten Kräfte einzelner Individuen oder Familien. Schließlich waren für die österreichische Fürsorgetheoretikerin Ilse Arlt die Bedürfnisse der Menschen, die sie in dreizehn Klassen einteilte, Ausgangspunkt jeder weiteren Fürsorgebestrebung. Bedürfnisbefriedigung war für Arlt eine ebenso individuelle wie professionelle und sozialpolitische Aufgabe und hing bei ihr von individuellen (Kenntnissen und Fähigkeiten), wirtschaftlichen sowie sozialen Ressourcen (verstanden als Möglichkeit, die eigene Zeit sowie die Zeit anderer zu nutzen) ab. Auf Dauer problematisch und in die Armut führend seien deshalb solche Lebenslagen, in denen weder individuelle Fähigkeiten noch wirtschaftliche oder soziale Möglichkeiten vorhanden seien.

Wie Bünder feststellt, lässt sich bei den genannten Autorinnen ein unterschiedliches Verständnis von Ressourcen entlang der Frage nach deren Wirkungskreis und Zielrichtung herauslesen, das auch noch heute die theoretischen Ansätze in der Sozialen Arbeit in zwei Bereiche teilt:

> Die eher funktionalistische Sichtweise ist m.E. dann gegeben, wenn die Aufgabe Sozialer Arbeit darin gesehen wird, das Individuum [...] an bestehende Verhältnisse anzupassen. Zentraler Stellenwert beim Einsatz von Ressourcen wird somit der Anspruch, mittels dieser Ressourcen wieder in und für die Gesellschaft zu funktionieren. Die eher bedürfnis-orientierte Sichtweise ist dagegen gegeben, wenn die universellen Rechte des Individuums zum Maßstab werden und Gesellschaft danach beurteilt wird, was in ihr für die Realisierung dieser Rechte unternommen und geleistet wird. (Bünder 2002, 122)

Im Zuge des derzeit vorherrschenden sozialpolitisch wirksamen Postulats „Fördern und Fordern" steht die funktionalistische Sicht des Ressourcenbegriffs hoch im Kurs und eine darin noch verschachtelt enthaltende neoliberalistische Sicht auf das Individuum, welches für Erwerb, Aktivierung und Erhaltung von Ressourcen selbst verantwortlich ist. Ressourcen erhalten einen Warenwert und sind als soziales, kulturelles und ökonomisches Kapital (Bourdieu 1992) bestimmbar, deren Verteilungsstruktur Bourdieu als das Ergebnis eines bestimmten Arrangements in der Gesellschaft sieht (→ Schubert & Knecht).

Auch in der Wohlfahrtstheorie des indischen Nobelpreisträgers Amartya Sen (2007; → Knecht, „Ressourcentheoretische Erweiterungen ...") und der moraltheoretischen Weiterentwicklung durch die amerikanische Philosophin Martha Nussbaum (1999; 2006) spielt dieser Blick auf Fragen der sozialen Gerechtigkeit als Verteilungsgerechtigkeit eine entscheidende Rolle.

Der Ressourcenbegriff ist also auch ein politischer Begriff, wie bereits die Analyse der frühen fürsorgetheoretischen Arbeiten Ilse Arlts, die ökologische Dimension des Club of Rome sowie die soziologische Analyse Bourdieus zeigen. Die Verfügungsgewalt über Ressourcen stellt einen gesellschaftlichen Kampf dar, der nicht ohne Wirkung auf die alltägliche Lebensweise der Menschen bleibt, da je nachdem über gelingendes Leben oder die Entstehung von sozialen Probleme entschieden wird (→ Knecht, „Ressourcenzuteilung im Wohlfahrtsstaat ..."). Umso mehr erstaunt es, wenn der Ressourcenbegriff in der Sozialen Arbeit weitgehend als unpolitischer, eher technisch-methodischer Begriff verwandt[23] wird, wie z. B. in einer der jüngsten Publikationen zur Ressourcenorientierung in der Sozialen Arbeit:

> Man spricht von Ressourcenorientierung. Das bedeutet, dass man mit den Ressourcen der Klient(inn)en arbeitet statt einseitig mit ihren Störungen und Problemen. [...] Unter Ressourcen verstehen wir daher nicht nur materielle Dinge wie Geld und Wohnraum sowie individuelle Stärken der Klient(inn)en, sondern viel mehr: gelingende Alltagsroutinen, motivierende Zielvorstellungen, tragende Selbstkonzepte und soziale Beziehungen, die als soziale Netzwerke bezeichnet werden. (Redlich 2010, 7)

Hier offenbart sich eine Orientierung auf den einzelnen Menschen und das Bemühen geht eindeutig dahin, Menschen mit ihren Ressourcen zu erkennen, diese zu fördern und für ein gelingendes Leben zu nutzen. Funktionalistische und bedürfnistheoretische Deutungen von Ressourcen in der Sozialen Arbeit vereint jedoch eines: Ressourcen werden als „LebensMittel" benötigt, um individuell wie sozial leben zu können, der Mensch ist und bleibt ein sowohl bedürftiges, soziales wie auch kompetentes und aktives Wesen, das das Vorhandene in der Welt zur Weltauseinandersetzung nutzt. Daher wird nun zu klären sein, wie diese Form von Ressourcentransformation innerhalb und durch die Soziale Arbeit in theoretischer wie methodischer Hinsicht zu nutzen ist.

2 Aktuelle Theorien der Sozialen Arbeit und ihr Ressourcenverständnis

Im aktuellen Theoriediskurs stößt man auf drei wesentliche Strömungen, die auch hier zur Diskussion der Ressourcenorientierung herangezogen und verglichen werden sollen. Dabei werden sowohl die theoretischen Grundlagen als auch die handlungstheoretischen wie professionellen Implikationen aus diesen Annahmen verdeutlicht. Dies ist zum einen die Lebensweltorientierung (Hans Thiersch), zum anderen die emergente Systemtheorie (Silvia Staub-Bernasconi, Werner Obrecht) und schließlich die sozialökologische Theorie (Wolf-Rainer Wendt).

---

23 In der konjunkturellen Hochphase dieser Sichtweise, dem Therapie-Boom in den 1980er Jahren, führte dies zur Dominanz des Therapeutischen als einer Arbeit an individuellen Symptomen und dem Leiden Einzelner und von Familien ohne ausreichende Betrachtung der Bedeutung sozialer und materieller Ressourcen. Gleichzeitig kann für die 1970er Jahre und die darin vorherrschende Politisierung der Sozialen Arbeit eine vereinseitigende Betrachtung der materiellen Lebensbedingungen ohne Beachtung individueller Probleme diagnostiziert werden.

2.1 Lebensweltorientierung und Ressource

Die Lebensweltorientierung, so wie sie Hans Thiersch geprägt hat, geht in ihren grundlegenden Prämissen vom Alltag als der zentralen Ressource aus. Alltag ist sowohl konstitutiv für das Handeln der Menschen (im Sinne der Pseudokonkretion alltäglichen Handelns) als auch rekonstruktiv-hermeneutisch verstehbar für professionelle sozialpädagogische bzw. sozialarbeiterische Unterstützung. Alltag stellt Menschen Routinen und damit Handlungssicherheit zur Verfügung und kann – insofern er keine schädlichen, gewaltförmigen oder vernachlässigenden Handlungen enthält – als die Ressource angesehen werden, aus der ein unerschöpflicher Reichtum an Selbsthilfeoptionen zu gewinnen ist. Der professionelle Auftrag besteht dann darin, Menschen mit Hilfe professioneller Hermeneutik, hier verstanden als das Interpretieren und Auffinden von Kompetenzen, zu einer gelingenden Lebensführung und tragfähigen sozialen Strukturen zu verhelfen. Die zweite, damit eng zusammenhängende Ressource bildet die Erfahrung von Raum, Zeit und Beziehungen in der Lebenswelt, die sowohl problematisch als auch förderlich sein können. Thiersch, Grunwald und Köngeter (2002) führen folgende dialektische Begriffspaare zu dessen Charakterisierung an:

Tab. 1: Lebensweltkategorien in ihrer Dialektik als Problem und Ressource

Kategorie	Problemdimension	Ressourcendimension
Raum	geschlossener	offener
Zeit	chaotische	strukturierte
	perspektivlose	attraktive
Beziehungen	randständige	selbstverständliche
	belastende, belastete	stützende, herausfordernde

Diese typisierenden Beschreibungen bleiben in der Lebensweltorientierung jedoch vage und dialektisch angelegt, sodass die hier vorgenommene Trennung in Problem- bzw. Ressourcendimensionen als analytischer Hinweis zu verstehen ist. In der Theorie selbst ist der programmatische Zugang eher ein synthetischer, da die Begriffe unauflösbar aneinander gebunden sind und damit auf die Ambiguität, den Doppelsinn, auf „die Dialektik des Gelingenden und Verfehlten in der Lebenswelt" (ebd., 170) hingewiesen werden soll. Das Ressourcenverständnis der Lebensweltorientierung ist somit sehr weit gefasst, es umschließt auch Misslingen als potenzielle Ressourcen für eine, vielleicht zu einem späteren Zeitpunkt durch Aufklärung oder Selbsterkenntnis erreichte, gelingende Lebensführung. Dieses positive, humanistische Menschenbild spiegelt sich auch in der angenommenen Kraft der Individuen und Gruppen zur Selbsthilfe wider, die von einer Sozialen Arbeit mit allen Rückschritten oder Umwegen durch Empowerment und Identitätsarbeit zu begleiten und zu befördern ist. Die Struktur- und Handlungsmaximen der lebensweltorientierten Sozialen Arbeit (Prävention, Alltagsnähe, Integration, Partizipation und Dezentralisierung) setzen deshalb folgerichtig an eben jener doppelbödigen Ressourcenauffassung an, nämlich an der Möglichkeit des Gelingens bei gleichzeitiger Gefahr des Scheiterns. So bleibt die Lebensweltorientierung im Kern auch skeptisch gegenüber den Verheißungen einer technologischen Nutzung der Ressourcen:

> Gleichsam in der Aura der Lebensweltorientierung kommen neue interventionistische Technologien der Diagnostik und des Ressourcenmanagements zum Zuge: Eingelassen in die konkreten Lebensverhältnisse und ihre Ressourcen im Prozess von Beteiligung und gemeinsamer Aushandlung begründet, dienen sie eher der Erledigung von Problemen und verdecken die sperrige Eigendynamik in den lebensweltlichen Bewältigungskonstellationen. (Böhnisch et al. 2005, 235)

Wie so oft in der lebensweltorientierten Betrachtung bleiben auch hier die Begriffe vage, die Handlungsoptionen widersprüchlich und das Ergebnis offen, zugegebenermaßen ein zunächst intellektuell interessanter Zugang, der jedoch im professionellen Unterstützungsprozess zu vielen Fragen und „Leerstellen" führt, die gefüllt werden müssen. Hierfür bietet, allerdings mit dem umgekehrten Vorzeichen einer eher problemorientierten Theoriebildung, die Systemtheorie der Zürcher Schule (und noch stärker die sozialökologische Theorie) eine andere Lesart des analytischen und praktischen Zugangs Sozialer Arbeit zur Ressourcenfrage.

2.2 Emergente Systemtheorie und Ressource

Ressourcenorientierung wird in der Systemtheorie der Zürcher Schule (Staub-Bernasconi, Obrecht, Geiser) durch den Menschenrechtsbezug politisch kontextualisiert und entlang einer Bedürfnistheorie konkretisiert. Ressourcen sind hierbei nicht einfach vorhandene Mittel der Lebensbewältigung, sondern häufig konfliktiv zu erstreitende und ungleich verteilte Mittel der Bedürfnisbefriedigung. Soziale Arbeit benötigt daher nach Ansicht von Staub-Bernasconi (2007, 304 f.) Wissen über Individuen, deren Bedürfnisse und vorhandene Ressourcen, ebenso wie über die gesellschafts- und interessenspolitisch angelegte Ungleichverteilung derselben wie auch über die tatsächlich vorkommenden Austauschverhältnisse, in denen diese Ungleichverteilung immer wieder bestätigt oder (durch sozialarbeiterisches Handeln) verändert wird. Dazu braucht Soziale Arbeit schließlich ein Wertewissen, gemessen an den Menschenrechten, das ihr vorgibt, auf welches Ziel hin die Ressourcen zu verteilen seien.

Staub-Bernasconi (2007, 183 f.) unterscheidet deshalb individuell vorfindbare *Ausstattungsprobleme* (in den Dimensionen: Hunger, Krankheit, Behinderung, sozioökonomische Ausstattung, Erkenntniskompetenzen, Selbst-, Fremd- und Gesellschaftsbilder, Handlungskompetenzen, Mitgliedschaften) sowie *problematische Austauschbeziehungen*, die sich in unbefriedigten oder gewaltförmigen sexuellerotischen Beziehungen, dem unfairen Tausch von Gütern und Ressourcen, verhinderten gemeinsamen Erkenntnis-, Empathie- oder Reflexionsprozessen, kulturellen Verständigungsbarrieren und schließlich verhinderten Kooperationsprozessen als Probleme ausdrücken können. Spätestens zusammen mit der dritten analytischen Kategorie der *Machtprobleme* werden diese zu politischen Verteilungsfragen, wenngleich hier auch individuelle Machtprobleme angesprochen sind. Die Systemtheorie geht also in dieser Form eher von sozialen Problemen denn von Ressourcen aus. Gleichwohl könnte man umgekehrt jede der oben angesprochenen Ebenen (Ausstattung, Austausch und Macht) mit Ressourcenbegriffen in einem komplementären Verhältnis ausarbeiten. Geiser beschreibt in seiner Problem- und Ressourcenanalyse entlang der systemischen Denkfigur

> 1. interne Ressourcen[24] als Gesundheit, Kraft, Wissen, Intelligenz, Fähigkeiten und Fertigkeiten, soziale Kompetenzen und ökonomische Mittel von Adressatinnen und Adressaten; 2. externe[25] Ressourcen als Wissen, Fähigkeiten und Fertigkeiten von Fachleuten; 3. externe Ressourcen als Wissen, Fähigkeiten und Fertigkeiten, Einfluss und ökonomische Güter von staatlichen oder privaten Instanzen [...]; 4. externe Ressourcen als ökonomische Mittel zum Betrieb von Organisationen des Sozialwesens. (Geiser 2000, 65)

Auf der Ebene der Ausstattung würden wir dann individuelle Ressourcen vorfinden, auf der Ebene des Austausches und der Macht die sozialen Ressourcen.

Tab. 2: Ausstattungsprobleme/-ressourcen, Austauschprobleme/-ressourcen und ausgewählte Machtprobleme/-ressourcen

Ausstattungsprobleme	Ressourcen
körperliche Schädigungen	Gesundheit, Kraft
Armut	Einkommen, Vermögen
fehlende Bildungsabschlüsse, schlechtes Bildungsniveau, fehlende Erkenntniskompetenzen	formale Bildungstitel, Lernkompetenzen, Wissen, Fähigkeiten
problematische Selbst-, Fremd- und Gesellschaftsbilder	Erfahrungen von sozialer Anerkennung und Selbstwirksamkeit im Hinblick auf soziale und politische Prozesse
fehlende Handlungskompetenzen	konstruktive, an Rollenerfüllung orientierte, praktisch als wirksam erfahrene Kompetenzen (Fertigkeiten)
fehlende soziale Mitgliedschaften	soziale Unterstützung geben und erfahren können; Vorhandensein sozialer Netzwerke

---

24 An anderer Stelle werden zu den internen körperlichen Ressourcen auch attraktives Aussehen und jugendliches Alter, Zeugungs- und Gebährfähigkeit sowie Körperpflege/Hygiene gezählt. Ebenfalls als interne Ressourcen werden Selbstwertgefühl, Selbstwirksamkeitsüberzeugung, Intellektualität, Flexibilität, Einfühlungsvermögen und eine Sinnorientierung gezählt. Letztere erinnern stark an Antonovskys (1997) Kohärenzgefühl.

25 Weitere externe Ressourcen sind Bildung, Berufstätigkeit, Einkommen und Vermögen, Wohnung, Konsum- und Bildungsgüter, Sozialversicherungsmitgliedschaft. Auch hier gibt es Parallelen zu den generalisierten Widerstandsressourcen Antonovskys (ebd.).

Austauschprobleme	Ressourcen
unbefriedigende soziale Nahbeziehungen	intakte Beziehungen zu Familie, Freunde, Nachbarn
unfairer Austausch von Gütern und Ressourcen	gleichwertiger Zugang und Bereitstellung von Gütern
keine gemeinsamen Erkenntnis-, Empathie- und Reflexionsprozesse	Teilhabe an gemeinschaftlichen Aktionen, Mitgliedschaft in freiwilligen sozialen Zusammenschlüssen, wie Vereinen, Parteien etc.
kulturelle Verständigungsbarrieren	interkulturelle Erfahrungen, interkulturelle Kompetenz
behinderte Kooperationsprozesse	Erfahrung kooperativer, auf gegenseitiger Akzeptanz beruhender, an einem Ergebnis orientierter Sozialbeziehungen
Machtprobleme	**Ressourcen**
ungerechte soziale Regeln der Ressourcenverteilung, Diskriminierung vs. Privilegierung	Chancengleichheit im Zugang zu Ressourcen, Anerkennung
hierarchische, herrschaftliche soziale Regeln (z. B. Funktionalisierung des Körpers, psychische Manipulation oder sozioökonomische Ausbeutung)	selbstbestimmte Lebensführung, keine Gewalterfahrungen, gesundheitsförderliche Arbeit
ideell-kulturelle Ordnungen zur Legitimierung von Ungerechtigkeit	
Kontrolle und Erzwingung der Einhaltung sozialer Regeln	Schutz vor willkürlicher und erzwungener Normenkontrolle

2.3 Sozialökologische Theorie und Ressource

Die durch Alex Gitterman und Carel Germain (1999) als „Life-Model" der Sozialen Arbeit formulierte sozialökologische Theorie möchte das „Anpassungsgleichgewicht zwischen Menschen und ihrer Umwelt" (ebd., 37) anheben, sodass einerseits mit Lebensbelastungen auf Seiten der Individuen besser umgegangen werden kann und andererseits „auf die Gegebenheiten der sozialen und materiellen Umwelt Einfluss" genommen werden kann, damit diese „besser auf die Bedürfnisse der Menschen abgestimmt sind" (ebd.). Sie enthält somit eine doppelte, sowohl bedürfnistheoretische als auch funktionalistische Perspektive: Zum einen sollen die menschlichen Bedürfnisse beachtet und möglichst befriedigt werden und zum anderen sollen Menschen selbst mit den sie betreffenden Lebensaufgaben (besser) umgehen können. Ressourcen spielen eine Rolle, da es bei deren Fehlen direkt zu Belastungen kommen kann oder sie nicht zu deren Bewältigung zur Verfügung stehen. Germain und Gitterman haben dabei ganz konkrete Ressourcenmängel vor Augen:

> Ein solcher Mangel kann durch destruktive oder nichtunterstützende soziale Netzwerke entstehen, durch Organisationen, die willkürlich Ressourcen zurückhalten, oder durch die Gleichgültigkeit der Gesellschaft gegenüber Armut, Gewalttätigkeit und anderen gravie-

renden sozialen Problemen. Bedingungen der materiellen Umwelt können erheblichen Lebensstreß erzeugen, wenn etwa heruntergekommene Wohn- und Nachbarschaftsviertel jeglicher Annehmlichkeiten entbehren. Dysfunktionale Arrangements in Familien, Gemeinden, öffentlichen Dienstleistungsunternehmen und Organisation können ebenfalls ernsthafte Streßquellen sein. (Germain & Gitterman 1999, 38)

Stressoren und Ressourcen stehen somit in einem komplementären Verhältnis, wobei die sozialökologische Theorie von Germain und Gitterman von der Notwendigkeit eines dauerhaften Lebensbewältigungsprozesses ausgeht. In der pragmatischen und praxisnahen sozialarbeitstheoretischen Darstellung der Autoren geht jedoch der politische Impetus einer Ressourcenorientierung in einem eher psychosozialen Ansatz der Bewältigung von Lebensaufgaben im Allgemeinen (Tod eines Angehörigen, Entwicklungsprozesse vom Kind zum Erwachsenen und den damit verbundenen Rollenübernahmen bis hin zu „life-events" und traumatischen Ereignissen) tendenziell unter. Zwar wird das auf der Grundlage und in der Tradition des Casework verankerte Modell durch Hinweise zum sozialarbeiterischen Handeln in Gemeinden und Nachbarschaften, Organisationen und im politischen Bereich ergänzt, es verbleibt jedoch in der Vorstellung, dass beim Menschen und seinem konkreten, alltäglichen Leben begonnen werden muss, oder wie Germain und Gitterman (1999, XVI) es formulieren: „Nach wie vor sind wir einer Praxis verpflichtet, die die Prozesse des wirklichen Lebens spiegelt und auf den Stärken der Menschen aufbaut." Eine explizite gerechtigkeitstheoretische, die Verteilung von Ressourcen thematisierende Argumentation steht hier nicht im Vordergrund.

In der deutschen Rezeption, Auslegung und Weiterführung wählt Wendt den Begriff des Haushalts als zentralen Bezugspunkt seiner öko-sozialen Theorie einer Sozialen Arbeit und bestimmt deren Aufgabe als

eine Sorgearbeit, die sich zu dem Verhalten, bei dem sie problemlösend hilft oder in das sie interveniert, die Verhältnisse wahrnimmt, in dem die Hilfe und die Intervention nötig sind. In überindividuellen und strukturbedingten Problemlagen hat die Gesellschaft für einen Wandel der Verhältnisse zu sorgen; dahin leitet die Soziale Arbeit über – wie sie von daher den Auftrag bezieht, personenbezogen in der Bewältigung und Besserung von individuellen Lebensverhältnissen zu wirken. (Wendt 2010, 12)

Haushalten im weitesten Sinne heißt pfleglicher Umgang mit Ressourcen durch den Einzelnen und die Gemeinschaft, die jedoch für das menschliche Wohlergehen eingesetzt werden müssen. Ressourcen lassen sich dabei sowohl in Individuen als auch in Strukturen und Organisationen bzw. im Gemeinwesen lokalisieren. Den Ressourcengebrauch versteht er sowohl als einen die Ressourcen erschöpfenden Verbrauch als auch als deren regenerativen Wiederaufbau bzw. ihre Pflege. Auch bei Wendt helfen Ressourcen einerseits zur Abwendung von Lebensrisiken und -problemen, wirken somit als Schutzfaktoren und sind andererseits, insofern sie fehlen, als Risikofaktoren selbst Teil der problemgenerierenden Mechanismen. Sie sind „Quellen von Kraft und Wohlbefinden" oder auch „bestimmte *Vermögen* [kursiv i. O.], Aktiva in uns und um uns" (ebd., 26). Dieses klassifiziert er in innere und äußere Ressourcen und benennt in diesem Zusammenhang (exemplarisch): soziale Beziehungen (Sozialkapital), Bildung, Beschäftigungsfähigkeit und Gesundheit (ebd., 28 f.).

Handlungstheoretisch gilt die Prämisse, dass sich Probleme immer wieder von neuem ergeben, oder anders gesprochen, dass sich das gesamte Leben als Bewältigungsaufgabe darstellt: „Unter dem Aspekt der Ressourcenpflege muss fortwährend erzogen, gelernt, beraten und behandelt werden" (Wendt 2010, 30), was dazu führt, dass sich Soziale Arbeit fortwährend darum bemühen muss, Menschen in ihrer Lebensführung mit Mitteln der Einzelfallhilfe, der Gruppenarbeit und der Gemeinwesenarbeit zu unterstützen. Dies geschieht sowohl im Fall als auch im Feld, sowohl als individuell wirkende Ressourcenarbeit als auch durch überindividuell wirkendes Ressourcenmanagement. Wendt baut dies konsequent zu zentralen methodischen Konzepten wie Case Management, Sozialmanagement und Care Management aus.

3 Diagnostik und Klassifikation von Ressourcen als Lebenslagendiagnostik

Es ist deutlich geworden, dass Ressourcen eine große Bedeutung im Rahmen eines handlungstheoretisch begründeten Hilfe- und Unterstützungsprozesses in der Sozialen Arbeit besitzen. Damit verstehe ich den Fall in einem Zusammenhang mit dem ihn umschließenden Feld, also in einem sozialökologisch-systemischen bzw. lebensweltorientierten Sinne. Trotzdem gehe ich – einem humanistischen Weltbild folgend – davon aus, dass Soziale Arbeit vom „Individuum und seiner Lebensführung" ausgehen sollte, vom Menschen als in und an der Gesellschaft Leidende/r (Dreitzel 1972) mit sozialen Problemen aber auch mit Kompetenzen und Ressourcen. Daher stellt diese Entscheidung auch kein Gegenmodell zu einer eher sozialstrukturell argumentierenden Sozialen Arbeit dar. Alle bislang behandelten Theorien der Sozialen Arbeit (Lebensweltorientierung, emergente Systemtheorie und sozialökologische Theorie) gehen von der Bedeutung personal-individueller und sozial-gesellschaftlicher Ressourcen aus. Der Mensch ist eingewoben in ein Netz der seine Handlungen teils determinierenden, teils leitenden sozialstrukturellen, kulturellen und natürlichen Präsuppositionen und besitzt trotzdem Selbstbewusstsein und Vernunft sowie Willen, mit dem er sein Handeln steuern, sich selbst auf Ziele hin motivieren und ein planvolles Leben führen kann.

Eine professionelle Ressourcendiagnostik sollte deshalb mindestens die folgenden Kategorien berücksichtigen und sie sowohl nach personalen wie nach sozialen Ressourcen hin ausleuchten, um die Potenziale ebenso wie die Schwierigkeiten in der Lebensführung und in der Umwelt zu entdecken (vgl. die Person-in-Environment-Classification von Karls & Wandrei 1994; → Glemser & Gahleitner).

Tab. 3: Tabellarische Problem- und Ressourcenerfassung – Übersichtsblatt

Kategorie	A Ressourcen		B Probleme		C Interventionsbedarf					
	personale	soziale	personale	soziale	prof. Einschätzung: x Klienteneinschätzung: o					Welche Intervention wird hierdurch induziert?
					niedrig				hoch	
1. Einkommen										
2. Wohnen										
3. Arbeit/ Ausbildung										
4. Mobilität										
5. Gesundheit										
6. Bildung										
7. Kultur, Religion										
8. Coping Verstehbarkeit Handhabbarkeit Sinnhaftigkeit										
9. Soziales Netzwerk/ Soziale Unterstützung										
10. Biografie/ Interventionsgeschichte										

© Dieter Röh, 2010

Zu Tabelle 3 sind drei Anmerkungen notwendig:

1. Es handelt sich bei dieser Übersichtsform nicht um ein Formular, wie das Design suggerieren könnte; es soll die nach gleichen Kriterien erfolgende und damit eine umfassende Analyse ermöglichende Betrachtung der Problem- und Ressourcenlage von Personen in ihrer Umwelt darstellen (vgl. ähnlich Heiner 2004; Küfner et al. 2006).
2. Es bleibt nicht bei einer rein anamnestischen oder diagnostischen Analyse, sondern der daraus zu erkennende Interventionsbedarf ist gleichzeitig mit zu erfassen. Hier habe ich von Heiner (2004) ein Element der kooperativen und gleichberechtigen Einschätzung des Interventionsbedarfs von Klient und Professionellem übernommen.
3. Die Kategorie „Coping" (Bewältigungsvermögen) habe ich anhand der Elemente der salutogenetischen Theorie von Antonovsky (1997) untergliedert, um die

kognitiven (Verstehbarkeit), handlungspraktischen (Handhabbarkeit) und motivationalen Dimensionen (Sinnhaftigkeit) des Bewältigungsvermögens zu verdeutlichen.

Moral- und gesellschaftstheoretisch ist diese Problem- und Ressourcenauffassung mit ihrem Dualismus von Person-in-Umwelt anschlussfähig an den sog. *capability approach,* wie er insbesondere von Martha Nussbaum vertreten wird. Ihre gerechtigkeitstheoretischen Überlegungen korrelieren mit jenen theoretischen Ansätzen in der Sozialen Arbeit, die sich sowohl der Person als auch der Umgebung, dem Sozialen bzw. Gesellschaftlichen zuwenden (vgl. Röh 2010). Für die Frage der Ressourcenorientierung in der Sozialen Arbeit ist von besonderer Bedeutung, dass Ressourcen zwar mehr oder weniger gegeben sind, dass sich im Sinne der Transaktionalität von Person und Umwelt jedoch der Zugang zu ihnen und ihre Nutzung als Ergebnis einer besonderen Passung oder Nichtpassung auffassen lassen. Um diese Passung, die unter individualisierten und pluralisierten gesellschaftlichen Bedingungen emanzipativ angelegt sein muss, zu erreichen, bedarf es sowohl der Anstrengung des Subjekts als auch einer Gesellschaft, die erreichbare Chancen zur Verwirklichung eigener Lebensziele bereitstellt (vgl. Nussbaum 1999; 2006; → Knecht, „Ressourcentheoretische Erweiterungen ...").

4 Interventionen auf der Basis von Person-in-Umwelt

Kommen wir noch einmal auf die Kritik von Böhnisch, Schröer und Thiersch (2005, 235) zurück, die im Abschnitt zur Lebensweltorientierung zitiert ist. Wie ist bei einer auf die konkrete Lösung sowohl personaler als auch sozial-gesellschaftlicher Probleme ausgerichteten Sozialen Arbeit sozialer Wandel möglich, wenn nicht die abstrakte Vorstellung von Ressourcen, Lebensführung, Kompetenzen, individueller Souveränität und Selbstbestimmung in kategoriale und klar umschriebene Begriffe und Handlungsansätze überführt wird? Dieser Frage möchte ich abschließend im Hinblick auf mögliche ressourcenorientierte Interventionsansätze nachgehen.

Ressourcen stellen m. E. Quellen der eigenen Daseinsgestaltung dar, die nicht nur verbraucht werden, sondern die mit und durch ihre Nutzung auch wieder aufgebaut werden. Ähnlich eines Akkumulators werden Ressourcen wieder aufgefüllt, wenn sie in einer bestimmten Weise gebraucht werden. So ist die Ressource Gesundheit notwendig, um die Ressource Bildung bzw. Arbeit aufzubauen oder zu nutzen, und umgekehrt erzeugt die Nutzung der Ressource Arbeit neue, etwa ökonomische Ressourcen. Es handelt sich also im idealen Falle um ein zirkuläres Verhältnis von Ressourcengebrauch und Ressourcenentstehung. Dabei sind auch Nebenwirkungen und schädliche Folgen des Ressourcengebrauchs möglich, wie etwa, wenn jemand seine Gesundheit durch übermäßigen Konsum von Alkohol schädigt oder wenn die Ressource Arbeitskraft durch ausbeuterische und gesundheitsschädliche Arbeitsbedingungen nur verbraucht und nicht wieder aufgebaut werden kann. Entscheidend wird hier wieder einmal das sein, was Marx mit der Warenförmigkeit jedweder Handlung im kapitalistischen Produktionsprozess bezeichnet hat und was Habermas u. a. zur Verdinglichungsthese ausgebaut haben. Dies besagt, dass Ressourcenaufbau (Reproduktion) nur möglich ist, wenn es die Möglichkeit zur Nutzung gesellschaftlicher und sozialer Chancen gibt, die dem Individuum eine selbstbestimmte Nutzung personaler wie sozialer Ressourcen ermöglicht. Ein persönlicher Möglichkeitsraum (bzw. „Spielraum" bei Weisser und Nahnsen 1992) kann nur innerhalb eines gleichberechtigt zugänglichen gesellschaftlichen Möglichkeitsraums mit sozialen Chancen, z. B. in den Bereichen Bildung, Arbeit, Gesundheit, Freizeit, persönlichen Beziehungen usw., human entwickelt werden.

Unter den Ressourcen finden sich materielle wie auch immaterielle, die gleichermaßen für die Unterstützungsleistungen und die Lebensführung von Menschen aktiviert und genutzt werden müssten. Soziale Arbeit kann sich nie auf die einseitige Gewichtung von personalen Ressourcen oder von sozialen bzw. sozialstaatlichen Ressourcen einlassen, da es ihr im Kern um eine gelingende Lebensführung als Passung zwischen Anforderungen an die Person und gesellschaftlichen Chancen und Anforderungen gehen muss. In diesem Sinne ist die moraltheoretische Verarbeitung des Sen'schen *capability approach* durch Martha Nussbaum instruktiv, in der sie sowohl die Grundgüterausstattung wie auch die Befähigung der Menschen durch den Staat bzw. das Gemeinwesen als Konstitutiva einer gerechten Gesellschaft herausstellt. Ressourcenorientiertes Handeln ist daher sowohl als pädagogische Aufgabe der Befähigung von Einzelnen oder Gruppen als auch als eine sozialpolitische Verteilungsaufgabe zu verstehen. Nussbaum (2006, 179f.) unterscheidet zwei Stufen: Die erste definiert die sog. *capabilities*, also die konstitutiven Bedingungen menschlichen Lebens, unterhalb derer menschliche Würde nicht gesichert ist; die zweite Stufe sind die sog. *functionings*, also tatsächlich ausgeübte Handlungen, Lebensstile und Verhaltensweisen. Die capabilities sind von Nussbaum in einer starken, vagen Konzeption des Guten (1999) als eine vorläufige Liste von zehn „central human capabilities" definiert (Nussbaum 2006, 76f.). Zwischen beiden Stufen liegen zwei Aufgaben: 1. die Aufgabe der Gesellschaft bzw. (Sozial-)Politik, Ressourcen und soziale Chancen so zu verteilen, dass Menschen sie zur Realisierung von functionings, als einem nach eigenen Präferenzen gewählten guten Leben, auch tatsächlich ergreifen können; 2. die Aufgabe des Einzelnen, sie auch im Sinne eines guten, ethisch richtigen Lebens zu ergreifen. Wir sehen also, dass Politik hier Ressourcen in einem umfangreicheren Sinne verteilt, die dann vom Einzelnen bzw. von bestimmten Gruppen, die dazu befähigt sind, auch ergriffen werden müssten. Insbesondere die Aufgabe des Einzelnen kann in bestimmten Fällen von Sozialer Arbeit unterstützt werden. Jedoch sind auch Politik und Gesellschaft Adressaten Sozialer Arbeit, wenn auf Ressourcenmängel und Ungerechtigkeiten hingewiesen werden muss.

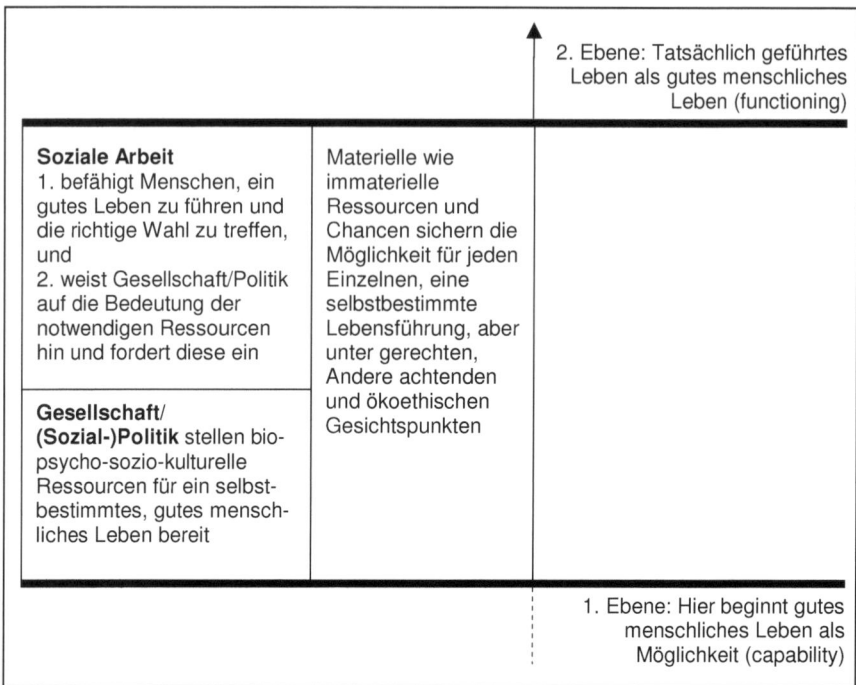

Abb. 1: Der capability approach und die Aufgabe von Gesellschaft/Politik, Sozialpolitik und Sozialer Arbeit

Es geht also sowohl um die gerechte Bereitstellung und Zugänglichkeit von Ressourcen als auch um die Entwicklung von Fähigkeiten zu Transformation vorhandener, zugänglicher Ressourcen zur Entwicklung selbstbestimmter, frei gewählter, aber auch sozial gerechter, moralisch verträglicher Lebensentwürfe. Der Maßstab hierfür sind wiederum die capabilities selbst, diesmal allerdings in Form der Lebensentwürfe anderer, die ich durch mein Verhalten nicht schmälern, entwerten oder verunmöglichen darf.

Knecht (2010, 229 f.) nennt sieben Ansatzpunkte für einen ressourcenorientierten Ansatz, die sich in der Schnittmenge von Politik und sozialprofessioneller Intervention befinden. Fünf davon sind Ressourcen im engeren Sinne, mit denen Ziele realisiert werden, die sich auch in den Nussbaum'schen capabilites wiederfinden lassen, und zwei beschreiben Interventionsansätze entlang einer Sozialen Arbeit, die sowohl Verhalten als auch Verhältnisänderungen intendiert (→ Knecht, „Ressourcenzuteilung im Wohlfahrtsstaat ..."). Zusammengefasst verfügt eine ressourcenorientierte Handlungstheorie Sozialer Arbeit daher über mehrere Ansätze:

- Empowerment als (Be-/)Ermächtigung, z. B. in Form partizipativer Beteiligungsverfahren sowie Enablement als Befähigung und Kompetenzentwicklung

- Vermittlung von Ressourcen, Schaffung des Zugangs zu gesellschaftlichen Institutionen, um z.B. die Einkommenssituation zu verbessern oder geeigneten Wohnraum zu erlangen
- Aufbau, Stützung oder Wiederherstellung von sozialen Netzwerken bzw. sozialen Beziehungen mit Unterstützungsfunktion in Gemeinde, Nachbarschaft, Vereinen etc.
- Wiederherstellung körperlicher oder psychischer Gesundheit durch therapeutische und rehabilitative Verfahren, auch in Selbsthilfegruppen und -organisationen
- Herstellung von ressourcenschonenden und -fördernden sozialen, städte- und landschaftsbaulichen Infrastrukturmaßnahmen, auch im institutionellen Sinne (z.B. Aufbau von oder die Verbesserung der Erreichbarkeit von Bildungs-, Gesundheits- und sozialen Institutionen).

5 Schluss

Für eine Handlungstheorie Sozialer Arbeit ist ein realistischer Blick auf deren Möglichkeiten unerlässlich, kann sie doch als Unterstützungsinstanz auf wenige eigene Ressourcen zurückgreifen und besitzt auch nur wenige Möglichkeiten, ohne Einfluss anderer auf soziale, gesellschaftliche, materielle Ressourcen zuzugreifen: „Sozialarbeiter schaffen keine Arbeitsplätze." Gleichzeitig gehört es zu einer menschenrechtlich begründeten Professionalität, Hinweise auf gesellschaftlich-strukturelle Mängel zu geben und an deren Behebung sowie der Veränderung der Umstände mitzuwirken. In Zeiten zunehmender Ökonomisierung und Evidenzbasierung im Einzelfall wird diese zweite Ebene der eher sozialstrukturellen Einmischung zu verteidigen und innerhalb der Profession – auch unter ressourcentheoretischen Gesichtspunkten – weiterzuentwickeln sein.

Literatur

Antonovsky, A. (1997): Salutogenese. Zur Entmystifizierung der Gesundheit. Tübingen: dgvt.
Bourdieu, P. (1992): Ökonomisches Kapital – Kulturelles Kapital – Soziales Kapital. In: Ders.: Die verborgenen Mechanismen der Macht. S. 49–79. Hamburg: VSA.
Böhnisch, L., Schröer, W. & Thiersch, H. (2005): Sozialpädagogisches Denken. Wege zu einer Neubestimmung. Weinheim: Juventa.
Bünder, P. (2002): Geld oder Liebe. Verheißungen und Täuschungen der Ressourcenorientierung in der Sozialen Arbeit. Münster u.a.: LIT.
Dreitzel, H.P. (1972): Die gesellschaftlichen Leiden und das Leiden an der Gesellschaft: Vorstudien zu einer Pathologie des Rollenverhaltens. München: dtv.

Geiser, K. (2000): Problem- und Ressourcenanalyse in der Sozialen Arbeit. Eine Einführung in die Systemische Denkfigur. Luzern: Verlag für Soziales und Kultur.

Germain, C. B. & Gitterman, A. (1999): Praktische Sozialarbeit. Das Life-Model der Sozialen Arbeit. Fortschritte in Theorie und Praxis. Stuttgart: Enke.

Heiner, M. (2004): PRO-ZIEL-Basisdiagnostik. In: Dies. (Hrsg.): Diagnostik und Diagnosen in der Sozialen Arbeit. S. 218–238. Berlin: Eigenverlag Deutscher Verein.

IFSW (International Federation of Social Workers) (2000): Definition Sozialer Arbeit. Online: http://ifsw.org (20.12.10).

Karls, J. & Wandrei, K. E. (1994): PIE Manual – Person-in-Environment System. Washington: National Association of Social Workers.

Knecht, A. (2010): Lebensqualität produzieren. Ressourcentheorie und Machtanalyse des Wohlfahrtsstaats. Wiesbaden: VS.

Küfner, H., Coenen, M. & Indlekofer, W. (2006): PREDI – Psychosoziale ressourcenorientierte Diagnostik. Ein problem- und lösungsorientierter Ansatz. Version 3.0. Lengerich u. a.: Papst Science.

Meadows, D.; Meadows, D. & Randers, J. (1992): Die neuen Grenzen des Wachstums. Reinbek bei Hamburg: Rowohlt.

Nahnsen, I. (1992): Lebenslagenvergleich. Ein Beitrag zur Vereinigungsproblematik. In: Henkel, H. & Merle, U. (Hrsg.): „Magdeburger Erklärung". Neue Aufgaben der Wohnungswirtschaft. Kölner Schriften zur Sozial- und Wirtschaftspolitik, Bd. 23. S. 101–144. Regensburg: transfer.

Nussbaum, M. (1999): Gerechtigkeit oder das gute Leben. Gender Studies. Frankfurt/M.: Suhrkamp.

Nussbaum, M. (2006): Frontiers of Justice. Disability, Nationality, Species Membership. London: Belknap Press.

Pantucek, P. (2008): Soziales Kapital und Soziale Arbeit. soziales_kapital. wissenschaftliches journal österreichischer fachhochschul-studiengänge soziale arbeit, 1, S. 1–15.

Redlich, A. (2010): Vorwort – mit dem ganzen Menschen und seinen Ressourcen arbeiten. In: Möbius, Th. & Friedrich, S. (Hrsg.) (2010): Ressourcenorientiert Arbeiten. Anleitung zu einem gelingenden Praxistransfer im Sozialbereich. S. 7–8. Wiesbaden: VS.

Röh, D. (2010): Klassifikationen in der Sozialen Arbeit – Vorschlag eines gegenstands- und funktionsbasierten Rahmens. Archiv für Wissenschaft und Praxis der Sozialen Arbeit, 4, S. 44–55.

Sen, A. (2007): Ökonomie für den Menschen. Wege zu Gerechtigkeit und Solidarität in der Marktwirtschaft. München: dtv.

Staub-Bernasconi, S. (2007): Soziale Arbeit als Handlungswissenschaft. Bern u. a.: Haupt.

Thiersch, H., Grunwald, K. & Köngeter, S. (2002): Lebensweltorientierte Soziale Arbeit. In: Thole, W. (Hrsg.): Grundriss Soziale Arbeit. S. 161–178. Opladen: Leske + Budrich.

Wendt, W. R. (2010): Das ökosoziale Prinzip. Soziale Arbeit, ökologisch verstanden. Freiburg: Lambertus.

Psychische Ressourcen – Zentrale Konstrukte in der Ressourcendiskussion

Franz-Christian Schubert

Einleitung

Lebensführung beinhaltet die individuellen wie gemeinschaftlichen Bemühungen zur Schaffung und Erhaltung von Wohlbefinden, Gesundheit und Lebensqualität, zur Verteilung von Gütern und Durchsetzung von Ansprüchen. Unter einer transaktionalen Perspektive beinhaltet das ein Zurechtkommen mit den permanenten Anforderungen, Entwicklungen und Veränderungen, die auf Seiten der Umwelt wie auf Seiten der Person auftreten, und umfasst auch Zurechtkommen mit jenen Wünschen, Zielsetzungen und Anforderungen, die aus den jeweiligen Bemühungen zur Anforderungsbewältigung neu resultieren (vgl. Schubert 2009b; 2012). Dafür benötigt der Mensch nicht nur individuelle Kompetenzen und Ressourcen, sondern ist in wesentlichem Umfang auch auf Ressourcen aus seinem zwischenmenschlichen Umfeld und seiner kulturellen und sozialstaatlichen Umwelt angewiesen. Ohne förderliche Wechselwirkungen mit Erziehungs-, Sozialisations- und Bildungspersonen und -prozessen wie auch mit ökonomischen und soziokulturellen Lebensumständen ist eine günstige Entwicklung von psychischen Ressourcen nicht denkbar, wie die unterschiedlichen Beiträge in diesem Buch deutlich machen.

Der vorliegende Beitrag beschäftigt sich zunächst mit dem Begriff „psychische Ressourcen" und gibt dann in einer knappen Systematik einen Einblick in die Breite dieser Ressourcenklasse. Anschließend wird über die Darstellung relevanter Forschungsstränge das Feld der psychischen Ressourcen inhaltlich entfaltet. Schließlich erfolgt eine Beschreibung solcher Ressourcen, die als psychische Schlüsselressourcen für eine kompetente Lebensführung, für gesundheitliche Stabilisierung und für die Erschließung und Handhabung weiterer persönlicher und umweltlicher Ressourcen gelten.

1   Begriff und Systematik

Begriff: Die Verwendung von „psychischen Ressourcen" erfolgt in der Literatur uneinheitlich. Übereinstimmung besteht darin, dass psychische Ressourcen, wie andere Ressourcen auch, eingesetzt werden, um etwas zu ermöglichen oder zu erreichen: Neben den Basiszielen Überleben, Gesundheit und der Befriedigung einer vielfältigen Bandbreite von physischen und psychischen Bedürfnissen geht es um das Zurechtkommen mit Lebensanforderungen und die Entwicklung von persönlichem Wohlbefinden und Lebensqualität. Psychische Ressourcen haben die Besonderheit, dass sie in ihrer Funktionalität relativ universell und vielfältig einsetzbar sind.

> Dies kann ein zufriedenes Leben oder das Gelingen partnerschaftlichen Zusammenlebens sein, die Lösung eines Problems (eines zwischenmenschlichen oder technischen), das Erlangen von Status und Macht, die Bewältigung einer Stresssituation, die Heilung und Genesung von einer Krankheit, Erfolg für sich selbst oder für das Unternehmen, für das man tätig ist, die Ablösung von den Eltern, das Werben um einen Intim- oder Lebenspartner etc. (Schiepek & Cremers 2003, 152)

Für die weitere Betrachtung erscheint eine Differenzierung des psychischen Ressourcenbegriffes notwendig. Becker (2006, 133) bezeichnet alle „Mittel und Eigenschaften" als Ressourcen, „auf die lebende Systeme oder Systemelemente im Bedarfsfall zurückgreifen können, um mit ihrer Hilfe externe oder interne Anforderungen zu bewältigen." Das hat zur Konsequenz, dass alle psychischen und körperlichen Funktionen, Kompetenzen, Fähigkeiten und Fertigkeiten und Eigenschaften einer Person, die zur Belastungs- und Anforderungsbewältigung beitragen, als Ressourcen bezeichnet werden können. Unter diesem Ansatz ließen sich persönliche Ressourcen in nahezu unbegrenzter Anzahl finden, was einen inflationären Gebrauch des psychischen Ressourcenbegriffes zur Folge hätte. Tendenziell kommt diese breite Auffassung in verschiedenen Publikationen zum Ausdruck, beispielsweise in der umfangreichen Arbeit von Klemenz (2009) über die „Ressourcenorientierte Psychologie" und in den Veröffentlichungen der OECD (z. B. 2005), die sich im Rahmen von Kompetenzen und Schlüsselkompetenzen mit dem Ressourcenbegriff befassen.

Unter einer differenzierten funktionalen Auffassung kommt psychischen Ressourcen eine unterstützende und (kompetenz-)förderliche Funktion zu: Sie haben förderlichen Einfluss auf Wahrnehmung, Denken, Motivation und Emotion sowie auf das Handeln und unterstützen darüber die Art, wie Menschen die alltäglichen und spezifischen Lebenssituationen und Lebensanforderungen bewerten, und welche Maßnahmen sie zur Anforderungsbewältigung entwickeln, koordinieren und einsetzen (→ Schubert & Knecht). Sie sind darüber hinaus förderliche Einflussfaktoren für die Entwicklung und Stärkung von individuellen Kompetenzen (im Sinne von Wissen, Fähigkeiten, Fertigkeiten) und zur Bewältigung von Anforderungen und Zielsetzungen. Die funktionale Auffassung von psychischen Ressourcen findet sich vor allem in gesundheitspsychologischen Arbeiten, auf die hier umfassend Bezug genommen wird. Allerdings wird im Weiteren auch deutlich, dass eine klare Trennung zwischen einem allumfassenden und dem dezidiert funktionalen Ressourcenbegriff nicht immer durchzuhalten ist; das ergibt sich schon aus dem implizit unterschiedlichen Ressourcenverständnis der herangezogenen Quellen.

Systematik: Psychische Ressourcen gehören zur Klasse der persönlichen Ressourcen (auch als internale, personale oder individuelle Ressourcen bezeichnet). Sie umfassen auch die Kategorie der interaktionellen psychischen Ressourcen (auch als interpersonelle Ressourcen bezeichnet), die in der Interaktion mit emotionalen Bezugspersonen, Sozialpartnern und der erweiterten sozialen Umwelt zum Einsatz kommen. An dieser Stelle soll lediglich eine skizzenhafte Übersicht wichtiger psychischer Ressourcen erfolgen, eine differenzierte Systematik findet sich bei → Schubert & Knecht.

Psychische Ressourcen:

- Kognitive Ressourcen: Fähigkeiten, Wissen, Bildung, berufliche Ausbildung, Begabungen, Lebenserfahrung, Reflexionsfähigkeit etc.
- Günstige Lebenseinstellungen und Überzeugungen: Selbstwirksamkeitserwartung, Einsatzbereitschaft, Fähigkeit zu Bedürfnisaufschub, sinnvoll erlebte Berufstätigkeit, Lebenssinnhaftigkeit etc.
- Emotionale Ressourcen und persönliche Eigenschaften: Selbstwertgefühl, Optimismus, emotionale Stabilität etc.
- Innehaben von sozial anerkannten (identitätsfördernden) Rollen

Interaktionelle psychische Ressourcen:

- Empathie, Beziehungsfähigkeit, Toleranz
- Konfliktfähigkeit, Kritikfähigkeit
- Soziale Unterstützung einholen können
- Respekt und Verträglichkeit gegenüber Interaktionspartnern, Integrationsfähigkeit in soziale Gruppen
- auf Gegenseitigkeit, Ausgleich und Wiedergutmachung ausgerichtetes Verhalten.

2 Entwicklungen und Forschungsstränge

Die Erforschung psychischer Ressourcen hat sich über drei zentrale Forschungsstränge entwickelt, die sich vornehmlich mit dem Einfluss von Ressourcen auf Gesundheit und Wohlbefinden befassen: 1. Forschungen zur transaktionalen Bewältigung von stresshaften alltäglichen Lebensanforderungen und von kritischen Lebensereignissen („life events"); sie werden heute in der psychologischen Gesundheitsforschung weitergeführt (s. a. frühere, umfassende tabellarische Forschungsübersichten bei Bengel et al. 1998 sowie Beutel 1989); 2. entwicklungspsychologische Längsschnittstudien über die Entwicklung von protektiven Faktoren (Schutzfaktoren) und von Resilienz; 3. retrospektive Studien an „gesunden" Menschen. Ergänzt werden diese Entwicklungen gegenwärtig durch weitere Forschungsgebiete.

2.1 Transaktionale Belastungs- und Bewältigungsforschung

Die Forschungen zur Bewältigung belastender Lebensanforderungen bilden den ersten Strang und können als Ausgang der empirisch fundierten Ressourcenforschung gelten. Sie erfassen, welche Bedingungen zu Belastungs- und Stresserleben führen und welche individuellen und sozialen Faktoren und Merkmale zu einer gelingenden oder misslingenden Anforderungsbewältigung, bzw. zu Wohlbefinden, Gesundheit oder Erkrankung beitragen. Prominente Verbreitung haben das transaktionale Stress-Bewältigungsmodell von Richard A. Lazarus und Mitarbeitern (z. B. Lazarus & Folkman 1984) und mehr noch das Salutogenesemodell von Antonovsky (1979; 1987) gefunden. Darin beschreibt Antonovsky mit dem „Kohärenzgefühl" ein komplexes Konstrukt von individuellen Ressourcen und erfasst mit den „generalisierten Widerstandsfaktoren" ein Spektrum von weiteren persönlichen, zwischenmenschlichen, kulturellen und materiellen Ressourcen. Anders als Hobfolls (1989) Ressourcentheorie (→ Schubert & Knecht) formulieren die transaktionalen Ansätze von Lazarus und von Antonovsky, dass nicht primär Ausmaß und Umfang der Anforderungen oder des belastenden Ereignisses ausschlaggebend sind für das Erleben von Stress bzw. für Gesundheit oder Erkrankung oder für das Bewältigungsergebnis. Vielmehr sind dafür die kognitiv-emotionalen Einschätzungen der betroffenen Person über 1. die Situation bzw. die Anforderungen und 2. die verfügbaren Bewältigungsmaßnahmen maßgeblich sowie 3. das Feedback darüber, wie die individuellen oder gemeinschaftlichen Bewältigungsmaßnahmen greifen. Alle Bemühungen, die darauf ausgerichtet sind, Belastungen und Anforderungen zu bewältigen, werden als Coping bezeichnet. Diese drei Merkmale stellen in beiden Ansätzen die zentralen Moderatorvariablen für die Identifizierung persönlicher und sozialer Ressourcen dar.

Das Salutogenesemodell

Antonovsky (1979; 1987; dt. 1997) vollzieht bedeutsame Weiterentwicklungen des transaktionalen Stressmodells, indem er die Frage verfolgt, welche Bedingungen Gesundheit herstellen und sie trotz zahlreicher belastender Lebensumstände erhalten und hat aus den Ergebnissen das Salutogenesemodell formuliert. Demnach sind Gesundheit, Wohlbefinden und gelingende Lebensführung nicht im Sinne eines stabilen Gleichgewichtszustandes zu verstehen, sondern müssen in der Auseinandersetzung mit belastenden Einflüssen immer wieder neu hergestellt werden. Zusätzlich zu den angeführten drei Coping-Merkmalen erfolgt das über zwei zentrale Wirkbereiche: über die Aktivierung von „generalisierten Widerstandsressourcen" und über den Einsatz des individuellen „Kohärenzgefühls" (→ Keupp).

Generalisierte Widerstandsressourcen („general resistance resources") unterstützen als gesundheitliche Wirkfaktoren den Widerstand gegen die destabilisierende Wirkung von Risiken und Stressoren; sie wirken generell bei allen Menschen. Sie sind in der Person (genetisch-konstitutionell, physisch sowie psychisch), in ihren zwischenmenschlichen Beziehungen, in ihrer Lebens- und Arbeitswelt, in ihren sozial-ökonomischen Verhältnissen und in den gesellschaftlich-kulturellen Strukturen zu finden (Ressourcenkategorien → Schubert & Knecht). Aus den biografisch gesammelten Erfahrungen über die Verfügbarkeit und Handhabung von Widerstandsressourcen, die Teilhabe an Entscheidungsprozessen und durch die Vermeidung von Über- wie auch Unterforderung in Kindheit und Jugend entwickelt die Person eine zentrale Ressource, die von Antonovsky (1987) als „sense of coherence" (SOC) bezeichnet und als *Kohärenzgefühl* (auch *Kohärenzsinn*) übersetzt wird. Kohärenzgefühl ist eine kognitiv-emotionale und sozial-emotionale Grundeinstellung der Person gegenüber dem eigenen Leben und der Welt, die sich als Überzeugung und Zuversicht ausdrückt, dass 1. die Ereignisse der inneren und äußeren Welt in erklärbaren und vorhersehbaren Bahnen ablaufen und nicht willkürlich und zufällig sind (Verstehbarkeit von Leben und Welt), 2. Ressourcen (einschließlich sozialer Unterstützung) verfügbar sind, die man braucht, um den gestellten Lebensanforderungen gerecht zu werden (Handhabbarkeit von Anforderungen), und 3. das Leben sinnvoll ist und es sich lohnt, sich für das Leben und die darin gestellten Aufgaben zu engagieren und anzustrengen (Sinnhaftigkeit von Leben) (Antonovsky 1997, 36).

Nach den vorliegenden Forschungen (zusammenfassend vgl. Bengel et al. 1998; Singer & Brähler 2007) zeichnen sich Menschen mit stark ausgeprägtem Kohärenzgefühl durch eine hohe Widerstandskraft gegen psychische wie auch somatische Erkrankungen aus, wohingegen Menschen mit gering ausgeprägtem SOC geringe Widerstandskraft und erhöhte Erkrankungsraten aufweisen. Diese positiven Ergebnisse resultieren nach Auffassung von Antonovsky daraus, dass Menschen mit hohem Kohärenzgefühl zum einen über ein reiches Potenzial an generalisierten Widerstandsressourcen verfügen und zum anderen in der Lage sind, diese auch angemessen, flexibel und effizient zu handhaben.

Kritische Auseinandersetzungen mit der Salutogenesetheorie und dem Kohärenzgefühl bemängeln, dass die drei Dimensionen (Verstehbarkeit, Handhabbarkeit, Sinnhaftigkeit/Bedeutsamkeit) faktorenanalytisch nicht sinnvoll zu trennen sind, sondern auf einen Generalfaktor hinweisen (z. B. Becker 1998; 2006; Schaefer 2002). Antonovsky (1979) weist selbst darauf hin, dass bei seinem Fragebogen („Sense of Coherence Scale") eine Gesamtauswertung anstelle einer Skalen-Einzelauswertung vorzuziehen sei. Weiterhin hat seine Auffassung, dass das Kohärenzgefühl bis zum jungen Erwachsenenalter voll ausgeprägt und danach kaum oder nur durch sehr starke, neue Lebenserfahrungen veränderbar sei, vor allem in den Reihen der Psychotherapie und Pädagogik Kritik ausgelöst. Positiv an der Theorie von Antonovsky sind nach Becker (2006, 94) „die Differenziertheit und der hohe Integrationswert des Modells sowie die vergleichsweise präzisen Annahmen darüber, welche Variablen auf welche anderen Einfluss ausüben sollen".

Das Hardiness-Konzept

Aus den Forschungen von Susan C. Kobasa (1979; 1982; Maddi 1998) stammt ein Bündel gesundheitlich stabilisierender psychischer Merkmale, das sie als „hardiness" („Widerstandsfähigkeit") bezeichnet. Verantwortlich für gesundheitliche Stabilität oder Destabilität unter der Einwirkung hoch belastender beruflicher Anforderungen sind demnach signifikante Unterschiede in den kognitiv-emotionalen Überzeugungen, Lebenseinstellungen und sozialen Verhaltensweisen, die sich in drei (sich überschneidenden) Bereichen zeigen: *Engagement in Handlungen und Pläne (commitment)* umfasst Einsatzbereitschaft und innere Verbundenheit gegenüber dem, was man tut und anstrebt, das beinhaltet auch soziales Engagement (Gegensatz dazu: Entfremdung). *Kontrolle über die Lebenssituation (control)* beinhaltet die Überzeugung, auf die Geschehnisse im eigenen Lebensraum angemessen Einfluss nehmen zu können, wobei Selbstverantwortlichkeit und Anstrengungsbereitschaft betont werden (Gegensatz dazu: Hilflosigkeit). *Herausforderung annehmen (challenge)* besagt, dass Lebensveränderungen nicht als Bedrohung der eigenen Sicherheit, sondern als normale und anregende Vorgänge mit Ansporn für die persönliche Weiterentwicklung erlebt werden. Das beinhaltet auch, Ungewissheit auszuhalten, sowie emotionale Offenheit und kognitive Flexibilität (Gegensatz dazu: Rigidität). Nach Kobasa und Maddi zeigen Personen mit hoher gesundheitlicher „Widerstandsfähigkeit" ausgeprägte Eigenschaften in allen drei Bereichen. Dem gegenüber zeigen Personen mit häufigen Erkrankungen und psychischer Destabilisierung ausgeprägte Merkmale von Entfremdung und Resignation, das Gefühl von Machtlosigkeit, Ausgeliefertsein und auch Hilflosigkeit und die subjektive Auffassung, in den Entscheidungen und Handlungen von externen Bedingungen bestimmt zu sein. Aufgrund der geringen Trennschärfe zwischen den Merkmalsbereichen setzen Bestrebungen ein, diese in eindimensionale Personmerkmale aufzuteilen, wie z. B. in Kontrollüberzeugung, Selbstwirksamkeitsüberzeugung und Optimismus (s. u.). Insofern ist die wissenschaftliche Bedeutung von „hardiness" als Gesamtkonstrukt zurückgegangen.

2.2 Resilienzforschung

Die Resilienzforschung hat sich aus zwei Forschungstraditionen entwickelt: aus der gesundheitlichen Risiko- bzw. Belastungsforschung mit der Erfassung von gesundheitlichen Schutzfaktoren gegen Risiken und aus der Entwicklungspsychologie des Kindes- und Jugendalters und des Erwachsenen- und höheren Alters (s. a. Ball & Peters 2007; Staudinger & Greve 2001; Wustmann 2004). *Resilienz* ist ein unscharfer Begriff und kann ganz allgemein als Widerstandsfähigkeit gegen physische und psychische Beeinträchtigung oder Erkrankung trotz belastender Lebensbedingungen bezeichnet werden. Er bedeutet, dass Menschen bei kritischen wie auch traumatischen Lebensereignissen die normale psychische und körperliche Funktionstüchtigkeit, Bewältigungskompetenz und auch positive Emotionalität bewahren.

Da in jedem Lebensalter belastende Lebensumstände auftreten können, hat das Konzept Gültigkeit für die gesamte menschliche Lebensspanne.

Der Begriff *Vulnerabilität* als Gegenteil von Resilienz umschreibt eine besondere Anfälligkeit bzw. „Verletzlichkeit" des psychischen und physischen Funktionsniveaus bzw. der alltäglichen Bewältigungsfähigkeiten einer Person unter (schon geringen) risikohaften und belastenden Lebensbedingungen. Vulnerabilität kommt nur unter Belastungen zum Ausdruck und muss sich nicht im normalen Alltagsleben zeigen. Von Resilienz zu unterscheiden sind gesundheitliche *Schutzfaktoren*. Sie sind spezifische individuelle, interaktive, soziale und umweltliche Ressourcen, die gesundheitliche Risiken abpuffern und sich direkt auf Erhalt oder Wiederherstellung von Gesundheit oder Funktionstüchtigkeit auswirken. Schutzfaktoren sind über Situation und Zeit nicht stabil, sondern können in Abhängigkeit von Alter, Geschlecht, Kultur, Situation und Umwelt unterschiedliche Wirkungen entwickeln. Lediglich die Abwesenheit von Risiken stellt keinen Schutzfaktor dar. Das kategoriale Gegenteil sind (individuelle, interaktive, soziale und umweltliche) gesundheitliche *Risikofaktoren*.

Resilienz ist als Prozess wie auch als Ergebnis der gelingenden Auseinandersetzung mit (hoch) belastenden Lebensbedingungen zu verstehen: 1. Ergebnisaspekt: Aufrechterhaltung der normalen Entwicklung und Funktionstüchtigkeit trotz vorhandener beeinträchtigender Lebensumstände und Einflüsse. Das beinhaltet die Aufrechterhaltung einer altersentsprechenden emotionalen Entwicklung und lebenslauftypischen Funktionalität trotz länger anhaltender Belastung wie z. B. familiale Kindesmisshandlung. 2. Prozessaspekt: Wiederherstellung normaler Funktionstüchtigkeit nach erlittener traumatischer Erfahrung (z. B. Wiederherstellung der alltäglichen, beruflichen oder schulischen Leistungsfähigkeit trotz unerwartetem Verlust einer emotional bedeutsamen Bezugsperson wie Lebenspartner oder Elternteil) (Staudinger & Greve 2001). Resilienz ist somit als relationales Konstrukt zu verstehen, als Ergebnis der Auseinandersetzung der Person mit den Einwirkungen bzw. dem Zusammenwirken verschiedener Risiko- und Schutzfaktoren (Ball & Peters 2007; Hammelstein 2006). Somit kann Resilienz nicht als Persönlichkeitsmerkmal verstanden werden, da hierbei die Wechselwirkung übersehen würde. Schutzfaktoren können hingegen Persönlichkeitsmerkmale oder spezifische persönliche Einstellungen (s. u.) wie auch zwischenmenschliche Beziehungsmerkmale oder andere Umweltmerkmale sein. Das Zusammenwirken von Risiko- und Schutzfaktoren wurde über zahlreiche empirische Studien erfasst. Bedeutsam sind u. a. die Längsschnittstudien von Werner und Smith (2001) mit einem Untersuchungszeitraum über 40 Jahre, die Mannheimer Risikokinder-Studie von Laucht, Esser und Schmidt (1999) über elf Jahre und die Bielefelder Invulnerabilitäts-Studie über Erziehung und Erziehungsklima bei Jugendlichen von Lösel und Bender (1999).

2.3 Retrospektive Studien

Retrospektive Studien erfassen persönliche Ressourcen und Bewältigungsstrategien von Personen, die von Experten als relativ gesund eingestuft und rückblickend zu ihrer Lebensführung befragt werden oder Selbsteinschätzungen abgeben. Sie liefern ein relativ konsistentes Bild, wobei allerdings methodische Mängel die Aussagekraft einschränken. Das Leben „Gesunder" zeichnet sich nicht durch belastungsarme Entwicklungen aus. Relativ übereinstimmend berichteten sie über positive und zuverlässige Beziehungen zu mindestens einer guten Bezugsperson in der Kindheit und über kognitiv-emotionale Einstellungen zum Leben, die einer positiven Ausprägung von Kohärenzgefühl oder Hardiness entsprechen. Ausgeprägt sind internale Kontrollüberzeugung, bis hin zu Autarkiebestreben, positives Selbstbild, emotionale Stabilität und optimistische Lebenseinstellung sowie aktives und konstruktives Bewältigungshandeln in Krisensituationen (Bengel et al. 1998; Beutel 1989).

2.4 Weitere Forschungsbeiträge

Gegenwärtig werden ressourcenorientierte Forschungen durch die Bezugnahme auf das konsistenztheoretische *Modell der psychischen Grundbedürfnisse* (z. B. Grawe 2004) erweitert. Beispielsweise werden personale und interpersonale Ressourcen erfasst, die für eine angemessene und konsistente Befriedigung solcher Bedürfnisse benötigt werden (→ Klemenz). Weitere Beiträge kommen aus der *Lebenskompetenzforschung*, die vornehmlich auf die Prävention von Problemverhalten Jugendlicher ausgerichtet ist. Aus den Erkenntnissen der Bewältigungs- und der aktuellen Bildungsforschung werden Kompetenzen zur Lebensführung und im Besonderen Konzepte von Schlüsselkompetenzen erarbeitet. Sie gelten als hilfreich für eine konstruktive Lebensführung, für die Bewältigung von Alltagsbelastungen und Entwicklungsanforderungen und für eine gelingende Teilnahme am Arbeitsmarkt und am gesellschaftlichen Leben (vgl. OECD 2005; Rychen & Salganik 2003). Allerdings erschwert der zugrundeliegende Begriff von Kompetenz, der „Wissen, Fertigkeiten, Einstellungen und Wertvorstellungen" umfasst (OECD 2005, 6), eine brauchbare Differenzierung von Ressourcen und Kompetenzen. Einerseits zeichnet sich „die Kompetenz eines Menschen […] dadurch aus, auf welche Art und Weise er seine persönlichen Ressourcen situativ mobilisiert bzw. mit den wechselnd bedingten Handlungssituationen kombiniert" (Spiegel 2004, 82; ähnl. OECD 2010, 6). Andererseits beinhaltet der Kompetenzbegriff Merkmale, die in gleicher Weise auch für psychische Ressourcen charakteristisch sind (vgl. auch Oelkers 2010). Von den drei Schlüsselkompetenzen „Interaktive Anwendung von Medien und Mitteln", „Interagieren in heterogenen Gruppen", „Autonome Handlungsfähigkeit" enthalten die beiden letztgenannten Merkmale wie Empathie, wirksamer Umgang mit Emotionen, Optimismus, Autonomie, Identitätsentwicklung, dem Leben Sinn verleihen (OECD 2010, 14f.), die in der Ressourcenforschung als psychische Ressourcen definiert werden. Eine weitere Differenzierung dieser Thematik soll hier nicht vorgenommen werden (→ Fengler & Fengler, → Jasmund & Krus). Die Lebenskompetenzforschung wiederum geht davon aus, dass Kompetenzen aus dem Pool von potenziellen Ressourcen schöpfen. Jerusalem (2009) bringt eine Zusammenstellung von „wichtigsten Ressourcen für die Lebensbewältigung" und führt dazu an: „In ihrer Gesamtheit unterstützen diese Ressourcen die kompetente Bewältigung unterschiedlichster Anforderungen des Lebens und stärken auf diese Weise Gesundheit und Wohlbefinden" (ebd., 177; s. a. BZgA 2005).

3 Psychische Schlüsselressourcen – eine Auswahl

Wollte man eine repräsentative Übersicht über psychische Ressourcen geben, so würde das den Rahmen bei weitem übersteigen. Daher wird hier nur eine Auswahl solcher Ressourcen vorgenommen, die als empirisch gesicherte Schlüsselressourcen für eine kompetente Lebensführung, für gesundheitliche Stabilisierung und für die Erschließung und Handhabung weiterer psychosozialer und materieller Ressourcen gelten (vgl. Becker 2006; Bengel & Jerusalem 2009; Filipp & Aymanns 2010; Renneberg & Hammelstein 2006; Schwarzer 2005). In den vorliegenden Forschungen stehen gesundheitsstabilisierende Ressourcen im Vordergrund (→ Kriwy & Nisic). Auch die psychischen Ressourcenkonstrukte, Kohärenzgefühl und Hardiness, sind hier in die Auswahl einzubeziehen, werden jedoch – als Folge der Ausdifferenzierung ihrer komplexen Merkmalsbereiche – den entsprechenden trennschärferen Einzelkonstrukten zugeordnet. Interaktionelle psychische Ressourcen werden aufgrund der vergleichsweise spärlichen *empirischen* Ergebnissicherung nicht gesondert, sondern im Zusammenhang mit den Schlüsselressourcen vorgestellt. Die Forschung unterscheidet psychische Ressourcen zumeist nach zwei Gruppen von Persönlichkeitsmerkmalen: 1. nach situationsübergreifenden persönlichen Erwartungen und Überzeugungen, also nach eher kognitiven Merkmalen und 2. nach Persönlichkeitseigenschaften, d. h. nach einem habituellen, bzw. zeitkonstanten Muster von Emotionen, Erleben und Verhalten. Die folgende Übersicht folgt dieser Aufteilung.

3.1 Kognitive Erwartungen und Überzeugungen

Internale Kontrollüberzeugung und Selbstwirksamkeit

Als prominente Schlüsselressource gilt eine persönliche Grundhaltung, die pauschal als Wirksamkeitsüberzeugung bezeichnet werden kann. In den verschiedenen

Untersuchungen wird das Konstrukt unterschiedlich beschrieben, als „Kontrollüberzeugung" (Wallston & Wallston 1978), als „self-efficacy" bzw. „Selbstwirksamkeit" (Bandura 1997), als „control" (Kobasa 1979) und bei Antonovsky (1997) als die Kohärenzgefühl-Komponenten „Handhabbarkeit" und „Vorhersehbarkeit".

Als Ausgangskonzept gilt das von Rotter (1966) in die Psychologie eingeführte Konstrukt des „locus of control". Es beinhaltet die Annahme, dass Menschen bestrebt sind, die Entwicklungen und Ereignisse in ihrem Leben in ihrem eigenen Sinne zu beeinflussen. Sie unterscheiden sich jedoch in der Ursachenzuschreibung (Attribution), d. h. in ihrer subjektiven Überzeugung, ob dieser Einfluss von ihrem eigenen Handeln (internale Kontrollüberzeugung) oder von anderen einflussreichen Bedingungen der Umwelt (externale Kontrollüberzeugung) ausgeht. Über kognitiv-emotionale Rückkoppelungsprozesse hat das erhebliche Auswirkungen auf Leistungsmotivation, Selbstwertgefühl wie auch auf Lebenseinstellung und Gesundheit. Personen mit *internaler Kontrollüberzeugung* gehen davon aus, dass sie ihre alltäglichen Lebensbedingungen im Wesentlichen durch eigenes Handeln und persönliche Fähigkeiten beeinflussen können, und schätzen das auch für vergleichbare künftige Situationen so ein. Misserfolge schreiben sie situationsspezifischen Umständen (z. B. Anforderungsgrad) und einer dieser Situation nicht angemessenen (zu geringen) persönlichen Einsatzbereitschaft zu. Damit stabilisieren sie persönliche Kontrollüberzeugung, Optimismus und positives Selbstwertgefühl und motivieren sich für weitere Leistungs- und Einsatzbereitschaft. Personen mit *externaler Kontrollüberzeugung* sehen (positive wie negative) Ergebnisse ihres Handelns abhängig von externen Bedingungen, auf die sie im Wesentlichen keinen Einfluss haben. Das können der Schwierigkeitsgrad der Situation oder Macht und Einfluss anderer Personen sein. In fatalistischer Auffassung können auch Glück, Pech, Zufall, das Schicksal oder sonstige höhere Mächte als dafür ausschlaggebend aufgefasst werden. Sie sehen Misserfolge durch ihre Person und ihre geringe Wirksamkeit verursacht, Erfolge schreiben sie hingegen dem Einwirken externer Bedingungen und Ursachen zu. Über diese Zuschreibungen stabilisieren sie externe Kontrollüberzeugung, negative Selbstbewertung und pessimistische Lebenseinstellung und demotivieren sich in ihrem künftigen Engagement (vgl. auch Weiner 1984). Bekannt geworden ist das Phänomen als „gelernte Hilflosigkeit" (Seligman 2005).

Die empirisch vielfach abgesicherte Theorie der *Selbstwirksamkeit* („self-efficacy-theory") von Albert Bandura (1997) bringt eine weitere Ausdifferenzierung. *Selbstwirksamkeitserwartung* bezeichnet das Vertrauen in die eigene Kompetenz, neue oder schwierige Anforderungen bewältigen und auftretende Barrieren überwinden zu können. Sie ist die optimistische Wahrnehmung der eigenen Handlungskompetenz und „beeinflusst ganz allgemein das Denken, Fühlen und Handeln sowie [...] Zielsetzung, Anstrengung und Ausdauer" (Hohmann & Schwarzer 2009, 61; → Klemenz; → Schmid & Wüsten).

> Selbstwirksamkeitsüberzeugungen führen dazu, dass man sich realistische und herausfordernde Ziele setzt, Anstrengungen und Ausdauer investiert und die Bemühungen

auch angesichts von Schwierigkeiten durchhält. Diese Schlüsselrolle subjektiver Kompetenzen gilt für gesundheitsbezogenes Verhalten ebenso wie für die allgemeine Lebens- und Stressbewältigung. Wer kein Vertrauen in die eigenen Fähigkeiten hat [...], wird nicht oder nicht erfolgreich handeln, macht keine neuen Kompetenzerfahrungen und entwickelt somit keine zielführenden Ressourcen. (Jerusalem 2009, 180)

Forschungen belegen in breiter Übereinstimmung, dass internale Kontrollüberzeugung mit einer gelingenden, gesunden und psychisch stabilen Lebensbewältigung verknüpft und im Sinne eines Schutzfaktors zu verstehen ist, besonders dann, wenn das mit einer optimistischen Grundhaltung verknüpft ist (s. u.). Hingegen sind externale Kotrollüberzeugungen eher als Risikofaktor zu betrachten (Weber 2005). Das gilt vor allem für die westliche Industriegesellschaft, in der besonderer Wert auf Individualität, Leistungsfähigkeit und Selbstständigkeit und somit auf internale Kontrollüberzeugung gelegt wird. Die Bedeutung als Schutz- oder Risikofaktor hängt aber auch von der faktischen Kontrollierbarkeit des Ereignisses und seiner Folgen ab (Antonovsky 1997; Filipp & Aymanns 2010). Ereignisse, die faktisch unkontrollierbar und unvorhersehbar sind, können bei Personen mit ausgeprägter internaler Kontrollüberzeugung deutlich schneller und ausgeprägter Hilflosigkeit und Beeinträchtigung ihrer Bewältigungskompetenzen auslösen als bei Personen mit externaler Kontrollüberzeugung. Je nach Situationskontext können auch externale oder fatalistische Kontrollüberzeugung angemessen sein, um belastende Lebensereignisse zu bewältigen. Beispielsweise können passive oder „schicksalsergebene" Verhaltensweisen zu einer gelingenden emotionalen Entlastung in bestimmten Phasen der Verarbeitung schwerer Schicksalsschläge oder chronischer Erkrankungen beitragen. Die internale Kontrollüberzeugung gewinnt bei solchen Ereignissen wieder an Bedeutung, wenn es um die Bewältigung der konkreten Folgen des Ereignisses geht.

Selbstaufmerksamkeit

Erhöhte introspektive Selbstaufmerksamkeit auf innerpsychische wie körperlich ablaufende Prozesse gilt unter gewissen Bedingungen als gesundheitlicher Schutzfaktor, z. B. bei genauerer Wahrnehmung körperlicher und psychischer Befindlichkeitsstörungen, der rechtzeitig Maßnahmen zur Risikovermeidung und zur Erhaltung oder Wiederherstellung von Wohlbefinden und Gesundheit ermöglicht. Weiterhin erzielen Personen mit hoher introspektiver Selbstaufmerksamkeit eine bessere Selbstregulation, haben zutreffendere Selbsteinschätzung und sind besser in der Lage, sich von Erwartungen und Beeinflussungen durch andere abzugrenzen, die nicht mit ihren Wertvorstellungen und Zielen übereinstimmen (klares und stabiles Selbstkonzept), als Personen mit geringer introspektiver oder einer hohen nach außen, auf die Wahrnehmung und Bewertung durch andere gerichteten Aufmerksamkeit (Meyer & Filipp 2002). Nach einer Häufung negativer Lebensereignisse erweisen sich Personen mit geringer introspektiver Selbstaufmerksamkeit als relativ krankheitsanfällig im Bereich psychosomatischer Störungsbilder und koronarer Herzerkrankungen. Als Risikofaktor gilt Selbstaufmerksamkeit dann, wenn sie in selbstzentrierter Form mit ängstlich-depressiven Bewertungen (Selbstabwertungen, Schuldgefühle) und belastenden „Gedankenspiralen" verknüpft ist. Dieses Muster tritt häufig zusammen mit externaler Kontrollüberzeugung und geringer Selbstwirksamkeitserwartung auf.

Risikowahrnehmung

Risikowahrnehmung erfasst risikoreiche Verhaltensweisen oder verhaltensabhängige gesundheitliche Risikofaktoren in der eigenen Lebensführung sowie die eigene Vulnerabilität, woraufhin angemessene risikovermeidende bzw. gesundheitserhaltende Verhaltensweisen eingesetzt werden können. Weinstein (1980) berichtet von der generellen Tendenz, das eigene Risiko im Vergleich zu anderen Personen, insbesondere zur eigenen Altersgruppe, als deutlich geringer zu bewerten und bezeichnet dieses Phänomen als optimistischen Fehlschluss oder unrealistischen Optimismus. Sozialpsychologische Forschungen legen nahe, dass eine leichte, optimistische Überschätzung der eigenen Stabilität und Kompetenzen, bzw. Unterschätzung des eigenen Risikos, das Selbstwertgefühl und das alltägliche Gesundheits- und Bewältigungsverhalten günstig beeinflussen (Renner et al. 2009).

Hoffnung und Zielbindung

Die Bindung an persönlich bedeutsame Ziele und die Hoffnung, sie zu erreichen, sind wichtige motivierende Ressourcen, vor allem für die Überwindung von Barrieren und für die Aufrechterhaltung von „Lebenskraft". Sie können das Leben auch unter extrem belastenden Bedingungen subjektiv als lebenswert erscheinen lassen und lebensverlängernde Wirkung haben, wie Beobachtungen an Krebspatienten oder an hochaltrigen Menschen zeigen: Filipp & Aymanns (2010, 281) berichten, dass „die Sterberate vor den eigenen Geburtstagen oder vor Festtagen sinkt, um danach wieder (z. T. sprunghaft) anzusteigen." Hoffnungslosigkeit hingegen hat negative Auswirkungen auf die Überlebenszeit bei Herzgefäß- und Krebserkrankungen.

3.2 Persönlichkeitseigenschaften

In der Psychologie sind verschiedene habituelle Persönlichkeitseigenschaften und spezifische Persönlichkeitstypen[26] als signifikante Determinanten für Gesundheit und Anforderungsbewältigung nachgewiesen. Anhand von vier faktorenanalytischen Persönlichkeitsdimensionen verfolgt Becker (2006) die Zusammenhänge

---

26 Ein Persönlichkeitstyp umfasst Personen, die sich in bestimmten Persönlichkeitseigenschaften ähnlich sind.

zwischen Gesundheit und einzelnen Clustern dieser (teilweise bipolaren) Dimensionen[27]:

Hohe Ausprägungen in der Dimension *Neurotizismus* (ausgeprägte Neigung zu Angst, Depression, Hoffnungslosigkeit, Gehemmtheit, Unterdrückung negativer Emotionen, Empfindsamkeit gegenüber Ablehnung, starke Gefühlsschwankungen) und in der Dimension *Feindseligkeit/Unverträglichkeit/Rücksichtslosigkeit* (verbales und handlungsmäßiges Ausagieren von Ärger und Aggression, Zynismus, Misstrauen, nachtragend, rechthaberische Arroganz, Täuschung und Gewissenlosigkeit) korrelieren hoch mit Erkrankungsindikatoren. Beide Dimensionen können somit als gesundheitliche Risikofaktoren bzw. Erkrankungsdisposition gelten. Hingegen erweisen sich geringe Werte in *Neurotizismus* bzw. hohe Ausprägungen auf dem Pol *Seelische Gesundheit* (Kohärenzgefühl, Hardiness, Optimismus, Selbstvertrauen, Selbstachtung, Lebenszufriedenheit) als Ressourcen sowohl zur Entfaltung von Gesundheit wie auch zur Bewältigung von externen und internen Lebensanforderungen. Zugleich besitzen diese Merkmale die inhärenten Möglichkeiten zur Generierung weiterer Ressourcen.

Hohe Ausprägung in *Verträglichkeit* (empathisch, mitfühlend und hilfsbereit, eher bescheiden, friedliebend, an harmonischen Beziehungen interessiert) korreliert nur mäßig mit Gesundheit und mit Anforderungsbewältigung. *Verträglichkeit* beinhaltet Ressourcen, die in sozialen Beziehungen einen hohen Tauschwert haben und für interaktionelle psychische Ressourcen wie Konfliktbewältigung, Aufbau und Stabilisierung von sozialen Beziehungen oder Erhalt und Handhabung von sozialer Unterstützung förderlich sind.

Die Dimension *Gewissenhaftigkeit/Kontrolliertheit* (Selbstdisziplin, Willensstärke, Ausdauer, Sorgfalt, Zielstrebigkeit und Pflichtbewusstsein) weist nur schwache Zusammenhänge mit Gesundheit auf. Sie beinhaltet vielmehr Ressourcen für Anforderungsbewältigung, Leistungsmotivation, Durchhaltvermögen und beruflichen Erfolg.

Die inhaltlich sehr breite Persönlichkeitsdimension *Extraversion/Offenheit* (Energie und Tatendrang, Selbstvertrauen, optimistisch, gut gelaunt, kontaktfreudig, begeisterungsfähig, aufgeschlossen für Neues, Suche nach Abwechslung und Vergnügen, risikobereit) hat in ihren unterschiedlichen Facetten zumeist eine positive Auswirkung auf Gesundheit, auf die Bewältigung von externen und internen Anforderungen und unterstützt die Fähigkeit, soziale Kontakte aufzunehmen, zu unterhalten und soziale Unterstützung einzuholen.[28] Andererseits wächst mit erhöhter Offenheit für Neues und Risikobereitschaft die Gefahr von gesundheitlicher Gefährdung, von Überforderung und Fehlschlägen.

---

27 Becker (2006) entwickelt ein Vier-plus-X-Faktoren-Modell mit den Dimensionen „Neurotizismus vs. seelische Gesundheit", „Extraversion/Offenheit", „Verträglichkeit vs. Unverträglichkeit/Rücksichtslosigkeit" und „Gewissenhaftigkeit/Kontrolliertheit"; die Dimensionen „X" sind stichproben-, variablen- und kulturabhängig.

28 Optimismus und positive Emotionalität haben in der Ressourcen- und Gesundheitsforschung breite Aufmerksamkeit erhalten und werden anschließend noch spezifischer thematisiert.

Becker erklärt die engen Zusammenhänge zwischen Persönlichkeitsmerkmalen und Gesundheit bzw. gelingender Anforderungsbewältigung über 1. Unterschiede in Wahrnehmung und kognitiver Bewertung von externen und internen Anforderungen, 2. Unterschiede in Selbstaspekten und im Umgang mit subjektiven Überzeugungen und Emotionen und 3. über die Ausprägung gesundheitsförderlicher sowie adaptiver und prosozialer Verhaltensweisen und Bewältigungsformen, z. B. in Konfliktsituationen, in der Entwicklung und Stabilisierung sozialer Beziehungen oder im Einholen und Handhaben sozialer Unterstützung.

Optimismus und positive Emotionalität

Menschen mit diesen Eigenschaften weisen größere gesundheitliche Widerstandskraft (u. a. günstigere Werte der Immunparameter und geringes Erkrankungsrisiko, vor allem im Koronar- und Herz-Kreislaufbereich) und produktiveres Bewältigungsvermögen auf als pessimistische oder chronisch negativ gestimmte Personen. Die Eigenschaften befähigen die Person, auch bei auftretenden Schwierigkeiten kreativ und zuversichtlich zu sein. Dadurch werden Belastungen eher als lösbar bewertet, was wiederum eine aktive und produktive Bewältigung von Problemsituationen wie auch Leistungssteigerung mit sich bringt. Wenn das Ziel unerreichbar erscheint, können sie schneller davon ablassen, sich von belastenden Gedanken und Erfahrungen schneller erholen und neuen Zielsetzungen zuwenden, als das bei Pessimisten der Fall ist. Belastende Lebensereignisse werden nicht gemieden, verleugnet oder „rosarot eingefärbt", sondern durch aktive zugewandte Bewältigungsstrategien und mit angemessen sensibler Selbstaufmerksamkeit begleitet. Optimismus und positive Emotionalität ermöglichen somit eine selbstwertdienliche, emotional stabilisierende und bewältigungsförderliche Wahrnehmung und Handhabung von Situationen und Ereignissen. Pessimismus und negative Emotionalität verstärken hingegen die negative Wirkung von Belastungen (vgl. Eschenbeck 2009; Filipp & Aymanns 2010; Hoyer & Herzberg 2009).

Humor

Humor als Ressource hilft, mit den widrigen Lebensumständen besser zurechtzukommen und belastende Bedingungen so umzudeuten, dass die kognitiv-emotionalen Bewertungen von Bedrohung, Verlust und Schädigung zwar nicht ignoriert, aber aus unterschiedlichen und innerlich distanzierteren Perspektiven betrachtet werden können. Das hat günstige Auswirkungen auf das psychische Wohlbefinden und auf soziale Einbindung und soziale Unterstützung.

3.3 Selbstkonzept und Selbstwertgefühl

Zahlreiche Studien belegen den engen Zusammenhang zwischen Selbstwertgefühl und physischer und psychischer Gesundheit, Wohlbefinden, Lebenszufriedenheit und Lebensglück und eine umgekehrte Relation bei Personen mit niedrigem Selbstwertgefühl. Hingegen besteht nur wenig Zusammenhang zwischen hohem Selbstwertgefühl und objektiven Leistungsindikatoren oder mit dem extern beurteilten Sozialverhalten der Person (Petersen et al. 2006). Personen mit hohem Selbstwertgefühl erleben Stressoren und Anforderungen offenbar als weniger belastend und können sie auch wirksamer bewältigen. Auch in der Bewältigung von hochtraumatischen Belastungen und Leid erweist sich ein hohes Selbstwertgefühl als wirksamer Puffer. Hierbei wird ein komplexer Schutzfaktor, der Antonovskys Kohärenzgefühl einbindet, zusätzlich bedeutsam, nämlich die Fähigkeiten, unter der „Einsicht in die Unausweichlichkeiten des Lebens" auch die negativen Seiten des Daseins als zum Leben gehörig zu verstehen und im Vertrauen auf den eigenen Selbstwert und in die Sinnhaftigkeit des Lebens sich dennoch „aktiv um das eigene" Wohlergehen zu bemühen (Filipp & Aymanns 2010, 301). Weiterhin wirkt die Differenziertheit des Selbstkonzepts als stabilisierende Ressource. Die Erschütterung einer Selbstkomponente (beispielsweise infolge Verlassenwerden durch den Ehepartner) kann durch das Wissen um den Wert anderer Selbstkomponenten abgepuffert oder kompensiert werden (z. B. soziale Beliebtheit, erfolgreiche berufliche Einbindung). Dadurch entsteht ein flexibler und adaptiver Umgang mit kritischen Ereignissen (ebd.). Bei geringer Selbstkomplexität besteht hingegen die Tendenz, den bedrohten Selbstaspekt auf das gesamte Selbst und den Selbstwert zu generalisieren.

Damit gelangt die komplexe Ressource „Identität und Identitätsentwicklung" in den Fokus. Unter den gegenwärtigen Bedingungen einer pluralen und individualisierten Gesellschaft verlangt Lebensführung vom Individuum einen Balanceakt zwischen Nutzung der vielfältigen „Angebote" an Lebensformen und (konsumabhängiger) Gestaltungsmöglichkeiten und der Entwicklung bzw. Wahrung der eigenen Identität. Das verlangt Selbstreflektiertheit und die sichere Einschätzung eigener Lebensvorstellungen und Zielsetzungen (Keupp et al. 2006; Schubert 2009a; → Keupp) und verweist auf eine weitere fundamentale psychische Ressource, auf die Überzeugtheit vom Sinn eigener Lebensbereiche und Lebensziele. Antonovsky (1997) betrachtet Sinnhaftigkeit als die wesentliche Ressource im Rahmen des Kohärenzgefühls. Diese Auffassung wird durch die meisten empirischen Studien gestützt, die zum Bereich Sinnhaftigkeit, Spiritualität und Religiosität als (Meta-)Ressource für Gesundheit und Bewältigung von Lebensbelastungen bislang publiziert sind (vgl. dazu Pohl 2006; → Adams).

4   Zusammenfassung und Ausblick

Psychische Ressourcen nehmen eine Schlüsselfunktion in der menschlichen Lebensführung ein und sind eine Art Globalregulatoren für die Erschließung und Handhabung aller Ressourcen in der Person und in der Lebensumwelt. Sie sind in nahezu allen Kontexten wirksam und werden als erstes aktiviert, um sich in neuen Situationen zurechtzufinden und die verschiedensten Lebensanforderungen und Belastungen zu bewältigen: sie tragen bei zu einer kompetenten Lebensführung, zu Anpassungs- und Handlungsfähigkeit, zu sozialer Vernetzung und sozialer Hilfestellung, zur Entwicklung von Lebensqualität und zur Stabilisierung von Wohlbefinden und Gesundheit (→ I. Schubert), um nur die wesentlichsten Effekte anzuführen. Sie sind kostbare Ressourcen, die allerdings erst in der Wechselwirkung mit einer anerkennenden und förderlichen sozialen und gesellschaftlichen Umwelt zur vollen Entwicklung und Entfaltung kommen können. Psychische Ressourcen haben, wie Bildung, die Besonderheit, dass sie sich durch den angemessenen Gebrauch und Austausch mit der Umwelt nicht verbrauchen, sondern entfaltet und gestärkt werden.

Literatur

Antonovsky, A. (1979): Health, stress, and coping. New perspectives on mental and physical well-being. San Francisco: Jossey-Bass.

Antonovsky, A. (1987): Unraveling the mystery of health. How people manage stress and stay well. San Francisco: Jossey-Bass.

Antonovsky, A. (1997): Salutogenese. Zur Entmystifizierung der Gesundheit. (dt. Ausg. von Franke, A.). Tübingen: dgvt.

Ball, J. & Peters, S. (2007): Stressbezogene Risiko- und Schutzfaktoren. In: Seiffge-Krenke, I. & Lohaus, A. (Hrsg.): Stress- und Stressbewältigung im Kindes- und Jugendalter. S. 126–143. Göttingen: Hogrefe.

Bandura, A. (1997): Self-efficacy. The exercise of control. New York: Freeman.

Becker, P. (1998): Die Salutogenesetheorie von Antonovsky: eine wirklich neue, empirisch abgesicherte, zukunftsweisende Perspektive? In: Margraf, J., Neumer, S. & Siegrist, J. (Hrsg): Gesundheits- oder Krankheitstheorie? Saluto- versus pathogenetische Ansätze im Gesundheitswesen. S. 13–25. Berlin: Springer.

Becker, P. (2006): Gesundheit durch Bedürfnisbefriedigung. Göttingen: Hogrefe.

Bengel, J., Strittmatter, R. & Willmann, H. (1998): Was erhält Menschen gesund? Antonovskys Modell der Salutogenese – Diskussionsstand und Stellenwert. Köln: BZgA.

Bengel, J. & Jerusalem, M. (Hrsg.) (2009): Handbuch der Gesundheitspsychologie und medizinischen Psychologie. Göttingen: Hogrefe.

Beutel, M. (1989): Was schützt Gesundheit? Zum Forschungsstand und der Bedeutung von personalen Ressourcen in der Bewältigung von Alltagsbelastungen und Lebensereignissen. Psychotherapie und medizinische Psychologie, 39, S. 452–462.

BZgA (Bundeszentrale für gesundheitliche Aufklärung) (Hrsg.) (2005): Gesundheitsförderung durch Lebenskompetenzprogramme in Deutschland. Grundlagen und kommentierte Übersicht. Köln: BZgA.

Dauenheimer, D., Stahlberg, D., Frey, D. & Petersen, L.-E. (2002): Die Theorie des Selbstwertschutzes und der Selbstwerterhöhung. In: Frey, D. & Irle, M. (Hrsg.): Theorien der Sozialpsychologie. Bd. III. (2. Aufl.). S. 159–190. Bern: Huber

Eschenbeck, H. (2009): Positive und negative Affektivität. In: Bengel, J. & Jerusalem, M. (Hrsg.): Handbuch der Gesundheitspsychologie und medizinischen Psychologie. S. 86–91. Göttingen: Hogrefe.
Filipp, S.-H. & Aymanns, P. (2010): Kritische Lebensereignisse und Lebenskrisen. Vom Umgang mit den Schattenseiten des Lebens. Stuttgart: Kohlhammer.
Grawe, K. (2004): Neuropsychotherapie. Göttingen: Hogrefe.
Hammelstein, P. (2006): Resilienz. In: Renneberg, P. & Hammelstein, P. (Hrsg.): Gesundheitspsychologie. S. 18–23. Heidelberg: Springer.
Hobfoll, S. E. (1989): Conservation of resources: A new attempt at conceptualizing stress. American Psychologist, 44, S. 513–524.
Hohmann, C. & Schwarzer, R. (2009): Selbstwirksamkeitserwartung. In: Bengel, J. & Jerusalem, M. (Hrsg.): Handbuch der Gesundheitspsychologie und medizinischen Psychologie. S. 61–67. Göttingen: Hogrefe.
Holtmann, M. & Schmidt, M. H. (2004): Resilienz im Kindes- und Jugendalter. Kindheit und Entwicklung, 13, S. 195–200.
Hoyer, J. & Herzberg, P. Y. (2009): Optimismus. In: Bengel, J. & Jerusalem, M. (Hrsg.): Handbuch der Gesundheitspsychologie und medizinischen Psychologie. S. 68–73. Göttingen: Hogrefe.
Jerusalem, M. (2009): Ressourcenförderung und Empowerment. In: Bengel & Jerusalem (Hrsg.): Handbuch der Gesundheitspsychologie und medizinischen Psychologie. S. 175–187. Göttingen: Hogrefe.
Keupp, H. (2003): Ressourcen als gesellschaftlich ungleich verteiltes Handlungspotential. In: Schemmel, H. & Schaller, J. (Hrsg.): Ressourcen. Ein Hand- und Lesebuch zur therapeutischen Arbeit. S. 555–573. Tübingen: dgvt.
Keupp, H., Ahbe, T., Gmür, W., Höfer, R., Mitzscherlich, B., Kraus, W. & Straus, F. (2006): Identitätskonstruktionen. Das Patchwork der Identitäten in der Spätmoderne. (3. Aufl.). Reinbek bei Hamburg: Rowohlt.
Klemenz, B. (2009): Ressourcenorientierte Psychologie. Ermutigende Beiträge einer menschenfreundlichen Wissenschaft. Tübingen: dgvt.
Kobasa, S. C. (1979): Stressful life events, personality and health: An inquiry in hardiness. Journal of Personality and Social Psychology, 34, S. 839–850.
Kobasa, S. C. (1982): The hardy personality: Towards a social psychology of stress and health. In: Sanders, J. S. & Suls, J. (Hrsg.): Social psychology of health and illness. S. 3–32. Hillsdale, NJ: Erlbaum.
Laucht, M., Esser, G. & Schmidt, M. H. (1999): Was wird aus Risikokindern? Ergebnisse der Mannheimer Längsschnittstudie im Überblick. In: Opp, G., Fingerle, M. & Freytag, A. (Hrsg.): Was Kinder stärkt. Erziehung zwischen Risiko und Resilienz. S. 71–93. München: Reinhardt.
Lazarus, R. S. & Folkman, S. (1984): Stress, appraisal, and coping. New York: Springer.
Levenson, H. (1981): Differentiating among internality, powerful others, and change. In: Lefcourt, H. M. (Hrsg.): Research within the locus of control construct. Bd. 1. S. 15–63. New York: Academic Press.
Lösel, F. & Bender, D. (1999): Von generellen Schutzfaktoren zu differenziellen protektiven Prozessen: Ergebnisse und Probleme der Resilienzforschung. In: Opp, G., Fingerle, M. & Freytag, A. (Hrsg.): Was Kinder stärkt. Erziehung zwischen Risiko und Resilienz. S. 37–58. München: Reinhardt.
Maddi, S. R. (1998): Hardiness in health and effectiveness. In: Friedman, H. S. (Hrsg.): Encyclopedia of mental health. Bd. 2. S. 323–337. San Diego, CA: Academic Press.
Mayer, A.-K. & Filipp, S-H. (2002): Selbstaufmerksamkeit. In: Schwarzer, R., Jerusalem, M. & Weber, H. (Hrsg.): Gesundheitspsychologie von A–Z. Ein Handwörterbuch. S. 503–506. Göttingen: Hogrefe.

OECD (2005). Definition und Auswahl von Schlüsselkompetenzen. Zusammenfassung http://www.oecd.org/dataoecd/36/56/35693281.pdf (10.06.2011).
Oelkers, J. (2010): „Ich sehe was". Den Blick auf Stärken richten – Ressourcenorientierung in der Jugendarbeit. Unveröffentl. Bachelorarbeit am Fachbereich Sozialwesen der Hochschule Niederrhein, Mönchengladbach.
Petersen, L.-E., Stahlberg, D. & Frey, D. (2006): Selbstwertgefühl. In: Bierhoff, H.-W. & Frey, D. (Hrsg.): Handbuch der Sozialpsychologie und Kommunikationspsychologie. S. 40–48. Göttingen: Hogrefe.
Pohl, J. (2006): Religiosität und Spiritualität. In: Renneberg, P. & Hammelstein, P. (Hrsg.): Gesundheitspsychologie. S. 80–87. Heidelberg: Springer.
Renneberg, P. & Hammelstein, P. (Hrsg.) (2006): Gesundheitspsychologie. Heidelberg: Springer.
Renner, B., Schupp, H. & Schmälzle, R. (2009) Risikowahrnehmung und Risikokommunikation. In: Bengel, J. & Jerusalem, M. (Hrsg.): Handbuch der Gesundheitspsychologie und medizinischen Psychologie. S. 113–121. Göttingen: Hogrefe.
Rotter, J. B. (1966): Generalized expectancies for internal versus external control of reinforcement. Psychological Monographs, 80, No. 609.
Rychen, D. & Salganik, S. (Hrsg.) (2003): Key competences for a successful life and a well functioning society. Cambridge, Mass.: Hogrefe & Huber.
Schaefer, H. (2002): Vom Nutzen des Salutogenese-Konzepts. Münster: Daedalus.
Scheier, M. F., Carver, C. S. & Bridges, M. W. (2001): Optimism, pessimism, and psychological well-being. In: Chang, E. C. (Hrsg.): Optimism and pessimism. Implications for theory, research, and practice. S. 189–216. Washington, D. C.: American Psychological Association.
Schemmel, H. & Schaller, J. (Hrsg.) (2003): Ressourcen. Ein Hand- und Lesebuch zur therapeutischen Arbeit. Tübingen: dgvt.
Schiepek, G. & Cremers, S. (2003): Ressourcenorientierung und Ressourcendiagnostik in der Psychotherapie. In: Schemmel & Schaller (Hrsg.): Ressourcen. Ein Hand- und Lesebuch zur therapeutischen Arbeit. S. 147–193. Tübingen: dgvt.
Schubert, F.-C. (2009a): Lebensführung in der Postmoderne: Belastungen, Risiken, Bewältigungsformen. In: Schubert & Busch (Hrsg.): Lebensorientierung und Beratung. Schriften des Fachbereiches Sozialwesen, Bd. 39. (2. Aufl.). S. 19–49. Mönchengladbach: Hochschule Niederrhein.
Schubert, F.-C. (2009b): Lebensführung als Balance zwischen Belastung und Bewältigung – Beiträge aus der Gesundheitsforschung zu einer psychosozialen Beratung. In: Schubert & Busch (Hrsg.): Lebensorientierung und Beratung. Schriften des Fachbereiches Sozialwesen, Bd. 39. (2. Aufl.). S. 137–213. Mönchengladbach: Hochschule Niederrhein.
Schubert, F.-C. (2012): Sozialökologische Beratung. In: Nestmann, F., Engel, F. & Sickendick, U. (Hrsg.): Das Handbuch der Beratung, Bd. 3. Tübingen: dgvt.
Schubert, F.-C. & Busch, H. (Hrsg.) (2009): Lebensorientierung und Beratung. Schriften des Fachbereiches Sozialwesen, Bd. 39. (2. Aufl.). Mönchengladbach: Hochschule Niederrhein.
Schwarzer, R. (Hrsg.) (2005): Gesundheitspsychologie. Enzyklopädie der Psychologie, Gesundheitspsychologie, Bd. 1. Göttingen: Hogrefe.
Seligman, M. E. P. (2005): Der Glücksfaktor. Warum Optimisten länger leben. Bergisch Gladbach: Lübbe.
Singer, S. & Brähler, E. (2007): Die "Sense of Coherence Scale". Taschenbuch zur deutschen Version. Göttingen: Vandenhoek & Ruprecht.
Spiegel, H. von (2004): Methodisches Handeln in der Sozialen Arbeit. Grundlagen und Arbeitshilfen für die Praxis. München: Reinhardt.
Staudinger, U. M. & Greve, W. (2001): Resilienz im Alter. In: Deutsches Zentrum für Altersfragen (Hrsg.): Expertisen zum dritten Altenbericht der Bundesregierung. Bd. 1: Personale, gesundheitliche und Umweltressourcen im Alter. S. 95–145. Opladen: Leske + Budrich.

Wallston, B. S. & Wallston, K. A. (1978): Locus of control and health: A review of the literature. Health Education Monographs, 6, S. 107–117.
Weber, H. (2005): Persönlichkeit und Gesundheit. In: Schwarzer (Hrsg.): Gesundheitspsychologie. Enzyklopädie der Psychologie, Gesundheitspsychologie, Bd. 1. S. 129–147. Göttingen: Hogrefe.
Weber, H. & Salewski, C. (2009): Erwartungen und Überzeugungen. In: Bengel & Jerusalem (Hrsg.): Handbuch der Gesundheitspsychologie und medizinischen Psychologie. S. 74–79. Göttingen: Hogrefe.
Weiner, B. (1984): Motivationspsychologie. Weinheim: Beltz.
Weinstein, N. D. (1980): Unrealistic optimism about future life events. Journal of Personality and Social Psychology, 39(5), S. 806–820.
Werner, E. E. & Smith, R. S. (2001): Journeys from childhood to midlife: Risk, resilience, and recovery. Ithaca: Cornell University Press.
Willutzki, U. (2008): Klinische Ressourcendiagnostik. In: Röhrle, B., Caspar, F. & Schlottke, P. F. (Hrsg.): Lehrbuch der klinisch-psychologischen Diagnostik. S. 251–272. Stuttgart: Kohlhammer.
Wustmann, C. (2004): Resilienz. Widerstandsfähigkeit von Kindern in Tageseinrichtungen fördern. Weinheim: Beltz.

Netzwerkarbeit: Förderung sozialer Ressourcen

Florian Straus

Einleitung: Boom der Netzwerke, aber kein Boom der Netzwerkarbeit

Der Mensch als soziales Wesen (Keupp 1995) verbringt einen Großteil seines Lebens mit anderen Menschen. Er kann ohne andere, deren Aufmerksamkeit, Zuwendung und Beteiligung nicht leben. Diese scheinbar triviale Erkenntnis hat weitreichende Folgen. Die *Signifikanten Anderen* (Mead 1980) bzw. die sozialen Geflechte (Netzwerke) von Menschen, in denen man aufwächst und sein Leben lang agiert, prägen in vielfacher Hinsicht das alltägliche Handeln und die Identität eines Menschen. Dieser relationalen Prägung des Menschseins widmet die Netzwerkforschung theoretisch und methodisch ihre Aufmerksamkeit. Paradoxerweise war es nicht primär die Netzwerkforschung, die sich mit der besonderen Rolle der Netzwerke und der Netzwerkarbeit für die Ressourcennutzung beschäftigt hat, sondern Forscher und Praktiker, die aus angrenzenden Wissens- und Handlungsgebieten kommen den Wert von Netzwerken als Ressource erforscht und konzeptionell beschrieben haben. Eine weitere Paradoxie der Netzwerkgeschichte besteht darin, dass der aktuelle Boom des Netzwerkthemas nicht zugleich auch ein Boom der Netzwerkarbeit ist. Dies führt zu zwei Thesen, die sich nur scheinbar widersprechen: Einerseits gibt es keine Form von Ressourcenförderung, die nicht implizit oder explizit auch Bezug auf Netzwerke nimmt. Andererseits wird gezielte Netzwerkarbeit in vielen Feldern psychosozialer Arbeit immer noch zu selten durchgeführt. Auf dieses Spannungsfeld und die Möglichkeiten, Netzwerkarbeit auszubauen und konzeptionell stärker zu profilieren, wird am Ende dieses Artikels[29] noch näher eingegangen. Zunächst sollen die Funktionen des Netzwerks für menschliche Ressourcen konzeptionell analysiert werden und anschließend die Vielfalt der Dimensionen und Formen der Netzwerkarbeit gezeigt werden.

---

29 Dieser Artikel greift frühere Überlegungen zur Netzwerkarbeit auf und erweitert sie (s. a. Straus 1990; Straus & Höfer 1998; Straus 2002).

1 Funktionen, Theorien und Ressourcen von Netzwerken

Der Grundgedanke der Netzwerkperspektive ist schlicht: Menschen werden mit Knoten gleichgesetzt, die durch Linien oder Bänder mit anderen Menschen, die ihrerseits Knoten darstellen, in Verbindung stehen. Das soziale Beziehungsgeflecht bildet ein Netz, bzw. – weil es von Menschen selbst geschaffen wird – ein Netzwerk. Die *Netzwerkperspektive* bemüht sich um einen ganzheitlichen, systemischen Blick auf dieses Beziehungsgeflecht. Über Netzwerkanalysen werden soziale Beziehungen untersucht, dabei wird zwischen strukturellen und funktionalen Aspekten eines Netzwerks unterschieden. *Strukturelle Aspekte* betonen beispielsweise die Größe (Anzahl der Personen), die Häufigkeit des Kontakts, die Dichte (das Maß gegenseitiger Kenntnis der Personen), die Multiplexität (wie viele Rollen jemand in einem Netzwerk einnimmt) und andere Maßeinheiten. *Funktionale Aspekte* zielen darauf ab, die unterschiedlichen Funktionen und Leistungen der Netzwerke zu verstehen. Eine der bekanntesten und zugleich differenziertesten Klassifikationen stammt von Diewald (1991). Er unterscheidet 3 Ebenen und 16 unterschiedliche Funktionen von Netzwerken: 1. Die Ebene der konkreten Interaktion umfasst u. a. materielle Unterstützung, Arbeitshilfen, Beratung sowie Geselligkeit und Alltagsinteraktion. 2. Die Ebene der Vermittlung von Kognition beinhaltet u. a. Vermittlung von Anerkennung, von Orientierung wie auch die Vermittlung eines Zugehörigkeitsbewusstseins. 3. Auf der Ebene der Vermittlung von Emotion geht es um die Vermittlung von Geborgenheit, von Liebe und Zuneigung wie auch um motivationale Unterstützung.

Diese Bandbreite an Leistungen mag eine Erklärung dafür sein, warum es keine einheitliche Theorie über die Rolle von Netzwerken bei der Förderung von Ressourcen gibt. Am besten erforscht erscheint die Funktion sozialer Netzwerke bei der Bewältigung von Stress bzw. bei Prozessen sozialer Unterstützung. Nach der *Pufferthese* wirken soziale Beziehungen als Puffer im Bewältigungsfall. Sie werden in Belastungssituationen Teil des individuellen Bewältigungsverhaltens, bzw. helfen, es zu aktivieren. Die Wirkung von sozialer Unterstützung ist auch für die Funktionstüchtigkeit des Immunsystems oder die Entstehung von bestimmten Stimmungszuständen, wie beispielsweise Depressivität, nachgewiesen (Röhrle 1994, 71 f.). Demgegenüber stand lange Zeit die *Direktthese*. Nach dieser fördern die Einbettung in soziale Netzwerke und die darin enthaltenen Unterstützungspotenziale – z. B. durch Familie, Freundeskreis, Nachbarschaft, Arbeitskolleginnen und -kollegen (siehe Grunow et al. 1983) – direkt das Wohlbefinden von Menschen. Inzwischen überwiegt die Einschätzung, dass beide Thesen sich nicht widersprechen, sondern parallel gelten. Eine genauere Analyse erweist, dass sich hinter dem Begriff der sozialen Unterstützung ein heterogen definiertes Metakonstrukt verbirgt, dessen Einfluss sehr unterschiedlich sein kann (Leppin & Schwarzer 1990; Röhrle 1994). Tatsächlich ist der Zusammenhang zwischen sozialen Ressourcen und Unterstützungshandeln noch komplexer – und dies aus mindestens drei Gründen:

1. Netzwerke sind nicht nur einfach gut und unterstützend, sondern können oft auch negative Wirkungen haben (z. B. Stress verschärfen, Liebe entziehen, Konflikte auslösen). Auch weiß man, dass soziales Unterstützungshandeln ein ambivalenter Prozess ist, der hilfreiche und problemverschärfende Leistungen von Beziehungspersonen in enger Kombination enthalten kann. Es sind oftmals die gleichen Personen und ähnliche Handlungen, die „emotionales Überleben der Betroffenen sichern" und zugleich die Probleme aufrechterhalten, z. b. können Angehörige von Alkoholabhängigen zu Co-Abhängigen werden.
2. Zudem werden soziale Netzwerke „erst über individuelle psychologische Prozesse [...] bedeutungsvoll" (Röhrle 1994, 35). Vor allem emotionale Unterstützungsleistungen erhalten ihre Wirkungen erst als „perceived support", d. h. über eine entsprechende Einschätzung des Empfängers oder der Empfängerin.
3. Studien zum Kohärenzgefühl zeigen, dass es Metakonstrukte gibt, die die Nutzung von Ressourcen entscheidend steuern: Wer über ein höheres Kohärenzgefühl verfügt, ist überhaupt erst in der Lage, die eigenen, insbesondere auch sozialen Ressourcen richtig nutzen zu können. Das bloße Vorhandensein und selbst die Wahrnehmung, dass man über diese Ressourcen verfügt, reichen nicht aus, man muss diese auch aktiv nutzen können (→ Schubert & Knecht).

Vergleichsweise wenig Aufmerksamkeit wird dem Stellenwert gewidmet, den soziale Netzwerke für die menschliche Identitätsentwicklung haben (→ Keupp; Straus & Höfer 2010). Die entscheidende Funktion der *Sozialen Anderen* bei Anerkennungsprozessen ist nur teilweise erforscht und dargestellt. Erst jüngst wurde der Versuch unternommen, Soziale Arbeit als Ort der Herstellung von Anerkennung zu skizzieren: „Wenn Soziale Arbeit als Anerkennungsarbeit gedacht wird, kommt ihr die Aufgabe zu, soziale Orte ‚zu institutionalisieren' innerhalb derer anerkennende Beziehungen aufgebaut werden können" (Schoneville & Thole 2009, 140). Dies hat – sofern ernst genommen – eine weitreichende Bedeutung für alle Versuche der Sozialen Arbeit, Ressourcen für und mit Betroffenen zu mobilisieren.

Ein weiterer, vor allem von Bourdieu (1983) indirekt inspirierter Versuch der Theoretisierung der Netzwerke für menschliches Handeln ist ihre Fassung als konstitutiver Teil des sozialen Kapitals. Bourdieu verknüpft die Gesamtheit der aktuellen und potenziellen Ressourcen, die mit der Teilhabe am Netz sozialer Beziehungen, gegenseitigen Kennens und Anerkennens verbunden sein können, mit der Marx'schen Kapitalkategorie. Ganz im Sinne des Netzwerkgedankens geht es ihm dabei nicht um die Zahl oder Qualität der einzelnen Personen, sondern um die Beziehungen zwischen ihnen, d. h. um das relationale Konstrukt Netzwerk. Er nutzt den Begriff des sozialen Kapitals ebenso wie die von ihm parallel konstruierten anderen Kapitalsorten – ökonomisches, kulturelles und symbolische Kapital – zum einen dazu, um soziale Unterschiede zu markieren und unterschiedliche Zugänge von Menschen zu Kapitalien und Positionen innerhalb einer Gesellschaft deutlich machen zu können. Zum anderen wird, in Absetzung zum Ressourcenbegriff, damit auch versucht, den Mehrwert (die Akkumulation) der Ressourcen zu erklären (→ Gross & Jungbauer-Gans; → Schubert & Knecht). Stärker noch als über Bourdieus Ansatz gelingt es in Studien von Putnam (1995), Coleman (1988) und Lin (1999; Lin et al. 1981), die Nähe der Theorien sozialen Kapitals zur Netzwerkforschung herzustellen.

Der *capability approach* von Amartya Sen (→ Knecht, „Ressourcentheoretische Erweiterungen ...") liefert eine weitere Perspektivenerweiterung, die den Blick nicht nur auf das „erworbene" Kapital lenkt, sondern auch auf das Potenzial, das den Subjekten dadurch eröffnet wird:

> Identity capital, human capital and social capital comprise capability-based assets, which exist and which can be mobilised to yield returns. [...] Capital is inert until it is put to use. The extent of the mobilization varies according to a wide range of factors. Capabilities are 'combinations of doings and beings' that a person might achieve, but has not yet. Education, and learning of different forms, is a significant mediating factor in these processes of mobilization, of converting capability into functioning. The merit of capability is that it makes us go back a pace, to take into account potential as well as actuality. (Schuller et al. 2004a, 21)

Erweitert man diese Perspektive noch um ein entwicklungsorientiertes Sozialisationsmodell, wie Grundmann (2006) es vorschlägt, erhält man ein Gesamtmodell, das differenzierte Ressourcentransfers von der gesellschaftlichen wie auch von der Seite der subjektiven Handlungsbefähigung erklären kann.

2 Dimensionen der Netzwerkarbeit

Mit dem Begriff Netzwerkarbeit werden sämtliche Formen der Arbeit an und in Netzwerken beschrieben. Der Begriff betont den prozessualen und aktiven Anteil netzwerkorientierten Handelns. Man kann zwischen fünf Formen der Netzwerkarbeit unterscheiden.

- *Persönliche Netzwerkarbeit.* Im Mittelpunkt steht eine Person. Es geht es um die bewusste, strategisch geplante Netzwerkarbeit dieser Person in ihrem eigenen (informellen) Netzwerk.
- *Klientenorientierte Netzwerkarbeit.* Im Mittelpunkt steht eine Helfer-Klient-Beziehung. Netzwerkarbeit umfasst hier verschiedene Interventionsformen im Klienten-Netzwerk.
- *„Organisationsorientierte" Netzwerkarbeit.* Im Mittelpunkt steht eine Organisation. Es geht entweder um das informelle Netzwerk in dieser Organisation oder um eine Mischform von Organisation und Netzwerk als Teil einer „modernen Organisationskultur".
- *Netzwerkarbeit als Vernetzung psychosozialer Dienste und Initiativen bzw. auch sozialraumorientierte Vernetzung.* Im Mittelpunkt stehen Personen und Organi-

sationen, die zu einem bestimmten Zweck (oft innerhalb eines definierten Sozialraums) „vernetzt" werden.
- *Aufbau und Pflege von Netzwerken.* Im Mittelpunkt steht ein existierendes oder ein geplantes „formelles" Netzwerk. Netzwerkarbeit umfasst hier den Aufbau bzw. alle notwendigen Arbeiten zur Aufrechterhaltung dieses Netzwerks.

Bei der folgenden Charakterisierung der Formen der Netzwerkarbeit – mit Ausnahme der persönlichen Netzwerkarbeit – und der von ihnen fokussierten Ressourcen spielt die Unterscheidung von informellen und formellen Netzwerken eine wichtige Rolle. Informelle Netzwerke enthalten die quasi natürlichen, alle Menschen umgebenden Sozialkontakte, während es sich bei den darüber hinausgehend bewusst geschaffenen Netzwerken, in denen auch Organisationen eine Rolle spielen, um formelle Netzwerke handelt. Die Verwendung des Begriffs „organisationsorientierte Netzwerkarbeit" signalisiert allerdings ein Problem. Heute wird der Netzwerkbegriff – weil modern und in vielen Förderprogrammen gefordert – auf alles übertragen, was Menschen mit anderen Menschen verbindet. So klar es ist, dass es neben der auf Personen orientierten Netzwerkarbeit auch eine gibt, die sich mit Sozialgebilden von mehreren Personen beschäftigt, so wenig wäre es richtig, dies einfach auch auf Organisationen zu übertragen. In der Netzwerkliteratur wird gezielt zwischen Markt, Netzwerk und Organisation unterschieden. Während in einem Markt die Koordination über Tauschbeziehungen vonstatten geht und Preise die Tauschbeziehungen regeln, erfolgt die Koordination in Netzwerken über interdependente Beziehungen, Aushandlungen und Vertrauen. Organisationen unterscheiden sich von Markt und Netzwerk durch formal geregelte Beziehungen von Mitgliedern und entwickelte, formalisierte Routinen. Die Unterschiede zwischen diesen drei Formen werden besonders im Konfliktfall deutlich (Weyer 2000, 7 f.). Konflikte werden idealtypisch im Markt durch Recht, in Organisationen durch Hierarchie und in Netzwerken durch Aushandlungsprozesse geklärt. Versucht man, die Unterscheidung zwischen Netzwerk und Organisation nochmals genauer zu fassen, sind es vor allem fünf Merkmale, die den Unterschied erklären.[30]

Tab. 1: Unterschiede zwischen Netzwerk und Organisation

Netzwerk		Organisation
offene Grenzen	vs.	geschlossene Grenzen
personell/räumlich definierter Zugang	vs.	institutionell definierter Zugang
dezentrierte Entscheidungsstruktur	vs.	zentrierte Entscheidungsstruktur
horizontale Steuerung/Selbststeuerung	vs.	vertikale Steuerung
Kommunikationscode (Aushandlung/Aktion/Beteiligung)	vs.	Aufgaben- und Funktionserfüllung

---

30 Wenn in Kap. 5 eine „organisationsorientierte" Netzwerkarbeit beschrieben wird, dann geht es im strengen Sinn nicht um wirkliche Netzwerke, sondern um Mischformen oder auch um die informellen Netzwerkstrukturen in einer Organisation.

3 Formen klientenorientierter Netzwerkarbeit

Der einleitend erwähnte ressourcenorientierte Focus, der viele Einrichtungen, Konzepte und Handlungspraxen heute prägt, gibt der sozialen Netzwerkarbeit einen zentralen Stellenwert. Im Spektrum psychologischer und sozialarbeiterischer Methoden ist sie dabei weniger methodische Konkurrenz als vielmehr eine zu vielen klientenorientierten Ansätzen querliegende Grundhaltung. So nimmt die Netzwerkarbeit vielfältige Formen und Konzepte auf, die aus ganz unterschiedlichen Traditionen sozialpädagogischer, therapeutischer und auch sozialpsychologischer Provenienz stammen. Ziel ist es, diese möglichst weitgehend zu integrieren, z. B. Elemente der Gemeinwesenarbeit mit Ideen und Methoden von Morenos Psychodrama oder Grundsätze der Gemeindepsychologie mit Elementen der systemischen Familientherapie. Darüber hinaus versteht sich klientenorientierte Netzwerkarbeit als Teil von Empowerment-Prozessen. Sie wird von dem Grundsatz geleitet, dass hier nicht jemand anstelle des Klienten handelt und Netzwerkressourcen stärkt, sondern sie hat nur dann eine Chance zu funktionieren, wenn es die betreffende Person selbst tut. Netzwerkarbeit ist damit Empowerment, d. h. sie unterstützt Menschen dabei, ihr Leben nach eigenen Zielen zu gestalten. Dabei begreift sie diese nicht als isolierte Einzelwesen, sondern geht zwangsläufig auch über Einzelfallarbeit hinaus und wird für „ihr Klientel" sozial und auch sozialpolitisch aktiv. Netzwerkarbeit ist deshalb Teil einer Gemeinwesen- und Sozialraumorientierung, weil sie am unmittelbaren Lebensumfeld der Klientinnen und Klienten ansetzt und sich damit in aller Regel auf ein konkretes Gemeinwesen bezieht und weil das konkrete soziale Engagement vor Ort nicht selten zur Folge hat, dass man gemeinsam mit Betroffenen direkt oder indirekt an der Veränderung von (Infra-)Strukturen arbeitet. Die Palette geht hier vom Aufbau von Nachbarschaftsstrukturen, Initiierung von Selbsthilfestrukturen über die Stärkung bürgerschaftlichen Engagements, verbesserter zielgruppenbezogener Partizipationsmöglichkeiten bis hin zur Durchsetzung notwendiger Infrastruktureinrichtungen. In der professionellen Arbeit an und mit Klientennetzwerken kann man sieben Formen unterscheiden:

1. *Netzwerkarbeit als Netzwerkorientierung und Netzwerkanalyse.* Der von Tolsdorf (1976) geprägte Begriff der Netzwerkorientierung meint die grundsätzliche Bereitschaft des Individuums, auf soziale Ressourcen zurückzugreifen. Diese Bereitschaft ist unterschiedlich ausgeprägt: Manche Menschen gehen Lösungen eher allein an und andere suchen in und mit ihrem sozialen Netzwerk nach Lösungen. Für die Förderung der Netzwerkorientierung bedeutet dies, dass man zuerst erkennen und verstehen muss, welche Unterstützungspotenziale im eigenen Netzwerk liegen. Viele der bisher üblichen Verfahren, wie etwa das Genogramm und/oder die Familienkarten der systemischen Familientherapie, reichen hier nicht aus. Netzwerkkarten bieten ein reichhaltigeres Repertoire an Möglichkeiten, nicht nur die Kernfamilie, sondern das gesamte Netzwerk in

die Analyse einzubeziehen, und sie bieten in der Berater-Klient-Beziehung auch eine gute Möglichkeit, das soziale Hilfesuchverhalten in seinen Facetten besser zu verstehen. Erst dann geht es darum, die Person zu unterstützen, um die vorhandenen Ressourcen auch zu nutzen.

2. *Netzwerkarbeit als Stärkung vorhandener Netzwerke (network coaching/network intervention)*. Vorhandene Netzwerke enthalten oft Ressourcen, die nicht oder nur teilweise genutzt sind. Wichtige Aspekte von Netzwerkarbeit sind deshalb, vorhandene Netzwerke dort zu stärken, wo es sinnvoll und möglich ist, und die Stärken bzw. positiven Beziehungen deutlicher zu machen. Oft haben jene Personen eine bedeutende Funktion, die im ersten Moment weniger wichtig erscheinen (vgl. Lenz 2000). Weiterhin gehört zur praktischen Netzwerkarbeit, mit den Klienten an ihrem sozialen Verhalten, an Kompetenzen zur Aushandlung und an Formen des Hilfesuchverhaltens usw. zu arbeiten. Die Bedeutung sogenannter schwacher Beziehungen (*weak ties*) ist in der Netzwerkforschung gut erforscht worden (Granovetter 1973; Lin et al. 1981; Stegbauer 2010; → Gross & Jungbauer-Gans).

3. *Netzwerkarbeit als Schaffung neuer Netzwerke (network construction)*. Praxisbezogene Netzwerkarbeit versucht dort, wo vorhandene Netzwerke nicht ausreichen, bzw. wo sie Defizite haben, zusätzliche neue Netzwerke zu schaffen, und kann sich hierbei vielfältiger Formen bedienen (z. B. Strategien lokaler Vernetzung, gemeinwesenorientierte Strategien, Initiierung von Selbsthilfegruppen). Besonders die Suche nach neuen Gelegenheitsstrukturen vermittelt Menschen mit Lücken in ihren Netzwerken Chancen, neue, befriedigende und anerkennende Sozialkontakte zu finden. (Das Programm „Soziale Stadt" soll z. B. Netzwerk aus dem Quartier heraus bürgernah mobilisieren und fördern).

4. *Netzwerkarbeit als Auflösung fragwürdiger Netzwerkstrukturen.* Wie erwähnt können Netzwerkstrukturen auch negative Anteile haben. Statt Informationen zu geben, halten sie diese zurück oder intrigieren mit gezielten (Falsch-)Informationen, statt Liebe und Anerkennung zu geben, vermitteln sie Kälte und Geringschätzung und statt Freiräume und Optionen im Handeln zu ermöglichen, schränken sie diese durch Druck und moralische Kontrolle eher ein. Aufgabe der Netzwerkarbeit ist daher auch, den Klienten zu helfen, aus solchen Strukturen auszusteigen, sich von Netzwerkpersonen und -teilen zu verabschieden („Trennungsarbeit"). Dieser Teil bedeutet manchmal auch einen radikalen Umbau eines Netzes (z. B. bei Personen, die länger in einem Drogenmilieu agiert haben).

5. *Netzwerkarbeit als Vernetzungsanalyse und -synthese im professionellen Helfernetzwerk.* Aufgabe dieser Netzwerkarbeit kann sein, parallel laufende Hilfearbeiten, z. B. bei manchen Multiproblemfamilien, zu analysieren und zu koordinieren wie auch zu prüfen, welche Helferbeziehungen sinnvoll und unterstützend, welche überflüssig und womöglich auch kontraindiziert sind. Gemeinsam mit den Helfern und der Familie (z. B. über Helferkonferenzen) können dann die Maßnahmen sinnvoll neu arrangiert und organisiert werden.

6. *Netzwerkarbeit als soziale Identitätsarbeit.* Eine intensive und vertraute Beziehung, wie sie in vielen Helferkontakten gelingt, bedeutet eine wesentliche Reflexionshilfe für die Klienten und wird Teil der alltäglichen Identitätsarbeit. Die vielfältigen Effekte, die ein Beratungsprozess auslösen kann (Straus et al. 1987) beeinflussen unterschiedliche Ebenen der Identitätsarbeit. Die Berater werden zu einem *signifikanten Gegenüber* mit Zeit und besonderer Aufmerksamkeit für die zu Beratenden. Sie erfahren dabei viel Rückmeldung und Anerkennung. Die professionellen Helfer werden auch als Modell erfahren, wie man in Interaktionen anderen Mut machen und in ihren Fähigkeiten anerkennen kann. Dieser Teil der Netzwerkarbeit ist eine wesentliche Voraussetzung, um das oftmals geschwächte Selbstvertrauen und -bewusstsein der Klienten wieder zu stärken und um Ansatzpunkte für das Gefühl eines eigenen, nicht völlig fremdbestimmten Handelns zu erreichen. Grundsatz jeglicher Netzwerkarbeit ist, dass die Dimension der Anerkennung nicht nur in der Zweierbeziehung gesehen und verändert, sondern für das gesamte Netzwerk reflektiert und wenn möglich auch beeinflusst wird.
7. *Netzwerkarbeit als Ablösearbeit.* Im Ablöseprozess des Klientels vom jeweiligen Helfersystem nimmt die Netzwerkarbeit einen wichtigen Stellenwert ein, der noch zu wenig Aufmerksamkeit erhält. Zur professionellen Unterstützung in der Ablösephase gehört, die Rollen und Funktionen, die man als Helferin oder Helfer einnahm, wieder an das Klientel und an dessen Netzwerkstrukturen zurückzugeben und gemeinsam alternative Unterstützungsmöglichkeiten in deren Netzwerk zu finden (beispielhaft erläutert in Straus & Höfer 1998).

Röhrle, Sommer und Nestmann (1998) haben für den deutschsprachigen Raum bisher den besten Überblick zu praxisorientierten klientenbezogenen Netzwerkmethoden zusammengestellt. Sie kommen zu dem Schluss, dass im Unterschied zum angloamerikanischen Raum in Deutschland eine vergleichbare Praxis des *Networking* und des *Support Marshalling* fehlt. Während dort entsprechende Verfahren zum verbreiteten Handwerkszeug von Beraterinnen, Therapeuten, Sozialarbeitern und Gemeindepsychologen gehören, ist die praktische Seite der Netzwerkperspektive im deutschsprachigen Raum auch ein Jahrzehnt nach Erscheinen des Buches in großen Teilen nicht zur Alltagspraxis geworden. Eine Ausnahme bilden die Vernetzungen auf der Helferebene; hier gibt es zahlreiche Ansätze, die die Grundideen einer klientenorientierten Netzwerkarbeit aufgenommen haben. Jedoch gibt es durchaus eine Reihe vergleichbarer Konzepte und Vorgehensweisen, die allerdings nicht explizit als netzwerkorientiertes Verfahren etikettiert werden, wie z. B. Selbsthilfegruppen und die Selbsthilfeförderung.

4 Formen der „organisationsorientierten" Netzwerkarbeit

Lange Zeit hat der klassische organisationssoziologische Blick verhindert, dass die Potenziale von Netzwerken in und zwischen Unternehmen angemessen gewürdigt werden konnten. Mitte der 90er Jahre wurde das Netzwerkkonzept dann auch im Kontext der Organisationsentwicklung entdeckt und für Beratungsprozesse genutzt (Boskamp 1999; Balck 1996). Zunächst stand das *Potenzial innerorganisatorischer Netzwerke* im Fokus. Während bislang die Person im Wesentlichen nur nach Funktion und Position gesehen wurde, verkörpern Netzwerke in einer Organisation jene Grauzone zwischen formalen Strukturen und informellem Bereich. Man erkannte, dass es nicht darum geht, diese informellen Netze zu kontrollieren, sondern ihr Potenzial zu fördern und mittels unterschiedlicher Strategien als nützliches Instrument im organisatorischen Alltag zu nutzen. Gerade in Zeiten mitarbeiterorientierter Organisationsentwicklung und der Förderung eines „Lean Managements" wurden die weitverzweigten Strukturen der informellen Netzwerke als wichtiges Kapital der Organisation erkannt.

Neben den firmeninternen wurden dann auch *organisationsübergreifende Netzwerke* („strategische Allianzen") wichtig. Das *Networking* bildet neben der Projektorientierung den wesentlichen Eckpfeiler einer Entwicklung, deren Opfer die traditionellen „Palastorganisationen" sind. Bei Letzteren dominieren die linearen Strukturen und eine an bestimmte Positionen gekoppelte Spezialisierung. Die jeweiligen Aufgaben und Kompetenzen sind möglicherweise klar geregelt, geben aber wenig Spielraum und sind oft unflexibel. Die veränderten Kundenbedürfnisse wie auch die Globalisierung verlangen aber projektorientierte statt hierarchischer Strukturen und vermehrt Querschnittsregelungen statt einer straffen Linienorganisation: Unternehmensgrenzen öffnen sich und strategische Netzwerke entstehen. Im Mittelpunkt stehen nun Fragen von Kooperationsbeziehungen zwischen strategisch, asymmetrisch strukturierten Unternehmensnetzwerken. In diesem Bereich gibt es seit vielen Jahren einen Boom an Beispielen und Praxisumsetzungen (Becker et al. 2007; Sydow 2010).

5 Netzwerkarbeit als Aufbau und Pflege von Netzwerken

Netzwerke nehmen als konkrete Erscheinungsform im Alltag zu. Nicht nur, dass über eine Milliarde Menschen heute Teil des Meganetzwerks Internet geworden sind und dass sich immer mehr Menschen an sozialen Netzwerken beteiligen (Facebook hat über 600 Millionen Teilnehmer; Stand 2011). Es gibt zunehmend

Zusammenschlüsse, die sich gemäß einer Netzwerklogik formieren. Viele dieser Netzwerke finden auch außerhalb der virtuellen Welt statt. Beispiele finden sich im lokalen Raum (z. B. Salzburger Armutskonferenz, Berliner Netzwerk für politische und ökonomische Selbsthilfe, NRW-Netzwerk gegen Sozialkahlschlag usw.) oder im überregionalen Raum und zu ganz unterschiedlichen Themen und Anlässen (z. B. Attac, Bundesnetzwerk Bürgerschaftliches Engagement, überregionale „Widerstandsnetzwerke" gegen rechts, gegen Menschenhandel usw.). Der Grund für die Wahl einer Netzwerkform ist das besondere Erwartungs- bzw. Stärkenprofil, das diese Netzwerke im Erfolgsfall haben (Miller 2008):

- Kooperation statt Hierarchie
- Informationsvielfalt statt Informationseinfalt
- Interessenausgleich statt Interessenmonopole
- Akteurshandeln *vor* Organisationshandeln
- Kommunizieren, Informieren, Kooperieren, Entscheiden statt Probleme in formale Abläufe gießen
- Beschleunigung anstatt langwieriger Entscheidungswege
- Beteiligung statt hierarchische Vorgaben
- Ideenreichtum und Innovation anstatt Reproduktion des Herkömmlichen
- Innovation statt Stagnation
- lebendiges Arbeiten statt Routine

Netzwerkbildung ist heute zudem ein typischer Bestandteil vieler Förderprogramme (beispielsweise die Programme „Soziale Stadt", „Equal", „Vernetzungsstellen Schulverpflegung"). Die Umsetzung erfordert Erfahrung in *Aufbau und Pflege von Netzwerken*. Allzu leicht unterstellt man jedoch, dass Professionelle dies intuitiv und ohne weitere Qualifikationen betreiben können. Entsprechend oft gibt es Probleme und die Erwartungen an Netzwerke werden nicht oder nur teilweise erfüllt.

Zentrale Aufgabe der *Netzwerkkoordination* ist es, für dieses Zusammenwirken geeignete Rahmenbedingungen zu schaffen und die für Netzwerke so zentrale Vertrauensbasis zu bewahren bzw. zu fördern. Netzwerke leben davon, dass personelles Vertrauen aufgebaut und im Netzwerk weitertransportiert wird. Eine besondere Rolle spielt dabei der Vertrauensvorschuss, der zwischen jenen im Netzwerk existiert, die sich schon länger kennen und vertrauen. Dieser wird in funktionierenden Netzwerken nahezu ungeprüft auch an Dritte weitergegeben. Dieser Mechanismus des (weiter-)vermittelten Vertrauens (Luhmann 1973; Sydow & Windeler 2000) ist mit dafür verantwortlich, dass in Netzwerken nicht nur den Personen im Kern bzw. solchen, die schon ein enges Vertrauensverhältnis haben, sondern auch entfernteren Personen unbürokratisch und schnell Ressourcen zur Verfügung gestellt werden. Mit dem gestiegenen Stellenwert der Netzwerke hat auch die *Netzwerkmoderation* als Methode an Bedeutung gewonnen (vgl. Teller & Longmuß 2007; Schubert 2008). Zwei Moderationsverfahren für Gruppen gehen explizit auf die Netzwerkperspektive zurück: *Open space* (Owen 2008) und *World Café* (Brown & Isaacs 2007). Beiden Verfahren gelingt es in einer der Netzwerklogik entlehnten Form, menschliche Ressourcen über eine selbstorganisierte Form für Tagungs- und Fortbildungssituationen zu wecken und zu bündeln.

Netzwerkarbeit als Vernetzung psychosozialer Dienste und Initiativen – hierbei handelt es sich um ein Mittelding zwischen Gremienarbeit und Netzwerkaufbau. In den 70er Jahren bereits als Idee forciert geht es darum, das Nebeneinander professioneller Systeme zu verhindern und zum Nutzen des Klientels und oft auch der Organisationen Synthesepotenziale zu erkennen und gemeinschaftlich zu nutzen (Bergold & Filsinger 1993).

Ein ähnliches Zielspektrum vertritt die *sozialraumorientierte Vernetzungsarbeit*. Auch hier geht es um die Bündelung aller in einem konkreten Sozialraum wirkenden Kräfte. In den letzten 20 Jahren hat die Sozialraumorientierung stark an Bedeutung gewonnen und an zahlreichen Orten zu einer quartiersbezogenen Dezentralisierung ehemals zentral organisierter Dienste geführt. Die auf einen abgegrenzten Sozialraum bezogene Vernetzungsarbeit darf allerdings nicht vergessen, dass sich menschliche Bezüge heute weit über lokale Grenzen hinaus erstrecken und die Nachbarschafts- und Ortsorientierung der Menschen deutlich abgenommen hat (Wellman 2001; 1999). Vernetzungsorientierte Sozialraumorientierung kennt dieses Spannungsverhältnis und führt zum Beispiel keine vollständige Dezentralisierung aller sozialen Dienste durch (Straus 2005).

6 Fazit und Ausblick

Die Ergebnisse der Netzwerk- und Social-Support-Forschung wurden seit Mitte der 1980er Jahre immer stärker in der psychosozialen Praxis zur Kenntnis genommen. So hat man über die Förderung sozialer Netzwerke als Perspektive pädagogischer Handlungskompetenz (Nestmann 1989) ebenso nachgedacht wie über die praktischen Konsequenzen für Sozialarbeit und Sozialpädagogik (Lammers 1992). Netzwerkarbeit wurde als Begriff in Handbücher für die psychosoziale Arbeit aufgenommen (Straus 1990) und zur Verbesserung der Methodenkompetenz in der Sozialen Arbeit thematisiert (Bullinger & Nowak 1998). Schließlich wurden auch die interventorischen Qualitäten der Netzwerkarbeit umrissen (Röhrle et al. 1998). In dieser von mir als ersten Netzwerkboom bezeichneten Phase hat die Frage der praktischen Konsequenz einer Netzwerkperspektive durchaus ihre Spuren hinterlassen. In der hier als zweiten Netzwerkboom bezeichneten Phase nach 2000 kann dies jedoch nur mit Einschränkungen gesagt werden. Der heutige Boom ist vor allem durch die neuen Möglichkeiten der Datenverarbeitung und -nutzung geprägt. In dieser zweiten Phase sind Netzwerke ubiquitär geworden:

> Es gibt keinen Bereich in der Gesellschaft, in dem Netzwerke keine Rolle spielen. Sie reichen von Nachbarschaftsnetzwerken, Wirtschaftsförderungsnetzwerken über Wissenschafts- oder Gesundheitsnetzwerke, Frauennetzwerke, Antidiskriminierungsnetzwerke

bis hin zu solchen Netzwerken, die gemeinhin als problematisch gelten, wie Schleuser- und kriminelle Beschaffungsnetzwerke (Bommes & Tacke 2006, 37).

Der Begriff fungiert inzwischen als eine Art Catch-All-Konzept (ebd.).

Auf die konkrete Netzwerkarbeit hat sich dieser Boom jedoch nur zum Teil ausgewirkt. Während Fragen zum Aufbau von Netzwerken und das individuelle Networking (samt Ratgeberliteratur wie Scheler 2005; Lutz 2009) ebenfalls einen Boom erleben, scheint die organisationsorientierte Netzwerkarbeit und die Vernetzungsarbeit im Sozialraum den Gipfel bereits überschritten zu haben. Auch bei der klientenorientierten Netzwerkarbeit gab es in den letzten zehn Jahren kaum Neuerungen. Bis auf einige Entwicklungen bei den Helfernetzwerken scheint mir deshalb die praktische Umsetzung der Netzwerkperspektive in die konkrete psychosoziale Arbeit immer noch die Ausnahme zu sein.

Um beispielsweise die vorhandenen Ansätze der klientenzentrierten Netzwerkarbeit quantitativ wie qualitativ zu erweitern, braucht es veränderte Haltungen zum Stellenwert der sozialen Netzwerke: 1. Netzwerkstrukturen sind nicht einfach sichtbar, sondern bilden ein komplexes und fein gesponnenes Geflecht hinter sozialen Beziehungen und Objekten. Um dieses Geflecht und die damit verbundenen Deutungsmuster und Handlungspotenziale – also das Potenzial für Ressourcen – sichtbar zu machen, besser zu verstehen und zu gestalten, brauchen wir ein Spektrum an visualisierenden Netzwerkmethoden. 2. Nach jeder Intervention geht der Klient in sein Netzwerk zurück: wohin sonst? Wenn beraterisch-therapeutische Interventionen die Netzwerke der Klienten nicht in die Veränderung miteinbeziehen, drohen zum einen ein Drehtüreffekt, weil problematische Netzwerkstrukturen Klienten wieder in die alten Probleme „integrieren", zum anderen eine Verschwendung von Ressourcen, weil bislang nicht genutzte Unterstützungsressourcen sich nicht „einfach von selbst" aktivieren. Es gibt nur eine Alternative: mit den Klienten direkt an ihren Netzwerken zu arbeiten.

Literatur

Balck, H. (1996): Networking und Projektorientierung. Gestaltung des Wandels in Unternehmen und Märkten. Berlin u.a.: Springer.

Becker, T., Dammer, I., Howaldt, J. & Killich, S. (2007): Netzwerkmanagement. Mit Kooperation zum Unternehmenserfolg. Berlin u.a.: Springer.

Bergold, J.B. & Filsinger, D. (Hrsg.) (1993): Vernetzung psychosozialer Dienste. Weinheim, München: Juventa.

Bommes, M. & Tacke, V. (2006): Das Allgemeine und das Besondere des Netzwerkes. In: Hollstein, B. & Straus, F. (Hrsg.): Handbuch Qualitative Netzwerkanalyse. Konzepte, Methoden, Anwendungen. S. 37–62. Wiesbaden: VS.

Boskamp, P. (1999): Das Konzept des Sozialen Netzwerkes – Anwendungsmöglichkeiten im Kontext von Führen und Leiten in Organisationen. In: Boskamp, P. & Knapp R. (Hrsg.): Führung und Leitung in sozialen Organisationen. S. 161–198. Neuwied: Luchterhand.

Bourdieu, P. (1983): Ökonomisches Kapital, Kulturelles Kapital, Soziales Kapital. In: Kreckel, R. (Hrsg.): Soziale Ungleichheiten. S. 183–198. Göttingen: Schwartz.
Brown, J. & Isaacs, D. (2007): Das World Café. Kreative Zukunftsgestaltung in Organisationen und Gesellschaft. Heidelberg: Carl-Auer.
Bullinger H. & Nowak, J. (1998): Soziale Netzwerkarbeit. Freiburg: Lambertus.
Coleman, J. S. (1988): Social capital in creation of human capital. American Journal of Sociology, 94 (Suppl.), S. 95–120.
Diewald, M. (1991): Soziale Beziehungen: Verlust oder Liberalisierung? Soziale Unterstützung in informalen Netzwerken. Berlin: Sigma.
Granovetter, M. (1973): The strength of weak ties. American Journal of Sociology, 78, S. 1360–1380.
Grundmann, M. (2006): Sozialisation. Skizze einer allgemeinen Theorie. Konstanz: UTB.
Grundmann, M. (2008): Handlungsbefähigung – eine sozialisationstheoretische Perspektive. In: Otto, H.-U. & Ziegler, H. (Hrsg.): Capabilities – Handlungsbefähigung und Verwirklichungschancen in der Erziehungswissenschaft. S. 131–142. Wiesbaden: VS.
Grunow, D., Breitkopf, H. & Grunow-Lutter, V. (1983): Gesundheitsselbsthilfe im Alltag. Stuttgart: Enke.
Keupp, H. (1995): Der Mensch als soziales Wesen. Sozialpsychologisches Denken im 20. Jahrhundert. München, Zürich: Piper.
Lammers, K. (1992): Das Konzept des sozialen Netzwerkes. Überlegungen zur theoretischen und praktischen Relevanz des Netzwerkmodells in der Sozialarbeit und Sozialpädagogik. Neue Praxis, 22(2), S. 117–130.
Lenz, A. (2000): Förderung sozialer Ressourcen – eine gemeindepsychologische Perspektive. Gruppendynamik, 31(3), S. 277–302.
Leppin, A. & Schwarzer, R. (1990): Social support and physical health: An updated meta-analysis. In: Schmidt, L. R., Schwenkmezger, P., Weinman, J. & Maes, S. (Hrsg.): Theoretical and applied aspects of health psychology. S. 185–202. Chur: Harwood.
Lin, N., Ensel, W. & Vaughn, J. C. (1981): Social Resources and Strength of Ties: Structural Factors in Occupational Status Attainment. American Sociological Review, 46, S. 393–405.
Lin, N. (1999): Building a Network Theory of Social Capital. Connections, 22(1), S. 28–51.
Luhmann, N. (1973): Vertrauen. Ein Mechanismus der Reduktion sozialer Komplexität. Stuttgart: Enke.
Lutz, A. (2009): Praxisbuch Networking. Einfach gute Beziehungen aufbauen – Von Adressmanagement bis Xing.com. (2. Aufl.). Wien: Linde.
Mead, G. H. (1980): Sozialpsychologie als Gegenstück der physiologischen Psychologie. In: Mead, G. H. (Hrsg.): Gesammelte Aufsätze, Bd. I. S. 199–209. Frankfurt/M.: Suhrkamp.
Miller, T. (2005): Die Störungsanfälligkeit organisierter Netzwerke und die Frage nach Netzwerkmanagement und Netzwerksteuerung. In: Bauer, P. & Otto, U. (2005): Mit Netzwerken professionell zusammenarbeiten. S. 105–125. Tübingen: dgvt.
Miller, T. (2008): Wie funktionieren die neuen Netzwerke der Macht? Vortrag auf dem Workshop „Networking – what works". Online: http://www.netzwerk-gemeinsinn.net/content/view/365/45/ (30. 04. 2011).
Nestmann, F. (1989): Förderung sozialer Netzwerke – eine Perspektive pädagogischer Handlungskompetenz. Neue Praxis, 19(2), S. 107–123.
Owen, H. (2008): Open Space Technology. Ein Leitfaden für die Praxis. Stuttgart: Klett-Cotta.
Putnam, R. D. (1995): Bowling alone: America's declining social capital. Journal of Democracy, 6(1), S. 64–78.
Röhrle, B. (1994): Soziale Netzwerke und soziale Unterstützung. Weinheim: PVU.
Röhrle, B., Sommer, G. & Nestmann, F. (1998): Netzwerkinterventionen. Tübingen: dgvt.

Scheler, U. (2005): Erfolgsfaktor Networking. Mit Beziehungsintelligenz die richtigen Kontakte knüpfen, pflegen und nutzen. Frankfurt/M.: Piper.

Schoneville, H. & Thole, W. (2009): Anerkennung – ein unterschätzter Begriff in der Sozialen Arbeit? Soziale Passagen. Journal für Empirie und Theorie der Sozialen Arbeit, 1(2), S. 133–143.

Schubert, H. (2008): Netzwerkmanagement: Koordination von professionellen Vernetzungen. Grundlagen und Praxisbeispiele. Wiesbaden: VS.

Schuller, T., Bynner, J. & Feinstein, L. (2004): Capitals and Capabilities. Centre for Research on the Wider Benefits of Learning. O. A. d. O. Online: http://www.learningbenefits.net/publications/DiscussionPapers/CapsCaps%2004–01.pdf (07. 06. 2011).

Stegbauer, C. (2010): Weak and Strong Ties. Freundschaft aus netzwerktheoretischer Perspektive. In: Stegbauer, C. (Hrsg.): Netzwerkanalyse und Netzwerktheorie. S. 105–119. Wiesbaden: VS.

Straus, F. (1990): Netzwerkarbeit. Die Netzwerkperspektive in der Praxis. In: Textor, M. (Hrsg.): Hilfen für Familien. Ein Handbuch für psychosoziale Berufe. S. 496–520. Frankfurt/M.: Fischer.

Straus, F. (2001): Netzwerkanalysen. In: Keupp, H. & Weber, K. (Hrsg.): Psychologie. Ein Grundkurs. Reinbek bei Hamburg: Rowohlt.

Straus, F. (2002): Netzwerkanalysen. Gemeindepsychologische Perspektiven für Forschung und Praxis. Wiesbaden: DVU.

Straus, F. (2005): Soziale Netzwerke und Sozialraumorientierung – Gemeindepsychologische Anmerkungen zur Sozialraumdebatte. In: Projekt „Netzwerke im Stadtteil" (Hrsg.): Grenzen des Sozialraums. Wiesbaden: VS.

Straus, F. & Höfer, R. (1998): Die Netzwerkperspektive in der Praxis. In: Röhrle, B., Sommer, G. & Nestmann, F. (Hrsg.): Netzwerkinterventionen. S. 77–95. Tübingen: dgvt.

Straus, F. & Höfer R. (2010): Identitätsentwicklung und soziale Netzwerke. In: Stegbauer, C. (Hrsg.): Netzwerkanalyse und Netzwerktheorie. S. 201–211. Wiesbaden: VS.

Straus, F., Höfer, R. & Gmür, W. (1987): Die Bewältigung familiärer Probleme im sozialen Netzwerk – Überlegungen zur Praxisrelevanz der Netzwerkperspektive in der Familienarbeit. In: Keupp, H. & Röhrle, B. (Hrsg.): Soziale Netzwerke. S. 178–198. Frankfurt/M.: Campus.

Sydow, J. (Hrsg.) (2010): Management von Netzwerkorganisationen. (5. Aufl.). Wiesbaden: Gabler.

Sydow, J. & Windeler, A. (2000): Steuerung von Netzwerken. Wiesbaden: Westdeutscher Verlag.

Teller, M. & Longmuß, J. (2007): Netzwerkmoderation: Netzwerke zum Erfolg führen. Augsburg: Ziel.

Tolsdorf, C. C. (1976): Social networks, support and coping: An exploration study. Family Process, 15, S. 407–417.

Wellman, B. (Hrsg.) (1999): Networks in the global village. Colorado, Oxford: Westview.

Wellman, B. (2001): Physical Place and Cyber Place: The Rise of Personalised Networking. In: International Journal of Urban and Regional Research, 25, S. 1–29.

Weyer J. (Hrsg.) (2000): Soziale Netzwerke. München: Oldenbourg.

Förderung der Ressource Bildung in der Sozialen Arbeit

Janne Fengler, Jörg Fengler

1 Bildung und Soziale Arbeit

Welchen Stellenwert hat die Ressource Bildung für die Soziale Arbeit? Spricht man von Bildung nicht eher im Zusammenhang mit den sogenannten Bildungseinrichtungen und im sogenannten Bildungswesen: Krippen, Horte, Kindergärten, Schulen im Primar- und Sekundarbereich, Berufsschulen, Fachschulen, Berufsakademien, Fachhochschulen, Universitäten, Maßnahmen der betrieblichen, außerbetrieblichen sowie öffentlichen Weiterbildung? Vergegenwärtigen wir uns, dass Bildung Menschenrecht ist und der nicht vorhandene Zugang zu Bildung eine Menschenrechtsverletzung darstellt, dann ist der Bezug zu Unterstützung und Begleitung bei Lebensbewältigung und gesellschaftlicher Teilhabe als Anliegen der Sozialen Arbeit offenkundig. Auf Gefahren der Entstehung und Reproduktion sozialer Ungleichheit in Hinblick auf Bildungschancen wies Boudon bereits 1974 hin (vgl. Abb. 1).

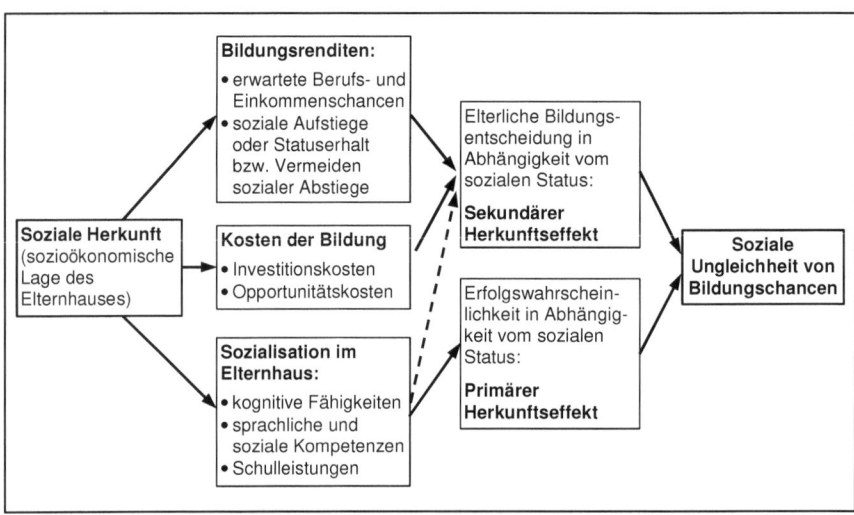

Abb. 1: Modell zur Entstehung und Reproduktion sozialer Ungleichheit der Bildungschancen nach Boudon (1974) in der Darstellung von Becker (2004, 168)

Die Frage nach dem Zusammenhang von sozialer Herkunft und Bildungsbeteiligung aus soziologischer, psychologischer und pädagogischer Perspektive wird im Fachdiskurs kontinuierlich behandelt (z. B. Choi 2009). Dabei kann Bildung zugleich als Problemfacette und als Ansatzpunkt zur Abhilfe von sozialen Ungleichheiten begriffen werden: „Die in unserer Gesellschaft gegebene Beteiligungsbenachteiligung durch soziale Schichtzugehörigkeit kann nur durch Bildung kompensiert werden" (Brouër & Wolf 2003, 173). Die Autoren folgern: Beteiligungsgerechtigkeit bedarf zwangsläufig der Bildungsgerechtigkeit. „Der Begriff der Bildungsgerechtigkeit hat sich in der pädagogischen Diskussion von der Gleichheit des Ressourcenangebots über die Chancengleichheit beim Zugriff auf verschiedene Bildungsangebote hin zu einem auf das Individuum und seine Fähigkeiten abgestimmten bestmöglichen Unterstützungsangebot verschoben" (ebd.). Globalisierung, Europäisierung, demografischer Wandel, Technologieentwicklung, Veränderungen in der Arbeitswelt und in der Lebenswelt wurden von der Vereinigung der Bayerischen Wirtschaft im Jahre 2003 als Herausforderungen für das deutsche Bildungswesen formuliert (vbw 2003, 16 f.). Der gerechte Zugang zu Bildung wird mitunter als „eine der wichtigsten sozialen Fragen des einundzwanzigsten Jahrhunderts" bezeichnet. „Denn wer keinen oder nur eingeschränkten Zugang zu Bildung hat, wird sich auch in nahezu allen anderen Lebensbereichen schwer tun" (Heimbach-Steins et al. 2007, 5).

2 Begriffsbestimmungen

Ressourcen lassen sich in intrapersonelle, interpersonelle und externe Ressourcen gliedern, auf diesen Ebenen ist ihnen eine objektive sowie eine subjektive Dimension zu eigen (vgl. u. a. Willutzki 2003). Intrapersonelle und interpersonelle Ressourcen lassen sich als personale Ressourcen zusammenfassen. Damit sind alle physischen, psychischen und interaktionellen Merkmale, alle Qualifikationen, Zugehörigkeiten und Vernetzungen, Mitgliedschaften und Lebenskontexte der Person aus Vergangenheit, Gegenwart und Zukunft gemeint, wie auch weitere Merkmale in ihr selbst bzw. in anderen Personen, die geeignet erscheinen, die Person bei der Bewältigung von Aufgaben zu unterstützen (vgl. Fengler 2003). Im Kontext Sozialer Arbeit sind Ressourcen oftmals zunächst potenzielle Ressourcen (→ Schubert & Knecht). Sie erweisen ihre Ressourcenqualität im erfolgreichen gemeinschaftsfähigen Handeln der Person im Lichte vergangener, bestehender oder drohender Risikokonstellationen.

Unter *Förderung* sind in sozialen Kontexten alle Maßnahmen der Primär-, Sekundär- und Tertiärprävention (Caplan 1964) zu verstehen, die dazu beitragen können, dass Menschen eine gemeinschaftsverträgliche Entwicklung in seelischer und körperlicher Gesundheit nehmen. Instrumente der Förderung sind alle in dieser Weise ausgerichteten psychosozialen Interventionen, die in der Gesellschaft zur Verfügung stehen oder auch spontan von einzelnen Menschen zur Verfügung gestellt werden. Förderung bedarf im Sinne einer Balance der Ergänzung durch Forderung.

Bildung bezeichnet den Prozess wie auch den jeweiligen Stand und die Perspektive der biopsychosozialen gemeinschaftsverträglichen Entwicklung einer Person. Bildung ist neben Erziehung, Förderung und der eigenständigen Aneignung von Lebenskompetenzen als Komponente von Sozialisation zu verstehen. Wie eingangs erläutert, muss Bildung im Kontext Sozialer Arbeit weiter gefasst werden als z. B. in der Schulpädagogik:

> Bildung in einem weiten Sinne verstanden, setzt voraus, dass Entfaltung möglich ist, dass etwas sich bilden, also wachsen, sich gestalten, verändern kann. Dafür gibt es förderliche und hinderliche Bedingungen: solche, die man beeinflussen kann und solche, mit denen man umgehen und rechnen muss, wenn man adäquat agieren will. (Girmes & Korte 2003, 9)

Soziale Arbeit hat in diesem Sinne sowohl den Auftrag zur Befähigung zur Partizipation als auch zur Vermeidung drohender bzw. zur Bewältigung eingetretener Exklusion.

3 Förderung personaler Ressourcen als Voraussetzung von Bildungspartizipation und als Bildungsziel

Bildungspartizipation gelingt, wenn geeignete Bildungsangebote vorhanden sind und Menschen über personale Ressourcen verfügen, die es ihnen möglich machen, diese Bildungsangebote wahrzunehmen. Die folgende Darstellung behandelt vorwiegend die Förderung der personalen Ressourcen, denn Soziale Arbeit setzt überwiegend hier an und entfaltet vorrangig in diesem Bereich ihre spezifischen Qualitäten. Zugleich ist in der Förderung personaler Ressourcen selbst ein eigenständiges Bildungsziel zu sehen.

3.1 Kompetenzerwerb

Ziele von *Befähigung zur Teilhabe* an Bildung und von *Bildung* selbst lassen sich in Form des Erwerbs von Kompetenzen formulieren, die es auf verschiedenen Gebieten des Lebens zu erwerben gilt. Der bereits erwähnten Publikation der vbw liegt die Stellungnahme von 73 Experten aus Wissenschaft, Wirtschaft, Schule und Hochschule zugrunde. Auf der Grundlage einer eigenen, nach eigener Darstellung differenzierten Bedingungsanalyse wurde von dem Gremium ein „Konzept für das deutsche Bildungswesen" entwickelt, das nach den gescheiterten Bildungsreformen der 50er und 70er Jahre ein für 2020 anschlussfähiges Vorgehen zu skizzieren anstrebt und unter „Revision von Bildungszielen und Bildungsinhalten" eine Reihe von Empfehlungen ausspricht:

> In allen Bildungsbereichen sind personale Schlüsselqualifikationen zu vermitteln bzw. zu unterstützen. Diese sind insbesondere: soziale Kompetenz, Verantwortungsbereitschaft, Nachhaltigkeitsbereitschaft, Durchsetzungsbereitschaft, Kompromissfähigkeit, Selbstverwirklichungsmotiv, Leistungsmotiv, Selbstwirksamkeitserwartung, Unabhängigkeitsstreben, Stressresistenz, Ungewissheitstoleranz, emotionale Stabilität, Optimismus, Unkonventionalität/Kreativität, Problemlöseorientierung, Risikobereitschaft und Selbstorganisationsfähigkeit. (vbw 2003, 27)

Empfehlungen dieser Art gelten für das Feld der Sozialen Arbeit in anderer Weise als für die pädagogische Einflussnahme in klassischen Bildungseinrichtungen. Die Soziale Arbeit hat Aufgaben im Bereich der Vorbereitung auf die Teilhabe an Bildungsprozessen und bei deren Begleitung, wie auch im Bereich der Entwicklung von Kompetenzen, die nicht in Hinblick auf aufbauende Bildungsprozesse konzipiert sind und deren Zweck in der Aneignung von Lebenskompetenzen liegt.

Als grundlegend für eine Kompetenzentwicklung im Bereich der o. g. personalen Schlüsselqualifikationen lassen sich unter biografischer Perspektive z. B. nennen:

- *Bindungskompetenz* als Fähigkeit, in allen Lebensaltern Bindungen einzugehen, aufrechtzuerhalten und zu gestalten. Als Resultat dieser Entwicklung können vier Bindungsstile unterschieden werden: bei Kindern sicher, unsicher-vermeidend, unsicher-ambivalent, desorientiert/desorganisiert, bei Erwachsenen autonom-sicher, unsicher-distanzierend, unsicher-präokkupiert, unverarbeiteter Bindungsstatus (vgl. John Bowlby, Mary Ainsworth, Mary Main und aktuelle Forschungen zur Bindung über die Lebensspanne, z. B. Gloger-Tippelt 2001).
- *Selbstkompetenz* als die Fähigkeit, in allen Lebensaltern innerseelische Prozesse, Konflikte, Bedürfnisse, Dilemmata und Widersprüche im eigenen Leben erfolgreich zu regulieren, sodass sich ein vorhandener Leidensdruck vermindert und Lösungsperspektiven entstehen, die eine Bewältigung des Alltags ermöglichen.
- *Interaktionskompetenz* als die Fähigkeit, sich in der Interaktion mit anderen Personen so zu verhalten, dass eigene Wünsche und Bedürfnisse Raum finden und die Bedürfnisse von anderen Personen möglichst wenig dadurch beeinträchtigt werden (vgl. das Konzept des Gemeinschaftsgefühls von Adler 1929).
- *Lernkompetenz* als die Fähigkeit, sich Sachverhalte kognitiv, affektiv und interaktionell anzueignen und sie im weiteren Leben anzuwenden. Zur Lernkompetenz gehört auch die Kompetenz, Lerntätigkeiten zu praktizieren, die den Lernprozess unterstützen, und solche Techniken gezielt einzusetzen.
- *Schulkompetenz* als die Fähigkeit, sich schulischen Anforderungen zu stellen und ihnen im Rahmen der eigenen Fähigkeiten und deren Grenzen zu genügen. Dazu gehören Kompetenzen zur regelmäßigen Anwesenheit, zur adäquaten Interaktion im Klassenraum, zur Übernahme von Verantwortung, z. B. für Hausaufgaben und zur Teilnahme an Prüfungssituationen.

- *Sozialkompetenz* als die Fähigkeit, in größeren Sozialsystemen wie Kleingruppe, Gruppe, Schulklasse, Freundeskreis oder Gemeinde Verantwortung zu übernehmen und Tätigkeiten auszuüben, die der Allgemeinheit dienen.
- *Berufskompetenz* als die Fähigkeit, sich berufliche Kompetenzen anzueignen und sie in einer Form auszuüben, dass sie eine eigenständige Lebensführung materiell sicherstellen.
- *Gesellschaftskompetenz* als die Fähigkeit, sich der Komplexität der gesellschaftlichen Herausforderungen und Anforderungen zu stellen und das Leben in der Gesellschaft in gesellschaftsverträglicher Weise zu gestalten.

3.2 Situationsangemessene Wahl von Handlungsalternativen

In toto können die beschriebenen Kompetenzen als Voraussetzungen für eine sogenannte Performanz in eigenständiger oder weitgehend eigenständiger Lebensbewältigung und Lebensgestaltung gelten. In diesem Sinne sollte die Zielsetzung einer Förderung nicht nur im Kompetenzaufbau für eine Erweiterung von Handlungsalternativen, sondern auch in der Fähigkeit zur situationsgerechten Auswahl zwischen diesen Handlungsalternativen liegen. Im multiaxialen Copingmodell des Ressourcenforschers Stevan Hobfoll (1988) werden verschiedene Dimensionen von Bewältigungsverhalten unterschieden: der Grad an Eigenaktivität (aktiv – passiv), das Ausmaß der sozialen Bezogenheit (prosozial – antisozial) und der Grad an Explizitheit im Coping (direkt – indirekt). Sich angesichts herausfordernder Aufgaben situationsgerecht aktiv oder passiv, prosozial oder in moderater Form antisozial sowie direkt oder indirekt verhalten zu können, kann als zentrales Element der sogenannten Lebenskompetenz verstanden werden.

3.3 Grundbedürfnisse

Alle Förderung hat auf die vier zentralen psychischen Grundbedürfnisse des Menschen Bezug zu nehmen (vgl. Grawe 2004; Borg-Laufs & Dittrich 2010): Lustgewinn und Unlustvermeidung, Orientierung und Kontrolle, Selbstwertschutz und Selbstwerterhöhung, Bindung. Wenn dies in einer guten Balance zwischen den Bedürfnissen und in einer moderaten Ausprägung der Berücksichtigung einzelner Bedürfnisse geschieht, so ist zu erwarten, dass die Förderung ganzheitlich und menschenwürdig erfolgt (→ Klemenz).

3.4 Ressourcenverlust und Ressourcengewinn

Die Theorie der Ressourcenerhaltung (Hobfoll 1988) geht von der grundlegenden Annahme aus, dass Menschen danach streben, ihre bereits vorhandenen Ressourcen zu erhalten, Ressourcengewinne zu erzielen und Ressourcenverluste zu vermeiden. Ein spürbares Übergewicht von Ressourcenverlusten gegenüber -gewinnen wird vom Individuum als Stress erlebt. Dieser Effekt kann eintreten, wenn ein Verlust von Ressourcen bereits erfolgt ist, wenn ein Ressourcenverlust droht oder wenn eine Ressourceninvestition nicht zu den hiermit angestrebten Ressourcengewinnen geführt hat. In Hobfolls empirisch fundierter Theorie steht die Fähigkeit zur Ressourcenmaximierung im Zusammenhang mit dem aktuellen „Ressourcenpool" eines Individuums. Wer bereits über viele Ressourcen verfügt, dem wird es leichter fallen, seine Ressourcen und damit seine Handlungs- und Möglichkeitsspielräume zu mobilisieren und zu erweitern, als dem, dessen Ressourcenpool klein ist (→ Schubert & Knecht). Im Sinne dieser Kumulierungstendenz von Ressourcen sollten Maßnahmen der Sozialen Arbeit nicht auf statischen Soll-Ist-Analysen fußen, sondern die allen Ressourcen innewohnende Eigendynamik förderlicher, aber auch hemmender oder behindernder Art berücksichtigen. Auch die quantitative wie qualitative Unterschiedlichkeit von Entwicklungsschritten, die aus Interventionsimpulsen bei Menschen mit verschiedenen Ressourcen-Levels entstehen, stellt sich im Lichte dieses Ansatzes neu dar.

3.5 Ressourcen- und lösungsorientierte Verfahren

Es existiert eine Vielzahl von Interventionsmethoden mit ressourcen- bzw. lösungsorientierter Akzentuierung (z.B. Klemenz 2003; Bürgi & Eberhart 2006; Bamberger 2010). Der Empowerment-Ansatz, dessen Ziel in der (Wieder-)Herstellung von Lebenssouveränität liegt, hat die „Ressourcenaktivierung" zum zentralen Handlungsprinzip erhoben (z.B. Lenz & Stark 2002; Herriger 2006). Auch der Ansatz der lebensweltorientierten Sozialarbeit betrachtet die Ressourcen von Individuen, die in ihrer jeweiligen Lebenswelt verfügbar sind oder aktiviert werden können (vgl. Thiersch 2000; 2001). In Tabelle 1 sind exemplarisch konkrete Konzepte und Verfahrensweisen zur Ressourcen- und Lösungsaktivierung aus dem Kontext von Beratung und Therapie dargestellt.

Tab. 1: Konzepte und Verfahrensweisen zur Ressourcen- und Lösungsaktivierung

Ressourcenaktivierung	Lösungsaktivierung
Verstärkeranalyse	Probedenken
Ressourcenfragebögen	Probefühlen
Anleitung zur Imagination	Probehandeln
Umdeutung	Ausnahme von der Misserfolgsregel
Reframing	Erfahrung mit Erfolgen
Achtsamkeit	Modelllernen
Weisheit	Lebenserfahrung
Perspektivenwechsel	Wunderfrage
soziale Vernetzung	Arbeit mit der Lösungsskala

4 Ressourcenförderung über die Lebensspanne

Bildung als Ressource kann Adressaten der Sozialen Arbeit über die gesamte Lebensspanne zukommen. Wichtige Bedingung ist dabei eine Vernetzung von entsprechenden Bildungsangeboten in deren Lebenswelt (vgl. Trautmann 2004). Bildung wendet sich aber auch an komplexere Systeme, die sich für den Werdegang verhaltenssteuernd auswirken.

> Da Bildungsprozesse (in einem umfassenden Sinne) möglichst früh in der personalen Entwicklung einsetzen sollten, wird die Verantwortung dafür zumindest für jüngere Kinder subsidiär wahrgenommen werden müssen [...] Bildung und die Verantwortung für Bildung werden – anders als Erziehung – jedoch unter den gegebenen Bedingungen einer Gesellschaft, in der Wissen und Können zu den wichtigsten Ressourcen gehören, notwendigerweise als biografisch unabschließbare Prozesse verstanden und erfordern [...] entsprechende Bedingungen zur Ermöglichung lebenslangen Lernens. (Heimbach-Steins 2003, 35)

Förderung im Bereich der Bildung muss also weit über den Bereich des Wissens und Kompetenzerwerbs in schulischer und beruflicher Hinsicht hinaus konzipiert werden als umfassende Persönlichkeitsentwicklung, die ein Leben in der Gemeinschaft ermöglicht. Die Soziale Arbeit übernimmt im Rahmen von Fördermaßnahmen Aufgaben, die auf die Aneignung schulischer und beruflicher Kompetenzen vorbereiten, wie auch solche, die für sich genommen der aktuellen Lebensbewältigung dienlich sind.

4.1 Förderung der Elterngeneration

Exemplarisch soll verdeutlicht werden, wie die Ressource Bildung der Eltern schon vor der Geburt des Kindes greift und sich dabei positiv auf dessen künftige Entwicklung auswirkt. Beispiele dafür sind:

Konstruktive Vorbilder der eigenen Eltern in Bezug auf Kommunikation und Konfliktregulierung und einer verantwortungsvollen elterlichen Rollenübernahme.

Reife Partnerwahl, die eine langfristige und glückliche Beziehung ermöglicht. Bei gescheiterten Ehen ist häufig erkennbar, dass erneut ein Partner oder Partnerin mit ähnlich problematischen Eigenschaften und Verhaltensweisen (wie Alkoholismus, Co-Abhängigkeit etc.) gewählt wird. Spezielle Bildungsprogramme zur Ehevorbereitung können präventiv wirken.

Geprüfter gemeinsamer Kinderwunsch, den beide Eltern in ähnlicher Weise und in gegenseitig vermittelbaren Motiven entwickeln und ausdrücken. Das Gegenteil wäre gegeben, wenn einer der Partner sich sperrt und nur um des lieben Friedens willen dem dringenden Kinderwunsch des anderen schließlich nachgibt oder die Partner das Kind als Mittel der Selbstaufwertung oder zur Rettung einer bereits zerrütteten Partnerschaft einsetzen.

Geburtsvorbereitung kann für Paare auf verschiedene Weise erfolgen, z. B. als Beratung, Elternvorbereitungskurse, Schwangerschaftsgymnastik. Bildungsferne oder problembelastete Paare greifen diese Angebote seltener auf und sind in entsprechend weniger gut auf die Geburt und den Umgang mit dem Kind vorbereitet.

4.2 Protektive Faktoren und Resilienz in den ersten Lebensjahren

In den 80er Jahren wurden Lebensbedingungen empirisch untersucht und dargestellt, die das kleine Kind weitgehend vor den Unbilden des Lebens zu schützen vermögen. Diese Lebensbedingungen sind: vier oder weniger als vier Kinder in der Familie im Altersabstand von mehr als zwei Jahren, nachhaltige Zuwendung zu Säuglingen während der ersten Lebensmonate, eine positive Beziehung der leiblichen Eltern zum Kind während der frühen Kindheit, die Präsenz zusätzlicher Pflegepersonen neben der Mutter, Zuwendung durch ältere Geschwister und Großeltern, die Verfügbarkeit von Gleichaltrigen und Nachbarn zur emotionalen Unterstützung, klare Strukturen und Regeln in Haushalt und Familienleben (Tress 1986; Werner & Smith 1982). Diese Schutzfaktoren sind durch die Resilienzforschung weitgehend bestätigt worden (Laucht et al. 2000; Ravens-Sieberer & Bettge 2004; Lösel & Bender 2008).

4.3 Förderung in Kindergarten- und Schulalter

Die Möglichkeit zur Förderung beginnt im Elternhaus. Sie soll durch vorschulische Einrichtungen und die Schule ergänzt werden:

Indikationsgebundene Kindergarten- und Schulwahl. In der Regel werden Kinder dem örtlich nahegelegenen Kindergarten und der nahegelegenen Schule übergeben. Dies gilt aber nicht ohne weiteres, wenn eine wesentliche Behinderung vorliegt oder auch der Kindergarten nach eigenem Ermessen gegebenenfalls aufgrund mangelnder personeller Ausstattung der Aufnahme eines behinderten Kindes nicht zustimmt. In der Zusammensetzung der Kinder in Kindergärten kann der Multisprachlichkeit oft nicht mit besonderen Kompetenzen und didaktischen Entscheidungen Rechnung getragen werden. Auch die Grundschule ist nach wie vor durch enge personelle, finanzielle und räumliche Ausstattung nicht ausreichend darauf eingerichtet. Gegenüber einer indikationsgebundenen Zuordnung der Kinder im Vorschul- und Schulalter werden oft Bedenken der Art erhoben, dass eine Vorauslese und Aussonderung allzu früh erfolge, die später irreversible Weichenstellungen mit sich bringe. Zutreffend wird bemängelt, dass eine solche Indikation fehlerhaft erfolgen könne. Bedingung für eine hier empfohlene Indikation ist eine entsprechende Ausstattung, die eine differentielle Zuordnung aus den besonderen Fähigkeiten und Begrenzungen der Kinder nicht nur in Aussicht stellt, sondern auch ermöglicht und vor Ort entsprechende Fördermöglichkeiten bereitstellt.

Dialog mit der Schule. Die Förderung der Ressourcenbildung ist u. a. davon abhängig, wie eng die Eltern den Kontakt mit der vorschulischen und schulischen Einrichtung suchen, an Elternabenden teilnehmen, Empfehlungen des pädagogischen Personals aufgreifen, variieren, modifizieren, aber auch befolgen und sich an der Arbeit von Kindergarten und Schule selbst aktiv beteiligen. Die Zusammenarbeit zwischen Schule und Eltern gestaltet sich manchmal mühsam. Auch wird die geringe Beteiligung von Eltern an Elternabenden von Lehrerinnen und Lehrern manchmal beklagt. Dies mag mit mangelndem Interesse von Eltern, vorauseilenden Ängsten oder auch negativen Einzelerfahrungen zusammenhängen.

Leistungsförderung und Leistungsforderung. Es liegt im pädagogischen Ermessen der jeweiligen Einrichtungsleitung, eine Balance zwischen den beiden Impulsen von Leistungsförderung und Leistungsforderung sicherzustellen und unter Aspekten der Qualitätskontrolle auch regelmäßig zu überprüfen.

Überprüfung früherer Indikationen. Wenn indikationsgebundene Zuordnungen vorgenommen werden, so ist es unerlässlich, sie regelmäßig in Hinblick auf ihre noch bestehende Gültigkeit oder auf Modifikationsbedarf zu überprüfen. Hierzu gehört, dass Einrichtungen zur Verfügung stehen, die bei geänderter Indikation ein neues indikationsgebundenes Angebot unterbreiten können. Indikation wird zur Farce, wenn entweder kein angemessenes Angebot zur Verfügung steht oder an Stelle dessen ältere Indikationen routinemäßig bestätigt werden.

Gesundheitsförderung und Kriminalitätsprävention. Es ist wichtig, dass Kinder bereits im Kindergarten- und Schulalter lernen, wie die eigene Gesundheit gewahrt und gefördert werden kann, zum Beispiel durch Ernährung, Bewegung, Hygiene und sicheres Verhalten im Straßenverkehr. Dazu gehört auch Aufklärung über den Umgang mit anderen Personen, die für das Kind eine körperliche oder seelische Gefährdung darstellen können. Zu bedenken ist, dass die meisten dieser Personen entweder aus der eigenen Familie oder aus der näheren Nachbarschaft stammen, sodass die Geschichte vom bösen schwarzen Mann im Wald durch die Darstellung tatsächlicher Gefährdungskontexte ersetzt werden muss. Kriminalitätsprävention, die auf Frühprävention und Entwicklungsförderung bei der noch strafunmündigen Altersgruppe von Kindern bis zu 13 Jahren ausgerichtet ist und die somit anstrebt, die Kinder vor einer delinquenten „Täterkarriere" zu schützen, kann – wie auch beim „Opferschutz" – in der Zusammenarbeit von Schule, Jugendamt und Polizei erfolgen. Hierbei ist sowohl an den Bereich der primären Prävention, der klassischen Vorbeugung also, als auch an den Bereich der sekundären und tertiären Prävention zu denken. Als Zielgruppe für Maßnahmen der Sekundär- und Tertiärprävention gelten Kinder mit besonderer Problembelastung und Risikogefährdung, bei denen eine erhöhte Wahrscheinlichkeit zu einer devianten Entwicklung besteht.

4.4 Förderung im jungen Erwachsenenalter

Die Förderung der Ressource Bildung sollte während der ganzen Schulzeit bis zur Ausbildung lückenlos fortgesetzt werden, weil sie dann für die weitere Lebenskompetenz die stärkste Wirkung als Ressource zu entfalten vermag.

Aneignung von Erwachsenenrollen. Während dieser Zeit kommt es zu verschiedenen Notwendigkeiten des Rollenwandels. Die Entwicklungspsychologie unterscheidet zwischen Kleinkind, Kind, Jugendlichem und Erwachsenen, wobei innerhalb und zwischen diesen Lebensabschnitten vielfältige interindividuelle Variationen auftreten können. Als Entwicklungsaufgaben sind hier u. a. zu nennen: das Erwachen der Sexualität, die Gestaltung von Freundschaftsbeziehungen, die Fähigkeit, Liebe und schulischen Pflichten gleichzeitig Rechnung zu tragen usw. Der Umgang mit Unsicherheit und Sicherheit im Kontakt mit Erwachsenen, den Spannungsverhältnissen zwischen Unterlegenheit und dem Wunsch nach Überlegenheit in der Begegnung mit Lehrern, Vorgesetzten und Personen des anderen Geschlechts muss eingeübt werden. Alfred Adler (1929) hat darauf hingewiesen, dass Psychotherapien in diesem Alter oft weniger mit psychischen Störungen zu tun haben, sondern mehr mit dem Sichhineinfinden in Rollen, in denen Jugendliche bisher noch keine Erfahrungen haben und denen sie sich übend nähern müssen.

Gesundheitsförderung und Kriminalitätsprävention. Die Aufgabe, die die Soziale Arbeit im Bereich von Gesundheitsförderung und Kriminalitätsprävention zu leisten hat, muss über die Lebensspanne fortgesetzt und wahrgenommen werden. Problemkonstellationen, die aus ungeschütztem Geschlechtsverkehr und Drogenkonsum entstehen, sind exemplarisch für die Relevanz dieses Themenfeldes.

Perspektiven für Ausbildung und Beruf. Während der Schulzeit und nach Verlassen der Schule sind berufsvorbereitende Besuche in Arbeitsfeldern, Praktika, Berufsberatung und Informationsveranstaltungen wie auch Vorbereitung auf beruflich bezogenes Lernen in Berufsschule und Betrieb und ggf. berufsvorbereitende und integrative Maßnahmen eine wichtige Form des Erwerbs beruflicher Kompetenz. Es gilt, die auch als „Übergangshürden" oder „Schwellen" bezeichneten Stufen zwischen den Systemen des allgemeinbildenden Schulsystems, dem Ausbildungssystem und dem Beschäftigungssystem frühzeitig als Teil der eigenen Lebensperspektive in den Blick zu nehmen und sich ihnen proaktiv-gestaltend zu nähern (vgl. Jungmann 2004). Förderpläne, die bei Bedarf mit Fachkräften der Sozialen Arbeit entwickelt werden, dienen der Abwehr einer Entmündigung und der schrittweisen Befähigung zur eigenständigen Lebensgestaltung.

Entwicklung bejahter und akzeptierter Lebensformen. Das Leben soll gemäß den eigenen Wünschen und Vorlieben gestaltet werden. Zugleich ist ein gewisses Maß an Rücksichtnahme auf die Umgebung erforderlich, wenn man in Frieden leben will. Das gilt z. B. für den Umgang mit Geld in Relation zu den Einkünften, die Entwicklung von Geschmack und Stil, die Entscheidung über den Wunsch nach Alleinleben oder nach einem Zusammenleben mit einem Partner gegengeschlechtlicher oder gleichgeschlechtlicher Art, die Berufswahl und die Entwicklung von Tages-, Wochen- und Monatsrhythmen.

Akzeptanz von Kontinuität und Wandel. Es ist von Vorteil, wenn junge Erwachsene erkennen, dass ihr Leben einerseits gewisse Kontinuitäten, Sicherheiten und Berechenbarkeiten aufweist (vgl. Antonovsky 1997), und sie sich andererseits darauf einrichten, dass der Wandel gewissermaßen die einzige Kontinuität ist, mit der sie wirklich rechnen können. Dies macht es bei kritischen Lebensereignissen wie z. B. Entlassung, Umschulung, Neuorientierung, Bindung und Trennung, finanziellen Einbußen, notwendigem Umzug usw. leichter, mit der neuen Situation zurechtzukommen (vgl. Filipp 1990; Fengler 2006).

4.5 Förderung im weiteren Erwachsenenalter

Bildung als Ressource behält über die Lebensspanne gleichbleibende Relevanz. Das bedeutet auch, dass wir kontinuierlich die Institutionen im Auge behalten müssen, in denen Menschen Bildung erfahren können, und die auch zur Abhilfe von individuellen Problemlagen und Anliegen beitragen können.

Sicherung des Lebensunterhalts. Der Erwachsene ist gehalten, sicherzustellen, dass er aus eigenen Kräften die laufenden Kosten für sein Leben durch berufliche Leistung erbringt, die eigenen Kosten reguliert und Anschaffungen, Urlaubsangebote und Konsumgegenstände langfristig schuldenfrei in das eigene Leben integriert.

Teilhabe an der Gesellschaft. Der Erwachsene muss lernen, sich zunehmend der Komplexität der Gesellschaft zu stellen, für Fristen, Termine, Verpflichtungen und Ähnliches selbst die Verantwortung zu übernehmen, mit Behörden erfolgreich zu kommunizieren und sein Leben in Übereinstimmung mit den Gesetzen zu gestalten.

Mitwirkung und Verantwortungsübernahme in der Gesellschaft. Die durch Bildung anzustrebende Kompetenz geht über die gesellschaftliche „Selbstverwaltung" hinaus, indem sie den Einzelnen zur kulturellen und sozialen Teilhabe befähigt, Einbindung ermöglicht und es ihm erlaubt, z. B. durch Ehrenamt, Engagement in der Gemeinschaft, Stellungnahme zu politischen Fragen und durch regelmäßige Teilnahme an Wahlen, Einfluss auf das Geschehen in der Gesellschaft zu nehmen.

4.6 Förderung ohne Beruf bzw. nach dem Beruf

In diesem Abschnitt werden unterschiedliche berufliche Schicksale behandelt. Gemeinsam ist ihnen Bindungslosigkeit oder Bindungsverlust gegenüber der Arbeit, die in vielen Fällen eine starke identitätsstiftende oder identitätssichernde Wirkung hat. Durkheim (2002 [1897]) spricht in diesem Zusammenhang von „Entwurzelung" und weist diesem Prozess ein besonderes Risikopotenzial für Selbsttötungen Betroffener zu. Psychische Belastungen werden im Zusammenhang mit ausbleibendem Einstieg in das Arbeitsleben und in die Erwerbstätigkeit, mit eintretender Arbeitslosigkeit, Berentung oder Pensionierung in sehr unterschiedlicher Intensität auftreten oder auch ausbleiben. Bildung ist also auch dann relevant, wenn berufliche Belange nicht (mehr) im Vordergrund stehen. Soziale Arbeit ist dann gefordert, diese Zielgruppe durch Bildungsangebote in der Wahrnehmung ihrer Rechte zur Teilhabe an der Gesellschaft zu unterstützen und ihr die Einbindung in eine aktive gesellschaftliche Lebensgestaltung zu ermöglichen.

Bewahrung partieller Autonomie. Auch bei Minderung der Leistungsfähigkeit, bei Beeinträchtigung, Behinderung oder Verlust des Arbeitsplatzes sollte die autonome Lebensgestaltung im Rahmen des Möglichen bewahrt werden.

Inklusion. Inklusion ist nach Segregation, Partizipation und Integration die vierte Stufe des Bemühens um Chancengleichheit in der Gesellschaft. Ausgegangen wird zunächst von einer vollständigen Teilhabe an und Präsenz in der Gesellschaft, trotz Beeinträchtigung oder Behinderung, und nur in begründeten oder unvermeidlichen Einzelfällen werden Abstriche von diesem Anspruch akzeptiert.

Spiritualität. Zur Bildung kann auch Spiritualität als Angebot gehören. Dies muss nicht an eine bestimmte Konfession gebunden sein, kann philosophische Fragen und Antworten anbieten und ein Wertefundament fördern, das die Person in sich entwickelt und mit der Gemeinschaft verträglich ist.

Akzeptanz von Beeinträchtigung und Bewusstsein von der Endlichkeit des eigenen Lebens. Ein akzeptierendes Bewusstsein über die Faktizität von Beeinträchtigungen und die Begegnung mit der Endlichkeit unseres Lebens sind wichtige Bildungsziele, die oftmals der kommerziellen Werbung, manchen Heilsversprechungen von Produkten und Glaubensgemeinschaften und auch einem leichtfertigen politischen Optimismus entgegenstehen. Die Erkenntnis von der Endlichkeit des eigenen Lebens kann dabei helfen, sich mit Beeinträchtigungen zu versöhnen, Alterspessimismus zu vermeiden wie auch dem Sterben und dem Tod mit einer gewissen Gelassenheit entgegenzusehen (→ Adams; → I. Schubert).

Sterbebegleitung. Der letzte Schritt in der Bildungsförderung über die Lebensspanne, den Fachleute der Sozialen Arbeit leisten können, wird die Sterbebegleitung eines Menschen und die Trauerbegleitung von Angehörigen sein. Auf diese Weise schließt sich der Kreis von Geburt und Tod und führt im günstigen Fall zu einem friedlichen Abschied.

5 Verantwortlichkeiten in der Ressourcenförderung

Je nach Lebensalter, Risikokonstellation, Bedürfnislage und Indikation sowie unter Berücksichtigung von Kann-, Soll- und Muss-Bestimmungen können u. a. folgende Institutionen und Instanzen, die überwiegend eine gut funktionierende Kette bilden, eine besondere Verantwortung für die Förderung der Ressource Bildung übernehmen: Kindergarten, Vorschule und Schule sowie weitere Bildungseinrichtungen, Beratungsdienste, Gesundheits- und Rehabilitationseinrichtungen, Selbsthilfeverbände, Träger der freien Wohlfahrtspflege, Kirchen, Berufsverbände, Gewerkschaften, Arbeitgeberverbände, Gesetzgebung und Rechtsprechung, Kommunal-, Landes- und Bundesbehörden, Parteien und Parlamente. Soziale Arbeit übernimmt die Aufgabe, zwischen dem Individuum, das dem Risiko von Bildungsdefiziten ausgesetzt ist, und diesen Institutionen der Gesellschaft die entscheidende Vermittlungsfunktion zu übernehmen. Dies wiederum kann dann am besten gelingen, wenn Sozialarbeiterinnen und Sozialarbeiter in ihrer Ausbildung entsprechend qualifiziert werden und die Kommunikation zwischen ihnen und den erwähnten Institutionen konstruktiv und lösungsorientiert geführt wird.

Literatur

Adler, A. (1929): Individualpsychologie in der Schule. Vorlesungen für Lehrer und Erzieher. Leipzig: Hirzel.
Antonovsky, A. (1997): Salutogenese. Zur Entmystifizierung der Gesundheit. Tübingen: dgvt.
Bamberger, G. G. (2010): Lösungsorientierte Beratung. (4. Aufl.). Basel: Beltz.
Becker, R. (2004): Soziale Ungleichheit von Bildungschancen und Chancengleichheit. In: Becker, R. & Lauterbach, W. (Hrsg.): Bildung als Privileg? Erklärungen und Befunde zu den Ursachen der Bildungsungleichheit. S. 161–193. Wiesbaden: VS.
Borg-Laufs, M. & Dittrich, K. (2010): Die Befriedigung psychischer Grundbedürfnisse als Ziel psychosozialer Arbeit. In: Borg-Laufs, M. & Dittrich, K. (Hrsg.): Psychische Grundbedürfnisse in Kindheit und Jugend. Perspektiven für Soziale Arbeit und Psychotherapie. S. 7–22. Tübingen: dgvt.
Boudon, R. (1974): Education, Opportunity and Social Inequality: Changing Prospects in Western Society. Hoboken, NJ: John Wiley & Sons.
Brouër, B. & Wolf, K.D. (2003): Beteiligungsgerechtigkeit aus pädagogischer Sicht – Probleme und Lösungsmöglichkeiten. In: Heimbach-Steins, M. & Kruip, G. (Hrsg.): Bildung und Beteiligungsgerechtigkeit. Sozialethische Sondierungen. S. 173–194. Bielefeld: Bertelsmann.
Bürgi, A. & Eberhart, H. (2006): Beratung als strukturierter und kreativer Prozess. Ein Lehrbuch für die ressourcenorientierte Praxis. Göttingen: Vandenhoeck & Ruprecht.
Caplan, G. (1964): Principles of Preventive Psychiatry. New York: Basic Books, Inc.
Choi, F. (2009): Leistungsmilieus und Bildungszugang. Wiesbaden: VS.
Durkheim, E. (2002): Der Selbstmord. (Originalausgabe: 1897). Neuwied: Luchterhand.
Fengler, J. (2003): Triffst du nur das Zauberwort. Die Konstruktion wirksamer therapeutischer Interventionen. Report Psychologie, 30, 7+8, S. 446–452.
Fengler, J. (2006): Grenzerfahrung. Der verändernde Moment und das verändernde Moment der Selbstentwicklung. In: Ferstl, A., Scholz, M. & Thiesen, C. (Hrsg.): Wirksam lernen, weiter bilden, weiser werden. Erlebnispädagogik zwischen Pragmatismus und Persönlichkeitsbildung. S. 318–334. Augsburg: ZIEL.
Filipp, S.-H. (Hrsg.) (1990): Kritische Lebensereignisse. München: PVU.
Gloger-Tippelt, G. (Hrsg.) (2001): Bindung im Erwachsenenalter. Bern: Huber.
Girmes, R. & Korte, P. (2003): Bildung und Bedingtheit. Zu einem erhöhten Verständigungsbedarf über nicht Selbstverständliches. In: Girmes, P. & Korte, P. (Hrsg.): Bildung und Bedingt-

heit. Pädagogische Kommunikation im Kontext individueller, institutioneller und gesellschaftlicher Muster. S. 9–19. Opladen: Leske + Budrich.
Grawe, K. (2004): Neuropsychotherapie. Göttingen: Hogrefe.
Heimbach-Steins, M. (2003): Beteiligungsgerechtigkeit aus pädagogischer Sicht – Probleme und Lösungsmöglichkeiten. In: Heimbach-Steins, M. & Kruip, G. (Hrsg.): Bildung und Beteiligungsgerechtigkeit. S. 23–44. Bielefeld: Bertelsmann.
Heimbach-Steins, M., Kruip, G. & Kunze, A. B. (2007): Vorwort. In: Heimbach-Steins, M., Kruip, G. & Kunze, A. B. (Hrsg.): Das Menschenrecht auf Bildung und seine Umsetzung in Deutschland. S. 5–7. Bielefeld: Bertelsmann.
Herriger, N. (2006): Empowerment in der Sozialen Arbeit. Eine Einführung. (3., erw. Aufl.). Stuttgart: Kohlhammer.
Hobfoll, S. E. (1988): The Ecology of Stress. New York: Hemisphere Publishing.
Hobfoll, S. E. (1998): Stress, Culture, and Community. New York: Plenum.
Hobfoll, S. E. & Buchwald, P. (2004): Die Theorie der Ressourcenerhaltung und das multiaxiale Copingmodell – eine innovative Stresstheorie. In: Buchwald, P., Schwarzer, C. & Hobfoll, S. E. (Hrsg.): Stress gemeinsam bewältigen. Ressourcenmanagement und multiaxiales Coping. S. 11–26. Göttingen: Hogrefe.
Jungmann, W. (2004): Der Übergang von der Schule in Ausbildung und Beruf. In: Schumacher, E. (Hrsg.): Übergänge in Bildung und Ausbildung. S. 171–188. Bad Heilbrunn: OBB.
Klemenz, B. (2003): Ressourcenorientierte Diagnostik und Intervention bei Kindern und Jugendlichen. Tübingen: dgvt.
Laucht, M., Schmidt, M. H. & Esser, G. (2000): Risiko- und Schutzfaktoren in der Entwicklung von Kindern und Jugendlichen. Frühförderung interdisziplinär, 3, S. 97–108.
Lenz, A. & Stark, W. (Hrsg.) (2002): Empowerment. Neue Perspektiven für psychosoziale Praxis und Organisation. Tübingen: dgvt.
Lösel, F. & Bender, D. (2008): Von generellen Schutzfaktoren zu spezifischen protektiven Prozessen. Konzeptuelle Grundlagen und Ergebnisse der Resilienzforschung. In: Opp, G. & Fingerle, M. (Hrsg.): Was Kinder stärkt: Erziehung zwischen Risiko und Resilienz. (3. Aufl.). S. 57–78. München: Reinhardt.
Ravens-Sieberer, U. & Bettge, S. (2004): Aktuelles zum Kinder- und Jugendgesundheitssurvey des RKI (KiGGS). Vorstellung des Moduls „Psychische Gesundheit". Epidemiologisches Bulletin, 1, S. 7.
Thiersch, H. (2000): Lebensweltorientierung in der Sozialen Arbeit – als radikalisiertes Programm. Eine Skizze. In: Müller, S., Sünker, H., Olk, T. & Böllert, K. (Hrsg.): Soziale Arbeit. Gesellschaftliche Bedingungen und professionelle Perspektiven. S. 529–546. Neuwied: Luchterhand.
Thiersch, H. (2001): Lebensweltorientierte Jugendsozialarbeit. In: Fülbier, P. & Münchmeier, R. (Hrsg.): Handbuch Jugendsozialarbeit, Bd. 2. S. 777–789. Münster: Votum.
Trautmann, M. (2004): Entwicklungsaufgaben im Bildungsgang. Wiesbaden: VS.
Tress, W. (1986): Das Rätsel der seelischen Gesundheit. Traumatische Kindheit und früher Schutz gegen psychogene Störungen. Göttingen: Vandenhoeck & Ruprecht.
vbw (Vereinigung der Bayerischen Wirtschaft) (Hrsg.) (2003): Bildung neu denken! Das Zukunftsprojekt. Opladen: Leske + Budrich.
Werner, E. E. & Smith, R. S. (1982): Vulnerable but invincible. A longitudinal study of resilient children and youth. New York: McGraw-Hill.
Willutzki, U. (2003): Ressourcen: Einige Bemerkungen zur Begriffsklärung. In: Schemmel, H. & Schaller, J. (Hrsg.): Ressourcen. Ein Hand- und Lesebuch zur therapeutischen Arbeit. S. 91–110. Tübingen: dgvt.

Ressourcenorientierte Erziehung und Bildung zur Bewältigung von Transitionen im Elementarbereich

Christina Jasmund, Astrid Krus

Einleitung: Ressourcen und Kompetenzen

Die Debatte um frühkindliche Bildung in Institutionen des Elementarbereiches hat Anfang dieses Jahrhunderts, ausgelöst durch die Ergebnisse des Forums Bildung (2001) und der Starting Strong Studie (OECD 2001), neue Impulse erhalten. Der positiven Bewertung des deutschen Systems im frühkindlichen Bereich, bedingt durch langjährige Erfahrungen und den untrennbar miteinander verbundenen Zusammenschluss von Bildung, Betreuung und Erziehung, stand die Kritik an der nationalen Vielfalt an unterschiedlichen Richtlinien und Konzepten der einzelnen Einrichtungen gegenüber. Die Entwicklung eines nationalen Standards durch die JMK/KMK (2004) war eine logische Konsequenz. Als ein zentrales Ziel der frühkindlichen Bildungsbemühungen wird darin die „Vermittlung grundlegender *Kompetenzen* und die Entwicklung und Stärkung *persönlicher Ressourcen* [angesehen], die das Kind motivieren und darauf vorbereiten, künftige Lebens- und Lernaufgaben aufzugreifen und zu bewältigen, verantwortlich am gesellschaftlichen Leben teilzuhaben und ein Leben lang zu lernen" (ebd., 3).

Die Termini „Ressourcen" und „Kompetenzen" werden nicht näher definiert, aber die gewählte Formulierung impliziert die Vorstellung, dass Kompetenzen im Sinne eines „Handwerkszeugs" zu vermitteln sind und Ressourcen einen „Möglichkeitspool" für das zielgerichtete, motivierte Handeln der Kinder darstellen. Die Begriffsvielfalt und unterschiedliche Verwendung von Kompetenzen und Ressourcen durchzieht den Fachdiskurs mehrerer Disziplinen und ist den verschiedenen Bezugstheorien geschuldet.

Grundlage des vorliegenden Beitrags ist ein Verständnis von Ressourcen als einem Spektrum von aktuell verfügbaren Potenzialen, die eine gesunde Entwicklung des Individuums und die Bewältigung der anstehenden Entwicklungsaufgaben unterstützen und die gesellschaftliche Teilhabe ermöglichen (vgl. Willutzki 2003; Klemenz 2003; 2007). Die Potenziale umfassen dabei sowohl genetische Dispositionen als auch psychosoziale Bedingungen des Individuums. In Bezug auf die vielfältigen Kriterien, nach denen Ressourcen kategorisiert werden können (Klemenz 2007, 58 f.), wird primär die Lokalisation berücksichtigt, d.h. die Differenzierung in Ressourcen, die der Person selbst zugeordnet werden, die Personalressourcen (internale Ressourcen) sowie die Umweltressourcen (externale Ressourcen). Unter dem Erziehungs- und Bildungsaspekt erscheint neben dieser Kategorisierung die Differenzierung in Merkmale und Mechanismen nach Petermann und Schmidt (2006) zielführend. Als Merkmale werden diejenigen Ressourcen bezeichnet, die dem Individuum angeboren sind, u. a. körperliche Konstitution, kognitive Fähigkeiten oder Ressourcen, die es in seinem sozialen Umfeld vorgefunden hat, wie der soziokulturelle Status der Eltern oder das Wohnumfeld (Petermann & Schmidt 2006, 120). Dem gegenüber stehen die Mechanismen, die vom Individuum selber *erworben* und *aktiv mitgestaltet* werden und die für die Begleitung frühkindlicher Entwicklungsprozesse von zentraler Bedeutung sind. Im Bereich umfeldbezogener Mechanismen sind der Aufbau einer stabilen, positiven Beziehung zu Erwachsenen, die Beziehung zu sozial angepassten Peers sowie das Aufsuchen von Bildungsmöglichkeiten entwicklungsfördernde Ressourcen. Bei den individuumsbezogenen Mechanismen sind die Selbstwirksamkeitserfahrungen und -überzeugungen, das aktive Problemlöseverhalten sowie die Fähigkeit zur Selbstregulation von zentraler Relevanz (vgl. Krus 2005; Wustmann 2004). Dieses Spektrum verfügbarer Umwelt- wie Individualressourcen bildet die Basis für die Entwicklung spezifischer Kompetenzen, die nicht nur die Kenntnisse, Fertigkeiten, Einstellungen, Werte und Interessen eines Individuums umfassen, sondern „die Fähigkeit der Bewältigung komplexer Anforderungen" (OECD 2005, 6) beschreiben. Kompetenzen sind demnach nicht als vorliegende Einheiten zu betrachten, sondern sie werden innerhalb je spezifischer Kontexte generiert und „bedingen die Mobilisierung von kognitiven, praktischen und kreativen Fähigkeiten sowie anderer psychosozialer Ressourcen wie Einstellungen, Motivation und Wertvorstellungen" (ebd., 10). Der jeweilige Beziehungskontext des Individuums zur personellen und materiellen Umwelt sowie zu den situationsspezifischen Problemstellungen und Herausforderungen erfordert unterschiedliche Kompetenzen, die von der OECD als Schlüsselkompetenzen (ebd., 12 f.) benannt wurden. Die zugrundeliegende Kategorisierung der Schlüsselkompetenzen in die drei Kompetenzkategorien fachliche, sozial-kommunikative und personale Kompetenzen findet sich u. a. in den *Bildungsgrundsätzen NRW* als Basiskompetenzen wieder (MGFFI & MSW 2010, 40 f.). Die relationale Verbindung zwischen Ressourcen und Kompetenzen besteht demzufolge darin, dass Ressourcen den Pool bilden, aus dem das Individuum kontextbezogen aktiv Kompetenzen entwickeln kann, die es ihm ermöglichen, altersspezifische Entwicklungsaufgaben erfolgreich zu bewältigen, am gesellschaftlichen Leben aktiv teilzunehmen und lebenslang zu lernen.

Die Motivation zu lebenslangem Lernen steht in engem Zusammenhang mit der Kontinuität in der persönlichen Bildungsbiografie, die durch erfolgreich bewältigte Übergänge (Transitionen) innerhalb der Bildungsinstitutionen gekennzeichnet ist. Der folgende Beitrag richtet den Fokus auf die Unterstützung der Entwicklung kindlicher Ressourcen und Kompetenzen für die Transitionsprozesse im Alter zwischen null und sechs Jahren in den Institutionen der Kindheitspädagogik.

1 Transitionen als Diskontinuitäten mit Chancen und Risikopotenzial

Diskontinuitäten im Lebenslauf beinhalten ein ambivalentes Potenzial von Chancen und Risiken für das Individuum. Die Auseinandersetzung mit diesem Thema findet in einzelnen Disziplinen aber auch im interdisziplinären wissenschaftlichen Diskurs statt, da in ihm intrapersonelle, interaktionale und kontextuelle Aspekte als bedeutsam gewertet werden (Griebel & Niesel 2004). Im Transitionsmodell werden neben der Ebene des individuellen Übergangs die familiäre und die kontextuelle Ebene integriert und ein systemischer, sozialökologischer Blick möglich, der sich vom zweckmäßigen, gerichteten Übergangsverständnis distanziert (Welzer 1993; Bronfenbrenner 1989; Valsiner 1991; Zeiher 1996; Van Geert 2000). In diesem Transitionsverständnis werden sowohl Individuen als auch deren Lebenskontexte permanenten Anpassungsanforderungen unterworfen, die alle in einem Beziehungsgeflecht stehenden beteiligten Personen mit verändern (Elias 1987; Faltermaier et al. 2002), sowohl die zurückgelassenen als auch die transistierenden und die neuen Kontakte. Damit wird die Trennung von Individuum und Gesellschaft aufgehoben und Transition als sozialer Prozess verstanden, der durch die auftretenden Diskontinuitäten einen „Entwicklungsimpuls" erfährt (Griebel & Niesel 2004, 15), aber auch erhöhte Belastungsfaktoren aufweist (Fthenakis 1998; Welzer 1993) und den beteiligten Individuen Bewältigungsstrategien abverlangt.

2 Transition als ko-konstruktivistischer Prozess

Transitionen als soziale Prozesse innerhalb eines Kontextes zu verstehen, bedeutet, die beteiligten Personen in ihren unterschiedlichen Funktionen und Rollen wahrzunehmen. Als Akteure des Prozesses werden die Personen gekennzeichnet, die den Übergang als einmaliges Erlebnis ihres Lebens aktiv vollziehen. Moderatoren sind Personen, die dem abgebenden, einem begleitenden oder dem empfangenden sozialen System angehören und den Übergang von außen beeinflussen. Damit werden diese Systeme zu bedeutsamen Komponenten und stellen den Kontext der Transition dar. Auch Akteure können innerhalb des Übergangsprozesses untereinander als Moderatoren auftreten. Sie haben dann eine Doppelfunktion. Die Sinnkonstruktion und die Deutung des Übergangserlebens entstehen in ko-konstruktivistischen Interaktionsprozessen untereinander. Damit werden die Kompetenzen der passierenden Individuen und die Kompetenzen der beteiligten sozialen Systeme bedeutsam (Griebel & Niesel 2004, 38f.). Immer stellen Transitionen individuelle Lebensereignisse dar. Sie können normativ, also erwartbar und sozial normiert, oder non-normativ, also unvorhersehbar und nicht normativ, geregelt sein. Bei normativen Transitionen kann von einer kontinuierlichen Begleitung der Passage durch ein abgebendes, ein oder mehrere begleitende und ein aufnehmendes System ausgegangen werden. Der normativ geregelte Übergang stellt in Form von Ritualen, Deutungen oder Symbolen wesentliche Instrumente zur Bewältigung bereit. „[S]ie wirken einerseits identitätsfördernd, andererseits solidaritätsstiftend" (Griebel & Niesel 2004, 123; Platvoet 1995). Lebensverlaufstypische normative Transitionen stellen Einschulung, Eintritt und Ausscheiden aus dem Berufsleben oder die Eheschließung dar.

Im Gegensatz dazu finden non-normative Transitionen unerwartet und teilweise ohne Unterstützung des abgebenden Systems statt (z. B. Unfälle, Todesfälle, Krankheiten, Trennung). Hier erfolgt auch die Begleitung durch Moderatoren oft erst ab oder nach dem Zeitpunkt der Transition und kann mit ihrer Deutungs- und Unterstützungsleistung erst dann und damit nur anteilig einsetzen (Faltermaier 2008, 161). Die Bewältigung non-normativer Transitionen stellt also ungleich höhere Anforderungen an das passierende Individuum.

Es herrscht ein interdisziplinärer Konsens darüber, dass Transitionen in der frühen Kindheit von besonderer Bedeutung sind. Frühkindliche Erfahrungen von Transitionen dienen dem Aufbau von Verhaltens- und Deutungsmustern, die dem Individuum im weiteren Lebenslauf als intrapersonelle Ressourcen zur Verfügung stehen. Derselbe Mechanismus betrifft auch die Familie als soziale Instanz. Die gemeinsamen Erfahrungen, das emotionale Erleben und deren kokonstruktivistische Deutung und Verarbeitung innerhalb der Familie stärken ihre interpersonellen Kommunikations- und Handlungskompetenzen und erweitern so das abrufbare Ressourcenpotenzial, auf welches die Familie als Akteure oder Moderatoren bei künftigen Transitionen zurückgreifen kann. Solidarisches Verhalten von beteiligten Akteuren und begleitenden Moderatoren während des Übergangsgeschehens stärkt die Akteure durch Sicherheit bietende Angebote von Unterstützungsleistungen und Deutungen in allen Phasen des Übergangs. Insbesondere die positive Bewertung des Geschehens und des neuen zu erreichenden Status unterstützt die Eigenaktivität der agierenden Individuen im Übergangsprozess und ihre Bereitschaft zur Exploration des neu hinzugekommenen Lebensraums. Sie finden auf interaktionaler Ebene statt und werden als kontextuelle Ressourcen einer Transition gewertet (Griebel & Niesel 2004).

3 Transitionen in der frühen Kindheit

3.1 Die Geburt

Die Geburt als Lernerfahrung und damit als bedeutsam für die Bewältigung späterer Entwicklungsaufgaben im Lebenslauf des Menschen anzuerkennen, ist ein wesentliches Verdienst der Pränatalpsychologie. Diese Wissenschaftsdisziplin hat

u. a. die ontologische Bedeutung der geburtlichen Erfahrung als Forschungsgegenstand. Die Geburt wird als erstes Transitionserlebnis gedeutet. „Die Zeit vor, während und nach der Geburt ist als Kontinuum zu betrachten, in dem unterschiedlichste Entwicklungs- und Lernprozesse miteinander verwoben, voneinander abhängig und aufeinander bezogen sind. Das Fundament unserer grundlegenden Gefühle von Sicherheit und Vertrauen wird in dieser Zeit gelegt" (isppm 2005). Die Pränatalpsychologie stützt sich auf Erkenntnisse der Lernfähigkeit des Kindes vor der Geburt (Janus 2004; Krüll 2009) und stimmt dem „Mutterleib als erstem Erziehungsraum" zu (Janus 2011 unter Verweis auf Lauff). Intrauterin hat das ungeborene Kind gelernt, mit vielfältigen Situationen und emotionalen Zuständen der Mutter umzugehen. Das Kind hat dabei eigenkörperliche Erfahrungen gemacht. „Deshalb gibt es in jedem Kind im Inneren die feste Überzeugung, dass Probleme, die das Leben bereithält, lösbar sind und dass es dabei immer weiter über sich selbst hinauswachsen kann" (Hüther & Krens 2009, 114). Selbstwirksamkeitserfahrungen, die das Kind nach der Geburt erlebt, indem es komplementäre Verhaltensweisen bei seinen Bezugspersonen zu wecken und zu nutzen vermag, stärken dieses Fundament positiven Selbstvertrauens (Oerter & Montada 2002, 143). Die Kontinuität von Interaktion mit der Mutter, die Feinfühligkeit bei der Befriedigung seiner elementaren Grundbedürfnisse, die Qualität der Unterstützung bei der Bewältigung der neuen Situation sind vielfältige Erfahrungen des Neugeborenen. Sie bilden erste unbewusste Schemata, die als Verhaltensschablonen für späteres Bewältigen von Übergangssituationen abgerufen werden (Krüll 2009, 184f.). Im Transitionsverständnis der Pränatalpsychologie stellen das intensive Erlebnis der Geburt, das Zusammengehörigkeitsgefühl und die gegenseitige Stärkung bei der erfolgreichen Bewältigung der Geburt eine Lernerfahrung der Akteure dar, die als interpersonale Ressource der Familie gedeutet werden kann (Janus 2004).

3.2 Der Übergang von der Familie in die Krippe/Tagespflege/Kindertagesstätte

Mit der Auseinandersetzung der Eltern über die Frage der Betreuung ihres Kindes, mit ihren Gesprächen über den Zeitpunkt einer Fremdbetreuung, ihrer Informationssuche und ihrer Entscheidung für die Art der Betreuung, z.B. Verwandte, nahes soziales Umfeld, Tagesmutter, Krippe, Kindertagesstätte, beginnt für die Familie die Vorbereitung auf eine weitere Transition. Akteure dieses Übergangs sind die Eltern und ihr Kind. Vielfältige Aspekte werden dabei als Einflussfaktoren gewertet. Die Einstellung der Eltern zur Fremdbetreuung, die kulturelle, materielle und infrastrukturelle Chance der freien Entscheidung, ob und für welche Form der Fremdbetreuung, und ihr Wissen darüber spielen dabei ebenso eine Rolle wie ihre Kooperationsbereitschaft und ihre Fähigkeit, soziale und kontextuelle Ressourcen zu aktivieren, aber auch die Qualität der Bindung zum und die Feinfühligkeit für ihr Kind (Cowan 1991). Diese Einflussfaktoren subsummieren sich zu interpersonalen Ressourcen für die anstehende Transition. Für das Kind ist es nicht wesentlich von Bedeutung, wie alt es zum Zeitpunkt dieses Übergangs ist (Vollmer 2008, 186). Als bedeutsam werden Aspekte seines Temperaments (Wolfram 1997), der Bedürfnisregulation, des Bindungsaufbaus (Bowlby 1983), seines Autonomie- und Explorationsbedürfnisses (Lichtenberg 1989; Stern 1999; Dornes 2000; Griebel & Niesel 2004), der altersgemäßen Entwicklungsaufgaben und kindlichen Kontrollüberzeugungen (Lazarus 1995; Haefele & Wolf-Filsinger 1994) gewertet. Grundsätzlich ist das Kind zu jedem Zeitpunkt als kompetentes und autonomes Subjekt seiner Transition zu betrachten (Fthenakis 2000).

Damit die Eingewöhnung eines Kindes in die Fremdbetreuung positiv verläuft, benötigt es neben den oben genannten intrapersonalen Ressourcen unterstützende Maßnahmen der Eltern als ebenfalls beteiligte Akteure und ihre Moderation zur Verarbeitung dieser Situation. Ihre Aufgabe als wichtigste Bezugspersonen ist es, das Bindungsbedürfnis des Kindes zu befriedigen. Wenn diese Erfahrungen in der Vergangenheit für das Kind positiv waren, haben die Eltern eine gute Basis für seine Offenheit gegenüber neuen Kontaktpersonen und der neuen Situation geschaffen, die wesentlich ist für seine Bereitschaft des sich Einlassens auf die neue Situation und die Aktivierung des kindlichen Explorationsverhaltens. Durch seine Fähigkeit der sozialen Bezugnahme deutet das Kind die Signale der Eltern während der Eingewöhnungssituation und wird durch Aktivierung seines Bindungs- oder Explorationsverhaltens darauf reagieren (Berck 2005, 241). Die emotionale Situation der Bezugsperson(en), ihre Motivation, ihre verlässliche Anwesenheit und ihre Rolle als Handlungsmodell sind entscheidende Faktoren für das kindliche Erleben der Übergangssituation. In den Monaten vorher hat das Kind gelernt, „wie gut und verlässlich seine Eltern in ihrer Rolle als Lehrer und Mentoren sind. Dies wird für künftige Entwicklungsaufgaben und den gesamten Sozialisationsprozess eine wichtige Grunderfahrung sein" (Oerter & Montada 2002, 196). Ein positives Erleben des interpersonellen Zusammenwirkens stärkt die jeweiligen intrapersonalen Ressourcen durch abrufbare Erfahrungen sozialer Unterstützungsmechanismen. Die aufnehmenden Personen (Verwandte, Nachbarn, Tagesmütter, Erzieherinnen u. a.) sind an diesem Transitionsprozess als Moderatoren beteiligt. Sie informieren über den Verlauf des Übergangs und über Kriterien des neuen, zu erreichenden Status. Damit geben sie den Eltern als Akteure und Moderatoren eine wichtige Voraussetzung zur Aktivierung vorhandener personaler, familiärer und kontextueller Ressourcen. Die begleitende Interaktion trägt wesentlich zu deren Kontrollüberzeugung der Situation bei. Eine Einstellung, die sich auf ihr Verhalten dem Kind und der/den aufnehmenden Person(en) gegenüber auswirkt. Becker-Stoll et al. (2009) heben die aktive Rolle des Kindes beim Eingewöhnungsprozess hervor, das Kind „wird nicht" eingewöhnt. Der Eingewöhnungsprozess sollte dem Kind allmähliche Veränderungen bringen und die Begleitung durch die Bindungsperson(en) bis zur Übergabe dieser Funktion gewährleisten. Beides beeinflusst positiv die emotionale Verarbeitung der in Phasen von Übergängen auftretenden Identitätsdiffusion und erhöht die Chance, die positiven Erfahrungen der Transition in seiner weiteren Entwicklung nutzen zu können (Doye & Lipp-Peez 1998). Datler, Hover-Reisner und Fürstaller (2010, 163) gehen davon aus, dass „ein Glücken von Eingewöhnung auf Seiten des Kindes mit einer Steigerung seiner Kompetenzen im Bereich der Affektregulation einhergeht."

Über die Struktur- und Prozessqualität der Eingewöhnungsphase und über die Professionalität der aufnehmenden Fachkräfte wird seit mehreren Jahren ein lebhafter Diskurs geführt. Zur Qualität von Tageseinrichtungen gehört heute die Orientierung an Eingewöhnungsmodellen. Ihnen liegen die theoretischen Grundlagen der Bindungstheorie, der Entwicklungsaufgaben und des Stressansatzes zugrunde (Griebel & Niesel 2004). Im Zentrum steht hier immer die interaktionale Ebene, die wie im INFANS-Modell dem Aufbau des Beziehungsdreiecks zwischen Kind – Bezugsperson – Fachkraft dient (Laewen et al. 2000), im Ansatz von Beller (2002) die gemeinsame aktive Auseinandersetzung mit Veränderungsstress in den Fokus rückt und bei Howes (2000) den Aufbau von Spielbeziehungen, die neben der Fachkraft auch die Kinder der aufnehmenden Gruppe als Moderatoren einschließt, berücksichtigt. Danach sind die Kinder der aufnehmenden Gruppe Unterstützer der neuen Kinder.

Ergebnisse der Wiener Krippenstudie zeigen, dass Eingewöhnungsprozesse höchst individuell verlaufen (Datler et al. 2010, 165). Darum ist es trotz vorliegender Eingewöhnungsmodelle notwendig, für jedes aufzunehmende Kind auf Basis einer individuellen Ressourcenanalyse ein umfassendes Konzept für die Transition der Familie zu erstellen, um diese professionell moderieren zu können. Als grundlegende Qualitätskriterien einer ressourcenorientierten Bildungsförderung im Eingewöhnungsprozess kann der Schutz des Kindes vor negativ erlebten Trennungserfahrungen durch beständige Anwesenheit der pädagogischen Fachkräfte sowie der Beziehungsaufbau durch gelungene Interaktion und Hilfe bei der Kontaktaufnahme zu anderen Kindern angesehen werden. Die Aktivierung gegenseitiger Unterstützungsleistungen unter permanenter Beachtung der kindlichen Eigenaktivität sowie die partnerschaftliche Beteiligung, Information und Moderation des Prozesses für die beteiligten Eltern bilden wesentliche Voraussetzungen einer gelungenen Eingewöhnung.

Der kulturelle, berufliche und gesellschaftliche Kontext der transistierenden Familie stellt Deutungsmuster und Wertungen zur Fremdbetreuung des Kindes bereit, die ihr Handeln beeinflussen. Der Austausch mit anderen Eltern der Einrichtung und gegenseitige Unterstützung für eine erfolgreiche Bewältigung der organisatorischen Anforderungen können als interaktionale kontextuelle Unterstützungsressourcen betrachtet werden (Griebel & Niesel 2004, 66). Durch die erfolgreiche Entwicklung zu einer „Krippenfamilie" hat jedes Familienmitglied individuelle und die Familie als soziales System gemeinsame Handlungskompetenzen erworben, auf die sie spätestens bei der anstehenden Einschulung des Kindes zurückgreifen können.

3.3 Der Übergang von der Kindertagesstätte in die Schule

Der Wechsel des Kindes in die Grundschule stellt im Rahmen der Bildungsbiografie nur einen weiteren Schritt dar, in der Realität bildet er jedoch aufgrund der zum Teil divergenten rechtlichen, strukturellen und inhaltlichen Bedingungen des Systems Schule einen Übergang mit einschneidenden Veränderungen für Kind und Eltern (vgl. Griebel & Niesel 2004; Krus 2011). Die Erzieherinnen und Erzieher sowie die Lehrerinnen und Lehrer fungieren in diesem Prozess als Moderatoren. Durch die neue Verbindung zweier Lebensbereiche bzw. Mikrosysteme ergeben sich sowohl Auswirkungen auf den Tagesablauf (Schulbeginn, Hausaufgaben- und Spielzeiten) als auch auf den Wochen- und Jahresablauf (Berücksichtigung von Schul- und Ferienzeiten), die auch für die Eltern mit gravierenden Umgestaltungen verbunden sind. Auf der individuellen Ebene müssen sie sich mit der veränderten Identität als Eltern eines Schulkindes auseinandersetzen, das auch von ihnen neue Kompetenzen bei der Unterstützung und Begleitung im Lern- und Entwicklungsprozess abverlangt. Sie müssen vertraute Beziehungen sowohl zu anderen Eltern als auch zu den Erzieherinnen und Erziehern aufgeben und sich im neuen Klassenverbund und in der Interaktion mit Lehrerinnen und Lehrern neu positionieren. Auf kontextueller Ebene müssen sie das Familienleben (z. B. Betreuung jüngerer Geschwisterkinder während der Hausaufgaben) und die strukturellen Bedingungen der Schule (unregelmäßigere Schulzeiten, längere Ferien) mit ihrem Erwerbsleben in Einklang bringen. In gleichem Maße ist der Übergang für die Kinder aufgrund der Unterschiede in den Struktur- und Prozessmerkmalen sowie in der pädagogischen Konzeption und Arbeitsweise mit Veränderungen auf der individuellen, interaktionalen und kontextuellen Ebene verbunden. Da der erfolgreichen Transition von der ersten Bildungsinstitution in die folgende für die weitere Bildungsbiografie wegweisende Qualitäten zugesprochen werden (Griebel & Niesel 2004), sollten die Erziehungs- und Bildungsangebote der Kindertagesstätte die Entwicklung der kindlichen Ressourcen unterstützen, die für die Transition notwendig sind.

Als eine zentrale Ressource wird – wie auch beim Übergang von der Familie in die Krippe – das Vorhandensein einer sicheren Bindung angesehen. Den pädagogischen Fachkräften kann als außerfamiliäre Bezugsperson eine wichtige Rolle in der Entwicklung der kindlichen Bindungserfahrungen zukommen (Wustmann 2011, 350 f.). Voraussetzung dafür sind Beziehungsangebote, die den Kindern Ermutigung und Wertschätzung entgegenbringen, sodass sie sich in ihren Bedürfnissen angenommen wahrnehmen können. Die strukturellen Bedingungen des schulischen Kontextes bedeuten in der Regel ein verändertes Beziehungsgefüge zwischen Kind und Lehrer bzw. Lehrerin, das zwar immer noch von Wertschätzung und Anerkennung geprägt ist, die individuelle Zuwendung aber zeitlich begrenzter ist und die Leistungsbewertung zudem auch andere Zuschreibungen aufweisen kann. In diesem Zusammenhang bekommen die Peers als Quellen emotionaler und sozialer Unterstützung eine wichtige Funktion (vgl. Krappmann 2002). Die Entwicklung der Peer-Beziehung bietet ein Erfahrungsfeld, dessen

Beziehungsrepräsentationen für die nachfolgenden Interaktionen unter Gleichaltrigen prägend sind (vgl. Ahnert 2003). Die pädagogischen Fachkräfte schaffen durch ausgewählte Spiel- und Kommunikationsangebote den sozialen Kontext, in dem verschiedene Interaktionsstrategien der Kooperation, Kommunikation, aber auch des Umgangs mit Konflikten erlebbar sind, und übernehmen selber die Rolle als soziales Modell (Ahnert 2003, 516 f.). Die neue Rolle als Schulkind umfasst die positiven Aspekte des „Großseins", Kulturtechniken zu erwerben und sich damit neue Wissens- und Handlungsfelder erschließen zu können. Dabei wird das Vorhandensein der sogenannten schulnahen Vorläuferkompetenzen wie phonologische Bewusstheit, vielfältige Spracherfahrungen sowie mengen- und zahlenbezogenes Wissen als Grundlage einer erfolgreichen Schullaufbahn angesehen (vgl. Roux et al. 2008). Im Vordergrund steht dabei nicht die an fachdidaktischen Prinzipien orientierte frühpädagogische „Unterrichtung" der Kinder, sondern eine die individuellen kindlichen Interessen und vorliegenden intuitiven Theorien (Gisbert 2004, 117 f.) berücksichtigende und aufnehmende anregungsreiche Lernumwelt. Für die pädagogischen Fachkräfte bedeutet dies insbesondere im naturwissenschaftlich/mathematischen Themengebiet oftmals eine reflexive Auseinandersetzung mit ihrer eigenen Bildungsbiografie, um Themen erkennen und neue Explorationssettings anbieten zu können.

Der schulische Kontext erfordert von den Kindern Verantwortungsübernahme, das Erfüllen von Verpflichtungen unter zeitlichen Rahmenbedingungen und den Aufschub eigener Bedürfnisbefriedigung aufgrund der Stundenstruktur. Dieser Gratifikationsaufschub (im schulischen Kontext der Lustgewinn durch Spielen mit Freunden und Bewegung in der Pause) stellt eine zentrale Stufe in der Entwicklung der Kontrollüberzeugungen dar (Krus 2004, 54) und beschreibt eine elementare intrapersonale Ressource des Kindes für die erfolgreiche Bewältigung des Übergangs. Darüber hinaus müssen neue und in Teilen fremdbestimmte Lerninhalte erworben werden und reproduzierbar sein. Die Bewertung der Aufgabenbewältigung durch die Lehrerin bzw. den Lehrer orientiert sich dabei nicht länger alleine am individuellen Leistungsstandard des Kindes, sondern zunehmend an den Bezugsgrößen der Altersgruppe. Das bei den Kindern zum Ende des Kindergarten- und Beginn des Schulalters noch vorherrschende globale Fähigkeitskonzept als Ursachenerklärung (Flammer 1990, 328) für erfolgreich bewältigte Aufgaben weicht zunehmend dem Anstrengungsfaktor als wesentliche Zuschreibungskomponente. Durch die Wahrnehmung von Grenzen trotz großer Anstrengung wird im weiteren schulischen Verlauf der Aufgabenschwierigkeit und den persönlichen Fähigkeiten als Erklärungsprinzip für Erfolge resp. Misserfolge größere Bedeutung beigemessen (Krus 2004, 54 f.). Die Erfahrung, Wirkungen bzw. Erfolge erzielen und selbstwertdienliche Attributionen vornehmen zu können, skizziert eine zentrale intrapersonale Ressource der Übergangsbewältigung.

Eine ressourcenorientierte Erziehung in der Frühpädagogik muss darauf abzielen, ein an den kindlichen Neigungen und Bedürfnissen orientiertes Handlungsfeld zu bieten, in dem die Kinder selbsttätig handelnd und wirksam sein können. Von den pädagogischen Fachkräften erfordert dies differenziertes Beobachten der kindlichen Interessen und Handlungsmöglichkeiten, um Angebote kindzentriert und als Herausforderung gestalten zu können. Dabei reicht die Erfahrung eigener Wirksamkeit alleine nicht aus (Flammer 1990), sondern erst die Zuschreibung auf die eigene Person als Verursacher von Anstrengungsbereitschaft oder Fähigkeiten hat selbstwerterhöhende Funktion. Die von den frühpädagogischen Fachkräften zu begleitende initiierte Reflexion der kindlichen Handlungsprozesse sollte nicht nur der Differenzierung der Ursachenattribution beim Kind dienen, sondern gleicherweise im Sinne lernmethodischer Kompetenzen Handlungs- und Lösungsstrategien verdeutlichen. Das Vorhandensein sowie der Abruf handlungsrelevanter Lösungsmöglichkeiten bilden eine zentrale Ressource bei der Bewältigung neuer Problemlöseaufgaben. In Anlehnung an Petermann und Schmidt (2006, 121) ist anzunehmen, dass positive Wirksamkeitserfahrungen die Generierung neuer Ressourcen maßgeblich unterstützen.

Frühpädagogisches Handeln unter Berücksichtigung der zuvor aufgeführten Erfahrungsspielräume erfordert ein an den individuellen Handlungsmöglichkeiten und Interessen jedes einzelnen Kindes orientiertes Vorgehen. Dies ermöglicht den Kindern, im spielerischen Handeln Mechanismen zu erwerben, die als personale Ressourcen für die Entwicklung kontextbezogener Kompetenzen herangezogen werden können. Die Herausforderungen des Übergangsprozesses, nicht nur von der Kindertagesstätte in die Schule, sondern auch innerhalb der weiteren Bildungsbiografie, können somit erfolgreich bewältigt werden.

Literatur

Ahnert, L. (2003): Die Bedeutung von Peers für die frühe Sozialentwicklung des Kindes. In: Keller, H. (Hrsg.): Handbuch der Kleinkindforschung. (3. Aufl.). S. 493–528. Bern: Huber.
Becker-Stoll, F., Niesel, R. & Wertfein, M. (2009): Handbuch Kinder in den ersten drei Lebensjahren. Theorie und Praxis für die Tagesbetreuung. Freiburg: Herder.
Beller, K. (2002): Eingewöhnung in die Krippe. Ein Modell zur Unterstützung der aktiven Auseinandersetzung aller Beteiligten mit Veränderungsstress. Frühe Kindheit, 5(2), S. 9–14.
Berck, L. (2005): Entwicklungspsychologie. München: Pearson.
Bowlby, J. (1983): Verlust. München: Kindler.
Bronfenbrenner, U. (1989): Die Ökologie der menschlichen Entwicklung. Frankfurt/M.: Fischer.
Cowan, P. (1991): Individual and family life transitions: A proposal for a new definition. In: Cowan, P. & Hetherington, M. (Hrsg.): Family transitions: Advances in family research, 2, S. 3–30. Hillsdale, NJ: Lawrence Erlbaum.
Datler, W., Hover-Reisner, N. & Fürstaller, M. (2010): Zur Qualität von Eingewöhnung als Thema der Transitionsforschung. In: Becker-Stoll, F., Berkic, J. & Kalicki, B. (Hrsg.): Bildungsqualität für Kinder in den ersten drei Jahren. S. 158–167. Berlin: Cornelsen.
Dornes, M. (2000): Der kompetente Säugling. Frankfurt/M.: Fischer.
Doye, G. & Lipp-Peez, C. (1998): Das soll einer verstehen! Wie Erwachsene und Kinder mit Veränderungen leben. Weinheim: Beltz.
Elias, N. (1987): Die Gesellschaft der Individuen. Frankfurt/M.: Suhrkamp.

Faltermaier, T. (2008): Sozialisation im Lebenslauf. In: Hurrelmann, K., Grundmann, M. & Walper, S. (Hrsg.): Handbuch Sozialisationsforschung. S. 157–172. Weinheim u. a.: Beltz.
Faltermaier, T., Mayring, P., Saup, W. & Strehmel, P. (2002): Entwicklungspsychologie des Erwachsenenalters. Stuttgart: Kohlhammer.
Flammer, A. (1990): Erfahrung der eigenen Wirksamkeit. Bern: Hans Huber.
Forum Bildung (des Bundesmin. für Bildung und Forschung) (2001): Empfehlungen des Forum Bildung. Bonn.
Fthenakis, W. E. (1998): Family transitions and quality in early childhood education. European Early Childhood Education Research Journal, 6(1), S. 5–17.
Fthenakis, W. E. (2000): Konzeptionelle Neubestimmung von Bildungsqualität in Tageseinrichtungen für Kinder mit Blick auf den Übergang in die Grundschule – ein neuer Modellversuch im Staatsinstitut für Frühpädagogik. Bildung, Erziehung und Betreuung von Kindern in Bayern, 5(1), S. 19.
Gisbert, K. (2004): Lernen lernen. Weinheim: Beltz.
Griebel, W. & Niesel, R. (2004): Transitionen. Fähigkeit von Kindern in Tageseinrichtungen fördern, Veränderungen erfolgreich bewältigen. Weinheim u. a.: Beltz.
Haefele, B. & Wolf-Filsinger, M. (1994): Aller Kindergarten-Anfang ist schwer. Hilfen für Eltern und Erzieher. (5. Aufl.). München: Don Bosco.
Howes, C. (2000): Social development, Family, and Attachment Relationship of Infants and Toddlers: Research into Practice. In: Cryer, D. & Harms, T. (Hrsg.): Infants and Toddlers in Out-of-Home Care. S. 87–113. Baltimore: Paul. H. Brookes.
Hüther, G. & Krens, I. (2009): Das Geheimnis der ersten neun Monate – unsere frühesten Prägungen. (2. Aufl.). Weinheim u. a.: Beltz.
isppm e. V. (2007): Charta der Rechte des Kindes vor, während und nach der Geburt (2005). In: Frauenarzt, 48(3), S. 255.
Janus, L. (2004): Pränatale Psychologie und Psychotherapie. Heidelberg: Mattes.
Janus, L. (2011): Online: http://www.buendnis-rechte-fuer-kinder.de/Fachbeitraege/Fachbeitraege/ISPPN,%20Seelische%20Dimension%20vorgeburtl.%20Entwicklg.pdf (20. 07. 2011).
JMK/KMK (2004): Gemeinsamer Rahmen der Länder für die frühe Bildung in Kindertageseinrichtungen. http://www.kmk.org/fileadmin/veroeffentlichungen_beschluesse/2004/2004_06_04-Fruehe-Bildung-Kitas.pdf (15. 06. 2011).
Klemenz, B. (2003): Ressourcenorientierte Diagnostik und Intervention bei Kindern und Jugendlichen. Tübingen: dgvt
Klemenz, B. (2007): Ressourcenorientierte Erziehung. Tübingen: dgvt
Krappmann, L. (2002): Sozialisation in der Gruppe der Gleichaltrigen. In: Hurrelmann, K. (Hrsg.): Handbuch der Sozialisationsforschung. (6. Aufl.). S. 355–375. Weinheim: Beltz.
Krüll, M. (2009): Die Geburt ist nicht der Anfang. Die ersten Kapitel unseres Lebens – neu erzählt. Stuttgart: Klett-Cotta.
Krus, A. (2004): Mut zur Entwicklung. Das Konzept der psychomotorischen Entwicklungstherapie. Schorndorf: Hofmann.
Krus, A. (2005): Psychomotorische Entwicklungsförderung zur Stärkung der kindlichen Resilienz. In: Fischer, K., Knab, E. & Behrens, M. (Hrsg.): Bewegung in Bildung und Gesundheit. S. 355–361. Lemgo: Verlag Aktionskreis Literatur.
Krus, A. (2011): Transition – den Übergang in die Grundschule psychomotorisch begleiten. Frühförderung interdisziplinär, 30, S. 26–36.
Laewen, H.-D., Andres, B. & Hédervári, È. (2000): Ohne Eltern geht es nicht. Die Eingewöhnung von Kindern in Krippen und Tagespflegestellen. (3. Aufl.). Weinheim: Beltz.
Lazarus, R. S. (1995): Stress und Stressbewältigung – ein Paradigma. In: Filipp, H.-S. (Hrsg.): Kritische Lebensereignisse. S. 198–232. Weinheim: Beltz.
Lichtenberg, J. (1989): Psychoanalyse und Motivation. Hove: The Analytic Press.

MGFFI & MSW (Ministerium für Generationen, Familie, Frauen und Integration des Landes Nordrhein-Westfalen & Ministerium für Schule und Weiterbildung) (2010): Mehr Chancen durch Bildung von Anfang an – Entwurf – Grundsätze zur Bildungsförderung für Kinder von 0–10 Jahren in Nordrhein-Westfalen. Düsseldorf.

OECD (2001): Starting strong. Early Childhood Education and Care. Paris: OECD.

OECD (2005): Definition und Auswahl von Schlüsselkompetenzen. Zusammenfassung online: http://www.oecd.org/dataoecd/36/56/35 693 281.pdf (20. 07. 2011).

Oerter, R. & Montada, L. (Hrsg.) (2002): Entwicklungspsychologie. Weinheim: Beltz PVU.

Petermann, F. & Schmidt M. H. (2006): Ressourcen – ein Grundbegriff der Entwicklungspsychologie und Entwicklungspsychopathologie? In: Kindheit und Entwicklung, 15(2), S. 118–127.

Platvoet, J. (1995): Pluralism and identity. Studies in ritual behavior. Leiden: Brill.

Roux, S., Fried, L. & Kammermeyer, G. (2008): Sozial-emotionale und mathematische Kompetenzen in Kindergarten und Grundschule. Landau: Empirische Pädagogik.

Stern, D. (1999): Die Lebenserfahrung des Säuglings. Stuttgart: Klett-Cotta.

Valsiner, J. (1991): Building theoretical bridges over a lagoon of everyday event. Human development, 34, S. 307–315.

Van Geert, P. (2000): The dynamics of general developmental mechanisms: From Piaget and Vygotzky to dynamic systems models. Current Directions of Psychological Sciences, 9, S. 307–315.

Vollmer, K. (2008): Fachwörterbuch für Erzieherinnen. Freiburg: Herder.

Welzer, H. (1993): Transitionen. Zur Sozialpsychologie biografischer Wandlungsprozesse. Tübingen: Edition discord.

Willutzki, U. (2003): Ressourcen: Einige Bemerkungen zur Begriffserklärung. In: Schemmel, H. & Schaller, J. (Hrsg.): Ressourcen. Ein Hand- und Lesebuch zur therapeutischen Arbeit. S. 91–108. Tübingen: dgvt.

Wolfram, W.-W. (1997): Dreijährige im Kindergarten. Kita aktuell, 7/9, S. 157–160.

Wustmann, C. (2004): Resilienz – Widerstandsfähigkeit von Kindern in Tageseinrichtungen fördern. Weinheim: Beltz.

Wustmann, C. (2011): Resilienz in der Frühpädagogik – Verlässliche Beziehungen, Selbstwirksamkeit erfahren. In: Zander, M. (Hrsg.): Handbuch Resilienzförderung. S. 350–359. Wiesbaden: VS.

Zeiher, H. (1996): Kinder in der Gesellschaft und Kindheit in der Soziologie. Zeitschrift für Sozialisationsforschung und Erziehungssoziologie, 16(1), S. 26–46.

Ressourcenorientierte Erziehung. Ein grundbedürfnisorientiertes Erziehungsmodell

Bodo Klemenz

Einleitung

In den letzten zwanzig Jahren ist in verschiedenen psychologischen Arbeitsfeldern eine verstärkte Fokussierung auf die angeborenen psychischen Grundbedürfnisse des Menschen und auf Möglichkeiten zu deren angemessener Befriedigung zu verzeichnen. Es handelt sich zumeist um Ansätze zum besseren Verständnis zielgerichteten menschlichen Handelns sowie um Möglichkeiten zur Interventionsoptimierung (ausführlich vgl. Klemenz 2009a; 2009b). Therapie- und neurowissenschaftliche Befunde belegen, dass die Verletzung oder dauerhafte Nichtbefriedigung der angeborenen psychischen Grundbedürfnisse eine entscheidende Ursache für die Entstehung und Aufrechterhaltung vieler psychischer Störungen ist (Grawe 2004). Ob eine Person psychische Störungen entwickelt oder psychisch gesund bleibt, ist also auch von der angemessenen und konsistenten Befriedigung ihrer angeborenen psychischen Grundbedürfnisse abhängig. Dieser Befund ist für Therapeuten, aber auch für Erziehungspsychologen bedeutsam, weil er die Frage stimuliert, wie eine gelingende Erziehung aussehen könnte. Anders als Therapeuten, die vornehmlich mit der Entwicklung und Umsetzung von Modellen und Methoden zur effektiven Störungsbehandlung befasst sind, haben Erziehungspsychologen vorrangig an der Entwicklung von Modellen und Strategien Interesse, deren Umsetzung primärpräventiv den Aufbau und die Verfestigung von maladaptiven Schemata und psychischen Störungen bei Kindern und Jugendlichen verhindern kann, und vor allem deren biopsychosoziale Gesundheit fördern soll. Erzieher, die sich nicht um die Befriedigung dieser angeborenen psychischen Grundbedürfnisse der ihnen anvertrauten Kinder und Jugendlichen bemühten, würden somit im Entwicklungsverlauf sich potenzierende Erziehungsfehler mit nachteiligen Folgen für den Edukanden begehen.

Zur Entwicklung eines solchen Erziehungsmodells ist zu klären, an welchen angeborenen psychischen Grundbedürfnissen Kinder und Jugendliche ihr Verhalten ausrichten, wie diese neurologisch verankert sind und durch welche aktivierten Erzieherressourcen diese angemessen befriedigt werden können. Mit einem derartigen Erziehungsmodell ließe sich im Sinne Lewins (1945) eine praktikable und zudem neurobiologisch gestützte Erziehungstheorie vorlegen, die geeignet wäre, erzieherisches Handeln durch den Einsatz relevanter Grundbedürfnisbefriedigungsressourcen theoriegeleitet und im Interesse der Edukanden zu steuern. Es wird von der Hypothese ausgegangen, dass Kindererziehung erfolgreich sein wird, wenn es Eltern im Verlauf des Erziehungsprozesses durchgängig gelingt, die angeborenen psychischen Grundbedürfnisse ihres Kindes angemessen und zuverlässig zu befriedigen und es zugleich vor Personen zu schützen, die eine Befriedigung dieser psychischen Grundbedürfnisse nachhaltig verhindern bzw. ernsthaft verletzen.

1 Angeborene psychische Grundbedürfnisse

Kamlah (1973) hat den Menschen als „bedürftiges Wesen" charakterisiert und dabei vornehmlich seine Angewiesenheit auf andere Menschen herausgestellt. Gasiet (1981, 239) bestimmt Bedürfnisse als lebensnotwendige Bedingungen menschlicher Existenz, wobei er unter „lebensnotwendig" mehr versteht als das zum biologischen Überleben Notwendige.

Daran orientieren sich Becker (2006) und Grawe (2004) und bestimmen die Befriedigung von angeborenen psychischen Grundbedürfnissen als Bedingungen für ein zufriedenstellendes menschliches Leben. Unter psychischen Grundbedürfnissen versteht Grawe (2004, 185) solche, „die bei allen Menschen vorhanden sind und deren Verletzung oder dauerhafte Nichtbefriedigung zur Schädigung der psychischen Gesundheit und des Wohlbefindens führen". Damit scheiden nach Grawe (ebd.) viele der von der Psychologie untersuchten *Motive*, wie z. B. das Macht- oder das Leistungsmotiv (Heckhausen 1980), aus, weil sie nicht den Stellenwert von psychischen Grundbedürfnissen haben.

Zur Frage, um welche psychischen Grundbedürfnisse es sich dabei im Einzelnen handelt, besteht in der psychologischen Forschung allerdings erhebliche Uneinigkeit. Es werden unterschiedliche benannt, die sich jedoch auch in einigen wesentlichen Punkten überschneiden. Im Folgenden soll das Bedürfnismodell von Epstein (1991; 2003) skizziert werden, das für die Konzipierung eines bedürfnis- und ressourcenorientierten Erziehungsmodells von besonderer Relevanz ist, weil es nicht nur die wichtigsten der in anderen Konzepten genannten psychischen Grundbedürfnisse integriert, sondern weil es nach Grawe (2004) für drei der vier von Epstein ausgewählten psychischen Grundbedürfnisse empirische Evidenz für ihre Verankerung in den neuronalen Strukturen des Menschen gibt. Das sind die Bedürfnisse nach *Bindung*, nach *Kontrolle* und *Orientierung* sowie nach *Lustgewinn* und *Unlustvermeidung*. Dass für die strukturelle Verankerung des Bedürfnisses nach *Selbstwerterhöhung* und *Selbstwertschutz* bzw. nach Selbstwertregulation noch keine neurowissenschaftlichen Arbeiten vorliegen, begründet Grawe (2004) mit der Komplexität des Gegenstandes und dem derzeitigen Fehlen geeigneter neurowissenschaftlicher Untersuchungsmethoden.

1.1 Das Bedürfnismodell von Epstein

In der integrativen Persönlichkeitstheorie von Epstein (1991; 2003) nehmen die psychischen Grundbedürfnisse des Individuums eine zentrale Stellung ein. Sie bilden gewissermaßen die Standards, an denen sich die gesamte psychische Aktivität einer Person ausrichtet, denn Menschen verfolgen bestimmte Ziele, um durch deren Realisierung ihre psychischen Grundbedürfnisse befriedigen zu können (Grawe 2004; Caspar 2007). Epstein unterscheidet mit dem *Bindungsbedürfnis*, dem Bedürfnis nach *Kontrolle und Orientierung*, dem Bedürfnis nach *Selbstwerterhöhung und Selbstwertschutz* sowie dem Bedürfnis nach *Lustgewinn und Unlustvermeidung* vier gleichberechtigte psychische Grundbedürfnisse des Menschen, die gleichermaßen von zentraler Bedeutung für die Verhaltenssteuerung sind. Verhalten wird dabei als ein Kompromiss beim gleichzeitigen Streben nach Befriedigung dieser unterschiedlichen psychischen Grundbedürfnisse gesehen, wobei ein Verhalten, das der Befriedigung eines Bedürfnisses dient, oft auch der Befriedigung der anderen genannten Bedürfnisse zugutekommt.

1.2 Bedürfnisbefriedigung und psychische Konsistenz

Nach dem Modell von Epstein (1991) wirken die psychischen Grundbedürfnisse zusammen und organisieren Verhalten. Im Verhalten müsse ein Kompromiss zwischen den unterschiedlichen Bedürfnisansprüchen gefunden werden, um das Entstehen fehlangepassten Verhaltens zu vermeiden. Er äußert sich aber nicht dazu, welche übergeordneten Prozesse das Zusammenwirken der Grundbedürfnisse eigentlich steuern.

Psychische Konsistenz als übergeordnetes Prinzip

Nach Grawe (1998; 2004) ist zum Verständnis dieser Regulierungsprozesse eine Modifizierung des Epsteinschen Ansatzes notwendig. Grawe sieht die verschiedenen Bedürfnisbefriedigungsprozesse durch ein übergeordnetes innerorganismisches Regulationsprinzip gesteuert, das er als *Konsistenzprinzip* bezeichnet. Konsistenz meint dabei einen Zustand des Organismus, der in Übereinstimmung bzw. Vereinbarkeit der gleichzeitig ablaufenden neuronalen bzw. psychischen Prozesse besteht. Eine Konsistenz der psychischen Prozesse ist als grundlegendes Erfordernis des innerpsychischen Systems zu betrachten und könne deshalb nicht als Motiv den anderen Bedürfnissen gleichgestellt werden, die sich auf Erfahrungen des Individuums aus der Interaktion mit seiner Lebensumgebung beziehen: Das Konsistenzprinzip ist das am weitesten übergeordnete Prinzip des psychischen Geschehens und muss daher als Grundprinzip des psychischen Funktionierens angesehen werden.

Zwischen psychischer Konsistenz und Bedürfnisbefriedigung ist allerdings ein enger Zusammenhang zu erwarten. Je konsistenter die psychischen Prozesse sind,

d. h. je größer die Erwartungs-Wahrnehmungs-Kongruenzen einer Person ausfallen, desto wirksamer dürfte die Bedürfnisbefriedigung gewesen sein. Als Gegenpol zur Konsistenz lassen sich ausgeprägte personale Erwartungs-Wahrnehmungs-Diskrepanzen betrachten (Dissonanz, Konflikt, Dissoziation) (s. a. Festinger 1957), die auf mangelnde Bedürfnisbefriedigungen verweisen. Grawe (1998, 421) beschreibt deshalb die Unterschiede zwischen psychisch gesunden und psychisch kranken Menschen folgerichtig als Unterschiede, in denen diese ihre psychischen Grundbedürfnisse in konsistenter Weise befriedigen konnten:

> Seelisch sehr gesunde, glückliche Menschen unterscheiden sich von anderen nicht nur dadurch, dass sie in ihren Grundbedürfnissen wenig verletzt wurden und deshalb gut entwickelte intentionale Schemata um ihre Grundbedürfnisse herum entwickelt haben, sie zeichnen sich auch dadurch aus, dass sie ihre Bedürfnisse in Übereinstimmung miteinander, also in konsistenter Weise befriedigen können. Wenn wir menschliches Glück aus der Konsistenzperspektive definieren sollten, dann wäre dies ein Zustand von „mit sich und der Welt eins sein". Geringe Konsistenz geht immer auf Kosten einer wirksamen Bedürfnisbefriedigung. Ein hohes Ausmaß an Inkonsistenz bedeutet seelisches Leiden und menschliches Unglück.

1.3 Ressourcen als Mittel zur Befriedigung psychischer Grundbedürfnisse

Spezifische Person-Umwelt-Ressourcen dienen als Mittel zur Befriedigung von psychischen Grundbedürfnissen, wobei bestimmte verfügbare Ressourcen nicht nur zur Befriedigung *eines* psychischen Grundbedürfnisses beitragen, sondern oft auch der Befriedigung eines oder mehrerer anderer. Unter dem Begriff „Ressource" werden demnach alle Möglichkeiten subsumiert, die einem Menschen zur Befriedigung seiner angeborenen psychischen Grundbedürfnisse zur Verfügung stehen (Grawe 1998). Insofern kann auch von *Grundbedürfnisbefriedigungsressourcen* gesprochen werden. Es gehört zu den elterlichen Erziehungsaufgaben, derartige (Meta-)Ressourcen bei ihren Kindern aufzubauen sowie deren Weiterentwicklung und Festigung zu fördern, damit diese mit zunehmendem Alter immer besser in der Lage sind, sich ihre psychischen Grundbedürfnisse zunehmend eigenständig zu befriedigen, bis sie dann als junge Erwachsene darin nicht mehr von ihren Eltern abhängig sind (vgl. Klemenz 2003; 2007; 2008; 2009a; 2009b, Kap. 6).

Ressourcenhierarchien

Nach Smith und Grawe (2003) dürfen nicht alle *Bedürfnisbefriedigungsressourcen* als gleichrangig betrachtet werden, weil Ressourcen in hierarchischen Systemen geordnet sind, sodass übergeordnete und ihnen untergeordnete Ressourcen identifiziert werden können. Eine Ressource kann einer anderen Ressource als Mittel „dienen", sie ist ihr dann hierarchisch untergeordnet. Eine übergeordnete Ressource bestimmt wiederum die Zielkomponente einer untergeordneten Ressource, die ihr als Mittel dient. So verfolgt z. B. ein angemessenes mütterliches Fürsorgeverhalten das Ziel, dem Säugling zuverlässig Nähe und Bindungssicherheit zu vermitteln. Die Mutter kann auf die Bindungswünsche ihres Säuglings reagieren, indem sie sich feinfühlig in seine Lage versetzt und ihn solange im Arm hält, bis das aktuelle Bindungsverhalten aufhört. In diesem Fall ist die mütterliche Feinfühligkeit als eine übergeordnete personale Ressource zur Befriedigung des kleinkindlichen Bindungsbedürfnisses anzusehen.

Potenziale und motivationale Ressourcen

Es lassen sich überdies potenziale und motivationale Ressourcen unterscheiden. Zu den motivationalen Ressourcen zählen alle Ziele und Unterziele, die eine Person zur Befriedigung ihrer psychischen Grundbedürfnisse entwickelt hat:

> Beispielsweise könnte das Ziel eine Ausbildung abzuschließen – mit dem Unterziel eine Prüfung zu bestehen – dem Grundbedürfnis der Selbstwerterhöhung dienen. Unter potentialen Ressourcen werden hingegen alle Fähigkeiten und Verhaltensweisen verstanden, die der Erreichung dieser Ziele dienen. Für das Bestehen einer Mathematikprüfung wäre z. B. die Fähigkeit abstrakt zu denken und die Durchführung von Übungsaufgaben wichtig. (Smith & Grawe 2003, 113)

Die potenzialen Ressourcen können wiederum in über- und untergeordnete Ressourcen untergliedert werden. Übergeordnete potenziale Ressourcen ließen sich dann als Schlüssel- oder Metaressourcen kennzeichnen, deren Verfügbarkeit es erleichtert, weitere Ressourcen zu erwerben, um z. B. neue Zielsetzungen zu generieren und zu realisieren. So wäre etwa die Fähigkeit eines Schülers, selbstintentional zu lernen, als Metaressource zu bezeichnen, die es ihm ermöglicht, seinen potenzialen Ressourcenbestand eigenständig zu erweitern, um auf diesem Weg sein Kontrollbedürfnis und/oder sein Bedürfnis nach Selbstwerterhöhung zu befriedigen. Für diesen Zweck müssten allerdings bei der betreffenden Person erst spezifische motivationale Ressourcen entwickelt und verfügbar sein (z. B. ein dispositionales Interesse an bestimmten Themen oder Tätigkeiten).

2 Grundbedürfnisbefriedigung durch ressourcenorientierte Erziehung

Für das Konzept einer ressourcenorientierten Erziehung könnte sich die Orientierung an der Vorstellung einer hierarchischen Ordnung von Ressourcen als fruchtbar erweisen, wenn z. B. bei Eltern diejenigen Personressourcen bestimmt werden, deren Verfügbarkeit und Aktivierung mit großer Wahrscheinlichkeit einen wesentlichen Beitrag zur Befriedigung der psychischen Grundbedürfnisse bei ihren Kindern liefern. Dabei müsste zwischen motivationalen und potenzialen Ressourcen bzw. Metaressourcen von Erziehern unterschieden werden. Über eine *vertikale*

Ressourcenperspektive ließen sich Diskrepanzen zwischen motivationalen und potenzialen Elternressourcen bestimmen. Über eine *horizontale Ressourcenperspektive* könnte geprüft werden, ob bestimmte Elternressourcen als Moderatoren für den Aufbau spezifischer Ressourcen bei Kindern und Jugendlichen wirksam werden.

Zum Thema „Ressourcenorientierte Erziehung" liegen zwei Monografien des Autors vor (Klemenz 2007; 2008), die in diesem Text nur komprimiert skizziert werden. Dabei ist es nicht möglich, auf die neurobiologischen Grundlagen der im Folgenden vorgestellten psychischen Grundbedürfnisse einzugehen. Hierzu wird auf eine entsprechende Darstellung bei Klemenz (2009a) verwiesen, die sich auf eine Wiedergabe von Grawe (2004) stützt.

2.1 Ressourcen zur Befriedigung des Bindungsbedürfnisses

In Bowlbys Bindungstheorie (Bowlby 1975; 1995) wird das Bestreben kleiner Kinder, unter bestimmten Bedingungen die Nähe zu einer oder wenigen engen Bezugspersonen zu suchen und vorübergehend beizubehalten, als angeborenes Grundbedürfnis nach Nähe interpretiert und im Folgenden als Bindungsbedürfnis bezeichnet. Kleinkinder verfolgen durch aktives Bindungsverhalten das Ziel, ein Gefühl von psychischer Sicherheit zu erlangen und damit ein durch die fehlende Nähe zur Bindungsperson entstandenes Unlustgefühl abzubauen. Sie versuchen dabei, ihr Bindungsbedürfnis durch unterschiedliche Verhaltensweisen zum Ausdruck zu bringen, wie z. B. durch Kommunikationsverhalten, das die Distanz zur Bindungsperson verringern soll (z. B. durch Schreien oder Rufen), durch Verhalten, das die Bindungsperson in der Nähe hält bzw. eine Trennung verhindern soll (z. B. durch Festhalten, Anklammern oder Trennungsprotest), oder durch unmittelbares Nähesuchen (z. B. durch Nachfolgen oder Suchen) (Becker-Stoll & Grossmann 2002). Auch ältere Kinder und Jugendliche haben Bindungsbedürfnisse, bringen diese mit zunehmendem Alter aber vornehmlich verbal zum Ausdruck.

Erlebte Bindungssicherheit als Metaressource

Zahlreiche Befunde der Bindungsforschung belegen (z. B. Grossmann & Grossmann 2004), warum erlebte Bindungssicherheit aus entwicklungspsychopathologischer Sicht für Kinder und Jugendliche einen entscheidenden Protektivfaktor gegenüber emotionalen Belastungen, Entwicklungskrisen, kritischen Lebensereignissen oder sonstigen Verunsicherungen darstellt und warum Bindungssicherheitsgefühle aus der Ressourcenperspektive eine Basis für die weitere kindliche Entwicklung repräsentieren (Scheuerer-Englisch 2001) und somit die Bedeutung einer Metaressource erhalten.

Der Blick auf die Ergebnisse der Bindungsforschung stützt auch das ressourcenbezogene Hierarchiekonzept von Smith und Grawe (2003) und lässt die Verfügbarkeit von übergeordneten Ressourcen als einen zuverlässigen Prädiktor für die Entwicklung weiterer personaler Ressourcen erscheinen. So zeigen sicher gebundene im Vergleich zu unsicher gebundenen Jugendlichen ein stärkeres beziehungsorientiertes Verhalten, eine positivere soziale Wahrnehmung, stabilere Freundschaftsbeziehungen, ein höheres Selbstwertgefühl, stärkeres Selbstvertrauen und ein realistisches Fähigkeitskonzept (vgl. Grossmann & Grossmann 2004).

Das verweist auf deutliche Übereinstimmungen mit Hobfolls (1998) Konzept der „Ressourcengewinnspiralen", wonach Menschen mit bedeutsamen Schlüsselressourcen weniger anfällig gegen Ressourcenverluste sind und weitere Ressourcen leichter hinzugewinnen (→ Schubert & Knecht). Die Metaressource „erlebte Bindungssicherheit" wirkt offenbar wie ein kräftiger Antrieb, der Ressourcengewinnspiralen in Gang setzt. Es wird nicht nur das Bindungsbedürfnis befriedigt, sondern im Weiteren wird auch die Beziehungsfähigkeit und die Selbst- und Persönlichkeitsentwicklung entscheidend gefördert.

2.2 Ressourcen zur Befriedigung des Bedürfnisses nach Kontrolle und Orientierung

Das Streben des Menschen nach Erlangung, Erhaltung oder Erweiterung von Kontrolle in seinem Lebensraum ist ein durch die Forschung immer wieder bestätigtes motivationales Prinzip (vgl. Bandura 1997; Flammer 1990; Flammer & Nakamura 2002). Personale Kontrollerfahrungen haben wiederum in der Regel positive Wirkungen auf emotionales Wohlbefinden, physische Gesundheit und psychische Funktionen (Thompson 2002). Die Existenz eines Kontrollbedürfnisses wird besonders deutlich, wenn Personen in schwierige, aversive oder äußerst bedrohliche Situationen geraten, die für sie nicht kontrollierbar sind oder so erscheinen. Seligman (1975) hat diesen Zustand mit dem Begriff der „gelernten Hilflosigkeit" bezeichnet und auf weitreichende Konsequenzen einer andauernden Verletzung des Kontrollbedürfnisses verwiesen (z.B. starke Beeinträchtigung des Selbstwertgefühls, Entwicklung von Ängsten und/oder depressivem Verhalten).

Erfahrung von Kontrollverlust führt jedoch nicht zwangsläufig zu Hilflosigkeitsreaktionen. Mitunter wird im Sinne eines „Jetzt-erst-recht" versucht, durch erhöhte Anstrengung eine Situation dennoch zu bewältigen (Reaktanzverhalten nach Wortman & Brehm 1975). Außerdem bestehen Möglichkeiten der sekundären, illusionären oder indirekten Kontrolle (Flammer 1990). Diese unterschiedlichen Versuche, sich vor Kontrollverlust zu schützen, sind Belege dafür, zu welchen Anstrengungen Menschen bereit und fähig sind, um zeitweilige oder überdauernde Kontrollverluste zu vermeiden und ihr Kontrollbedürfnis trotz widriger Umstände zu befriedigen.

Das Bedürfnis nach Orientierung

Mit Kontrolle ist vor allem das Bestreben oder die Vorstellung verbunden, etwas zu können, was zur Herbeiführung und Aufrechterhaltung der eigenen Ziele wichtig ist. Grawe (2004) spricht in diesem Zusammenhang auch vom Kompetenzaspekt des Kontrollbedürfnisses, den er von einer kognitiven Komponente der Kontrolle abgrenzt, die das Orientierungsbedürfnis kennzeichnet. Menschen wollen wissen, was los ist, insbesondere bei Dingen, die ihnen wichtig sind, auch um zu wissen, was sie tun können, um die eigene Situation zu verbessern. Damit wird auch deutlich, dass Kontrolle ohne hinreichende Orientierung nicht möglich ist.

Kinder und Jugendliche können ihr Kontrollbedürfnis am nachhaltigsten durch häufige Erfahrungen eigener Wirksamkeit befriedigen. Das führt zum Aufbau von situativen, bereichsspezifischen oder generellen Selbstwirksamkeitserwartungen (Bandura 1997), die wiederum in leistungsbezogene und soziale Selbstwirksamkeitserwartungen unterschieden werden können. Soziale Selbstwirksamkeitserwartungen resultieren aus wiederholten positiven Erfahrungen bei der Bewältigung sozialer Anforderungen (Satow & Schwarzer 2003). Solche Wirksamkeitserfahrungen repräsentieren personale Ressourcen (→ F.-C. Schubert).

Zur Entwicklung von leistungsbezogenen und sozialen Selbstwirksamkeitserwartungen sollten Eltern die Selbständigkeitserziehung ihrer Kinder frühzeitig in Angriff nehmen, wobei zwischen der Förderung von praktischer und sozialer Selbständigkeit zu differenzieren ist. Der Aufbau von Kompetenzerwartungen wird durch häusliche Bedingungen beschleunigt, die selbstintentionales Lernen erfordern und selbstmotiviertes Lernen unterstützen. Das kann z.B. durch Begleitung und Förderung der Interessensentwicklung erfolgen. Zur Befriedigung ihres Orientierungsbedürfnisses benötigen Kinder klare Grenzen zur Akzeptanz von familiären Regeln, Absprachen und Forderungen und zur Internalisierung allgemeiner gesellschaftlicher Normen und Regeln des zwischenmenschlichen Umgangs. Wenn Eltern als *Kompetenzautoritäten* akzeptiert werden, geben diese Grenzen den Kindern Halt und Orientierung, schützen sie vor Gefahren, bewahren ihre Würde und dienen den Heranwachsenden später als herausfordernde Reibungsgelegenheiten gegenüber ihren Eltern, an denen sie sich abarbeiten, neue Grenzen aushandeln und somit ihre Selbstbestimmungsmöglichkeiten erweitern können. Durch verschiedene zusätzliche Orientierungshilfen (z.B. durch Anleiten, Erklären, Informations- und Wissensvermittlung, Klärungs- und Problemlösungshilfen) erhöhen Eltern die *Orientierungskompetenz* ihrer Kinder, die sie zunehmend befähigt, ihr Orientierungsbedürfnis eigenständig zu befriedigen. Kinder und Jugendliche, die in ihrer leistungsbezogenen Selbständigkeit gefördert worden sind, zeigen ein hohes und realistisches Anspruchsniveau, arbeiten aufgabenorientiert und verfolgen zielstrebig ihre bedürfnisorientierten Pläne, lassen dabei eine hohe Anstrengungsbereitschaft sowie Ausdauer erkennen und verwenden adäquate Lern- und Arbeitsstrategien. Erfolge wie Misserfolge werden selbstwertdienlich und motivationsfördernd attribuiert.

Gegenüber sozialen Anforderungen haben diese Jugendlichen Kompetenzerwartungen aufgebaut, die ihre Überzeugung ausdrücken, eigene Interessen und Meinungen in einer Gleichaltrigengruppe behaupten sowie Ärger und Stress sozialverträglich regeln zu können. Zu ihren sozialen Selbstwirksamkeitserwartungen gehört auch ihr Selbstverständnis, sich in neuen sozialen Situationen eigenständig wieder ein soziales Netz aufbauen zu können. Die Kompetenz des selbstintentionalen Lernens befähigt sie zur Planung, Durchführung und Überwachung ihrer selbstmotivierten Projekte, wodurch weitere Selbstwirksamkeitserwartungen aufgebaut werden.

Vermittlung von Orientierungssicherheit

Erziehungskompetente Eltern vermitteln ihren Kindern ein Gefühl von Orientierungssicherheit, das sie zu neugieriger Exploration ihrer Umgebung ermutigt und ihnen Selbstsicherheit gibt, sich auf neue Situationen einzulassen. Sie vermeiden dabei unnötige Risiken, gehen erkennbaren Gefahrenquellen aus dem Weg und holen sich in Überforderungssituationen rechtzeitig Hilfe. Ihre Ambiguitätstoleranz hilft Kindern, Ängste zu regulieren, die in verunsichernden oder unübersichtlichen Situationen auftreten. Die entwickelte Widerstandsfähigkeit bei auftretenden Hindernissen im Leistungs- und Sozialbereich befähigt diese Kinder, komplexere Anforderungen zur schrittweisen Bewältigung in Teilaufgaben zu untergliedern, und sie verfügen über hinreichende Problemlösungsstrategien, um Konflikte mit Altersgleichen sozialverträglich auszutragen (s. a. Klemenz 2007).

2.3 Ressourcen zur Befriedigung des Bedürfnisses nach Selbstwerterhöhung und Selbstwertschutz

Dieses Grundbedürfnis hat bei Sozialpsychologen einen hohen Stellenwert und wird als zentrales Motiv menschlichen Handelns angesehen (z. B. Steele 1998; Tesser 1998). Die meisten Menschen möchten ein positives Bild von sich haben, möchten sich als kompetent, von anderen geachtet, wertgeschätzt und geliebt erfahren. Die Infragestellung einer positiven Selbstwahrnehmung kann starke kognitive Dissonanzen sowie selbstwertbedrohliche Empfindungen hervorrufen und eine Vermeidung solcher Situationen bewirken (Aronson 1998). In der Persönlichkeitspsychologie sind Konzepte zur positiven Bewertung von sich selbst ebenfalls breit verankert. Von Adler (1927) wurde die Überwindung des *Minderwertigkeitsgefühls* als die wichtigste Motivationsquelle des Menschen angesehen. Bei Allport (1937), Maslow (1954), Rogers (1952) oder Erikson (1959) findet sich bereits die Vorstellung eines Bedürfnisses nach Wertschätzung durch andere und des Strebens nach einem positiven Selbstkonzept bzw. nach einer positiven Selbstbewertung.

Stahlberg, Osnabrügge und Frey (1985) haben erstmals eine „Theorie des Selbstwertschutzes und der Selbstwerterhöhung" vorgelegt, wonach Menschen grundsätzlich motiviert seien, ihr Selbstwertgefühl zu schützen bzw. zu erhöhen. Dauenheimer et al. (2002) stellen später eine weiterentwickelte und differenziertere Fassung vor, die anhand zahlreicher empirischer Befunde belegt wird. Danach beeinflusst das Motiv zur Selbstwerterhöhung, wie Personen sich selbst und andere wahrnehmen und beurteilen, mit welchen Personen sie sich vergleichen, wie sie eigene und fremde Leistungen erklären, wie sie affektiv und kognitiv auf Rückmeldungen reagieren und welche Informationen sie aktiv suchen bzw. vermeiden (s. a. Klemenz 2007).

2.4 Ressourcen zur Befriedigung des Bedürfnisses nach Lustgewinn und Unlustvermeidung

Dieses Grundbedürfnis beinhaltet das Bestreben des Individuums, positive Emotionen herbeizuführen und negative Gefühlszustände zu vermeiden. Epstein (1991) postuliert die generelle Zielsetzung des Menschen, über vorhersehbare Zeitspannen eine möglichst günstige Lust-Unlust-Bilanz erreichen zu wollen. Von allen bisher behandelten psychischen Grundbedürfnissen ist dieses Bedürfnis unserem Erleben am besten zugänglich, denn kaum jemand wird bestreiten, dass wir im Allgemeinen angenehme Zustände anstreben und unangenehme vermeiden wollen (Grawe 2004). Das Bedürfnis nach Lustgewinn und Unlustvermeidung ist vereinbar mit Freuds (1920) Lustprinzip als zentralem Grundmuster von Handlungen. In behavioristischen Konzepten wird der Befriedigung dieses Grundbedürfnisses ebenfalls eine zentrale Bedeutung zugewiesen. Nach Skinner (1969) sind Menschen bestrebt, durch ihr Verhalten Positives zu erleben und Schmerz zu vermeiden. Durch positive Verstärkung in Form von materiellen, informativen, sozialen oder Aktivitätsverstärkern können positive Emotionen hervorgerufen werden; durch negative Verstärkung (Flucht, Vermeidung) besteht die Belohnung in der Abschwächung oder der Beendigung eines negativen, d. h. unangenehmen, schmerzhaften, peinlichen Zustands. Die beiden Verstärkerarten verweisen auf qualitativ unterschiedliche Zieltypen menschlichen Verhaltens. Die durch positive Verstärkung generierten positiven Emotionen sind auf das Erreichen von *Annäherungszielen*, die oft als angenehm erlebte negative Verstärkung ist auf das Erreichen von *Vermeidungszielen* gerichtet. Letztere bewirkt aber keine gute Bedürfnisbefriedigung, weil die gesamte psychische Aktivität von der Vermeidung bestimmt ist, von Anspannung begleitet und nicht frei ist für die Verfolgung von Annäherungszielen. Nur die Realisierung von Annäherungszielen führt zu wirklicher Grundbedürfnisbefriedigung (Grawe 2004).

Erziehungsziel: Sicherstellen von positiven Lust-Unlust-Bilanzen

Eine grundbedürfnisbefriedigende Erziehung sollte demnach bestrebt sein, Kinder und Jugendliche bei der Verfolgung und Realisierung von Annäherungszielen zu unterstützen, um sie zu befähigen, Ressourcen zur eigenständigen Grundbedürfnisbefriedigung zu entwickeln. Dies wird erreicht, wenn Kinder und Jugendliche in ihrer Familie vielfältige positiv-emotionale Erfahrungen machen. Sie entwickeln sich dadurch zu Personen, die durch eine *positive Emotionalität* beeindrucken. Dazu gehört auch der unvermeidliche Umgang mit negativen Emotionen, die etwa aus persönlichen Misserfolgen, Enttäuschungen, Zurückweisungen, Konflikten resultieren können. Auch hierzu benötigen Kinder und Jugendliche im Überforderungsfall die Unterstützung ihrer Eltern und anderer Bezugspersonen, um verschiedene Möglichkeiten zur Regulation negativer emotionaler Zustände kennenzulernen. Die Zielsetzung besteht in der Vermittlung von Strategien zur zunehmend eigenständigen Regulation negativ-emotionaler Zustände, sodass sie kaum noch in Vermeidungsverhalten ausweichen müssen. Dabei wird unter Bezugnahme auf die empiriegestützte Emotionstheorie von Fredrickson (2002) davon ausgegangen, dass Kinder und Jugendliche durch das Erleben von positiven Emotionen ihr momentanes Denk-Handlungs-Repertoire erweitern sowie negative Emotionen gehemmt werden, wodurch eine vorübergehende oder längerfristige Blockierung bestehender Unlustgefühle erfolgt. Überdies führt die elterliche Kultivierung von positiven Emotionen bei Kindern und Jugendlichen zum Aufbau dauerhafter personaler Ressourcen, indem diese sich unter positiv-emotionalen Bedingungen neues Wissen aneignen, sich vermehrt an eigenständig gesetzten Prioritäten orientieren sowie diverse psychische und soziale Fertigkeiten bzw. Fähigkeiten ausbilden.

Zu den bedeutendsten Quellen für das Erleben von positiven Emotionen und damit verbundenen Ressourcenentwicklungen gehören Spielen und andere kreative Tätigkeiten, bei denen Kinder und Jugendliche, unter günstigen Bedingungen auch ohne ihre Eltern, ihr Bedürfnis nach Lustgewinn allein oder zusammen mit anderen hinreichend befriedigen können. Derartigen Tätigkeiten kann deshalb zweifellos der Rang einer Metaressource zur Generierung von positiven Emotionen und zur Befriedigung dieses Grundbedürfnisses zugewiesen werden. Die erzieherischen Möglichkeiten zur hinreichenden Befriedigung der genannten psychischen Grundbedürfnisse sowie die dazu erforderlichen Grundbedürfnisbefriedigungsressourcen werden bei Klemenz (2007) ausführlich dargestellt.

3 Fazit und Ausblick

Das vorgestellte Erziehungsmodell bestimmt die angemessene und konsistente Befriedigung der angeborenen psychischen Grundbedürfnisse des Edukanden als übergeordnetes Ziel jeglicher Erziehung. Zur Befriedigung dieser psychischen Grundbedürfnisse sind spezifische Erzieherressourcen relevant, die im Einzelnen aufgeführt werden. Damit wird ein Bezugsrahmen für eine erzieherische Grundorientierung vorgelegt, der sich in wesentlichen Punkten von anderen Erziehungskonzeptionen unterscheidet. Innovativ ist die neurobiologische Ausrichtung dieses

Erziehungsansatzes, die durch neurowissenschaftliche Befunde zur Verankerung von drei der vier aufgeführten psychischen Grundbedürfnisse in der Beschaffenheit des menschlichen Nervensystems nahegelegt wird. Für Praktiker und Wissenschaftler, die an gelingender Erziehung bzw. Erziehungsoptimierung interessiert sind, ist es aufgrund der Untersuchungsergebnisse unerlässlich, diese Grundbedürfnisbefriedigungsperspektive künftig stärker zu beachten und sich für ihre empirische Überprüfung, Weiterentwicklung und Umsetzung einzusetzen.

Klar muss dabei auch sein, dass diese Zielsetzung nicht allein von psychologischer und pädagogischer Seite verfolgt werden kann und sollte. Grundbedürfnisbefriedigungsressourcen sind nicht nur in Deutschland ein gesellschaftlich ungleich verteiltes Potenzial (Keupp 2003), zu dem vor allem ökonomisch und sozial marginalisierte Personengruppen ungleiche Zugangschancen haben und deshalb in ihren Möglichkeiten zur psychischen Grundbedürfnisbefriedigung und kortikalen Konsistenzregulation erheblich eingeschränkt sind. Wie auch Mägdefrau (2006) betont, hat das Bedürfniskonzept eine gewisse Nähe zum Phänomen der sozialen Ungleichheit, wenn die unterschiedliche Verfügbarkeit über die Ressourcen zur Grundbedürfnisbefriedigung fokussiert wird (→ Drilling, → Knecht, „Ressourcenzuteilung im Wohlfahrtsstaat", → Röh).

Literatur

Adler, A. (1927): Studie über Minderwertigkeit von Organen. München: Bergmann.
Allport, G. W. (1937): Personality: A psychological interpretation. New York: Holt.
Aronson, E. (1998): Dissonance, hypocrisy, and the self-concept. In: Harmon-Jones, E. & Mills, J. (Hrsg.): Cognitive dissonance theory: Revival with revisions and controversies. Washington, DC: American Psychological Association.
Bandura, A. (1997): Self-efficacy: The exercise of control. New York: Freeman.
Becker, P. (2006): Gesundheit durch Bedürfnisbefriedigung. Göttingen: Hogrefe.
Becker-Stoll, F. & Grossmann, K. E. (2002): Bindungstheorie und Bindungsforschung. In: Frey, D. & Irle, M. (Hrsg.): Theorien der Sozialpsychologie, Bd. II. S. 247–274. Bern: Huber.
Bowlby, J. (1975): Bindung. Frankfurt/M.: Fischer.
Bowlby, J. (1995): Elternbindung und Persönlichkeitsentwicklung. Therapeutische Aspekte der Bindungstheorie. Heidelberg: Dexter.
Caspar, F. (2007): Beziehungen und Probleme verstehen. Eine Einführung in die psychotherapeutische Plananalyse. (3. Aufl.). Bern: Huber.
Dauenheimer, D., Stahlberg, D., Frey, D. & Petersen, L.-E. (2002): Die Theorie des Selbstwertschutzes und der Selbstwerterhöhung. In: Frey, D. & Irle, M. (Hrsg.): Theorien der Sozialpsychologie, Bd. III. (2. Aufl.). S. 159–190. Bern: Huber.
Epstein, S. (1991): Cognitive-experiental self-theory: An integrative theory of personality. In: Curtis, R. C. (Hrsg.): The relational self: Theoretical convergences in psychoanalysis and social psychology. S. 111–137. New York: Guilford.
Epstein, S. (2003): Cognitive-experiental self-theory of personality. In: Millon, T. & Lerner, M. J. (Hrsg.): Comprehensive handbook of psychology, Vol. 5: Personality and social psychology. S. 159–184. Hoboken, NJ: Wiley & Sons.

Erikson, E. (1959): Identität und Lebenszyklus. Frankfurt/M.: Suhrkamp.
Festinger, L. (1957): A theory of cognitive dissonance. Evanston, IL: Row, Peterson.
Flammer, A. (1990): Erfahrung der eigenen Wirksamkeit. Einführung in die Psychologie der Kontrollmeinung. Bern: Huber.
Flammer, A. & Nakamura, Y. (2002): An den Grenzen der Kontrolle. Zeitschrift für Pädagogik, 44, Beih., S. 83–112.
Fredrickson, B. L. (2002): Positive emotions. In: Snyder, C. R. & Lopez, S. J. (Hrsg.): Handbook of Positive Psychology. S. 120–134. Oxford: University Press.
Freud, S. (1920): Jenseits des Lustprinzips. In: Gesammelte Werke, Bd. 13. S. 1–69. Frankfurt/M.: Fischer.
Gasiet, S. (1981): Menschliche Bedürfnisse. Eine theoretische Synthese. Frankfurt/M.: Campus.
Grawe, K. (1998): Psychologische Therapie. Göttingen: Hogrefe.
Grawe, K. (2004): Neuropsychotherapie. Göttingen: Hogrefe.
Grossmann, K. & Grossmann, K. E. (2004): Bindungen – Das Gefüge psychischer Sicherheit. Stuttgart: Klett-Cotta.
Heckhausen, H. (1980): Motivation und Handeln. Lehrbuch der Motivationspsychologie. Berlin: Springer.
Hobfoll, S. E. (1998): Stress, culture, and community: The psychology and philosophy of stress. New York: Plenum.
Kamlah, W. (1973): Philosophische Anthropologie. Sprachkritische Grundlegung und Ethik. Mannheim: Bibliogr. Institut.
Keupp, H. (2003): Ressourcen als gesellschaftlich ungleich verteiltes Handlungspotential. In: Schemmel, H. & Schaller, J. (Hrsg.): Ressourcen: Ein Hand- und Lesebuch zur therapeutischen Arbeit. S. 555–573. Tübingen: dgvt.
Klemenz, B. (2003): Ressourcenorientierte Diagnostik und Intervention bei Kindern und Jugendlichen. Tübingen: dgvt.
Klemenz, B. (2007): Ressourcenorientierte Erziehung. Tübingen: dgvt.
Klemenz, B. (2008): Verwurzelt fliegen – Leitfaden für eine stärkenorientierte Kindererziehung. München: Grin.
Klemenz, B. (2009a): Erziehungsoptimierung durch Grundbedürfnisbefriedigung: Entwurf eines neurobiologisch gestützten Erziehungsmodells. Verhaltenstherapie mit Kindern und Jugendlichen. Zeitschrift für die psychosoziale Praxis, 1, S. 77–95.
Klemenz, B. (2009b): Ressourcenorientierte Psychologie. Ermutigende Beiträge einer menschenfreundlichen Wissenschaft, Bd. 1. Tübingen: dgvt.
Lewin, K. (1945): The research center of group dynamics at Massachusetts Institute of Technology. Sociometry, 8, S. 126–136.
Mägdefrau, J. (2006): Bedürfnisse und Pädagogik. Eine Untersuchung an Hauptschülern. Bad Heilbrunn: Klinkhardt.
Maslow, A. H. (1954): Motivation and personality. New York: Harper.
Rogers, C. R. (1952): Counseling and psychotherapy. Boston: Mifflin.
Satow, L. & Schwarzer, R. (2003): Entwicklung schulischer und sozialer Selbstwirksamkeitserwartung: Eine Analyse individueller Wachstumskurven. Psychologie in Erziehung und Unterricht, 50, S. 168–181.
Scheuerer-Englisch, H. (2001): Wege zur Sicherheit. Bindungsgeleitete Diagnostik und Intervention in der Erziehungs- und Familienberatung. In: Suess, G., Scheuerer-Englisch, H. & Pfeifer, W. P. (Hrsg.): Bindungstheorie und Familiendynamik. Anwendung der Bindungstheorie in Beratung und Therapie. S. 315–345. Gießen: Psychosozial-Verlag.
Seligman, M. E. P. (1975): Helplessness. On depression, development and death. San Francisco: Freeman.

Skinner, B.F. (1969): Die Funktion der Verstärkung in der Verhaltenswissenschaft. München: Kindler.
Smith, E. & Grawe, K. (2003): Die funktionale Rolle von Ressourcenaktivierung für therapeutische Veränderungen. In: Schemmel, H. & Schaller, J. (Hrsg.): Ressourcen. Ein Hand- und Lesebuch zur therapeutischen Arbeit. S. 111–121. Tübingen: dgvt.
Stahlberg, D., Osnabrügge, G. & Frey, D. (1985): Die Theorie des Selbstwertschutzes und der Selbstwerterhöhung. In: Frey, D. & Irle, M. (Hrsg.): Theorien der Sozialpsychologie, Bd. III. S. 79–124. Bern: Huber.
Steele, C.M. (1998): The psychology of self-affirmation. Sustaining the integrity of the self. In: Berkowitz, L. (Hrsg.): Advances in experimental social psychology. S. 261–302. New York: Academic Press.
Tesser, A. (1998): Toward a self-evaluation maintainance model of social behavior. In: Berkowitz, L. (Hrsg.): Advances in experimental social psychology. S. 181–227. New York: Academic Press.
Thompson, S.C. (2002): The role of personal control in adaptive functioning. In: Snyder, C.R. & Lopez, S.J. (Hrsg.): Handbook of Positive Psychology. S. 202–213. Oxford: University Press.
Wortman, C.B. & Brehm, J.W. (1975): Responses to uncontrollable outcomes. In: Berkowitz, L. (Hrsg.): Advances in experimental social psychology. S. 277–336. New York: Academic Press.

Ressourcenorientierte Diagnostik

Rolf Glemser, Silke Birgitta Gahleitner

Einleitung

„Ein möglichst genaues, zutreffendes Bild von der Person eines Hilfsbedürftigen zu geben" (Salomon 1926, 261), sollte 100 Jahre nach dem Wirken von Alice Salomon eigentlich zum Standard sozialdiagnostischer Bemühungen gehören. Diagnostik hatte jedoch über viele Jahre hinweg in der Sozialen Arbeit einen zwiespältigen Ruf. In ihrer Aufgabe, sozialen Dysfunktionen vorzubeugen und entgegenzuwirken (Klüsche 1999), erweist sich Soziale Arbeit als besonders qualifiziert, die Schnittstelle zwischen psychischen, sozialen, physischen und alltagssituativen Dimensionen zu erfassen, wobei sie von Grund auf ein interdisziplinäres und mehrdimensionales Vorgehen anwendet. In den letzten beiden Jahrzehnten hat sich die Soziale Arbeit der Aufgabe gestellt, das Zusammenspiel zwischen personalen, interpersonalen, institutionellen und kulturellen Dimensionen im sozialberuflichen Handlungsfeld in Diagnostik wie Intervention auszuleuchten und zusammenzuführen. Diese Aufgabenstellung verpflichtet Soziale Arbeit in besonderer Weise, Ressourcen- und Resilienzaspekte in den Fokus zu nehmen, stellen sie doch in diesem komplexen Bedingungsgefüge zentrale Mediatoren dar. Inzwischen wurden zahlreiche sozialdiagnostische Verfahren entwickelt, zur Diskussion gestellt und kritisch reflektiert (zur Übersicht über die Entwicklungen vgl. Archiv für Wissenschaft und Praxis der sozialen Arbeit, Heft 4/2010). Resilienz- und Ressourcenaspekte spielen in den referierten Verfahren und Vorgehensweisen häufig eine wichtige Rolle. Oftmals geschieht es jedoch, dass dabei der Fokus auf Problemlagen in den Hintergrund gerät. Kritische Stimmen behaupten gar, eine ressourcenorientierte Haltung vermittle zuweilen das Gefühl, man dürfe Probleme nicht mehr in den Fokus nehmen – im Sinne der Devise „Gute Laune auf Befehl" (vgl. Gielas 2011).

Der vorliegende Artikel fokussiert die enge Verflechtung von Problemlagen und Ressourcen entlang konzeptioneller Überlegungen aus der Klinischen Sozialarbeit, wonach Gesundheit, Krankheit und Beeinträchtigung als in der Biografie und im gesellschaftlichen Kontext verankert zu betrachten sind. Die Ambivalenz von Komplexitätsgewinnung und Komplexitätsreduktion wird entlang der Grundkonzeption „diagnostischen Fallverstehens" (Heiner 2010; Heiner & Schrapper 2004) durch eine prozessuale Betrachtungsweise berücksichtigt. Nach einführenden Überlegungen zur Ressourcendiagnostik im Sinne einer handlungspraktischen Verortung wird das Modell an einem Fallbeispiel aufgespannt.

1 Ressourcenorientierung im diagnostischen Prozess[31]

In Hilfeprozessen werden zu Beginn, im Verlauf und am Ende einer Maßnahme bedeutsame Aspekte für die jeweils anstehenden Entscheidungsprozesse erfasst. Greift man die von Heiner (2010) eingeführte Systematik – Orientierungsdiagnostik, Risikodiagnostik, Zuweisungsdiagnostik und Gestaltungsdiagnostik – auf, fällt zu Beginn des Prozesses die Aufgabe an, sich zu orientieren und Risikokonstellationen abzuklären. Für beide Aufgaben werden in der Regel klassifikationsorientierte Abklärungsinstrumente benötigt, die in der Orientierungs- und Risikodiagnostik eine große Breite und in der Zuweisungsdiagnostik ein spezifisches Phänomen einzufangen haben. Klassifikatorische Diagnostik gibt Einteilungen vor, um Phänomene jeweils reduktiv einer oder mehreren Klassifikationen zuordnen zu können und eine Suchrichtung für wichtige Hilfeentscheidungen und Vorgehensweisen zu entfalten. Ohne Ordnungsschemata, ohne ein gewisses Maß an Komplexitätsreduktion, können wir uns in mehrschichtigen Zusammenhängen nicht zurechtfinden. Das bekannteste medizinische und psychodiagnostische Klassifikationssystem ist die International Classification of Diseases in der 10. Überarbeitung (ICD-10; WHO 2001), die auch in vielen Handlungsfeldern Sozialer Arbeit die Grundlage für Hilfeentscheidungen darstellt.

Standardisierte Klassifikationssysteme werden in großen, häufig internationalen Konsensgemeinschaften erarbeitet und sind häufig Exklusionslogiken und Normalitätskonstruktionen unterworfen, ein Umstand, der in der Sozialen Arbeit viel Kritik hervorruft (vgl. z. B. Hanses 2004; Schulze 2008). Inzwischen wurden auch Klassifikationssysteme für den stärkeren Einbezug sozialer Dimensionen entwickelt (für die Jugendhilfe u. a. SDBL: Bayerisches Landesjugendamt 2009; für Behinderung u. a. ICF: Schuntermann 2007; für Lebenslagen u. a. PIE: Karls & Wandrei 1994). Zahlreiche dieser Instrumente fokussieren eine Ressourcenorientierung, da diese Ausrichtung der diagnostischen Perspektive in der Sozialen Arbeit stärker entspricht. Die „Sozialpädagogische Diagnose des Bayerischen Landesjugendamtes" (2009) erhebt den erzieherischen Bedarf standardisiert nach Risiken und Ressourcen. Auch das sozialmedizinisch geprägte Instrument SOC (Singer & Brähler 2007), erstmals angeregt von Antonovsky (1997), vertritt eine Perspektive, in der „die Grenze zwischen krank und gesund sowohl offen als auch eindeutig" (Großmaß 2006, 5) gehalten werden kann. Herriger (2006) stellt in seinen umfassenden Überlegungen zur Ressourcenorientierung in der Sozialen Arbeit ein ganz spezifisch auf diesen Bereich ausgerichtetes „Kompetenzinventar" vor.

Aus dem Feld der Klinischen Psychologie, das sich auch sozialen Einflussfaktoren gegenüber offen positioniert, lässt sich an klassifikatorischen Instrumenten

---

[31] Die folgenden Überlegungen beruhen auf einer kontinuierlichen Weiterentwicklung von Vorträgen und Publikationen (vgl. Gahleitner 2005b; 2010; Gahleitner et al. 2009; Gahleitner & Pauls 2011; Gahleitner 2011).

zur Ressourcendiagnostik (zur Übersicht vgl. Willutzki 2008) das „Berner Ressourceninventar zur Erfassung von Ressourcen" nennen. Das Instrument betrachtet Ressourcenpotenziale zur Erfüllung von Grundbedürfnissen unter der Perspektive der Konsistenztheorie psychischen Funktionierens nach Grawe (1998; vgl. auch Borg-Laufs & Dittrich 2010; → Klemenz; → Wüsten & Schmid). Weitere ausdrücklich auf Ressourcen rekurrierende klassifikatorische Instrumente sind das „Ressourceninterview" (Schiepek & Cremer 2003) und der „Bochumer Ressourcenfragebogen" (RESO-B: Willutzki & Stelkens 2006). Er beleuchtet positive Aspekte zu Handlungssteuerung, Selbstwert, Erholung bzw. Entspannung und sozialer Unterstützung in Bezug auf Bereiche von Lebensbewältigung, Krisenbewältigung und aktuell vorhandenen Problematiken. In seine Entwicklungen sind systemtherapeutische Konzeptionen eingeflossen, die traditionell ressourcenorientierten Aspekten verpflichtet sind. Auf spezifische Ressourcenaspekte verweisen eine Reihe weiterer Fragebögen und Skalen aus der Testdiagnostik, wie z. B. die von Hautzinger (1997) angeregte „Liste angenehmer Aktivitäten", um ein für die Soziale Arbeit gut nutzbares Instrument herauszugreifen. Spezifisch für die Arbeit mit Kindern und Jugendlichen sei auf Klemenz (2009) verwiesen; eine kritische Reflexion des Konzepts „ressourcenorientierte Diagnostik im Kinder- und Jugendbereich" liefern Petermann und Schmidt (2009); Schemmel und Schaller (2003) bringen eine Übersicht über Ressourcenorientierung in der Psychologie. Der „Fragebogen zur Sozialen Unterstützung" (F-SozU: Fydrich et al. 2007) bezieht sich auf einen der bedeutendsten Schutzfaktoren in der Sozialen Arbeit (Diewald 1991; Nestmann 1988; 2000) und lässt sich – wie einige der soeben genannten Instrumente – nicht nur in der Abklärungsphase für die Zuweisungs- oder Orientierungsdiagnostik einsetzen, sondern bereits hervorragend mit biografie- und lebensweltorientierten diagnostischen Prozessen verknüpfen (s. u.).

Diagnostik ist nicht nur Voraussetzung jeglicher Intervention, sie stellt zugleich immer auch schon selbst eine Intervention dar. Besonders deutlich wird diese Logik in der sog. Gestaltungsdiagnostik (Heiner 2010). In dieser Phase der Diagnostik ist eine ausschließliche Schematisierung individueller, biografisch bedingter Problemlagen als problematisch zu begreifen. Im Vordergrund der Gestaltungsdiagnostik stehen daher Verfahren, die der Fall-Orientierung Vorrang vor der Theorie-Orientierung geben. Sie orientieren sich an der erkenntnistheoretischen Schrittfolge phänomenales – kausales – aktionales Erkenntnisinteresse und sind als „Regelkreis prozessualer psychosozialer Gestaltungsdiagnostik" (Glemser 2010) zu verstehen. Fragebögen haben hier einen eher ergänzenden Charakter, offene, biografische und lebensweltorientierte Verfahren stehen im Vordergrund. Für eine derart fallverstehende Rekonstruktion gilt es, aus der bisherigen Lebensgeschichte Anlässe und Anschlüsse für Gesundheit, Wohlbefinden und positive Entwicklungsphänomene herauszuarbeiten. Diese Perspektive eröffnet der diagnostischen Ausgestaltung von Ressourcen- und Resilienzaspekten viele Möglichkeiten. Die Tradition der sozialpädagogischen Diagnostik hat hierzu eine Fülle fallverstehender Verfahren hervorgebracht (Hanses 2004; Mollenhauer & Uhlendorf 1992; Müller 2004; Schrapper 2004). Methoden der Biografiearbeit nutzen insbesondere offene Anamnese- und Gesprächssituationen (vgl. u. a. Fischer & Gobliersch 2004; Schulze & Loch 2010; zur Biografiearbeit s. insbes. Miethe im Druck).

In der Integrativen Therapie und Beratung, einer für klinisch-sozialarbeiterische Zusammenhänge sehr gut nutzbaren Vorgehensweise, wird eher abbildungsorientiert mit dem „Lebenspanorama" gearbeitet (vgl. u. a. Petzold et al. 2000). Das Ausmaß der Beeinträchtigung auf der Ebene der „Person-in-der-Situation" lässt sich hilfreich mit den „fünf Säulen der Identität" (ebd.) erheben. Die Dimensionen Leiblichkeit bzw. Gesundheitszustand, soziales Umfeld, Arbeit/Freizeit/Leistung, materielles und kulturelles Kapital (Bourdieu 1992) und Wertvorstellungen werden entlang der inneren Repräsentanzen durch die Klienten bzw. Klientinnen bildlich oder durch Sprache dargestellt (s. u.). Jede der Säulen lässt sich bei Bedarf vertiefen: Die Säule der Leiblichkeit kann durch Körperbilder („Bodycharts", vgl. Petzold et al. 2000) vertieft werden. Das soziale Umfeld und seine Bedeutung für die Betroffenen können neben dem hinreichend bekannten Genogramm (vgl. Schlippe 1984; Scheib & Wirsching 1994; Bodenmann 1998) mithilfe des sozialen oder sozio-kontextuellen Atoms (Märtens 1997) diagnostisch erfasst werden. Damit verbildlicht man den Personenkreis, mit dem ein Individuum in einer bestimmten Lebensphase in engem emotionalen Austausch steht oder stand. Alle bedeutsamen Personen werden symbolisch auf einem Blatt platziert und in entsprechenden Abständen um die Klientin bzw. den Klienten gruppiert. Zudem kann für jede Person die Art der Beziehung dargestellt werden. Das soziale Netzwerkinventar lässt sich zu einer Ecomap ausweiten (Cournoyer 1996), die in den sozialen Kontext einer Person zusätzlich die beteiligten Institutionen und das Hilfenetzwerk integriert und damit die umgebende soziale Welt repräsentiert (ausführl. Pauls 2004; weitere Verfahren bei Pantucek & Röh 2009; Heiner 2004; zum theoretischen Zusammenhang von Lebenswelt- und Ressourcenorientierung vgl. Knecht 2010).

Obwohl viele Verfahren aus der klinischen Psychologie sich in diesem Kontext als zu stark auf das Individuum zentriert erweisen, gibt es auch hier Integrationsmöglichkeiten. Zu nennen ist die „Ressourcenzwiebel" (Willutzki 2008), ein auf Ressourcenbereiche fokussiertes, offen gestaltetes Interview, das sich in narrativ-biografische oder lebensweltorientierte offene Erhebungsverfahren integrieren lässt. Nach Pantucek (2008) sollte Soziale Diagnostik Komplexität abbilden und Strukturierung ermöglichen, (Nicht-)Intervention fachlich begründen, an Fragen der Inklusion orientiert sein, den Dialog unterstützen und Selbstaneignungsprozesse fördern. Von zentraler Bedeutung ist daher, „die ‚diagnostische Situation' in Form einer gelingenden Verständigung so zu gestalten, dass lebensweltliche Selbstdeutungen der Adressatinnen und Adressaten systematisch berücksichtigt werden" (Schulze 2006, 10). Das ist umso bedeutsamer, da dieser für die ressourcenorientierte Perspektive wichtige Umstand in den diagnostischen Vorgehensweisen des pathologiezentrierten Gesundheitswesens oftmals verlorengeht. Auf diese Weise lässt sich auch ein entwicklungspsychologisches, bindungssensibles Instrument, das sog. Adult-Attachment-Interview (AAI: Main & Goldwyn 1996; vgl. Buchheim & Strauß 2002, 29–35) integrieren. Das Interview wird durch 18 Fragen strukturiert, lässt sich jedoch leicht in narrative Erzählsequenzen rund um die Erhebung des sozio-kontextuellen Atoms integrieren. Es bietet wertvolle Informationen über die Ursprungsfamilie und weitere wichtige Personen des Umfeldes. Bei der Auswertung der Erzählsequenzen steht nicht nur der Inhalt im Vordergrund, sondern auch die Art und Weise, *wie* über die Erfahrungen erzählt wird (vgl. auch Gahleitner 2011).

In ihrer Summe muss Diagnostik zwar Komplexität einfangen, jedoch zugleich auf eine Strukturierung hinauslaufen, die die Dimensionen „Individuum – soziale Umwelt" sowie „Defizite – Ressourcen" möglichst umfassend, aber auch prägnant ausweist. Dabei sind in der Reduktions- und Strukturierungsphase bewusst nochmals alle innerseelischen und interaktionellen Ressourcen in den Blick zu nehmen, mit denen Belastungen, Überforderungssituationen und Krisen bewältigt werden können. Folgende Fragen können dabei hilfreich sein (Petzold 1996):

- Was ist gesund und kann erhalten werden oder hat geholfen, die Belastung bisher auszuhalten?
- Was ist defizient, bzw. ist nicht vorhanden, und muss deshalb bereitgestellt werden?
- Was wäre möglich, ist bisher noch nicht genutzt worden und müsste erschlossen und entwickelt werden?

Eine für dieses Vorhaben besonders hilfreiche strukturierende Darstellung vorhandener Ressourcen sowie Defizite bieten die von Pauls (2004) vorgeschlagenen „Koordinaten psycho-sozialer Diagnostik und Intervention" (s. Abb. 2). Das Verfahren forciert eine systematische Problem- und Ressourcenanalyse, die auf den gesamten vorherigen diagnostischen Prozess zurückgreift. Dadurch wird sie zu mehr als einem weiteren Instrument, nämlich zum strukturierenden und ordnenden Orientierungsmodell für den anstehenden Entscheidungsprozess, sozusagen zum „diagnostischen Substrat" aus den bisher gewonnenen Informationen. Im Folgenden wird diagnostisches Vorgehen beispielhaft an einem Fall erläutert.

2 Fallbeispiel

Herr Seibold wurde im September 2005 nach einer stationären Entgiftungsbehandlung im Alter von 40 Jahren in ein Betreutes Einzelwohnen der komplementären Suchtkrankenhilfe aufgenommen. Als Teil der regionalpsychiatrischen Versorgung in einem Berliner Stadtbezirk leistet die rehabilitative Einrichtung gemäß §§ 53, 54 SGB XII Eingliederungshilfe für chronisch mehrfach beeinträchtigte, abhängigkeitskranke Menschen mit psychiatrischen Doppeldiagnosen. Der psychiatrische Befund zu diesem Zeitpunkt wies ihn als zu Raum, Zeit und sich als Person orientiert aus, allerdings waren Aufmerksamkeit, Gedächtnisleistung, Merk- und Konzentrationsfähigkeit eingeschränkt. Er berichtete von gelegentlichen Stimmen und Geräuschen (Phonemen) und erschien formalgedanklich etwas umständlich. Herr Seibold wirkte in der Begegnung freundlich und zugewandt, zu Beginn der Maßnahme jedoch häufig nervös, psychomotorisch angespannt und emotional zurückhaltend (zur Symptomdefinition vgl. AMDP 2006). Zum Aufnahmezeitpunkt war er vom behandelnden Krankenhaus mit einem Neuroleptikum medikamentös eingestellt. Es bestand ein gerichtlich angeordnetes Betreuungsverhältnis gemäß §§ 1896 ff. BGB in den Bereichen Vermögenssorge mit Einwilligungsvorbehalt, Wohnungs- und Behördenangelegenheiten sowie Gesundheitssorge. Herr Seibold hatte zum Aufnahmezeitpunkt eine Katze, die er zuverlässig versorgte, benötigte jedoch Unterstützung bei der Pflege seiner Wohnung und der Aufrechterhaltung seiner Gesundheit.

Klassifikatorische Diagnostik

Die Klassifikation einer psychischen Störung nach ICD-10 durch das vorbehandelnde Krankenhaus war Voraussetzung für die Zuweisung in die rehabilitative Einrichtung. Hierbei wurden Herrn Seibold neben der komorbiden Alkohol- (F10.2) und Nikotinabhängigkeit (F17.2) auch Medikamentenmissbrauch (F13.1) und paranoide Schizophrenie (F20.0) zugewiesen. Ressourcen kamen bei diesen für die Einrichtungssuche bedeutsamen diagnostischen Einschätzungen nur marginal in den Blick.

Biografisch-rekonstruktive Diagnostik

In der Anfangszeit der psychosozialen Behandlung wurden in narrativen Interviewsequenzen Lebenserfahrungen und Biografie exploriert, wobei das individuelle Erleben sowie seine subjektiven Deutungen zentrale Bedeutung erlangten. Dadurch wurden für Herrn Seibold seine Bedeutungskonstruktionen und Erfahrungsaufschichtungen erkennbar und besser verfügbar.

> Herr Seibold wurde 1969 als Einzelkind in Ost-Berlin geboren. Seine Mutter stellt Herr Seibold als eine sehr sachliche und kühle Frau dar, die die Familie vollständig dominierte. Herr Seibold beschreibt sich als „normales" Kind: Es habe in der Schule keine nennenswerten Probleme gegeben und er habe die zehnte Klasse an einer Polytechnischen Oberschule abgeschlossen. Aus seiner Schulzeit seien ihm zehn Jahre im Chor in guter Erinnerung geblieben. Eine Facharbeiterausbildung zum Dachdecker habe er 1989 erfolgreich beendet. Bereits zu Beginn der Ausbildung sei es zu der ersten stationären psychiatrischen Behandlung gekommen. Bis heute könne er sich nicht erklären, weshalb er von einer orthopädischen Station, wo seine Rückenschmerzen behandelt werden sollten, „plötzlich" auf eine allgemeinpsychiatrische Station verlegt worden sei. Dort wurde ihm nach seinen Angaben eine „Psychose" diagnostiziert und seine Eltern seien „geschockt" und aufgebracht gewesen. Damals und auch heute noch sei die Familie und vor allem sein Vater vehement der Meinung, dass das Krankenhaus „seinen Sohn krankgemacht habe": Es sei eine falsche Diagnose gestellt worden, und in der Folge sei sein Sohn dann lange falsch behandelt worden. Seitdem befinde er sich in neuroleptischer Behandlung und habe immer wieder Krankenhausaufenthalte. Ein paar Jahre später sei es dann zunehmend

schlimmer geworden. Er habe das „Stimmenhören" nicht mehr aushalten können und sei aus dem Fenster gesprungen, um den Stimmen zu „entkommen". Dabei habe er sich beide Beine und die Sprunggelenke gebrochen. Seine damalige Freundin habe ihn daraufhin verlassen und seinen Arbeitsplatz habe er aufgrund seiner Verletzungen verloren. Da habe er endgültig den Mut verloren, seinen „Frust mit Alkohol hinuntergespült" und dazu jede Menge Schmerzmedikamente „geschluckt".

Seit fast 20 Jahren nehme er am ambulanten Behandlungsprogramm der Psychiatrischen Institutsambulanz der behandelnden Klinik teil, trotzdem habe er schon mindestens 30 Mal stationär aufgenommen werden müssen. Es seien verschiedene Rehabilitationsversuche erfolgt, die keine Verbesserung seiner Lebenssituation gebracht hätten. Zumeist sei es ihm in den Einrichtungen „zu eng und zu stressig" gewesen – er halte es einfach nicht aus, den ganzen Tag Leute um sich herum zu haben, die etwas von ihm wollten. Aufgrund der dauerhaften Erwerbsunfähigkeit und seiner Schwerbehinderung sei er bereits 1994 berentet worden. Er habe den großen Wunsch gehabt, eine eigene Wohnung zu haben und endlich zu Hause auszuziehen. Vor allem seine Mutter hätte dem 2004 nur „schweren Herzens" zugestimmt und darauf gedrungen, dass zumindest eine gerichtliche Betreuung eingerichtet wurde. Es sei dann eine Berufsbetreuerin bestellt worden, die ihm bis heute sein Geld zuteile und seine Post erledige. Dennoch entstandene Schulden hätten in der Vergangenheit wiederholt seine Eltern ausgeglichen.

Sozial- und lebensweltorientierte Diagnostik

Das Ausmaß der Beeinträchtigung auf der Ebene der „Person in der Situation" lässt sich am besten durch eine Diagnostik erfassen, die in der Lage ist, sowohl Aspekte nicht gelingender als auch „gelingender Passung" zwischen Subjekt und Außenwelt einzufangen. Mit den oben angeführten Instrumenten der Lebensweltdiagnostik können die sozialen, psychischen und körperlichen Phänomene auf der Basis einer methodisch offenen professionellen Haltung zusammengedacht werden. In den „fünf Säulen der Identität" von Herrn Seibold spiegelt sich seine Lebensrealität: Im Zentrum seines Erlebens steht die Sorge um ausreichende finanzielle Ressourcen. Seine begrenzten Mittel und die benötigte Finanzierung seiner Abhängigkeiten (u. a. ca. 70–80 Zigaretten pro Tag) verschlingen große Teile seines Budgets und treiben ihn in finanzielle Engpässe. Die finanzielle Begrenzung durch seine Berufsbetreuerin erlebt er als Angriff auf sein Autonomiebestreben. Er hat den starken Wunsch, über eine angemessene Arbeit wieder in eine sinnvolle Tagesstruktur zu finden und seine finanziellen Schwierigkeiten abzumildern.

Große Bedeutung besitzt für Herrn Seibold auch die Dimension der Leiblichkeit. Durch den Wunsch, autonom und mobil bleiben zu können, befindet er sich in ständiger Sorge um seine gesundheitliche und psychische Verfassung. Dem stehen der starke Zigarettenkonsum und das anhaltende Verlangen nach Alkohol und anderen Suchtmitteln entgegen. Aufgrund seiner negativen Lebenserfahrungen zeigt er sich vom gesellschaftlichen Wertekanon enttäuscht und in seiner Perspektivlosigkeit demoralisiert. Seine soziale Lebenswelt reduziert sich auf wenige vertraute Menschen, neuen sozialen Kontakten steht er vorsichtig-vermeidend und abwehrend gegenüber. In dieser Dimension findet Herr Seibold nur bedingt Ressourcen für sich.

Vertiefend erfolgte eine differenzierte Betrachtung seines öko-sozialen Kontextes (vgl. Abb. 1) durch die partizipative Erstellung eines „Sozialen Atoms". Herr Seibold formuliert hierbei sein Interesse an einer Zusammenarbeit zwischen den Eltern, seiner Berufsbetreuerin, dem Krankenhaus und dem Betreuten Einzelwohnen. In den beiden letztgenannten Bereichen spielt er eine Außenseiterrolle, was ihm nicht angenehm ist. Als Lebensmittelpunkt definiert er das Krankenhaus und die Psychiatrische Institutsambulanz. Seinen Freunden misst er eine große Bedeutung bei, wenngleich er die Kontakte auch kritisch reflektieren kann, da er mit einzelnen Freunden teilweise Alkohol konsumiert und dies als problematisch empfindet.

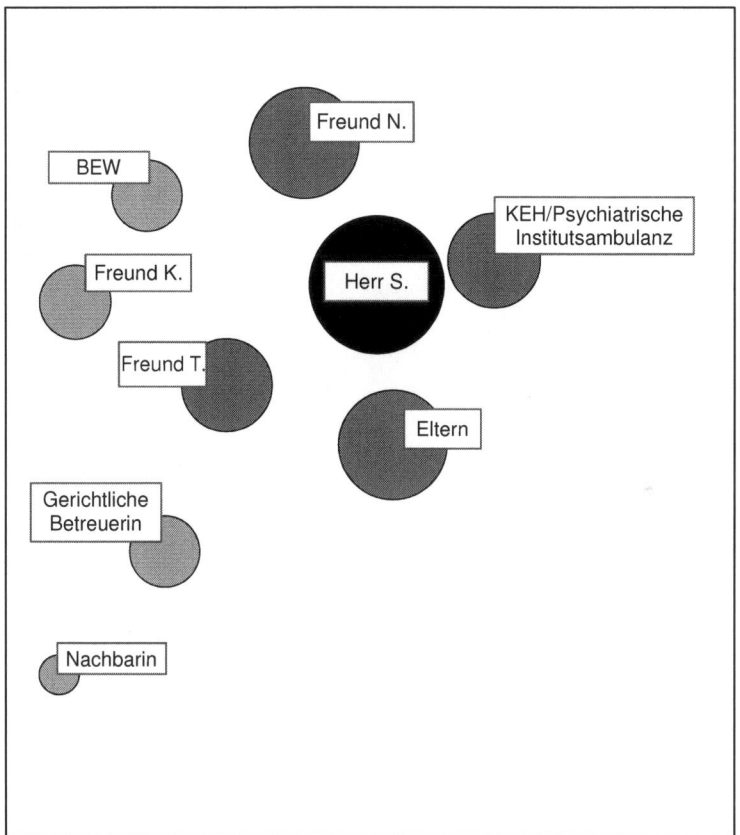

Abb. 1: Soziales Atom (Ist-Stand)

Zur Fokussierung der Ressource „Veränderungsmotivation" wurde mit Herrn Seibold im Anschluss ein fiktives soziales Atom erstellt, das seine soziale Wunschsituation abbildete. Bei der mäeutischen Bearbeitung seiner Veränderungsmotivation wurde sein großes Interesse deutlich, seine stationären psychiatrischen

Behandlungen auf ein Minimum zu reduzieren und seiner fortgeschrittenen Hospitalisierung durch die Aufnahme einer angemessenen Tätigkeit entgegenzuwirken. Vor allem verspricht er sich durch die Aufnahme einer Arbeit einen größeren finanziellen Freiraum und größere Autonomie. Die Tagesstrukturierung durch eine sinnvolle Beschäftigung sollte aus seiner Sicht auch eine Stabilisierung bewirken und eine Reduzierung des Behandlungsbedarfes nach sich ziehen.

Mehrdimensionale Problem- und Ressourcenmatrix

Um eine Reduktion der Komplexität der Daten und Informationen aus dem psychosozialen Diagnoseprozess zu erreichen, ist es empfehlenswert, sich einen Überblick über die personalen und umweltbezogenen Ressourcen und Belastungen zu verschaffen. Die bereits genannten „Koordinaten psycho-sozialer Behandlung bzw. Diagnostik und Intervention" (Pauls 2004, 236) fassen die vorausgegangenen Schritte der psychosozialen Diagnostik für Herrn Seibold zusammen und ordnen diese (vgl. Abb. 2). Die Problem- und Ressourcenmatrix wird zum „strukturierenden und ordnenden Orientierungsmodell für die Interventionsplanung" (Gahleitner et al. 2009, 335). Um die Komplexität zu reduzieren, müssen die auf einer breiten und offenen Basis narrativ gewonnenen Informationen und Selbstdeutungen anhand von Parametern in einen Referenzrahmen geordnet werden. Die Anordnung im Koordinatensystem bereitet dieses Vorgehen vor und erleichtert die Systematisierung sozialer Diagnostik zugunsten von Entscheidungskriterien für die Hilfe- und Interventionsplanung.

Die beziehungs- und netzwerkrelevanten Erhebungsinstrumente erfassen den aktuellen Stand der Verarbeitung der ehemals erlebten Bindungserfahrungen. An dieser Stelle berührt das sozio-kontextuelle Atom das oben angesprochene Erwachsenenbindungsinterview. Während eine sichere Bindungsorganisation sich durch eine offene, kohärente und konsistente Erzählweise auszeichnet, zeigt sich Bindungsdistanz eher in unvollständigen Angaben über die Kindheit oder in starken Normalisierungstendenzen. Die Bedeutung von Bindung wird heruntergespielt, um schmerzliche Erinnerungen abzuwehren. Die eigene Geschichte wird als „normal" und unauffällig beschrieben, Einbrüche in der Entwicklung als unerwartet und nicht mit dem Selbstbild vereinbar dargestellt. Trotz des unsicher-distanzierten Bindungsstils verfügt Herr Seibold jedoch über eine Reihe von Schutzfaktoren und Ressourcen. Er hat in der Kindheit materiell gesicherte Verhältnisse erlebt, bekommt bis heute finanzielle Unterstützung durch die Eltern, beschreibt einen verständnisvollen Vater, hat Unterstützung durch die gerichtliche Betreuung und ambulante psychiatrische Behandlung. Er hat sein Autonomiebestreben trotz der Klinikaufenthalte nicht aufgegeben und versorgt ein Haustier. In seinem Leben hat er bereits eine Reihe von Lebensaufgaben gemeistert: zehn Jahre im Chor gesungen, seinen Schulabschluss erreicht, eine Berufsausbildung gemacht und seit seinem 35. Lebensjahr eine eigene Wohnung. Seine stationäre psychiatrische Behandlung, der Suizidversuch, der Verlust des Arbeitsplatzes sowie große Verluste im sozialen Umfeld durch die Trennung von seiner Freundin und die Berentung sollen trotz der ressourcenorientierten Sicht im diagnostischen Prozess nicht aus dem Fokus geraten, da sie bis heute aktuelle Problemlagen verursachen. An weitere Risikofaktoren lassen sich seine dominierende, „gefühlsarme" Mutter, Schmerzen in den Beinen, eingeschränkte Mobilität, seine Schwerbehinderung, sein Alkohol- und Nikotinabhängigkeit sowie Medikamentenmissbrauch, die Phoneme, die bereits fortgeschrittene Hospitalisierung und die Verschuldung nennen.

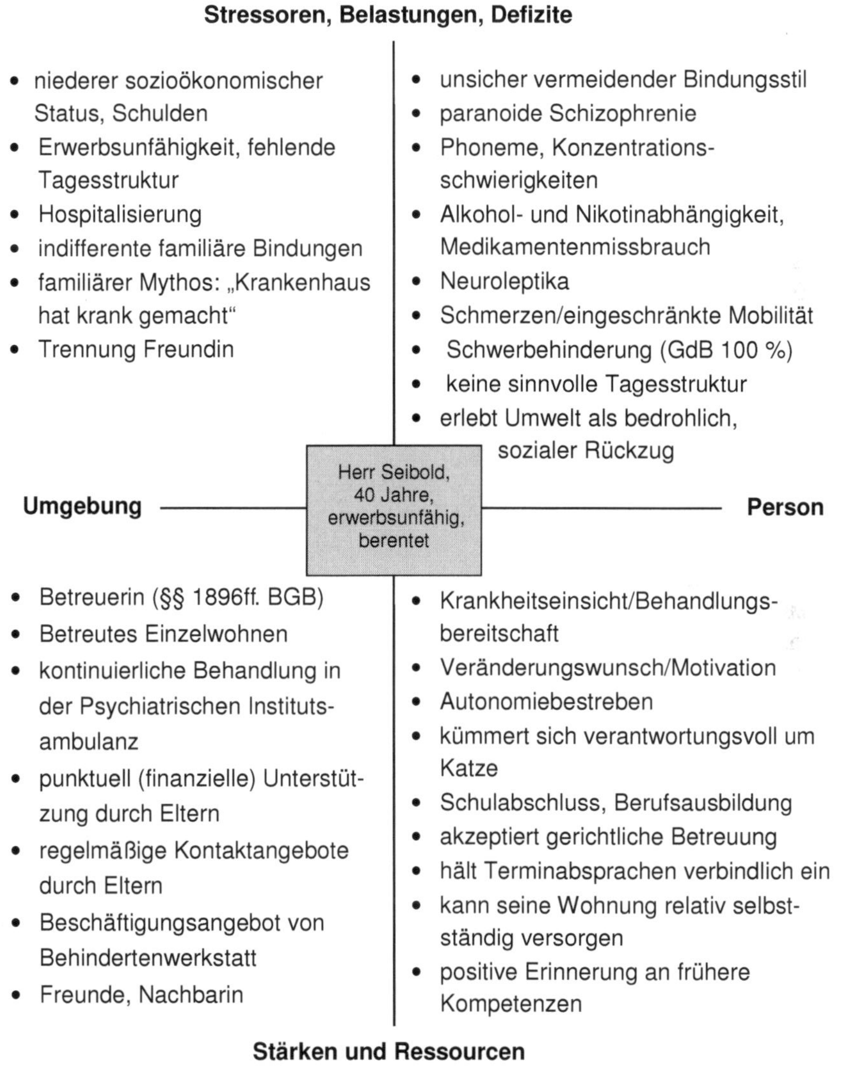

Stressoren, Belastungen, Defizite

- niederer sozioökonomischer Status, Schulden
- Erwerbsunfähigkeit, fehlende Tagesstruktur
- Hospitalisierung
- indifferente familiäre Bindungen
- familiärer Mythos: „Krankenhaus hat krank gemacht"
- Trennung Freundin

- unsicher vermeidender Bindungsstil
- paranoide Schizophrenie
- Phoneme, Konzentrationsschwierigkeiten
- Alkohol- und Nikotinabhängigkeit, Medikamentenmissbrauch
- Neuroleptika
- Schmerzen/eingeschränkte Mobilität
- Schwerbehinderung (GdB 100 %)
- keine sinnvolle Tagesstruktur
- erlebt Umwelt als bedrohlich, sozialer Rückzug

Umgebung — Herr Seibold, 40 Jahre, erwerbsunfähig, berentet — **Person**

- Betreuerin (§§ 1896ff. BGB)
- Betreutes Einzelwohnen
- kontinuierliche Behandlung in der Psychiatrischen Institutsambulanz
- punktuell (finanzielle) Unterstützung durch Eltern
- regelmäßige Kontaktangebote durch Eltern
- Beschäftigungsangebot von Behindertenwerkstatt
- Freunde, Nachbarin

- Krankheitseinsicht/Behandlungsbereitschaft
- Veränderungswunsch/Motivation
- Autonomiebestreben
- kümmert sich verantwortungsvoll um Katze
- Schulabschluss, Berufsausbildung
- akzeptiert gerichtliche Betreuung
- hält Terminabsprachen verbindlich ein
- kann seine Wohnung relativ selbstständig versorgen
- positive Erinnerung an frühere Kompetenzen

Stärken und Ressourcen

Abb. 2: Koordinaten psychosozialer Behandlung

3 Resümee

Das Vorgehen besitzt mit der vorgestellten Verfahrensvielfalt eine Reihe von Variationsmöglichkeiten. Die Erkenntnisse aus dem diagnostischen Gestaltungsprozess sind Grundlage und Ausgangspunkt für eine dialogisch strukturierte Fallerkundung mit Fallverstehen und für eine dialogische Interventionsplanung. Es ermöglicht die Klärung der Frage, welche Hilfebereiche in der Dimension „Klient/in – primäres soziales System" bearbeitet werden sollten, mit welchen Ressourcen der beiden Dimensionen gearbeitet werden kann und welche Defizite auf die Notwendigkeit von spezifischer Unterstützung verweisen. Als besonders ressourcenorientiert erweist es sich, wenn man Unterstützung prozessual begreift, d.h. als Ausgangspunkt eine vergangene Lage der Klientinnen und Klienten wählt und mit der aktuellen vergleicht, bzw. im Verlauf der Hilfegestaltung weitere „Erhebungszeitpunkte" oder „Zielvorstellungen", wie in dem dargestellten Beispiel, einplant. Dadurch erschließt sich eine ressourcenorientierte Perspektive häufig „wie von selbst".

Dialogisch und prozessual orientiert fördert Soziale Diagnostik damit Selbstaneignungsprozesse, wirkt (un)sozialen Chancenstrukturen, Exklusionsprozessen und psychosozialen Beeinträchtigungen entgegen (Gahleitner et al. 2009). Für eine ressourcenorientierte Ausrichtung ist dies bedeutsam, weil das dialogische, beziehungsorientierte Vorgehen hilft, „Verlustspiralen" (Nestmann 1996; → Werner & Nestmann) zu vermeiden. Menschen mit mehr vorhandenen Ressourcen sind a priori weniger durch Ressourcenverlust gefährdet als solche mit weniger Ressourcen. Für die Praxis bedeutet das, dass die Einbettung in eine demoralisierende Chancenstruktur und die Bedrohung durch Exklusionsprozesse einen Teufelskreis vorantreibt. Trotz des Angebots von externen oder interaktionellen Ressourcen können diese bei Adressatinnen und Adressaten nicht greifen, weil die Motivationsstruktur bereits so zerstört ist, dass neue Ressourcen nicht mehr integriert werden können. An dieser Stelle muss zunächst das Hauptgewicht auf die zentralste Ressource gelegt werden, auf die Aufnahme einer stützenden Beziehung als Alternativverfahren, als Inklusions- bzw. „schützende Inselerfahrung" (Gahleitner 2005a; Willutzki 2008).

Das vorgestellte Vorgehen erweist sich als wesentliche Unterstützung für die Hilfeplanung und erlaubt einen flexiblen Umgang mit einer Reihe weiterer diagnostischer Instrumente. Dabei können vielfältige externe, interpersonelle und intrapersonelle Ressourcen aufgespürt, analysiert und in Handlungsstrategien umgesetzt werden. Das Verfahren mag zunächst recht aufwendig erscheinen, der Gesamtdurchlauf lässt sich jedoch kreativ abwandeln, den jeweiligen Umständen entsprechend gestalten, abkürzen oder anfügen und frühzeitig in die diagnostische Situation und den Behandlungsprozess integrieren.

Die Tatsache, dass zahlreiche Einrichtungen längst mit vielen dieser Methoden ihren Betreuungsalltag gestalten, jedoch seltener diese Investition in der Hilfeplanung gezielt und strukturiert „verwerten", zeigt das Potenzial, das psychosoziale Diagnostik bereits hat und in Zukunft über ein noch strukturierteres, solideres Selbstverständnis haben könnte. Aus einer in der Praxis häufig rein „intuitiven" und/oder vorschnell kategorisierenden Diagnosestellung kann auf diese Weise eine systematische subjekt- und kontextberücksichtigende ressourcenorientierte und prozessuale psychosoziale Diagnose- und Interventionsplanung werden.

Literatur

AMDP (Arbeitsgemeinschaft für Methodik und Dokumentation in der Psychiatrie) (2006): Das AMDP-System. Manual zur Dokumentation psychiatrischer Befunde. (8. Aufl.). Göttingen: Hogrefe.
Antonovsky, A. (1997): Salutogenese. Zur Entmystifizierung der Gesundheit. Tübingen: dgtv.
Archiv für Wissenschaft und Praxis der sozialen Arbeit (2010): Schwerpunktthema Jg. 41(4): Diagnose und Diagnostik der Sozialen Arbeit.
Bayerisches Landesjugendamt (Hrsg.) (2009): Sozialpädagogische Diagnose. Arbeitshilfen zur Feststellung des erzieherischen Bedarfs. München: Eigenverlag.
Bodenmann, G. (1998): Ansatzpunkt interpersonelle Systeme: Paar- und Familientherapie. In: Baumann, U. & Perrez, M. (Hrsg.): Lehrbuch Klinische Psychologie – Psychotherapie. S. 468–482. Bern: Huber.
Borg-Laufs, M. & Dittrich, K. (Hrsg.) (2010): Psychische Grundbedürfnisse in Kindheit und Jugend – Perspektiven für Soziale Arbeit und Psychotherapie. Tübingen: dgtv.
Bourdieu, P. (1992): Schriften zu Politik & Kultur. Band 1: Die verborgenen Mechanismen der Macht. Hamburg: VSA.
Buchheim, A. & Strauß, B. (2002): Interviewmethoden in der klinischen Bindungsforschung. In: Strauß, B., Buchheim, A. & Kächele, H. (Hrsg.): Klinische Bindungsforschung. Theorien, Methoden, Ergebnisse. S. 27–53. Stuttgart: Schattauer.
Bundesministeriums für Gesundheit (Hrsg.) (1998): Weiterentwicklung von Hilfen für Alkoholkranke und Menschen mit Alkoholproblemen. Schriftenreihe des Bundesministeriums für Gesundheit, Bd. 106. Baden-Baden: Nomos.
Cournoyer, B. (1996): The social work skills workbook. (2. Aufl.). Pacific Grove: Brooks/Cole Publishing.
Diewald, M. (1991): Soziale Beziehungen. Verlust oder Liberalisierung? Soziale Unterstützung in informellen Netzwerken. Berlin: Rainer Bohn Verlag.
Fischer, W. & Gobliersch, M. (2004): Narrativ-biographische Diagnostik in der Jugendhilfe. In: Heiner, M. (Hrsg.): Diagnostik und Diagnosen in der Sozialen Arbeit. S. 127–140. Berlin: Deutscher Verein für öffentliche und private Fürsorge.
Fydrich, T., Sommer, G. & Brähler, E. (2007): Fragebogen zur Sozialen Unterstützung (F-SozU). Göttingen: Hogrefe.
Gahleitner, S. B. (2005a): Neue Bindungen wagen. Beziehungsorientierte Therapie bei sexueller Traumatisierung. München: Reinhardt.
Gahleitner, S. B. (2005b): Psychosoziale Diagnostik und Intervention bei komplexer Traumatisierung. Psychosozial, 28(3), S. 43–58.
Gahleitner, S. B. (2010): Klassifikation versus Fallverstehen: Versuch einer Integration und Implementation. Archiv für Wissenschaft und Praxis der sozialen Arbeit, 41(4), S. 30–42.
Gahleitner, S. B. (2011): Das Therapeutische Milieu in der Arbeit mit Kindern und Jugendlichen. Trauma- und Beziehungsarbeit in stationären Einrichtungen. Bonn: Psychiatrie-Verlag.
Gahleitner, S. B. & Pauls, H. (2011): Therapie. In: Deutscher Verein für öffentliche und private Fürsorge e. V. (Hrsg.): Fachlexikon der sozialen Arbeit. (7. Aufl.). S. 905–906. Baden-Baden: Nomos.

Gahleitner, S. B., Schulze, H. & Pauls, H. (2009): ‚hard to reach'– ‚how to reach'? Psycho-soziale Diagnostik in der Klinischen Sozialarbeit. In: Pantucek, P. & Röh, D. (Hrsg.): Perspektiven sozialer Diagnostik. Über den Stand der Entwicklung von Verfahren und Standards. S. 321–344. Münster: LIT.
Gielas, A. (2011): Gute Laune auf Befehl. In: Zeit Online, 19.01.2011. Online: http://www.zeit.de/zeit-wissen/2011/01/Denk-nicht-positiv (23.01.2011).
Glemser, R. (2010): Psycho-soziale Diagnostik im Suchtbereich: bio-psycho-sozial denken und handeln. Archiv für Wissenschaft und Praxis der sozialen Arbeit, 41(4), S. 84–95.
Grawe, K. (1998): Psychologische Therapie. Göttingen: Hogrefe.
Großmaß, R. (2006): Beratung als neue Profession – Anstöße und Entwicklungen im Umfeld des Psychotherapeutengesetzes (Deutschland 1999). Online: http://www.ash-berlin.eu/hsl/freedocs/197/beratungsprofession.pdf (09.11.2009).
Hanses, A. (Hrsg.) (2004): Biographie und Soziale Arbeit. Institutionelle und biographische Konstruktionen von Wirklichkeit. Baltmannsweiler: Schneider-Verlag Hohengehren.
Hautzinger, M. (1997): Kognitive Verhaltenstherapie bei Depressionen. Weinheim: PVU.
Heiner, M. (Hrsg.) (2004): Diagnostik und Diagnosen in der Sozialen Arbeit. Berlin: Deutscher Verein für öffentliche und private Fürsorge.
Heiner, M. (2010): Diagnostik in der Sozialen Arbeit. In: Otto, H.-U. & Thiersch, H. (Hrsg.): Handbuch Sozialarbeit/Sozialpädagogik. (4. Aufl.). S. 237–250. München: Reinhardt.
Heiner, M. & Schrapper, C. (2004): Diagnostisches Fallverstehen in der Sozialen Arbeit. Ein Rahmenkonzept. In: Schrapper, C. (Hrsg.): Sozialpädagogische Diagnostik und Fallverstehen in der Jugendhilfe. Anforderungen, Konzepte, Perspektiven. S. 201–222. Weinheim: Juventa.
Herriger, N. (2006): Ressourcen und Ressourcendiagnostik in der Sozialen Arbeit. Online: http://www.empowerment.de/materialien/materialien_5.html (24.01.2011).
Karls, J. N. & Wandrei, K. E. (Hrsg.) (1994): Person-In-Environment System. The PIE Classification System for Social Functioning Problems. Washington, DC: NASW.
Klemenz, B. (2009): Ressourcenorientierte Psychologie. Ermutigende Beiträge einer menschenfreundlichen Wissenschaft. Band 1. Tübingen: dgvt.
Klüsche, W. (1999): Zum Gehalt der für die Bestimmung des Gegenstandes Sozialer Arbeit verwendeten Begriffe. In: Klüsche, W. (Hrsg.): Ein Stück weitergedacht ..." Beiträge zur Theorie und Wissenschaftsentwicklung der Sozialen Arbeit. S. 44–49. Freiburg: Lambertus.
Knecht, A. (2010): Lebensqualität produzieren: Ressourcentheorie und Machtanalyse des Wohlfahrtsstaats. Wiesbaden: VS.
Main, M. & Goldwyn, R. (1996): Adult Attachment Scoring and Classification Systems. Unpublished manuscript. Berkeley, CA: University of California.
Märtens, M. (1997): Psychotherapie im Kontext: soziale und kulturelle Koordinaten therapeutischer Prozesse. Heidelberg: Asanger.
Miethe, I. (im Druck): Pädagogische Biografiearbeit – ein Lehr- und Handbuch. Weinheim: Juventa.
Mollenhauer, K. & Uhlendorff, U. (1992): Sozialpädagogische Diagnosen. Über Jugendliche in schwierigen Lebenslagen. Weinheim: Juventa.
Mühlum, A. & Gahleitner, S. B. (2008): Klinische Sozialarbeit als Fachsozialarbeit. In: Gahleitner, S. B. & Hahn, G. (Hrsg.): Klinische Sozialarbeit. Beiträge zur psychosozialen Praxis und Forschung. S. 44–59. Bonn: Psychiatrie Verlag.
Müller, B. (2004): Sozialpädagogische Diagnosen und der „Allgemeine Soziale Dienst" (ASD). In: Krumenacker, F.-J. (Hrsg.): Sozialpädagogische Diagnosen in der Praxis. S. 63–76. Weinheim: Juventa.
Nestmann, F. (1988): Die alltäglichen Helfer. Berlin: de Gruyter.
Nestmann, F. (1996): Psychosoziale Beratung – ein ressourcentheoretischer Entwurf. Verhaltenstherapie und psychosoziale Praxis, 16(3), S. 359–376.

Nestmann, F. (2000): Netzwerkintervention und soziale Unterstützungsförderung – konzeptioneller Stand und Anforderungen an die Praxis. Gruppendynamik, 31(3), S. 259–275.
Pantucek, P. (2008): Sozialdiagnose und Beratung in den Betreuungsbehörden. In: Brucker, U. (Hrsg.): Besser betreuen. Beiträge zu einer qualitätssicheren gesetzlichen Betreuung. S. 270–285. Frankfurt/M.: Fachhochschulverlag.
Pantucek, P. & Röh, D. (Hrsg.) (2009): Perspektiven Sozialer Diagnostik. Über den Stand der Entwicklung von Verfahren und Standards. Wien: LIT.
Pauls, H. (2004): Klinische Sozialarbeit. Grundlagen und Methoden psycho-sozialer Behandlung. Weinheim: Reinhardt.
Petermann, F. & Schmidt, M. H. (2009): Ressourcenorientierte Diagnostik – eine Leerformel oder nützliche Perspektive? Kindheit und Entwicklung, 18(1), S. 49–56.
Petzold, H. G. (1996): Integrative Bewegungs- und Leibtherapie. Ein ganzheitlicher Weg leibbezogener Psychotherapie. (3. Aufl.). Paderborn: Junfermann.
Petzold, H. G., Wolf, H. U., Landgrebe, B., Josič, Z. & Steffan, A. (2000): „Integrative Traumatherapie" – Modelle und Konzepte für die Behandlung von Patienten mit „posttraumatischer Belastungsstörung". In: van der Kolk, B. A., McFarlane, A. C. & Weisaeth, L. (Hrsg.): Traumatic Stress. Grundlagen und Behandlungsansätze. Theorie, Praxis und Forschung zu posttraumatischem Streß sowie Traumatherapie. S. 445–549. Paderborn: Junfermann.
Salomon, A. (1926): Soziale Diagnose. Berlin: Heymann.
Scheib, P. & Wirsching, M. (1994): Diagnostik in der Familientherapie. In: Janssen, P. L. & Schneider, W. (Hrsg.): Diagnostik in der Psychotherapie und Psychosomatik. S. 165–195. Stuttgart: Fischer.
Schemmel, H. & Schaller, J. (Hrsg.) (2003): Ressourcen. Ein Hand- und Lesebuch zur therapeutischen Arbeit. Tübingen: dgvt.
Schiepek, G. & Cremer, S. (2003): Ressourcenorientierung und Ressourcendiagnostik in der Psychotherapie. In: Schemmel & Schaller (Hrsg.): Ressourcen. Ein Hand- und Lesebuch zur therapeutischen Arbeit. S. 147–192. Tübingen: dgvt.
Schlippe, A. von (1984): Familientherapie im Überblick. Basiskonzepte, Formen, Anwendungsmöglichkeiten. Paderborn: Junfermann.
Schrapper, C. (Hrsg.) (2004): Sozialpädagogische Diagnostik und Fallverstehen in der Jugendhilfe. Anforderungen, Konzepte, Perspektiven. Weinheim: Juventa.
Schulze, H. (2006): Biographietheoretische Konzeptualisierung als soziale und geschichtliche Dimensionierung des Psychischen. Klinische Sozialarbeit, 2(2), S. 10–12.
Schulze, H. (2008): Lebensgeschichtliches Erzählen im psychotherapeutischen Beratungskontext. Forum Qualitative Sozialforschung, 9(1), Art. 1. Online: http://nbn-resolving.de/urn:nbn:de:0114-fqs080117 (10.08.2010).
Schulze, H. & Loch, U. (2010): Narrativ-reflexive Beratung. In: Bock, K. & Miethe, I. (Hrsg.): Handbuch Qualitative Methoden in der Sozialen Arbeit. S. 414–421. Opladen: Budrich.
Schuntermann, M. (2007): Einführung in die ICF: Grundkurs – Übungen – offene Fragen. (2. Aufl.). Landsberg: Ecomed.
Singer, S. & Brähler, E. (2007): Die „Sense of Coherence Scale". Testhandbuch zur deutschen Version. Göttingen: Vandenhoeck & Ruprecht.
Weltgesundheitsorganisation (WHO) (2001): Taschenführer zur Klassifikation psychischer Störungen. Bern: Huber.
Willutzki, U. (2008): Klinische Ressourcendiagnostik. In: Röhrle, B. (Hrsg.): Lehrbuch der klinisch-psychologischen Diagnostik. S. 251–272. Stuttgart: Kohlhammer.
Willutzki, U. & Stelkens, G. (2006): Diagnostik von Ressourcen: Bochumer Ressourcenfragebogen (RESO-B) zur kontextspezifischen Erfassung der Potentiale von Patientinnen. Vortrag auf der Tagung der Fachgruppe Klinische Psychologie und Psychotherapie der Deutschen Gesellschaft für Psychologie, Würzburg, 19.05.2006.

Ressourcenorientierte Beratung

Jillian Werner, Frank Nestmann

Einleitung

Beratung gilt heute als selbstverständlicher Bestandteil (sozial)pädagogischen und psychosozialen Handelns und ist als „Querschnittsmethode" in vielen Bereichen und Arbeitsfeldern z. B. in Bildung, Erziehung, Beruf, Betreuung und Pflege anzutreffen.

> Beratung ist eine vielgestaltige, sich ständig verändernde und durch viele interne und externe Einflussfaktoren bestimmte professionelle Hilfeform. Sie unterstützt in variantenreichen Formen bei der Bewältigung von Entscheidungsanforderungen, Problemen und Krisen und bei der Gestaltung individueller und sozialer Lebensstile und Lebensgeschichten. (Nestmann et al. 2004, 599)

Zu den fachlichen Grundlagen professioneller Beratung gehören in erster Linie Kenntnisse darüber, wie Beratungsprozesse gestaltet werden (Methodenwissen), spezifisches Fachwissen im jeweiligen Beratungsfeld sowie ein hohes Maß an Reflexivität, um vor allem soziokulturell verortetes Wissen immer wieder (selbst)reflexiv aufzugreifen.

Neben der Unterstützung in konkreten Problemsituationen und Lebensschwierigkeiten ist Beratung oft ein Bestandteil proaktiver Prävention und belastungsunabhängiger Unterstützung in Planungs-, Orientierungs-, Entscheidungs- und Handlungsprozessen. Da davon ausgegangen werden kann, dass sich Personen im Streben nach Erhaltung und Sicherung von Ressourcen aktive Ressourcenreservoirs schaffen, die in der alltäglichen Lebensführung wichtig sind, und auf die in Belastungs- und Copingsituationen zurückgegriffen werden kann, scheint eine ressourcenbezogene Perspektive ein sinnvolles wie geeignetes Konzept für Beratung. Berater und Beraterinnen sehen sich in professionellen Hilfeprozessen immer auch mit der Aufgabe konfrontiert, gemeinsam mit den Ratsuchenden versteckte Ressourcen zu entdecken, neue zu entwickeln und den Umgang mit Ressourcen zu fördern. Um in ihrem Alltag in Ressourcen investieren zu können, sei es zur Erweiterung eigener Möglichkeiten oder zur Sicherung und Erhaltung der gegebenen Bedingungen, ist es von zentraler Bedeutung, entweder Ressourcen zu besitzen oder Zugang zu ihnen zu finden. Berater und Beraterinnen können Ratsuchende dabei unterstützen.

1 Gesellschaftliche Herausforderungen und Beratung

Professionelle Beratung ist seit jeher in gesellschaftliche und kulturelle Entwicklungen und Veränderungen eingebunden und hat darauf zu reagieren. Um spezifische Anforderungen und Krisen der Lebensführung und Lebensbewältigung abzufedern, haben sich im Laufe der Zeit in verschiedensten Lebensbereichen Beratungsfelder entwickelt. Beratung wurde so zu einer zentralen Unterstützungsform in der psychologischen, pädagogischen und Sozialen Arbeit (Engel et al. 2004).

Unterschiedliche Individualisierungs- und Pluralisierungsprozesse in modernen Gesellschaften führen zu vielfältigen Lebenswelten, Lebenslagen und Lebensstilen in allen Altersgruppen und Phasen des Lebenszyklus (Beck 1986). Die gesellschaftlichen Modernisierungsprozesse (u. a. Pluralisierung von Werten, Enttraditionalisierung) haben komplexe Auswirkungen auf Individuen: Zum einen bestehen Chancen, das Leben selbstbestimmt und eigenen Vorstellungen, Wünschen und Bedürfnissen entsprechend führen zu können, sich am gesellschaftlichen Leben zu beteiligen, es aktiv mitzugestalten etc. Zum anderen werden gesellschaftliche Verhältnisse und Bedingungen sowie das Alltagsleben aufgrund ihrer Verschiedenheit und Komplexität weniger überschaubar, planbar und damit komplizierter. Tradierte Interpretationsmuster und Handlungsorientierungen sowie übernommene oder gelernte Wissensbestände verlieren einerseits an Gültigkeit, Zuverlässigkeit und Bedeutung, um sicher und verlässlich den Alltag strukturieren oder das eigene Leben planen zu können. Andererseits führen soziale Abbau- und Exklusionsprozesse zu potenziellen Risiken für Individuen, z. B. arbeitslos zu werden, zu verarmen oder dazu, an Bildung, Freizeit, Wohlstand bzw. sozialer Absicherung nicht mehr partizipieren zu können.

Die komplexen *gesellschaftlichen Modernisierungsprozesse* können sich für Menschen sowohl auszahlen und lohnen, sie können sie allerdings auch überfordern, ausgrenzen oder stigmatisieren. Denn es existieren spezifische Zugangsbedingungen zur Partizipation, wie z. B. sozialer oder materieller Status, sowie soziale, emotionale und kognitive Bildung, über die nicht alle Menschen in ausreichendem Maße verfügen. Sie sind Grundlage dafür, die vielfältigen Möglichkeiten, Chancen und Perspektiven einer modernen Gesellschaft überhaupt erst nutzen oder genießen zu können. Diese Selektionsprozesse führen zu einer sich stetig vergrößernden Spaltung der Gesellschaft in Individuen, die zu den Gewinnern und Gewinnerinnen der Modernisierung zählen und flexibel, selbstbestimmt und einflussreich leben können, und denjenigen, die zu den Verlierern und Verliererinnen gehören und ausgegrenzt und marginalisiert werden (Nestmann 1996; Wahl 1989). Bisher vorgegebene oder fremdbestimmte Strukturen lösen sich immer mehr auf. Neue Verhältnisse enthalten die Möglichkeit für, aber auch die Forderung nach Eigenverantwortung und persönlicher Entscheidungsfähigkeit. Soziale Beziehungen sind heute oft weniger durch feste Konventionen als durch gegenseitige Aushandlungsprozesse geprägt, die Raum zur individuellen Selbstgestaltung lassen, aber gleichzeitig auch die Aufforderung enthalten, diesen Gestaltungsspielraum zu nutzen. Durch den Verlust von Eindeutigkeiten, tradierten Leitbildern, rigiden Strukturen oder festen Regeln und orientierungsgebenden Grenzen wachsen auch Verunsicherung und Angst des Einzelnen, den Freiheiten nicht gewachsen zu sein, zu versagen oder innerhalb eines vielfältigen Angebots von Möglichkeiten nicht (richtig) auszuwählen. Diese Verunsicherungen können bei Individuen Überforderungsgefühle, Probleme und Konflikte im Alltagsleben auslösen, aber auch zu weitergehenden Identitätsentwicklungsproblemen und persönlichen Krisen führen (→ Keupp).

Psychosoziale Beratung ist eine Möglichkeit, den Belastungen der Lebensführung und Lebensbewältigung von Menschen in vielen Bereichen konstruktiv und hilfreich zu begegnen. Sie scheint vor allem in den Lebensbereichen bedeutsam, wo Individuen nicht über ausreichende Ressourcen verfügen, um ihr Leben zu managen oder Probleme bewältigen zu können. Psychosoziale Beratung versteht sich als ein Angebot, Menschen bei den komplexen Anforderungen in einer sich drastisch verändernden Welt zu unterstützen, ihre Orientierungs-, Entscheidungs-, Auswahl- oder Planungsprobleme förderlich zu begleiten und ihnen bei der Gestaltung ihrer Alltags-, Berufs- und Arbeitswelt zu helfen (Sickendiek et al. 2008). Hierbei ist allerdings zu berücksichtigen, dass nicht nur Ratsuchende, sondern auch Berater und Beraterinnen zunehmend mit Planungsunsicherheiten, Unvorhersehbarkeit und Nichtwissen umgehen müssen. Gelatt (1962; 1989) thematisiert in seinem Konzept der „positiven Nichtsicherheit", dass es trotz zunehmender Planungsunsicherheit und Vieldeutigkeit notwendig ist, reflexions- und handlungsfähig zu bleiben. Ziel ist es, das Gefühl und die Haltung einer positiven Nichtsicherheit zu entwickeln, um „offener" an Situationen und Dinge heranzugehen. Beratung kann dabei unterstützen, Inkonsistenzen und Paradoxien zu akzeptieren und die eigene Intuition ernst zu nehmen – ohne dabei rationale, planungsorientierte Anstrengungen zu vernachlässigen. Sie kann Menschen in ihrer Identitätsentwicklung unterstützen und dabei hilfreich sein, sich mit der eigenen Biografie und dem entwickelten, individuellen Lebensstil auseinanderzusetzen und ressourcenorientierte Anregungen für persönliche Weiterentwicklung oder Neugestaltung des eigenen Lebens geben. Beratung ist vor allem dabei relevant, unterschiedliche Ressourcen, die Menschen bei der Bewältigung von Problemen und Konflikten benötigen, wahrzunehmen, sie wiederzuentdecken und zu erhalten, sie aufzubauen oder förderlich einzusetzen. Insbesondere da Zugangs- und Partizipationsmöglichkeiten eng an psychologische, soziale oder ökonomische Voraussetzungen der Individuen in ihrer Lebenswelt gekoppelt sind, ist eine ressourcenorientierte Perspektive psychosozialer Beratung wesentlich, um Potenziale des Einzelnen und das Zusammenspiel sozialer und individueller Ressourcen sichtbar und nutzbar zu machen.

2 Ressourcenorientierung – Ein sozialökologischer Zugang zum Subjekt

Eine sozialökologische Perspektive der Beratung impliziert ein Menschen- und Gesellschaftsbild, das psychische und soziale Befindlichkeiten eines Individuums im Kontext seiner es umgebenden sozialen Lebens- und Umweltbedingungen betrachtet (Schubert 1999). Das Aufwachsen von Individuen wird innerhalb eines Spannungsfelds zwischen subjektiven Bedürfnissen und gesellschaftlichen Widersprüchen und Belastungen verstanden, welches zu Schwierigkeiten und Lebensproblemen führen kann, die vor allem auch auf einer ungerechten Verteilung gesellschaftlicher Ressourcen basieren. In der Beratung werden daher soziale, ökonomische und ökologische Kontexte, die Einfluss auf das Leben bzw. die Sozialisation von Ratsuchenden haben, betrachtet, da die menschliche Entwicklung im Wechselspiel zwischen individuellen Voraussetzungen und Umweltbedingungen stattfindet. So prägen unterschiedliche Anforderungen, aber auch Normen und Werte gesellschaftlicher und kultureller Subsysteme, wie Familie, Bildungs- und Freizeitinstitutionen oder die Berufswelt, sowohl die individuelle Entwicklung als auch die Herausbildung spezifischer Handlungs- und Bewältigungskompetenzen eines Menschen. Sie wirken auf dessen unmittelbare Lebensumstände und seine psychische wie physische Gesundheit. Im Fokus einer sozialökologisch gerahmten Beratung stehen die unterschiedlichen Entwicklungsprozesse und -potenziale von Personen und der sie umgebenden Umwelt, die u. a. hinsichtlich ihrer Interdependenz oder wechselseitigen Abhängigkeiten analysiert und verändert werden.

Beratungsrelevant ist hier z. B., wie das Leben, wie Einstellungen, Verhalten und Handeln der Ratsuchenden von gesellschaftlichen bzw. soziokulturellen Einflüssen geprägt sind, ob sie ihr Leben selbst- oder fremdbestimmt führen, welche Lebenschancen von ihnen wie genutzt werden bzw. über welche Ressourcen und Gestaltungsmöglichkeiten sie verfügen und wie diese gewinnbringend eingesetzt werden können. Vor allem den alltäglichen Bewältigungsressourcen, die bisher fehlten, nicht zugänglich waren oder nicht adäquat genutzt werden konnten, wendet sich eine ressourcenorientierte Beratung erhaltend, aufbauend und fördernd zu.

Damit distanziert sich eine ressourcenorientierte Sichtweise von einer primär kurativ-psychotherapeutischen Beratungsorientierung einerseits und einer rein informationszentrierten Beratung andererseits (Strong et al. 1995; Engel & Nestmann 1995). Innerhalb eines ressourcenorientierten Beratungsansatzes, der sich in einem sozialökologischen Rahmen auf Personen, ihre Lebenswelten und insbesondere auf die Interaktionen von Person und Umwelt bezieht, scheint eine Umorientierung von Beratung am ehesten möglich (s. a. Nestmann 1997). Die Orientierung am Wohlbefinden und an der Gesundheit von Menschen steht im Vordergrund beraterischer Interventionen und Reflexionen – und nicht die Pathologisierung menschlichen Verhaltens und Handelns. Stattdessen unterstützt Beratung Ratsuchende dabei, ihre scheinbaren Schwächen und Defizite innerhalb ihrer

Lebenswelten zu überwinden bzw. zu kompensieren, indem individuelle Kräfte und Ressourcen wiederentdeckt, aktiviert, gefördert und/oder ausgebaut werden. Der beraterische Fokus wird darauf gelegt, Ratsuchende dabei zu begleiten, ihr Leben wieder selbst in die Hand zu nehmen und persönliche Verantwortung sowie Kompetenzen weiterzuentwickeln, um Leben und Alltag wieder selbstbestimmt gestalten und aktiv bewältigen zu können.

In einem *präventiven Zugang* werden Stärken und Potenziale analysiert, aber auch mögliche Risiken und Problemursachen antizipiert. Beratung setzt hier frühzeitig ein, um Problemen durch gezielte Ressourcenaktivierung vorzubeugen bzw. um zu verhindern, dass schwerwiegendere Problemkonstellationen entstehen. Innerhalb eines *entwicklungs- und wachstumsfördernden Zugangs* werden lebensweltliche oder biografische Konflikte und Krisen als normative Erfahrungen im Leben eines Menschen betrachtet. Diese Erfahrungen betreffen mehr oder weniger alle Individuen im Verlauf ihres Lebens. Es sind Entwicklungsaufgaben, die bewältigt werden müssen, in denen Menschen lernen, Erfahrungen machen und Kompetenzen entwickeln. Beratung unterstützt die Ratsuchenden dabei, diese Konflikte und Krisen für ihr persönliches Wachstum bzw. ihre individuelle Persönlichkeitsentwicklung zu nutzen. In einem dritten und *kurativ-heilenden Zugang* wird die große Nähe von Beratung zu therapeutischen Interventionen deutlich. Hier unterstützt Beratung bei der Bewältigung von eingetretenen Störungen, um Schädigungen oder Verletzungen zu reduzieren oder, wo möglich, sie zu beseitigen oder Verluste zu kompensieren. Auch dies geschieht unter der Prämisse, individuelle und soziale Ressourcen wieder aufzubauen, um handlungsfähiger zu werden oder sich mit nicht veränderlichen Behinderungen und Einschränkungen besser arrangieren zu können. Generell zielt eine ressourcenorientierte Beratung darauf, das Wohlbefinden der Ratsuchenden zu verbessern und ihre Lebensqualität zu fördern.

3 Ressourcenkonzepte

Die Gesundheit und das subjektive Wohlbefinden von Menschen sind ebenso wie die Lebensgestaltung, der Umgang mit alltäglichen Herausforderungen und Problemlagen abhängig von Ressourcen (Schemmel & Schaller 2003; Klemenz 2009). Jeder Mensch ist demzufolge daran interessiert, Ressourcen zu haben, diese zu sichern und wenn möglich auszubauen. All das kann eine Ressource sein, was Personen für ihre Lebensführung und -bewältigung benötigen und wertschätzen, was sie nutzen, sichern und bewahren wollen (Hobfoll & Jackson 1991; Hobfoll & Lilly 1993). Die Bandbreite möglicher Ressourcenpotenziale ist dementsprechend groß und die Wahrnehmung und Einschätzung von Ressourcen bleibt eine sehr subjektive Angelegenheit. Neben subjektiven Bewertungen möglicher Ressourcen spielen aber auch funktionale Aspekte eine wesentliche Rolle. Viele Ressourcentheoretiker gehen davon aus, dass es in jeder Kultur, Gesellschaft und Epoche ein

bestimmtes Set an „objektiv" bedeutsamen Ressourcen gibt. Ressourcen können auf verschiedene Arten kategorisiert werden (u.a. Herriger 2006; Antonovsky 1997). Eine Möglichkeit ist die Unterteilung in personale und kontextbezogene Ressourcen (→ Schubert & Knecht).
Als *personale Ressourcen* gelten z.B. Selbstwertgefühl, Optimismus, Selbstwirksamkeit, Kontrollüberzeugung, Kohärenzgefühl, Resilienz, Hardiness/Belastbarkeit, Problemlösekompetenz, Flexibilität und Ambiguitätstoleranz. Diese Merkmale sind von besonderer Bedeutung, da sie zentrale Elemente eines positiven Selbstbildes sind und den Zugang zu wertgeschätzten Lebensbedingungen wie persönlichen Beziehungen, ökonomischem Status etc. ermöglichen. Zusätzlich ist hier die objektive und subjektive gesundheitliche Verfassung zu nennen (→ F.-C. Schubert). *Kontextressourcen* sind Objekte bzw. materielle Dinge, die den eigenen Bedürfnissen entsprechen oder allgemein anerkannt und begehrt sind (Wohnraum und Wohnumfeld, Informations-, Kommunikations-, Transportmittel, Kleidung etc.), geschätzte und angestrebte Lebensbedingungen (z.B. eine gute Partnerschaft, unterstützende soziale Netzwerke, soziale Sicherheit, sozioökonomischer Status); *Energieressourcen*, als bestimmte Mittel oder Bedingungen, die dazu beitragen können, angestrebte Objekte, Lebensbedingungen oder Ziele zu erreichen (z.B. Geld, Vertrauensvorschuss bei Mitmenschen, aber auch Wissen und Bildung) (Hobfoll & Jackson 1991; Hobfoll & Lilly 1993; → Gottburgsen & Sixt, → Gross & Jungbauer-Gans).
Eine Möglichkeit, vorhandene oder angestrebte Ressourcen darzustellen, ist die sogenannte „Ressourcenkarte", in der alle genannten Ressourcenbereiche betrachtet werden und die in ihrer Gesamtheit miteinander zu verknüpfen sind.

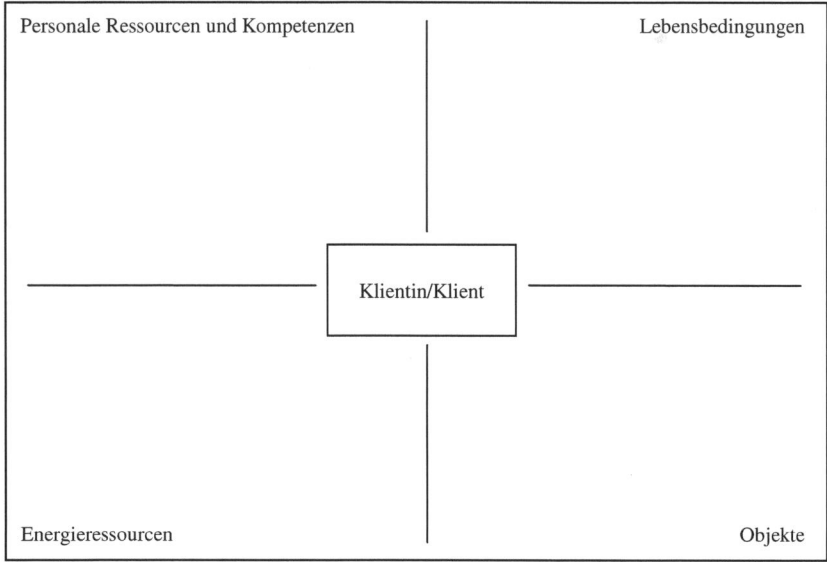

Abb. 1: Ressourcenkarte in Anlehnung an Streich & Lüttringhaus (2004)

4 Ressourcentheorie als Grundlage für eine ressourcenorientierte Beratung

Ein motivationstheoretischer Ansatz für die ressourcenorientierte Beratung ist die *Ressourcenkonservierungstheorie* von Hobfoll et al. (Hobfoll 1998; Hobfoll & Jackson 1991; Hobfoll & Lilly 1993; → Schubert & Knecht). Ihre grundlegende These ist, dass Menschen dann anfällig sind, unter Stress leiden und verletzlich für psychische und physische Probleme und Störungen werden, wenn Ressourcen fehlen, ihr Verlust befürchtet wird, sie verloren gehen oder wenn Ressourcen verbraucht werden, ohne den erhofften Gewinn zu erzielen. Riskante Übergänge und Veränderungen im Leben führen demnach insbesondere dann zu Stress, wenn eigene Ressourcen bedroht bzw. verloren scheinen (Thoits 1983). Werden gängige Skalen kritischer Lebensereignisse betrachtet, ist auf den ersten Blick eine Vielfalt an Konstellationen zu erkennen, die Ressourcenverlust und entsprechende Erfahrungen und Ängste darstellen oder beinhalten (Gesundheitsschädigung, Armut, Verlust des Arbeitsplatzes etc.). Auch die „kleinen" und alltäglichen Stressoren wirken belastend und beeinträchtigend, wenn sie Teil einer umfassenden Ressourcenschädigung sind oder wenn weitere größere Verluste und Einbrüche folgen können. Stress entsteht auch dann, wenn der gewohnte Ressourceneinsatz und die gewohnte -nutzung verhindert oder infrage gestellt werden. Ein Ausgangspunkt der Ressourcenkonservierungstheorie ist, dass der Verlust von Ressourcen einflussreicher und bedeutsamer ist als der Gewinn von Ressourcen. Reduzieren sich Ressourcen oder werden sie ganz verloren, kann das zu einer existenziellen Bedrohung werden. Insbesondere in der psychosozialen und sozialpädagogischen Arbeit mit Menschen, die ohnehin in riskanten und belastenden Lebenszusammenhängen leben, ist es das vorrangige Ziel, einen weiteren Ressourcenverlust zu verhindern und stattdessen bestehende Ressourcen zu sichern und zu stärken.

Um zu vermeiden, dass Ressourcen verlorengehen, aber auch wenn weitere Ressourcen dazugewonnen werden sollen, müssen wiederum Ressourcen eingesetzt werden. Menschen mit größerem personalen und kontextuellen „Ressourcenkapital" sind weniger gefährdet, Ressourcen zu verlieren, und gewinnen leichtere Ressourcen hinzu. Personen mit geringen Ressourcen hingegen droht ein weiterer Ressourcenverlust. Für sie ist ein Zugewinn an Ressourcen von der riskanten Investition ohnehin rarer Ressourcenbestände abhängig und damit weitaus unwahrscheinlicher. Es entstehen „Gewinn- und Verlustspiralen": Vorhandene Ressourcen können zum Gewinn weiterer Ressourcen eingesetzt werden, während fehlende Ressourcen zum Verlust weiterer Ressourcen führen. Oft entsteht ein Teufelskreis der zunehmend verletzlich macht und die eigene Existenz bedroht. Ein Alkoholabhängiger, der nicht mehr in der Lage ist, seinen Beruf auszuüben, verliert an finanziellen Mitteln, wodurch ihm der Verlust seiner Wohnung droht, sein Selbstwertgefühl sinkt, seine Freunde ziehen sich zurück. Menschen mit geringen personalen und/oder kontextuellen Ressourcen müssen primär daran interessiert sein, ihre Ressourcen zu erhalten (Hobfoll et al. 1991). Um zukünftige Anforderungen meistern zu können, sind die minimalen persönlichen und/oder knappen sozialen, ökologischen und ökonomischen Ressourcenbestände zunächst zu sichern. Oftmals reichen sie lediglich, um die alltäglichen Belastungen und Herausforderungen („daily hazzles") irgendwie zu meistern, und sind bei schwerwiegenderen Problemen und Stresssituationen überfordert (Hobfoll & Jackson 1991). Viele Menschen suchen erst in diesen für sie kritischen Situationen beratende Unterstützung in professionellen Hilfesystemen. Um in diesen z.T. existenzbedrohenden Situationen Ressourcen erhalten zu können, muss in der Regel erst einmal ein bestimmtes Ressourcenlevel durch professionelle Unterstützung bereitgestellt und eröffnet werden. Erst wenn wieder ausreichende Ressourcen vorhanden sind, können diese überhaupt eingesetzt werden, um weitere hinzuzugewinnen und nicht dauerhaft gegen den bedrohlichen Ressourcenverlust ankämpfen zu müssen.

5 Ressourcenorientierte Beratung

Eine ressourcenorientierte Beratung hat das Ziel, Klienten und Klientinnen ein möglichst selbstbestimmtes und selbstkontrolliertes Gestalten des Alltags, der Lebensumstände und der persönlichen Zukunft zu ermöglichen. Situationen, in denen Menschen beraterische Hilfe und Unterstützung suchen, sind aus ressourcentheoretischer Perspektive:

- Ratsuchende möchten ihre vorhandenen Ressourcen erweitern und/oder gezielt nutzen;
- sie erleben Ressourcenunsicherheit, da unklar ist, inwieweit Bewältigungsressourcen vorhanden sind bzw. wie sie diese – sofern sie existieren – nutzen, einsetzen und ausbauen können;
- die eigenen Ressourcen sind oder scheinen bedroht und sollen erhalten bleiben und
- Ratsuchende erleben (subjektiv oder objektiv) Ressourcenverlust bzw. dieser ist bereits erfolgt.

Bei psychosozialen und sozialpädagogischen Beratungsanlässen sind die Konstellationen von Ressourcenbedrohung, befürchtetem oder faktischem Ressourcenverlust besonders häufig – vor allem bei Menschen, die auf der Seite der Verlierer und Verliererinnen der modernisierten Gesellschaft zu verorten sind. Beratung kommt auch zum Tragen, wenn es darum geht, Ressourcen zu erweitern und gezielt einzusetzen, um weitere hinzuzugewinnen. Dieser Aspekt gilt insbesondere, aber nicht nur, für die potenziellen Gewinner und Gewinnerinnen pluralisierter Lebenswelten und Lebensstile.

Basierend auf der motivationalen Ressourcentheorie nach Hobfoll u. a. lassen sich für eine ressourcenorientierte Beratung wesentliche Maximen ableiten:
Statt einer Fokussierung auf Defizite von Ratsuchenden und Lebenskontexten hat die ressourcenorientierte Beratung ihren Ausgangspunkt bei den vorhandenen Ressourcen der Ratsuchenden. Diese Arbeitsweise impliziert eine positive Sicht auf die Person – nicht die Defizite stehen im Fokus, sondern die personen- und kontextbezogenen Ressourcenbestände. Das heißt nicht, dass Schwächen und Probleme vernachlässigt und negiert werden. Bei vielen Beratungsanlässen handelt es sich um subjektiv und objektiv problematische Situationen, die die Klienten und Klientinnen z. T. überfordern. Auch in der ressourcenorientierten Beratung wird die defizitäre und belastende Situation zunächst als solche angenommen. Jedoch richtet sich der Blick im Beratungsverlauf von einer Fixierung auf Probleme immer mehr auf die vorhandenen Stärken, auf Wachstums- und Entwicklungspotenziale der Ratsuchenden, auf die potenziell hilfreichen Effekte sozialer Netzwerke und persönlicher Beziehungen und auf ihre Kompetenzen und Selbsthilfekräfte im Sinne des Empowerment (Herriger 2006; Stark 2004).

Ressourcenarbeit erfordert von den professionellen Helfern und Helferinnen (und den Ratsuchenden) einen Perspektivwechsel – weg von der Fokussierung auf Fehler und Inkompetenzen, hin zu den Stärken und Potenzialen. Insbesondere bei Klienten und Klientinnen mit langen Problem-, Opfer- und Hilfekarrieren ist diese Haltung ebenso wichtig wie schwierig und erfordert eine beständige, selbstkritische Reflexion des eigenen Blicks. Unterstützung heißt dann vor allem, sensibel und aufmerksam Potenziale zu suchen, anzuerkennen und zu stärken. Persönliche und kontextuelle Ressourcen rücken in den Mittelpunkt und verweisen auf mögliche Ansatzpunkte und Entwicklungschancen. Damit erweitert und ergänzt die Ressourcenperspektive bestehende Störungsanalysen und -interventionen und führt gleichzeitig zu einem veränderten Blick auf existierende Defizite. Ohne die Schwierigkeiten der Klientel zu leugnen, impliziert diese Sichtweise immer, dass auch im schwerstgestörten und -geschädigten Individuum, in den defizitärsten Lebenskontexten und in der gestörtesten Mensch-Umwelt-Transaktion noch förderbare Ressourcen zu finden sind. Immer ist davon auszugehen, dass Ratsuchende, bis sie professionelle Unterstützung in Anspruch nehmen, bereits ihre persönlichen Ressourcen und die ihrer Lebenswelt eingesetzt, gemanagt oder das zumindest versucht haben. Erst dann, wenn eigene Ressourcen oder Ressourcen des Lebensumfeldes nicht (mehr) greifen, werden in der Regel professionelle Unterstützungsangebote in Anspruch genommen. Es kann vorausgesetzt werden, dass auch während des Hilfeprozesses professionelle und nichtprofessionelle Ressourcensicherungs- und -förderungsbestrebungen oft parallel vonstattengehen (Röhrle & Laireiter 2009). Alltägliche Ressourcen, die die Ratsuchenden selbstständig nutzen können, haben dabei immer Priorität. Aus diesem Grund ist das Verständnis, das Klienten und Klientinnen von Ressourcen haben, und wie sie ihre Ressourcen einsetzen von großer Wichtigkeit. Ressourcenorientierte Arbeit erfordert einen respektvollen und wertschätzenden Umgang mit den Ressourcen und den Ressourcennutzungsstrategien der Hilfesuchenden. Erst eine lebensweltorientierte Herangehensweise ermöglicht eine personen- und situationsangemessene und auf Nachhaltigkeit angelegte Unterstützung durch Beratung (Schubert 1999; Nestmann 2008).

Sensibilität gegenüber den Ressourcen der Ratsuchenden stellt eine wesentliche Voraussetzung des ressourcenorientierten Beratungsansatzes dar, um vorhandene entwickelbare Ressourcen von Personen und soziale, institutionelle oder natürliche Ressourcen aufeinander abstimmen zu können. Ein differenzierterer Blick auf deren Wechselwirkungen ist dabei von besonderer Relevanz. Ressourcen zu erfassen und zu diagnostizieren, wird damit zumindest ebenso wichtig wie eine herkömmliche Problemdiagnostik. Hilfreich sind z.B. Ressourcenskalen und -analysen (Klemenz 2000; Flückiger & Wüsten 2008; → Glemser & Gahleitner), Netzwerkkarten und Unterstützungsanalysen (Straus 2002; Straus & Höfer 1998; Nestmann 1998) sowie Organisations-, Sozialraum und Gemeindeanalysen (Hershenson et al. 1996). Ressourcenorientierte Helfer und Helferinnen müssen lernen, Bewältigungs- und Entwicklungspotenziale der materiellen Lebenswelt, der objektiven Lebensbedingungen und -umstände und ihrer kognitiven und emotionalen Repräsentation, die Energieressourcen in und zwischen Personen und Kontexten, ebenso aufmerksam zu analysieren wie ressourcenreiche persönliche Merkmale der Betroffenen und ihrer Netzwerkmitglieder. Bestimmte Ressourcenbestände haben sich bei der Bewältigung spezifischer Probleme als besonders relevant herausgestellt. Bei den personalen Ressourcen handelt es sich dabei vor allem um ein hohes Selbstwertgefühl, Optimismus und Bewältigungsoptimismus, Kontrollüberzeugungen sowie Problemlösekompetenz. Besonders wirksame kontextuelle Ressourcen sind sozioökonomischer Status und gesichertes Einkommen, die Einbindung in weitgehend konfliktfreie soziale Netzwerke und emotionale soziale Unterstützung (s.a. Vaux 1988; Röhrle 1994; Weiß et al. 1995). Je nach Situation und Anforderungen können jedoch auch andere Ressourcen gefordert sein. Zentral ist dabei die Passung von Ressourcen und subjektiven Bedürfnissen. Neben der Einschätzung der Ressourcen ist zudem sensibel zu betrachten, inwieweit die Klienten und Klientinnen ihre Ressourcen realistisch einschätzen und gezielt nutzen können. Kritisch reflektierend muss ebenso geprüft werden, ob die ratsuchenden Personen die professionelle Unterstützung als Ressource wahrnehmen und welche Qualität diese für sie hat. Die Vermittlung einer ressourcensensiblen Haltung und Handlungskompetenz ist zukünftig ebenso Bestandteil guter Beratungsausbildung wie Selbstreflexivität oder Diversitätsbewusstsein.

Soziale Netzwerke und soziale Unterstützungsbeziehungen nehmen über alle Lebensalter hinweg in unterschiedlichen Dimensionen (strukturell, qualitativ, funktional) Einfluss auf die persönliche Entwicklung von Individuen. Untersuchungen zu sozialen Netzwerken und sozialer Unterstützung kommen übereinstimmung zu dem Ergebnis, dass sozialer Rückhalt und alltägliche Hilfeleistungen durch zwischenmenschliche Beziehungen und Beziehungsgeflechte entscheidend für das psychische und physische Wohlbefinden und für den Erhalt physischer und psychischer Gesundheit sind. Sie helfen zudem dabei, verschiedene Formen von Anforderungen und Belastungen zu vermeiden bzw. zu bewältigen (u.a. Nestmann

1988; Nestmann 2010). Soziale Netzwerke, Beziehungen zwischen Personen und interpersonelle Beziehungsqualitäten sind im Rahmen der Ressourcenförderung und -sicherung demzufolge von besonderer Bedeutung (u. a. Pearson 1997; Nestmann 2009). In informellen Unterstützungsangeboten sozialer Netzwerke liegen oft wesentliche Ressourcen für die Bewältigung spezifischer Problemkonstellationen. Diese zu stärken, kann ein wichtiger Unterstützungsimpuls in der Beratungsarbeit sein. Sollten Selbsthilfestrategien der Ratsuchenden nicht greifen oder die Situation gar verschlechtern, ist es jedoch nötig, professionelle Ressourcenstrategien zu vermitteln. Dabei ist immer zu prüfen und zu entscheiden, ob es hilfreich ist, die existierenden Netzwerkbeziehungen zu (re-)aktivieren und zu stärken, alltägliche soziale Netzwerke in ihren strukturellen (Größe, Dichte etc.), qualitativen (Intensität, Gegenseitigkeit etc.) und funktionalen Dimensionen (emotionale, informative, instrumentelle und praktische etc. Unterstützung) zu beeinflussen, künstliche soziale Bindungen (z. B. Selbsthilfegruppen) zu fördern oder sozialraumübergreifend netzwerkförderliche Räume und Settings zu unterstützen (Nestmann 2000; Nestmann & Projektgruppe DNS 2002; Schemmel & Schaller 2003; → Straus).

Bestehende Ressourcen sichern und Ressourcenverlust vorbeugen ist primäres Ziel, insbesondere bei Klienten und Klientinnen mit geringen Ressourcen. Auch die Ressourcenkonservierungstheorie nach Hobfoll et al. betont die Bedeutung der Ressourcensicherung. Erst wenn bereits bestehende Verlustspiralen durchbrochen sind, kann eine Erweiterung von Ressourcen angestrebt werden. Haben Klienten und Klientinnen ausreichend Ressourcen oder handelt es sich um proaktiv präventive Konstellationen, steht die Erweiterung von Ressourcenbeständen und deren gezielter Einsatz im Zentrum professioneller Aktivitäten. Sowohl Ressourcensicherung als auch -erweiterung erfordern Investitionen. Aufgabe der Beratenden sowie der Ratsuchenden ist es, im Sinne einer Erfolgsoptimierung, die Balance von Einsatz und Gewinn zu erreichen. Je geringer die Ressourcen in Personen und Lebenswelten sind, desto stärker ist der Bedarf an Ressourceninput durch die Hilfebeziehung und die Hilfe selbst. Um perspektivisch Ressourcen ohne Ängste nutzen zu können, ist es für Personen mit geringen Ressourcenbeständen wichtig, ihre Lebensbedingungen im Sinne einer Erweiterung ihrer sowohl personalen als auch kontextuellen Ressourcen zu verändern. Nach Meinhold (1994, 199) handelt es sich dabei insbesondere um die „Sicherung der Grundversorgung" (u. a. Gesundheit, Wohnung, finanzielles Auskommen, soziale Unterstützung). Ressourcenorientierte Beratung hat die Aufgabe, gemeinsam mit den Klienten und Klientinnen daran zu arbeiten, die Barrieren, die die Nutzung dieser Ressourcen behindern, abzubauen. Erst wenn Personen ein bestimmtes Level an Ressourcen erlangt haben, wird ein selbstbestimmtes und selbstkontrolliertes Gestalten von Alltag und Leben in der sozialen Gemeinschaft wieder möglich.

„Passförmige Ressourcen" stellen für Ratsuchende und Beratende in der beraterischen Arbeit eine Herausforderung dar. Es ist davon auszugehen, dass nicht alle Ressourcen gleich gut auf alle Bedürfnisse passen (Cutrona 1990). Dies gilt insbesondere für Belastungen, die von den Betroffenen beeinflussbar sind. Wo in

unkontrollierbaren, kritischen Lebensereignissen meist „nur" persönlicher Rückhalt und emotionale Unterstützung abpuffern, fordern kontrollierbare Stressoren ganz bestimmte Hilfeleistungen darüber hinaus. Vor allem in der Social-Support-Forschung wurde die Bedeutung der Passung von Bewältigungsherausforderungen, subjektiven Bedürfnissen und Ressourcen thematisiert. Diese Ressourcenpassung ist nicht „mechanisch". Je nach Anforderung und eigenen Bedürfnissen formen und gestalten Personen ihre vorhandenen Ressourcen um. Personale und kontextuelle Ressourcen stehen in enger Wechselwirkung miteinander und können sich jeweils kompensieren. Haben Individuen z. B. ausreichende ökonomische Ressourcen, sind sie in bestimmten Situationen nicht auf soziale Unterstützungsleistungen anderer angewiesen – sie können Hilfe bezahlen. Geringe individuelle, soziale Kompetenzen können beispielsweise durch ein soziales Netzwerk aufgefangen werden etc. Ressourcenorientierte Beratung begleitet und unterstützt Ratsuchende in diesen Anpassungs- und Abstimmungsprozessen. Sie versucht, vorhandene Ressourcen in Personen und Lebenswelten in Passung mit den gegebenen Anforderungen, Problemen, Krisen oder Konflikten zu bringen.

Ein ressourcenorientierter Ansatz in der Beratung erfordert von den Beratern und Beraterinnen eine Haltung, die von Wertschätzung und Respekt geprägt ist. Sensibilität bezogen auf die vorhandenen Ressourcen und der feste Glaube an das Potenzial aller Ratsuchenden, ihr Leben, soweit ihnen möglich, maximal nach eigenen Wünschen und Vorstellungen selbst verändern und gestalten zu können, sollten im Beratungsprozess selbstverständlich sein.

Wesentliche Anknüpfungspunkte für eine ressourcenorientierte Beratung bietet die Gemeindepsychologie. Insbesondere im Empowerment-Ansatz ist der Zugang von Personen zu Ressourcen ein zentraler Aspekt der Selbstentfaltung und Selbstbestimmung (u. a. Stark 1996; 2004; Rappaport 1985). Empowerment heißt, „das eigene Leben in die Hand zu nehmen" und die Lebensumstände selbst zu beeinflussen (Herriger 2006; Lenz & Stark 2002). Es handelt sich um einen kontinuierlichen Prozess, der es allen Beteiligten ermöglicht, an wertgeschätzten Ressourcen teilzuhaben und diese zu nutzen. Neben der Fähigkeit, eigenverantwortliche Entscheidungen zu treffen und aus einer Vielzahl von Lebensoptionen zu wählen, verweist Empowerment insbesondere darauf, dass Menschen in der Lage sind, aktiv für ihre Bedürfnisse und Wünsche einzutreten und dabei eigene Rechte und Mitwirkungsmöglichkeiten einzufordern. In der psychosozialen Beratung bedeutet Empowerment insbesondere, Voraussetzungen dafür zu schaffen, dass Ratsuchende selbstbestimmt leben können. Ziel ist es, ihre Selbsthilfekräfte zu fördern und ihre Eigenverantwortung zu stärken. Diese Vorstellung lässt sich nur umsetzen, wenn Wahl- und Einflussmöglichkeiten aller anerkannt und wertgeschätzt werden (Strong et al. 1995). Ressourcenorientierte Ansätze können hierzu beitragen.

Literatur

Antonovsky, A. (1997): Salutogenese. Zur Entmystifizierung der Gesundheit. Tübingen: dgvt.
Beck, U. (1986): Risikogesellschaft. Auf dem Weg in eine andere Moderne. Frankfurt/M.: Suhrkamp.
Cutrona, C. E. (1990): Stress and social support: In search of optimal matching. Journal of Social and Clinical Psychology, 9(1), S. 3–14.
Engel, F. & Nestmann, F. (1995): Beratung – Markierungspunkte für eine Weiterentwicklung. In: Nestmann, F. & Engel, F. (Hrsg.): Die Zukunft der Beratung. S. 11–50. Tübingen: dgvt.
Engel, F., Nestmann, F. & Sickendiek, U. (2004): Beratung – Ein Selbstverständnis in Bewegung. In: Nestmann, F., Engel, F. & Sickendiek, U. (Hrsg.): Das Handbuch der Beratung. Bd. 1: Disziplinen und Zugänge. S. 33–44. Tübingen: dgvt.
Flückiger, C. & Wüsten, G. (2008): Ressourcenaktivierung. Ein Manual für die Praxis. Bern: Huber.
Gelatt, H. B. (1962): Decision-making: A conceptual frame and reference for counseling. Journal of Counseling Psychology, 9(3), S. 240–245.
Gelatt, H. B. (1989): Positive uncertainty: A new decision-making framework for counseling. Journal of Counseling Psychology, 36(2), S. 252–256.
Herriger, N. (2006): Empowerment in der Sozialen Arbeit. Eine Einführung. (3. Aufl.). Stuttgart: Kohlhammer.
Hershenson, D. B., Power, P. W. & Waldo, M. (1996): Community Counseling. Boston: Allyn and Bacon.
Hobfoll, S. E. (1998): Stress, culture and community. New York: Plenum Press.
Hobfoll, S. E. & Jackson, A. P. (1991): Conservation of resources in community intervention. American Journal of Community Psychology, 19(1), S. 111–121.
Hobfoll, S. E. & Lilly, R. S. (1993): Resource conservation as a strategy for community psychology. Journal of Community Psychology, 21(2), S. 128–148.
Hobfoll, S. E., Shohan, S. B. & Ritter, C. (1991): Women's satisfaction with social support and their receipt of aid. Journal of Personality and Social Psychology, 61(2), S. 332–342.
Klemenz, B. (2000): Ressourcendiagnostik bei Kindern. Praxis der Kinderpsychologie und Kinderpsychiatrie, 49(3), S. 176–198.
Klemenz, B. (2009): Ressourcenorientierte Psychologie. Ermutigende Beiträge einer menschenfreundlichen Wissenschaft. Bd. 1. Tübingen: dgvt.
Lenz, A. & Stark, W. (Hrsg.) (2002): Empowerment. Neue Perspektiven für psychosoziale Praxis und Organisation. Tübingen: dgvt.
Meinhold, M. (1994): Ein Rahmenmodell zum methodischen Handeln. In: Heiner, M. (Hrsg.): Methodisches Handeln in der Sozialen Arbeit. S. 184–217. Freiburg: Lambertus.
Nestmann, F. (1988): Die alltäglichen Helfer. Theorien sozialer Unterstützung und eine Untersuchung alltäglicher Helfer aus vier Dienstleistungsberufen. Berlin: de Gruyter.
Nestmann, F. (1996): Die gesellschaftliche Funktion psychosozialer Beratung in Zeiten von Verarmung und sozialem Abstieg. Verhaltenstherapie und psychosoziale Praxis, 28(1), S. 5–16.
Nestmann, F. (1997): Beratung als Ressourcenförderung. In: Nestmann, F. (Hrsg.): Beratung. Bausteine für eine interdisziplinäre Wissenschaft und Praxis. S. 15–38. Tübingen: dgvt.
Nestmann, F. (1998): Soziale Netzwerk- und Unterstützungsanalyse. Zeitschrift für Soziologie der Erziehung und Sozialisation, 2(18), S. 216–221.
Nestmann, F. (2000): Netzwerkintervention und soziale Unterstützungsförderung – konzeptioneller Stand und Anforderungen an die Praxis. Gruppendynamik, 31(3), S. 259–276.

Nestmann, F. (2008): Ressourcenarbeit. In: Grunwald, K. & Thiersch, H. (Hrsg.): Praxis Le-bensweltorientierter Arbeit. Handlungszugänge und Methoden in unterschiedlichen Arbeitsfeldern. S. 69–85. Weinheim u. a.: Juventa.

Nestmann, F. (2009): Netzwerkintervention und Supportförderung. Ein Plädoyer für die Praxis. In: Röhrle, B. & Laireiter, A.-R. (Hrsg.): Soziale Unterstützung und Psychotherapie. S. 589–622. Tübingen: dgvt.

Nestmann, F. (2010): Soziale Unterstützung – Social Support. In: Schröer, W. & Schweppe, C. (Hrsg.): Enzyklopädie Erziehungswissenschaft Online (EEO). Fachgebiet Soziale Arbeit. Weinheim u. a.: Beltz & Juventa.

Nestmann, F. & Projektgruppe DNS (2002): Beratung als Ressourcenförderung. Präventive Studentenberatung im Dresdner Netzwerk Studienbegleitender Hilfen (DNS). Weinheim u. a.: Juventa.

Nestmann, F., Sickendiek, U. & Engel, F. (2004): Statt einer „Einführung": Offene Fragen „guter Beratung". In: Nestmann, F., Engel, F. & Sickendiek, U. (Hrsg.): Das Handbuch der Beratung. Bd. 2: Ansätze, Methoden und Felder. S. 599–608. Tübingen: dgvt.

Pearson, R. E. (1997): Beratung und Soziale Netzwerke. Weinheim: Beltz.

Rappaport, J. (1985): Ein Plädoyer für die Widersprüchlichkeit: Ein sozial-politisches Konzept des „empowerment" anstelle präventiver Ansätze. Verhaltenstherapie und psychosoziale Praxis, 17(2), S. 257–278.

Röhrle, B. (1994): Soziale Netzwerke und soziale Unterstützung. Weinheim: PVU.

Röhrle, B. & Laireiter, A.-R. (Hrsg.) (2009): Soziale Unterstützung und Psychotherapie. Tübingen: dgvt.

Schemmel, H. & Schaller, J. (Hrsg.) (2003): Ressourcen. Ein Hand- und Lesebuch zur therapeutischen Arbeit. Tübingen: dgvt.

Schubert, F.-C. (1999): Lebensweltorientierte Beratung. Ein sozialökologisches Denk- und Handlungsmodell. In: Marschner, L. (Hrsg.): Beratung im Wandel. S. 104–128. Mainz: Grünewald.

Sickendiek, U., Engel, F. & Nestmann, F. (2008): Beratung. Eine Einführung in sozialpädagogische und psychosoziale Beratungsansätze. Weinheim u. a.: Juventa.

Stark, W. (1996): Empowerment: Neue Handlungskompetenzen in der psychosozialen Praxis. Freiburg: Lambertus.

Stark, W. (2004): Beratung und Empowerment – empowerment-orientierte Beratung? In: Nestmann, F., Engel, F. & Sickendiek, U. (Hrsg.): Das Handbuch der Beratung. Bd. 1: Disziplinen und Zugänge. S. 535–546. Tübingen: dgvt.

Straus, F. (2002): Netzwerkanalysen. Wiesbaden: Deutscher Universitätsverlag.

Straus, F. & Höfer, R. (1998): Die Netzwerkperspektive in der Praxis. In: Röhrle, B. & Sommer, G. (Hrsg.): Prävention und Gesundheitsförderung. S. 77–98. Tübingen: dgvt.

Streich, A. & Lüttringhaus, M. (2004): Ressourcenkarte. Institut für Stadtteilbezogene Arbeit und soziale Beratung der Universität Duisburg. Essen: ISSAB.

Strong, S., Yoder, B. & Corcoran, J. (1995): The 1993 Leona Tyler address: counseling: a social process for constructing personal powers. The Counseling Psychologist, 23(2), S. 374–384.

Thoits, P. A. (1983): Multiple identities and psychological well-being: A reformulation of the social isolation hypothesis. American Sociological Review, 48(2), S. 174–187.

Vaux, A. (1988): Social support: Theory, research and intervention. New York: Praeger.

Wahl, K. (1989): Die Modernisierungsfalle. Gesellschaft, Selbstbewußtsein und Gewalt. Frankfurt/M.: Suhrkamp.

Weiß, J., Schneewind, K. A. & Olson, D. H. (1995): Die Bedeutung von Stressoren und Ressourcen für die psychische und physische Gesundheit – ein multisystemischer Ansatz. Zeitschrift für Gesundheitspsychologie, 3(3), S. 165–182.

Ressourcenaktivierung

Günther Wüsten, Holger Schmid

1 Ressourcenaktivierung als Aufgabe Sozialer Arbeit

Soziale Arbeit zielt auf den Erhalt, die Förderung und die Wiederherstellung von sozialer Integration von benachteiligten Menschen in der Gesellschaft. In der Auseinandersetzung mit sozialer Ungleichheit, erschwerten Lebenslagen und prekären Lebensverhältnissen, mit Prozessen der Integration und Ermöglichung von Partizipation ist die Frage nach Ressourcen bedeutsam. Ausgangslage für die Aktivität von Sozialer Arbeit sind in der Regel Problemlagen, nie sind es Ressourcen. Ohne Ressourcen ist die Gestaltung von Veränderungsprozessen hingegen nicht denkbar. Die Aktivierung von Ressourcen hat daher hohe Priorität bei sozialen Interventionen. Ressourcenorientierte Soziale Arbeit verstärkt vorhandene Ressourcen, erhält sie aufrecht, fördert brachliegende Ressourcen und regt an, diese wieder aufzunehmen, baut neue Ressourcen gezielt auf und stellt verschiedene Ressourcen zur Verfügung. Sie hat die Aufgabe, Ressourcenaktivierung verstärkt zu berücksichtigen und in bestehende Interventionskonzepte einzubeziehen. Wie sehr Ressourcenaktivierung in den neueren Konzepten der Sozialen Arbeit Eingang findet, wird deutlich, wenn Definitionsvorschläge Sozialer Arbeit betrachtet werden.

„Well-being" als Ziel Sozialer Arbeit

Im internationalen Kontext wurde im Jahr 2000 in Montreal durch den internationalen Sozialarbeitsverband folgende *Definition Sozialer Arbeit* vorgeschlagen:

> The social work profession promotes social change, problem solving in human relationships and the empowerment and liberation of people *to enhance well-being*. Utilising theories of human behaviour and social systems, social work intervenes at the points where people interact with their environments. Principles of human rights and social justice are fundamental to social work. (IFSW 2000)

Well-being, das wohl am besten mit Wohlbefinden, Wohlergehen oder Wohlsein zu übersetzen ist, ist Bestandteil und Zielgröße dieser Definition. Die *Gesundheit* des Menschen ist laut Weltgesundheitsorganisation „ein Zustand des vollständigen körperlichen, geistigen und sozialen Wohlergehens und nicht nur das Fehlen von Krankheit oder Gebrechen" (WHO 1946). Die Ressourcen eines Menschen stellen die Quellen seines Wohlbefindens und letztlich seiner Gesundheit dar.

2 Ressourcenanalyse als Basis der Ressourcenaktivierung

Jede Person, sei sie auch in noch so schwierigen Lebenslagen, verfügt über Ressourcen (Nestmann 2009).

> Nutzbare Ressourcen sind alle im ‚Ressourcenreservoir' eines Systems (Person, Gruppe, Organisation) vorhandenen materiellen Bestände (Geld, Maschinen) und mentalen Bestände (Kenntnisse, Gewissensvorräte), welche in interne (z.B. Kontrollüberzeugungen, Kompetenzen/Fähigkeiten, Performanzen/Fertigkeiten) und externe (z.B. Informationen von Kollegen, Freunden, Sozialagenturen) differenziert werden. Sie können als ‚Eigenressourcen' im Zugriff des Systems stehen oder als ‚Fremdressourcen' von anderen Systemen bereitgestellt werden. Ressourcengebrauch setzt voraus, dass Ressourcen vom System (das heisst dem Subjekt, dem Team, der Organisation) wahrgenommen werden (perception), basal klassifiziert werden (marking) und aufgrund funktionaler emotiver Bewertungsprozesse (valuation) und kognitiver Einschätzungsprozesse (appraisal) als verfügbare Ressourcen eingestuft werden, so dass sie zugänglich und mobilisierbar sind (resourcing) und faktisch in möglichst optimaler Weise genutzt werden (acting). (Petzold 1997, 445)

Aus diesem Zitat wird deutlich, dass die Aktivierung von Ressourcen individuelle Ressourcen, soziale Ressourcen und materielle Ressourcen beinhaltet, und dass komplexe Wechselwirkungen zwischen den Ressourcensystemen bestehen.

Wie Ressourcenaktivierung konkret umgesetzt werden kann, haben Flückiger und Wüsten (2008) in einem Manual beschrieben. Ausgangspunkt ist eine systematische Ressourcenanalyse. Abbildung 1 gibt einen Überblick über verschiedene Fähigkeiten und Fertigkeiten einer Person. Hilfreiche Fähigkeiten und Fertigkeiten werden Ressourcenhotspots genannt, sie sind Quellen der Zufriedenheit und des Wohlbefindens.

Nach dem Konsistenzprinzip sind Menschen dann zufrieden und fühlen sich wohl, wenn ihre Bedürfnisse und die damit verbundenen Ziele untereinander vereinbar sind und sie ihre Ziele verwirklichen können. Ressourcen sind einerseits die Mittel, welche die Person für das Erreichen ihrer Ziele einsetzt, andererseits sind es die Ziele selbst, die zur Befriedigung der Grundbedürfnisse dienen. Psychische Grundbedürfnisse sind nach Grawe (1998; 2004) 1. das Bedürfnis nach Bindung, dem Erleben von Beziehungen und Freundschaften, 2. das Bedürfnis nach Orientierung und Kontrolle, die Erfahrung eigener Handlungsspielräume, 3. das Bedürfnis nach Selbstwerterhöhung und Selbstwertschutz, 4. das Bedürfnis nach Lustgewinn und Unlustvermeidung (→ Klemenz). Die Ressourcenhotspots sind in Abbildung 1 als Kästchen dargestellt.

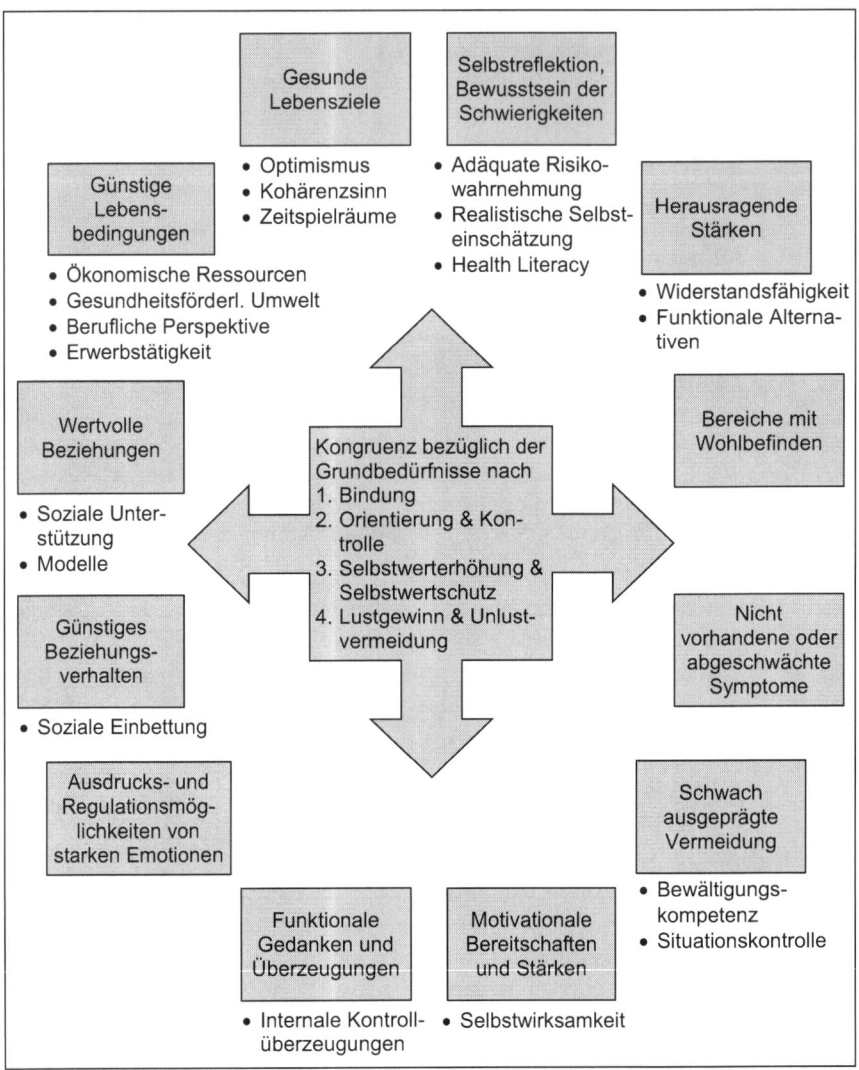

Abb. 1: Grundbedürfnisse, Ressourcenhotspots (Kästchen) und Ressourcenbeispiele als Basis für eine systematische Ressourcenanalyse.

Erkundung individueller Ressourcen

Die Erkundung individueller Ressourcen kann durch Fragen zu verschiedenen Bereichen des Lebens erfolgen. Diese beziehen sich direkt auf die Ressourcenhotspots in Abbildung 1 und erlauben einen breiten Überblick über die Ressourcen einer Person.

- Günstige Lebensbedingungen: Welche Bereiche des Lebens werden in Gegenwart und Vergangenheit als befriedigend erlebt?
- Gesunde Lebensziele: Welche erreichbaren Ziele, Lebenspläne und Wünsche möchte die Person verwirklichen?
- Selbstreflexion, Bewusstsein der eigenen Schwierigkeiten: Kann die Person die Probleme selbstständig reflektieren? Hat sie ein Bewusstsein dafür, wie die Probleme entstanden sind?
- Herausragende Fähigkeiten: Verfügt die Person über herausragende Fähigkeiten, die sie von anderen Personen abhebt?
- Bereiche mit Wohlbefinden: Existieren positive Erinnerungen? Gibt es Lebensbereiche, in welchen sich die Person wohlgefühlt hat?
- Nicht vorhandene oder abgeschwächte Symptome: In welchen Bereichen sind die Symptome weniger ausgeprägt?
- Schwach ausgeprägte Vermeidung: Ist das Vermeidungsverhalten auf bestimmte Orte, Zeitpunkte, Stimmungen beschränkt?
- Motivationale Bereitschaft und Stärken: Zeigt die Person Motive wie Engagement, Integration und Leistungsbereitschaft?
- Funktionale Kognitionen und Überzeugungen: Gibt es positive Gedanken und Überzeugungen, die es erleichtern, sich schwierigen Situationen auszusetzen?
- Ausdrucks- und Regulationsmöglichkeit starker Emotionen: Inwiefern kann die Person Emotionen verbalisieren und selbst regulieren?
- Günstiges Beziehungsverhalten: Wie stark kann sich die Person auf Beziehungen einlassen? Was braucht sie dafür?
- Hilfreiche Beziehungen: Hat die Person wichtige Bezugspersonen und Freundschaften? Gab es diese in der Vergangenheit?

Fokus auf bestimmte individuelle Ressourcen

Es ist sinnvoll, neben diesem Überblick über die Ressourcen einer Person, bestimmte Aspekte in den Fokus zu nehmen. Klinisch zentral unter Ressourcenperspektive sind die beiden „big B": *B*eziehungs- und *B*ewältigungsressourcen. Der Konsistenztheorie Grawes (2004) folgend wären sie dem Bindungs- und dem Kontrollbedürfnis zuzuordnen. Beziehungs- und Bewältigungsressourcen sind in allen Handlungsfeldern zentral und sollen hier am Beispiel der Rückfallprävention bei Alkoholabhängigkeit illustriert werden (→ Schmid & Wüsten): Kontrollkompetenzen sind in Zusammenhang mit einer bewältigungsorientierten Rückfallbearbeitung von großer Bedeutung. Sie stehen in engem Zusammenhang mit den Merkmalen der Handlungskontrolle, wie sie Kuhl (1992) beschrieben hat: selektive Aufmerksamkeit, Encodierkontrolle, Emotionskontrolle, Motivations- und Umweltkontrolle, sparsame Informationsverarbeitung und effiziente Misserfolgsbewältigung. Bezogen auf die Bewältigung von Rückfallrisikosituationen bei Alkoholabhängigkeit könnte es bedeuten:

- die Aufmerksamkeit auf den erwünschten Ausgang der Situation lenken (selektive Aufmerksamkeit),
- Aspekte der Situation besonders beachten, welche nicht mit einem Substanzkonsum zusammenhängen, beispielsweise sich in einem Restaurant nach nichtalkoholischen Getränken erkundigen (Encodierkontrolle),
- sich auf die Anfangsmotivation besinnen, beispielsweise sich mit Bekannten unterhalten (Motivationskontrolle),
- negative Emotionen regulieren durch Aufmerksamkeit auf angenehme Aspekte der Situation (Emotionskontrolle),
- nichts oder möglichst wenig konsumieren, beispielsweise sich an einem Gespräch beteiligen (sparsame Informationsverarbeitung durch den Versuch, im Handeln zu bleiben),
- falls das Zielverhalten nicht durchgeführt werden kann, die Ausrichtung auf dieses Zielverhalten positiv bewerten (Misserfolgsbewältigung, bzw. Bewertung des Annäherungsverhaltens).

Unter Ressourcenperspektive wäre jede Annäherung an handlungsorientierte Verhaltensweisen positiv zu bewerten. Wie sehr dies von der sozialen Situation abhängig ist, wird bei einigen der oben genannten Punkte deutlich. Neben den individuellen Ressourcen ist die Aktivierung sozialer Ressourcen zentral.

Soziale Ressourcen aktivieren

Moggi (2002) unterstreicht die Bedeutung sozialer Beziehungen allgemein und insbesondere im Kontext der Behandlung von zusammen auftretenden psychischen Störungen und Suchtproblemen. Der Aufbau und das Aufrechterhalten von Beziehungen können wie im Training sozialer Kompetenzen (vgl. z. B. Hinsch & Pfingsten 2007) gelernt werden. Der Prozess kann im Einzelnen herausfordernd sein, vor allem wenn mit der Abhängigkeitsproblematik weitere psychische Störungen verbunden sind. Insbesondere interaktionelle Störungen erfordern eine intensive Suche und Aktivierung sozialer Ressourcen.

Eine weitere konkrete Möglichkeit, soziale Ressourcen zu erkennen und zu aktivieren, besteht in der Arbeit mit Ecogrammen (Flückiger & Wüsten 2008). Ecogramme visualisieren soziale Vernetzungen und ermöglichen in Beratung und Therapie, die Perspektive im Gespräch zugunsten der Ressourcen zu öffnen. Das grafische Vorgehen erschließt viel Information und verdichtet sie. Netze und Zusammenhänge werden deutlicher und können in ihrer Parallelität erkannt werden (→ Glemser & Gahleitner). Die Exploration von Ressourcen mit einem Ecogramm führt unweigerlich dazu, dass neben den Problemen Lebensbereiche zur Sprache kommen, welche mit positiven Erfahrungen oder Gefühlen verbunden sind. Die nachfolgenden Fragen zeigen exemplarisch auf, wie Ressourcen in einem Ecogramm thematisiert werden könnten: Welchen Menschen begegnen Sie gerne? Wer freut sich, Sie zu sehen? Mit wem beginnen Sie eine Unterhaltung? Mit wem unternehmen Sie etwas in Ihrer Freizeit? Mit wem würden Sie über persönliche

Anliegen sprechen? Mit wem lachen Sie gemeinsam? Was half Ihnen, mit Schwierigkeiten umzugehen? Was können Sie tun, um sich mit einer Situation abzufinden? Wann erleben Sie das Gefühl von Gelassenheit? An welchem Ort fühlen Sie sich richtig wohl? Was war in Ihrer Herkunftsfamilie wertvoll? Wer aus Ihrer Lebenswelt ist wirklich mutig? Mit wem würden Sie durch dick und dünn gehen? Was mögen andere an Ihnen?

Aktivierung materieller Ressourcen

Die in der Sozialen Arbeit traditionell verankerte Erschließung externer, materieller Unterstützungsleistungen ist ebenso wichtig wie das Erkennen und Stützen bereits vorhandener nichtmaterieller Ressourcen bei den Klientinnen und Klienten. Die Stärkung der Erwartungen an die eigene Selbstwirksamkeit sowie der personalen und sozialen Ressourcen, bei Berücksichtigung der subjektiven und objektiven Restriktionen, ist der Fokus der psychosozialen Praxis. Foppa (1988) spricht von objektiven Restriktionen dann, wenn man Restriktionen für Menschen als gegeben akzeptieren muss. Beispielsweise entstehen durch die Gesetzgebung für Asylsuchende eine Reihe objektiver Restriktionen. Subjektive Restriktionen spiegeln den Bereich der individuellen Wahrnehmung wieder. So zeigt sich häufig bei Klientinnen der Sozialen Arbeit, dass sie beispielsweise Ressourcen nutzen, ohne sich dessen bewusst zu sein. Manchmal existiert schlussendlich kein Bewusstsein über das Potenzial der eigenen Ressourcen. Dieser Aspekt gehört in den Bereich der subjektiven Restriktionen und kann durch eine Verbesserung der Wahrnehmung verändert werden. Die Aktivierung der verschiedenen sich einander bedingenden bzw. ergänzenden Ressourcensysteme durch professionelle Interventionen ist ein zentraler Wert der Sozialen Arbeit.

Literatur

Flückiger, C. & Wüsten, G. (2008): Ressourcenaktivierung. Ein Manual für die Praxis. Bern: Hans Huber Verlag.
Foppa, K. (1988): Über Möglichkeitsräume von Handlungen. Psychologische Beiträge, 30, S. 248–254.
Grawe, K. (1998): Psychologische Psychotherapie. Göttingen: Hogrefe.
Grawe, K. (2004): Neuropsychotherapie. Göttingen: Hogrefe.
Hinsch, R. & Pfingsten, U. (2007): Das Gruppentraining sozialer Kompetenzen (GSK): Grundlagen, Durchführung, Materialien. Weinheim: PVU.
IFSW (International Federation of Social Workers) (2000): Definition of Social Work. Online: http://www.ifsw.org/p38000279.html (25.07.2011).
Kuhl, J. (1992): A theory of self-regulation: Action versus state orientation, self-discrimination, and some applications. Applied Psychology: An International Review, 41(2), S. 97–129.

Moggi, F. (Hrsg.) (2002): Doppeldiagnosen. Komorbidität von psychischen Störungen und Sucht. Bern: Huber.

Nestmann, F. (2009): Netzwerkintervention und soziale Unterstützungsförderung. In: Lenz, K. & Nestmann, F. (Hrsg.): Handbuch Persönliche Beziehungen. S. 955–978. Weinheim: Juventa.

Petzold, H. (1997): Das Ressourcenkonzept in der sozialinterventiven Praxologie und Systemberatung. Integrative Therapie, 4, S. 359–376.

WHO (Weltgesundheitsorganisation) (1946): Verfassung der Weltgesundheitsorganisation. (Unterz. in New York am 22.07.1946). Online: http://www.admin.ch/ch/d/sr/i8/0810.1.de.pdf (25.07.2011).

Ressource Sinnerleben und Spiritualität[32]

Karl-August Adams

Sinnfindung und spirituelle Sinnerfüllung zählen zu den zentralen Ressourcen für seelische Gesundheit. Auch in schwierigsten Lebenslagen und Krisen entfalten sie ihre psychisch stärkende Wirkung (z. B. Antonovsky 1997; Filipp & Aymanns 2010; Peterson & Seligman 2004). Ryff und Singer (2006) erkennen Lebenssinn als eine Dimension von „well-being" (neben den Dimensionen Autonomie, Selbstakzeptanz, positive Beziehung zu Mitmenschen, Umweltbewältigung und persönliche Reifung).

1 Sinn und Sinnfindung

Es ist davon auszugehen, dass jeder Mensch ein individuelles Muster von grundsätzlichen Überzeugungen, Werteeinstellungen und Zielen entwickelt hat. Sie zeigen sich in seinen Allgemeinerfahrungen und bestimmen die jeweils nächsten Schritte im Handeln und Denken, insbesondere unter den Bedingungen krisenhafter Lebensbelastungen. Sie bedeuten immer Anforderung an die geistigen Kräfte und stellen die bisherige Lebensweise bzw. Lebensorientierung und letztlich die eigene Identität[33] infrage. In diesem Prozess entwickeln sich die eigenen Wertesysteme, Sinnauffassungen und das Erleben von Transzendenz und Spiritualität. Sinnfragen sind existenzielle Fragen, die sich auf den Umgang mit eigenen Schattenseiten und auf die Rückgewinnung von Selbstvertrauen bzw. Urvertrauen im Selbst richten. Die Fragen stellen sich vor allem dann, wenn Lebensveränderungen und Krisen auftreten – wobei solche existenziellen Ereignisse keineswegs immer als schöpferischer Sprung gesehen und als Chance genutzt werden. Doch im Grunde genommen steht der Mensch in allen Lebenslagen vor der Frage nach dem Sinn, denn ständig entscheidet er und verantwortet sich vor sich selbst und vor der Umwelt und er wird nie aus der Frage entlassen, ob das sinnvoll ist, was er tut: „Was tue ich – wozu tue ich es?"

Während (altgriechisch-)philosophische und psychologische Konzepte die Sinnfrage zu den höheren Bedürfnissen zählen (z. B. Maslow 1970), entsteht sie

---

[32] Der Beitrag ist eine gekürzte Version eines umfassenderen Textes. Für die Bearbeitung danke ich Iris Schubert.
[33] Identität ist nach Keupp et al. (2006) ein fortschreitender unbewusster, teilbewusster und selbstbewusster Gestaltungsprozess, in dem aktuelle wie zukünftige Lebensthemen auf der Basis der eigenen Lebenserfahrung und Bewältigung früherer Krisenereignisse zusammen mit einhergehenden Rollen und Aufgaben selbstreflexiv gestaltet werden.

nach Frankl (1977) sowohl durch Befriedigung wie auch durch Frustration der niederen Bedürfnisse. Frankls logotherapeutisches Menschenbild beruht auf drei Säulen: Die anthropologische steht für Freiheit des Willens, die psychotherapeutische für Willen zum Sinn und die philosophische für Weltbild und Sinn des Lebens (Frankl 1975). Unter Bezugnahme auf Kants Aussage, dass der Mensch nicht nur nach Glücklichsein, sondern auch nach Dessen-würdig-Sein strebt, spezifiziert Frankl, dass der Mensch einen Grund zum Glücklichsein sucht: Der *Wille zum Sinn* motiviert ihn, Sinn finden und erfüllen sowie einem Du begegnen und es lieben zu wollen. Auf die Frage nach dem Sinn des einzelnen Menschenlebens gibt es keine allgemein verbindliche, sondern immer nur eine subjektive Antwort. Demnach ist es sinnlos, die Frage zu stellen: „Was ist der Sinn des Lebens?" Diese Frage ist für Frankl ebenso wenig generierbar und ebenso nur in Bezug auf eine konkrete Situation und Person möglich wie die Frage an einen Schachweltmeister nach dem besten Zug. Der Versuch, den jeweils besten Zug zu machen, ist davon abhängig, was der Spieler kann und was der Gegenspieler zulässt (Frankl 1978). Diese Aussage gilt nach Frankl für das gesamte Leben und verdeutlicht, dass viele Fragen offenbleiben – insbesondere die nach dem „Warum".

Ein Suchen nach dem „Warum" ist spekulativ immer erfolgreich, aber selten hilfreich. Es können ständig hypothetische Ursachen oder Antworten gefunden werden: in der Erbmasse, in der Sozialisation oder im sozialen System, sogar in der Sternenkonstellation oder in einem früheren Leben. Den Antworten des Menschen sind somit keine Grenzen gesetzt. Nach Frankl stellt das Leben selbst die Frage nach dem Sinn und der Mensch hat dem Leben zu antworten und hat sich dem Leben gegenüber zu verantworten. „[Seine] Antworten aber können nur konkrete Antworten auf konkrete Lebensfragen sein" (Lukas 1991, 21). Daher zählt nicht das „Warum", sondern verantwortliches Handeln. So kann Sinn nicht gegeben, sondern nur *unter Leitung des Gewissens* gefunden werden (Frankl 1977; 1978). Geist und Gewissensfrage bewähren sich im persönlichen Wertesystem und im Prioritätskriterium, was sich der Einzelne im Laufe seines Lebens erarbeitet hat: Verwirklichung von Arbeitsfähigkeit (schöpferische Werte), von Genuss- und Liebesfähigkeit (Erlebniswerte) und von Leidensfähigkeit (Einstellungswerte). Gerade in menschlichen Grenzsituationen mit der Trias Leid, Schuld und Tod stehen diese Werte im Vordergrund.

In einer Weiterführung kann formuliert werden, dass sich Lebenssinn aus Identitätszielen bildet (Adams 2002). Diese persönlich bedeutsamen Orientierungsziele für Gegenwart und Zukunft entsprechen dem persönlichen Wertesystem. Werte sind potenzielle Ziele; ihnen folgt nicht unbedingt eine Handlung, doch sie beeinflussen die Art der Einstellung und neben der Kognition auch die Emotion und die Handlung.

Sinnsuche verläuft interindividuell unterschiedlich nach Alter, Lebenslauf und Lebenslage. Ein junger Mensch sucht nach einem anderen Lebenssinn als ein älterer, ein armer nach einem anderen als ein reicher, ein gesunder nach einem anderen als ein sterbenskranker Mensch. Mit der Suche nach Lebenssinn geht auch die Suche nach Sicherheit einher, denn Sinnfindung bedeutet für den Menschen auch Kontrolle über die eigenen Lebensbedingungen. Dadurch wächst die Überzeugung, das eigene Leben wenigstens in wichtigen Fragen beeinflussen zu können. Insofern stehen Sinnfindung und Sicherheit auch in Zusammenhang mit der Suche nach eigenem Wert und einer wertorientierten Selbstdeutung. Diese Werte bilden sich – zusätzlich zur persönlichen Gewissensbildung – auch als subjektive Konstrukte aus sozialen Vergleichsprozessen und Anerkennungsprozessen. Sinn wird mit der Suche nach einer Linie des Lebenszusammenhanges als eine Form der Selbstreflexion vergegenwärtigt. Zugespitzt ausgedrückt wird aus einer konstruierten Möglichkeit ein unumstößlich Gutes konstruiert. Aufgrund mangelnder Alternativen werden andere Möglichkeiten vom eigenen Lebensweg ausgeschlossen und der eingeschlagene Weg schließlich als der sinnvollste empfunden (Ernst 2010).

2 Spiritualitätserfahrung und Religiosität

Menschliche Sinnorientierung ist eingebunden in Spiritualität und Religiosität. *Spiritualität* ist eine meist religiös inspirierte „geistig-geistliche Grundorientierung [...] auf dem Weg zum eigenen wahren Selbst" (Mühlum 2007, 83). „Spiritualität hat mit Bedürfnissen zu tun, die unser alltägliches Bewusstsein erweitern und transzendieren, mit Strebungen, die wir als sinngebend erleben, die einen hohen Wert für uns ausstrahlen und uns mit etwas in Verbindung bringen, das größer ist als unser Ich und das unsere Grenzen transzendiert" (Wirtz & Zöbeli 1995, 298).[34]
Religiosität ist nach Tillich (1969) als die leidenschaftliche Frage nach dem Sinn unserer Existenz zu fassen. Sie ist „nicht an Theologie oder Philosophie, an [eine bestimmte] Konfession oder Ideologie gebunden. Religiosität wird immer die Grundfrage zu behandeln haben, was ist meine eigene Rückbindung (re-ligio)" (Adams 2002, 60).

Der Glaube an eine überirdische Instanz gibt vielen Menschen Kraft und Trost, ihre stabilisierende Pufferwirkung bei Krisen auf die Emotions- und die Verhaltensregulation ist vielfach untersucht (z. B. Filipp & Aymanns 2010). Insbesondere erfolgt der Rückgriff auf Spiritualität dann, je schwieriger (unruhiger, unübersichtlicher, beschleunigter) eine Lebensführung wird (Ernst 2010). In Krisensituationen führt der verbale „Austauschprozess mit einer überirdischen Instanz" (ebd.) offenbar zur Auseinandersetzung mit den aufwühlenden Emotionen (Trauer, Schmerz, Wut, Angst etc.) und fördert den Prozess der Verarbeitung: Eine Sinnsuche im Leiden kann eine kognitiv-emotionale Veränderung (Umstrukturierung) bewirken und die „Hoffnung auf Gutes" kann dazu beitragen, sich mit eigenen Krisen zu versöhnen. Insgesamt stärkt das Zuversicht und Lebenszufriedenheit. Denn in der

---

34 Utsch (2005, 194 f.) erstellt ein breites Spektrum an Definitionen von Spiritualität nach unterschiedlichen Bedeutungshorizonten, kulturellen Herkünften und akademischen Bezügen.

Neuorientierung interagieren positiv der Glaube an eine Instanz (Einbettung in ein Ganzes), soziales Engagement (Hinwendung zum Du), Stärkung des Selbstwertgefühls und stärkere Beachtung positiver Lebensereignisse (ebd.). Menschen mit ausgeprägter Spiritualität und verinnerlichter Gläubigkeit spüren mehr Sinn im Leben, vermitteln mehr Lebenszufriedenheit, können Mitmenschen mehr Hoffnung geben und wirken auf sie weniger demoralisierend (Lukas 1998, 43). Dagegen sind Menschen mit einem Gefühl der inneren Leere an der abgründigen Sinnlosigkeit ihres Daseins (zunächst) gescheitert und können sich nicht in der Sinnerfüllung verwirklichen (Frankl 1977).

Scheitern, Krisen und Krankheiten führen häufig zu einem zeitweisen Verlust von Rollen und Aufgaben und damit einhergehend von Identität und Selbstwert. Über diesen „Freiraum" finden Menschen eine Neuorientierung. Erst dieser Freiraum mit den Anteilen Muße, Rückbesinnung und Selbstreflexion ermöglicht eine Bilanzierung von gelebtem Leben und „ursprünglichen" Lebenszielen mit einer offenen Hinwendung auf Zukunft und legt das Potenzial zu Veränderungen frei. Erst darüber kann ein Mensch dahin gelangen, zu erkennen, was ihm „wirklich" wichtig ist. Das Prinzip der Selbsttranszendenz ist eine sinnstiftende Ressource, die Menschen dazu befähigt, sich einer höheren Macht näher zu fühlen. Unter Selbsttranszendenz versteht Frankl (1977) auf der Basis des „Willens zum Sinn" sinnerfüllendes Schöpferischsein und das Tragen von Schicksalsschlägen, um letztlich „ein Anderer" als vor einer Krise zu sein. Hierbei sorgt das Bestreben nach Sinn für eine positive, werteorientierte Hinwendung zu Aufgaben und Mitmenschen. Damit wird Spiritualität zur gelebten Wirklichkeit in religiöser Tradition.

Da der Mensch sich die Welt und die Frage, was nach dem Tod passiert, in seinem Weltbild erklärt, ist eine Sinnerfüllung auch an gesellschaftliche Bedingungen und Voraussetzungen gebunden (Frankl 1978) und je nach epochaler, kultureller und religiöser Bedingtheit ist die Suche nach Sinn und Erfüllung verschieden. Gegenwärtig gibt es keine allgemeingültigen Weltbilder. Weder Kirche, Politik, Wirtschaft noch philosophische Wissenschaften können verbindliche Werte oder gar ein einheitliches weltanschauliches Gesamtbild liefern. Andererseits ist gerade durch die gegenwärtigen gesellschaftlichen Veränderungen der Bedarf nach weltanschaulicher Orientierung gestiegen (z. B. bezüglich Gentechnik, Euthanasie, Bioethik, künstliche Intelligenzen). Auch in der Psychotherapie sind Sinnfindung und weitere religiös-weltanschauliche Fragen kein Tabu mehr und Klienten bringen entsprechende Themen ein (z. B. Schubert & Busch 2009). Keine Wissenschaft kann gegenwärtig endgültige Antworten hinsichtlich der Existenz, Beschaffenheit oder Funktion einer übermenschlichen Wirklichkeit geben. So werden Weltanschauungen zu Hilfskonstruktionen. Sie können theistisch, existenzialistisch, materialistisch, naturalistisch oder sogar humanistisch atheistisch begründet sein – und einige sind mit ideologischen Heilsversprechen verbunden. Diese Vielfalt ist für viele Menschen bei ihrer Suchen nach Sinn verwirrend (Utsch 2005).

Antworten sind im Menschenbild zu finden, doch sie werden durch unterschiedliche Menschenbilder geprägt und geben damit auch eine jeweils verschiedene Sinnantwort auf Leben, Welt, Umwelt und Mitmenschen. Daher müssen bei jeder

Suche nach Sinn die zentralen Bedeutungen des Menschenbildes transparent gemacht und reflektiert werden. Zwar gibt die Ethik bei der Suche nach verfolgten Idealen Antworten auf verpflichtende Regeln und Normen, doch die persönliche Antwort hängt von den persönlichen sozialisations-perspektivischen Voraussetzungen ab. Insofern hat Ethik mit dem Selbstwertgefühl und mit dem Wert zum Du zu tun. Die Bedingung für ein individuelles ethisches Empfinden im sozialgesellschaftlichen Kontext erfordert ein bewusstes Selbst und Bewusstheit in seinen Beziehungen zur Umwelt und Mitwelt (ausführlich Adams 2002). So hängt die persönliche Einschätzung sich selbst und der Mit- und Umwelt gegenüber von den religiösen, ästhetischen und auch ökonomischen Werten ab. Die persönliche ethische Werteempfindung findet kognitiv und emotional statt; sie beeinflusst die Gewissensbildung und wird für das eigene Leben zu einer richtungsweisenden Grundhaltung gegenüber den Lebensaufgaben.

Ethik und Sinnfindung kann mit einem Grundvertrauen in Zusammenhang gebracht werden. Solch ein Grundvertrauen bewirkt Autonomie, Selbstgesetzgebung und Selbstverantwortung für die Selbstverwirklichung und Weltgestaltung. Im humanistischen und im weltreligiösen Ethos treffen sich elementare Menschlichkeit, deren Grundforderung sich durch die in allen großen religiösen und ethischen Traditionen enthaltene Goldene Regel konkretisiert: *Du sollst keinem Menschen das zufügen, was du nicht willst, das andere Menschen dir zufügen sollen und können.* Wie Vertrauen entsteht, ist sicherlich eine Sozialisationsfrage und eine psychologische Frage. Nach Frankl ist Religiosität ein Geborgensein im Sinn des Lebens, was in der Transzendenz in einen „Übersinn" übergeht. Diese „Überwelt" ist scharf getrennt von der menschlichen Erfahrungswelt und geht über das Erfassungsvermögen hinaus. Dennoch setzt Übersinn sich durch, und zwar unabhängig vom eigenen Tun und Lassen (Frankl 1975, 310).

Hinsichtlich ihrer Bedeutung als Ressource ähneln sich die Konzepte *Bestreben nach Sinn* (Frankl 1979), *Urvertrauen* (Erikson 1968) und *Kohärenzgefühl* (Antonovsky 1997). Insgesamt geht es um eine auf Vertrauen und Zuversicht aufbauende Hinwendung zu Lebensaufgaben und zu Mitmenschen wie auch um die Akzeptanz des Wechsels von positiven und belastenden Lebensphasen und der dankbaren Hinwendung zu den günstigen Lebensphasen (s. a. Adams 2002; Ernst 2010).

3 Sinnorientierung und Spiritualität in Sozialer Arbeit und Beratung

In der Sozialen Arbeit und psychosozialen Beratung sind Sinnorientierung und Spiritualität oft nur ein marginales Thema, andererseits kann und will Soziale Arbeit wie auch Beratung keine sinnstiftende Instanz sein. Doch mit dem gesellschaftlichen Liberalisierungsprozess und dem Abbau kirchlicher Prägung ist eine neue Suche nach Innerlichkeit festzustellen, was sich in vielen Arbeitsfeldern zeigt (z. B. Schubert & Busch 2009). Der Mensch bleibt religiös ansprechbar, er ringt spirituell-religiös nach etwas Absolutem, nach spiritueller Gemeinschaft und nach Mitmenschen gleichen Sinnes, die ihm sein eigenes Selbst lassen, aber eine Verbundenheit untereinander feststellen. So geht es im Spannungsfeld von Vernunft und Glaube um die Positionierung des Adressaten wie auch des Professionellen und des Trägers der sozialen Einrichtung. Sozialarbeiter brauchen Bezugspunkte und eine ethische bzw. philosophisch-spirituelle Basis, sowohl für die eigene persönliche wie soziale Orientierung als auch für ihr berufliches Engagement (Mühlum 2007). Das eröffnet die eigene Einstellung zu spirituellen Ressourcen: Würde des Menschen, Versöhnung und Vergebung, Barmherzigkeit, Nächstenliebe und Glaube. „Professionalität verlangt theoriegestütztes, fachlich-methodisches Handeln und darf nicht auf religiöse Motive zurückfallen; Spiritualität dagegen verweist auf die geistig-geistliche Grundorientierung eines Menschen und entzieht sich einer technologisch-instrumentellen Handhabung" (ebd., 87). Wie es nicht *die* Sinnfrage für das gesamte Leben gibt, so gibt es auch nicht *die* Spiritualität in der Sozialen Arbeit und schon gar nicht *die* Spiritualität der Sozialen Arbeit. Es begegnen sich Sozialarbeiter, die aus ihrer Spiritualität leben, und Adressaten, die ihre eigene Spiritualität besitzen. So ersetzt Spiritualität keine Methode, sie kann aber neue Horizonte aus Achtsamkeit und eigener innerer Reifung eröffnen.

Es ist nicht zu bestreiten, dass methodenfixierte Sozialarbeit in der Gefahr steht, nicht nur irrationale Züge zu tragen, sondern auch Sinnfragen zu verfehlen. In der gegenwärtigen Dominanz von Ökonomisierung und managementfixiertem Vorgehen mangelt es an ethischer Haltung, die Begegnung mit dem Menschen, seinen authentischen Aussagen und Fragen wird nicht als bedeutsam gewertet. Das Fachwissen des Sozialarbeiters und seine Vorgehensweise mit dem Klienten müssen auf eine ethische Grundlage bezogen sein, die es erlaubt, die Lebensaufgabe des Klienten, seine Selbstbestimmung und Eigenverantwortlichkeit anzuerkennen. Dabei bildet das Menschenbild das Zentrum jeder Reflexion und braucht zudem, wo die Frage nach dem Lebenssinn berührt wird, eine Sensibilisierung sich selbst gegenüber (Adams 1999).

In der gegenwärtig interkulturellen Gesellschaft muss ein Sozialarbeiter bewusst, aber auch sensibel mit Spiritualität umgehen, und insbesondere mit Klienten in Lebenskrisen das eigene Welt- und Menschenbild und das eigene berufliche Handeln kritisch reflektieren und ganzheitlich rational überdenken. Er muss in einer psychosozialen Beratungssituation klären, was die persönliche Sinnorientierung des Klienten ist, und sich dabei der eigenen bewusst sein. Besonders deutlich zeigt sich das vor dem Hintergrund von Migration, z. B. wenn sich scheinbare Unvereinbarkeiten von westlicher und muslimischer Tradition abbilden. So gilt es in Beratungssituationen, die Selbstsicherheit und den Selbstwert des Klienten zu fördern, damit sich dieser seiner eigenen Verantwortung und Entscheidung stellen kann. Für eine Ressourcenanalyse muss der Sozialarbeiter zuerst die Sinnorientierung und das Wertesystem des Klienten erfassen. Danach richtet sich, wer beispielsweise eine für den Klienten förderliche Bezugsperson ist und einbezogen werden kann, über welche Werte sein soziales Engagement gefördert werden kann und welche positiven Ereignisse retrospektiv und aktuell vorliegen, um Lebenszufriedenheit und Selbstwert zu stärken. Auch gilt es, zu analysieren, ob sein Wertesystem mit seinen Handlungen übereinstimmt und von welchen erfolgreichen Bemühungen sich Muster und Handlungspotenziale ableiten lassen, die eventuell optimiert werden können.

Begleitung bedeutet, sich empathisch auf die Seite des Klienten zu stellen und ihn auf dem Weg der Krisenbewältigung nicht alleine lassen. Der Klient kann sich über diese Nähe und Solidarität – unter Wahrung der Regeln von Nähe, Distanz und Abgrenzung – bei eigenen Lösungsschritten mit seinen Problemen besser auseinandersetzen und Mut, Eigenständigkeit, Autonomie und Sicherheit zu sich selbst finden. Diese gelten als Grundpfeiler einer ethisch verantwortlichen Entscheidung und persönlichen Reifung. Mit dem „Willen zum Sinn" kann er den chronischen Kreislauf von Unzufriedenheit durchbrechen und dysfunktionale Bewältigungsstrategien verlassen. Eine Neuorientierung erfordert ein Handeln aus sich selbst heraus. „Jeder Mensch hat eine bestimmte Lebensaufgabe, auf die sein Leben angelegt ist. Um diese Aufgabe erfüllen zu können, wird er sich immer wieder aus den biografischen Abhängigkeiten lösen und aus ihnen heraus entwickeln müssen, um eigenständig Entscheidungen treffen und an ihnen teilhaben zu können" (Adams 1999, 39). Spiritualität umfasst also ein gesamtes Lebenskonzept, das nach außen in Erscheinung tritt und in schwierigen Situationen und in Lebenskrisen greifen wird, d. h. der Mensch wird dann in seinen Entscheidungen immer wieder darauf zurückkommen.

4 Zusammenfassung – Sinn als Ressource

Die Differenzierungen zu der Frage nach „Wille zum Sinn" haben gezeigt, dass es *den Sinn* nicht gibt, sondern Sinn kann immer nur für den einzelnen Menschen in seiner jeweiligen Situation gelten. Dieser Sinn kann durch die eigene Gewissensfrage gefunden werden, wobei keine Objektivität ansteht, sondern die Subjektivität mit sämtlichen Möglichkeiten von Fehlern. Als weiteres Fundament des Menschseins gilt seine innewohnende Religiosität. Trotz der gesellschaftlichen Liberalisierungen ist festzustellen, dass die Sehnsucht nach Sinn und Religiosität – als Rückbindung an das eigene Selbst und als Handeln aus einer spirituellen Haltung heraus – wächst, um sinnvoll und in der sozialen Kontinuität der Mitmenschen und der Umwelt zu leben. So werden Sinnfrage und spirituelle Sinnantwort Ressourcen in den Lebenskrisen und Lebensereignissen bleiben. Allerdings muss der Mensch seine eigene geistige Positionierung finden, um diese Ressourcen zu erkennen und zu nutzen. Somit sind sowohl Soziale Arbeit wie auch psychosoziale Beratung oder Psychotherapie ohne religiösen, spirituellen Hintergrund nicht zu denken, ansonsten besteht die Gefahr, dass methodenfixierte Sozialarbeit, Beratung oder Therapie instrumentalisiert werden und das Transzendieren der Krise dabei in Vergessenheit gerät. Noch immer hat der Satz von Albert Einstein Geltung: „Die Frage nach dem Sinn des Lebens stellen, heißt religiös sein."

Literatur

Adams, K.-A. (1999): Selbstbestimmung als Lebensbestimmung. In: Kerkhoff, E. (Hrsg.): Selbstbestimmtes Alter(n). S. 13–41. Schriften des Fachbereiches Sozialwesen, Bd. 22. Mönchengladbach: Hochschule Niederrhein.
Adams, K.-A. (2002): Hat langes Leben einen Sinn? Die religiöse Dimension im Individuationsprozess. In: Kerkhoff, E. & Simons, S. (Hrsg.): Alter: Individualität und Partizipation. S. 35–69. Schriften des Fachbereiches Sozialwesen, Bd. 33. Mönchengladbach: Hochschule Niederrhein.
Antonovsky, A. (1997): Salutogenese. Zur Entmystifizierung der Gesundheit. (Dt. erw. Ausgabe von A. Franke). Tübingen: dgvt.
Erikson, E. H. (1968): Identity, youth, and crisis. New York: Norton.
Ernst, H. (2010): Sinn: Suchet und ihr werdet finden? Psychologie heute, 37(4), S. 20–27.
Filipp, S. H. & Aymanns, P. (2010): Kritische Lebensereignisse und Lebenskrisen. Stuttgart: Kohlhammer.
Frankl, V. E. (1975): Anthropologische Grundlagen der Psychotherapie. Bern: Huber.
Frankl, V. E. (1977): Das Leiden am sinnlosen Leben. Freiburg: Herder.
Frankl, V. E. (1978): Ärztliche Seelsorge. Wien: Franz Deuticke.
Frankl, V. E. (1979): Der Mensch vor der Frage nach dem Sinn. München: Piper.
Keupp, H., Ahbe, T., Gmür, W. et al. (2006): Identitätskonstruktionen. Das Patchwork der Identitäten in der Spätmoderne. (3. Aufl.). Reinbek: Rowohlt.
Lukas, E. (1991): Die magische Frage wozu? Freiburg: Herder.
Lukas, E. (1998): Spirituelle Psychologie. München: Kreuz.
Maslow, A. H. (1970): Motivation and Personality. (2. Aufl.). New York: Harper.
Mühlum, A. (2007): Spiritualität – eine vergessene Ressource der Sozialen Arbeit. In: Homfeldt, H. G. (Hrsg.): Soziale Arbeit im Aufschwung zu neuen Möglichkeiten, oder: Rückkehr zu alten Aufgaben. S. 78–90. Baltmannsweiler: Schneider.
Peterson, C. & Seligman, M. E. P. (2004): Character strength and virtues. A handbook and classification. New York: Oxford University Press.
Ryff, C. D. & Singer, B. H. (2006): Best news yet on the six-factor model of well-being. Social Science Research, 35, S. 1103–1119.
Schubert, F.-C. & Busch, H. (Hrsg.) (2009): Lebensorientierung und Beratung. Sinnfindung und weltanschauliche Orientierungskonflikte in der (Post-)Moderne. Schriften des Fachbereiches Sozialwesen, Bd. 39. (2. Aufl.). Mönchengladbach: Hochschule Niederrhein.
Tillich, P. (1969): Die Frage nach dem Unbedingten. Gesammelte Werke, Bd. V. Berlin: Springer.
Utsch, M. (2005): Religiöse Fragen in der Psychotherapie. Stuttgart: Kohlhammer.
Wirtz, U. & Zöbeli, J. (1995): Hunger nach dem Sinn. Zürich: Kreuz.

IV Ressourcenorientierung in spezifischen Handlungsfeldern

Ressourcenorientierte Soziale Arbeit bei Personen mit Abhängigkeitsproblemen

Holger Schmid, Günther Wüsten

1 Mehr Gesundheit für das Gesundheitswesen

Das Gesundheitswesen ist ein Krankheits- bzw. Behandlungswesen. In der Schweiz fließen jährlich 57 Mrd. SFr. (ca. 45 Mrd. Euro) in die Krankheitsversorgung (97,5 % der Ausgaben): Lediglich 2,5 % der Ausgaben (1,4 Mrd. SFr.) fließen in die Prävention und Gesundheitsförderung (BfS 2010). Die Organisation für wirtschaftliche Zusammenarbeit und Entwicklung (OECD 2006) empfiehlt der Schweiz einen Ausbau der Prävention und Gesundheitsförderung. Dies wäre eine lohnende Investition. Bereits in den 1970er Jahren konnte der englische Sozialmediziner McKeown (1976) zeigen, dass die Sterblichkeit bei Infektionskrankheiten deutlich früher zurückgegangen war, als durch die Einführung von Schutzimpfungen, Sulfonamiden und Antibiotika anzunehmen gewesen wäre. Er relativierte die Rolle der Medizin noch weiter, indem er zeigte, dass Umwelteinflüsse und insbesondere die materiellen Lebensbedingungen der Bevölkerung sowie die Verhaltensweisen den weitaus größten Einfluss auf ihre Lebenserwartung haben. Die epidemiologischen Analysen des US-amerikanischen *Center for Disease Control and Prevention* (CDC 1984, zit. n. Noack 1994) unterstreichen, dass nur rund 10 % der Gesamtvarianz von vorzeitigen Sterbefällen bezogen auf die zehn häufigsten Todesursachen durch das etablierte Behandlungswesen der verschiedenen Krankheiten erklärt werden kann, aber 50 % durch Lebensweisen, rund 20 % durch physische und chemische Umweltfaktoren und weitere 20 % durch biologische Prädispositionen aufgeklärt werden können. Diese Ergebnisse zeigen, dass zunehmend mehr Gesundheitsprobleme damit zu tun haben, wie wir leben und in welcher Umwelt wir leben. Konsequenterweise erwächst daraus mehr Einflussmöglichkeit für das Individuum, aber auch für die Gesellschaft. Die Rolle der Sozialen Arbeit ist es, diese Einflussmöglichkeiten auszuschöpfen und sie durch eine geplante Gesundheitsförderung, eine aktive Gesunderhaltung und Prävention zu erweitern.

2 Ressourcen bei Personen mit Abhängigkeitsproblemen

Was erhält Menschen gesund? Neben der genetischen Ausstattung sind dies interne Ressourcen wie Ich-Stärke, Selbstvertrauen, Selbstwirksamkeit, physische und psychische Widerstandsfähigkeit und Optimismus und externe Ressourcen, wie Status, Einkommen, soziale Unterstützung, soziale Integration etc. Im Folgenden wird eine Reihe wichtiger Ressourcen exemplarisch an den klassischen Arbeitsfeldern der Sozialen Arbeit im Gesundheitswesen – der Suchthilfe, der primären Drogenprävention und der Gesundheitsförderung – veranschaulicht. Diese Arbeitsfelder sind auch Querschnittsthemen, denen Fachpersonen der Sozialen Arbeit in der Rehabilitation, Gemeinwesenarbeit, Wohnungslosenhilfe, Hilfen zu Arbeit, Bildungsarbeit, Schulsozialarbeit, Altenarbeit, Gesundheitshilfe, Jugendarbeit, Sozialhilfe, Familienhilfe, Erziehungshilfe, Arbeit mit Migrantinnen und Migranten, Freizeitarbeit und Resozialisation begegnen. Zunächst werden interne Ressourcen und dann externe Ressourcen aufgezeigt. Es besteht eine große Wechselwirkung zwischen beiden Ressourcensystemen, wie im Folgenden allerdings nur aufscheinen kann.

2.1 Interne Ressourcen

Eine wichtige Ressource ist in der *Bewältigungskompetenz* zu sehen, die Personen befähigt, mit herausfordernden Situationen umzugehen. Trösken (2003) hat im Fragebogen zur Ressourcenselbsteinschätzung (RES) wichtige Verhaltensweisen, welche ressourcenaktivierend sein können, zusammengefasst. Hierzu zählen Erfahrungen aus früheren Krisen ebenso wie die Bewältigung von alltäglichem Stress. Fähigkeiten, wie sich Unterstützung zu holen, über Ziele Klarheit gewinnen, sich mit jemandem zu verabreden, zu wissen, dass eine Krise vorübergehend ist, sind potenzielle Ressourcen hilfesuchender Menschen. Geduld haben und akzeptieren zu können sind wichtige Kompetenzen im Prozess der Bewältigung von Krisen. So kann paradoxerweise bei Personen mit Abhängigkeitsproblematiken die Erfahrung mit Rückfällen als Ressource für die Bewältigung eines weiteren Rückfalls postuliert werden. Die Entwöhnung von einer Verhaltensabhängigkeit ist als Lernprozess zu sehen. Nach anfänglichen starken Häufungen von Rückfällen reduziert sich deren Auftrittshäufigkeit umso mehr, je öfter und länger die Betroffenen Gelegenheit gefunden haben, Anforderungen erfolgreich zu bewältigen und Kontrolltechniken zu erwerben (Marlatt 1985). In ihrer 7-Jahres-Katamnese nach stationärer Behandlung von Alkoholabhängigkeit sind bei Maffli, Wacker und Mathey (1995, 64) „rund 20 % ehemaliger Patienten und Patientinnen, die seit der Entlassung [vor ca. 7 Jahren] einen Rückfall erlitten haben, im Halbjahr vor der Befragung nicht mehr rückfällig. [...] Es weist darauf hin, dass diese Personen in der Lage waren ihre Rückfälligkeit dauerhaft zu überwinden."

Das Konzept der *Kontrollüberzeugung* wurde von Rotter (1966) eingeführt. Es wird darunter die Überzeugung verstanden, dass Ereignisfolgen entweder vom eigenen Handeln abhängig sind (internale Kontrollüberzeugung) oder aber externen Einflüssen unterliegen (externale Kontrollüberzeugung). Beim oben erwähnten Rückfallgeschehen ist für Gefährdete die Überzeugung wichtig, dass sie die Situationen mit Rückfallrisiken selbst beeinflussen können und sich nicht ihrem Schicksal bzw. anderen Menschen ausgeliefert fühlen. Der Konsum von Drogen beeinflusst diese Überzeugung fundamental. Ein Vergleich zwischen kokainkonsumierenden schwangeren Frauen und einer gematchten Kontrollgruppe von schwangeren Frauen, die kein Kokain konsumieren (Behnke et al. 1997), zeigt deutliche Unterschiede in Bezug auf die Kontrollüberzeugung. Eine *internale Kontrollüberzeugung*, also die Überzeugung, dass man selbst etwas tun kann, war vor allem in der Kontrollgruppe vorzufinden, nicht aber bei den Kokainkonsumierenden. Der Aufbau einer internalen Kontrollüberzeugung ist bei Drogenabhängigen eine wichtige interne Ressource zur Überwindung ihrer Verhaltensabhängigkeit.

Im Gegensatz zur Kontrollüberzeugung als generalisierte Erwartung über alle relevanten Verhaltensweisen („Ich kann meinen Alkoholkonsum kontrollieren") beinhaltet *Selbstwirksamkeit* (Bandura 1986) die Überzeugung, dass man fähig ist, ein spezifisches Verhalten auszuüben („Ich kann im Beisein meiner Freundinnen und Freunde im Stammlokal nach einem Glas Bier auf ein weiteres verzichten und dies meinen Freundinnen und Freunden gegenüber auch so vertreten"). Die Selbstwirksamkeitserwartung kann konkret erhöht werden, wenn die Person möglichst leichtere Teilhandlungen ausführt und die Ursache für ihre Erfolge auf sich selbst bezieht (Bandura, zit. n. Lippke & Renneberg 2006). Eigene Erfolgserfahrungen stärken die Selbstwirksamkeit am meisten. Erste kleine Erfolge müssen sichtbar gemacht werden („Ich konnte ein weiteres Glass ablehnen"). Stellvertretende Erfahrungen und Beobachtungslernen (Modelllernen) nehmen ebenfalls Einfluss („Ich beobachtete meinen Freund dabei, wie er klar sagte, dass er nicht weiter trinken wolle"). Weiterhin kann verbale Verstärkung, z.B. Zuspruch, aber auch Überredung, die Selbstwirksamkeitserwartung steigern („Versuchen Sie Ihren Freundinnen und Freunden klar zu sagen, dass Sie kein weiteres Glas mehr wollen – Sie können das!"). Auch positive physiologische und affektive Zustände haben einen kleinen Einfluss. Bandura (1992) konnte zeigen, dass die experimentelle Förderung der Selbstwirksamkeitserwartung eine Steigerung der Immunabwehrstärke hervorruft. Einer Schwächung des Immunsystems kann hiernach durch den Aufbau von optimistischen Überzeugungen zur Selbstwirksamkeit entgegengewirkt werden.

Die *Risikowahrnehmung* einer Person setzt sich aus der subjektiven Einschätzung des Schweregrads von Erkrankungen und der Einschätzung der eigenen Verwundbarkeit zusammen (Lippke & Renneberg 2006). Sie kann Menschen dazu veranlassen, Handlungen zum Gesundheitsschutz oder zur Förderung ihrer Gesundheit vorzunehmen. Dementsprechend beinhaltete die klassische Gesundheitserziehung hauptsächlich Information und Aufklärung bezüglich diverser Gesundheitsrisiken. In einer Befragung von 16- bis 17-jährigen Jugendlichen

(Schmid 1997) hatten ca. zwei Drittel der Befragten keine Erfahrung mit Drogen. Als Grund für ihren Nichtkonsum standen das wahrgenommene Gesundheitsrisiko und das Risiko, abhängig zu werden, im Vordergrund. Die Risikowahrnehmung ist damit ein wichtiger präventiver Mechanismus, der dem Konsum von Drogen entgegensteht. Für die drogenkonsumierenden Jugendlichen haben Risikoüberlegungen eine andere Bedeutung. Sie nehmen ihr Verhalten als freiwillig und gewollt wahr und sehen den Schweregrad der Auswirkungen und eigene Verwundbarkeit weniger. Über 80 % der drogenerfahrenen Jugendlichen nannten „... weil ich Lust habe zu probieren" als Konsummotiv.

Im Zusammenhang mit Risikowahrnehmung wird häufig vom optimistischen Fehlschluss berichtet (Weinstein 1987), der auch als unrealistischer Optimismus bezeichnet wird. Er beinhaltet die Überzeugung, dass man selbst viel weniger anfällig für gesundheitliche Probleme sei als eine durchschnittliche, vergleichbare Person. Interventionen, die eine Korrektur der Wahrnehmung in Richtung auf eine *realistische Selbsteinschätzung* vornehmen, beruhen auf diesen Überlegungen. Viele Untersuchungen zeigen, dass Menschen dazu tendieren, sich als intelligenter, organisierter, logischer, interessanter, gerechter, attraktiver und gesünder als durchschnittliche Personen einzuschätzen (Alicke et al. 1995; Krueger 1999). Grawe (2004) begründet dies mit dem grundlegenden Bedürfnis nach Selbstwerterhöhung. Paradoxerweise ist diese eher realitätsferne Überschätzung verbunden mit mehr psychischer Gesundheit. Nur depressive Personen schätzten sich selber negativer, aber damit realistischer ein (Grawe 2004). Der Versuch, diese Wahrnehmung zu korrigieren, widerspricht damit nicht nur einem Grundbedürfnis, sondern würde, wenn er erfolgreich wäre, einhergehen mit einer Abnahme psychischer Gesundheit. Ein Vergleich von drogenabstinenten und drogenkonsumierenden Jugendlichen (Schmid 1998) unterstreicht dies. Jugendliche, die sich selbst als unverletzlich wahrnehmen, hatten in der Vergangenheit keine Drogen konsumiert und haben auch nicht vor, in Zukunft Drogen zu nehmen. Drogenkonsumierende Jugendliche haben bereits eine realistischere Selbsteinschätzung ihrer Verletzlichkeit und eine negative Sicht ihrer Zukunft. Eine weitere Erhöhung ihrer Verletzlichkeitswahrnehmung erscheint geradezu kontraindiziert. Eine optimistische Sicht der eigenen Möglichkeiten wäre bei dieser Gruppe notwendig. Weniger Risikokommunikation als vielmehr Ressourcenkommunikation erscheint hier indiziert.

Optimismus (Scheier & Carver 1985) umfasst die generalisierte Erwartung, dass die eigene Zukunft positiv verlaufen wird, im Sinne einer optimistischen Grundhaltung. Das Konzept wird als Persönlichkeitseigenschaft verstanden, die dazu befähigt, Stress und Krankheit besser zu bewältigen, mehr in präventives Handeln zu investieren und bewusster mit der eigenen Gesundheit umzugehen als Personen mit einer negativen Sicht der Zukunft. In einer Längsschnittstudie an älteren Männern (Giltay et al. 2007) ging Optimismus einem gesünderen Lebensstil, insbesondere Nichtrauchen und moderatem Alkoholkonsum, voraus.

In schwierigen Lebenslagen mit der Situation zurechtzukommen und trotz vorhandener Risikofaktoren keine Drogen zu konsumieren, kann auch internen Ressourcen zugeschrieben werden. Unter dem Begriff *resilience* versteht Garmezy (1991, 9) „the evaluative awareness of a difficult reality combined with a commitment to struggle, to conquer the obstacle, and to achieve one's goals despite the negative circumstances to which one has been exposed." Dieses Konzept der *Widerstandsfähigkeit* wird insbesondere für sogenannte Risikojugendliche diskutiert, die durch einen mit Risikofaktoren versehenen Lebenshintergrund belastet sind (DiClemente et al. 1996) und dennoch kein Problemverhalten zeigen.

Nach der Vorstellung von Antonovsky (1987) zeichnen sich Personen mit erhöhter Widerstandskraft gegenüber Erkrankungen durch einen starken *Kohärenzsinn („sense of coherence")* aus. Dieser setzt sich aus drei Komponenten zusammen: *comprehensibility* (Eindruck der Geordnetheit, Überschaubarkeit und Vorhersagbarkeit von externen und internen Reizen bzw. Entwicklungen), *manageability* (optimistisches Vertrauen, aus eigener Kraft oder mit fremder Unterstützung künftige Lebensaufgaben meistern zu können) und *meaningfulness* (Freude am Leben und Überzeugung, dass das Leben einen Sinn hat): Personen mit Kohärenzsinn nehmen ihre Umgebung trotz Krankheit als verstehbar, handhabbar und sinnvoll wahr (→ F.-C. Schubert).

Gesundheitsverhalten umfasst viele verschiedene Facetten wie zum Beispiel sich täglich ausreichend zu bewegen, sich gesund zu ernähren, nicht zu rauchen, Alkohol allenfalls in geringen Mengen zu sich zu nehmen, für genügend Schlaf zu sorgen und vieles andere mehr. *Funktionale Alternativen* oder mit dem Substanzgebrauch inkompatible Aktivitäten wirken protektiv auf eine Abhängigkeitsentwicklung (Jessor et al. 1995). Bei der Mehrzahl der Jugendlichen erfüllt der Konsum von Substanzen eine Funktion zur Bewältigung ihrer Entwicklungsaufgaben (Pinquart & Silbereisen 2002). Die herausfordernde Frage ist, durch welche alternativen und der Gesundheit zuträglichen Verhaltensweisen diese Funktion ersetzt werden kann. Könnte diese Funktion der Sport übernehmen und wäre damit nicht die beste Prävention die Förderung des Sports? Eine Längsschnittuntersuchung zu Sport, Alkohol, Tabak und illegalen Drogen in der Entwicklung von Jugendlichen zu jungen Erwachsenen (Schmid 2002) relativiert allerdings die mögliche Rolle der sportlichen Betätigung bei der Prävention von Drogenproblemen. Sportliche Aktivität im Jugendalter zeigt keine Zusammenhänge zum Drogenkonsum im jungen Erwachsenenalter. Selbst Drogenkonsum im Jugendalter erlaubt keine Vorhersage des Sportverhaltens im Erwachsenenalter. Die Förderung des Sports macht in vielen Feldern sicher Sinn; sie ist hingegen keine Patentlösung für Gesundheitsförderung, Prävention und Behandlung von Drogenproblemen.

Health literacy kann am besten mit *Gesundheitskompetenz* übersetzt werden. Sie beinhaltet die menschliche Fähigkeit zu gesundheitsförderlichem Handeln, wobei dies gesundheitsrelevantes Wissen, Werthaltungen, die Einschätzung von Risiken und die Wahrnehmung von Gestaltungsmöglichkeiten umfasst (vgl. auch Abel & Bruhin 2003). Kickbusch et al. beschreiben Gesundheitskompetenz als

> [...] die Fähigkeit des Einzelnen, im täglichen Leben Entscheidungen zu treffen, die sich positiv auf die Gesundheit auswirken – zu Hause, in der Gesellschaft, am Arbeitsplatz, im

Gesundheitssystem, im Markt und auf politischer Ebene. Gesundheitskompetenz ermächtigt Personen zur Selbstbestimmung und zur Übernahme von Gestaltungs- und Entscheidungsfreiheit bezüglich ihrer Gesundheit. Sie verbessert die Fähigkeit, Gesundheitsinformationen zu finden, zu verstehen und Verantwortung für die eigene Gesundheit zu übernehmen. (2005, 10)

Ein für Hotel- und Barangestellte durchgeführtes, 24-monatiges Trainingsprogramm zur Förderung der Gesundheitskompetenz (Lee et al. 2010) brachte eine deutliche Reduktion des *binge drinking* (mehr als fünf Gläser Alkohol bei einer Gelegenheit) im Verlauf des Programms und im Vergleich zu einer gematchten Kontrollgruppe.

Die Förderung interner Ressourcen ist ein wichtiges Ziel sozialarbeiterischen Handelns mit Individuen. Die Eröffnung externer Ressourcen ergänzt das Handeln entscheidend und es ist zu erwarten, dass Ressourcenaktivierung durch die Wechselwirkung interner und externer Ressourcen ganz besonders gut gelingen kann (→ Wüsten & Schmid).

2.2 Externe Ressourcen

Dem Individuum sollten genügend *ökonomische Ressourcen* zur Verfügung stehen, damit es sich Gesundheit leisten kann, und auf gesellschaftlicher Ebene sollte *Chancengleichheit beim Zugang* zum Gesundheitssystem bestehen. Wilkinson und Pickett (2009) zeigen, dass das Ausmaß der Ungleichheit in einer Gesellschaft mit Problemen im Gesundheits- und Sozialbereich einhergeht, und zwar unabhängig vom Reichtum eines Landes. Beispielsweise lässt sich in Ländern mit mehr Ungleichheit eine stärkere Verbreitung des illegalen Drogenkonsums beobachten. Sie schließen, dass das Ausmaß der Einkommensunterschiede in einer Gesellschaft eine Determinante wie auch ein Ausdruck dafür ist, wie ausgeprägt und wie bedeutsam ihre soziale Schichtung ausfällt. Je größer die Ungleichheit, desto härter ist der Kampf um sozialen Status und die Wahrnehmung von Mangel bzw. Entbehrung. Neben der stärkeren Verbreitung des Drogenkonsums lassen sich in ungleichen Gesellschaften vermehrt psychische Erkrankungen, geringere Lebenserwartung, verbreitetere Fettleibigkeit, geringere schulische Leistungen und höhere Verbreitung von Gewalt beobachten. Wie sehr die Aktivierung der ökonomischen Ressource bereits bei Kindern im Blickpunkt steht, zeigt sich im Zusammenhang mit der Gesundheitsbefragung von Schulkindern (Health Behaviour in School-aged Children survey HBSC): Die Ergebnisse zeigen, dass Unterschiede in der Gesundheit bei Schulkindern extern determiniert sind und in einem bedeutenden Zusammenhang zum sozioökonomischen Status stehen. Die Potenziale und Aktivposten des sozialen Systems sollten demnach gezielt ausgeschöpft werden, was die Autorinnen als *asset-based interventions* umschreiben (Ottova & Ravens-Sieberer 2010). Letztlich geht es darum, genügend soziale Ressourcen den Menschen zur Verfügung zu stellen.

Heim, Schule, Arbeitsplatz und andere Einrichtungen können die Gesundheit fördern bzw. schützen und müssen *gesundheitsförderlich gestaltet* werden. Anhand von Einrichtungen zur Früherkennung in Schulen, am Arbeitsplatz oder in allgemeinen Arztpraxen soll eine mögliche Drogenabhängigkeit rechtzeitig erkannt und entsprechende Behandlungen bereitgestellt werden. Die Grundlage hierfür bilden entsprechende Früherkennungskonzepte, Fort- und Weiterbildung, Supervision, Vernetzung mit spezialisierten Diensten und Krisenintervention in den entsprechenden Institutionen. Beispielsweise wird das Angebot von niederschwelligen Einrichtungen für die Behandlung von Konsumentinnen und Konsumenten illegaler Drogen immer bedeutender. Diese Einrichtungen kennzeichnen, dass sie keine oder nur geringe Anforderungen an die Drogenabhängigen für einen Eintritt und Verbleib in der Einrichtung stellen. Mögliche Barrieren wie langfristige Anmeldung, mangelnde Erreichbarkeit und beschränkte Öffnungszeiten werden so weit wie möglich abgebaut, um das Angebot auf die Lebensumstände der Abhängigen einzustellen. In ihrer qualitativen Untersuchung zeigen Lee und Zerai (2010), dass das Vorhandensein derartiger Strukturen Veränderungen, unter anderem auch im Drogenkonsum, begünstigen kann, auch wenn das hochgesteckte Ziel einer Abstinenz dadurch nicht zu erreichen ist.

Häufig sind es *soziale Situationen*, in denen Risikoverhaltensweisen entstehen. Für Rückfälle nach einer stationären Alkohol- und Drogentherapie sind eine Reihe von kritischen Situationen identifiziert worden (Myers & Brown 1996). Die Bewältigung dieser Situationen konnte über zwei Jahre nach der Therapie noch vorhersagen, wie stark weiterhin Alkohol und Drogen konsumiert wurden. Rückfälle ereignen sich oftmals im Zusammenhang mit sozialen Situationen, mit negativen Gefühlen und mit der Macht der Gewohnheit. Die Betroffenen sind konfrontiert mit einer Risikosituation, für die ihre Bewältigungsmöglichkeiten nicht mehr ausreichen. Für einen gesundheitsförderlichen Ansatz kann es natürlich nicht darum gehen, entsprechende Situationen um jeden Preis zu meiden. Es geht vielmehr darum, dass die Betroffenen kritische Situationen möglichst früh erkennen und ihnen ein ausreichendes Bewältigungsrepertoire zur Verfügung steht. Dabei geht es darum, für die Person selbst Kontroll- und Entscheidungsspielräume zu eröffnen, um die *Situation selbst kontrollieren* zu können. Es kann gleichzeitig auch angezeigt sein, die Personen aus kritischen Situationen herauszunehmen, vor allem dann, wenn eine Selbst- bzw. Fremdgefährdung vorliegt. Die Eröffnung neuer sozialer Situationen ist eine wichtige externe Ressource, die neues Verhalten ermöglicht. Die Wechselwirkung zwischen internen und externen Ressourcen wird an diesem Punkt besonders deutlich.

Unter *Sozialer Einbettung* sind die Integration und die Partizipation in einem definierten sozialen Netzwerk zu verstehen. In seiner klassischen Langzeitstudie zwischen 1972 und 1980 konnte Vaillant (1983) an 110 Alkoholabhängigen die wichtige Funktion der sozialen Integration aufzeigen. Der Erfolg nach einer Alkoholismusbehandlung war mit dem Umstand gekoppelt, in einer anerkennenden Umgebung eingebettet zu sein und über eine Arbeitsstelle zu verfügen. Für die Einhaltung der Abstinenz waren die Tatsachen, verheiratet zu sein, Arbeit zu haben, über stabile Wohnverhältnisse zu verfügen und nicht durch Strafdelikte wegen Trunkenheit vorbelastet zu sein, wichtige Bedingungen. Bei Alkoholabhängigen, Opiatabhängigen sowie bei Raucherinnen und Rauchern schützte das Zusammenleben mit einer nahestehenden Person (z. B. Ehepartner und -partnerin, erwachsenes Kind) in einer Wohnung wie auch die Existenz außerhäuslicher Freunde und Verwandter sowie die Zugehörigkeit zu organisierten sozialen Gruppen davor, rückfällig zu werden (Havassy et al. 1991). Insbesondere das Zusammenleben mit einem Partner bzw. einer Partnerin konnte die Rückfallwahrscheinlichkeit zwölf Wochen nach einer Behandlung deutlich reduzieren. Die Förderung sozialer Bindungen, wie der Aufbau eines Freundeskreises und der Anschluss an Vereinsaktivitäten, die Entwicklung einer abstinenten Lebensweise unter den Sozialpartnern und -partnerinnen sowie insgesamt die Stabilisierung von Partnerschaft und Familie, aber auch die Suchtprävention am Arbeitsplatz, ergänzt durch Hilfen bei der Wohnungs- und Arbeitssuche, sollten Bestandteile der Rückfallprävention sein.

Soziale Unterstützung ist ein Bestandteil der Beziehungsqualität und kann relativ unabhängig von den bisher genannten quantitativen und strukturellen Aspekten von Sozialbeziehungen betrachtet werden. Sie umfasst „die Interaktion zwischen zwei oder mehr Menschen, bei der es darum geht, einem Problemzustand, der bei einem Betroffenen Leid erzeugt, zu verändern oder zumindest das Ertragen dieses Zustandes zu erleichtern, wenn sich objektiv nichts ändern lässt" (Schwarzer 1992, 141). Sie beinhaltet neben der tatsächlich erhaltenen Unterstützung die subjektiv wahrgenommene bzw. erwartete Unterstützung. Soziale Unterstützung geben und auch erhalten zu können, ist eine wichtige Priorität bei Drogenabhängigen nach der Behandlung (Laudet & White 2010). Neben dem Loskommen von der Abhängigkeit und der Integration ins Arbeitsleben ist dieses Motiv besonders wichtig. Die Autoren plädieren dafür, diese Prioritäten ernst zu nehmen und das Behandlungssystem von einem reinen defizitorientierten Versorgungssystem (care model) zu einem ressourcenorientierten Gesundungssystem (recovery model) hin zu verändern.

Weitere wichtige Umwelteinflüsse, insbesondere auf das Verhalten Jugendlicher, bilden ohne Zweifel die *Massenmedien*. Bilder, Vorstellungen und Werte, die hier transportiert werden, haben eine starke *Modellfunktion*. Es konnte gezeigt werden, dass Jugendliche, die oft Filme sehen, in denen ihre Stars Alkohol trinken, ein mehr als zweifaches Risiko haben, sich zu betrinken, im Vergleich zu Jugendlichen, die selten derartige Filme sehen (Hanewinkel 2007). Auf der anderen Seite zeigt eine Zusammenschau von Übersichtsarbeiten zur Effektivität von Interventionen zur Veränderung des Gesundheitsverhaltens (Jepson et al. 2010), dass massenmediale Kampagnen ähnlich wie gesetzliche Maßnahmen nur kleine bis mittlere Effekte in Bezug auf die Veränderung des Verhaltens haben. Untersucht wurde unter anderem der Einfluss auf Rauchverhalten und Alkoholkonsum.

Eine adäquate *berufliche Perspektive* schützt gemäß der Untersuchung von Süss und Neuenschwander (1997) vor Drogenkonsum. Jugendliche, die ihre Lehre abbrechen, auf eine Ausbildung verzichten und danach als Hilfs- und Gelegenheitsarbeiter tätig sind, neigen weniger zum Drogenkonsum als Lehrabbrecher mit der Absicht, die Lehre fortzusetzen, ohne jedoch einen Plan über Art und Zeitpunkt dieser Fortführung zu besitzen. Die berufliche Orientierung bildet einen wichtigen Bestandteil der subjektiven Zukunftsperspektive der Jugendlichen. *Erwerbstätigkeit* ist ein wichtiger stabilisierender Faktor in einer zehnjährigen prospektiven Untersuchung von Klientinnen und Klienten mit Doppeldiagnose, d. h. bei Vorliegen einer psychischen Störung wie auch einer Abhängigkeitsproblematik (Xie et al. 2010). Die Autoren schließen, dass Erwerbstätigkeit und berufliche Integration bereits in der akuten Behandlungsphase vorbereitet werden muss und dass die Klientinnen und Klienten über einen Zeitraum von mehreren Jahren nach der Behandlung betreut werden müssen.

Der Faktor *Zeit* ist ein weiterer bedeutender protektiver Faktor. Gerade früher Beginn von Problemverhalten hängt mit späteren Problemen zusammen. Bei Jugendlichen, die noch vor dem 15. Lebensjahr mehrere Problemverhaltensweisen, darunter Drogen- und Alkoholkonsum, aufwiesen, ist die Wahrscheinlichkeit zur Abhängigkeitsentwicklung im Alter von 20 Jahren deutlich erhöht (McGue & Iacono 2005). Somit kommt es für die Prävention darauf an, die Initiation verschiedener Problemverhaltensweisen auf einen möglichst späten Zeitpunkt zu verlagern. Aber auch bei Abhängigen ist der Faktor Zeit von besonderer Bedeutung. Ältere Drogenabhängige haben bessere Chancen, trotz Drogenkonsums sozial integriert und außerhalb der offenen Drogenszene zu bleiben, als dies bei jüngeren Drogenabhängigen der Fall ist.

Wie die neuesten Zahlen der Europäischen Beobachtungsstelle für Drogen und Drogensucht (EBDD 2010) erkennen lassen, ist der injizierende Konsum in den meisten europäischen Ländern gleichgeblieben oder zurückgegangen. Maßnahmen zur Reduktion injektionsbedingter Gesundheitsprobleme, wie beispielsweise die Opioid-Substitutionstherapie oder Nadel- und Spritzenaustauschprogramme, erreichen inzwischen einen Großteil der Zielgruppe. Dies hat Auswirkungen auf die Sterblichkeit, denn die Zahl der älteren Drogenkonsumenten in Europa zwischen 2001 und 2020 wird sich vermutlich verdoppeln. Somit müssen angemessene und innovative ressourcenorientierte Ansätze für die Behandlung und Betreuung dieser wachsenden Bevölkerungsgruppe geschaffen werden. Es ist sicherzustellen, dass die Drogenkonsumierenden ihr Leben mit möglichst wenig Schaden gestalten können, sei es in körperlicher, psychischer, sozialer oder strafrechtlicher Art. Das Schaffen von Zeitspielräumen für die Betroffenen ist damit ein wichtiges Moment in der Suchtbehandlung.

2.3 Wechselwirkung interner und externer Ressourcen

Personen mit Abhängigkeitsproblemen haben vielfältige interne Ressourcen. Diese liegen vielleicht brach bzw. sind nicht genügend entwickelt. Die ressourcenorientierte Soziale Arbeit verstärkt vorhandene Ressourcen und erhält sie aufrecht, fördert brachliegende Ressourcen und regt an, diese wieder aufzunehmen. Zudem baut sie neue interne Ressourcen gezielt auf. Die Soziale Arbeit unterstützt die Arbeit an den internen Ressourcen mit ihren Klientinnen und Klienten durch die Eröffnung von externen Ressourcen. Die Vorstellung einer Wechselwirkung zwischen internen und externen Ressourcen legt nahe, dass durch diese Arbeit mehr Wirkung entsteht als durch die bloße Addition beider Bereiche möglich wäre. Die Vorstellung der Wechselwirkung beinhaltet auch, dass eine Arbeit an den internen Ressourcen alleine bzw. eine Arbeit an den externen Ressourcen alleine deutlich weniger Wirkung entfalten wird, als durch die wechselseitige Eröffnung interner und externer Ressourcen möglich wäre.

Literatur

Abel, T. & Bruhin, E. (2003): Health Literacy/Wissensbasierte Gesundheitskompetenz. In Bundeszentrale für gesundheitliche Aufklärung (Hrsg.): Leitbegriffe der Gesundheitsförderung. S. 128–131. Schwabenstein a.d. Selz: Peter Sabo.

Alicke, M.D., Klotz, M.L., Breitenbecher, D.L., Yurak, T.J. & Vredenburg, D.S. (1995): Personal contact, individuation, and the better-than-average effect. Journal of Personality & Social Psychology, 68, S. 804–882.

Antonovsky, A. (1987): Unraveling the mystery of health: How people manage stress and stay well. San Francisco, London: Jossey-Bass.

Bandura, A. (1986): Social foundations of thought and action. Englewood Cliffs: Prentice Hall.

Bandura, A. (1992): Self-efficacy mechanism in psychobiologic functioning. In: Schwarzer, R. (Hrsg.): Self-efficacy: Thought control of action. S. 355–394. Washington, DC: Hemisphere.

Behnke, M., Eyler, F.D., Woods, N.S., Wobie, K. & Conlon, M. (1997): Rural pregnant cocaine users: An in-depth sociodemographic comparison. Journal of Drug Issues, 27(3), S. 501–524.

BfS (Bundesamt für Statistik) (2010): Kosten des Gesundheitswesens nach Leistungserbringern. Online: http://www.bfs.admin.ch/bfs/portal/de/index/themen/14/05/blank/key/leistungserbringer.html (25.07.2011).

DiClemente, R.J., Ponton, L.E. & Hansen, W.B. (1996): New directions for adolescent risk prevention and health promotion research and interventions. In: DiClemente, R.J., Hansen, W.B. & Ponton, L.E. (Hrsg.): Handbook of adolescent health-risk behaviour. S. 413–420. New York: Plenum Press.

EBDD (Europäischen Beobachtungsstelle für Drogen und Drogensucht) (2010): Stand der Drogenproblematik in Europa. Jahresbericht 2010. Lissabon: EBDD.

Garmezy, N. (1991): Resilience in children's adaptation to negative life events and stressed environments. Pediatric Annals, 20(9), S. 459–466.

Giltay, E.J., Geleijnse, J.M., Zitman, F.G., Buijsse, B. & Kromhout, D. (2007): Lifestyle and dietary correlates of dispositional optimism in men: The Zutphen Elderly Study. Journal of Psychosomatic Research, 63(5), S. 483–490.

Grawe, K. (2004): Neuropsychotherapie. Göttingen: Hogrefe.

Hanewinkel, R., Tanski, S.E. & Sargent, J.D. (2007): Exposure to alcohol use in motion pictures and teen drinking in Germany. International Journal of Epidemiology, 36(5), S. 1068–1077.

Havassy, B.E., Hall, S.M. & Wassermann, D.A. (1991): Social support and relapse: Commonalities among alcoholics, opiate users, cigarette smokers. Addictive Behaviors, 16, S. 235–246.

Jepson, R.G., Harris, F.M., Platt, S. & Tannahill, C. (2010): The effectiveness of interventions to change six health behaviours: a review of reviews. BMC Public Health, 10:538. Online: http://www.biomedcentral.com/1471-2458/10/538 (22.07.2011).

Jessor, R., Bos, J. V. D., Vanderryn, J., Costa, F. M. & Turbin, M. S. (1995): Protective factors in adolescent problem behavior: Moderator effects and developmental change. Developmental Psychology, 31, S. 923–933.

Kickbusch, I., Maag, D. & Saan, H. (2005): Enabling healthy choices in modern health societies. Background paper for the European Health Forum Badgastein. European Health Forum: Badgastein.

Krueger, J. (1999): Lake Wobegon be gone! The "below-average effect" and the egocentric nature of comparative ability judgments. Journal of Personality & Social Psychology, 77, S. 221–232.

Laudet, A. B. & White, W. (2010): What are your priorities right now? Identifying service needs across recovery stages to inform service development. Journal of Substance Abuse Treatment, 38(1), S. 51–59.

Lee, H., Pollock, G., Lubek, I., Niemi, S., O'Brien, K., Green, M. et al. (2010): Creating New Career Pathways to Reduce Poverty, Illiteracy and Health Risks, while Transforming and Empowering Cambodian Women's Lives. Journal of Health Psychology, 15(7), S. 982–992.

Lee, H. S. & Zerai, A. (2010): "Everyone Deserves Services No Matter What": Defining Success in Harm-Reduction-Based Substance User Treatment. Substance Use & Misuse, 45(14), S. 2411–2427.

Lippke, S. & Renneberg, B. (2006): Theorien und Modelle des Gesundheitsverhaltens. In: Renneberg, B. & Hammelstein, P. (Hrsg.): Gesundheitspsychologie. Lehrbuch. S. 35–60. Heidelberg: Springer Medizin.

Maffli, E., Wacker, H.-R. & Mathey, M.-C. (1995): 7-Jahres-Katamnese von stationär behandelten Alkoholabhängigen in der deutschen Schweiz. Lausanne Schweizerische Fachstelle für Alkohol- und andere Drogenprobleme (SFA). Forschungsbericht Nr. 26/1995.

Marlatt, G. A. (1985): Relapse prevention: Theoretical rationale and overview of the model. In: Marlatt, G. A. & Gordon, J. R. (Hrsg.): Relapse prevention. S. 3–70. New York: Guilford.

McGue, M. & Iacono, W. G. (2005): The association of early adolescent problem behavior with adult psychopathology. American Journal of Psychiatry, 162(6), S. 1118–1124.

McKeown, T. (1976): The role of medicine. London: Nuffield Provincial and Hospitals Trust.

Myers, M. G. & Brown, S. A. (1996): The adolescent relapse coping questionnaire: Psychometric validation. Journal of Studies on Alcohol, 57(1), S. 40–46.

Noack, H. (1994): Gesundheit: Medizinische, psychologische und soziologische Konzepte. Graz: Institut für Sozialmedizin, Universität Graz.

OECD (2006): Studie der OECD und der WHO zum schweizerischen Gesundheitssystem. Online: http://www.oecd.org/document/23/0,2340,fr_2649_201185_37567831_1_1_1_1,00.html (03. 01. 2011).

Ottova, V. & Ravens-Sieberer, U. (2010): Social determinants in child health: reflections from the Health Behaviour in School-aged Children Survey. International Journal of Public Health, 55(6), S. 525–526.

Pinquart, M. & Silbereisen, R. K. (2002): Gesundheitsverhalten im Kindes- und Jugendalter. Entwicklungspsychologische Erklärungsansätze. Bundesgesundheitsblatt – Gesundheitsforschung – Gesundheitsschutz, 45, S. 873–878.

Rotter, J. B. (1966): Generalized expectancies for internal versus external control of reinforcement. Psychological Monographs, 80(609), S. 1–28.

Scheier, M. F. & Carver, C. S. (1985): Optimism, coping and health: assessment and implications of generalized outcome expectancies. Health Psychology, 4, S. 219–247.

Schmid, H. (1997): Das Risiko „Droge". In: Schweizerische Fachstelle für Alkohol- und andere Drogenprobleme (Hrsg.): Die Lust am Risiko. Eine Herausforderung für die Drogenprävention. Lausanne: Schweizerische Fachstelle für Alkohol- und andere Drogenprobleme.

Schmid, H. (1998): Swiss adolescent drug users' and nonusers' optimism about their future. Journal of Applied Social Psychology, 28(20), S. 1889–1902.

Schmid, H. (2002): Sport, Alkohol, Tabak und illegale Drogen in der Entwicklung von Jugendlichen zu jungen Erwachsenen. Eine Längsschnittuntersuchung. Zeitschrift für Gesundheitspsychologie, 10(1), S. 36–48.

Schwarzer, R. (1992): Psychologie des Gesundheitsverhaltens. Göttingen: Hogrefe.

Süss, D. & Neuenschwander, M. P. (1997): Jugendliche Ausbildungsabbrecher und selbstgefährdendes Verhalten. In: Rihs-Middel, M. & Lotti, H. (Hrsg.): Suchtforschung des BAG. Recherche de l'OFSP en matière de dépendances 1993–1996. S. 127–134. Bern: Bundesamt für Gesundheit.

Trösken, A. G. K. (2003): Das Berner Ressourceninventar – Instrumente zur Erfassung von Patientenressourcen aus der Selbst- und Fremdbeurteilungsperspektive. Schemmel, H. & Schaller, J. (Hrsg.): Ressourcen. Ein Hand- und Lesebuch zur therapeutischen Arbeit. S. 195–215. Tübingen: dgvt.

Vaillant, G. E. (1983): The natural history of alcoholism: Causes, pattern, and paths to recovery. Cambridge: Harvard University Press.

Weinstein, N. D. (1987): Unrealistic optimism about susceptibility to health problems: Conclusions from a community-wide sample. Journal of Behavioral Medicine, 10, S. 481–500.

Wilkinson, R. G. & Pickett, K. E. (2009): The Spirit Level: Why more equal societies almost always do better. London: Allen Lane.

Xie, H. Y., Drake, R. E., McHugo, G. J., Xie, L. & Mohandas, A. (2010): The 10-year course of remission, abstinence, and recovery in dual diagnosis. Journal of Substance Abuse Treatment, 39(2), S. 132–140.

Wohlbefinden im Alter – Ressourcen zum Umgang mit Lebensveränderungen

Iris Schubert

Für die Lebensphase Alter gelten häufig andere – nicht selten stigmatisierende – Zuschreibungen von Seiten der Gesellschaft und der Individuen als für das übrige Erwachsenenalter. Das äußert sich u. a. in der Haltung, Ressourcen zur Lebensführung, zur Gesundheit und zur Befriedigung von Bedürfnissen bereitzustellen. Andererseits ermöglichen präventive und rehabilitative gerontologische Maßnahmen, dass bis ins hohe Alter Lebensbedingungen optimiert, Altersabbau vorgebeugt und krankheitsbedingte Behinderungen verringert bzw. kompensiert werden können. Derartige Maßnahmen erfolgen auf verschiedenen Ebenen: körperlich aktivierendes Training, umfeldveränderliche Interventionen über Wohnraumanpassung etc. und psychosoziale Interventionen über Beratung oder Psychotherapie (Wahl & Heyl 2004). Insbesondere Wohlbefinden ist Bedingung und Merkmal einer relativ gesunden und erfüllten Lebensgestaltung im Alter. Es entsteht im Wesentlichen durch individuelle und umweltliche Anpassungsleistungen an alternsbedingt veränderte Lebensbedingungen, Erfüllung von Grundbedürfnissen und den Einsatz von personalen und externen Ressourcen. Diese drei Bedingungen sind in komplexer Weise miteinander verknüpft. Der Beitrag thematisiert Ressourcen und Verfahren zur Förderung des subjektiven Wohlbefindens – auch bei krankheitsbedingten Lebensveränderungen.

1 Die gesellschaftliche Bedingtheit des Alter(n)s

Rosenmayr (1978) unterscheidet in der Lebensphase Alter drei Gruppen und verdeutlicht damit zugleich eine Reduzierung von Potenzialen im Alterungsprozess: während 60- bis 75-Jährige meist relativ gesund und sozial eingebunden sind und Einschränkungen bei 75- bis 85-Jährigen zum Teil kompensiert werden können, werden über 85-Jährige mit ansteigendem Alter zunehmend pflegebedürftig. Aus gegenwärtiger Sicht wirkt die Einteilung nahezu optimistisch. Sie erfasst nicht die aktuell veränderten Erkrankungsschwerpunkte und die beginnende Ressourcenverknappung: Dementielle Erkrankungen nehmen bereits in der mittleren Altersphase zu, Gesundheitskosten werden vermehrt gekürzt und privatversorgende Bereiche, z. B. durch eigene Kinder, werden weniger. Viele ältere Menschen werden künftig ihre defizitären Lebensumstände kaum noch ausgleichen können.

Die Haltung einer Gesellschaft bestimmt nach Rosenmayr (2005, 88 f.) den Stellenwert von und den Umgang mit Alter. Das beeinflusst entscheidend den

Einsatz von Ressourcen und damit die Entwicklungschancen, die eine Gesellschaft dem Alter(n) gibt. Zentrale Ressourcen für eine Lebensgestaltung im Alter sieht Rosenmayr – zusätzlich zu individuellen genetischen, biologischen und psychischen Entwicklungs- bzw. Abbauprozessen – in den *ökonomischen Ressourcen*, die zum einen eine Gesellschaft und ihre Mitglieder dafür einsetzen wollen und über die zum anderen ältere Menschen selbst verfügen, in *sozialer Partizipation* und *Rollenübernahme* mit entsprechenden Auswirkungen auf psychische Befindlichkeit und auf Selbstwahrnehmung (einsam, glücklich, niedergeschlagen etc.) und im *historisch-kulturellen Kontext*, der den Stellenwert und die Art des Umgangs mit dem Alter definiert. Entwicklungschancen liegen somit im Potenzial gesellschaftlich gesteuerter Prozesse, im Potenzial von Status und sozioökonomischer Lage und in der Art, wie ein Individuum sein Leben gestaltet, statt es hinzunehmen (ebd., 93).

Infolge der gerontologischen Forschung mit ihrer differentiellen Sicht auf die Vielfalt von Altersstilen und auf die individuellen Stärken und Schwächen sind zahlreiche sozialstaatliche Hilfen zur Optimierung der Lebensführung im Alter entstanden, wie gemeindeorientierte Stadtteilarbeit, Wohnberatung, Pflegegesetze und fortgeschrittene hygienische, medizinische, therapeutische und pflegerische Leistungen. Einige der „neuen Alten" verfügen sogar über ein ökonomisches Kapital, das ihnen den Zugriff auf eine breite Ressourcenvielfalt erlaubt. Diese gesellschaftlichen Entwicklungen führen nicht nur zu mehr Gesundheit bzw. Beschwerdefreiheit im Alter, sondern auch zu einer attraktiven Identität und zu relativ selbstbestimmter Lebensgestaltung, sodass gegenwärtig ältere Menschen selbstbewusster geworden sind und eine hohe Diversität an Altersstilen aufweisen (Wahl & Heyl 2004).

2 Wohlbefinden im Alter

2.1 Begriff und Dimensionen

Das originär psychologische Konzept von Wohlbefinden (Schumacher et al. 2003) ist komplex, multidimensional und uneinheitlich definiert. Becker (2006) differenziert Wohlbefinden in eine subjektive und eine objektive Dimension, die sich gegenseitig beeinflussen. So zeigt die Bonner Längsschnittstudie BOLSA (Lehr & Thomae 1987), dass allein die Ausstattung der objektiven Lebensbedingungen nicht ursächlich Wohlbefinden im Alter bestimmt. Vielmehr ist für die Einschätzung des subjektiven Wohlbefindens das Zusammenwirken von objektiven und subjektiven Faktoren ausschlaggebend, insbesondere die Einstellungen und Erklärungen gegenüber der eigenen Situation. Allerdings darf hierbei die Bedeutung ökonomischer und umweltlicher Bedingungen für das subjektive Wohlbefinden im Alter nicht unterschätzt werden (Kruse 2005; Rosenmayr 2005).

Subjektives Wohlbefinden kann in drei interagierende Hauptkomponenten unterteilt werden: in emotionales Wohlbefinden (Freude, Glücksgefühl, positive Stimmung, Zufriedenheit), kognitiv-evaluatives Wohlbefinden (Befindlichkeitsbewertung, allgemeine und bereichsspezifische Lebenseinschätzung, „Lebenszufriedenheit") und physisches Wohlbefinden (Körperempfindungen, Beschwerdefreiheit, Fitness). Darüber hinaus kann jede Komponente in aktuelles und habituelles Befinden differenziert werden (s. a. Becker 2006; Schumacher et al. 2003; Grom 2011).

Subjektives Wohlbefinden korreliert mit ökonomischen und ökologischen Bedingungen, mit sozialen Rollen und mit gesellschaftlichen wie individuellen Erwartungen (Kruse 2005; Rosenmayr 2005). Obwohl sich im objektiven Gesundheitszustand wie auch im subjektiven physischen Wohlbefinden mit zunehmendem Alter bedeutsame Einbußen zeigen, können emotionales wie kognitives Wohlbefinden geschlechtsunabhängig bis ins hohe Alter erhalten bleiben, solange wichtige subjektive Ziele an objektive Gegebenheiten anpassbar und relativierbar sind (Backes & Clemens 2003). Für eine *aktive* Alltagsgestaltung gilt subjektives psycho-physisches Wohlbefinden als zentrale Ressource, die durch das Zusammenspiel von personalen und externen Ressourcen und durch die Erfüllung von basalen Bedürfnissen aufgebaut und prozediert wird. Weiterhin hängt Wohlbefinden ab von Fähigkeiten und Ressourcen, die zur Alltagsgestaltung und zu „erfolgreichen" Anpassungsprozessen an Lebensveränderungen erforderlich sind.

2.2 Ressourcen für Wohlbefinden

Wohlbefinden im Alter wird im Wesentlichen über die vier Gruppen von Ressourcen (physische, psychische, soziale, ökonomisch-ökologische) sowie über ihre Verfügbarkeit und ihr ausgewogenes Zusammenspiel bestimmt (vgl. Fischer 2002).

Physische Ressourcen umfassen die Funktionstüchtigkeit des Körpers, erhaltene Motorik und körperliche Aktivität. Sie korrelieren vor allem mit dem individuellen Lebensstil (Gesundheitsverhalten etc.). Körperliche Aktivität beeinflusst die Mentalkräfte positiv und wirkt stressabbauend; nach Wiesmann et al. (2004) ist sie ebenso bedeutsam wie geistige Aktivität. Körperliche und geistige Aktivität bestimmen die Gestaltungs- und Handlungsfähigkeit im Alltag und ihre resultierende Alltagsroutine wirkt auf die Ressourcen „persönliche Sicherheit" und „Selbstvertrauen". Mit zunehmendem Alter lässt nicht nur die biologische bzw. morphologisch-physiologische Konstitution (Herz-Kreislaufparameter, Muskelaufbau, Knochendichte etc.) und somit Gesundheit nach, sondern auch die Fähigkeit zur Kompensation von Störungen. Es steigen die Vulnerabilität für Krankheiten und das Risiko für Komplikationen und Multimorbidität. Andererseits wurden in der Berliner Altersstudie viele der 60- bis 70-Jährigen als relativ gesund eingeschätzt und selbst bei über der Hälfte der untersuchten Hochbetagten wurde der Schweregrad der „Erkrankungen als leicht diagnostiziert" (Zank 2000, 45).

Psychische Ressourcen wie Persönlichkeitsmerkmale (Optimismus, Zuversicht), kognitive Merkmale (Intelligenz, Gedächtnis, Einsichtsfähigkeit, Lebenserfahrung etc.), schöpferische und musische Fähigkeiten sowie Spiritualität und Urvertrauen wirken in komplexer Weise auf das Wohlbefinden. Dazu zählen auch Selbstverantwortung und Selbstbestimmung in der Alltagsgestaltung, die Ausübung persönlich bedeutsamer Aufgaben, psychische Verarbeitungs- und Kompensationsfähigkeit von Belastungen, Konflikten, bleibenden Einschränkungen und Verlusten sowie Beziehungsfähigkeit und Offenheit für neue Erfahrungen und Anregungen (Kruse 2001; → F.-C. Schubert).

Soziale Ressourcen sind neben einer förderlichen gesellschaftlichen Haltung vor allem als Partizipation und einhergehende instrumentelle und emotionale Unterstützung bedeutsam: eine gute Einbindung in vertraute soziale Netze, wie Ehe, Familie, Freundeskreis und Nachbarschaft, und damit verbundene befriedigende Aufgaben, Anforderungen und Rollen. Soziale Ressourcen bilden auch Bezugspersonen, die den alternden Menschen physisch wie psychisch unterstützen (und die wiederum selbst häufig Unterstützung erhalten bzw. benötigen) oder bei wiederkehrenden oder außergewöhnlichen Verrichtungen (wie Begleitung zu medizinischen oder institutionellen Einrichtungen), oder die Zeit, Kenntnisse und Fertigkeiten haben für das Ausfüllen von Anträgen (Kuren, sozialrechtliche Hilfen etc.), für Prozeduren (Medikation, Blasenspülungen, Katheterisierung etc.) oder für (Frei-)Zeitgestaltung (Corbin & Strauss 2010). Dennoch geht mit ansteigendem Alter eine Ausdünnung sozialer Ressourcen einher, sei es durch den Tod von bisherigen Sozialpartnern oder durch eigene Erkrankung.

Ökologisch-ökonomische Ressourcen sind räumliche und infrastrukturelle Umweltgestaltung und eine hinreichende finanzielle Ausstattung, die hilfreiche Mittel wie moderne Technik, Medikamente und Ausrüstung (u. a. Duschhilfe, Krankenbett und entsprechende Räume) sowie Arbeitskräfte (Hauswirtschafts- und Pflegedienste) ermöglichen, um alters- und krankheitsbedingte Einschränkungen in der alltäglichen Lebensführung abfedern und kompensieren zu können. Weiterhin zählen hierzu auch bereitstehende Dienstleistungen wie Beratung und Therapie bei physischen und psychischen Problemen. Grundlegend für Entwicklung und Erhalt von Wohlbefinden im Alter sind neben förderlichen biopsychosozialen und ökonomisch-ökologischen Ressourcen eine förderliche gesellschaftliche Haltung gegenüber der Lebensphase Alter und alten Menschen.

2.3   Bedürfniserfüllung im Alter

Die Befriedigung von grundlegenden biologischen, psychischen und sozialen Bedürfnissen ist zweifellos eine Notwendigkeit zur Förderung und Stabilisierung von Wohlbefinden. Bedürfnisbefriedigung erfolgt über den Einsatz von Ressourcen. Bereits Berne (1967; zit. n. Petzold 1980) weist darauf hin, dass drei wesentliche Grundbedürfnisse bis ins hohe Alter erhalten bleiben: das Bedürfnis nach physischer und psychischer Zuwendung als Motor für fast alle sozialen Aktivitäten, das Bedürfnis nach einer den Biorhythmen entsprechenden (Zeit-)Struktur, das Bedürfnis nach kognitiv-emotionaler und physischer Stimulierung. In neueren Forschungen werden *vier psychologische Grundbedürfnisse* nachgewiesen. Bindungsbedürfnis, Bedürfnis nach Orientierung, Kontrolle und Selbst-Steuerung, nach Lustgewinn bzw. Unlustvermeidung und nach Selbstwertschutz bzw. Selbstwerterhöhung (Grawe 2004). Werden diese Grundbedürfnisse über längere Zeit geschädigt bzw. nicht oder unzureichend befriedigt, so resultieren daraus Störungen des Wohlbefindens und der gesundheitlichen Stabilität (ebd.; Becker 2006). Hingegen befähigt eine hinreichende Bedürfniserfüllung dazu, selbst Potenziale für eigenmächtige, bedürfniserfüllende Einstellungen und Handlungsweisen und im Weiteren für emotionale Stabilität und Wohlbefinden zu generieren (vgl. Schubert 2011; → Klemenz).

Zwar können sich im Alter die Bedürfnisstrukturen in Ausprägung und Stellenwert von denen in früheren Lebensphasen unterscheiden, doch ihre Strukturen bleiben bis ins hohe Alter erhalten. Bei älteren Menschen sind soziale Bezugspersonen (s. o.) wichtige Ressourcen für die Befriedigung von psychischen und sozialen Bedürfnissen. Das *Bedürfnis nach Bindung* verändert sich in der Lebensspanne in Abhängigkeit zu den Erfahrungen in den vorherigen Lebensphasen. Ein frühzeitiges Erleben von sicheren Bindungen hat prägenden Einfluss auf die Entwicklung von Wohlbefinden. Doch auch dann wird der irreversible Verlust einer Bezugsperson im Alter als ein traumatisches Erlebnis erfahren. Das *Bedürfnis nach Orientierung und Kontrolle*, nach selbstbestimmter Steuerung der Lebensvollzüge bleibt auch im Alter relevant. Um psychische Stabilität zu erhalten und den Gefühlen von Hoffnungslosigkeit, Hilflosigkeit und Ausgeliefertsein entgegenzuwirken, ist die Stärkung des Erlebens von Autonomie und Selbstwirksamkeit zentral. Das gilt auch, wenn mit der Reduzierung von Mobilität und von Lebensräumen der eigene Handlungsraum begrenzt ist und soziale oder Umgebungsressourcen nur eingeschränkt verfügbar sind oder wenn durch eine Erkrankung gravierende Veränderungen auftreten und Bezugspersonen, auch in bester Absicht, Aufgabenbereiche des Erkrankten ohne Absprache mit ihm übernehmen. Andererseits muss jedoch ausgewogen beurteilt werden, ob Selbststeuerung und Handlungsautonomie in Überforderung oder Gefährdung umschlagen. Das *Bedürfnis nach Selbstwerterhöhung und Selbstwertschutz* wird in sozialer Bezogenheit entwickelt und erlebt und zeigt sich häufig als Bedürfnis nach emotionalem Eingebundensein und nach Gebrauchtwerden. Gerade im Kontext einer Leistungsgesellschaft benötigt dieses Bedürfnis im Alter besondere Aufmerksamkeit, insbesondere dann, wenn die Bezugspersonen eine ähnlich geprägte (Leistungs-)Haltung haben. Die Fähigkeit, sich auch bei Erkrankung durch andere und durch sich selbst anerkannt und wertgeschätzt zu erleben, hängt von den Zuschreibungen ab, die der Erkrankte sich selbst gegenüber macht und die die Mitwelt ihm gegenüber wie auch gegenüber Erkrankung im Alter generell hat. Die Reflexion eines Patienten, z. B. in einer Klinik, über sich und seine Lage, beeinflusst nicht nur seine Einschätzung in Bezug auf seine subjektiven Gesundungschancen, sondern auch auf seinen Selbstwert. Das Bedürfnis nach Selbstwertschutz besteht auch bei körperlichen

Pflegeleistungen, selbst wenn es dabei schwierig ist, dieses Bedürfnis immer angemessen zu erfüllen. Das *Bedürfnis nach Lustgewinn und Unlustvermeidung*, nach angenehmen Zuständen wie Freude oder psychophysischer Erholung ist im Alter genauso wichtig wie in allen anderen Lebensphasen. Obwohl ihre Erfüllung Gesundungsprozesse fördert, getrauen sich ältere Menschen oftmals nicht, sich und anderen diese Bedürfnisse einzugestehen. In der Frührehabilitation berichten Patienten zwar immer wieder, wie wichtig ihnen therapeutische Erholungsangebote zum Belastungsausgleich von Erkrankung und medizinisch-therapeutischen Maßnahmen sind, aber auch über ihre Unsicherheit, solche Bedürfnisse wahrnehmen oder gar aussprechen zu dürfen.

3 Bedürfnisse und Ressourcen bei Anpassungsprozessen

Anpassungen an Lebensereignisse und an veränderte Bedingungen mit daraus resultierendem Rollenwandel sind über die gesamte Lebensspanne eine (Überlebens-)Fähigkeit. Besonders mit den weiter ansteigenden Jahren im Alter und den alters- und krankheitsbedingten Einbußen in Motorik, Vitalität und Kognition zählen die individuellen Anpassungsleistungen zu den wichtigen Voraussetzungen für eine autonome Lebensgestaltung. Erforderlich sind spezifische biopsychosoziale Neuabstimmungen zwischen eigenen Bedürfnissen und veränderten personalen, sozialen und materiellen Bewältigungspotenzialen und Ressourcen. Dazu braucht es psychische Anpassungsfähigkeit, auch der eigenen Identität, an die neue Lebenssituation. Das kann über drei Voraussetzungen erfolgen: Der betagte Mensch muss Altern im weitesten Sinne als attraktiv erleben, den Gesamtzusammenhang der Veränderungsprozesse erfassen und mit eigenen Bewältigungspotenzialen aktiv und eigenverantwortlich zur Anpassung beitragen können (Faltermaier et al. 2002). Beispiele für psychophysische Anpassungen sind die Übernahme eines Ehrenamtes bei strukturellen Veränderungen wie Verrentung, die Nutzung medialer oder institutioneller Angebote bei Wegfall von sozialkulturellen Lebensräumen, die Umstellung von sportlichen Aktivitäten in leichtere bei nachlassenden Vitalkräften und die Kompensation nachlassender Sinneswahrnehmungen und Gebrechen durch spezifische technische oder gesundheitliche Hilfsmittel wie Hörgeräte, Brillen, Prothesen, Rollator, Rollstuhl und spezielle Aufzüge.

Anpassungen können sowohl von der Person als auch ihrer Umwelt vollzogen werden und sind in Assimilation und Akkomodtion (Angleichung) unterteilt (Piaget 1975). Bei Assimilation erfolgen aktive Veränderungshandlungen von einer Person, um jemanden oder etwas nach den eigenen Zielen und Bedürfnissen zu verändern. Bei einer Akkomodation korrigiert bzw. verändert eine Person (oder ihre soziale Umwelt) bewusst oder unbeabsichtigt ihre bisherigen Haltungen oder

Absichten, um sich veränderten Bedingungen und Anforderungen anzupassen, z. B. wenn jemand sein Anspruchsniveau herabsetzt, bisherige Ziele durch andere ersetzt oder im Verlust einen Sinn erkennt etc. Diese Bewältigungsform wird vor allem bei irreversiblen Verlusten und bei Gegebenheiten eingesetzt, die als unbeeinflussbar eingeschätzt werden. Für Zufriedenheit im Alter eignen sich eher akkomodative Bewältigungsformen, da positive Umdeutungen sowie Konzentration auf positive Aspekte oder günstige soziale Vergleiche ein positives Selbstkonzept aufrechterhalten (Schubert 2004; Wahl & Heyl 2004). Assimilation und Akkomodation sind nicht als isoliert verlaufende „Strategien" zu verstehen, sondern sie erfolgen in wechselseitiger Bezogenheit, was Entwicklung erst ermöglicht.

Aus dem Zusammenspiel von Anpassungsfähigkeit und dem unterstützenden Einsatz von personalen, sozialen und materiellen Ressourcen zur erfüllten Alltagsbewältigung entfalten sich die Potenziale für erfolgreiches Altern und für individuelles Wohlbefinden. Wenn mit ansteigendem Alter oder mit Beginn einer schweren Erkrankung Potenziale schwinden, so können auch unter diesen Umständen eine verbleibende positive Grundstimmung, Erleben von Selbstbestimmtheit im Alltagsablauf und sichere Bindungspersonen zu einem relativ zufrieden erlebten Leben beitragen. Im Folgenden werden zwei klassische Ansätze zur Unterstützung von Anpassungen zur Alltagsgestaltung und zur Stärkung von Wohlbefinden skizziert.

3.1 Alltagsgestaltung und Stärkung von Wohlbefinden über Anpassungsprozesse

Baltes und Baltes (1990) erforschen Entwicklungsprozesse im Alter und ihre Erhaltungs- und Optimierungsmöglichkeiten. Ausgangsthesen für ihren Ansatz sind: Entwicklungsprozesse sind multidirektional, finden lebenslang und multidimensional statt, sind interindividuell unterschiedlich beeinflussbar (unterliegen im hohen Alter zunehmenden Einschränkungen), können entsprechend der vorangegangenen Lebensphase fortgesetzt oder als Wendung zu neuen Chancen erfolgen (wenngleich Wendungschancen sinken und Entwicklungsverluste zunehmen), Kapazitätsreserven kognitiver Plastizität können auch im Alter ausgeschöpft und qualitativ wie quantitativ verbessert werden. Entwicklung wird von drei interagierenden Systemen, den normativ-altersbezogenen (Reifung, Sozialisation), den normativ-historischen (Kohorte) und nicht-normativen (kritische Lebensereignisse), beeinflusst. Anhand dieser Grundlagen suchen Baltes und Baltes (ebd., 98) nach dem prinzipiell Machbaren und entwickeln die *„Strategie der Optimierung durch Selektion und Kompensation"*, mit der ältere Menschen trotz nachlassender Kräfte und Reserven die ihnen wichtigen Lebensaufgaben bewältigen. Über die wechselseitigen, adaptiven Prozesse Selektion und Kompensation können umfassend körperliche und kognitive Kräfte trainiert werden: als Konzentration auf persönlich bedeutsame Lebensbereiche, in denen Umweltanforderungen, persönliche Ziele, Fertigkeiten und Fähigkeit übereinpassen (*Selektion*), und als Ausgleichen von

Einbußen bestimmter Leistungen und fehlender Kapazitätsreserven (*Kompensation*). Bei diesem Ansatz werden vorhandene Ressourcen und Fähigkeiten auf einem möglichst hohen Niveau optimiert, gehalten bzw. kompensiert und biopsychophysische Verluste bis zu einem gewissen Grad verzögert. Die individuelle Leistungsfähigkeit soll im Alter bewahrt und psychophysischen Einbußen entgegengewirkt werden.

Thomae (1971; 1992) verfolgt in seiner *Kognitiven Persönlichkeitstheorie der Anpassung an das Altern* eine Anpassung über einen Ausgleich zwischen kognitiven und motivationalen Systemen. Dabei geht es um die Psychodynamik und das Bemühen alter Menschen, Einfluss auf eigene Lebensumstände und/oder eigene Bedürfnisse nehmen zu können. Der Umgang mit Altersveränderungen bzw. der Anpassung an das Alter(n) wird von drei dynamischen Einschätzungsprozessen bestimmt: 1. Von der subjektiven Bedeutung, die ein alternder Mensch diesen beiden Veränderungssituationen zuschreibt. Sie ergibt sich aus seiner individuellen Lebensgeschichte, seiner subjektiven Wahrnehmung und Interpretation der Lebensumstände und Bedürfnisse und aus seinen Auffassungen über seine Möglichkeiten zur Einflussnahme (kognitive Strukturen). 2. Von seinen „Daseinsthemen" und situativen Veränderungen, die nach dominanten subjektiven, z. T. unbewussten Motiven (Zielsetzungen, Erwartungen, Bedürfnisse), die seinen Handlungen Sinn geben (motivationale Strukturen), bewertet werden. 3. Von der Ausgewogenheit zwischen Bedürfnissen und erlebter Realität: Je mehr die kognitiven und motivationalen Strukturen aufeinander abgestimmt sind bzw. sich im Gleichgewicht befinden, desto besser gelingt eine Anpassung an das Alter. Ein Ungleichgewicht zwischen erlebten und erreichten Zielen kann auf verschiedene Weise ausgeglichen werden, beispielsweise durch neue Aktivitäten aus oder durch „Erweiterung des Selbst" (ebd., 14) wie beispielsweise durch Identifikation mit der Berufssituation eines Nachkommen. Die Fähigkeit zur Änderung kognitiver Strukturen oder motivationaler Strukturen ist nach Thomae somit wichtige Bedingung für Anpassungsleistungen im Alter.

Für ein „erfolgreiches Altern" wird der Ansatz von Baltes in vielen Bereichen umgesetzt und verfeinert, damit auch alternde Menschen möglichst lange und möglichst gesund eigen-verantwortlich leben können. Thomae bietet einen vielversprechenden Ansatz zur psychischen Bewältigung von alternsbedingten Lebensereignissen und interaktionalen Prozessen: Er erfasst den Menschen nicht nur unter funktionalen Aspekten, sondern in seiner gesamten Lebensperspektive.

4 Ressourcenorientierte Krankheitsverarbeitung im Alter

Somatische Erkrankungen im Alter gefährden und verändern die Lebensführung. Das führt zu zwischenmenschlichen und gesellschaftlichen Einbußen und hat negativen Einfluss auf die individuelle Lebenseinstellung (Verlust von Zuversicht, Selbstvertrauen; Anstieg von Trauer, Resignation etc.). Über kognitiv-emotionale Selbst- und Fremdabwertungen verstärken sich resignative Selbstwertvorstellungen, was dazu führen kann, persönliche Ressourcen, besonders kognitive und motorische Fähigkeiten zu vernachlässigen. Zusammen führt das häufig zu einem Anstieg von Depressivität (Grom 2011) und mündet bei einigen in die Frage, welchen Sinn das Leben noch haben kann. Zudem kann neben den psychischen Auswirkungen einer akuten Erkrankung eine erlebnismäßige Reaktivierung von früheren psychischen und physischen Belastungserfahrungen (biografisch, z. B. kriegsbedingt) auftreten (Schubert 2008).

Multimorbidität oder chronische Erkrankung haben somit nicht nur Auswirkungen auf das physische Wohlbefinden. Psychische und soziale Begleitprozesse bei Erkrankungen beeinflussen erheblich den kognitiv-emotionalen Prozess zur Krankheitsverarbeitung und das subjektive Wohlbefinden, was wiederum den Gesundungsprozess mitbestimmt (Wiesmann 2006). Die Art, wie Betroffene Erkrankungen und Gesundungspotenziale wahrnehmen, bewerten und handhaben, kann die Verarbeitung der somatischen Erkrankung in einer gesundungsförderlichen Weise beeinflussen. Nötig ist hierbei, dass Betroffene und Bezugspersonen die Probleme und die anstehenden Veränderungsanforderungen verstehen, akzeptieren und vorhandene persönliche, soziale und materielle Ressourcen nutzen (Corbin & Strauss 2010).

Zwar hat sich in der Geriatrischen Frührehabilitation seit den 1990er Jahren eine differentielle Sicht und ein interdisziplinärer Behandlungsansatz (medizinisch, ärztlich, therapeutisch, pflegerisch) für ein biopsychosoziales Wohlbefinden mit dem Ziel entwickelt, Autonomie, Selbstverantwortung, spezifische Fertigkeiten und soziale Integration zu erhalten, auch bei Behinderungen und bei verbleibenden Abbauprozessen und Funktionseinbußen. Doch werden diese Rehabilitationsziele häufig verfolgt, ohne die kognitiven und affektiven Begleitprozesse als Ressourcen zur Unterstützung der psychischen Krankheitsbewältigung einzubeziehen. Patienten verfügen über eine Vielzahl an persönlichen Ressourcen bzw. Potenzialen, die sie zur Gesunderhaltung und zur Bewältigung einer Krankheit einsetzen können, wie z. B. kognitive Kräfte (Einsicht, Erfahrung), Gemütskräfte (Humor, Freude), schöpferische Kräfte (Talent, Kreativität) sowie transzendente Kräfte (Urvertrauen, Glaube) und Meditationsfähigkeit (Fischer 2002, 125).

4.1 Supportive Therapie zur Unterstützung von Selbstregulierung

Für die Behandlung von somatischen Erkrankungen werden neben der medizinisch-ärztlichen Basisbehandlung vielfach auch ergänzende bzw. unterstützende (adjuvante/supportive) Therapien eingesetzt wie Medikation, Akupunktur, Entspannung etc., um die Behandlung zu stärken und Nebenwirkungen (Lymphödeme, Erbrechen, Verbrennungen, Angst, Unruhe) aufzufangen bzw. zu lindern. Davon zu unterscheiden sind supportive Therapieverfahren, die den psychischen Verarbeitungsprozess von somatischen Erkrankungen unterstützen. Sie können als Krisenintervention wie auch als kurz-, mittel- oder langfristige Verfahren stattfinden und in einem Einzel- oder Gruppensetting durchgeführt werden. Ihre methodische Ausrichtung kann schwerpunktmäßig psychoedukativ, psychodynamisch oder supportiv-expressiv sein. Eine supportive Therapie im Einzelsetting dient der „psychischen Verarbeitung somatischer Erkrankungen, ihrer Begleit- bzw. Folgeerscheinungen sowie resultierender interaktioneller Probleme" (DIMDI 2009, 554).

Im Folgenden wird ein Verfahren der supportiven Therapie im Einzelsetting zur Krankheitsverarbeitung bei somatischen Erkrankungen vorgestellt, das die Autorin in den letzten Jahren entwickelt und in der Geriatrischen Frührehabilitation erprobt hat. Seit 2004 ist es als teilstandardisiertes Verfahren mit einer gestuften Abfolge von Interventionsschritten konzipiert und als Clinical ConSenT-Therapie (CliC-Therapie) bezeichnet (Schubert 2008). Das Verfahren basiert auf einem speziellen Entspannungsverfahren, das an der Hochschule Niederrhein entwickelt und als ConSenT-Methode benannt wurde (Möllmann 1999). In dieses Ausgangsverfahren hat die Autorin den Ansatz zur Selbstregulierung von Thomae (1992) implementiert. Durch diese Therapie soll der Patient eine förderliche bzw. zuversichtliche Einstellung zu der krankheitsbedingt veränderten Lebenssituation erlangen. Das erfolgt über die relevanten Regulierungsprozesse des Patienten: 1. seine Erlebnisweise zur Veränderungssituation, 2. seine habituellen Anliegen und 3. sein Bedürfnis, das Gleichgewicht zwischen Erlebnisweise und habituellem Bedürfnissystem wieder herzustellen. Dabei werden folgende Verarbeitungsschritte vollzogen: Der Patient erkennt, 1. dass eine Anpassungsleistung nötig ist, 2. dass dafür personale und externe Ressourcen zur Verfügung stehen bzw. aktiviert werden können und 3. dass eine Übereinstimmung zwischen dafür erforderlichen Veränderungen in Denken und Handeln mit seiner habituellen Lebensauffassung hergestellt werden kann. Individuelle Einstellungen, Überzeugungen, Bedürfnisse, Motive und Erwartungen („Daseinsthemen" nach Thomae) entstehen entlang der persönlichen Lebensgeschichte. Voraussetzung ist, dass der Therapeut diese Themen erfasst, versteht und enthaltene Ressourcen identifizieren kann. Erst dann kann der dritte Schritt für eine psychische Anpassung an die neue Lebenssituation erfolgen. Die identifizierten, dem Patienten biografisch vertrauten, kognitiven und motivationalen Ressourcen werden mit ihm gemeinsam zur Unterstützung der Krankheitsverarbeitung, zur Förderung der Compliance und des psychischen

Wohlbefindens erarbeitet. Die CliC-Therapie fungiert als Katalysator zur Aktivierung psychischer Ressourcen, die im Patienten bereits vorhanden sind oder von ihm (neu) entwickelt werden.

Zur Erfassung des vom Patienten eingeschätzten Zusammenhangs zwischen Gesundung und dem Einsatz der CliC-Therapie wurde 2008 eine Fragebogenuntersuchung an 197 Patienten durchgeführt (Altersdurchschnitt 80 Jahre), die während der stationären Versorgung ihrer Erkrankung (Schlaganfall, Parkinson, Brustkrebs, Oberschenkelhalsbruch) zusätzlich die CliC-Therapie erhielten. Von den 161 verwertbaren Antwortbögen – 42 wurden unvollständig bzw. nicht lesbar ausgefüllt – sehen 75,8 % einen Zusammenhang zwischen dem Einsatz dieser Therapie und ihrer Gesundung, 20,5 % finden das weder völlig richtig noch völlig falsch und 3,1 % sehen keinen Zusammenhang. Seit Entwicklung des Verfahrens berichten die Patienten in breiter Übereinstimmung über drei Ressourcen, die sie als zentral wirksam für ihr Wohlbefinden erleben: eine erfüllende, innerlich befriedigende Aktivität ausüben können, die über bloßen Zeitvertreib hinausgeht, eine emotional bedeutsame Einbindung haben sowie der Glaube an Gott bzw. an eine übergeordnete Instanz, durch die etwas (wieder) gut wird.

5 Ausblick: Zusammenspiel der Ressourcen

Für eine Lebensführung im Alter stellt sich dem Individuum wie der Gesellschaft die Frage, mit welcher Gewichtung Ressourcen für die Bewältigung von altersbedingten Veränderungen eingesetzt werden. Sollen Ressourcen mehr auf eine Alltagsgestaltung oder auf biografische Anliegen oder auf altersbedingte Veränderungen ausgerichtet werden? Wenn sich zusätzlich zum Alter auch krankheitsbedingte Veränderungen einstellen, sollen Ressourcen dann mehr für materielle oder personelle oder ärztlich-therapeutische Bereiche verwendet werden und sollen sie dann mehr für eine physische oder psychische Bewältigung der Krankheit eingesetzt werden? Der Wettstreit um die Ressourcenverteilung wird von der individuellen Einstellung und aus der gesellschaftlichen Haltung heraus ausgetragen, je nachdem, was sich „lohnt" bzw. worauf das Ziel jeweils ausgerichtet ist: auf Wohlbefinden, Gesundung, Versorgung, Vermeidung von Kosten und Folgekosten etc. Die Hoffnung darauf, dass ein Ziel erreicht werden kann, inspiriert sowohl das Individuum wie auch eine Gesellschaft zum Handeln.

Literatur

Backes, G. M. & Clemens, W. (2003): Lebensphase Alter. Eine Einführung in die sozialwissenschaftliche Alternsforschung. (2. Aufl.). Weinheim: Juventa.
Baltes, P. B. (1990): Entwicklungspsychologie der Lebensspanne: Theoretische Leitsätze. Psychologische Rundschau, 1(1), S. 1–24.
Baltes, P. B & Baltes, M. M. (1990): Optimierung durch Selektion und Kompensation. Ein psychologisches Modell erfolgreichen Alterns. Zeitschrift für Pädagogik, 35, S. 85–105.
Becker, P. (1994): Theoretische Grundlagen. In: Abele, A. & Becker, P. (Hrsg.) (1994): Wohlbefinden. Theorie – Empirie – Diagnostik. S. 13–49. Weinheim: Juventa.
Becker, P. (2006): Gesundheit durch Bedürfnisbefriedigung. Göttingen: Hogrefe.
Corbin, J. M. & Strauss, A. (2010): Weiterleben lernen. Verlauf und Bewältigung chronischer Krankheit. (3. Aufl.). Bern: Huber.
DIMDI (Deutsches Institut für Medizinische Dokumentation und Information) (2008): OPS. Amtl. Fassung Version 2009. Systematisches Verzeichnis. Operationen- und Prozedurenschlüssel. Stuttgart: Kohlhammer.
Faltermaier, T., Mayring, Ph., Saup, W., Strehmel, P. (2002): Entwicklungspsychologie des Erwachsenenalters. Stuttgart: Kohlhammer.
Fischer, W. (1982): Alltagszeit und Lebenszeit. Zeitschrift für Sozialisationsforschung und Erziehungssoziologie, 2, S. 5–19.
Fischer, W. (2002): Diagnosis Related Groups (DRGs) und Pflege. Grundlagen, Codierungssysteme, Integrationsmöglichkeiten. Bern: Huber.
Grawe, K. (2004): Neuropsychotherapie. Göttingen: Hogrefe.
Grom, B. (2011): Subjektives Wohlbefinden und Ressourcen im Alter. In: Frank, R. (Hrsg.): Therapieziel Wohlbefinden. Ressourcen aktivieren in der Psychotherapie. (2. Aufl.). S. 259–269. Heidelberg: Springer.
Kruse, A. (2001): Ressourcen des Alters aus individueller und gesellschaftlicher Perspektive. In: BMFSFJ (Hrsg.): Dritter Bericht zur Lage der älteren Generation in der Bundesrepublik Deutschland. S. 49–64. Bonn.
Kruse, A. (2005): Kreativität im Alter als Grundlage mitverantwortlicher Lebensführung. In: Schumpelick, V. & Vogel, B. (Hrsg.): Alter als Last und Chance. S. 439–460. Freiburg: Herder.
Lehr, U. & Thomae, H. (Hrsg.) (1987): Formen seelischen Alterns – Ergebnisse der Bonner Gerontologischen Längsschnittstudie (BOLSA). Stuttgart: Enke.
Möllmann, W.-P. (1999): Näher am Menschen. Soziale Arbeit mit der „Sanften Brille". Schriften des Fachbereiches Sozialwesen, Bd. 24. Mönchengladbach: Hochschule Niederrhein.
Piaget, J. (1975 [1937]): Der Aufbau der Wirklichkeit beim Kinde. Stuttgart: Klett.
Petzold, H. (1980): Ich bin o. k., Du bist so làlà. In: Ernst, H., Huber, M., Moebius, M. & Runge, R. (Hrsg.): Neue Formen der Psychotherapie. (3. Aufl.). S. 131–141. Weinheim: Beltz.
Rosenmayr, L. (1978): Elemente einer allgemeinen Alter(n)stheorie. In: Rosenmayr, L. (Hrsg.): Der alte Mensch in der Gesellschaft. S. 46–70. Reinbek: Rowohlt.
Rosenmayr, L. (2005): Der soziologische Altersbegriff – gezeigt an der sozialen Bedingtheit von Gesundheit im späten Leben. In: Schumpelick, V. & Vogel, B. (Hrsg.): Alter als Last und Chance. S. 88–109. Freiburg: Herder.
Schubert, F.-C. (2004): Lebensführung als Balance zwischen Belastung und Bewältigung – Beiträge aus der Gesundheitsforschung zu einer psychosozialen Beratung. In: Schubert, F.-C. & Busch, H. (Hrsg.): Lebensorientierung und Beratung. Schriften des Fachbereiches Sozialwesen, Bd. 39. S. 137–213. Mönchengladbach: Hochschule Niederrhein.

Schubert, F.-C. (2011): Was braucht der Mensch? Psychische Bedürfnisse und ihre Befriedigung. In: Loffing, C. & Verleysdonk-Simons, S. (Hrsg.): Bedürfnissen Gestalt geben – Verantwortung Gestalt geben. Schriften des Fachbereiches Sozialwesen, Bd. 52. S. 55–80. Mönchengladbach: Hochschule Niederrhein.

Schubert, I. (2008): Begleitung von älteren Patienten – Stolpersteine im therapeutischen Prozess. Psychotherapie von Schlaganfallpatienten in der Klinischen Geriatrie. In: Kerkhoff, E., Bardmann, T. M. & Fabri, A. (Hrsg.): Weg-Weisungen. Über den Umgang mit Nähe und Distanz. Schriftenreihe des Fachbereiches Sozialwesen, Bd. 42. S. 75–89. Mönchengladbach: Hochschule Niederrhein.

Schumacher, J., Klaiberg, A. & Brähler, E. (2003): Diagnostik von Lebensqualität und Wohlbefinden – Eine Einführung. In: Schumacher, J., Klaiberg, A. & Brähler, E. (Hrsg.): Diagnostische Verfahren zu Lebensqualität und Wohlbefinden. S. 9–23. Göttingen: Hogrefe.

Thomae, H. (1971): Die Bedeutung einer kognitiven Persönlichkeitstheorie für die Theorie des Alterns. Zeitschrift für Gerontologie, 4(1), S. 8–18.

Thomae, H. (1992): Eine psychologische Theorie der Anpassung an das Alter. In: Kaiser, H.-J. (Hrsg.): Der ältere Mensch – wie er denkt und handelt. S 63–87. Bern: Huber.

Vogel, W. (2011): Der geriatrische Patient im Akutkrankenhaus. Evidenzbasierte Strategien zum Erhalt der Alltagskompetenz. Hessisches Ärzteblatt, 4, S. 208–209.

Wahl, H.-W. & Heyl, V. (2004): Gerontologie – Einführung und Geschichte. Stuttgart: Kohlhammer.

Wiesmann, U. (2006): Zur Stabilität und Modifizierbarkeit des Kohärenzgefühls aktiver älterer Menschen. Zeitschrift für Gerontologie und Geriatrie, 39, S. 90–99.

Wiesmann, U., Eisfeld, K., Hannich, H.-J. & Hirtz, P. (2004): Motorische Handlungskompetenz und Lebensqualität älterer aktiver Menschen. Zeitschrift für Gerontologie und Geriatrie, 37(5), S. 377–386.

Zank, S. (2000): Gesundheit und Krankheit. In: Wahl, H.-W. & Tesch-Römer, C. (Hrsg.): Angewandte Gerontologie in Schlüsselbegriffen. S. 44–48. Stuttgart: Kohlhammer.

Ressourcenförderung bei langzeitarbeitslosen Menschen – Das Projekt arbeit & gesundheit

Katrin Horns, Mechthild Heinmüller, Heribert Limm

1 Arbeitslosigkeit und Gesundheit

„Der ärmste Mensch ist der, der keine Beschäftigung hat", postulierte schon Albert Schweitzer (1875–1965). Die Armut von Menschen ohne Beschäftigung zeigt sich auch heute noch in vielfältiger Art und Weise, materielle Armut ist nur eine davon. Arbeitslose Menschen weisen – wie zahlreiche Untersuchungen belegen – ein erhöhtes gesundheitliches Risiko auf, das mit der Dauer der Arbeitslosigkeit weiter steigt. Finanzielle Probleme, sozialer Abstieg und gesellschaftliche Ausgrenzung können zu seelischen und körperlichen Erkrankungen führen (Paul et al 2006). Mit dem Verlust der Arbeit scheint auch das Interesse an der eigenen Gesundheit nachzulassen. Grobe und Schwartz (2007) zeigen in ihrer Auswertung des Bundesgesundheitssurveys 1998, dass arbeitslose Männer und Frauen im Vergleich zu Berufstätigen weniger gesundheitsbewusst leben. Beispielsweise geben 49 % der Arbeitslosen, aber nur 34 % der berufstätigen Männer an, täglich zu rauchen (Lampert et al. 2007). Ein ungünstigeres Gesundheitsverhalten zeigen arbeitslose Menschen zudem im Bereich der körperlichen Aktivität. Nur ca. 30 % der Arbeitslosen treiben wöchentlich mindestens eine Stunde Sport im Vergleich zu 40 % der Berufstätigen (Grobe & Schwartz 2007). Auch im Bereich der Ernährung zeigen sich deutliche Unterschiede: 4,9 % der arbeitslosen Männer sind als untergewichtig einzustufen (vs. 1,1 % der Berufstätigen), arbeitslose Frauen hingegen sind im Vergleich zu Berufstätigen häufiger übergewichtig bzw. adipös (23 % vs. 15 %) (ebd.).

Auffallend sind erhebliche Unterschiede in der Ausprägung von Gesundheitsressourcen, die dazu beitragen können, negative gesundheitliche Auswirkungen der Arbeitslosigkeit zu mindern oder sogar ganz zu vermeiden. Ressourcen wie Selbstbewusstsein oder Einbindung in soziale Netzwerke nehmen mit Eintritt und Dauer der Arbeitslosigkeit ab (Kastner 2005). Der Bedarf für Maßnahmen der Prävention und Gesundheitsförderung bei arbeitslosen Menschen manifestiert sich vor allem aufgrund von vier Befunden (SVR 2007): 1. Arbeitslose weisen im Durchschnitt eine schlechtere Gesundheit auf. 2. Sie sind, bei geringer vorhandenen Gesundheitsressourcen, stärkeren Belastungsfaktoren ausgesetzt und haben im Durchschnitt ein riskanteres Gesundheitsverhalten. 3. Die wechselseitige Verbindung von Arbeitslosigkeit und Gesundheit erschwert eine Wiedereingliederung in den Arbeitsmarkt. 4. Arbeitslose nehmen unterdurchschnittlich häufig Präventions- und Gesundheitsförderungsangebote in Anspruch.

Nach einer Darstellung der theoretischen Grundlagen zu Gesundheitsförderung und Prävention (Kap. 2) und einem kurzen Überblick über weitere Projekte zur Gesundheitsförderung bei arbeitslosen Menschen (Kap. 3) folgt eine Beschreibung und Praxisauswertung des Projekts *arbeit & gesundheit* (Kap. 4 und 5).

2 Theoretische Grundlagen

2.1 Gesundheitsförderung als Ressourcenförderung

Die oben genannten Daten beschreiben den engen Zusammenhang zwischen Arbeitslosigkeit und Gesundheit. Wie jedoch lässt sich dieser Zusammenhang theoretisch begründen und welche Ansätze beschreiben die Mechanismen der Förderung und Entwicklung von Gesundheit in einer Gesellschaft? Auf welcher theoretischen Basis können Interventionen abgeleitet werden, um gesundheitliche Probleme bei arbeitslosen Menschen wirksam zu reduzieren? In der Jakarta-Erklärung der WHO zur Gesundheitsförderung für das 21. Jahrhundert heißt es:

> Gesundheitsförderung ist ein Prozess, der Menschen befähigen soll, mehr Kontrolle über ihre Gesundheit zu erlangen und sie zu verbessern. [...] Ziel ist es, den größtmöglichen Gesundheitsgewinn für die Bevölkerung zu erreichen, maßgeblich zur Verringerung der bestehenden gesundheitlichen Ungleichheiten beizutragen, die Menschenrechte zu stärken und soziale Ressourcen aufzubauen. (WHO 1997, 2)

Gesundheitsförderung ist nach diesem Verständnis also ein Konzept, das bei der Analyse und Stärkung der Gesundheitsressourcen und -potenziale der Menschen und auf allen gesellschaftlichen Ebenen ansetzt (Kaba-Schönstein 2006). In der Gesundheitspsychologie werden als „Ressourcen" diejenigen Faktoren bezeichnet, die die psychische, physische und soziale Gesundheit eines Menschen fördern können, vor allem bei einer Gefährdung der Gesundheit durch Belastung und Krankheit (Weber 2002). Hierbei wird unterschieden zwischen materiellen, personalen und sozialen Ressourcen. Aus der sozialepidemiologischen Forschung ist bekannt, wie sehr materielle Faktoren wie Einkommen, Bildung und Berufsstatus die Gesundheit mitbestimmen. Zu den personalen Ressourcen zählen Merkmale aus den Bereichen der Emotionalität, der Erwartungen sowie der Kompetenzen, wie z.B. eine generalisierte Selbstwirksamkeit, also die Überzeugung, generell mit schwierigen Situationen umgehen zu können, und die Fähigkeit zur Bewältigung von negativen Emotionen und Stress. Zu den sozialen Ressourcen wird die Verfügbarkeit über ein soziales Netzwerk und soziale Unterstützung gezählt. Aus einer sozialpolitischen Perspektive können soziale Ressourcen auch die Fähigkeiten einer Organisation oder eines Staates zur Integration unterschiedlicher Menschen in das gesellschaftliche Leben sein (→ Gross & Jungbauer-Gans).

Während die eine Herangehensweise in der Entwicklung theoriegeleiteter Interventionen zur Gesundheitsförderung bei arbeitslosen Menschen der Frage nachgeht „Warum gibt es gesundheitliche Ungleichheiten und wie kann man sie verringern?", kommt eine andere nicht weniger gesellschaftsbezogene Herangehensweise aus dem Blickwinkel der Salutogenese. Die erkenntnisleitende Frage, die auch im Projekt *arbeit & gesundheit* fokussiert wird, ist hier: „Was erhält den Menschen gesund?" In dem von Antonovsky entwickelten Konzept der Salutogenese ist das Kohärenzgefühl ein entscheidender Faktor für die erfolgreiche Bewältigung allgegenwärtiger Anforderungen und Stressoren und damit für den Erhalt der Gesundheit (Antonovsky 1979). Es setzt sich aus drei Komponenten zusammen: aus dem Vertrauen, dass die Anforderungen des Lebens erklärbar sind (Verstehbarkeit), dass Ressourcen zur Verfügung stehen, um den Anforderungen gerecht zu werden (Handhabbarkeit), und dass diese Anforderungen es wert sind, sich dafür einzusetzen (Sinnhaftigkeit). Für die Gesundheitsförderung und Prävention besteht die Relevanz dieses Modells darin, dass es den Blick weg von krankmachenden Faktoren hin zu gesunderhaltenden Bedingungen und Verhaltensweisen lenkt. Dieser Perspektivwechsel führt zur Identifikation von Ressourcen und Potenzialen und ermöglicht deren gezielte Stärkung (Bengel et al. 2001).

Ein weiteres sozialpsychologisches Modell, das in diesem Kontext von besonderer Relevanz ist, ist das der individuellen Kontrolleinstellung (*locus of control*, Rotter 1966). Bei internaler Kontrollüberzeugung werden die Handlungsergebnisse der eigenen Einflussnahme zugeschrieben, bei externaler den äußeren Umständen (→ B. Klemenz, → F.-C. Schubert). Bei Arbeitslosen hat sich gezeigt, dass die Wiederbeschäftigungswahrscheinlichkeit mit zunehmenden Bewerbungsanstrengungen bei internal kontrollierten Personen signifikant stärker ansteigt als bei eher external kontrollierten Arbeitslosen (Caliendo & Uhlendorff 2010). Hier wird die Nähe zu Antonovskys Konzept des Kohärenzgefühls, insbesondere zur Kategorie Handhabbarkeit, deutlich.

Das Thema „sozial bedingte Ungleichheit von Gesundheitschancen" hat mittlerweile seinen Platz auf der gesundheitspolitischen Agenda vieler europäischer Länder und auf der Ebene der EU gefunden (vgl. SVR 2007). Die Theoriediskussion zur Erklärung und Prävention von gesundheitlichen Ungleichheiten ist dabei noch nicht abgeschlossen, die Zusammenführung einzelner sozialepidemiologischer, wirtschaftlicher oder psychologischer Theorien scheint eine der kommenden Aufgaben zu sein (Bauer et al. 2008).

2.2   Verhaltens- und Verhältnisprävention

Es gibt zahlreiche Projekte und Initiativen zur Gesundheitsförderung bei arbeitslosen Menschen, die sich das Ziel gesetzt haben, der ungleichen Verteilung von gesundheitlichen Chancen entgegenzuwirken. Mögliche Ansatzpunkte bieten die Verhaltensprävention als Strategie zur Beeinflussung von gesundheitsrelevanten Verhaltensweisen und die Verhältnisprävention als Strategie, die auf die Herstellung gesunder Verhältnisse abzielt, wobei die Kombination beider Herangehensweisen am vielversprechendsten ist (Gepkens & Gunning-Schepers 1996).

Bislang wurden verhältnispräventive Ansatzpunkte und Potenziale für die Zielgruppe der Arbeitslosen nur wenig untersucht (Rothländer 2007). Eine Gesundheitsförderung, die sich an der Stärkung und Förderung salutogener Ressourcen orientiert, bietet auf beiden Ebenen Ansatzpunkte. Auf der Ebene der Verhältnisse kann es unter anderem um die Gestaltung einer gesunden Lebenswelt sowie um den Aufbau gesundheitsfördernder Institutionen und sozialer Netzwerke gehen. Auf der Ebene des Verhaltens steht die Förderung individueller Ressourcen, wie z. B. die Wahl gesundheitsförderlicher Lebensweisen oder die Entwicklung gesundheitsgerechter Bewältigungsformen, im Mittelpunkt.

3 Projekte für arbeitslose Menschen

Präventionsangebote für Arbeitslose stehen meist vor der Schwierigkeit, dass sie nicht an den zugrundeliegenden Ursachen der schlechten bzw. sich verschlechternden Gesundheit von Arbeitslosen, also der Arbeitslosigkeit selbst ansetzen, sondern nur an den mittelbaren Faktoren. Primäres Ziel sollte also die Verringerung von Arbeitslosigkeit bzw. die Verringerung der Dauer von Arbeitslosigkeit sowie die Teilhabe von Menschen mit körperlichen und seelischen Einschränkungen am Arbeitsleben sein (SVR 2007). Im Jahr 2003 wurde auf Initiative der Bundeszentrale für gesundheitliche Aufklärung (BZgA) der Kooperationsverbund „Gesundheitsförderung bei sozial Benachteiligten" gegründet, dem über 50 Institutionen und Organisationen angehören. Gemeinsames Anliegen ist die Stärkung und systematische Weiterentwicklung der Gesundheitsförderung für Zielgruppen, die aufgrund ihrer sozialen Lage schlechte Gesundheitschancen und einen besonders hohen Unterstützungsbedarf haben (Gold et al. 2009). Neben der Gründung regionaler Knoten als Koordinierungs- und Vernetzungsstellen wurde die Internet-Plattform www.gesundheitliche-chancengleichheit.de errichtet, die eine Praxisdatenbank mit Maßnahmen der soziallagenbezogenen Gesundheitsförderung zur Verfügung stellt und fachliche Inhalte sowie Informationen zu aktuellen Entwicklungen und einen bundesweiten Veranstaltungsüberblick bereithält. Die 200 Treffer, die eine Recherche in der Praxisdatenbank mit der Auswahl der Zielgruppe Langzeitarbeitslose ergibt (Stand 31.01.2011), zeigen die vielfältigen und kreativen Ideen der Akteure in der Gesundheitsförderung. Die Projekterfahrungen der dort angeführten und teilweise evaluierten Programme beschreiben Herausforderungen und Hindernisse in der Implementierung von Gesundheitsförderung für arbeitslose Menschen in Deutschland. Auch international werden Möglichkeiten der Zielgruppenerreichung und der Nachhaltigkeit diskutiert (Otto & Mohr 2009). Als ein übergreifendes Schlüsselthema und als große Aufgabe wird die Motivationslage der Zielgruppe beschrieben (Schuring et al. 2009).

Das beste Modell zur Prävention und Gesundheitsförderung bei Arbeitslosigkeit (*best practice model*) zu identifizieren, ist aufgrund der Diversität der in den Projekten verfolgten Ansätze nicht möglich (Grimmeisen & Rosenbrock 2008). Als Ergebnis einer intensiven Diskussion von Wissenschaftlern und Praktikern unter Einbeziehung von Forschungsergebnissen und bestehenden Qualitätsinstrumenten entwickelte der beratende Arbeitskreis des Kooperationsverbundes Gesundheitsförderung bei sozial Benachteiligten zwölf Good-Practice-Kriterien (s. Tab. 1).

Tab. 1: Good-Practice-Kriterien

1	Gesundheitsbezug	Die Konzeption des Angebotes macht einen klaren Gesundheitsbezug deutlich.
2	Klarer Zielgruppenbezug	Das Angebot berücksichtigt in besonderer Weise die Bedarfe von Menschen in schwieriger sozialer Lage.
3	Innovation und Nachhaltigkeit	Das Angebot wendet erfolgreich innovative Methoden an und/oder entfaltet nachhaltige Wirkungen bei der Zielgruppe und in deren Lebenswelt.
4	Multiplikatorenkonzept	Das Angebot bindet systematisch Multiplikatorinnen und Multiplikatoren in die Arbeit ein.
5	Niedrigschwellige Arbeitsweise	Zugangshürden für die Nutzung des Angebots werden vermieden, z.B. durch aufsuchende Arbeit oder kostenlose Angebote.
6	Beteiligung der Zielgruppe (Partizipation)	Die Zielgruppe wird systematisch in Bedarfsermittlung, Planung, Umsetzung und/oder Bewertung des Angebots einbezogen.
7	Befähigung der Zielgruppe (Empowerment)	Die Zielgruppe wird zu einer eigenständigen und selbstbestimmten Lebensweise befähigt.
8	Gestaltung der Lebenswelt (Setting-Ansatz)	Das Angebot ist gleichermaßen auf Beeinflussung von Verhaltensweisen und Gestaltung von Lebensbedingungen ausgerichtet.
9	Integriertes Handlungskonzept/Vernetzung	Das Angebot arbeitet professionsübergreifend und bezieht auch „gesundheitsferne" Kooperationspartner mit ein.
10	Qualitätsmanagement/Qualitätsentwicklung	Das Angebot verbessert seine Qualität mit einem System der Qualitätsentwicklung.
11	Dokumentation/Evaluation	Das Angebot nutzt Konzepte und Instrumente zur Dokumentation und/oder Evaluation der eigenen Arbeit.
12	Kosten-Nutzen-Verhältnis	Die Kosten des Angebotes stehen in einem günstigen Verhältnis zum erzielten Nutzen.

4 Das Projekt arbeit & gesundheit

Das Projekt *arbeit & gesundheit* ist ein multimodales Gesundheitsförderungsprogramm für langzeitarbeitslose Menschen in Maßnahmen zur Förderung der beruflichen und sozialen Integration. Dieses auf drei Jahre angelegte Präventionsprojekt

(12/2008–11/2011) findet im Rahmen des Regierungsprogramms „Gesundheitsforschung: Forschung für den Menschen" statt. Es wird vom Bundesministerium für Bildung und Forschung gefördert und wird als Verbundprojekt arbeitslosen Menschen in München und Hannover angeboten. Die Projektleitung liegt beim Institut und Poliklinik für Arbeits-, Sozial- und Umweltmedizin der LMU München (Prof. Dr. P. Angerer) in Kooperation mit der Klinik für Psychosomatische Medizin und Psychotherapie des Universitätsklinikums Ulm (Prof. Dr. H. Gündel). Projektplanung und -umsetzung berücksichtigen den Setting-Ansatz, der Maßnahmen der Gesundheitsförderung an einem sozialen Ort („Setting") systematisch miteinander verbindet und umsetzt. Ziel des Projekts ist die partizipative Entwicklung, Implementierung und wissenschaftliche Evaluation eines auf dem Multiplikatorenansatz beruhenden Präventionskonzepts für erwerbsfähige Langzeitarbeitslose im Setting der von der Stadt München geförderten Beschäftigungs- und Qualifizierungsmaßnahmen und des Projekts *50 Top!* des JobCenters der Region Hannover.

Projektziel auf individueller Ebene ist die Förderung von „Gesundheitskompetenz" – verstanden als die Gesamtheit der kognitiven und sozialen Fertigkeiten, welche die Menschen motivieren und befähigen, ihre Lebensweise in einer gesundheitsförderlichen Art zu gestalten (zum Begriff: Sommerhalder & Abel 2007). Gesundheitskompetenz stellt für arbeitslose Menschen eine Schlüsselqualifikation zur Bewältigung ihrer Lebenssituation und zur Verbesserung ihrer Vermittlungschancen dar. Handlungsbereiche der Gesundheitskompetenzförderung sind nach Kickbusch und Maag (2006) die persönliche Gesundheit, das Gesundheitssystem, der Arbeitsplatz/die Schule sowie der Bereich Konsum – und damit letztlich auch die Politik. Durch die Initiierung einer Verhaltensänderung soll das körperliche, seelische und soziale Befinden der Teilnehmer verbessert, ihr Selbstwertgefühl gestärkt, ihr Vertrauen in die Selbstwirksamkeit gesteigert und mittelbar auch ihre Reintegrationschancen in den ersten Arbeitsmarkt nachhaltig verbessert werden.

Um die arbeitslosen Menschen zu erreichen, setzt das Projekt bei den pädagogischen Fachkräften der Maßnahmen an. In einer dreitägigen, eigens dafür entwickelten Schulung werden diese auf ihre neue Rolle als Gesundheits-Coaches vorbereitet. In einem zweiten Schritt bieten diese Coaches ihren arbeitslosen Teilnehmern ein zielgruppenspezifisches Gesundheitskompetenztraining an, bestehend aus mindestens drei motivierenden Gesundheitsgesprächen („FIT-Beratung") und regelmäßigen Gruppenaktivitäten rund um das Thema Gesundheit („FIT-AG"). Projektziel auf organisatorischer Ebene ist es, in den Maßnahmen der Arbeitsmarktintegration Rahmenbedingungen zu schaffen, die einen gesunden Lebensstil der Teilnehmer fördern, und Zeit für die Beschäftigung mit dem Thema Gesundheit zur Verfügung zu stellen. Durch eine initiierte Vernetzung mit dem Gesundheitssystem sollen Brücken geschlagen und Informationen weitergegeben, bzw. professionelle Hilfsangebote schnell und passgenau vermittelt werden.

Die Kooperation mit dem Ethno-Medizinischen Zentrum Hannover bei der Projektkonzeption und Multiplikatorenschulung trägt dem hohen Migrantenanteil in der Zielgruppe Rechnung und hilft, migrantenspezifischen Teilnahmebarrieren zu begegnen. Regelmäßige Fallkonferenzen und Supervisionen sorgen für einen Erfahrungsaustausch und für fachliche Unterstützung der Gesundheits-Coaches. Sie stellen ein Element der Professionalisierung dar und dienen auch der Prozessevaluation. An den beiden Standorten der Interventionsdurchführung, München und Hannover, bestehen Kontrollgruppen, die an der wissenschaftlichen Datenerhebung (Fragebögen und individuelle ärztliche Untersuchung) zu den drei Messzeitpunkten (zu Beginn, nach drei und nach zwölf Monaten) teilnehmen und auch die im jeweiligen Setting üblichen Förderungsangebote erfahren. Die Ergebnisevaluation bewertet den gesundheitsförderlichen Effekt auf Teilnehmer- und Organisationsebene (Verhaltens- und Verhältnisprävention). Weiterhin erfolgen eine kontinuierliche Prozessevaluation und eine externe Ergebnisevaluation der Pilotschulung, deren Auswertung mit zwei Messzeitpunkten zur Optimierung in die folgenden Schulungen mit einfließt. Die Ergebnisse dieses Gesundheitsförderungsprojekts werden in einschlägigen Fachzeitschriften publiziert.

4.1 Verhaltenspräventive Interventionen

Verhaltensprävention setzt am individuellen Verhalten der Zielgruppe an, zu der sowohl die arbeitslosen Menschen als auch die pädagogischen Mitarbeiter in den Maßnahmen zur Beschäftigung und Qualifizierung gezählt werden. Den arbeitslosen Menschen werden individuelle Gesundheitsberatungen („FIT-Beratung") und Gruppenaktivitäten („FIT-AG") angeboten und den pädagogischen Mitarbeitern Schulungen zum Gesundheits-Coach und die Möglichkeit, an weitergehenden Fallbesprechungen und Supervisionen teilzunehmen. Da sich aus Sicht der arbeitslosen Menschen durch geschulte Gesundheits-Coaches die Verhältnisse im Setting ändern, erfolgt die Beschreibung der Schulung unten im Kapitel zum Thema Verhältnisprävention.

Die FIT-Beratung wird von den geschulten Gesundheits-Coaches durchgeführt. Sie ist angelehnt an die im Projekt JobFIT NRW konzipierten motivierenden Gesundheitsgespräche für Arbeitslose (Hanewinkel et al. 2006), wurde jedoch leicht modifiziert und weiterentwickelt. Inhaltliche Schwerpunkte der FIT-Beratung sind die Gesundheitsbereiche Ernährung, Bewegung, Nikotin- und Alkoholkonsum. Als methodische Grundlage dienen die Prinzipien des *Motivational Interviewing* (MI, dt.: „Motivierende Gesprächsführung") nach Miller und Rollnick (1991). MI ist ein klientenzentrierter und direktiver Ansatz der Gesprächsführung, der die Eigenmotivation von Menschen, ein problematisches Verhalten zu verändern, erhöhen soll. Die Autoren formulieren vier Grundprinzipien als Leitlinien für den Dialog mit dem Klienten: 1. Empathie ausdrücken, 2. Diskrepanzen entwickeln, 3. Widerstand umlenken, 4. Selbstwirksamkeit fördern. Diese dialogische Haltung ermöglicht es den Betroffenen, die eigene intrinsische Motivation zu stärken und Ressourcen für eine Veränderung zu aktivieren.

Zu 1: Die Bereitschaft und die Fähigkeit, Empathie auszudrücken, wurde von Carl Rogers als zentrales Merkmal hilfreicher Gespräche herausgearbeitet (Rogers

1959) und ist auch Grundlage für die Motivierende Gesprächsführung. Empathie beinhaltet das Bestreben, dem Gegenüber respektvoll zuzuhören, es einfühlend zu verstehen und so zu akzeptieren, wie es ist. „Verstehen" und „akzeptieren" muss dabei keinesfalls „zustimmen" bedeuten – eine Annahme des Gegenübers in seinem So-Sein lässt durchaus die Freiheit, selbst anderer Meinung zu sein oder andere Werte zu haben.

Zu 2.: Im Prozess der Motivierenden Gesprächsführung soll die Zwiespältigkeit des Klienten dem problematischen Verhalten gegenüber erlebbar gemacht werden. Das gemeinsame Entwickeln und Verbalisieren von Diskrepanzen – also von Konflikten zwischen dem gezeigten Verhalten und persönlichen Zielen und Werten – führt zu einem Entdecken und Abwägen der Vor- und Nachteile des derzeitigen Verhaltens sowie zu einer möglichen Verhaltensänderung. Dies gelingt am besten, wenn der Klient und nicht der Berater die Gründe vorbringt, die für eine Veränderung sprechen („Change Talk").

Zu 3.: Widerstände gegenüber der Verhaltensänderung sind nicht als Problem des Klienten zu betrachten, sondern ein Signal für den Berater, die eigene Vorgehensweise zu ändern, beispielsweise nicht weiterhin *für* die Veränderung zu argumentieren. Widerstand soll als normales, verstehbares Verhalten aufgefasst und wertgeschätzt werden.

Zu 4.: Da die Zuversicht eines Menschen entscheidend dafür ist, ob er auch wirklich versucht, Veränderungen zu wagen, ist die Förderung von Selbstwirksamkeit und Veränderungszuversicht von zentraler Bedeutung. Dies kann z. B. über die Bezugnahme auf frühere erfolgreiche Verhaltensänderungen gelingen („Confidence Talk"). Die erlebte Erfahrung, einen Einfluss auf die eigene Gesundheit zu haben, fördert die internale Kontrolleinstellung und wirkt somit positiv auf das Kohärenzgefühl.

In der vorliegenden Studie wird MI nicht als ausschließliche Behandlung, sondern als übergeordneter Behandlungsstil (Körkel & Veltrup 2003) im Rahmen der FIT-Beratung und FIT-AG angewandt. Eine Anwendung von MI als Kommunikationsstil wird in der Literatur als „Adaptiertes Motivational Interviewing" (AMI) bezeichnet (Burke 2003).

Ziel der ersten FIT-Beratung ist eine persönliche Beratung zu gesundheitsrelevanten Themen sowie das Auffinden und Formulieren eines möglichst konkreten Gesundheitsziels (z.B.: „Ich mache in den nächsten 14 Tagen mindestens zwei lange Spaziergänge."). Die FIT-Beratung umfasst zu Beginn ein ca. 60-minütiges individuelles Gespräch und in den folgenden zwölf Monaten mindestens zwei weitere ca. 30-minütige Gespräche, die das Gesundheitsziel aufgreifen, verstärken oder modifizieren und ggf. weiterentwickeln.

Die FIT-AG setzt sich zusammen aus regelmäßigen Gruppenaktivitäten rund um das Thema Gesundheit (z.B. gesunde Ernährung, Umgang mit Depression, Zahngesundheit etc.) und regelmäßigen Bewegungseinheiten. Insgesamt werden zwei bis drei Stunden in der Woche für die FIT-AG veranschlagt, wobei die zeitliche Organisation an die Bedürfnisse des Settings angepasst werden kann. Pro Woche ist eine einstündige Bewegungseinheit in der Gruppe (z.B. Gymnastik, schnelles Gehen, Dehnübungen) und zusätzlich eine ein- bis zweistündige thematische Gruppenaktivität vorgesehen. Die thematischen und Bewegungseinheiten können auch in anderen Abständen mit entsprechend verändertem Zeitvolumen angeboten werden. Die partizipative Gestaltung der Gruppenaktivitäten sieht kein festgelegtes, starres Kursprogramm vor, sondern beinhaltet eine kontinuierliche Anpassung an die Bedürfnisse der Teilnehmer und wird von diesen gemäß dem Prinzip des Empowerment (Stark 2006) aktiv mitgestaltet. Grundsätzliches Ziel der FIT-AG ist das praktische Erfahren, Erlernen und Einüben von gesundheitsförderlichen Fähigkeiten und Verhaltensweisen. Die dabei erlebte soziale Unterstützung und der Kontakt zu anderen Gruppenteilnehmern, das Erleben von Mitbestimmungs- und Gestaltungsmöglichkeiten können sich wiederum positiv auf das Selbstkonzept und auf das Kohärenzgefühl und – im Sinne der Salutogenese – auf die Gesundheit auswirken.

4.2 Verhältnispräventive Interventionen

Das Projekt *arbeit & gesundheit* hat sich neben der Verhaltensprävention zum Ziel gesetzt, die Verhältnisse im Setting der Maßnahmen zur Beschäftigung und Qualifizierung zu verändern. Auch diese gesundheitsförderliche Gestaltung der Lebenswelt findet auf zwei Ebenen statt: zum einen für die primäre Zielgruppe, die arbeitslosen Menschen, zum anderen für die pädagogischen Mitarbeiter. Den Mitarbeitern wird zunächst eine Schulung zum Gesundheits-Coach angeboten. Die Inhalte dieser dreitägigen Schulung umfassen wissenschaftlich fundierte Informationen zu den zentralen Präventionsthemen, theoretische Grundlagen zu MI, das praktische Einüben von FIT-Beratung und FIT-AG sowie interkulturelle Aspekte von Gesundheit. Ein regelmäßiger Erfahrungsaustausch und Supervisionen der Gesundheits-Coaches ergänzen das Konzept und die Umsetzung. Somit erfolgt Prävention auf beiden Ebenen: Die Coaches können ihre Kunden professioneller und zielgenauer beraten, und die arbeitslosen Menschen haben im Setting kompetente Ansprechpartner zum Thema Gesundheit. Darüber hinaus ist die Weiterbildung zum Gesundheits-Coach auch als Personalentwicklungsmaßnahme und als Element der beruflichen Motivierung von Mitarbeitern im Umgang mit schwerstbelasteten Kunden zu verstehen.

Die Durchführung von FIT-Beratung und FIT-AG ist ebenfalls eine Veränderung der Verhältnisse in der Angebotsstruktur der Maßnahmen und ergänzt und erweitert das bisherige Angebot der Bewerbungstrainings, Schulungen oder Arbeitshilfen. Die in diesem Rahmen initiierte Vernetzung der Integrationsmaßnahmen mit Anbietern und Akteuren des Gesundheitssystems kann Synergien wecken und zu schnelleren, passgenaueren Hilfen führen. Die Gruppenangebote im Rahmen der FIT-AG können für arbeitslose Menschen eine Unterstützung und ein Modell bieten, sowohl sich selbst zu vernetzen als auch in sozialen Netzwerken Gesundheit zum Thema zu machen. Die in den FIT-AGs besprochenen Themen, z. B. gesunde Ernährung, können wiederum Einfluss auf die Lebensverhältnisse haben, z. B. kann gemeinsam organisiert werden, abwechselnd einmal in der Woche für die arbeitslosen Menschen und die Mitarbeiter der Maßnahme ein gesundes Mittagessen zu kochen. Verhaltens- und Verhältnisprävention befruchten sich somit gegenseitig und führen idealerweise zu Synergieeffekten.

Auch auf Organisationsebene wird die gesundheitsförderliche Gestaltung der Rahmenbedingungen thematisiert, indem gemeinsam mit den Geschäftsführern der Maßnahmenträger anhand eines Fragenkatalogs der aktuelle Stand in der betrieblichen Gesundheitsförderung beleuchtet und neue Ideen erarbeitet werden. Die Ergebnisse dieser Evaluation, die vor der ersten Schulung, nach 12 und nach 24 Monaten durchgeführt wird, gehen als Feedback in die Organisation zurück. Veränderungen in der Organisation, wie Nichtraucherbereiche einrichten, gesundheitsrelevante Informationen an Stellwänden aushängen oder auch ein Budget zur Gesundheitsförderung bereitstellen, werden durch diese Dokumentation sichtbar.

5   Praxisumsetzung

Das Projekt *arbeit & gesundheit* setzt an unterschiedlichen Ebenen der Ressourcenförderung an. Erste Ergebnisse der Prozessevaluation verdeutlichen das an folgenden Beispielen:

Multiplikatorenschulung. Die Evaluationsergebnisse der Schulung zum Gesundheits-Coach zeigen deutlich den Bedarf und die Akzeptanz von Gesundheitsschulungen im Setting arbeitsmarktintegrativer Maßnahmen. Mittlerweile sind in München und Hannover insgesamt 43 Gesundheits-Coaches geschult worden (Stand Januar 2011). In einer Auswertung der ersten beiden Schulungen konnten 22 von 27 Schulungsteilnehmern erreicht werden. 19 Teilnehmer (86 %) bewerteten die Schulungsmaßnahme insgesamt positiv bzw. sehr positiv. 20 (91 %) fühlten sich gut gerüstet für die Durchführung motivierender Gesundheitsgespräche, 19 (86 %) für die Durchführung von Gesundheitsgruppen. 19 (86 %) gaben an, ihre Motivation, als Gesundheits-Coach zu arbeiten, sei gestiegen (Limm et al. 2010).

Bewegungsangebote. Die Teilnehmer werden im Rahmen der FIT-AG niedrigschwellig und kreativ an Bewegungsmöglichkeiten herangeführt. Insbesondere psychisch belastete Menschen erfahren durch diese Angebote eine körperliche und geistige Aktivierung, was sich förderlich auf deren Stimmung auswirken kann. Arbeitslose Menschen erleben im Rahmen der gemeinsamen Bewegungsaktivität in der FIT-AG teilweise zum ersten Mal Ausflüge in Parks oder Naherholungsgebiete. Eine Teilnehmerin äußerte sich folgendermaßen: „Man lernt München von ganz neuen Ecken kennen und vergisst für eine Weile den Kummer und die Belastung durch die neuen Eindrücke." Positiv erlebte Bewegungsaktionen werden in selbstorganisierten Treffen unter den arbeitslosen Menschen wiederholt und zeigen nachhaltige Effekte. So treffen sich drei Frauen seitdem regelmäßig zum

Walken und eine andere Person meldete sich bei einem finanziell erschwinglichen Fitness-Studio an, nachdem die erste Scheu überwunden war.

Thema Depression. Die Gesundheits-Coaches werden in der Schulung für dieses Thema sensibilisiert, lernen, eine Depression zu erkennen und Betroffene im Setting darauf anzusprechen. Bei Bedarf werden adäquate Hilfsangebote vermittelt (z. B. niedergelassene Therapeuten, psychosomatische Ambulanz), wobei für Menschen mit Migrationshintergrund Adressen von speziellen fremdsprachigen Beratungsdiensten und Therapeuten zur Verfügung stehen. Die Bedeutung der Lotsenfunktion im Gesundheitswesen wurde sowohl in der Literatur wie auch von vielen Gesundheits-Coaches bestätigt (Schmid et al. 2007). Die umfangreiche Adressenliste in den Schulungsmaterialien hat sich als hilfreich für die Vernetzung mit dem Gesundheitssystem, mit Selbsthilfeangeboten, Beratungsdiensten und Gesundheitsinitiativen erwiesen. Die Gruppengespräche bieten die Möglichkeit, sich mit anderen, möglicherweise auch an Depressionen Erkrankten, auszutauschen (z. B. über Anlaufstellen bei akuten Krisen) wie auch zu anderen Gesundheitsthemen neue Anregungen und Impulse zu erhalten. Dadurch kann das für Depression oder depressive Verstimmung typische permanente Gedankenkreisen unterbrochen werden. Die FIT-AG als Gruppenaktivität bietet somit einen Rahmen, in dem soziale Unterstützung erlebt wird.

Verhältnisprävention. Auch auf dieser Ebene können positive Effekte des Projekts verzeichnet werden. So bewirkten z. B. die festangestellten Mitarbeiter eines Maßnahmenträgers mit Zustimmung des Betriebsrates, dass sie wöchentlich eine halbe Stunde Sport machen dürfen, sofern sie eine weitere halbe Stunde privat ergänzen. Dadurch ist bei den Mitarbeitern die Motivation gestiegen, mehr für körperliche Betätigung und für die eigene Gesundheit zu tun. Im Setting wurden gesundheitsförderliche Rahmenbedingungen geschaffen, die wiederum eine positive Rückwirkung und eine Vorbildfunktion auf die dort tätigen arbeitslosen Menschen haben.

6 Zusammenfassung

Das Projekt *arbeit & gesundheit* ist ein setting-orientiertes, innovatives Präventionsprojekt, das sich die Entwicklung, Implementierung und Evaluation eines Gesundheitskompetenztrainings für langzeitarbeitslose Menschen zum Ziel gesetzt hat. Die Förderung von Ressourcen als Ansatzpunkt zur arbeitsmarktintegrativen Gesundheitsförderung ist der rote Faden, der sich sowohl auf der Verhaltens- als auch auf der Verhältnisebene des Projekts durchzieht. Erste Evaluationsergebnisse zeigen den Bedarf und die Akzeptanz der Schulung zum Gesundheits-Coach, die gesundheitsförderlichen Wirkungen der Instrumente FIT-Beratung und FIT-AG sowie positive Veränderungen in den Organisationsstrukturen. Als Erfolgsfaktoren erweisen sich die partizipative Herangehensweise sowie eine konsequent wertschätzende und ermutigende Haltung gegenüber den arbeitslosen Menschen. Zukünftig muss bei innovativen Projekten zur Gesundheitsförderung bei Langzeitarbeitslosen auch die anspruchsvolle und belastende Tätigkeit der Mitarbeiter in den Integrationsmaßnahmen in den Blick genommen, unterstützt und ausgebaut werden.

Literatur

Antonovsky, A. (1979): Health, stress and coping: New perspectives on mental and physical well-being. San Francisco: Jossey-Bass.
Bauer, U., Bittlingmayer, U. & Richter, M. (Hrsg.) (2008): Health Inequalities. Determinanten und Mechanismen gesundheitlicher Ungleichheit. Wiesbaden: VS.
Bengel, J., Strittmatter, R. & Willmann, H. (2001): Antonovskys Modell der Salutogenese. Diskussionsstand und Stellenwert. In: BZgA (Hrsg.): Forschung und Praxis der Gesundheitsförderung, Bd. 6, S. 28–32. Köln: BZgA.
Burke, B. (2003): The Efficacy of Motivational Interviewing: A Meta-Analysis of Controlled Clinical Trials. Journal of Consulting and Clinical Psychology, 71(5), S. 843–861.
Caliendo, M. & Uhlendorff A. (2010): Determinanten des Suchverhaltens von Arbeitslosen: Ausgewählte Erkenntnisse basierend auf dem IZA Evaluationsdatensatz. IZA Discussion Paper 5379.
Gepkens, A. & Gunning-Schepers, L. (1996): Interventions to reduce socioeconomic health differences. A review of the international literature. European Journal of Public Health, 6, S. 218–226.
Gold, C., Bräunling, S. & Köster, M.(2009): Kriterien guter Praxis in der Gesundheitsförderung bei Arbeitslosen und sozial Benachteiligten. In: Hollederer, A. (Hrsg.): Gesundheit von Arbeitslosen fördern! Ein Handbuch für Wissenschaft und Praxis. S. 112–123. Frankfurt/M.: Fachhochschulverlag.
Grimmeisen, S.& Rosenbrock, R. (2008): Ansätze der Primärprävention bei Arbeitslosen. Praktische Arbeitsmedizin, H. 12, S. 33–36.
Grobe, T. & Schwartz, F. (2007): Arbeitslosigkeit und Gesundheit. (3. Aufl.). Berlin: Robert Koch Institut.
Hanewinkel, R., Wewel, M., Stephan, C., Isensee, B. & Wiborg, G. (2006): Motivierende Gesprächsführung mit Arbeitslosen. Akzeptanz und Ergebnisse einer Beratung zur Verbesserung gesundheitsrelevanter Verhaltensweisen. Das Gesundheitswesen, 68(4), S. 240–248.
Kaba-Schönstein, L. (2006): Gesundheitsförderung I: Definition, Ziele, Prinzipien, Handlungsfelder und -strategien. In: BzgA (Hrsg.): Leitbegriffe der Gesundheitsförderung. (6. Aufl.). S. 73–78. Schwabenheim: Peter Sabo.
Kastner, M. (2005): Arbeitslosigkeit und Gesundheit – Was bewirkt was und was ist zu tun? In: Kastner, M., Hagemann, T. & Kliesch, G. (Hrsg.): Arbeitslosigkeit und Gesundheit. Arbeitsmarktintegrative Gesundheitsförderung. S. 53–89. Lengerich: Pabst Science.
Kickbusch, I. & Maag, D. (2006): Die Gesundheitsgesellschaft. Megatrends der Gesundheit und deren Konsequenzen für Politik und Gesellschaft. Gamburg: Verlag für Gesundheitsförderung.
Körkel, J. & Veltrup, C. (2003): Motivational Interviewing – Eine Übersicht. Suchttherapie, 4, S. 115–124.

Lampert, T., Saß, A., Häfelinger, M. & Ziese, Th. (2007): Armut, soziale Ungleichheit und Gesundheit. Expertise des Robert Koch-Instituts zum 2. Armuts- und Reichtumsbericht der Bundesregierung. Geänderter Nachdruck. Berlin: Robert Koch Institut.

Limm, H., Heinmüller, M., Horns, K., Kimil, A., Salman, R., Hofmann, H., Gündel, H., Angerer, P. (2010): Schulung zum Gesundheits-Coach für Mitarbeiter in arbeitsmarktintegrativen Maßnahmen – erste Evaluationsergebnisse. Das Gesundheitswesen, 72(8/9), S. 614.

Miller, W. & Rollnick, S. (1991): Motivational Interviewing: Preparing people to change addictive behavior. New York: Guilford.

Otto, K. & Mohr, G. (2009): Programme zur Förderung der psychosozialen Gesundheit von Langzeiterwerbslosen. In: Hollederer, A. (Hrsg.): Gesundheit von Arbeitslosen fördern! Ein Handbuch für Wissenschaft und Praxis. S. 135–154. Frankfurt/M.: Fachhochschulverlag.

Paul, K., Hassel, A. & Moser, K. (2006): Die Auswirkungen von Arbeitslosigkeit auf die psychische Gesundheit: Befunde einer quantitativen Forschungsintegration. In: Hollederer, A. & Brand, H. (Hrsg.): Arbeitslosigkeit, Gesundheit und Krankheit. S. 35–52. Bern: Huber.

Rogers, C. R. (1959): A theory of therapy, personality, and interpersonal relationships as developed in the client-centered framework. Psychology: The Study of a Science, 3, S. 184–256.

Rothländer, K. (2007): Soziale Unterstützung und organisationale Integration von Langzeitarbeitslosen in gemeinnützigen Tätigkeiten. In: Richter, P., Rau, R. & Mühlpfordt, S. (Hrsg.): Arbeit und Gesundheit. S. 366–379. Lengerich: Pabst Science.

Rotter, J. (1966): Generalized Expectancies for Internal Versus External Control of Reinforcement. Psychological Monographs, 80.

Schmid, E., Weatherly, J., Meyer-Lutterloh, K., Seiler, R. & Lägel, R. (2007): Patientencoaching, Gesundheitscoaching, Case Management. Methoden im Gesundheitsmanagement von morgen. Berlin: MWV.

Schuring, M., Burdorf A., Voorham, A. et al. (2009): Effectiveness of a health promotion programme for long-term unemployed subjects with health problems: a randomised controlled trial. Journal of Epidemiology and Community Health, 63(11), S. 893–899.

Sommerhalder, K. & Abel, Th. (2007): Gesundheitskompetenz – eine konzeptuelle Einordnung. Bern: Universität Bern. Institut für Sozial- und Präventivmedizin.

Stark, W. (2006): Empowerment. In: BzgA (Hrsg.): Leitbegriffe der Gesundheitsförderung. (6. Aufl.). S. 73–78. Schwabenheim: Peter Sabo.

SVR (2007): Kooperation und Verantwortung – Voraussetzungen einer zielorientierten Gesundheitsversorgung. Gutachten des Sachverständigenrates zur Begutachtung der Entwicklung im Gesundheitswesen 2007. Baden-Baden: Nomos.

Weber, H. (2002): Ressourcen. In: Schwarzer, R. (Hrsg.): Gesundheitspsychologie von A bis Z. Ein Handwörterbuch. S. 466–469. Göttingen: Hogrefe.

WHO (Hrsg.) (1997): Die Jakarta Erklärung zur Gesundheitsförderung für das 21. Jahrhundert. Online: http://www.who.int/healthpromotion/conferences/previous/jakarta/en/hpr_jakarta_declaration_german.pdf (31.01.2011).

Ressourcenorientierte Arbeitsvermittlung

Gert-Holger Klevenow

> Von allen Besitztümern auf Erden ist das Wertvollste die Lebenskunst.
> Denn alles andere können Kriege und Schicksalsschläge rauben,
> die Lebenskunst aber bleibt uns bewahrt.
> Hipparchos

Einleitung

Zwei Zitate aus den Zielen des Gesetzes zur Arbeitsförderung (SGB III) zeigen, auch wenn der Begriff „Ressource" selbst nicht darin vorkommt, die semantische Nähe des gesetzlichen Auftrags zu einer der Facetten des Begriffs der Ressource, wie er in diesem Handbuch eingeführt wird:

1. Die Arbeitsförderung soll dem Entstehen von Arbeitslosigkeit entgegenwirken, die Dauer der Arbeitslosigkeit verkürzen und den Ausgleich von Angebot und Nachfrage auf dem Ausbildungs- und Arbeitsmarkt unterstützen. Dabei ist insbesondere durch die *Verbesserung der individuellen Beschäftigungsfähigkeit* Langzeitarbeitslosigkeit zu vermeiden.
2. Die Leistungen der Arbeitsförderung sollen insbesondere [...] die individuelle Beschäftigungsfähigkeit durch *Erhalt und Ausbau von Fertigkeiten, Kenntnissen und Fähigkeiten fördern.* (§ 1 SGB III; Hervorhebungen durch G.-H. K.)

Da „Beratung und Vermittlung" (§§ 29–44 SGB III) eine der zentralen Aufgaben der Arbeitsförderung ist, überrascht es wenig, dass in verwaltungsinternen Konkretisierungen der Bundesagentur für Arbeit (BA) auf Aspekte verwiesen wird, die sich auch in diesem Handbuch wiederfinden. In „RAT: Richtig beraten, Anregungen, Techniken", dem BA-internen „Grundwerk individueller Beratung" (Bundesanstalt für Arbeit 2002)[35], finden sich beispielsweise Kapitelüberschriften wie: „Lösungsorientierung", „Zutrauen in die eigenen Fähigkeiten aktivieren, Mut machen, Ressourcen aktivieren", „Soziales Umfeld berücksichtigen", „Finanzielle Situation der Kunden berücksichtigen".

In unserer durch Arbeitsteilung und Berufe geprägten Kultur ist die Überschrift des Beitrags „Ressourcenorientierte Arbeitsvermittlung" schon beinahe tautologisch, da sich die Arbeitsvermittlung, wie sie im 20. Jh. entwickelt wurde, stets

---
[35] Um eine bessere Verbindung zwischen Beratungs- und Vermittlungshandeln herzustellen, ist zwischenzeitlich ein neues Beratungskonzept entwickelt worden, das jedoch bei den kommunikations- und beratungsbezogenen Inhalten auf RAT verweist.

an den Ressourcen einer Person, an deren Fertigkeiten, Kenntnissen und Fähigkeiten, orientiert. Eine Differenzierung des Begriffs der Ressource hebt jedoch spezifischere Aspekte hervor, die im Kontext der Arbeitsvermittlung neue Perspektiven sichtbar machen und neue Fragen aufwerfen. Zunächst wird die analytische Trennung zwischen externalen und internalen Ressourcen auf das Aufgabenfeld der Arbeitsvermittlung übertragen und an Beispielen erläutert. Mit den Konzepten der Beschäftigungsfähigkeit sowie der Resilienz, die mit weiteren Ergebnissen aus der Persönlichkeitspsychologie vernetzt werden, werden zwei internale Ressourcen näher betrachtet. Mit einem Resümee endet dieser Beitrag.

1 Das Konzept „Ressource" in der Arbeitsvermittlung

Das Ressourcenkonzept umfasst auch im Bereich der Arbeitsvermittlung zwei Facetten bzw. Klassen, die verschiedene Autoren jeweils etwas anders benennen (vgl. dazu Willutzki 2003; → Schubert & Knecht). Die alternativen Bezeichnungen sind hier mit Schrägstrichen nebeneinander gestellt: eine externale/soziale/interpersonale Klasse und eine internale/persönliche/intrapsychische. In einer strukturellen Sichtweise sind externale Ressourcen, beispielsweise ökonomische, soziale, symbolische und kulturelle Ressourcen, wie sie Bourdieu (1993) differenziert; zu den internalen Ressourcen sind z. B. Intelligenz, Persönlichkeitsaspekte (z. B. Integrität, emotionale Stabilität), Werthaltungen, Resilienz und Gesundheit zu zählen.

Im Bereich der Vermittlung konzentrierten sich die Fragen vor einigen Jahren, u. a. wegen der einfachen Dokumentation, eher auf die externalen Ressourcen, also auf die Ausbildung mit ihren Zeugnissen und Zertifikaten und den bisherigen Berufsweg. In den letzten zehn Jahren gewannen Fragen nach internalen Ressourcen, wie spezifischen Fertigkeiten und Kenntnisse oder nach sozialen Kompetenzen, wie Kommunikations- oder Teamfähigkeit, an Bedeutung. Weitere Sichtweisen eröffnen sich, wenn diese Ressourcen um die funktionale Perspektive erweitert werden. Alltagssprachlich kennzeichnen wir diesen Unterschied zwischen der strukturellen und der funktionalen Deutung durch den Einsatz von „haben" oder „sein": Ich *habe* ein Haus, ein Auto, eine Ausbildung als x oder einen Studienabschluss in y etc. – ich *bin* kompetent, gesund, kreativ, neugierig, lebensbejahend, traurig etc. Besonders im lösungsorientierten Beratungsansatz geht es um die funktionalen Aspekte von Ressourcen, um Anforderungen und Probleme zu bewältigen. Zur Annäherung dienen Fragen wie: Wie haben Sie das gemacht? Welche Ihrer Fähigkeiten hat ihnen geholfen, das zu tun? Wann tritt ein Problem nicht auf? Auf welche Weise denken, fühlen und handeln Sie dann anders? Die externalen und internalen Ressourcen werden im Folgenden an Beispielen aus der

Arbeitsvermittlung erläutert, dabei wird teils die strukturelle, teils die funktionale Perspektive im Vordergrund stehen.

1.1 Externale Ressourcen

Für die Vermittlung in Arbeit spielt *kulturelles Kapital* im Sinne Bourdieus (1983), spezifischer gefasst als Bildungskapital (z. B. Kenntnisse und Fertigkeiten) und institutionalisiertes Kapital (z. B. Bildungsabschlüsse), eine zentrale Rolle (→ Gottburgsen & Sixt, → Schubert & Knecht). Er beschreibt verschiedene Austauschbeziehungen zwischen kulturellem und ökonomischem Kapital unter den Marktprinzipien von Angebot und Nachfrage. Da der Erwerb von Wissen und Fertigkeiten jedoch längere Zeit in Anspruch nimmt, erfolgen Auf-, Ab- oder Umwertungen des kulturellen Kapitals einer Person eher schleichend. Durch internationale Arbeitsteilung, technologische Veränderungen oder Krisen sind diese Veränderungen teilweise beschleunigt und können sich nachhaltig auf die individuellen, etwa 40 Jahre währenden, beruflichen Lebensläufe auswirken. Einige der Faktoren, die sich auf die Bündelung und Bewertung von Kompetenzen auswirken, werden kurz skizziert, weil sie den Hintergrund für eine ressourcenorientierte Arbeitsvermittlung bilden:

Kompetenzbündel als Ausdruck kulturellen Kapitals sind eng verknüpft mit der erfolgreichen Bewältigung spezifischer Aufgaben oder Tätigkeiten. Nach Adam Smith (1998 [1776]) beruht auf der Arbeitsteilung und dem damit verbundenen Erwerb spezifischer Kompetenzen der Wohlstand von Nationen. Was jedoch zu einer Aufgabe gehört und was nicht, wird von gesellschaftlichen, technologischen und innerorganisatorischen Faktoren beeinflusst. So gehörte es bis ins 18. Jahrhundert zu den Aufgaben des Baders, Zähne zu ziehen, Wunden zu versorgen oder Brüche zu richten – Aufgaben, für die sich in den vergangenen zwei Jahrhunderten unterschiedliche Berufe herausbildeten.

War die Bewältigung von Aufgaben in der bäuerlichen und handwerklichen Tradition eher ganzheitlich organisiert, entstanden mit der Mechanisierung und Industrialisierung sowie der weltweiten Nutzung von Informationstechnologien neue Formen und Möglichkeiten, die Bewältigung von Aufgaben arbeitsteilig zu organisieren. Dies wirkt sich massiv auf die Konfiguration der Kompetenzbündel aus. Das Spektrum reicht von ganzheitlich organisierten Aufgaben, die den Aufbau komplexer Fertigkeiten und Kenntnisse erfordern, bis zu hoch arbeitsteilig organisierten, die mittels unspezifischer, alltagsweltlicher Kompetenzen zu bewältigen sind. Wie ganzheitlich oder arbeitsteilig eine Aufgabe organisiert wird, hängt von mindestens zwei Kriterien ab, von der *Anzahl gleichartiger Objekte*, die hergestellt werden sollen, und von der *Bedeutsamkeit der Interaktionen zwischen den Einzelteilen*. Eine zu starke Verringerung der Komplexität, beispielsweise durch Arbeitsteilung, gefährdet den Gesamterfolg von Herstellungs- oder Dienstleistungsprozessen. Das gilt für den Umgang mit Komplexität, gleich ob bei Gegenständen, Menschen oder Führungs- und Koordinationsaufgaben innerhalb von oder zwischen Organisationen. Neben vielen weiteren Zielen, die mit der Einführung des SGB II verbunden waren, ging es unter anderem auch darum, Drehtüreffekte für Langzeitarbeitslose zwischen Arbeits- und Sozialamt zu vermeiden. Es waren zwar mehrere Mitarbeiter zuständig – trotzdem gelangen nachhaltige Integrationen nur in begrenztem Umfang und viele Langzeitarbeitslose fühlten sich zwischen den Ämtern hin- und hergeschoben. So wurde im SGB II die Rolle eines persönlichen Ansprechpartners definiert. Dieser sollte, gestützt auf eine längerfristige, vertrauensvolle Zusammenarbeit, eine befriedigende und stabile soziale und berufliche Integration seiner Kunden erreichen. Dazu soll er die für den Kunden notwendigen sozialen Hilfen im Kontakt mit den Trägern dieser Hilfen sinnvoll aufeinander abstimmen. Wie schwierig die konkrete Gestaltung ist, davon künden die andauernden politischen Diskurse ebenso wie die Flut von Rechtsstreitigkeiten. Ob und inwieweit es gelingt, die Komplexität angemessen zu verringern, ist daher nicht nur eine empirische sondern auch eine normative Frage.

Kompetenzen oder Kompetenzbündel, die in Relation zur Nachfrage selten sind (beispielsweise ein Lese- und Schreibkundiger unter lauter Analphabeten), haben einen hohen Marktwert. Wenn ihre Anzahl durch Qualifikation oder Training relativ leicht verändert werden kann, lassen sich auch die Marktwerte entsprechend beeinflussen. Je nach gesellschaftlichen Kräfteverhältnissen provozieren höhere Ausbildungsnachfragen aber möglicherweise auch Zulassungsbeschränkungen zur Ausbildung (z. B. NC-Studienfächer) oder Berufsausübung (z. B. Notare), um Marktwerte hochzuhalten. Diese Faktoren machen deutlich, dass in Gesprächen der Arbeitsvermittlung neben klärenden Fragen, worin die Kenntnisse und Fertigkeiten einer Person bestehen, weitere Fragen zur beruflichen Biografie und den beruflichen und ggf. persönlichen Zielen bedeutsam sind. Letztere eröffnen Einblicke in vergangene und potenzielle Wertveränderungen des bestehenden kulturellen Kapitals durch Fragen wie: Wohin wollen Sie sich beruflich entwickeln? Welche Optionen sehen Sie für Ihre berufliche Zukunft? Wollen Sie migrieren und wenn ja, wohin? Welche Ressourcen könnten Sie für ihre Pläne in welcher Form nutzen und wie müssten Sie sie dafür ggf. weiterentwickeln? Mit welchen Veränderungen im Kontext ist zu rechnen, die die Umsetzung der Pläne gefährden könnten? Selbstverständlich können sich persönliche Ziele verändern, sodass alle damit zusammenhängenden Pläne entwertet sind. Äußere Krisen jedoch gefährden zunächst einmal nicht die Ziele selbst, sondern die Mittel, wie ein Ziel erreicht werden kann, und erfordern daher Anpassungen. Je klarer und bewusster einer Person ihre Ziele sind, umso leichter gelingen die Umstellungen und Anpassungen.

Viele Menschen sehen sich im Laufe ihrer Berufsbiografie vor Situationen gestellt, in denen sie sich neu orientieren müssen, in denen von ihnen erwartet wird, dass sie mobil und flexibel (re-)agieren. Empirische Langzeitstudien für Deutschland (Konietzka 1999) zeigen, dass Arbeitnehmer am besten fahren, wenn sie sich bei solchen Entscheidungen an ihren Kernkompetenzen orientieren und diese möglichst ausbauen. Wenn aber ganze Branchen (z. B. Bergbau, Landwirtschaft) durch technologische Veränderungen und/oder rechtliche Vorgaben infragegestellt oder verändert werden, dann entstehen oft berufsbiografische Brüche mit deutlichen, individuell zu tragenden Entwertungen. Vermittlerisch stellt sich dann zunächst die diagnostische Aufgabe, zu klären, worin die Kernkompetenzen einer Person bestehen, nicht nur im Sinne formaler Nachweise, sondern vor allem im Sinne erfolgreichen Tuns. Dann folgt eine kreative, wissensbasierte und synthetische Aufgabe, zu welchen Berufen oder Berufsgruppen diese Kompetenzen passen würden, wenn sie neu gewichtet und gebündelt werden. Eine solche Aufgabe kann ausschließlich im intensiven Austausch mit einem Kunden gelingen, da zu viele implizite oder aus anderen Kontexten stammende Kenntnisse und Fertigkeiten explizit gemacht werden müssen.

Bynner und Roberts (1991) verglichen die Zukunftserwartungen und die Identitätsbildung von Jugendlichen (16–19 Jahre) in zwei Industrieländern mit deutlich unterschiedlichen Ausbildungstraditionen: an der Schwelle zwischen Schule und Arbeitsmarkt in England bzw. zwischen Schule und Ausbildung in Deutschland. Trotz der Systemdifferenzen zeigten sich bei vergleichbarer Lage auf dem Arbeitsmarkt quantitativ einige Gemeinsamkeiten. So waren beispielsweise „erfolgreiche Übergänge" positiv korreliert mit einem „positiven Selbstbild" der Jugendlichen sowie einer „stabilen Lebenswelt", „brüchige Übergänge" dagegen mit einem „negativen Selbstbild" und einer „labilen Lebenswelt". Bei unterschiedlicher Arbeitsmarktlage zeigte sich überraschenderweise, dass „schwierige Arbeitsmärkte" (mit wenigen Arbeitsplätzen und vagen Zukunftsperspektiven) im Vergleich mit „guten Arbeitsmärkten" höher mit „Optimismus" korreliert waren, so als ob sich diese Jugendlichen Mut machen müssten für eine ungewisse berufliche Zukunft. Die unterschiedlichen Traditionen unterstützen offensichtlich die Entwicklung der Einstellungen: So waren englische Jugendliche optimistischer, hatten höhere Erwartungen an die Zukunft, waren bereit, Verantwortung zu übernehmen, und jeder Dritte gab an, mobil zu sein. Deutsche Jugendliche waren im Vergleich zufriedener mit ihrer materiellen Situation und ihrer Freizeit und waren stärker daran interessiert, sich weiter zu qualifizieren; nur jeder fünfte gab an, mobil zu sein. Mittelfristig führen die Systemdifferenzen zu weiteren Unterschieden, die Tabelle 1 zeigt:

Tab. 1: Qualitative Unterschiede beim Übergang in das Erwerbsleben in zwei Industriestaaten mit unterschiedlichen Ausbildungstraditionen. Quelle: eigene Tabelle auf Basis von Bynner & Roberts 1991

Inhaltsaspekte	England	Deutschland
Qualifikation	betriebs- und tätigkeitsspezifisch	breit angelegt, berufsbezogen
Übergänge	hart	flexibel, mit Schleifen und Moratorien
biografische und soziale Kosten	hoch	gering
berufliche Identität	nein	ja
mittelfristige Wirkung	prekäre Arbeitsmarktlage	größere Sicherheit durch berufliche Qualifikation

Diese Untersuchung macht deutlich, dass in unterschiedlichen Systemen, die verschiedene Entwicklungsperspektiven begünstigen bzw. erschweren, dennoch vergleichbare psychische (positives Selbstbild) und soziale (stabile Lebenswelt) Ressourcen mitverantwortlich sind für erfolgreiche Übergänge von der Schule in eine Ausbildung bzw. in einen Beruf.

Bei Hospitationen in der Berufsberatung Ende der 80er Jahre wurde mir von Beratern folgende Situation geschildert, die sie häufiger erlebt hatten. Türkische Väter begleiteten ihre Töchter zur Berufsberatung und erklärten, dass sie eine Ausbildung absolvieren sollten. Alle wünschten für ihre Töchter in etwa das Gleiche: Sie sollten ein Jahr in der Hauswirtschaft lernen, ein Jahr bei einer Schneiderin und ein Jahr in der Krankenpflege. Unabhängig davon, wie diese Beratungsgespräche im Einzelfall endeten, ist das Anliegen der Väter im Sinne Bourdieus rational rekonstruierbar. Unter der perspektivischen Randbedingung, als „Gastarbeiter" mit ihren Familien Deutschland wieder verlassen zu sollen und in ihr Heimatland zurückzukehren, würde durch diese Ausbildung das institutionalisierte und inkorporierte kulturelle Kapital ihrer Töchter vermehrt werden, das sich in der eigenen Heimat partiell in ökonomisches und symbolisches Kapital ummünzen ließe, wodurch sich die soziale Situation der Töchter wie ihrer Familien verbessern würde. Angenommen, diese Familien wären in ihre Heimat zurückgekehrt, dann würden die Töchter heute eine Situation vorfinden, in der 69 % aller Frauen zwischen 25 und 54 Jahren (dpa-infografik 2009) nicht berufstätig sind (Deutschland: 17,6 %). Das Beispiel verdeutlicht, dass die Vorstellungen über den Wert von Qualifikationen und ihre „sinnvolle" Konfiguration zwischen verschiedenen Gesellschaften variieren. Ähnliches gilt auch für verschiedene Milieus innerhalb einer Gesellschaft (für Deutschland vgl. Vester et al. 2001). Im Feld der Sozialen Arbeit oder im persönlichen Umgang mit Personen aus verschiedenen Milieus führen solche unterschiedlichen Wertvorstellungen leicht zu Konflikten, sogar zu harten, wenn sich die Werte ausschließen. Solche Konflikte werden schnell belastend, wenn Berater in unreflektierter Weise ihre eigenen Wertvorstellungen infragegestellt sehen.

1.2 Internale Ressourcen

Metaanalytische Befunde eignungspsychologischer Forschung belegen die zentrale Bedeutung zweier internaler Ressourcen für die Vermittlung in Arbeit: Intelligenz (Schmidt & Hunter 1998) sowie Integrität (Ones & Viswesvawan 2001). Es sind die beiden stärksten, auch prognostisch bedeutsamen Einzelprädiktoren für beruflichen Erfolg. Ihre zuverlässige und gültige Erhebung ist jedoch an die entsprechende Methodik mit ihren Implikationen gebunden. Diese beiden Ressourcen sind in ihrer Bedeutung und Erhebung gut dokumentiert. Hier werden zwei weitere Ressourcen vorgestellt, die in den vergangenen Jahren große Aufmerksamkeit auf sich gezogen haben: Beschäftigungsfähigkeit und Resilienz.

Der Begriff *Beschäftigungsfähigkeit* ist durch die Leitlinie der EU-Kommission (1997) „Verbesserung der Beschäftigungsfähigkeit" in die politische Diskussion eingeführt und in den letzten Jahren weiter ausgestaltet worden und hat mittlerweile auch in den Gesetzestext des SGB III Eingang gefunden (s. Einleitung). Die Nutzung des Begriffs „Fähigkeit" verweist auf personenbezogene Aspekte oder gar „Persönlichkeitsmerkmale", die – im Zusammenwirken mit wirtschafts-, finanz- und arbeitsmarktpolitischen Maßnahmen – zu einer hohen Beschäftigungsquote und verkürzten Arbeitslosenzeiten führen sollten. Auf der Grundlage weiterer politischer Zielvorgaben, ihren Ausdeutungen und Konkretisierungen, entwickelten Apel und Fertig (2008) eine erste Operationalisierung des Konzepts *Beschäftigungsfähigkeit*. Welche Indikatoren sprechen für eine geringe bzw. für eine hohe Beschäftigungsfähigkeit einer Person? Bei der Erstellung solcher Indikatoren berücksichtigten die Autoren auch Datenbestände, die Personen mit wiederholten oder längeren Phasen der Arbeitslosigkeit erfassten. In einem zweiten Schritt prüften sie mittels verschiedener Modelle die Vorhersagekraft dieser Indikatoren. Ihr komplexestes Modell liefert ein Indikatorenbündel zur Prognose der Integration in Arbeit (Pseudo-R^2 = 0.15), das gegenüber dem einfachsten Modell (Pseudo-R^2 = 0.08), das sich auf die bekannten und breit akzeptierten sozio-demografischen Variablen Geschlecht, Alter, Bildung sowie Status bezieht, die Prognosekraft verdoppelt. Für eine positive Prognose sprechen die Merkmale „aktive Arbeitssuche in den letzten vier Wochen", „Vorbereitung der Selbständigkeit", „gute Berufserfahrung" und „tägliche Arbeitsfähigkeit (6 Std. und mehr)". Eine negative Prognose wird ausgelöst durch die Merkmale „extrinsische Arbeitsmotivation", „regionale Mobilitätsbereitschaft", „geringe Lernbereitschaft", „finanzielle Konzessionsbereitschaft", „Bekanntenkreis mit vielen Arbeitslosen" und „familiäre Konflikte" (vgl. Apel & Fertig 2008, 26). Für die weitere Interpretation dieses Ergebnisses ist bedeutsam, dass diese Indikatorenbündel aus methodischen Gründen als Ganzes betrachtet werden müssen. Treffen beispielsweise auf eine Person alle Merkmale für die positive Prognose zu, kann sie möglicherweise ihre Zeit der Arbeitslosigkeit verringern, wenn sie regional mobil ist. Dagegen hat eine Person, auf die alle Indikatoren für die negative Prognose zutreffen, nur wenig Chancen auf eine stabile Erwerbsintegration. Die Ergebnisse zeigen, dass „Beschäftigungsfähigkeit" als multifaktorielles Konstrukt verstanden werden muss, das verschiedene persönlichkeitsbezogene Merkmale – und damit internale Ressourcen – umfasst. Hoch signifikant sind die verschiedenen Formen der Handlungsorientierung (selbst- vs. fremdbestimmt) sowie die der Motivation (intrinsisch vs. extrinsisch).

Das Konzept der *Resilienz* ist in den vergangenen Jahrzehnten ausgearbeitet worden. Wurde es ursprünglich als charakteristische Stärke eines Menschen und eher wie ein Persönlichkeitsmerkmal gesehen, Lebenskrisen (z.B. schwere Krankheiten, lange Arbeitslosigkeit, Tod zentraler Bezugspersonen, Armut) ohne anhaltende Beeinträchtigungen zu bewältigen, interessieren heute vor allem die Merkmale, die resilientes Verhalten, als allgemeine Widerstandsfähigkeit gegen Belastungen, prägen (→ E.-C. Schubert). Um mit Belastungen besser umzugehen, spielen folgende Gedanken, Einstellungen, Haltungen und auch Handlungsweisen im Sinne internaler Ressourcen eine zentrale Rolle: „soziale Kontakte aufbauen und pflegen – Krisen nicht als unüberwindliches Problem betrachten – akzeptieren, dass Änderungen ein Teil des Lebens sind – sich auf die eigenen Ziele zu bewegen – selbst entscheiden – auf Wachstumschancen achten – ein positives Selbstbild aufbauen – Perspektive bewahren – optimistisch bleiben – für sich selbst sorgen" (American Psychological Association 2010). Durch die Verwendung von Verben wird deutlich (gemacht), dass es um Prozesse geht, wie Personen mit sich umgehen (können), wie sie ihre Gedanken funktional als Hilfsmittel einsetzen können. Beratung und Training können dies fördern und entwickeln. Im Kontext einer ressourcenorientierten Arbeitsvermittlung bedeutet das, während der Gespräche mit Arbeitsuchenden immer wieder solche Gedanken, Einstellungen und Handlungsweisen zu aktivieren. Das erfordert bei den Vermittlern pädagogisch-didaktische und beraterische Kompetenzen.

Alltägliche und psychologische Beobachtungen weisen auf, dass sich Menschen im Ausprägungsgrad der aufgelisteten Einstellungen, Haltungen und Handlungsweisen und auch in der Art und Weise, damit umzugehen, deutlich unterscheiden. Im Folgenden werden daher Ergebnisse dargestellt, die auf dem Fünf-Faktoren-Modell der Persönlichkeit basieren oder sich darauf beziehen lassen und die vermittlungs- oder beratungsrelevante Entwicklungs- und Gefährdungspotenziale beschreiben.

Auf der Basis von Beurteilungen durch Erzieherinnen konnten Asendorpf und van Aken (1999) für Kinder drei prototypische Persönlichkeitsmuster identifizieren, die sie im Rahmen der Persönlichkeitstheorie von Block und Block (1980) als „resilienten", „überkontrollierten" sowie „unterkontrollierten" Persönlichkeitstyp interpretieren. Über Selbstbeschreibungen, die an dem Fünf-Faktoren-Modell der Persönlichkeit nach McCrae & Costa (1999) orientiert sind,[36] konnten Asendorpf et al. (2001; 2002) diese drei Persönlichkeitsprototypen auch im Erwachsenenbereich identifizieren (Alter: 18–24 Jahre, überwiegend Studenten). Über die fünf Persönlichkeitsfaktoren werden die Typen wie folgt beschrieben (die Anteilsangaben beziehen sich auf die Studie mit jungen Erwachsenen):

- *Resilienter Typ*: Überdurchschnittlich ausgeprägt sind die Persönlichkeitsfaktoren „Gewissenhaftigkeit" und „Extraversion", leicht überdurchschnittlich „Verträglichkeit", leicht unterdurchschnittlich „Offenheit" sowie deutlich unterdurchschnittlich „Neurotizismus" (Anteil = 43 %);
- *Überkontrollierter Typ*: Überdurchschnittlich ausgeprägt ist der Faktor „Neurotizismus", gering überdurchschnittlich „Offenheit", deutlich unterdurchschnittlich „Extraversion", leicht unterdurchschnittlich „Verträglichkeit" sowie „Gewissenhaftigkeit" (Anteil = 30 %);

---

36 Nach McCrae & Costa (1999) sind fünf Faktoren erforderlich, um die Persönlichkeitsstruktur umfassend zu beschreiben: Neurotizismus, Extraversion, Offenheit für Erfahrungen, Verträglichkeit, Gewissenhaftigkeit.

- *Unterkontrollierter Typ*: Überdurchschnittlich ausgeprägt sind die Faktoren „Extraversion" und „Offenheit", stark unterdurchschnittlich „Gewissenhaftigkeit", leicht unterdurchschnittlich „Neurotizismus" sowie „Verträglichkeit" (Anteil = 27 %).

Unterstellt, die Anteile der drei Persönlichkeitsprototypen in dieser Studie wären repräsentativ, dann würden 43 % der erwachsenen Bevölkerung Belastungen effektiv verringern können, 57 % würde das aus unterschiedlichen Gründen weniger gut gelingen. Unbekannt ist, welcher Zusammenhang hierbei mit der Inanspruchnahme Sozialer Hilfen besteht. Wie empirische Ergebnisse im Bereich der Gesundheit (Myrtek 1998) und der verdeckten Armut (Hartmann 1985; Huster 2008) zeigen, darf nicht unterstellt werden, dass diejenigen, die Soziale Hilfen benötigen, sie auch beanspruchen und umgekehrt.

Ein Gedankenexperiment führt in das nächste Thema ein. In Tabelle 2 werden Ihnen drei Personen mit ihren charakteristischen Merkmalen vorgestellt:

Tab. 2: Gedankenexperiment: Drei Personen mit ihren Merkmalen. Quelle: eigene Tabelle

Person A	Person B	Person C
aufmerksam	kommt gut mit anderen aus	vital, lebhaft
tüchtig und geschickt	rücksichtsvoll	unruhig
selbstvertrauend	hilfsbereit	hält sich wenig an Grenzen
neugierig	verständig und vernünftig	äußert negative Gefühle
bleibt in kritischen Situationen ruhig	wenig selbstvertrauend	ist in Konflikten standhaft

Nachdem Sie die drei Beschreibungen gelesen haben, beantworten Sie bitte die beiden folgenden Fragen: 1. Mit welcher dieser drei Personen würden Sie gerne in einem Team zusammenarbeiten? 2. Unter der Annahme, dass Sie als Fallmanager tätig sind: Welche dieser drei Personen würden Sie gerne beraten und begleiten, wieder in Arbeit zu kommen? Nehmen Sie sich ein wenig Zeit und notieren Sie sich ihre beiden Antworten und auch Ihre spontanen Reaktionen dazu.

Die Beschreibung der drei Personen A, B und C listet fünf der Merkmale auf, die die drei Persönlichkeitsprototypen (A = resilienter; B = überkontrollierter; C = unterkontrollierter Typ) beschreiben. Sie stellt eine extreme Vereinfachung dar, da sie die Unterschiedlichkeit von Menschen auf drei Typen reduziert. Ihre Präferenzurteile signalisieren jedoch, dass es Menschen gibt, mit denen Sie lieber umgehen würden, zu denen Ihnen ein Kontakt leichter fiele; möglicherweise, weil Ihnen die eine Person ähnlicher ist als die beiden anderen. Das ist auf der abstrakten Ebene banal. Hingegen wird das im konkreten, beratenden Umgang mit Menschen bedeutsam, wenn der Aufbau tragfähiger Arbeitsbeziehungen mit „schwierigen", eher unkooperativen Kunden belastend wird, was die Arbeit an den Sachthemen (Watzlawick et al. 1969) kompliziert. Erschwerend kommt hinzu, dass eine deutliche Andersartigkeit im Alltag gern als negative Auffälligkeit des Gegenübers gedeutet wird, womöglich mit der impliziten Aufforderung, sich doch anders zu verhalten, eben „normal", so wie man selbst sei. Solche Schwierigkeiten in der

Beziehungsgestaltung führen im Alltag leicht dazu, dass Berater „aktiven" und „kooperativen" Kunden mehr Aufmerksamkeit widmen, sich mehr Zeit für sie und deren Bedürfnisse nehmen und eher bereit sind, Ermessensleistungen zu gewähren. Im anderen Fall sind Berater beispielsweise eher und schneller bereit, Sanktionen zu verhängen (Ludwig-Mayerhofer et al. 2009). Im Rahmen des Fünf-Faktoren-Modells der Persönlichkeit werden „aktive" und „kooperative" Kunden als „verträglich" und „eher extravertiert" beschreiben, ähneln also der „resilienten" Beispielperson A. Da Beziehungsgestaltungsmuster per Definition nichts mit der beruflichen Motivation oder bestimmten Handlungsorientierungen (vgl. Beschäftigungsfähigkeit) zu tun haben, können solche kommunikativen Verwicklungen gravierende Auswirkungen auf die Vermittlung in Arbeit haben. Sollen einheitliche oder inadäquat differenzierende Controlling-Instrumente die Fallbearbeitung effizient steuern, verstärken sie die bestehenden Unterschiede und können leicht zu dysfunktionalen Ergebnissen beitragen.

Holland (1997) entwickelte über viele Jahrzehnte ein Berufswahlmodell, das Zusammenhänge zwischen einer Person und ihrer beruflichen Umwelt herstellt. Es basiert auf der empirisch begründeten Annahme, dass Menschen die Umwelt aufsuchen oder erzeugen, die zu ihrer Persönlichkeit passt, um sich darin wohlfühlen zu können und leistungsfähig zu sein. Idealisierend-abstrahierend entwickelte er eine Typologie mit sechs Persönlichkeits- bzw. Umwelttypen, die drei Faktoren (Extraversion, Verträglichkeit und Offenheit/Kultur) aus dem Fünf-Faktoren-Modell differenzieren. Ordnet man die drei Persönlichkeitsprototypen auf der Basis der drei Faktoren den Persönlichkeits- und Umwelttypen zu, dann bestehen die in Tabelle 3 dargestellten Überlappungen:

Tab. 3: Ähnlichkeiten zwischen prototypischen Persönlichkeitsmustern und berufsbezogenen Persönlichkeits- bzw. Umwelttypen. Quelle: eigene Tabelle

Prototypische Persönlichkeitsmuster	Persönlichkeits- und Umwelttypen
resilient	unternehmerisch
überkontrolliert	investigativ
unterkontrolliert	künstlerisch

Das resiliente Persönlichkeitsmuster liegt in dem Feld, das unternehmerische Menschen bzw. Umwelten erfasst: Die kaufmännischen Berufe mit ihren Aufstiegspositionen sind mit diesem Feld verbunden. Das überkontrollierte Persönlichkeitsmuster ist assoziiert mit investigativen Umwelten: Je nach fachlicher Ausrichtung geht es um analytische Auseinandersetzungen mit der jeweiligen Komplexität. Das unterkontrollierte Persönlichkeitsmuster überlappt mit künstlerischen Menschen bzw. Umwelten. Die Vereinfachungen, die sich aus dem Fünf-Faktoren-Modell einerseits und dem Modell Hollands andererseits ergeben, sind an sich schon groß und werden durch die Verknüpfung in dieser Tabelle noch gesteigert, da die verschiedenen Typen zwar ähnlich, aber nicht identisch sind. Die tabellarische Zusammenstellung macht jedoch deutlich, dass es beschreibbare Affinitäten zwischen Berufen und Persönlichkeitsmustern gibt, die hinsichtlich mehrerer Kriterien funktional sind.

2 Resümee und Ausblick

Der Begriff der Ressource ist sehr facettenreich. Komplexitätsfördernd wirkt die hier genutzte Differenzierung zwischen externalen und internalen Ressourcen mit einer strukturellen und funktionalen Sichtweise. Ein so gestalteter Ressourcenbegriff ermöglicht es, verschiedene soziale und personale Aspekte der Arbeitsvermittlung in den Blick zu nehmen, die üblicherweise als nicht zusammengehörig betrachtet werden. Welche neuen Perspektiven sich daraus für das Aufgabenfeld ergeben, ist an Beispielen verdeutlicht worden. Sie zeigen, dass verschiedenen internalen Ressourcen zentrale Bedeutung zukommt. Diese Position steht in einem Spannungsverhältnis zur geläufigen Praxis, die sich mit einer reliablen und validen Beschreibung und Erfassung internaler Ressourcen immer noch schwertut. Eine entsprechend veränderte Praxis, die internale Ressourcen angemessen erfasst, würdigt und fördert, verlangt von Vermittlern und Beratern weitere Kompetenzen und fördert Wünsche nach weiterer Professionalisierung. Aus diesen erweiterten Sichtweisen erwachsen neue Fragen, von denen ich zwei herausgreife, die für dieses Feld bedeutsam erscheinen und auch in anderen Bereichen der Sozialen Arbeit eine Rolle spielen können:

Wie beeinflussen sich internale und externale Ressourcen? Die einfache Annahme einer ursächlichen Beziehung zwischen internalen und externalen Ressourcen wird dem komplexen Zusammenspiel wahrscheinlich nicht gerecht. Eine solche Annahme würde jedoch gut zum Ideal einer Leistungsgesellschaft passen. Der abstrakte Ressourcenbegriff fasst viele unterschiedliche Faktoren, die je eigenen psychologischen und soziologischen Gesetzmäßigkeiten folgen, unter einer Perspektive zusammen. Insofern ist zu erwarten, dass es für den konkreten Umgang mit Menschen im Feld der Sozialen Arbeit nur sehr wenige einfache, verallgemeinerbare Regeln geben wird. Stattdessen wird es darum gehen, in jedem Einzelfall nach Kombinationen und Strategien zu suchen, die einer Person und ihrer biografischen Situation entsprechen und ihrem Kontext angepasst sind, bzw. darum, diese zu entwickeln. Damit ist nicht nur gemeint, dass sich Berater empathisch auf ihr Gegenüber einlassen und kreativ sein müssen, sondern auch, dass sie über profunde Kenntnisse psychologischer, soziologischer und im Feld der Arbeitsvermittlung auch ökonomischer Gesetzmäßigkeiten verfügen müssen. Das bildet die Grundlage für Risikoabschätzungen, welche Ideen und Strategien wahrscheinlich aussichtsreicher sind und welche vermutlich mit diesen „Gesetzen" kollidieren und zu einem Scheitern führen werden. Das in der Aussage implizit enthaltene Spannungsverhältnis zwischen Einzelfall und statistischen Durchschnittsaussagen bildet ein Gesprächsthema jeder professionellen Beratung.

Wie werden Ressourcen und ihr Zusammenspiel abgebildet? Für Berater und Vermittler stellt sich bei diesem komplexen Konzept umso dringlicher die Frage, wie sie sich einen geeigneten Überblick über die internalen und externalen Ressourcen einer Person und deren Zusammenspiel verschaffen und wie sie dieses mental strukturieren, um nicht selbst in der Komplexität den Überblick zu verlieren. So sind Entwicklungen medialer Repräsentationen für Ressourcen, wie das Familienbrett (Ludewig & Wilken 2000) oder die Inklusions-Chart (Pantucek 2009), Beispiele für nützliche und notwendige Hilfsmittel für Berater. Die Relevanz der medialen Repräsentationen wird verstärkt durch die Arbeitsteilung zwischen verschiedenen Berufsgruppen, bei der jede beteiligte Stelle mit ihrer spezifischen Brille ein Problem betrachtet und analysiert. Des Weiteren wird es darum gehen, geeignete Darstellungsformen für Veränderungen zu entwickeln. Möglicherweise bieten Repräsentationen, wie sie im Kontext des komplexen Problemlösens (z. B. Gomez & Probst 1987) entwickelt wurden, Anregungen und Ideen, die auf Felder der Sozialen Arbeit übertragen werden können.

Literatur

American Psychological Association: 10 Ways to build resilience. Online: http://www.apa.org/helpcenter/road-resilience.aspx (23. 02. 2011).

Apel, H. & Fertig, M. (2008): Operationalisierung von „Beschäftigungsfähigkeit" – ein methodischer Beitrag zur Entwicklung eines Messkonzepts. Köln: Institut für Sozialforschung und Gesellschaftspolitik.

Asendorpf, J. B. & van Aken, M. A. G. (1999): Resilient, overcontrolled and undercontrolled personality prototypes in childhood: Replicability, predictive power and the trait/type issue. Journal of Personality and Social Psychology, 77, S. 815–832.

Asendorpf; J. B., Borkenau, P., Ostendorf, F. & van Aken, M. A. G. (2001): Carving personality description at its joints: Confirmation of three replicable personality prototypes for both children and adults. European Journal of Psychology, 15, S. 169–198.

Asendorpf, J. B., Caspi, A. & Hofstee, W. B. K. (2002): The puzzle of personality types. European Journal of Personality, 16 (Special Issue S1).

Bamberger, G. G. (2010): Lösungsorientierte Beratung. Weinheim: Beltz.

Block, J. H. & Block, J. (1980): The role of ego-control and ego-resiliency in the organization of behavior. In: Collins, W. A. (Hrsg.): Minnesota Symposium on Child Psychology. Vol. 13. S. 39–101. Hillsdale, NJ: Erlbaum.

Bourdieu, P. (1983): Ökonomisches Kapital, kulturelles Kapital, soziales Kapital. In: Kreckel, R. (Hrsg.): Soziale Ungleichheit. S. 183–198. Göttingen: Schwartz.

Bundesanstalt für Arbeit (Hrsg.) (2002): RAT: Richtig beraten, Anregungen, Techniken. Grundwerk individueller Beratung. Bde. 1–3. Nürnberg: Bundesanstalt für Arbeit.

Bynner, J. & Roberts, K. (1991): Youth and Work. London: Anglo-German Foundation.

dpa-infografik (2009): Frauen außerhalb des Arbeitsmarktes (Kb-4019). Quelle: Eurostat 2009.

EU-Kommission (1997): Europäische Beschäftigungsstrategie. Online: http://ec.europa.eu/employment_social/firsttime_de.html (23. 02. 2011).

Gomez, P. & Probst, J. B. (1987): Vernetztes Denken im Management. Die Orientierung, 89. Bern: Schweizerische Volksbank.

Hartmann, H. (1985): Armut trotz Sozialhilfe. In: Leibfried, S. & Tennstedt, F. (Hrsg.): Politik der Armut und die Spaltung des Sozialstaats. S. 169–189. Frankfurt/M.: Suhrkamp.

Holland, J. L. (1997): Making Vocational Choices: A Theory of Vocational Personalities and Work Environments. (3. Aufl.). Odessa, Fl.: Psychological Assessment Resources Inc.

Huster, E.-U., Boeckh, J. & Mogge-Grotjahn, H. (Hrsg.) (2008): Handbuch Armut und soziale Ausgrenzung. Wiesbaden: VS.

Konietzka, D. (1999): Ausbildung und Beruf. Die Geburtsjahrgänge 1919–1961 auf dem Weg von der Schule in das Erwerbsleben. Opladen, Wiesbaden: Westdeutscher Verlag.

Ludewig, K. & Wilken, U. (Hrsg.) (2000): Das Familienbrett. Göttingen: Hogrefe.

Ludwig-Mayerhofer, W., Behrend, O. & Sondermann, A. (2009): Auf der Suche nach der verlorenen Arbeit. Arbeitslose und Arbeitsvermittler im neuen Arbeitsmarktregime. Konstanz: UVK.

Ones, D. S. & Viswesvawan, C. (2001): Integrity Tests and Other Criterion-Focused Occupational Personality Scales (COPS) Used in Personnel Selection. International Journal of Selection and Assessment, 9, S. 31–39.

McCrae, R. R. & Costa, P. T. (1999): A five-factor theory of personality. In: Pervin, L. A. & John, O. P. (Hrsg.): Handbook of personality. Theory and research. (2. Aufl.). S. 139–153. New York: Guilford Press.

Myrtek, M. (1998): Gesunde Kranke – kranke Gesunde. Bern: Huber.

Pantucek, P. (2009): Inclusionschart. Online: www.pantucek.com/soziale-diagnostik/verfahren.html (23.02.2011).

Schmidt, F. L. & Hunter, J. E. (1998): The validity and utility of selection methods in personnel psychology: Practical and theoretical implications of 85 years of research findings. Psychological Bulletin, 124, S. 262–274.

Smith, A. (1998 [1776]): Der Wohlstand der Nationen. (7. Aufl.). München: dtv.

Vester, M., Oertzen P. v., Geiling, H., Hermann, T. & Müller, D. (2001). Soziale Milieus im gesellschaftlichen Strukturwandel. (2. Aufl.). Frankfurt/M.: Suhrkamp.

Watzlawick, P., Beavin, J. H. & Jackson, D. D. (1969): Menschliche Kommunikation. Bern: Huber.

Willutzki, U. (2003): Ressourcen: Einige Bemerkungen zur Begriffsklärung. In: Schemmel, H. & Schaller, J. (Hrsg.): Ressourcen – Ein Hand- und Lesebuch zur therapeutischen Arbeit. S. 91–110. Tübingen: dgvt.

Verzeichnis der Autorinnen und Autoren

Karl-August Adams, Prof. Dr. päd., Dipl.-Theol., nach Abschluss des Studiums mehrjährige Seelsorge- und Schulpraxis, anschließend Studien in Religionspädagogik und Religionspsychologie mit Promotion. Von 1971 bis zur Emeritierung 2001 Professor für Philosophie und Sozialethik an der Hochschule Niederrhein, Krefeld-Mönchengladbach, Fachbereich Sozialwesen. Arbeitsgebiete: Religiöse Symbolbildung, Religionspsychologie in Erziehung und Heimerziehung, Ethik in der Sozialarbeit/Sozialpädagogik, religionspädagogische Aspekte der Altenarbeit, Sterbeforschung.

Matthias Drilling, Dr. rer. nat., Sozialgeograph und Raumplaner MAS ETH, Studium der Geographie, Volks- und Betriebswirtschaftslehre (M.A.); leitet das Institut Sozialplanung und Stadtentwicklung an der Hochschule für Soziale Arbeit der Fachhochschule Nordwestschweiz und ist Lehrbeauftragter am Geographischen Institut der Universität Basel. Arbeits- und Forschungsschwerpunkte: Jugendarmut im städtischen Kontext, stadtplanungsbezogene Soziale Arbeit, Raumtheorien.

Janne Fengler, Prof. Dr., Dipl.-Päd., Hochschullehrerin am Fachbereich Bildungswissenschaft der Alanus Hochschule Alfter bei Bonn. Zusammenarbeit mit Einrichtungen der Sozialen Arbeit in den Bereichen Psychosoziale Interventionsmethodik, Krisenintervention und Bewältigungsstrategien, Stressmanagement, Burnout, Empowerment, Interkulturelle Kommunikation.

Jörg Fengler, Prof. Dr., Dipl.-Psych., emeritierter Hochschullehrer an der Humanwissenschaftlichen Fakultät der Universität zu Köln. Zusammenarbeit mit Einrichtungen der Sozialen Arbeit in den Bereichen Psychiatrie, Gruppendynamik, Psychosoziale Interventionsmethodik, Supervision, Psychotherapie, Sucht.

Silke Brigitta Gahleitner, Prof. Dr., Studium Soziale Arbeit, Promotion in Klinischer Psychologie. Langjährige Tätigkeit als Sozialarbeiterin und Psychotherapeutin in der sozialtherapeutischen Einrichtung für traumatisierte Mädchen TWG Myrrha sowie in eigener Praxis. Seit 2005 Professorin für Klinische Psychologie und Sozialarbeit mit den Arbeits- und Forschungsschwerpunkten psychosoziale Diagnostik, Psychotherapie und Beratung, qualitative Forschungsmethoden und Psychotraumatologie; zunächst an der EFH Ludwigshafen, derzeit an der ASFH Berlin tätig.

Rolf Glemser, M.A., Lehrbeauftragter für Psychologische Grundlagen Sozialer Arbeit, Klinische Sozialarbeit, psychosoziale Diagnostik und Beratung an der Alice-Salomon-Hochschule Berlin und Klinischer Sozialarbeiter in einer Einrichtung für Betreutes Einzelwohnen. Freiberufliche Tätigkeit als Berater für die Implementierung und Aufrechterhaltung von Qualitätsmanagementsystemen. Arbeits- und

Forschungsschwerpunkte: psychosoziale Diagnostik sowie partizipative und dialogische Methoden der Prozessevaluation.

Anja Gottburgsen, Dr. phil., Studium und Promotion an der Universität Kiel; tätig an der Universität Erlangen-Nürnberg als Wissenschaftliche Mitarbeiterin am Lehrstuhl Empirische Wirtschaftssoziologie und der National Educational Panel Study (NEPS) in der Säule 5 „Bildungsrenditen". Forschungsgebiete: Gender- und Diversityforschung, Soziale Ungleichheit, v. a. Bildungsungleichheiten, Kommunikationsforschung.

Christiane Gross, Dr. sc. pol., Diplom-Soziologin, seit 2010 Habilitationsstipendiatin an der Universität Kiel, finanziert über das Professorinnenprogramm von Bund und Ländern. Studium der Soziologie an der Universität München, Wissenschaftliche Mitarbeiterin an der LMU München und CAU Kiel, dort Promotion (2009), Projektmitarbeiterin in DFG-geförderten Projekten und dem BMBF-finanzierten Deutschen Bildungspanel (NEPS). Forschungs- und Arbeitsschwerpunkte: Wissenschafts- und Bildungssoziologie, Medizin- und Gesundheitssoziologie, Methoden der empirischen Sozialforschung.

Walter Hanesch, Prof. Dr. rer. pol., Dipl. Volkswirt, Dipl. Handelslehrer, Studium der Wirtschafts- und Sozialwissenschaften an der Universität Frankfurt a. M. Pädagogische Tätigkeit in der Jugend- und Erwachsenenbildung. 1979–1993 Professor für Politische Ökonomie an der Hochschule Niederrhein, Krefeld-Mönchengladbach, seit 1993 Professor für Sozialpolitik und Sozialverwaltung am Fachbereich Gesellschaftswissenschaften und Soziale Arbeit der Hochschule Darmstadt. Schwerpunkte in Lehre und Forschung: Arbeitslosigkeit und Arbeitsmarktpolitik, Armut und Armutspolitik, nationale und kommunale Sozialpolitik, Soziale Dienste und Soziale Arbeit, Armuts- und Sozialberichterstattung, Sozialpolitik im internationalen Vergleich.

Mechthild Heinmüller, Dr. med., Ärztin, langjährige Tätigkeit in Innerer und Reha-Medizin. Seit 2006 am Klinikum der Universität München, Institut und Poliklinik für Arbeits-, Sozial- und Umweltmedizin: arbeits- und betriebsmedizinische Tätigkeit sowie Mitarbeit an mehreren BMBF-finanzierten Studien. Arbeits- und Forschungsschwerpunkte: Klinische Arbeitsmedizin, (betriebliche) Gesundheitsförderung, gesundheitliche Chancengleichheit.

Katrin Horns, M. A., Dipl.-Sozialpäd., langjährige Tätigkeit in der Suchthilfe, -prävention und Gesundheitsförderung, freiberufliche Fortbildungstätigkeit u. a. im Projekt MAJA – Hebammen helfen Eltern. Seit 2009 wissenschaftliche Mitarbeit und Promotion im Rahmen des BMBF-finanzierten Projekts *arbeit & gesundheit* am Klinikum der Universität München, Institut und Poliklinik für Arbeits-, Sozial- und Umweltmedizin. Arbeits- und Forschungsschwerpunkte: Motivierende Gesprächsführung, Gesundheitsförderung, gesundheitliche Chancengleichheit.

Verzeichnis der Autorinnen und Autoren

Christina Jasmund, Prof. Dr. phil., Dipl.-Sozialpäd., Erzieherin, Motopädin, Studium der Philosophie an der Universität Greifswald; Studium der Sozialpädagogik an der Universität Rostock und Fachhochschule Neubrandenburg; Promotion an der Universität Osnabrück. Langjährige Praxis in unterschiedlichen Tätigkeitsfeldern von Tageseinrichtungen für Kinder. Seit 2003 in der Fachschulausbildung für ErzieherInnen; seit 2008 Dozentin für Elementarpädagogik an der Berufsakademie Sachsen, Studienakademie Breitenbrunn; seit 2009 Professorin für das Lehrgebiet Bildung und Erziehung in der Kindheit an der Hochschule Niederrhein, Krefeld-Mönchengladbach. Arbeits- und Forschungsschwerpunkte: Bedeutung von Bewegung und bedürfnisorientierte Bildungsförderung in der Kindheit, Veränderungsprozesse in Tageseinrichtungen für Kinder in NRW.

Monika Jungbauer-Gans, Prof. Dr. rer. pol., seit 2010 Lehrstuhl für Empirische Wirtschaftssoziologie an der Universität Erlangen-Nürnberg. Studium der Soziologie, Promotion und Habilitation an der Universität München, dort Wissenschaftliche Mitarbeiterin, Akademische Rätin bzw. Oberrätin (1989–2005), Vertretung einer Professur für Allgemeine Soziologie an der Universität Wuppertal (2002–2004), Lehrstuhl für Soziologie an der Universität Kiel (2005–2010). Arbeits- und Forschungsschwerpunkte: Wirtschafts-, Organisations- und Berufssoziologie, Wissenschafts- und Bildungssoziologie, Medizin- und Gesundheitssoziologie, Methoden der empirischen Sozialforschung.

Heiner Keupp, Prof. Dr., von 1978–2008 Professor für Sozial- und Gemeindepsychologie an der Universität München, v. a. im Bereich der Sozialpsychiatrie und Gemeindepsychologie. Seit seiner Pensionierung Gastprofessuren bzw. Lehraufträge an der Freien Universität Bozen und den Universitäten Klagenfurt und Innsbruck. Studium der Psychologie und Soziologie in Frankfurt, Erlangen und München. 2009 Federführung für den 13. Kinder- und Jugendbericht der Bundesregierung zum Thema Gesundheitsförderung. Arbeitsschwerpunkte: Netzwerk-, Identitäts- und Gesundheitsforschung sowie Erforschung und Förderung zivilgesellschaftlichen Engagements.

Ute Klammer, Prof. Dr., Diplom-Volkswirtin, derzeit Prorektorin der Universität Duisburg-Essen. Wissenschaftliche Mitarbeiterin an verschiedenen Universitäten und Instituten, Referatsleiterin für Sozialpolitik am Wirtschafts- und Sozialwissenschaftlichen Institut in der Hans-Böckler-Stiftung (1996–2004), Professorin für Sozialpolitik an der Hochschule Niederrhein, Krefeld-Mönchengladbach (2004–2007) und an der Universität Duisburg-Essen (seit 2007). Arbeits- und Forschungsschwerpunkte: Grundsatzfragen der sozialen Sicherung, Alterssicherung, Familienpolitik, europäische und international vergleichende Wohlfahrtsstaatsforschung, Armut und Einkommensverteilung, soziale Sicherung von Frauen, Flexibilität und soziale Sicherung (Flexicurity).

Bodo Klemenz, Dr., Dipl.-Psych., Berufstätigkeiten als Schulpsychologe in einer Schule für lern- und geistigbehinderte Kinder. Langjähriger Leiter einer Erziehungsberatungsstelle, Sachverständiger für Familiengerichte in Sorgerechtsfragen,

Lehrbeauftragter an der Universität Göttingen, Expertentätigkeit für den Bundesverband des Deutschen Kinderschutzbundes etc. Diverse Veröffentlichungen zum Ressourcenthema und anderen Fragestellungen.

Gert-Holger Klevenow, Prof. Dr. phil., Dipl.-Psych., derzeit am Institut für Arbeitsmarkt- und Berufsforschung (IAB) der Bundesagentur für Arbeit. Aktuelle Arbeits- und Forschungsschwerpunkte: Art der Gestaltung von Gesprächen zwischen Beratern und ihren Klienten oder Kunden und deren mittelfristige Effekte; Heuristiken von Beratern zur Bewältigung von Komplexität.

Alban Knecht, Dr. phil., Diplom-Sozialpädagoge, Studium der Sozialen Arbeit an der Hochschule München sowie Volkswirtschaft und Soziologie an der LMU München, Promotion an der LMU München. Lehrbeauftragter der Hochschulen München und Fulda und Geschäftsführer eines mittelständischen Familienunternehmens. Arbeits- und Forschungsschwerpunkte: Lebensqualität, Soziologie sozialer Ungleichheit, Wohlfahrtsstaat, Armut und Ressourcentheorie.

Peter Kriwy, Dr., Diplom-Soziologe, Wissenschaftlicher Mitarbeiter am Lehrstuhl für empirische Wirtschaftssoziologie der Universität Erlangen-Nürnberg, zuvor am Institut für Soziologie der Universität München und am Institut für Sozialwissenschaften der Universität Kiel. Forschungsschwerpunkte: Methoden der empirischen Sozialforschung, Gesundheitsforschung sowie soziale Ungleichheit.

Astrid Krus, Prof. Dr. phil., Diplom-Motologin; Studium Anglistik und Sport an der Universität Marburg und der University of Bristol (Abschluss 1. Staatsexamen); Aufbaustudium Motologie und Promotion an der Universität Marburg. 18-jährige Tätigkeit als Diplom Motologin in einem Sozialpädiatrischen Zentrum, fünf Jahre Leiterin der Deutschen Akademie für Psychomotorik, seit 2009 Professorin für das Lehrgebiet Bildung und Erziehung in der Kindheit an der Hochschule Niederrhein, Krefeld-Mönchengladbach. Arbeits- und Forschungsschwerpunkte: Bewegung als Bildungsträger in der Kindheit, naturwissenschaftliche Förderung in der Elementar- und Primarpädagogik; Transitionen psychomotorisch gestalten.

Heribert Limm, Dr., Psychologischer Psychotherapeut, Klinik für Psychosomatische Medizin und Psychotherapie, Universität Ulm. Bisherige Arbeits- und Forschungsschwerpunkte: Durchführung mehrerer BMBF-geförderter Interventionsstudien in den Bereichen Schmerz, gesundheitsbezogene Lebensqualität und Gesundheitsförderung. Langjährige Tätigkeit im Bereich Managementdiagnostik und Personalberatung.

Frank Nestmann, Prof. Dr., Dipl. Psych., Lehrstuhl Beratung und Rehabilitation am Institut für Sozialpädagogik, Sozialarbeit und Wohlfahrtswissenschaften an der Technischen Universität Dresden. Arbeitsschwerpunkte in Forschung, Lehre, Publikationen: Beratung (Theorien, Professionalisierung, Beratung im Sozial- und Gesundheitswesen, Beratung in Bildung, Beruf und Beschäftigung); soziale Netzwerke und soziale Unterstützung (verschiedene Bevölkerungs-, Alters- und

Risikogruppen), Netzwerkintervention; informelle Hilfe (alltägliche Helfer, Selbsthilfe); Mensch-Tier-Beziehungen.

Michaela Neumayr, Dr.[in], Volkswirtin und Wirtschaftspädagogin, seit 2006 Wissenschaftliche Mitarbeiterin an der Wirtschaftsuniversität Wien, Abteilung für Nonprofit Management. Zuvor Mitarbeiterin am Österreichischen Wirtschaftsforschungsinstitut Wien (WIFO) sowie als selbständige Wissenschaftlerin in der Auftragsforschung tätig. Forschungsschwerpunkte: Funktionen von Non-Profit-Organisationen, Finanzierung von Non-Profit-Organisationen, Spendenverhalten, Gender Budgeting.

Natascha Nisic, Dr., Diplom-Soziologin, Wissenschaftliche Mitarbeiterin am Lehrstuhl für Soziologie und empirische Sozialforschung der Universität Erlangen-Nürnberg und am Institut für Arbeitsmarkt- und Berufsforschung (IAB), Nürnberg. Zuvor Wissenschaftliche Mitarbeiterin am Institut für Soziologie, Universität München, und am Institut für Soziologie der Universität Bern (CH). Forschungsschwerpunkte: Soziale Ungleichheit, Arbeitsmarktsoziologie, räumliche Mobilität, Methoden der empirischen Sozialforschung.

Dieter Röh, Dr., Dipl.-Sozial.arb./Sozialpäd., MPH, Professor für Sozialarbeitswissenschaft im Department Soziale Arbeit an der Hochschule für Angewandte Wissenschaften Hamburg, gleichzeitig Leiter des Departments Soziale Arbeit. Praxiserfahrung in der Sozialpsychiatrie und Behindertenhilfe sowie in einem Forschungsprojekt zur Rehabilitation in einem Industriebetrieb. Derzeitige Forschungs- und Arbeitsschwerpunkte: Klinische Sozialarbeit, Inklusion und Behindertenhilfe/Sozialpsychiatrie, Theorie der Sozialen Arbeit, insbesondere Entwicklung einer Handlungstheorie auf der Basis des Capability Approach von Martha Nussbaum.

Holger Schmid, Prof. Dr. phil., Dipl.-Psych., Studium der Psychologie in Freiburg und in Fribourg (Schweiz). Ab 1995 in verschiedenen Funktionen an der Schweizerischen Fachstelle für Alkohol- und andere Drogenprobleme SFA in Lausanne, zuletzt Vizedirektor. Seit 2007 Leiter des Instituts Soziale Arbeit und Gesundheit, Hochschule für Soziale Arbeit an der Fachhochschule Nordwestschweiz. Lehraufträge und Gastreferent an den Universitäten Basel, Fribourg, Lausanne, Genf und Zürich. Arbeitsschwerpunkte in Lehre und Forschung: Forschungsmethoden, Risikoverhalten bei Jugendlichen, Gesundheitspsychologie.

Franz-Christian Schubert, Prof. Dr. phil., Dipl.-Psych., Tätigkeiten in Erziehungsberatung und Psychotherapie, anschließend Wissenschaftlicher Mitarbeiter und Promotion an der Universität Würzburg. Bis zur Emeritierung 2008 Professor für Psychosoziale Hygiene, Erziehungspsychologie und Psychotherapie an der Hochschule Niederrhein, Krefeld-Mönchengladbach; im Masterstudiengang dort Lehrbeauftragter für Theorie und Praxis Psychosozialer Beratung. Weitere Arbeits- und Forschungsschwerpunkte: psychosoziale Gesundheitsförderung, systemisch-sozialökologische Konzepte von Beratung und Ressourcenaktivierung. Tätigkeit im eigenen Praxisinstitut (Psychotherapie, Ehe- und Scheidungsberatung, Supervision).

Iris Schubert, Dipl.-Sozialpäd, Dipl.-Sozialgerontologin (Univ.), Psychotherapeutin (HPG, ECP), Systemische (Trauma)Therapeutin (DGSF) in eigener Praxis. Studium an der Hochschule Niederrhein, Krefeld-Mönchengladbach und an der Universität Kassel, Promovendin an der Uni Kassel. Seit 1996 Supportivtherapeutin in Kliniken mit Krebs- und Schlaganfallpatienten (Gynäkologie, Klinische Geriatrie); seit 2002 Lehrbeauftragte an der Hochschule Niederrhein (Gebiete: Gesundheit im Alter, Beratungs- und Interaktionsverfahren). Arbeits- und Forschungsschwerpunkte: Krankheitsverarbeitung bei akuter Schwererkrankung im Alter, Entwicklungsarbeit zur Clinical ConSenT–Therapie (CLiC).

Michaela Sixt, Dr. rer. pol., Diplom-Soziologin, Studium an der Universität München, Promotion an der Universität Kassel; tätig an der Universität Bamberg, National Educational Panel Study (NEPS) als Wissenschaftliche Mitarbeiterin in der Abteilung Bildungsentscheidungen und soziale Ungleichheit sowie in der Abteilung Wege durch die Sekundarstufe I.; Forschungsgebiete: Bildungsforschung, v. a. soziale Ungleichheit von Bildungschancen, Arbeitsmarkt- und Regionalforschung.

Florian Straus, Dr., Diplom-Soziologe, Geschäftsführer des Instituts für Praxisforschung und Praxisberatung, München. Arbeits- und Forschungsschwerpunkte: Soziale Netzwerke, Jugendgesundheitsforschung, Identitätsentwicklung junger Erwachsener und Beratungsforschung.

Jillian Werner, Dr., Dipl.-Päd., Lehrstuhl Beratung und Rehabilitation am Institut für Sozialpädagogik, Sozialarbeit und Wohlfahrtswissenschaften an der Technischen Universität Dresden. Arbeitsschwerpunkte in Forschung, Lehre, Publikationen: Psychosoziale Beratung, Geschlechtsspezifische Aspekte von Gesundheit, Methoden der Kindheitsforschung.

Günther Wüsten, Prof. Dr., Studium der Sozialpädagogik und Psychologie in Düsseldorf, Basel und Bern mit Promotion. Assistent und psychologischer Psychotherapeut an der Psychiatrischen Universitätsklinik in Basel. Referent und Dozent in verschiedenen Ausbildungen zu Psychotherapie und Beratung an der Universität Basel und am Institut für Gesundheitsförderung München. Seit 2004 Leiter des Masterprogramms zur Psychosozialen Beratung und Professur an der Fachhochschule Nordwestschweiz. Arbeitsschwerpunkte in Lehre und Forschung: Ressourcenorientierte Methoden und Verfahren in der Psychosozialen Praxis.